国家社会科学基金项目"中国当代语言学口述历史研究"
（项目编号：13BYY004）

张宜

著

中国当代语言学家

口述实录

上海教育出版社
SHANGHAI EDUCATIONAL
PUBLISHING HOUSE

李锡胤教授

向熹教授

赵振铎教授

桂诗春教授

华劭教授

张会森教授

詹伯慧教授

游顺钊教授

李如龙教授

鲁国尧教授

刘润清教授

项楚教授

张家骅教授

宁春岩教授

江蓝生教授

李兵教授

张涌泉教授

乔全生教授

王铭玉教授

顾钢教授

作者和李如龙教授合影

作者和宁春岩教授合影

作者和张涌泉教授合影

赵振铎教授赠书上的题字　　　　　　刘润清教授赠书上的题字

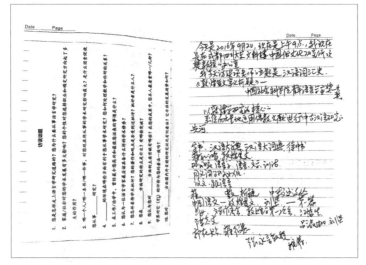

采访项楚教授时的笔记

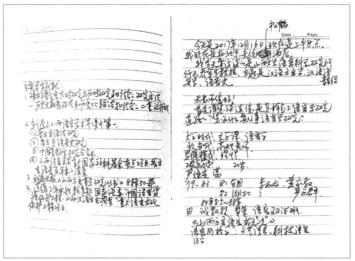

采访乔全生教授时的笔记

口述历史的主要意义不在于它是什么真实的历史或作为社会团体政治意图的表达手段,而在于它证明了人们的历史意识是怎样形成的……人们的历史意识就像一个战场,在这里,互相竞争的思想体系和权威的正当与否可能受到考验。

——约翰·托什(John Tosh)

《史学导论》(*The Pursuit of History*)

从某种意义上说,这些文章是为当代读者和学者撰写的;从另一个意义上说,它们是为未来的学者撰写的,无论这些学者是来自语言学界、社会史学界和知识史学界,还是来自科学史学界和思想史学界。

——博伊德·H.戴维斯(Boyd H. Davis)

雷蒙德·K.奥凯恩(Raymond K. O'Cain)

《第一人称》(*First Person Singular*)

目　录

可敬之人，可传之著(外一章)

　　我的专业是语言学，但是我的兴趣首先在历史学，自幼至老皆如此。我读过的历史书，文言的和白话的，比读过的语言学书也许要多。在当今中国语言学界，我或许是读史书最多的人之一(鲁按，"之一"是必须加的，因为天外有天)。我最喜欢读的是人物传记，传记里有一类是自传，顾名思义，自传是作者自己写自己的传记。我的藏书里有一套《胡适传记作品全编》，四卷五本，120万字，东方出版中心2002年出版。胡适特别热心建议他的朋友们写自传，他自己呢，是写了点，如《四十自述》，但是量太少。有讽刺意味的是，他的有价值的长篇自传《胡适口述自传》一书并不是自己写的，而是自己说的，别人根据录音转成文字，再加工而成的。胡适本人是大文学家、大学者，他的《胡适文存》有好几百万字。文学家哪有不能写的？ 胡适能写，十分能写，文笔流畅而活泼，瞧他的《爱国女杰王昭君传》，活脱脱一个说书的，而且，大白话。须知那是五四运动前11年写的啊。整天价教人写自传，胡适自己却不好好地写自传，只做了个"口述史"，为什么？ 这问题一直萦回于我的脑际，当然我也想出几个答案，此处不多叙。我读的第一本口述史，便是《胡适口述自传》，是20世纪80年代初我的好友平田昌司赠给我的，台湾出版的。接到书，我立刻读，后来又读过两三遍，至今兴味盎然。史书里，新型的口述史这种体裁真可谓别出一格，别树一帜。在大陆，大概改革开放初期开始出现，其兴也勃焉，不数十年间，已成燎原之势。现在我登上南京大学图书馆网，馆藏足有几百本(不算复本)，口述史自传大有压倒传统的自写的文字自传之势。

　　在口述史中有一大类是访谈录，也是数以百计。通常的口述史，基本上是受访者口述的自传,正文里不穿插记录整理加工者的话语,也可以说记录整理加工者是隐形的。例如我爱读的另一本口述史是何兆武老先生的《上学记》,何先生现年99岁了,他是历史哲学专家,20世纪英国大哲学家罗素赠给毛泽东他自己著的《西方哲学史》,便是何兆武先生主译成中文的。《上学记》是何先生讲他在抗日战争时期在西南联大上学的经历,涉及面很广,西南联大跟现在的大学可不一样,何先生的文笔很是传神,令人向往不已。这本口述史比另一位西南联大的学生、哲学家张世英自写的《张世英回忆录》强多了。我曾向十几位友人推荐过《上学记》,我说:"你买一本读读,如果觉得没意思,书费我付。"结果这一笔钱到现在还在我的钱包里。

还是谈谈访谈录吧,它是对话体。对话体在中国古已有之,如枚乘《七发》、司马相如《上林赋》、扬雄《解嘲》等,古希腊有柏拉图的《对话录》。近几十年兴起的访谈录,不是虚拟色彩浓厚的文学作品,是"史"的一种,更具体地说,它是口述史的一种。上面讲到的《胡适口述自传》《上学记》,通篇都是自始至终的"独白体",而访谈录则是访问者与受访者的对话,当然以后者为主,受访者回应访问者的提问,讲述自己有关的经历、思想、观点。跟通常的口述史相比,访谈录不是书,是文章,它"文必对题",必然体量小,范围不宽,所以文字不枝不蔓,讲的问题比较集中深入,因而赢得了大量读者。

回忆我中年时,曾偶尔在出版物上见到过访谈录,那是个别人为其崇拜的境外语言学者写的,零星的三两篇。此后是多了些,但是这种文体在中国语言学界似乎也没有迅速地"崛起"。等到八年前我看到张宜教授的《历史的旁白——中国当代语言学家口述实录》(以下简称《历史的旁白》),近百万字,大开本,沉甸甸的一厚册,我很是惊异。打开,受访者都是我的师辈与同辈,我读了部分,他们讲的经历与见解,有些我知道,但是不了解的更多。读了,闻增多,益不少。

我认为,张宜教授所作的访谈录是"积功德"之举。何以如是言?且看《历史的旁白》和《历史的回声》,采访的57人中,这十几年间驾鹤西去的有周有光、吴宗济、林焘、胡明扬、伍铁平、徐通锵、曹先擢、张斌、李锡胤、桂诗春、华劭、张会森等先生,老成凋谢,令人叹惋。考古学上有个术语,叫"抢救性挖掘",张宜教授抢救了这些我中华民族语言学的珍贵遗产,能不令后人、令国家感激不置?广义地说,这两大本近140万字,全都属于该抢救的珍贵遗产的范围。何以如是言?跟文学不同,文学的报章杂志多得很,甚至连趣闻轶事的"豆腐干"小品都有园地可以刊登,而语言学的刊物只能发表论文,有些杂志规定连语言学的书评、序跋都不得刊登,如此则论文作者的身世、师承、功过评论、时代背景等等这些重要史料都势必被历史湮没！可惜不可惜？因此可以说，张宜教授的这两大本《历史的旁白》《历史的回声》记录、保存的，不仅是几十年甚至百年中国语言学的很大的一部分历史，而且是中国学术史、文化史、社会史、民族史的相当重要的史料。

长期以来，史家及其修史工作往往受制于书面文献，使得历史研究带有相当的局限性。口述历史研究可补文献史料之不足，印证文献资料的可靠性。通过书面文献与口述史料的结合，后人不仅能够读到、看到而且能够"听到"语言学的历史。在中国语言学史上，张宜教授的成果在于她首次以声音的形式记载和保存了本学科的史料。

我深信，《历史的回声》将受到学界的广泛认可与喜爱。

这本《历史的回声》特色显著，是一本特立的著作。其特色何在？俗语："有比较才能有鉴别。"试与文学、史学、哲学这些兄弟人文学科比较，它们是大学科。（鲁按，这话可不是我说的，约在1990年，在北京的一次会议上，我向吕叔湘先生进言："人家文学、历史学都在出版年鉴，我们语言学也应该有年鉴。"吕先生立马回答我："它们是大学科。"）据此，语言学科自然要冠以"小"字。不过，作为从业几十年的语言学工作者，我不甘心自己的事业戴了这顶"小"帽子。于是我作文和演讲时总是说："语言学是个不大不小的学科。"上述的三个大学科虽然也有不少访谈录，但是有像张宜教授做的这样的访谈录吗？就我浅闻，还没有。《历史的旁白》集中访谈了26人，《历史的回声》集中访谈了20人。我在某些报纸杂志上也读到一些访谈录，但看来它们没有一定的章法。张宜教授做访谈录，则是根据一定的口述史的访谈框架，依照一定的学术标准，设计了一套规范的操作程序，按照设定的话题，跟访谈对象合作，先行录音，再转写成文字，润饰成文，再请受访者审阅修改确认，最后定稿。这20篇访谈录不是漫无纲纪的散沙，而是依照上述的设计、规划、操作做成的一个有体系的整体。我认为，《历史的旁白》和《历史的回声》是两部成体系的史学著作。张宜教授做这项大工程前，立了下列十个原则性的提纲：

1. 您是怎样走上语言学研究道路的？您为什么要从事语言学研究？

2. 家庭/社会对您的学术发展有多大影响？您的个性对您选择职业和确定研究方向起了多大的作用？

3. 哪一个人/哪一本书/哪一件事,对您现在所从事的学术研究影响最大?是什么因素促使您从事_____研究?

4. _____的环境在哪些方面有利于您从事学术研究?您如何处理教学和科研的关系?

5. 在工作/治学中,曾经最令您高兴和最使您沮丧的事情是什么?

6. 您认为一位语言学家最应该具备什么样的学术修养?

7. 您怎样看待学术批评?您的著作和观点是否受到过批评?批评者是什么人?

8. 您在_____方面研究的特点是什么?有哪些突破?

9. 您认为您在_____方面的主要贡献有哪些?在您的成果中,您本人最看重哪一/几种?学界对它(们)的评价与您的看法一致吗?

10. 您对_____方面国内外目前的研究状况有何看法?它今后的发展趋势如何?

执此"十问"以要求受访者讲述自己的家世、学术渊源、社会环境,以及自己知学、志学、治学的经历,所持的学术思想,等等,犹如全运会或奥运会上的体操比赛,运动员要做"规定动作"。但这不是死板的一成不变的模式,也可以有"自选动作"。古话"从心所欲不逾矩",依我看,规定动作是"矩",用以架构几十篇访谈录的大体,自选动作则使总体在一些局部有所变化,充分凸现出各个具体,拢起来呈现出多彩和丰富。我很赞赏张宜教授这"十问",这是心血的结晶,智慧的升华。

不以规矩不能成方圆,有了这些精心设计的操作流程,历时二十载的漫长实践,终于成就了100多万字的《历史的旁白》和《历史的回声》。现在流行词语中有个叫"成规模",张宜教授的两部系列作品就是成规模的访谈录杰作。将20余篇访谈录汇集成书,条例统一,风格一致,这是很不容易的。近年来我在中国人民大学等学校讲学时,曾经跟一些朋友谈到当今社科基金项目的问题,那时讲过我的一则自认为的"高见":中国两三千年里,集体项目唯一成功的只有《资治通鉴》。我读过四种《司马光传》,知道主编司马光虽然有三位合作者,即刘恕、刘攽、范祖禹,但是他们只是助手,做长编,供司马光采择。而全书文字、议论则是司马光一手撰成,总294卷,近400万字,叙1362年历史,历时19年始成,是一部伟大的史学著作。

我在这儿讲这段历史，是因为张宜教授的《历史的旁白》和《历史的回声》，从采访、录音、核查、成文到定稿，集40余篇访谈录于两书，全出于她一人之手，并无副手相助，因而体例、文风浑然一致，我很赞赏。

自2002年创意，到2018年底，张宜教授的国家社科基金项目"中国当代语言学口述历史研究"结题，前后十六年，至交付出版社《历史的回声》，则是十八年后了。十八年里，她奔走于长城内外，大江南北，与50余位中国语言学家合作，做他们的访谈录，她的受访者涵盖了中国语言学的各个分支学科、各个领域。如此成规模地做，岂止量多，而且质高，堪称成果辉煌！这些年来，她出差数十趟，六万里路云和月，触风雨，犯寒暑，听录音，转文字，删冗句，润饰加工，查核资料，撰写成文，焚膏继晷，艰苦备尝。她的认真，我由衷叹服。俗语说"看人挑担不吃力""事非经过不知难"，人们总以为做口述史就是录音，然后听录音转化成文字而已，非也！其中有个很重要的环节，就是核查受访者所讲的"史实"，由于时过境迁多年，受访者往往是老者，记忆力衰减，因而讲的某些"史实"并非"实史"，访谈者不去找文字资料或调查知情者，势必留下错误的记录，贻误后人。我看过若干高级干部、高级将领的传记，都有一个由好几位"秀才"组成的写作班子，写了好几年，修改、审查了好多遍。犹忆某年读《胡乔木传》，翻到最后的"后记"，看了惊讶不已，这么个水磨功夫，难矣哉！请看裴松之注《三国志》，唐德刚注《胡适口述自传》，补充史料，纠正错误，论证是非，品评功过，遂成史学名著。因此我联想到张宜教授的认真，留下了深刻的印象。兹举一例。2004年我在台湾成功大学做客座教授，瞻礼了郑成功在台南的多处遗迹，对英雄很是崇拜。返宁后，写了一篇史学论文《郑成功两至南京考》。郑成功在东南海隅起兵抗清，以光复中国自任，于1659年率大批战船由海入长江，至南京城北，当地官民响应如潮。郑成功几乎攻克南京城，历史几乎改写。但是被清军在南京神策门所败，清军将领是谁？是梁化凤。此人在清兵入关的第三年即中了武进士，典型的汉奸！从此甘为鹰犬。以前我只知道明清易代之际的一流汉奸吴三桂，因为研究郑成功，又知道了这个二流汉奸。我在南京城墙神策门前徘徊久之，对这个汉奸十分痛恨，也为英雄惋叹，可惜我无才写首怀古诗。在给张宜教授口述时，我凭记忆说梁化凤是山西人，可是张宜在将录音转成文字后，查核了许多明末清初的史书，致函跟我商榷。于是我查了拙文，原来梁化凤是陕西长安（今西安）人。张宜教授的考证文字我看后，赞叹不置。像这种考证原是我辈文史工作者才能做的，她是英语专家，居然查了这些一般语言学博士或教授都不知道的古书,我算是服了!

英语语言学博士张宜教授要带研究生,要写研究论文,要培养女儿,要做家务,还有行政职务,两肩挑。为了这两厚本一百多万字的《历史的旁白》《历史的回声》献出了十八年——一生中最宝贵的时光,精力最充沛的时间。多么伟大的精神、勇气、毅力! 我模仿胡适,称她为"献身中国口述史的中华女杰"。

惯例,文章通常有结语,我这篇序文的结语是:

其人可敬!

其书可传!

南村村民二稿毕工于二〇二〇年五月六日

口述史始于何时

我的名言:有历史癖的人必然有考据癖。愚鲁如我也感染了这"病毒"。如今口述史风行寰宇,前面我说过,口述自传已经压倒了自写的文字自传。那么口述史始于何时? 我对此很有兴趣。2019 年 5 月某日我写了一段文字:今天登百度网,其"百度百科"有"口述历史"一条,现摘其部分文字于下:

口述史学在英文中叫 Oral History,或者称 History by Word of Mouth。这个术语最初是由美国人乔·古尔德(Joe Gould)于 1942 年提出来的,之后被美国现代口述史学的奠基人、哥伦比亚大学的阿兰·内文斯(Allan Nevins)教授加以运用并推广。……1948 年,哥伦比亚大学"哥伦比亚口述历史研究处"的建立,标志着现代口述史学的产生。从 1960 年至 1966 年,全美相继建立了 90 个研究口述历史的专门机构。1966 年,美国成立了全国性的口述历史机构——口述历史协会(Oral History Association,OHA)。……口述史学是发端于海外的一种记录历史的形式。

"百度百科"又说：

> 中国口述历史第一人，身为中国近代史大家，唐德刚是华裔史学家中口述史的主要推动人物。著有《李宗仁回忆录》《胡适口述自传》《顾维钧回忆录》等。……唐德刚1920年生于安徽合肥。

唐德刚确是口述历史有高度成就的历史学家，但是他果真是"中国口述历史第一人"吗？

我的答案：非也，非也。

我这么讲，要拿出证据来。就我所知，中国口述历史的第一本著作应该是吴永口述、刘治襄撰文的《庚子西狩丛谈》！

这个120年前的庚子年即1900年，外国侵略者八国联军攻进中国首都，慈禧太后与光绪皇帝仓皇西逃，至怀来县境，狼狈万状之时，知县吴永"接驾"，请看其中的一段，如闻其声，如见其人：

> （太后）忽放声大哭曰："予与皇帝连日历行数百里，竟不见一百姓。官吏更绝迹无睹。……我不料大局坏到如此。"声甚哀恻，予不觉随之痛哭。太后哭罢，复自诉沿途苦况，谓连日奔走，又不得饮食，既冷且饿。途中口渴，命太监取水，有井矣而无汲器，或井内浮有人头。不得已，取秫秸秆与皇帝共嚼，略得浆汁，即以解渴。"昨夜我与皇帝仅得一板凳，相与贴背共坐，仰望达旦。晚间寒气凛冽，森森入毛发，殊不可耐。尔试看我已完全成一乡姥姥，即皇帝亦甚辛苦。今至此已两日不得食，腹馁殊甚，此间曾否备有食物？"

吴永后随至西安。慈禧向十三国赔款四亿五千万两白银，这天文数字都是咱中国人的民脂民膏啊！丧权辱国如此，"两宫"在一年多后方得返回北京。清朝灭亡后，吴永在1919年、1927年两度向友人刘治襄等口述当年经历，1927年刘治襄当即据之成文，"复持示渔川（鲁按，吴永之字），承为诠次先后，订其漏误，更出旧藏日记两册见付，携归核对，以次填补地名时日，并就中择要节抄二十余则"，定书名为《西狩丛谈》，得吴永认可。1928年春吴永与听讲的友人之一吴闿生（桐城派晚期大家吴汝纶之子）作序，此书遂刊行于世。"中外推崇，视为信史"，被译为多种外国文字。

在这儿我郑重提出，这《庚子西狩丛谈》至少是中国第一本真正意义上的口述史，是口述史的经典！至于是否是世界上第一本真正意义上的口述史，待考。

现在再说另一问题。请问诸君可知，1900年的怀来县知县吴永何许人也？那我现在可以告诉你，你会大吃一惊。吴永者，我们敬爱的吴宗济先生的尊人是也！吴宗济先生是中国20世纪实验语音学的第一专家，享年101岁。

如此，父子二人都在中国现代口述史的广场上树立起高高的旗杆：吴永老先生做了一部口述史《庚子西狩丛谈》，吴宗济先生做了另一部口述史《我的百年人生》。

父子同辉，中国文化史上罕见的"亮点"！

张宜教授在《历史的旁白》里收有吴宗济先生的访谈录。在2009年至2019年间吴宗济先生口述，崔枢华教授撰作，鲁国尧策划的《我的百年人生——吴宗济口述史》20万字即将由商务印书馆出版，以上文字是我在2019年五六月间为该书写的跋语中的一段，目的在以事实证明吴永口述、刘治襄撰作的《庚子西狩丛谈》早于美国学人提倡的口述史。

又，我国历史悠久，典籍浩如烟海，如果深入开挖，会发现更多更早的口述史。现将我最近的一点"高见"胪陈于下：唐代伟大的高僧玄奘，应唐太宗李世民的要求，口述他访学印度十九年，游历天竺100多国的见闻，由其高足辩机撰作的《大唐西域记》似亦可视作口述史。纪昀《四库全书总目提要》列之于史部，但在地理类。这部《大唐西域记》固然列叙印度诸国的地理、山川、宗教、货币、风俗、语言等，也叙述了玄奘本人的游历、活动。辩机没有到过印度，以其优美的文笔记录描摹了其师口述的种种异闻，不是通常所谓的传记，似亦可视作口述史。

庚子年四月十四日晚又及

口述历史(oral history)是一门既古老又年轻的学科。现代意义上的口述历史诞生于20世纪中叶的历史学领域。20世纪40年代,随着录音机和录音技术的出现和普及,口述历史日臻成熟,逐步建立起自己的理论方法和技术手段,发展成为历史学的一个门类。在欧美一些国家,随着数字技术的发展和应用,口述历史的方法被越来越多地应用到学科史的研究中。

20世纪50年代至80年代,我国的口述历史研究领域有很多尝试性的实践工作。80年代后,中国口述史学开始从理论上对口述历史进行探讨,发展步伐持续加快。近些年来媒体人士崔永元、杨澜等参与了一些关于公众人物或敏感事件的口述访谈,让更多的平民百姓关注到了口述历史。

20世纪70年代,西方语言学界已有学者开展口述历史的研究。他们根据一定的框架,分期分批对一些名家进行采访,并将访谈、记录所得编辑成书[如博伊德·H. 戴维斯(Boyd H. Davis)等编的 First Person Singular(《第一人称》)①,1980]。口述历史的研究已见于我国的历史学、社会学、人类学和民俗学等领域,但在语言学中,这方面尚存空白。鉴于此,"中国当代语言学口述历史研究"将口述历史的方法应用到国内当代语言学史的研究中,通过采撷、整理、确认,汇集那些曾经为中国现当代语言学的发展做出过贡献的前辈学者的学术成果,以便更清楚地了解中国语言学研究的历史和现状。

"中国当代语言学口述历史研究"从口述历史的理论和方法入手,在近20年的

---

① 该书由渥太华大学(University of Ottawa)的康拉德·科尔纳(Konrad Koerner)主编,是"阿姆斯特丹语言科学和历史研究"(Amsterdam Studies in the Theory and History of Linguistic Science)系列丛书的第3辑第21卷。其中收录了16位美国语言学家于1979年3月9日至10日在北卡罗来纳州(North Carolina)的夏洛特(Charlotte)召开的会议上所作的带有自传性质的口头陈述。

时间里(2003—2022 年),通过对 57 位亲历过中国当代语言学发展历程的代表人物的录音访谈,涉及了汉语语言学研究和西方语言学研究的诸多方面。这项研究力图做到理论和实践结合,使研究达到一定的广度和深度。

1. 口述历史概览

1.1 口述历史的界定

简单地说,口述历史就是通过调查访谈,用录音、录像等设备收集当事人或知情者的口头资料,然后与文字档案核实,整理成口述历史文稿。

口述历史是受访者与历史工作者合作的产物,双方合作谈话的录音都是口述史料;将录音整理成文字稿,再经研究加工,可以写成各种口述历史专著①。换句话说,口述历史是以录音、笔录或录像的方式,采集具有历史学价值的口传记忆和个人看法。访谈者通常经过充分的准备,有条件的可接受一定训练。口述历史研究中采用的访谈法,既不同于常见的新闻采访,也不同于一般的人生忆旧、生平自叙、自传或传记。如何界定口述历史的标准,钟少华认为判断口述历史的标准有两个:一是要有可以公开的原始录音,以便核对;二是要有符合史学规范的参与和证明。(其中可能有严谨或宽松的差别,但决不能以文学为标准。)② 因而,口述访谈是在专业领域内,受访者与访谈者就某一些话题相互合作的过程。访谈者应在访谈之前依据研究目标设计出访谈的框架或提纲。同一个框架、同一些话题,一经确定,应保持前后一致、基本不变,并运用于本研究所及的整个访谈过程,适用于所有受访者。同时还要兼顾每一话题的时间分配。

1.2 口述历史的特点

口述历史是当代史学中正在兴起和迅速发展的一个新的分支,它是依据口述史料进行的历史研究。口述历史的特征是依赖个人口头回忆。个人口头回忆往往是再现往事的有效手段,是个人经历的真实证据。汤普逊(Paul Thompson)把这样的证据称作"过去的声音",并认为只有依据这样的史料才有可能理解人们过去的经历,这样的史料"可以用来改变历史本身的重点,开辟新的探索领域";"它能通过曾经创造过和经历过历史的人们自己的语言,重新赋予他们在历史中的中心地位"③。

---

①② 钟少华:《进取集——钟少华文存》,中国国际广播出版社 1998 年版,第 414 页。
③ Thompson, P., *The Voice of the Past: Oral History*. London: Oxford University Press, 1988, p.2.

语言出现以前，人类只能以物传的方式记录历史，即从遗物看历史；语言出现以后，增加了言传，即从口耳相传中获得历史知识；文字发明以后，增加了文传的方式，即以文字记载历史；录音、录像设备发明以后，历史的记载又扩大到了音传、像传资料。物传、言传、文传、音传、像传，人类记载历史的手段在不断演进。现代意义上的口述历史，是指在录音设备发明以后，运用音传、像传等手段记述历史的方法。从某种程度上说，就复原历史的功能而言，洋洋万言的文献记载，有时也抵不上一段录音或一段录像。因此，从运用工具的角度而言，口述历史的出现，由记录文字到录音、录像，是历史学领域的一个进步。

口述历史的一个重要特点，是访谈者与受访者的双向进展。受访者有丰富的经历，有许多值得挖掘的史料，但他不一定是历史学家。在其讲述的时候，很可能受记忆的因素、情绪的因素、选择的因素的影响，讲了许多，也遗漏了一些；甚至讲了枝节的，而遗漏了关键的；讲了感兴趣的，而回避了不堪回首的；讲对了一些，也讲错了一些。张冠李戴、前后倒置，以及片面、主观、情绪化等问题的存在也是完全可能的。在这种情况下，访谈者可以凭借自己的学术素养，通过提问、讨论、串联、整理，使访谈按照既定的路径前进，使访谈资料得到补充和完善，使访谈质量得以提高。

从历史记录的广度而言，口述历史提供了相当广阔的空间。人类活动千姿百态，丰富多彩，即使再详细的文献、档案，也只能记录下其中极为微小的一部分。人们生活中亲身历练、耳闻目睹的种种认知及活动，不一定都能载入史册。以往的档案、文献，往往偏重于记录统治阶层或社会精英的活动，更关注政治方面的活动，而对普通民众的生活，对经济活动、社会生活、妇女生活则记录较少，即使有一些，也多为枯燥的统计数据，缺少真实生动的个案记录。口述历史在这方面可以弥补传统档案、文献的不足。口述历史可以驰骋的空间很大，它可以给那些在传统史学中没有机会留下声音的平民百姓留下记录，可以为那些在传统史学中没有位置的事件开拓出存放的空间。从某种意义上说，口述历史向普通民众敞开了大门。

2. 口述历史与中国语言学史

到目前为止，对中国语言学史的历时研究已取得很大成就，但缺乏对断代、专题和个案的研究，应做、可做、必做的题目还有很多。口述历史是研治中国语言学史的切实可行的新方法,它可以为中国语言学史在现当代发展阶段提供新的视角。把口述历史的理论和方法引入中国语言学,充分收集口述史料,对其进行整理、归纳、分析、判断、评价,同时将口述史料与可得到的其他文献资料结合起来使用。通过对这些史料的对比分析,语言学史研究人员和后来人不仅能够"看到"语言学的历史,而且能够"听到"语言学的历史。

通过有目的、有计划的对中国当代语言学家的口述历史研究,可以从另一角度、另一侧面还原出中国语言学史的面貌,可以让中国语言学史学家们得到研究、编制中国语言学史的第一手的最基本史料。这些有声史料是当代语言学家与访谈者合作所提供的思考、回忆和回顾。这些娓娓道来,展示出他们在中国语言学发展历程中的价值与作用。这些带有很强的口语成分的口述史料是中国语言学史中宝贵的备忘材料,是传承中国语言学史的有声证明。

2.1　口述历史与语言学史研究的关系

口述历史旨在通过口述访谈、个人自述等形式,收集人们对过往经验的回忆和解释。自 2003 年起,"中国当代语言学口述历史研究"用了 20 年的时间,收集了 50 余位中国当代语言学家的口述访谈。他们大都生于 20 世纪上半叶,全部受过大学教育,很多人在自己的专长领域有进一步的(学历)进修。或许有人会说,受过教育的语言学家善于诉说自己的故事。但访谈过程和访谈录音显示,受访的语言学家是否能够诉说、表达自己的学术主张以及对所参与的中国语言学的历史进程的看法,与其受教育程度和受教育机构没有直接关系,关键在于他们是否有机会并且也愿意这样做。

在语言学领域,口述历史工作者也可以像在其他学科发展史的口述历史工作者那样,通过口述访谈的形式同亲历过语言学发展过程的人合作,重现一段历史。这样做有可能为语言学史研究带来新的面貌,为语言学史研究拓宽视野。在我国,口述历史研究尽管发展的时间不长,但是从声音档案到文本文献等方面都已经提供了丰富的史料;更重要的是,这些理论和实践成果将会给语言学史的研究人员提供新的研究思路。

2.2　口述历史研究法在中国语言学史研究中的可行性

语言学史是一门交叉学科,它既属于语言学,又属于历史学。语言学史的双重性质,决定了它的双面属性。一方面,语言学史属于语言学的分支学科,但又涵盖语言学的各个分支学科。语言学史研究的内容涵盖了中国语言学的各个分支,其中有汉语的各个分支,也有非汉语的分支,同时也涵盖了外国语言学的各个分支。

另一方面,语言学史重在对语言研究做学术判断,如学术价值、学术地位、学术影响等。①

在历史学的范围内,语言学史属于学术历史,而不是事实历史。学术历史与事实历史既有联系又有区别,主要在于它们的研究对象不同。例如,汉语研究史属于学术历史,它是以汉语史研究者的研究成果作为研究对象的一门学科;汉语史属于事实历史,它是研究汉语自身发展的历史。对象不同,也决定了研究材料的不同。汉语研究史最关注的材料是已经出版问世的学术成果,即文献材料,因而它所使用的材料范围很有限;汉语史研究的是语言素材,既有文献材料,也有口语材料,一切语言材料,不管是古代的还是现代的,也不管是散文、诗歌还是戏剧、小说,都可以拿来作为研究材料②。

在语言学的范围内,语言事实的研究涉及的仅仅是语言事实,而学术历史研究不但要涉及学术成果,而且要涉及学术成果的著作者。对任何学术成果的评判,理论上说是对事不对人,但是研究者的身份及其在学术史上的地位是以学术成果作为内涵、作为实体的。因此,对学术成果的评价也就是对研究者的学术生命的评价,这是一件严肃而又有意义的工作。史学研究重在对史料进行穷尽式的研究,语言学史的研究不但要掌握原始材料,还要对语言学家的学术背景和学术环境进行研究。一个语言学家的社会影响应该与其学术成就成正比,学术成就应该是学术评判的唯一标准。

经过 20 世纪百年的发展,现代语言学,特别是中国当代语言学,已经发生了根本性的变化。作为当代人,我们有幸品评赵元任、李方桂、王力、吕叔湘等中国语言学家的学术著作,却少有他们的声音资料供后来者探究。当下我们既有条件也有机会面对身边的语言学家。我们可以追问他们过去的成长道路和学术历程,聆听他们陈述自己的学术观点、学术主张,评价自己的学术成就,或对学科发展的未来做出自己的判断和预测。所有这些对中国语言学的发展都是不可或缺的支撑,我们要为自己、为后来人创造这样的机会。

2.2.1 口述历史可拓宽语言学史研究的途径

自 1948 年口述史学创立以来,这门学科已经走过了 70 多年的历程。口述历史的问世及发展是现代历史科学领域的一个重大事件。研究和揭示重大历史事件恰恰也是口述史学的主要任务之一。30 年前钟少华就说过:"针对学术课题而采

---

① 陈昌来:《中国语言学史研究的现状和思考》,载《上海师范大学学报(哲学社会科学版)》2018 年第 3 期。
② 何九盈:《中国语言学史刍议》,载《语言科学》(创刊号)2002 年第 1 期。

取口述方法作综合研究,是颇具特色又见成效的生动方法,在国际上早已广泛使用。以口述方法为主,广泛收集中国口述史料,进而研究之,这就是中国口述史学。……尤其在针对中国近现代学术专题史、中华民族现代特色等方面的探讨,其功效是任何文字表述所不能替代的,它的综合研究更能满足需要。"①

口述历史并不是要解释历史,而是要重现历史。这样才能还历史以本来面目。受访者往往是重大历史事件的直接参与者,其叙述的史实有一定的真实性。史实并不是个人经历的总和。托什(John Tosh)认为②,由于认识世界的局限,人们对周围世界的看法不可能完全符合客观事实。史学家的职责之一就是要进一步充分地了解历史事实;由于史学家有机会得到证据,又受过历史研究的专门训练,因此能掌握作用于个人生活的结构与过程,也即更深刻地认识、反思并把握人类社会。

中国的语言学史是一门年轻的学科,关于中国语言学史的著作很少,从事这方面研究的人很少,而专门就中国语言学史的研究方法问题进行思考的人就更少了。何九盈早就呼吁,"中国语言学史研究中有不少基本方法问题需要提出来加以讨论"③。

有关中国语言学史的著作,以分体的专题史居多,很少有全面系统地讲述中国语言学发展历史的著作。而衡量一门学科成熟与否的重要标志之一,就是看对这门学科本身的研究是否成熟。邵敬敏在谈到汉语语法学史研究的时候曾提出"史评学"的概念,即对一门学科研究本身的研究④。他认为,"历史学"是"对该研究的发展历史进行梳理,总结其经验教训,从宏观上把握学科发展的趋势",而"史评学"是"对某部作品、某种流派、某些倾向、某个专题,甚至某位学者,阐述其背景理论,评论其成败得失"。这种观点与何九盈的"事实历史"与"学术历史"的观点有异曲同工之处。

正如邵敬敏对语法学研究所归纳的那样,中国当代语言学史的研究也存在一些问题,主要是:1) 缺乏对我国重要语言学家的专题性研究;2) 缺乏专题史的研究;3) 缺乏严肃的学术批评⑤。

通过对当代中国语言学家中的代表人物进行口述历史访谈,可以进一步比较、

---

① 钟少华:《中国口述史学刍议》,载《史学理论》1989 年第 4 期。
② 〔英〕约翰·托什:《口述的历史》,雍恢,译,罗凤礼,校,载《史学理论》1987 年第 4 期。
③ 何九盈:《中国语言学史的研究方法》(下),载《语文导报》1987 年第 2 期。
④ 邵敬敏、税昌锡:《说新崛起的汉语语法史评学》,载《〈马氏文通〉与中国语言学史》(姚小平主编),外语教学与研究出版社 2003 年版,第 16 页。
⑤ 同上,第 26—27 页。

印证语言学家们的学术成果,并对其开展多方位的特别是个性化的研究。目前出版的中国语言学史著作大都具通史、断代史、专题通史、专题断代史等性质,对某些专题的研究史还不多。只有把各个专题研究的历史研究好了,才有可能把通史研究好。[①] 把口述研究引入中国语言学史,可以从专题研究史的角度对中国当代语言学的发展现状进行个性化的梳理,这样做有助于拓宽语言学史研究的途径。

2.2.2 口述历史是研究中国语言学史的基本史料

现代中国语言学起步于 20 世纪初。20 世纪的中国语言学一方面继承了传统的研究,另一方面则在西方语言学理论的影响下,从传统学术转向现代学术,取得了大量成果。"20 世纪中国语言学的一个重要特点就是不断探索如何把西方的语言学理论和中国的语言学实际相结合,在探索的过程中,视野不断扩大,认识不断深入,研究的重点也逐渐从古代转向现代,从书面转向口语。"[②]"中国当代语言学口述历史研究"通过对见证过这段历史的语言学家进行口述历史研究,可以获得对于当代语言学家和语言学史学工作者来说最基本的个性化的史料。

2.2.3 口述历史是中国语言学史的必要途径

经过中国语言学 20 世纪以来的发展,语言学学科史研究的专门化趋向也越来越明显[③]。中国语言学史的相关研究始于语言学分科史的研究。20 世纪 30 年代胡朴安的《中国文字学史》(1937)、《中国训诂学史》(1937)和张世禄的《中国音韵学史》(1938)等语言学分科史研究成果可以视为中国语言学史研究的起点。经过近百年的积累和发展,这一领域不但有丰富的研究成果,而且已经形成了研究规模和研究队伍。时至今日,中国语言学史的研究人员不仅对语言学史本身的探索日趋深广,还就研治语言学史的理论和方法进行了探索,语言学史研究者的学科独立意识越来越强。

自 20 世纪 80 年代以来,已经有多部中国语言学史通史问世,如王力的《中国语言学史》(1981)、何九盈的《中国古代语言学史》(1985)、胡奇光的《中国小学史》(1987)、濮之珍的《中国语言学史》(1987)、李开的《汉语语言研究史》(1993)、赵振铎的《中国语言学史》(2000),等等。不难看出,发展到今天的中国语言学已向中国语言学学科史的研究人员提出了迫切的要求:要解决大量过去还未探索过的问题;要面对新问题,去追索过去的缘由;要更充分地体现语言学家们的研究特色和

---

① 陈昌来:《中国语言学史研究的现状和思考》,载《上海师范大学学报(哲学社会科学版)》2018 年第 3 期。
② 林焘主编:《20 世纪中国学术大典·语言学卷》,福建教育出版社 2002 年版,第 1 页。
③ 姚小平主编:《〈马氏文通〉与中国语言学史》,外语教学与研究出版社 2003 年版,第 329 页。

研究特点;要更仔细更准确地描述语言学各个分支之间的种种史迹;语言学的史料内容要更翔实、更生动,能从更多方面说明或探索其历史因素;不单有固定的、文字的史料,还应当寻找流动的、可能不稳定的但远非文字史料所能代替的史料;研究人员不单会在书斋中寻找文献案牍里的言外之意,还应当会田野作业,以丰富的多学科的理论与方法装备自己,依靠现代信息工具,从文献以外收集史料、抢救史料。

20 世纪 90 年代,姚小平曾多次撰文①述介国外语言学史的进展,以及这门学科的研究范围、基本概念、理论方法等,并就国内语言学史研究的现状提出看法。当下,我国在中国语言学史的建制和史学理论方法的探讨和运用上仍有滞后。我们可做和能做的是了解国外怎样研究中国语言学史,了解他国怎样研究本国本民族的语言学史。我们可以借鉴国外的理论方法,参考其经验,吸取其成果,营建好中国的语言学史学。

2.2.4 口述历史是中国语言学史的创新点

中国语言学口述历史的创新之处在于,口述历史是对人的研究。研究历史也就是研究人,因为历史是人创造的。若要深入了解历史,获得关于历史时期的各种信息,就要深入了解历史创造者本身,而这只能通过口述历史的研究。就中国语言学学科史而言,口述历史研究尤其可以告诉我们:作为语言学各个分支领域的带头人,他们在当代中国语言学的发展历程中扮演了怎样的角色,发挥了多大的作用,他们怎样看待他人、评价自我,以及他们怎样预测本学科的未来,等等。总结中国当代语言学的发展很重要,而研究这一代学者的学术成果和理论成果,研究形成这些理论的人文因素同样重要。"……由于语言学家也是社会的成员,也是社会文化传统和环境的一部分,所以他们的思想会在很大程度上超出具体的语言范畴。我们与其问他们写过什么或者传授过什么,还不如从本质上关注他们为什么和怎么样逐渐形成这样的思想和学说。如此这般,我们才可能在科学史甚至人类总的思想史中设想语言学史。"②所以,口述历史是一种研治语言学史的新方法,是中国语言学史研究,特别是中国当代语言学发展史研究中的新生事物。

---

① 参见姚小平:《关于语言学史学研究》,载《语言教学与研究》1995 年第 1 期;《西方的语言学史学研究》,载《外语教学》1995 年第 2 期;《洪堡特——人文研究与语言研究》,外语教学与研究出版社 1995 年版;《西方的语言学史研究再思考》,载《外语教学与研究》1996 年第 2 期;《语言学史学基本概念阐释》,载《外语教学与研究》1996 年第 3 期;《西方人眼中的中国语言学史》,载《国外语言学》1996 年第 3 期;《西方语言学史拾遗》,载《外语学刊》1997 年第 1 期。

② Robins, R. H., *A Short History of Linguistics*. Beijing: Foreign Language Teaching and Research Press, 2001, p.3.

2.2.5 口述历史是中国语言学史的原动力

自古以来,史学家的修史工作往往受制于书面文献,这使得史学研究带有相当的局限性。早在 20 世纪初,梁启超就指出中国传统史学界有"四弊"和"二病"。"四弊"是:"一、知有朝廷而不知有国家;二、知有个人而不知有群体;三、知有陈迹而不知有今务;四、知有实事而不知有理想。""二病"是:"一、能铺叙而不能别裁;二、能因袭而不能创作。"① 针对中国的史学问题,翦伯赞也说过:"政府的文告是最不可靠的材料,因为历代的统治者,都是满口的仁义道德,一肚子男盗女娼,好话说尽,坏事做完;但是有了琐言一类的杂史,则民间言语,亦获记录,而此种民间研究,则最为可信。"② 他把政府文告和民间言语对立起来,恐怕过分了一些。但是,有时要了解事实真相,恐怕还真的是要倾听民众的声音。"传说毕竟还是历史的动力,历史的存在还是依存于传说。"③

可见,新史学在近代中国的变革中应运而生,当时的史学家在史学研究和研究方法上尝试新法,力求突破,搜寻新的史料。口述历史就是其中一种经过验证、行之有效的方法,并且已有相当多的研究成果。在这样的前提下,我们认为对中国当代语言学史进行口述历史研究既是可行的,也是必要的。口述历史是中国语言学研究的原动力,它可以弥补文献史料的不足,印证文献史料的可靠性,并且以一种生动的口耳方式叙述并传承中国语言学史。

2.2.6 口述历史是中国语言学史的新文本

"中国当代语言学口述历史研究"改变了书写者与被书写者的关系,是中国语言学史的新文本。中国语言学史的口述研究可以记录、传承中国语言学的发展历程。通过有计划、有目的的口述访谈,可以获得受访语言学家的个人自述,这些自述包括了当今仍然活跃在中国语言学界的代表人物、学界前辈的研究成果、思考回顾、心得体会等。经过持续的、不断的积累,可以逐步建立一定规模的口述档案或口述史料库。利用访谈的形式,口述历史研究者可以引导和促使受访者回顾他们的亲身经历,从而再现中国语言学的发展史。这种途径可以使鲜活的语言学史料得以保留。在中国语言学史上,这是首次以声音的形式记载和保存本学科的史料,因此,这是一项特别有意义、特别有价值的工作。

口述历史是一种个案研究,在历史学的分支学科中,口述历史最能凸显个案探

---

① 梁启超:《梁启超史学论著四种》,岳麓书社 1998 年版,第 241—247 页。
② 翦伯赞:《史料与史学》,北京大学出版社 1985 年版,第 32 页。
③ 姜蕴刚:《历史艺术论》,商务印书馆 1943 年版,第 4 页。

考的价值。美国语言学家查尔斯·F. 霍凯特(Charles F. Hockett)把语言学史分为两类:"知识史"(intellectual history)和"个性史"(personality history)①。口述历史侧重个性化的历史叙述,让历史从不同人的口中道出。通过一系列个案考察,把获得的口述史料进行归纳、分析、判断,便可以获得多重角度的历史观。对于中国语言学的知识历史来说,个性化的语言学史的研究不可或缺。

20世纪90年代,在展望中国语言学研究的重点时,有人坚持:第一,侧重宏观语言学,即注重语言与心理、语言与社会、语言与文化等之间的关系,鼓励跨学科的研究;第二,着眼于认知语言学,探究语言与大脑和神经的关系;第三,鼓励用科学主义方法和高科技手段进行研究②。"中国当代语言学口述历史研究"把口述史学的理论和方法引入中国语言学,借助科技手段进行当代语言学的口述研究,充分收集口述史料,对其进行整理、归纳、分析、判断、评价,同时将获得的口述史料与其他文献资料结合起来使用,这样做"的确是很有意义的尝试,意义重大且深远"(何九盈语)。

要想获得访谈的成功,就需要破解技术难题,掌握访谈技巧。访谈的方式多种多样,既包括亲密的、非正式的和聊天式的方法,也包括更正式的、有节制的提问方式。鉴于"中国当代语言学口述历史研究"属于学术研究型的访谈,所以,本项目采用的是正式的、有节制的提问式访谈。这项研究通过与中国当代语言学家访谈的方式,由访谈者以录音、笔记、摄影等手段,把当今活跃在中国语言学界的代表人物、前辈学者的研究成果、思考回顾、心得体会等,有计划、有目的地记载和保存下来,形成一定规模的口述档案或口述史料库,供当代其他学者和未来的学者从事研究之用。

3. 中国当代语言学口述历史研究

中国传统语言学通过以通经解字为目的的小学逐渐发展形成,主要包括文字学、音韵学和训诂学三大分支,成为历代中国语言学的主流。20世纪初,现代意义上的语言学由西方传入我国。按照王力(1981)、何九盈(1995,2000)的划分,中国当代语言学史(1949年至今)至今只有60多年的历史,而且对这段历史的总结才刚刚开始,所采用的方式大致有两种:理论概括和历史评价。学术史的研究属于

---

① Davis, B. H. (eds.), *First Person Singular*. Amsterdam: John Benjamins B. V. 1980, p.105.

② 许嘉璐、王福祥、刘润清,等编:《中国语言学现状与展望》,外语教学与研究出版社1996年版,第304页。

后一种性质的总结。在论述这种总结的必要性时，何九盈认为①，从本质上来说学术史就是认识史。我们应该自觉地对前人的学术实践及其认识路线，乃至思维方式、研究方法加以总结。其实，凡是有突出成就、做出了重大贡献的语言学家，他们都对自己所研究领域的历史状况进行过反思，并在反思基础上确立了自己的实践路线、方向、方法。

中国语言学的规模发展是在中华人民共和国成立以后，随着现代汉语语音、词汇、语法体系的确立和不断完善，汉语在实际应用方面，如汉语规范化所包括的简化汉字、推广普通话、制定并推行汉语拼音方案等方面，均取得重大进展②。

中国当代语言学的特点之一是，探索如何把西方的语言学理论和中国的语言实际相结合。在这个过程中，随着视野的不断扩大，认识的不断深入，研究的重点也渐渐从古代转向现代。到了近年，我国的语言学已经成为多学科交错、流派纷呈的新型学科。③

20世纪90年代，结合《马氏文通》出版100周年，出现了一股总结百年来中国语言学发展的热潮，出版了很多论著，其中北京大学出版社出版的《二十世纪的中国语言学》(1998)从各个侧面分析了百年来中国语言学的发展道路及所取得的成就，并就其中存在的问题和经验教训展开讨论；陈宝亚的《20世纪中国语言学方法论》(1999)从理论上梳理出中国现代语言学的发展道路。2000年6月3日至4日在北京外国语大学举办了"纪念中国语法学先驱马建忠(1845—1900)逝世百年——中国语言学史研讨会"，会议由北京外国语大学外国语言研究所、中国社会科学院语言研究所和北京大学中文系联合举办。2003年外语教学与研究出版社出版《〈马氏文通〉与中国语言学史》④，其中，何九盈的《中国语言学史研究刍议》和胡明扬的《读中国语言学史著作的几点感想》两篇文章从不同角度分析了中国语言学史的研究及现状。在谈到修治学科史的问题时，何九盈提倡发扬团队精神，认为研究中国语言学史需要具备多门专业知识，任何人都不能包打天下。但他并不否认个人做精深研究的必要，因为个人的研究永远是基础、是前提。好的学术史都是

---

① 何九盈：《中国语言学史研究刍议》，载《语言科学》(创刊号)2002年第1期。另载《〈马氏文通〉与中国语言学史》(姚小平主编)，外语教学与研究出版社2003年版，第1—10页。

② 邵敬敏、方经民：《中国理论语言学史》，华东师范大学出版社1991年版。何九盈：《中国现代语言学史》，广东教育出版社2000年版。

③ 林焘主编：《20世纪中国语言学研究》，载《20世纪中国学术大典·语言学卷》，福建教育出版社2002年版，第1页。

④ 姚小平主编：《〈马氏文通〉与中国语言学史》，外语教学与研究出版社2003年版。

有个性的,学术史的个性差异是学术史研究得以繁荣的必要条件①。胡明扬则对已出版的中国语言学史著作做了分析,认为从体例上看,一类是以史料或者说是以文献资料取胜的传统史著,行文采取专书简介的方式,较少史论性的内容,还有一类是力求史料和史论并重②。

语言学史研究中另一项重要的内容是开始了中西语言学史的比较研究,姚小平关于洪堡特(Wilhelm von Humboldt)的研究以及其他一系列相关的论文已在这方面迈出第一步。③《考据学和科学语言学——梁启超、胡适论中国传统语言研究方法》介绍了梁、胡二人对中国传统语言研究方法的"考据"之说,同时结合西方科学语言学的形成,分析了清代考据学的科学性和局限性。《〈汉文经纬〉与〈马氏文通〉——〈马氏文通〉历史功绩重议》通过比较研究,提醒人们注意外国学者对汉语的研究以及相关的理论和方法。

总体说来,中国语言学史学研究在理论研究和方法研究方面还存在空白,关注语言学史多元化研究的人不多,也很少有人去收集中国语言学史中的第一手资料,经过自己的认识之后再客观地描述出来。

语言学史是语言学家参与语言研究的过程和产物,语言学史上发生的各种事件大都是语言学工作者策划、参与、进行的。尽管在语言学史事件中,由于各自的身份地位不同,每个人参与的程度也不同,但语言学史上的任何成败得失,无疑都是由语言学工作者群体造成的。"中国当代语言学家口述档案研究"中的受访者都是语言学各个领域的代表人物,他们或参与或见证了各种重大历史事件;他们在各种语言学活动中取得了重要成就,具有重要影响。鉴于此,2003 年 9 月至 2019 年 9 月(有 3 位因客观原因未能实现录音访谈的受访者与笔者达成了书面访谈录的授权),项目组先后分批对 57 位中国当代语言学研究的学者进行了有计划、有准备的录音访谈。

3.1　研究方案的制定及实施

访谈初始设计的内容包括八个大的方面:语言学家的成长背景、学习经历、专业影响、研究环境、学术修养、学术贡献、学术批评、学科展望等。

---

① 何九盈:《中国语言学史研究刍议》,载《语言科学》(创刊号)2002 年第 1 期。
② 胡明扬:《读中国语言学史著作的几点感想》,载《〈马氏文通〉与中国语言学史》(姚小平主编),外语教学与研究出版社 2003 年版,第 11 页。
③ 参见姚小平:《关于语言学史学研究》,载《语言教学与研究》1995 年第 1 期;《西方的语言学史学研究》,载《外语教学》1995 年第 2 期;《洪堡特——人文研究与语言研究》,外语教学与研究出版社 1995 年版;《西方的语言学史研究再思考》,载《外语教学与研究》1996 年第 2 期;《语言学史学基本概念阐释》,载《外语教学与研究》1996 年第 3 期;《西方人眼中的中国语言学史》,载《国外语言学》1996 年第 3 期;《西方语言学史拾遗》,载《外语学刊》1997 年第 1 期。

3.1.1 确定访谈框架和话题

访谈目的：

1) 访谈一批当代语言学界的代表人物,透过他们的经历,了解20世纪下半叶以来中国语言学各领域的进步,以及本学科发展的历史及规律。

2) 了解语言学家的成长史,包括中国语言学家成长的特点、共同的理想、对待专业的态度、处理问题的方法等。

3) 考察个人学术活动与学科史发展的关系,如前者对后者有无影响,历史的发展对个人有无制约作用,二者如何互动等。

4) 在总结和概括中国当代部分语言学家学术经历的基础上,提出逐步开展中国当代语言学家研究的思路和建议。

访谈对象：中国当代语言学各领域代表人物57位。首批访谈了33位,其中有26位受访语言学家的访谈确认文本成书于2012年高等教育出版社出版的《历史的旁白——中国当代语言学家口述实录》。现在这本《历史的回声——中国当代语言学家口述实录》呈现的是第二批24位受访者中20位(见附录1)的访谈实录。受访者主要分布在国内的北京、上海、天津、广州、杭州、厦门、成都、哈尔滨、香港及国外的瑞士等地。受访者出生于1900年至1960年。

访谈方法：录音访谈。受访者在2到2.5个小时中,围绕访谈提纲的10个问题展开讲述。

访谈设备：数字录音笔、MD录音机、普通照相机和数码照相机。

访谈内容：大体上涉及受访者的研究动机、研究领域、研究兴趣、研究环境、学术观点、学术修养、学术成就、如何看待学术批评以及对学科发展的展望等共性问题(见附录4)。

3.1.2 拟定授权书

拟定与访谈有关的授权书(见附录5),并征求法律专家意见(见附录6),以确保措辞严谨,避免可能发生的著作权、隐私权等方面的纠纷。

3.1.3 制订调研计划,选定受访者

在遴选受访者的时候,主要考虑以研究汉语和相关学科的语言学家为主,尽量顾及各个方向和领域。确定受访者的条件和依据主要参照《著名中年语言学家自选集》[①]入选对象的条件：

---

① 参见《著名中年语言学家自选集》,大象出版社1993年版。

1）从事语言学研究及相关学科的语言理论研究。

2）在特定的研究领域做出突出贡献，并在语言学界具有一定影响。

3）年龄在 50 岁以上，工作单位不限于中国的高等院校或科研机构。

4）适当兼顾学科、研究领域的代表性。

3.1.4　受访者签署授权书

与同意公开发表访谈录的受访者签署授权书。

3.1.5　对个案进行综合分析，得出具有普遍意义的结论

就求学经历、学术背景、学术观点、研究特点、理论贡献、社会责任感、对中外语言文化差异的看法等话题，对 57 位受访者进行访谈，整理出录音文稿，并由受访者确认。

3.1.6　逐步积累，建立"中国当代语言学口述历史档案"

后期制作含两种形式：

1）录音部分以 CD‑ROM 形式和 MP3 形式收藏；

2）录音的书面文本，在获得受访者授权后，其中部分可编集成书出版。

3.2　个性化历史研究的启示

加强中国语言学史的多元研究和个案研究，加强语言学与其他学科的交叉研究，注意与国际同行的研究接轨，是当前中国语言学史学研究的重要工作。可以说，"中国当代语言学口述历史研究"在一定程度上是中国当代语言学学科发展的缩影，从中可以看出中国语言学的各个分支在研究领域的拓宽、研究方法的创新、研究手段等诸方面的进步与发展。

在实施访谈的过程中，本研究获得的有声资料非常丰富，所做的分析只是其中一小部分，还有大量工作要做。然而，仅从所做的分析中，已可看出该研究与中国当代语言学研究现状的关系。希望本项研究能给语言学界提供一点启示。

首先，中国当代语言学家们的梦想，他们的成就，甚至他们的失意，都与中国社会的现实息息相关。他们有相似的经历：自身早年对语言（学）的兴趣、偶然的机遇或者决定性的命运所起的作用，20 世纪下半叶社会的变革和语言教育机构及研究机构的氛围的影响，语言学界一些有影响人物的教诲和忠告等。

一个有趣的现象是，在过去的 50 余年中，他们中很少有人从一开始就立志成为语言学家，一些人甚至从来没有想过这一职业。原因可能是：其一，在 20 世纪上半叶的中国，语言学还没有完全从学科当中独立出来，那时人们对语言的认识只是局限于语文或者文学的概念；其二，在动荡不安的政治形势下不可能从事自己选

择的专业研究,政治运动使得他们当中的许多人只能把语言研究作为自己业余追求的兴趣。运动结束后,随着学术身份的确立,他们才争取并获得他们的良师益友所期望和要求的对语言学研究的自主权。

其次,还有一个值得一提的共同点:无论是来自高等学校还是来自研究机构,这50余位受访者大都一边从事语言教学工作,一边从事语言研究工作。这样的环境使得他们能够把教学中的兴趣点转变为科学研究的动因;反过来,科研成果又可以被他们拿到教学实践当中加以检验。

本研究发现,口述历史研究中,访谈者与受访者进行心灵沟通,双方建立信任感,是一项难度很大的工作,这也可能是口述历史研究难以推广,成为史学研究重要方法的原因之一。在口述访谈研究中,主要有四个方面的难点。

一是访谈者与受访者心灵上的沟通。口述历史资料的获取,一般采用访谈的方式,口述历史的组织者、访谈者、受访者、研究者都是活生生的人。整个访谈是面对面的交流,是言语的交流和情感的交流。在访谈中,录音、整理文字材料等工作虽然繁琐,但可操作性较强。在口述历史研究中,困难的是对人心的了解,对人与人之间情感的了解,人与人心灵的沟通。访谈者与受访者心灵沟通的程度,在某种程度上决定了口述史料的价值所在。

二是访谈对象选择中的反差。在口述历史研究中,我们每个研究者都会面临受访者的层次差异问题。从权力、地位结构上,受访者可分为上、中、下三个层次;从年龄结构上,受访者可分为老、中、青、少四个层次;从性别结构上,受访者可分为男性、女性两个层次;从文化结构上,受访者可分为高、中、低三个层次。在这些复杂的层次差异中,文化结构是最关键的。受访者的文化层次决定了他们对问题的认识程度和体会的可靠程度。不同的文化层次、不同的社会环境形成受访者各自不同的性格、不同的经历,以及对同时期事物的不同感受和认识。在"中国当代语言学口述历史研究"的口述访谈中,我们感到,受访者的文化水准较高,表达能力较强,在谈话中逻辑性较强,言语谨慎。他们对许多事件、社会生活经历有自己的见解,能做出评论。但因为受到社会环境、地位、名誉的约束,他们对政治问题、学术流派和自己的形象很敏感,在访谈中顾虑较多。他们对个人经历及事件的真实性往往有一定的倾向性,往往回避敏感问题;对于个人情感遮盖严密,只是偶尔才有所表露,一般难以深入访谈,这样就会影响访谈的质量。如何协调并克服访谈者的文化反差,是口述历史研究的一个难点。

三是时间流逝造成的困境。人的生命是有限的,记忆力的旺盛时期是短暂的,这决定了口述历史研究的受访工作会受到限制。从事口述历史研究应有一个最佳时间,但同时,这项工作又应该是一项长期工作。由于时间流逝,几辈人的生活和工作的环境有所不同,在思想观念、价值判断、认识程度、研究兴趣等方面都会产生不同的看法。两代人、三代人之间的代沟,也有可能造成访谈者与受访者之间沟通的障碍,导致口述历史的偏误。

四是对研究者(访谈者)严格、高难的要求。研究历史就是要还历史以本来面目。口述历史研究对于研究者(访谈者)要求很高。在口述资料的收集、研究过程中,要求研究者(访谈者)具备广博的社会知识、历史知识,以及本专业的知识等;要了解受访者的生活环境;要具备很强的感化能力和话语表达能力、严谨的文字编辑能力,以及访谈技巧与应变能力。口述历史研究者要懂得一定的心理学,要了解成功者、失败者、领导者、普通人,男人、女人等各种不同人心态上的差异,要使自己的话语适应于受访者的话语。所谓的共同话语,一定要建立在对对方立场的理解上,当然,这并不意味着研究者要放弃自己的观点。然而,建立共同话语的难度很大。访谈中,要使受访者不觉得在思想认识上与研究者有很大"差距",愿意说出心里话,就需要把握好访谈角度,注意如何从不同的角度入手与受访者交谈。但是,访谈者又要与受访者保持一定的距离,使受访者把访谈者当作一个"陌生"的倾吐对象,没有任何顾虑和负担。

无论是访谈过程、文字资料的整理,还是资料的甄别,只有与受访者合作,并加强研究人员之间的合作,才能使真实历史重现出来。独立的思考能力是口述历史研究者必不可少的基本素质。口述历史研究者不仅要掌握访谈的技巧,而且要有严密的逻辑思维和独到的见解。口述历史研究不是简单的历史复原,而是与历史对话,是后人对前人的理解,因此,研究者不能仅限于一般性的访谈,然后像打字机一样去整理材料,而没有自己的认识深度和独到见解。

根据受访者性格和态度,可以将受访者分为以下几种类型:健谈型、谦虚型、拘谨型、客气型、拒访型、冷淡型。有的语言学家非常配合,除了爽快地接受访谈,还积极为我们提供拟受访者的联系方式,甚至主动为我们联系。有的语言学家则婉言谢绝,一再表明自己算不上是学科中的代表人物,但却非常首肯笔者的做法,愿意为我们出主意。有的受访者不但精心考虑,而且还为我们准备好相关的文字资料,给我们的整理工作提供方便。有的受访者则出言谨慎,不愿多谈、深谈。有的受访者只允许面谈,不允许录音;有的受访者开始时很配合,等到整理出访谈文稿之后,则改变初衷,不愿意公开访谈内容;也有的受访者不愿意和我们签订授权书;等等。值得一提的是,一些有过海外学习或工作背景的语言学家对录音访谈非常认同。

总之,要使口述历史研究深入地进行下去,就必须正视它的难度。口述历史研究只是语言学史学研究诸多方法中的一种,它使动态的语言学史料与书面文献得以一起利用。口述历史研究在特定条件下的作用比较显著。

本研究还表明,口述史学的出现适应了时代的需要,顺应了史学变革的方向。史学家不再局限于史书规定的狭小范围,而可以调查任何一个他们感兴趣的问题,他们的主动性有所扩大。这种变化,不但适用于西方史学和中国史学,也同样适用于语言学史学。中国的语言学史学研究应该吸收口述史学的研究方法。

当然,口述历史也有其局限性:

1) 口述访谈多半是对与历史有重要关系的事实细节或者真实事件进行的口头回忆,在访谈过程中很有可能出现口误。

2) 受访者有意避开敏感问题。

3) 口述访谈时,有的当事人倾向于护短。在谈及某件事情的时候,有时会明显感到受访者在袒护自己或者自己的老师。

4) 从某种角度说,口述历史是一项跟时间赛跑的工作,也是一项可能会留下遗憾的工作,因此,收集语言学史口述史料刻不容缓。

4. 结　语

20世纪中叶,录音设备的商品化使得源于古老传统的口述历史方法得以在人类社会的发展进程中发挥作用。口述历史研究可弥补文献史料的不足,印证文献资料的可靠性。通过书面文献与口述史料的结合,后人将不仅能够读到、看到,而且能够"听到"语言学的历史。在中国语言学史上,这是首次以声音的形式记载和保存本学科的史料。

口述历史是对基于文献的传统历史学的补充,它是一种新的历史文本。口述历史研究法在中国当代语言学史的研究中是可行的。口述历史研究旨在用声音记录语言学史。把口述史学的研究理论和研究方法引入中国语言学,充分收集口述史料,对其进行分析、归纳、判断、评价,同时把口述史料与其他文献资料结合起来使用,可以拓宽语言学史研究的途径。

在了解考察语言学史的过程中,我们还可能有这样的想法:对历史的描述经常是片面的、主观的。因为人们在解释历史事件时很难做到客观和公允。对语言学的历史来说,还有另外一个主观因素,即过去的哪些活动、哪些目标应该纳入语言学的范围,从而也列入语言学史的范围。关于这一点,语言学家的看法很不一样。罗宾斯(R. H. Robins)曾建议①:把针对语言的一个或几个方面的任何系统的研究都当作语言学史的一部分,前提是只要这种研究就其本身而言具有意义和价值。我们既要总结当代语言学的演变规律,研究当代学者的学术和理论成果,还要研究形成这些理论和成果的人文因素。我们不但要研究出版物,研究概念的范畴和体系的出现以及它们的发展,研究继往开来的实践者们的学术成果,还要研究使他们的思想得以形成和发展的方式和背景。语言是社会的,作为语言学家的人既是社会的成员,更是社会文化传统和环境的一部分,我们应该从本质上关注并研究他们为什么和怎么样逐渐形成了自己独到的思想和学说。只有这样,我们才有可能在语言学学科史中去设想语言学史。

对于中国语言学的历史与发展而言,前辈语言学家的治学经验和研究心得是不可多得的财富。他们口述的会议、见解和评论等是极其珍贵的史料。如今不少语言学家因年事已高或其他缘故,已无力著述,这种情况下,他们口传的历史就更需要得到记录和保存。因而,从事口述历史研究的目的,也在于"抢救"历史。

通过对一些当代著名语言学家进行访谈,我们采集到一批有声史料,这对于当代语言学家和语言学史学工作者来说都是最基本的史料。作为中国语言学史的口语备忘录,这些史料将有助于传承和丰富中国语言学史。虽然"中国当代语言学口述历史研究"已告一段落,但是,作为学科分支的中国语言学史学的确立尚需时日,把口述史学的方法引入中国语言学史研究,需做、可做的工作还有很多,还需更多学界专业人士的关注与呵护。

---

① Robins, R. H., *A Short History of Linguistics*. Beijing: Foreign Language Teaching and Research Press, 2001, pp. 2-6.

李锡胤访谈录

受 访 者：李锡胤教授

访 谈 者：张　宜

整理/注释：张　宜

地　　 点：黑龙江大学俄语学院博士后流动站活动室

时　　 间：2009 年 7 月 15 日,上午 09:00—11:00/2022 年 8 月定稿

张宜： 李老师您好。今天是 2009 年 7 月 15 日。我现在是在黑龙江大学俄语学院博士后流动站的活动室。今天接受我访谈的是李锡胤教授。主题是词典学、语言学、语义学。李老师,您是怎样走上语言学研究道路的？您为什么会从事词典学、语言学和语义学的研究？

李锡胤教授： 我们那时候都是服从组织分配的。我原来在上海复旦(学习),后来到了浙江大学。我是学英语的。我的这条路非常曲折,那时候正是抗战时期。

张宜： 那时申请上海复旦是要考试的吧？

李锡胤教授： 嗯,要考试的。我是跳级去的。我中学只学习了一年半,就跳级了。

张宜： 您是怎样决定学英语的呢？

李锡胤教授： 复旦大学的英语比较好。还有,我上中学时有一个老师的英语非常好。他是上海圣方济大学毕业的。戏剧家、导演顾仲彝先生也在上海复旦教书,五四运动时他是北大的学生。我很怀念他。我还写过一篇悼念他的文章。我在复旦

＊ 本访谈录初稿是在 2009 年 7 月 15 日的录音访谈文稿的基础上形成的,经李锡胤教授审阅认可。至本书出版,时间过去了十余年。正式出版前,访谈者张宜根据李锡胤教授公开出版物的相关内容,做了适当增补。

学习了一年的英语。后来我到了浙大借读，就从沦陷区到了国统区。很不容易啊！日本人查得很严，很难跑出去的。

张宜： 李老师，您的祖籍是浙江绍兴，您是从家乡考到上海复旦的吗？

李锡胤教授： 是的。我是从家乡考到上海复旦的，读了一年之后又到浙江大学龙泉分校。它位于浙江、福建交界的地方，条件很艰苦。（校舍）都是用竹子搭的茅草楼。

张宜： 噢，那是属于武夷山区吧？在浙江的南部。很偏僻的地方。（当时）没有沦陷吧？

李锡胤教授： 是的。条件非常非常艰苦。（笑）竺可桢先生可真是个教育家。他当时是浙大校长。当时蒋介石政府想停办浙大。竺可桢校长力争在非沦陷区办学。（当时）一、二年级的学生在浙大龙泉分校，三、四年级的时候到贵州遵义的浙大总校。竺校长可真是个教育家，他对我们的影响很大。当时，浙江有一个马一浮老先生，"四书五经"全熟，是个国学大家。"十三经"、《四库全书》都熟读。清朝科举考试时他能把"十三经"背得滚瓜烂熟，并借用"十三经"里的话来表达自己的思想。他把考官都震住了，（考官）把自己的女儿嫁给他了。（笑）他知识渊博，但思想守旧。抗战时，蔡元培先生请马先生去北京大学当教授，他不去。竺可桢先生请他到浙江大学教书，他也不去。他坚持"只有来学，不能往教"。（笑）杭州沦陷前，竺校长还请他一同撤退。马先生同意了。竺可桢先生马上给他聘书，聘他为浙大教授，去了西南。

就这样，我到了浙大。当时大批人才集中在浙大。（比如）夏承焘、林枫敫、周有光、王季思等先生。他们全心全意地教书。浙大给我的印象是，从教授到工友，上上下下都是这么想的：希望抗战早点胜利，把日本人赶走好建设我们的国家。就连工友都盼望抗战胜利能好好给青年学生做顿饭。历史条件给学生的教育是无形的。

抗战胜利后，收复了台湾。台湾大学的校长当时是发表了"陈氏定理"的数学家陈建功先生。他是绍兴人。台大当时是东京大学的第四分校，藏书非常丰富。后来我和同学唐梓衍到了台湾省立师范学院，现在叫台湾师范大学。我去了还是学英语。台师有一年制的专修科，招收原来在大学里学过两年的学生。当时台湾需要教师，因为原来日本占领时教师很多是日本人。日本投降后，台湾急需培养自己的老师。我在那儿学了一年就毕业了。当时在台湾的绍兴人很多。开明书店的老板章锡琛先生当时也在台湾开分店。

张宜： 您当时自己很想去台湾吗？

李锡胤教授： 不完全是。当时有我的同学唐梓衍，我们俩很要好。他后来北大法律系毕业，在公安部工作过，又当过法官。我们一块儿去的。当时是 1946 年，抗战刚结束。没有轮船，我们在上海等了两个多礼拜。要走门路才能搞到票。那时的船也小，不到 1 000 吨。我们到福州又等了一个来月才到台湾。

张宜： 比照原来很艰苦的条件，您觉得这段经历很浪漫吗？

李锡胤教授： 我的浪漫指的是生活没有保障，思想又很活跃。（笑）当时想到台湾后换个专业。我很想学技术，救国。那时陈建功先生回大陆了。本来蒋介石请陈建功先生是去当台大校长的，但是蒋介石政府腐败，台大的很多设备都被偷走卖钱了。陈先生很生气，就回大陆了。到上海的中央研究院数学研究所工作。我们没有门路了，我就在开明书店待了一段（时间）。台湾师院招生，我们就考上了。念了一年毕业，就同唐梓衍一起回来了。当时师范学院毕业以后要在那边工作一年才能发正式文凭。当时只给我们（非正式的）草文凭。回来以后，我还想重新考大学。台湾师院要我回去。幸亏我没回去，我要回去就出不来啦！（笑）

张宜： 那时您有多大？

李锡胤教授： 我是 1926 年生的，到 1946 年正好 20 岁。当时还是似懂非懂的。回来我又重新准备课程，我的知识结构已经定下来了。中学我只学过一年半，考理工肯定不行。我没有这些知识结构。当时，我经常看费孝通、潘光旦等教授在杂志上写的文章，文笔犀利，我很佩服。

张宜： 这是我很好奇的一个问题，您先是学了英文，后来又学了社会学。

李锡胤教授： 我非常崇拜潘光旦、费孝通等先生。我学了纵的文学史，我还要学横的社会学。正好看看整个社会对文学有什么影响。

张宜： 那时是 1947 年吗？

李锡胤教授： 1948 年。我从台湾回来后在家又复习了一年，1948 年重新考进燕京大学学习社会学。有些课我以前学过了，我就省下时间多学外语。燕京大学有个法语教授非常好，（雅克·）邵可侣（Jacques Reclus）先生。他的祖先在法国是文学世家。他被中国进步的（上海）劳动大学请来了，后来到了燕京（大学）。他自己编教材，按照自己的教学法教，是实验性质的。我就想以后的外语教学能不能鼓励老师要有自己的一套方法，自己有一套教材，自己的教学法，自己做实验。好的、坏的,自己要总结出来。你总结一套,他总结一套,大家平心静气地看哪个方法好。

张宜: 每个老师都可以发挥自己的专长,在他的教学实践中贯彻他自己的教育思想。

李锡胤教授: 对。大家可以互相交流,大家应该有一个共同目标。我到燕京大学后,一方面学社会学,一方面又学了法语。1948年的冬天,北平西郊解放了。燕大的学生运动搞得比较好。我开始参加学生运动是在台湾,参加学生请愿活动遭当局抓捕就回大陆了。当时有个"沈崇事件"。美国曾帮助中国抗战。抗战胜利后,美国兵的纪律非常不好。北大当时有个女生叫沈崇,在天安门红墙一带被美国兵强奸了。当时的学生运动很厉害,抗议美国兵,要求他们撤兵。当时在武汉也发生过类似的美国兵集体强奸国民党军官太太的暴行,在武汉也引起了声讨运动。在燕京大学时,学生运动给我的影响很大。有几个美国教授也很同情我们的学生运动。我们搞活动时他们给我们鼓掌。他们也知道蒋介石的国民党政府不行了,无可救药了。1948年冬,燕京大学在西郊先解放了。北平城还没有解放。燕京大学的地下党组织很强,我是1949年加入的新民主主义青年团。燕京大学给我的教育就是要爱国、进步。我是1948年冬入学,(19)49年上半年主要是参加学生活动,宣传党的政策。到了下半年,主要是学习。1950年时哈尔滨外国语专门学校(黑龙江大学前身)来北京招生,挑一些外语基础好的学生到解放区去,因为新中国需要俄语人才。因为我是团员,我又喜欢外语,组织上内部推荐了我。他们一来动员,我就同意了。我们一共有三个人。

张宜: 也就是说您在燕京大学学了两年的社会学,对吧?

李锡胤教授: 到1950年的5月份,两年不到吧。我就这样到了哈尔滨。此后一直从事俄语学习和研究。(俄语是)沟通北京到莫斯科的桥梁,我们都是来当桥梁的,当铺路石来啦。(笑)1950年5月来的。(19)52年秋天我就毕业了。当时是专科学校,和现在的大学标准不一样。考虑到这段历史,教育部门承认我们的本科学历。哈外专的王季愚和赵洵两位女同志是从延安抗大来的,她们是真正的教育家。王季愚原是从上海去延安的,她在上海正风中学教书,搞过妇女运动,我们为她编了《王季愚文集》。赵洵同志也是从延安来的,她是哈工大的学生,搞进步活动,国民党通缉她,她和爱人跑到北平,后来又到上海。她们是真正搞教育的。这里是几篇我写的纪念她们的文章,你可以看看。(说着,李老师把他准备好的几份资料递给我。)

张宜： 谢谢！您的家庭对您的影响大吗？您的个性对您后来学习俄语影响大吗？您原来喜欢什么？

李锡胤教授： 我原来喜欢文学，当时淡化语言学。

张宜： 在我国东南沿海江浙一带，外语教育，特别是英语教育要比内地好吧？

李锡胤教授： 对。江苏、浙江、福建、广东等地的英语都不错。上海、武汉等地的也不错。绍兴也有一所教会中学。我喜欢国文。我受家庭影响大。我父亲考上清朝末年最后一榜秀才，他考完就发生辛亥革命了。家里有读书的条件，父亲有很多藏书。日本人占领绍兴后，我就到了乡下，把父亲的书拿出来看。完全是自学。

张宜： 那您是什么时候接触到英语的？

李锡胤教授： 是在我读初中的时候学了一点儿。在上海时，圣方济大学毕业的陆佩韦是我的老师。他的弟弟陆佩弦后来是上海外国语大学英语学院的教授。（可惜）很早就去世了。

张宜： 李老师，社会，特别是新中国成立前后对外语人才，尤其是对俄语人才的需求使您最终选择了俄语。学出来了以后就接受分配，1952 年毕业留校，在哈尔滨外专工作。是这样吧？

李锡胤教授： 对。哈外专，(19)56 年改为哈尔滨外国语学院，(19)58 年改建为黑龙江大学。王季愚校长和赵洵校长她们把当时的专门学校正规化了。她们在这方面做了许多工作。当时陆定一部长指示所有的外语专门学校要正规化。你可以看看《平凡人生——王季愚传略》①，是上海市政协文史资料委员会编辑的。

张宜： 正好我想问您的是哪一个人，哪一本书，或者哪一件事对您从事俄语语言学研究影响大？恐怕您很难说是哪一个人吧，刚才您已经谈到好几位了啊。

李锡胤教授： 对啊！当年王季愚、赵洵在晋察冀边区遇到了许多困难，她们还是坚持党的教育事业。

张宜： 在与您的几次交往当中，您给我的印象是您不但是一位俄语教授，您的爱国、爱社会的情怀也深深地感染了我。您的这些品质是不是受了这些教育家的影响？

李锡胤教授： 嗯，（可是）我比她们差远了！

张宜： 王季愚、赵洵二位是从延安来的，她们不单单是革命家，她们还懂教育。

李锡胤教授： 是啊！（我记得）我们入学时，她们就对我们说："你们不是来找工作

① 赵劭坚、傅善卿、李良佑：《平凡人生——王季愚传略》，上海书店出版社 2006 年版。

的,你们是来参加革命的。"(笑)这给我们的影响很大。除了这些人的影响,当时还有很多好书,比如说,方志敏的《可爱的中国》、吴运铎的《把一切献给党》。

张宜: 这些书对青年人的思想有教育作用。

李锡胤教授: 业务上,我们当时的选读有《卓娅和舒拉的故事》《钢铁是怎样炼成的》。

张宜: 都是些苏联的革命者和爱国知识分子写的作品。是你们在两年的俄语学习中接触原文的、带有革命思想的东西。

李锡胤教授: 真正接触到教育思想是苏联的教育家马卡连柯的《教育诗》,里面都是他的教育思想。(所以说)教材的思想性必须要注意。

张宜: 您在黑大的工作环境怎样呢?您如何处理教学和科研的关系?

李锡胤教授: (黑大的环境)还是不错的。从解放到1956年这段时间非常好。要说问题嘛就是"一边倒"。鲁迅说矫枉必须过正,我们看待苏联也应该如此。斯大林的问题也要客观评价。要客观地看待、评价历史。斯大林枪毙元帅的时候他们仍然高喊"斯大林万岁"。有个教我们世界文学史的苏联专家,他参加过二战,经常给我们讲他亲历过的二战战场的血腥与残酷。

张宜: 1956年之前,因为我国与苏联的关系不错,所以学校里的情况也很好。1956年以后,中苏交恶,随之而来的政治运动是不是对俄语教学和教师都有影响?

李锡胤教授: 都有影响。赫鲁晓夫处理问题没有水平。当时我们反对他,我们是对的。中苏(关系)恶化后,对我们俄语教育很有影响,对教师的思想也有影响,但政治问题是政治问题,学术问题是学术问题。

张宜: 当时在比较"左"的情况下,斯大林的语言学理论对(中国的)俄语语言学研究是不是有影响?

李锡胤教授: 我主观认为,斯大林在反法西斯战争胜利后也想做些改革。比如说,斯大林承认东正教的红衣主教。二战结束后,斯大林连续有两篇文章发表,一篇是《苏联社会主义经济问题》,在这篇文章里,他已经提出市场经济问题,第二篇就是《马克思主义与语言学问题》(又译《马克思主义和语言学问题》)。在这两篇文章之前,苏联的语言学非常武断、非常"左",就是搞阶级斗争,语言是阶级斗争的武器,谁反对马克思思想,谁就是错误的,谁就要受到批判。斯大林当时也是想做些扭转吧。

张宜: 在您几十年的教学生涯中,您觉得学生会喜欢什么样的教师呢?

李锡胤教授： 学生会喜欢那些能和他们平起平坐的老师，能和他们平等交流的老师。教师不能有架子。你有架子，我也有架子。实际上，这个问题不仅仅是对师生的，领导和下级也一样。有人的官架子很大，让人看不起。你说是不是？（笑）

张宜： 您说这种现象是不是跟中国的文化传统有关？凡事讲究师承。要有尊卑，要尊敬师长，老师说的话要听。

李锡胤教授： 尊敬师长是对的，他值得尊敬的地方就要尊敬。

张宜： 您的意思是在学习上，在学术上，师生应该是平等的。

李锡胤教授： 对，应该平等。

张宜： 您喜欢什么样的学生呢？

李锡胤教授： 思想比较活跃的学生，爱思考，能和我交流的学生。我还告诉学生不要给我送礼。但有的礼我是肯定收的——你们毕业以后写的书、写的著作一定要送给我，我一定收。（笑）

张宜： 也就是说您希望看到并乐于分享学生们的成果和成就。

李锡胤教授： 所以很多学生写了东西以后给我寄来，我总是好好学习。我这里有几篇文章都是我给我的学生、我的年轻同事写的序言，我也乐于给他们写序言。我这（习惯）是受复旦的一个"胡风分子"贾植芳先生的影响。他对我说："我现在是给学生写序的专业户啦！"（笑）

张宜： 这说明你们都热爱学生，愿意提携学生。

李锡胤教授： 这种方法是和学生共同交流，对学生也是支持吧！

张宜： 难怪有学生说李老师这么热心！您80多岁高龄，我就打了个电话，您便欣然地接受了访谈的邀请，并且给了我这么多的建议。

李锡胤教授： 应该的！关于对学生的希望，我也写过一篇文章①，收在《语言·词典·翻译论稿》里。我的几个博士生都挺好的。我是1986年开始带研究生的。一直带到70多岁。

张宜： 李老师，在教学和科研中，您最高兴的事儿是什么？

李锡胤教授： 最高兴的事是听到毕业的学生找到一份好工作，签了合同的时候。现在找工作多难啊！他们刚毕业，还不知道社会有多少困难。

张宜： 您太可爱了！（笑）我感受到了，您爱祖国、爱教育、爱学生。

李锡胤教授： 学生就是我们的国家，国家就是我们的学生，国家是人民的国家啊！

---

① 指《琢玉琐谈》，见李锡胤：《语言·词典·翻译论稿》，黑龙江人民出版社2007年版，第261页。

（**张宜：** 说得好！）学生有前途，国家就有了前途。我们这一代的悲哀就是我们不能给他们做多少事情了。现在的重担子都在中青年人的身上，这是客观规律。我们已经是即将被回收的易拉罐啦！（笑）

张宜： 您还在发挥着余热啊！有没有什么事儿让您沮丧、不高兴啊？

李锡胤教授： 当我知道还有贪官污吏的时候，（当我看到）社会的腐败现象的时候，我就很沮丧。刚解放的时候多好，"解放区的天是明朗的天，解放区的人民好喜欢"，总觉得从此以后人们扬眉吐气啦。日本人在明治维新后用了三四十年的时间就从一个封建国家成为资本主义强国。我们用了六十年的时间发展到今天这个样子。"文化大革命"把价值观念都改变了，年轻人看到的世界和我们看到的世界不一样，这都令我沮丧。

张宜： 在您的教学和科研中有没有令您烦恼的事儿啊？

李锡胤教授： 这么多年凡是遇到风浪，我都先考虑考虑。几十年的教学工作大都很稳定。多数干部不是坏干部，只是有缺点，我们每个人都有自己的缺点。我很感激黑龙江大学和黑龙江这块黑土地。

张宜： 您认为一位语言学家最应该具备什么样的学术修养？

李锡胤教授： 我可不敢称语言学家，我只是一个热爱语言和语言研究的学者。（笑）我常跟我的学生们说，做学问要有"三心二意"。"三心"是"决心""信心"和"恒心"，研究学术问题必须要有"三心"。一是有决心。决心为人民服务，为国家争光。我的决心来自周恩来总理的指示。当时，我国外交频繁，许多外国来宾送我们又大又厚的词典，而我们回赠的只有"一块肥皂"那么大的汉语词典。所以，周总理指示在广州召开全国辞书规划出版工作会议，我受黑龙江大学委派去参加会议，会议由文化部（副）部长石西民同志主持，商务印书馆总编陈原同志为副。闭幕前夕，我去找他们两位，建议成立辞书出版社和辞书研究所。陈原同志说："辞书出版社将由辞海编辑所兼，辞书研究所目前恐怕没有单位肯承办。"我回黑大后向学校领导汇报，提出在黑大成立辞书研究所增编《俄汉大辞典》。王季愚校长和赵洵副校长十分支持，王校长说："孙子要造爷爷的反了。"（原《俄汉大辞典》的主编是前辈刘泽荣同志）（笑）二是有信心。信心来自决心。鲁迅说过："地上本没有路，走的人多了，也便成了路。"参加革命工作就得有信心。三是有恒心。为人民服务不能一曝十寒，而要学无止境。我曾对学生说："做学问要贪得无厌。"我写过一副对联："譬如平地，虽覆一篑，进，吾往也；譬如为山，虽亏一篑，退，吾止也。"所谓"二意"是"得意"与"乐意"。只有坚守"三心二意",才能把学问做好,也只有坚守"三心二意",才能传承中华文明,进而复兴中华文明,将其发扬光大。

张宜: 您从 1950 年来到哈尔滨就没有再离开吗?

李锡胤教授: 不。我离开过十年。(19)62 年到(19)72 年之间。(19)62 年刚好是经济困难时期。上个世纪五六十年代,我国只有两部俄汉词典:陈昌浩编的《俄华辞典》和刘泽荣编的《俄汉大辞典》。这两部词典尽管因时代等因素制约,存在这样那样的问题,(然而)在当时还是基本满足了翻译工作和教学的需要。随着时间的推移,编写反映时代变迁和俄汉语发展的新辞书的需求迫在眉睫。赵洵同志开始在我校领导编大词典。她曾留学苏联,(19)62 年她回国后分配到社科院。她任中国科学院哲学社会科学学部语言研究所副所长,从我们这儿抽出 10 人去研究所(编写词典)。我们编写的是《俄汉详解大词典》①。我们(19)62 年到的北京。到了(19)63 年、(19)64 年,编完了三分之一。商务印书馆已经排印好了第一本,准备分四卷出版。(19)66 年"文革"开始了,这个项目停了。还有给我们贴大字报的,说是"封资修",走修正主义路线。给我们下放到河南息县的干校,是科学院的点儿。我在那儿待了三年,当了食堂的采购员,买菜买肉。我这个人不会生活,我买的东西的质量都比别人买的质量差,价格都比别人买的贵。军宣队倒没有批评我。后来成立招待所,我又当过招待所的"所长"。起先给了我两个解放军小战士,我们三人一起管理这个招待所。后来,这两个人都被调走了,就剩下我一个人。我们的招待所用的是一个部队的营房。三年后干校结束,我就回来了。因为我家当时没有离开哈尔滨。

张宜: 1972 年以后,您就又回学校了?

李锡胤教授: 对,又回来了。所以我对黑龙江,我对黑大还是很有感情的。那段

---

① 《俄汉详解大词典》,黑龙江人民出版社 1998 年版。《俄汉详解大词典》是由黑龙江大学辞书研究所编纂的一部具有国际影响力的双语大词典。收词 246 343 条,是国家"九五"出版计划重点图书。在俄汉词典方面超过了《俄汉大词典》(10.5 万词条)、《大俄汉词典》(15 万词条)和苏联《现代俄语词汇汇编词典》(17 万词条),并且超过了 1993 年版《牛津俄英—英俄词典》和《英汉大词典》(20 万词条)。该词典于 1999 年获国家图书奖、全国辞书奖,2000 年获黑龙江省社会科学优秀科研成果特等奖,被俄罗斯科学院院士瓦·宋采夫(Вадим Михайлович Солнцев)誉为"具有创世纪意义的词典"。

此外,李锡胤教授还担任《苏联百科词典》(中国大百科全书出版社 1986 年版,1990 年获黑龙江省社会科学优秀科研成果一等奖)中译本审委员会副主任,参与编写《大俄汉词典》(黑龙江大学俄语系词典编辑室编,商务印书馆 1985 年版。又黑龙江大学俄语语言文学研究中心辞书研究所:《大俄汉词典(修订版)》,商务印书馆 2001 年版。该词典是在刘泽荣《俄汉大辞典》的基础上编写成的。词典收词 15.7 万条。该书在 1995 年获全国辞书奖)、《俄汉成语词典》(赵洵主编,哈尔滨外国语学院 1958 年版)、《俄语新词词典》(黑龙江人民出版社 1978 年版。该词典收词 1 万多条,其中大部分是 20 世纪 50 年代后期至 70 年代出现的新词、新义)、《外国文学大词典》(刁绍华主编,吉林教育出版社 1990 年版),译校维诺格拉多夫(Виктор Владимирович Виноградов)《俄语词的语法学说导论》《词汇意义的基本类型》等。

9

(非常)时间我不在黑大,也就和同事们没有什么恩怨问题。我在1952年毕业到(19)54年两年的时间里教过实践课,之后我就搞编译了,编译词典或教材,我编了好多字典。

张宜: 嗯,我看您在词典编写的同时,还组织编写组一起翻译了一系列国外词典学的论文,内容涉及了词典学一般理论、词典分类、词典编纂法、词典学发展规律、语言与词典、词典编写与评价标准、详解词典与双语词典、词典学传统、词典编纂工作的自动化问题等等。译文由您定稿,选编成册,起名叫《词典学论文选译》①。

李锡胤教授: 是的。这本书的署名"石肆壬",就是14位译者的意思。(笑)

张宜: 您付出了心血和精力,却不留名,令人敬佩。

李锡胤教授: 哪里,哪里!大家都很努力。通过这次活动,词典编写组的理论水平基本上与国际词典学接轨了。

张宜: 您曾经撰文②探讨了词典的广度、深度,词义层次及体系,语义对比,词的释义,双语词典的配例等理论问题。您还研究英语、法语、俄语词汇的多义现象,著有多篇学术论文③。当年,黑龙江大学辞书研究所在您的带领下,历时二十年编写出了《俄汉新词词典》《大俄汉词典》和《俄汉详解大词典》(四卷)等大中型语言词典,赢得了国内外学界的高度评价。请问,您和您的编写组在词典编写的岁月里,是怎样走出一条大型语言词典编写和研究的成功之路的?

李锡胤教授: 我编了四十多年的俄汉词典,这是时代的需要,不是我个人的成就。我国俄汉词典的奠基人是刘泽荣和郭景天,黑龙江大学俄汉词典的开山者是王季愚和赵洵。我只是出了五十分之一的力量。当时编词典不算科研,没有计算机,只能用卡片,一个词一个词,一笔一笔地抄写在卡片上。诸葛孔明说"臣鞠躬尽力,死而后已",这是一种明知不可为而为之的精神,可作为我们当时编纂词典的写照吧。我们生在这个社会,就要多为这个社会做出贡献,要为人民服务。只有这样,社会才能进步。不该抱怨条件不好,不能被现实条件束缚,能尽多少力量就尽多少力

---

① 石肆壬:《词典学论文选译》,商务印书馆1981年版。
② 指《词典的广度、深度,词义层次及体系》(载《辞书研究》1986年第2期)、《双语词典的灵魂——语义对比》(载《辞书研究》1980年第2期)、《双语词典中名物词的释义》(载《辞书研究》1982年第4期)、《词典学中的矛盾·百科性释义·插图》(载《外语学刊》1986年第4期)、《编词典要从多方面理解词义》(载《辞书研究》1988年第1期)、《双语词典的配例问题》(载《辞书研究》1988年第2期)等。相关论文均收录在《李锡胤集》,黑龙江大学出版社2007年版。该文集为王铭玉主编的"当代中国俄语名家学术文库"之一,"文库"的作者均是新中国培养的俄语名家,数十年献身中国俄语教学与科学研究事业。
③ 指《英语多义现象举隅》(载《外语学刊》1998年第2期)、《法语词汇多义现象举隅》(载《南京外院学报》1985年第1期)、《俄语词汇的多义现象》(载《外语学刊》1980年第1期)等论文。

量。我们不动摇，只要对人民有好处就干。

在编写词典过程中，我有了很多经验积累和思考。我认为语义对比是双语词典的灵魂。操两种语言的人习惯见到、听到、触到的事物是不完全相同的……他们脑子的官能相同，但他们脑子中的观念系统和思维模式却不尽相似；不同的语言体系在表达观念的同时，不完全对应地赋予后者以独特的形式、限定观念的范围、影响观念的分类和相互关系。所谓意会或义合，似乎互相分别对照。汉语与其他拼音文字不同，其实汉语的义合中又有两个符号系统：音的系统和形的系统。而拼音文字只有一种符号系统，像英、法等语言中有音的对照就够了。打个比方，汉语和英语就像是围棋和象棋。中国人的思维系统是很独特的，偏重综合和分析，可称之为"围棋"式的思维，这与西方注重逻辑的思维有所不同。洪堡特当年提出语言与思维之间相互作用的观点，现代的心理学和神经科学也都证明语言与思维之间存在紧密关联。

张宜： 我看您还做了很多文学作品的翻译①。

李锡胤教授： 是的。都是利用寒暑假等业余时间做的。搞翻译是我的业余爱好。（笑）

张宜： 有俄文的、英文的，还有法文的作品。

李锡胤教授： 我和张草纫合译过《俄罗斯抒情诗百首》②。法文的只有一本，《现代逻辑》③。英文的我翻译了海明威的中篇小说《老人与海》，我曾经看过苏联出版的英文的《老人与海》，读了以后就放不下了，特别喜欢。我的译作都是因为（喜欢而）放不下就有了想把它们译出来的愿望。在早我翻译《聪明误》的时候就是这种情况。

张宜： 我看您喜欢文学，比如诗词，这与您童年少年时代的爱好吻合了吧。

李锡胤教授： 也与我在浙大的那一段有关。浙大的夏承焘先生是中文系教授，我是英文系的。一开始不熟悉，到后来他在北京定居以后，我有机会向他讨教。他的学问很好，做过中国诗词学会的会长。他是中国词学的权威。

张宜： 我知道您有一本《李锡胤诗存》④，里面都是古体诗吗？

① 指〔俄〕亚·格里鲍耶多夫：《聪明误》，李锡胤，译，黑龙江人民出版社1980年版；李锡胤，译注，商务印书馆1983年版。〔美〕海明威：《老人与海》，李锡胤、魏志远，译，四川文艺出版社1995年版；李锡胤，译注，商务印书馆2012年版。〔俄〕佚名：《伊戈尔出征记》，李锡胤，译注，商务印书馆2003年版；李锡胤，译，译林出版社2018年版。
② 《俄罗斯抒情诗百首》，李锡胤，张草纫，译，黑龙江人民出版社1983年版。
③ 〔法〕格里兹：《现代逻辑》，李锡胤，译，社会科学文献出版社1989年版。
④ 指《霜天星影：李锡胤诗存》，黑龙江人民出版社2005年版。

李锡胤教授： 对，是古体诗。很不像样的。（笑）不过，我倒觉得一个人学外语，他的汉语水平很重要。所以我现在也对我的学生们说，你们学外语，汉语不能丢，外语的水平、文化的水平和祖国语言水平是并行的。

张宜： 也就是说外语水平和母语水平应该基本一致。我还想请您谈谈俄语教育的理论研究和应用研究。您刚才也说了，在您的教学生涯中，有一段时间是用在编写字典上了，那我可不可以这样问您，在编纂词典的过程中，有评介，有亲自的编写，并且您也提出来了词典编写的灵魂是语义对比①，那您的词典编纂实践反过来对您词典编写理论的形成有什么样的影响呢？

李锡胤教授： 这个影响是很大的。起先有个想法，编了一段时间，（可能）觉得不合适。噢，我写过一篇《辞书中的十组关系》②，我多年从事双语词典的编写，在实践中对辞书中涉及的各种关系有些体会，所以就整理出来写了那篇文章。这十组关系涉及了广度和深度，断代和历代，能指和所指，严师和益友，求解和应用，规则和特例，纵轴和横轴，定义和详解，单语和双语，体式和内容等。词典编写工作促使我们要去探索词典学理论，开展词典学术研究。所以说，做学问要做到触类旁通啊。多种理论都是抽象思维的成果，缺乏抽象思维能力就很难谈理论。哲学是用哲学语词写出来的数学式子，数学是用阿拉伯数字写出来的哲学论式。我建议外语系的学生必须修逻辑学、心理学和离散数学。外语教学要克服应试教育，现在应试教育的影响还很大。

张宜： 就拿现在的中学生来说吧，他们除了忙学习，其他能力很差；没有高分，其他免谈。

李锡胤教授： 还有个误区。比如，黑龙江需要很多外贸人才，现在就强调口语，这是对的，因为以前都是哑巴英语。可是要看不同学校的不同条件。我认为应该有什么条件上什么条件。

张宜： 是不是也要看学习者本身的情况？

李锡胤教授： 是的。一种是培养和外国人直接打交道的，这样的学习要注重口语，包括方言、土语。你看现在美国的托福考试，方言土语考得很多。实际上，学外语要学基本的东西。方言土语你到外国就会了，不到外国，学了也没有用。我们要按照实际需要培养人。其次要结合学科培养，要往专业上靠，比如，电子、物理、计

---

① 参见《双语词典的灵魂——语义对比》，载《辞书研究》1980 年第 2 期。

② 《辞书中的十组关系》，载《辞书研究》2005 年第 1 期。另参见李锡胤：《语言·词典·翻译论稿》，黑龙江人民出版社 2007 年版。

算机科学等。

张宜： 您是说专门用途的外语学习吧？ESP 吧，也就是说 English for Specific Purposes？

李锡胤教授： 对。我觉得这三种东西——人文外语、科技外语、应用外语，是不一样的。

张宜： 也就是说特点不一样，侧重也就不同，所以培养就不一样。要带着不同的用途和目的去学语言。

李锡胤教授： 对。学校应该考虑这些，考虑自己的条件，人文外语、科技外语、应用外语这三个应该分开。可惜现在没有分开。不分开(培养)，时间就被浪费掉了。

张宜： 现在评职称，搞评估，都要看你论文的数量。

李锡胤教授： 这么搞很少有人能通过。各学校要根据自己的条件去定位，去搞外语。

张宜： 外语教育要改革是不是就应该按照这个思路去做？

李锡胤教授： 对。应该具体问题具体分析。现在学习贯彻科学发展观，应该思考这些问题。我是黑龙江省文史馆的馆员。以前我们学得不够科学，所以(现在)要学习科学发展观，我们不科学的地方太多了。比如，当年的"大跃进"，(就是)搞"花架子"。

张宜： 作为老一代的外语教育工作者，您认为我国几十年的外语教育的优秀传统是什么呢？

李锡胤教授： (这个问题我是这么看的，)当年直接教学法在当时是对的。哈尔滨的俄侨很多。前后有一百余人在黑大工作过，把我校的俄语教学就推上去了。舞会上都要说俄语，打扫房间也要说俄语。当时(直接教学法)很成功。

张宜： (直接教学法能使)师生交融在一起，课外活动也在一起，都是一种学习啊。我和我的导师姚小平老师聊天时，他也说过他 70 年代在黑大读本科时，班里的规定就是不许说汉语，谁说谁就要被罚一毛钱。我说一毛钱也没有多少啊。姚老师说一毛钱在 70 年代末的黑大能买到一个很不错的菜呢！（笑）

李锡胤教授： 我们那时是用纸条代替，谁的纸条多了，就要挨批评。（笑）这些办法还是很有用的。后来"自觉比较法"是苏联教育家提出来的。母语对外语有干扰，自己要有意识地去比较。50 年代还有冒进的俄语教学法"速成法"。当时有人提出来社会发展很快，学外语还要学两三年，太慢了，要强化，两三个礼拜学俄语语法、词法,全讲完,向全国推行。我当时就认为外语不能这样学,于是我就写了《对俄语课第一学期词法集中讲授的意见》[①],后来被北外的《俄文教学》转载,引起了讨论。结果这个教学法就停止推广了。

其实,这些都是非常大和非常严肃的课题,应该多开几次学术讨论会。不要光搞空的,搞得很热闹,要抓实际的东西。我在燕京大学学社会学时,我的导师严景耀先生,他是雷洁琼先生的丈夫,是一位学识渊博的人,他的学历是社会学博士。严景耀先生有着高品质的职业献身精神,他曾在监狱做过志愿囚犯,就是为了犯罪学的研究积累第一手资料。现在有的学术论文还不如翻译。现在的翻译也有问题,数量很多,质量不行,良莠不齐。

我现在给博士生开选修课:西方语言学流派和认知语言学。还有一个问题值得思考,认知语言学是一门很前沿的学科,是认知科学、心理学和语言学结合起来的交叉学科。以前,我们研究语言关注的是语言的形式,强调逻辑上语义的真值,但这还不够,还应该研究人的心智对语言的作用、人在使用语言时的心理机制问题。一些问题表面上是语言现象,实质上是认知问题,是人类的思维反映,所以认知语言学对于揭示语言的本质非常重要。还有,认知科学对语言教学也很重要。现在,我们需要的是现代化的科学,因此我们要学现代化的语言学。任何一组命题只要不自相矛盾就是“可能世界”。对于权威,我们要敢于提出自己的怀疑。比如,乔姆斯基把语言的意义与形式看成是深层与表层的转换关系。而我认为二者之间是能指与所指之间的关系。乔姆斯基没有看到汉语的能指、所指与西方语言的差异,依旧把它看作一种 transformation(转化)的结果是不对的。这是我的看法,提出来供大家参考吧。

我跟学生们说我没有资格讲(这些课),只能现学现卖。(我)不懂的地方就告诉他们。俄语系的学生对西方的东西知道得少。现在俄罗斯学西方的地方也很多,希望学生能超越我。我不给他们讲词典学,讲了他们找不到工作了。(笑)(**张宜:** 太难得您这份心了!80 多岁还在替年轻人着想。)我曾经预言[②]:21 世纪,在中国将会出现,甚至可以说现在已经开始了第二次文明复兴。我预言 21 世纪在中国要掀起一场文明复兴,并且这次的文明复兴要比原来的复兴来得快,因为现在的社会是科技时代,电子科技高度发达,所以现代的文化传播与发展不可能像以前那

---

① 《对俄语课第一学期词法集中讲授的意见》,载李锡胤:《语言·词典·翻译论稿》,黑龙江人民出版社 2007 年版。

② 参见《我的预言》,载《俄罗斯语言文学与文化研究》2012 年第 4 期。

样缓慢。我们要抓紧时间，在 21 世纪中国文明的复兴中发挥我们的作用。

英国历史学家汤因比（Arnold Joseph Toynbee）说过："只有当中国文化的精髓引领人类文明时，世界历史才能找到自己真正的归宿。"这句话我非常认同与欣赏，因为汤因比看到了我们中国文化的伟大与深刻内涵。我们的文化精髓理应包括十三经，如《论语》《孟子》等经典作品。但是，在所有这些内容里，我认为最重要的一点是孔孟的"明知不可为而为之"精神。诸葛亮就是这句话最典型的实践者，"明知不可为而为之"是诸葛亮最大的特点。他当时躬耕于南阳，对三分天下的局势了如指掌，明明知道曹操、孙权实力强大，刘备无法与之相争，但还是决心帮助刘备恢复汉室，"至于成败利钝，非臣之明所能逆料。臣鞠躬尽力，死而后已"。这句话充分体现出孔明的这种决心与坚强。而这正是中国文化的精髓。

汤因比的那句话给了我很大的勇气和力量。这不是对中国文化鼓吹，而是汤因比根据自己的研究得出的真实感悟。德国语言学家洪堡特（Wilhelm von Humboldt）也曾说过："要了解语言，首先要了解中国话。"可见他对汉语给予了很高评价，他认为了解语言必须要研究汉语。从这一点来看，我们中国人必须要学好自己的文化，要读古人的书，要直接与古人为友。

张宜： 您的意思是说，我们以古人为友，是要学习他们的精神，学习他们"明知不可为而为之"的精神。李老师，您的业余爱好是什么啊？

李锡胤教授： 呵呵，是的是的！我喜欢文学和跑步。我跑步坚持 60 年了。现在每天早晨都在黑大的操场上跑步。（笑）我还喜欢书法篆刻，算是自娱自乐吧。

张宜： 您太厉害啦！李老师，谢谢您接受我的访谈，您受累了，今天就谈到这儿吧。

李锡胤教授： 不客气。谢谢你们的关注。

向熹访谈录

受 访 者：向熹教授

访 谈 者：张　宜

整理/注释：张　宜

地　　点：成都中海格林威治城向熹教授的寓所

时　　间：2016 年 9 月 3 日，上午 9:00—11:30

张宜：今天是 2016 年 9 月 3 日，此刻是上午 9 点。我现在是在成都中海格林威治城向熹教授的家里。我今天访谈向老师的主题是汉语史以及关于《诗经》的语言研究。向老师您好！您是怎样走上语言学研究道路的？您为什么要从事语言学的研究？

向熹教授：我搞语言学完全是偶然的。我是湖南双峰人，我们家里祖祖辈辈是种地的农民。我的父亲读过几年私塾，但是他也是农民。他很能干，既会种地，也会盖房子，还会烧砖瓦，还会写对联，对人也很真诚。我们家里很穷，兄弟很多，九个兄弟。年轻的时候，我的大哥是比较有文化的，因为他是我们家的长子嘛，所以读了好几年私塾，也可以说能文能武。他 18 岁时参加了国民党的军队，抗战的时候中国派了远征军到缅甸去，他就是一个。后来他表现很好，因为有文化又很能干，所以就被保送到军事学院培养，后来就升了中校。后来国民党跟解放军打仗打败了，也打散了。不过解放军也没有把他关起来。1950 年他回到老家，就帮助我们地方搞水利、修水库，因为他有文化，上军校培养过，所以他就有头脑、有思想。

---

* 本访谈整理稿经向熹教授审阅认可。

1952年,当时东北建设急需人,所以中央政府从湖南招了好几百人,到东北去当干部,他也就到了东北,就在沈阳,在一个厂里当技师,他也干得很起劲儿。但是到1957年"反右"的时候,就出问题了。因为我们家穷,是下中农,所以尽管他当过官,政治上没有什么别的问题,解放以后他也是很积极的。(19)57年因为技术问题跟支部书记发生了矛盾,他就成了"右派"。因为他历史上在国民党军队当过中校,所以又成了"反革命"。(笑)两个(罪名)加起来,关了八年。

张宜: 在沈阳关了八年?

向熹教授: 不在沈阳,关在辽宁凌源。后来出来以后就在一个工厂里面工作。一直到要退休的时候,(19)80年还是(19)81年,给他平反了。后来他就退休回到了老家,因为他女儿在四川的一个军工厂工作,(他)就到她那去了,晚景还是不错的。我说这些是为什么呢?

张宜: 大哥对您的影响?

向熹教授: 嗯。我读中学的时候,我当时读初中三年级,要说我的读书(历程)呢,也很(不容易)。我大概15岁才上高小,高小读了一年就没有读了,日本鬼子来了。我初中合起来读了大概半年零一个多月,一个学期没有读完,日本鬼子来了,学校就解散了。下半年我又换了一个学校,就考上了我们那个县的学校(双峰中学)。(我)跳了一年(级),就跳到了三年级。读了一个月,交不起学费了。同时呢,那个时候刚好是1945年,国民党(在)缅甸的那一部分军队往回调,往东北调,就经过我们那儿。你想想看我的哥哥在那个地方当过官的,而且那个时候国民党的美式装备还是挺好的,我就很受影响。我觉得我的大哥哥是英雄,我(离)心目中的英雄更近了一点儿。我要向他学习,也要往外面走。当时在这个情况之下,国民党就开始招兵了,我和十几个同学一起参军了,当兵当了一年多。

张宜: 那就是(19)47年了。

向熹教授: (19)46年一直到(19)47年。我去当兵的时候是1945年的11月,当了一年多的(兵),(就到了)(19)47年的春天。我觉得到国民党军队里面,不是我要走的路。第一,没有文化学习;第二,看不到什么出路。所以我就逃跑回家了。回家以后,端午以前我回到家里复习了两个多月,我就考高中。因为没有初中,我们就跳了一级,读了两年半,在春元中学高中毕业,毕业(的时候)就已经是1949年(的)冬天了。那个时候我们那个地方已经解放了,但是实际两边都还有人,国民党那边有,我们那边也有。(19)50年上半年,我就在家里教小学。那个时候政府属于"真空时期",(学校)也没有校长,也没有经济来源,也没有其他教师,就我一个人。学生还是不少的,四五十个人,分了几个班。我就从一年级教到四年级,什么课都教。还有一个补习高小的,还有一个补习初中的,晚上我还教夜校。那个时候(我)年纪轻嘛,精力好,教这些课好在也不用什么准备。在观音石小学教了半年,下半年我就到武汉考学校去了。

张宜: 您为什么要到武汉去考呢?

向熹教授: 为什么到武汉呢?当时我下了一个决心:我不能老在农村里面干,我一定要出去,我如果考不到学校我就不回去,走远一点。(笑)我跟一个姓胡的同学(胡礼耕)两个人一起到武汉去考的。当时我考了四个学校:武汉大学经济系,我考第一,还考了大连外语学院,还考了一个湖北教育学院,还有北京大学。四个学校都录取了。(笑)武汉大学我还考了第一名,经济系。但是后来我想了一下,我不到武汉大学,我(要)到北京大学。两个原因。一个原因呢,搞经济我有点担心,为什么担心呢?高中的时候,我这个人当时人缘还比较好,学习也算是很好的,所以大家就要我当学生会主席,我坚决不干,但是还是要我当那个伙食团的总经理。(笑)那时学校还是比较民主的,学生一般吃伙食(要)交钱,由总经理全部负责,然后具体底下有月经理,你把这个钱交给月经理去花。我当时没有经验,月经理到我那里去领钱领过两次他都没有盖章、没有签字。到年底的时候,他说没有这回事,我就把我记得的情况给他说了,后来他都认了。这是第一个原因,我说搞经济很危险。第二个(原因是)我家里很穷,人又很多,我如果将来搞经济的话,说不定我就要把国家的、公家的钱拿到我自己(家来),贪污。

张宜: 哦,您太有思想了!那个时候那么年轻,您就有这种预见性。

向熹教授: 嗯,所以我就不想搞(经济)这个东西。最后我就(到了)北大的中文系。为什么到北大读中文系呢?我过去一点基础都没有,(就是因为)北大太有名了,北大(中文系)太有名了。胡适、鲁迅,当时的老教师很多,以及我们的老校长(蔡元培),太吸引人了。第二个原因是(学校在)首都,所以我就考那个学校了。在中学我最擅长的(科目)是数理化,还有外语。因为我读书的时候真的拼命学的,高中的时候我也是拼命学的。开始进春元中学的时候因为从小没怎么学过(初中的科目),第一个学期,第一次月考就不及格,但是到以后我每一次考试都是第一。外语也是自修,但是这个自修又成了一个问题,可以看书,说话一句也说不出来,哑巴英语。有的时候说(外语)就是湖南英语。因为北京大学太有名,受它的影响,所以我就考进去了。考进去了以后,中间我还给北京大学的教务长杨晦先生汇报,我说我的口语不行,我一口的湖南话,现在要我来学中文我也没有基础,想转系学理科。后来他批评我,他怎么批评的这个话我一辈子都记得,他说我没有志气。(笑)

张宜: 哦。他是激将法,鼓励您。

向熹教授: 是啊。他举了一个例子,他说章炳麟那么大的人物,但他说的就是浙江话,你为什么害怕?这个话我听进去了。所以尽管我没有很多基础,但是我还是很努力的,在班上算是中上水平吧。到了毕业的时候分配(工作),我们那个时候毕业不是自己找工作的,是学校分配的。指定你干什么(就)干什么,(学校就)指定我读语言学的研究生。(笑)

张宜: 向老师,那您是读了5年本科吧?(19)50年考上的。

向熹教授: 我是(读了)4年(本科)。研究生4年,本科也是4年,(一共)8年。

张宜: 哦,那就是本科生是1950年到1954年,然后1954年到1958年读研究生。

向熹教授: (19)54毕业以后把我分配去做语言学的研究生,但是我很感激。为什么呢?因为我有"历史问题"。(我在)国民党当过兵。你大概没有经历过,那时候的运动之多啊!"肃反""镇压反革命""三反""五反",然后就是"农村合作化",还有"知识分子思想改造",(19)57年"反右"等,好多运动。我在北大都经历过的。我当时没有什么思想顾虑,我过去干过什么就是干过什么,我也没什么隐瞒的。所以党组织,当时中文系的(党)组织觉得我讲的(情况)是实在的,因为当时也调查过的。当时我们学生党支部的委员乐黛云,是个女的,她现在是北大中文系的教授,博士生导师,很有名的。她跟我说,你的问题跟你说的(情况)吻合,组织也不做结论,以后就看你自己的了,你好好干。(笑)所以研究生阶段的学习上我是很努力的。我对毛主席是衷心拥护的,你看我的毛主席像还摆在那里。后来尽管我(被)关"牛棚"、下农村好多年,我不反悔。为什么呢?因为革命过程,历史上出现一些问题是难免的。但是像我这种情况,跟我一起去的同学到现在为止全部已经没有了,都死了。有的是经不起考验,有的是病死的,有的是被整死的。但是我还活着,我不仅仅活着,而且我还读研究生了。我在读研究生的过程中还是班长。但是有一条,我不能入党,也不能入团。(笑)组织有规定。比如说我们研究生毕业的时候,组织(学生)到东北去考察,学生们都去了,但是把我留下来没有叫我去。为什么呢?我知道,害怕我出什么问题。(**张宜:** 不放心。)这个我能够理解。当时我们研究生的党支部书记还是很不错的一个(人),她就在到大连的过程中跳海死了。

张宜： 什么时候啊？

向熹教授： (19)57 年秋天。

张宜： 那她也出问题了？

向熹教授： 她（在）"反右"的时候说了一些话，当时没有把她怎么样，但是她自己心上有数，（担心自己）过不了关。我有这个经验。因为我的历史问题有争议，所以任何情况下我不写大字报，决不写。尽管我不写，但是因为我是班长，(19)57 年"反右"，发动学生给党提意见，我就得先发言，也讲错话了。最后把我的班长（职位）拿下去了，我不是"右派"，就把我班长（的职位）去了。这个（事对我来说）没有什么（影响），尽管把我班长（职位）去了，但是北京大学中文系有一个《语言学论丛》杂志，当时负责（做）编辑（工作）的是林焘教授，我作为研究生代表协助他工作。尽管班长（的职位）去了，但是这个工作没有不让我去，所以我心上有数。

怎么评价我自己的学习呢？中上等。（笑）跟那些最好的（学生）比不上，别的一个（优点是）很坚持。我的一个同学叫褚斌杰，我们班的同学，去世了有几年了。读大学的时候他就出书了，类似这样子的人还有好几个，天才很多的，我是比不上的。但是考试成绩我是好的，所以本科毕业的时候，把我作为研究生培养。研究生毕业（之后），把我分配到这儿来，到四川大学中文系，就是这么个过程。

张宜： 是分配的，没有选择的。

向熹教授： 嗯，没有选择的。我们当时四个（学生），郭锡良留校。当时他是很积极的，是党员，还是支部书记，学习上也很好。

张宜： 他是不是也比您小一点儿？

向熹教授： 他比我小两岁，他的爱人又在北京工作，他当然就留在北大，但主要就是他政治上很积极，学习也不错。另外一个就是祝敏彻，（分到了）兰州大学，后来回到武汉，湖北大学。还有一个齐冲天，分到内蒙古大学，后来调到郑州大学。四个人。现在我们四个人里面，祝敏彻去世了，其他我们三个身体都还挺好的。

到川大以后，我觉得也还是不错的，尽管组织上对我一直是不放心的，经常有人（向组织）汇报我说了什么话。（笑）一直也没有把我怎么样，但是我觉得（也）有几个（特殊）情况。比如说（没给我）提职称，我当了二十二年助教。**（张宜：** 我的天啊！）这个恐怕你难以想象。如果不是"文化大革命"结束，邓小平搞改革开放，我根本没办法（提职称）。

张宜： （只能）当一辈子助教了！

向熹教授： 以前经常有一些让我（感到）莫名其妙的东西。比如说，我有一年下乡到红光公社劳动。我当时回来以后在会上就发了一个言，我说（搞）人民公社没有问题。但是现在有两条：第一条，你说现在我们农民的生活（变得）更加共产主义了，我说不是这样，为什么呢？我们当时看到的农民的生活，还是吃红苕，米饭都很难吃到。我记得当时我去劳动的那一天，有一家四口，夫妇俩带两个小孩，（在）公共食堂（吃饭），在这吃饭是吃什么呢？就是这么一个箐箕，竹子做的一个装东西用的，用箐箕装了一些红苕，就是吃的那个。我说这个不能算共产主义生活。第二条，当时红光公社是（在）一个平原地带，那个煮饭的大锅烧的是什么呢？烧的是拆了房子的木头。我说我们这个地方是个平原地带，把地主的还有祠堂什么的那些房子拆了拿来烧了。我说烧完以后怎么办？就这样，从乡下回来以后就说我是攻击人民公社。

"文化大革命"开始以后，（知识分子的日子）就更惨了。我被关"牛棚"关了好几年。我在川大五下农村，五次到农村劳动。其中一次是搞"四清"，其他四次都是（接受）改造。这期间我就不能搞语言学（研究）了。"文化大革命"结束后，我又恢复了原职。在这以前我教汉语史，我一个人教的。所以我还得感谢川大，如果我不在川大，那么我的《简明汉语史》①就写不出来。（说着，向老师为我找来了他的《简明汉语史》这本书。）

这本书是（19）93年出的，开始是高等教育出版社出的，2010年商务印书馆出的修订版。如果不在川大的话我写不出来这个东西。为什么？其他学校大都不开这个（课），有的学校开了，北京大学开了，但是是三个老师，分开教，语音、语法、词汇一个（人）开一部分。

张宜： 只有您是从头到尾教的。

向熹教授： 给我这么个机会我还是比较幸运的。所以说人做什么事情，往往有很

---

① 《简明汉语史》，高等教育出版社1993年版。本书是继王力先生1950年代《汉语史稿》之后的第二部研究汉语史的力作。全书分上、下两册，分别论述了汉语语音、词汇、语法的发展脉络。三大部分又分别介绍了上古、中古、近代的语言发展规律及时代特点，既注重了语言演变的系统性、规律性，又介绍了一些特例。

《简明汉语史》（修订本），商务印书馆2010年版。修订本主要分语音史、词汇史、语法史三编。各编按上古、中古、近代三个时期对汉语发展的历史进行整体描述。另有"绪论"五节、"结论"两节，与主体三编互相呼应，"绪论"五节阐述了研究汉语发展史应作的各种准备；"结论"两节总结汉语从古至今发展的特点、规律和趋势，勾勒出汉语三千年发展演变的清晰脉络。修订本全书基本框架和章节大体依旧，但每一章节的内容多有修正和补充，已是面貌一新。具体来说，一是修订本的内容更为充实全面。初版中语焉不详之处及没有涉及的内容，修订本都有所增补；又大量增加新用例，仅下编"汉语语法史"就增加用例句3 792个（此编修订本总共用例句9 128个，初版总共用例句5 336个）；另还增加了有悖汉语发展规律的特例。二是修订本中有更多更新的理论阐述。该著作已由教育部确立为普通高等教育"十一五"国家级规划教材。

多机缘的,这个也就算机缘吧。(笑)所以尽管"文化大革命"也好,关"牛棚"也好,给我这样那样的不公平(待遇)也好,这些都算不了什么,比我惨的(人)多的是。我不是说么,我的同学,有的跟我一起出去当兵的回来以后,有几个就在东北学习的。一个在长春地质学院,还一个在吉林师范学院,后来都死了。我而今还活着,所以我是很幸运,那么下面我谈谈我为什么要搞语言学。

张宜: 您为什么要搞语言学?

向熹教授: 这个不是我决定的,(笑)命运决定的。因为北大分配我去当汉语史的研究生,就是学的汉语史,我的导师就是王力先生。那么你既然当了北京大学汉语史的研究生,你就得像一个研究生的样子。当时,我们的老师给我的印象很深刻,除了我的导师王力先生,魏建功、周祖谟,还有搞普通语言学的、搞方言学的高名凯、岑麒祥、袁家骅、罗常培等等先生。反正有一大串的老师,都是很有学问的。还有搞文学的,比如说游国恩、吴组缃、王瑶先生,搞文学史的。还有几个,都是名师。历史系的邓广铭先生也教过我们的课。我觉得那么多老师教我,我如果出来以后不努力,将来一事无成,我就不配做一个北京大学的学生。所以到这里(川大)以后,尽管生活也不容易,我还是很努力的。(笑)我的汉语史课从(19)61年开始教,教到(19)65年停了,"四清"运动。"文化大革命"(结束)以后又重新开(课),一直到(19)93年才出版了《简明汉语史》。实际上,书稿早就写完了。翻来覆去改了很多遍。我这个人也没什么才华,写这个东西的确很难的。好在我导师王力先生早就写了《汉语史稿》。但是我不能抄老师的。所以在体系上,我的观点好多都是(借鉴)王力先生的,但是具体安排不一样,材料不一样。后来这本书1995年获得了国家教育委员会首届人文社会科学二等奖。这个书不管怎么样,第一,我是尽了力的;第二,到目前为止,汉语史通史的书只有两部,一部是王力先生的《汉语史稿》,第二个就是我的这部。所以不管怎么样,有这东西在吧。我知道我们国内学术人才很多,而且他们比我要聪明得多,学识广得多,用功得多,成就大得多。但是这个工程他们没有做,我做了这个工程,反正也算留下一个成绩吧。至于社会上怎么评(价),这个我很难说。到目前为止,只能这么说,好像全国的大学似乎还在用。(**张宜:** 唯一的一本汉语史的教材。)有的做教材,有的做参考。我只能够这么说,因为你没有办法比较。第二个你(提纲上的)问题,说有没有人批评? 有啊。

张宜: 向老师,一会儿您再谈批评吧。

向熹教授： 那我们先不谈批评的问题。下面我们就谈一下，除了（编写）这个书以外，（我）还干些什么呢？就是《诗经》（的研究）。（说着，向老师去书房拿来他编写的几部代表作。）（《汉语避讳研究》①）这个是才出的，本来我会送你一本，但是它没有了，就这一个样书，就是这么几个吧。

张宜： 哇，这是《古代汉语知识辞典》②，然后这几本都是跟《诗经》有关的，您有什么书可以送我一本。（笑）

向熹教授： 这个有一部分是《诗经学大辞典》③，这是后来出的，它是多少人的（成果的）一个集结，丛书式的。这个是……

张宜： 《诗经语言学》④。

向熹教授： 实际动笔写的是郭全芝教授，但是提纲是我拟的，材料是我自己的。郭全芝原来是我们川大这儿的学生。

张宜： 哦，郭老师现在在哪呢？

向熹教授： 淮北师范大学。

　　《诗经学大辞典》是个相当大的工程了。我们写的这部分（是）《诗经语言学》。我写过好几本关于《诗经》语言学的书。

张宜： 嗯嗯，我看着了。《诗经译注》⑤《诗经词典》⑥《诗经语文论集》⑦。

向熹教授： 还有一些文章。我就把这材料（给郭全芝了），她就根据这个写的，所以主要的功劳还是她的。

张宜： 《简明古汉语字典》⑧。

向熹教授： 这个字典是我们教研室编的。

张宜： 您牵头编的？

向熹教授： 不是，是这样子的。发起是我发起的，后来是由他（张永言先生）统编的，杜先生（杜仲陵先生）当时他是个老先生。

　　我的第二个工作是关于《诗经》研究。现在好像社会上传我是什么《诗经》研究专家，什么著名专家，我说我不认账，（笑）这是人家说的。我不是什么专家，更不是

---

① 《汉语避讳研究》，商务印书馆 2016 年版。
② 《古代汉语知识辞典》，四川人民出版社 1988 年版。
③ 夏传才主编：《诗经学大辞典》（上下册），河北教育出版社 2014 年版。
④ 指与郭全芝合撰的《诗经语言学》，收录在《诗经学大辞典》（下册）内。
⑤ 《诗经译注》，高等教育出版社 2009 年版；商务印书馆 2013 年版。
⑥ 《诗经词典》，四川人民出版社 1986 年版；商务印书馆 2014 年修订版。
⑦ 《诗经语文论集》，四川民族出版社 2002 年版。
⑧ 指张永言、向熹、经本植、罗宪华、严廷德、杜仲陵，等编：《简明古汉语字典》，四川人民出版社 1986 年版。

什么著名专家,但是我做了几样工作,一个工作就是《诗经词典》。这个词典最初是四川人民出版社出的,后来商务印书馆也出了(修订本)。这个书的优点是比较全。

我把诗经里所有的字,历史上关于这个字的不同的解释我都分条把它列出来。所以这个书影响很好,也比较大。当时有一个杂志上写了一篇评价的文章,题目就叫作《诗经研究的桥梁》。我本来有这个文章,丢到哪里去了,找不出来了。到现在为止(《诗经词典》)都已经印了好几次了。(笑)商务印书馆 2014 年出的,现在也印第二次了。(笑)

张宜: 影响很广泛。

向熹教授: 它影响比较广泛,因为它这个(书)比较全面一点,细致一点。

张宜: 细致。

向熹教授: 说全面一点就是《诗经》的 305 篇,每一篇的每一个字的内容我这上面都有。还有语音,诗经怎么押韵的,这本书里都有。所以很实用。还有这本《诗经译注》。

张宜: 《诗经译注》,也是商务(印书馆)的。

向熹教授: 这本书最初不是商务出的,最初是高教出版社印的。第一次是许嘉璐先生,他们要编一个《白话十三经》①。(其中)诗经部分要我来弄。因为当时他是(中国)训诂学会的会长,我就弄了这个东西。所以最初是广东教育出版社、广西教育出版社跟陕西人民教育出版社合出的。后来到了 2009 年,高教出版社要出书,找来找去找到我。我就修订了一下,他们就出了精装本。其实我看有点不好看。(说着向老师为我找来了这本书。)这个(书)出来以后,当时几乎所有的报纸上都登了。《人民日报》《工人日报》《高等教育报》、四川(的)各种报(纸)。

张宜: 大报都在登。

向熹教授: 小报也登。但是这个完全不是我的译文有什么好,不是我的功劳,因为出版社拿它要送人情,把它装饰成那个样子,(但)那个内容上我觉得(不是很完善)。它印了两次,高教版印了两次。第一次印的时候那位编辑要生小孩,把我的稿子交给她,她就没有请人家去审。然后拿出去就印了,好家伙,错字很多。那么后来我就"抗议"了,(笑)我说你这个花那么多钱,还精装本,要送人家,错字那么多,怎么送得出去啊。所以他们马上又印了第二次,就是这么一本书。这个书我自己这么看,肯定不是最好的。但是现在《诗经》的精译已经有七八种了,把《诗经》选

---

① 指许嘉璐主编:《文白对照〈十三经〉》(上下册),广东教育出版社 1995 年版。

集加起来就(有)十来种。将来怎么样？历史去给你讲。（笑）我不认为我这（本书）是最好的，将来历史觉得哪一个好，历史自有公论，像我的《简明汉语史》一样。书有两种，一种就是别人没有写的，你写了，好不好？历史有公论，你不好，将来历史就不承认，把你丢掉就完了。第二种，就是书出得很多，同样的书很多，好不好？有个比较。我想读者的眼睛还是雪亮的，整个讲，哪一个书好不好，我想（读者）也有一个公平的评价。这个不是你作者自吹自擂，说我这个好，我这个最好，那个是骗人的，（笑）骗自己的，这一点我有自知之明。我知道我的书问题不少，但是别人的书也可能有。至于好不好，那就（让）历史去评价。

对我来讲，《诗经》研究不是我原来的主攻方向，我为什么要研究《诗经》呢？那是因为我要写汉语史。因为我觉得要写一本书，必须有实际的历史（研究材料）才可以。研究历史不能浮光掠影。研究一部书，必须深入全面。《诗经》这本书，第一，它的历史很早；第二，它是诗歌，它有韵，能够反映当时语音的实际情况；第三，它这个分量不大，在先秦各种典籍里，比较简明扼要，它也的确能够比较反映群众的实际语言，所以我就选了《诗经》。《诗经》本身只有 3 万字，8 000 多句，（量）不大。但是真正要把它弄懂的话，很困难。因为历史上各家的说法，各说各的。那么你要认真去考察，究竟怎么能理解？你不能说这个也是（对的），那个也是（对的），你要把它记录下来，但是你还有一个侧重安排的。有些（研究）太离谱了！

张宜： 对，太离谱了。

向熹教授： （笑）这块的确是花了很大的功夫，包括语音、词汇、语法、修辞，所以这个书到目前为止，你刚才也说过，几个出版社出过，（印数多，影响大）。至于那几本（书），《诗经语言研究》①，是我在北大讲课时候（的讲稿），我在北大讲课有半年，（是那时讲课用的）讲稿。

张宜： 那是什么时候呢？

向熹教授： 这个早了，就是（19）83 年吧，我还是助教。

张宜： 还是助教的时候。

向熹教授： 我是助教，没有当过讲师啊……我是（19）84 年晋升副教授，（19）87 年晋升教授的。（笑）

张宜： 这个完稿是 1985 年。您写的是 1980 年至 1982 年，在川大中文系开《诗经》的语言问题选修课，先后讲了三遍。（19）83 年又应邀到北大中文系，讲了一个学

① 《诗经语言研究》，四川人民出版社 1987 年版；商务印书馆 2023 年修订版。

期,是(19)83 年。在北大,是吧?

向熹教授: 对。这本《诗经古今音手册》①是什么时候出的呢?《诗经语言研究》应该在它前吧。

张宜: 《诗经古今音手册》是 1988 年出的。您为什么到南开大学出(版)呢?

向熹教授: 那时候我在北大讲课,后来我到南开大学去做了一个讲座。南开大学出版社问我有什么书要出,我说我现在没什么书,我说有这个东西,我给弄出来了,你们如果认为可以就出吧,他们就出了这个。这个书当时影响很小,但是也有趣。前两年我开会的时候,碰到个台湾的学者,我就问他,我说我印这个书,有这个东西,你们看过没有?哎,他看过。我以为那个书实际上出来以后就没有什么用了,他说有用的。(笑)我把《诗经》里每一个字的音,古今音都罗列出来,还是有用的。

张宜: 那就是对人家学者研究是有用的。

向熹教授: 对学者研究它有用。因为它不仅仅是标现代的音,还标了反切、标了中古音、标了上古音。

张宜: 这些当时都是您自己手写的稿子吧?

向熹教授: 我跟你讲,我这个人很笨,所有的书我都是手写的,我不会电脑。

张宜: 但是有的字电脑里的字库也没有。

向熹教授: 是。(笑)其实我买电脑很早。因为当时不是(住在)这个房子,当时(住)在川大里面的房子,很小。我有两个女儿,(还有)我们夫妇俩,还有几个男娃娃。都住在一起。(房间挤得)满满的。我们夫妇俩那个房间没法装(电脑)了,就放在女儿的房间。我女儿给我打,她们把电脑也学会了,打一打。但是到后来的时候,她们都(搬)出去了,我就没办法了。(笑)所以现在我写东西也不多。要写要出(书)的话,我就把手稿给他们。

张宜: 他们帮你打。

向熹教授: 他们去印。所以我自己写,出版社他们去印,都是这样(笑)。

张宜: 向老师,刚才您讲了很多关于您是怎么样走上语言学研究道路的(事),也讲了一些家庭,包括兄长对您的一些影响,还有当时社会(的影响),我们没办法去跟这个社会抗衡,有一些东西都是命运的使然,促使您这样地过了几十年。那么在您的这些研究过程当中,哪一个人、哪一本书或哪一件事儿,对您从事这些研究最

---

① 《诗经古今音手册》,南开大学出版社 1988 年版。

有影响呢?

向熹教授: 说哪一个人、哪一件事儿,这个很难说,但是王力先生是我的导师,我学汉语史,他是领路人。我现在学的知识,都是从王力先生那学的,他给我的影响对我是最大的。但是我在学习过程中,我刚才讲,我不能完全依靠老师,他怎么说,我就怎么说。如果这样的话,那我这个学生有什么用? 他的书都出来了,大家都看见了,那要你这个学生干什么?

张宜: 是的。

向熹教授: 王力先生自己曾对学生讲过,要在老师的引领下走自己的路。所以我还有自己的想法。那么为什么这一辈子尽管我经过的坎坷很多,也不算有什么成就,但是我还是努力地在做。为什么? 第一个,我的父母把我养大、把我们兄弟养大,太不容易了。我们兄弟里面读上大学的就我一个,我不能忘记父母对我的养育之恩。除了父母还有一个祖母,我们九兄弟,都是祖母帮着带大的。这个我不能忘记,这是一个。第二个,我是出生在贫苦农民家庭,我那个村子里(的人),都是贫下中农,没有什么地主富农。(在)我们向家,我是我们双峰县解放后第一个考上北京大学的。

张宜: 双峰县第一个考到北大的。

向熹教授: 对的。我也不能够忘记我乡下老乡对我的期望。再一个就是我在北大,我是北大人。我不能代表北大,但是我不能给北大丢脸。并且我是北大中文系的研究生,人家看你,不是看你自己吹的什么,当什么官,而是看你做的是什么。作为大学教师,跟中小学教师不一样,有两条,第一,他要教好书;第二,他要搞科研。

张宜: 教好书、搞科研。

向熹教授: 要不然的话要你大学教师干什么? 那么你的科研,什么地方可以体现? 就体现在你做了什么。你做了,也许你做得不好,也许价值不大,也许错误很多,这个都是情理之中的。但是你要去做,你做都没有做,然后光说这个不好,那个不好,那就是空话。至于说你做了以后好不好,社会自有公论。这个不能勉强的,你只有这么点水平,你要想做多大的成就那怎么可能? 不可能。但是如果你的确做了,的确在某些方面有点成就,我想(社会)不会冤枉你的,冤枉你干什么? 所以就是这样。

这个地方我想单说一下,你那个(提纲)上面提到怎样看待批评与自我批评。

批评肯定是有的。比如说《简明汉语史》第一次出来的时候我就兴高采烈,寄一本到长春的吉林大学。我的一个师兄许绍早教授,(他)写过一本《世说新语译注》①。他(看完我的书)就把我骂得狗血淋头,(笑)他倒不是说内容怎么样,他说我们(王力)老师就写的《汉语史稿》,你又去写什么汉语史,还不都是一样的。(笑)我们师兄弟之间没有什么说得对不对(的情况),没有什么。这个书我还没有看到哪个写文章(的人)的批评,请你回去查一下。

张宜: 嗯,我回去查一下。

向熹教授: 说好话(的人)倒是有一些。比如说 2001 年出了一套书叫作"二十世纪中国语言学丛书"②。(说着,向老师为我拿来了这套书。)

张宜: 这是许威汉(主编)的《二十世纪的汉语词汇学》③,还有《二十世纪诗经学》④《二十世纪的古汉语研究》⑤。(《二十世纪诗经学》)这里介绍了您的《诗经语言研究》和《诗经词典》。

向熹教授: 严修教授我并不认识。许威汉先生我后来认识了,开始也不认识。他比我还大一些,上海师大的老教授,现在 90 多(岁)了。(向老师一边翻开一本书,一边说。)关于诗经的研究,这本书里面涉及了《诗经语言研究》和《诗经词典》。

张宜: 夏传才《二十世纪诗经学》,学苑出版社的。

向熹教授: (夏传才)他现在是诗经学会的会长。这个学会是很不错的,(19)93 年开始到现在,开了 11 次会了,全世界的《诗经》研究专家都来。夏先生今年 92(岁)了,身体还挺好的。解放天津的时候,他是接收大员。解放石家庄的时候,他是大队长什么的。

张宜: 很厉害啊!

向熹教授: 很厉害的。学生的时候就是诗人,旧体诗人。他写了上千首旧体诗词,很有名的。香港还出了《夏传才画传》。这个人特点是记忆力特强。《诗经》学会那么多人,国内国外的他能够把这些人都记住。(笑)真了不起!但是他也倒霉,"反胡风"(运动)的时候,说他是"胡风分子"。后来就把他送到了内蒙古去劳动改造。他的夫人很好,夫人就把家里(的工作)不要了,跟他到那里去。二十三年啊!(19)55 年(开始),到"文化大革命"(结束),他们才回来的,才回河北师大的。所以

---

① 许绍早:《世说新语译注》,吉林文史出版社 1996 年版。
② 指"二十世纪中国语言学丛书",吕叔湘先生任首席顾问,书海出版社 2000 年版。
③ 许威汉:《二十世纪的汉语词汇学》,书海出版社 2000 年版。
④ 夏传才:《二十世纪诗经学》,学苑出版社 2005 年版。
⑤ 严修:《二十世纪的古汉语研究》,书海出版社 2001 年版。

这个你能想象吗？

他到我家来过,我们私人感情还挺好的。他出了一本《诗经讲座》。他告诉我,他现在研究《诗经》,他列参考书就列我的《诗经词典》。(笑)

张宜： 他很看重您的《诗经词典》。

向熹教授： 我说的意思就是学术上的东西还是很难说的。因此,我对于学术批评的态度是怎样的? 第一点,我对所有学者写的著作都是尊重的,不管他观点跟我同不同。因为每个人写自己的书,他总是有自己的观点。学术上的东西不可能都是一个口径,不可能的。不同的观点是有的,肯定的。比如研究《诗经》这本书的书从古到今,现在有多少种了? 到清末为止,一共有 1 864 种,加上现在又出来的几百种,所以现在是两千多种。文章有多少? 文章有两万多。都能说一样的话么? 不可能。所以不同的观点我也尊重。我不写批评人家的文章,这是我的基本的观点。

那么对我的东西怎么样呢? 欢迎批评! 只要学术观点上是对的,我欢迎。但是如果是离开了学术观点,那个是另外一码事。只要是学术上的观点我都欢迎,这没有什么。也包括刚才我提到的(许绍早)师兄跟我说的。我的《诗经词典》,我的老师王力先生也批评了。表现在什么地方呢?(说着,向老师翻开王力先生的书指给我看。)你看他的观点就不一样。他的观点是怎么样呢? 搞《诗经》语言研究,(以)毛郑为主。

张宜： 以毛传郑笺为主。

向熹教授： 如果毛郑有两个观点不一样,怎么办?

张宜： 以朱熹为主。

向熹教授： 这个观点我没有接受。因为学术是变化的、发展的。你不能说朱熹都对,那现在的人对朱熹也有这样那样的意见,怎么办? 你把它列出来以后,读者他有评判。所以我没有接受(这种观点)。(但是)我对我的老师很尊重,我的确很崇拜他。王先生没有读过中学,在上海国民大学只有一年多就完成了学业,考入清华国学研究院,也只有一年多就完成了毕业论文《中国古文法》。

张宜： 对,自学成才的。

向熹教授： 自学成才的,但是他(的)成就那么大。可以说在语言学关于汉语所有的方面他都有自己独立的成就,这个哪一个学者做得到? 还有外语,他没有学过外语,到上海国民大学几个月他就能(用外语)看书。到法国只有半年他就给人家当翻译,翻译小说、戏剧,几十种啊! 很有名的翻译家。谁能做到啊?

张宜： 他属于天才。

向熹教授： 俄语，自学成才。他跟高名凯先生到苏联去讲学，不带翻译，就两个人（去的）。80 几（岁）了还学日语，谁能做到？（笑）

张宜： 对，属于天才。

向熹教授： 现在还有人说王力先生这样那样的。我说有些人不知道做学术的高低是怎么来的。但是你说他的观点是不是从始至终都对，那也不尽然。比如说他写《中国现代语法》①《中国语法理论》②，就是（采用了）Jespersen（叶斯柏森）的"三品说"，后来他自己就给否定了。所以一个人的观点不可能从头到尾都是正确的，不可能的。人是进步的，社会也是进步的。自己的思想观点也是进步的，不断提高的，（一直保持正确的观点）怎么可能呢？所以对待老师我是非常尊重的，对待其他老师我也是一样，有些老师尽管著作不是太多，但是出了一两本（书），那也不错。那个时代不像现在电脑一打，书就出来了。那是完全靠记忆（一笔一笔）写出来的。那时也不提倡这个，只要你教书教好就行了。比如说我刚才提到那个观点，教师要教学、要搞科研，当时我们川大中文系语言学教研室主任胡培芝同志就很反对。（笑）

张宜： 您现在讲的就是怎样处理教学和科研的关系。

向熹教授：（笑）她就很反对。她的看法是我们现在搞好教学就好。反正我是尊重所有的能够在科研上做出成果（的人）。至于那个成果好不好，那个不是你张三李四一个人说了算，让历史去评价吧。但是，作为学者本人，做科研应该老老实实，不要夸夸其谈。我的书也许没有价值，也许人家看不起。郭锡良就跟我说过，说你理论修养还要努力。我们是很要好的朋友。我想这是实在的。

我的书实事求是，都是材料，很少空话。因为我觉得读者就希望你的材料中能够反映出什么问题，不是说你分析这个那个的，讲了太多内容。但是写书也有点限制的，比如说汉语史，范围那么广，时代那么长，材料那么复杂，每一个问题你都去说长道短、分析半天，那你这个书要写多长。那不可能的。只能够短一些，材料最主要的摆出来。比如说一个时代分成几期？一个时代的语法怎么样？语法有哪些？虚词、名词、代词、形容词，还有什么介词、连词、语气词，你都要提到。光是语气词有多少，光是介词有多少，你每一个都提出来，用很多例子来分析，什么（造成）

---

① 王力：《中国现代语法》，中华书局 1954 年版。
② 王力：《中国语法理论》，商务印书馆，1944 年出版上册，1945 年出版下册，1955 年中华书局重印。

这些变化的,不太可能。所以汉语史的每一个时期、每一种用法,只举一个例子。这个当然读者看起来就很不够,但是你有什么办法,因为有篇幅的限制。基本的一条是,做科研,结论应该从材料中出来,不能弄一个别的理论以后就拿材料来(凑)。

张宜: 就匆忙得出结论。

向熹教授: 来凑热闹,那可不行。所以直到现在我觉得,如果说读者认为有用的地方,(能用可用的语言)材料就(是)几个。对于新的理论怎么看? 新的理论当然很好,还有新的语言学。其实我看新的理论跟旧的理论往往是相通的,比如说讲词义的发展、词汇的发展。你讲词义,现在有这样那样的(观点),比如词素说、义素说,还有语义场,还有新的认知语言学,还有语言的表层深层结构等(理论)。

我的观点是,过去我们古汉语里讲词义引申、假借,都可以概括。什么叫引申呢? 一个意义,它产生很多引申的意义出来。但是这个引申的道路是各种各样的,旧的语义和新的语义关系是各种各样的。它不是有层次的吗? 这个是先出来,那个是后出来。一个新的意义跟旧的意义比,它里面是不是有新的要素在? 当然有新的要素。元认知,它(如果)不是人去认识,它怎么出来的? 所以这都是通的,但是你要把它讲清楚。比如说词义引申有哪些情况? 过去高名凯先生讲外国的词义演变,那无非是词义的扩大、缩小,还有就是转移。

扩大不是引申吗? 缩小不是引申吗? 转移不是引申吗? 还不是一样的,不过它换了一个说法,反正就是更通俗一点。我写过一篇文章,就是关于汉语的词义引申[①]。(笑)如果要举例子的话还可以举出很多。我当时分了三十几项吧,谈了(词义引申)这个问题。如果你真正地把材料弄通了,然后把各种理论都拿来好好比较一下,往往是有相通之处的。古人的东西,有的一开始不觉得(怎么样),越到后来我越感觉到很佩服。比如说许慎的《说文解字》,那个时候(连)纸都没有,都是竹片片。那么多字,9 353个字,要把它们归纳成多少个部啊,要一个个说清楚,要花好大功夫啊! 而现在的人却总说这个不对那个不对,(那)你去做吧! (笑)这个我就有教训,在北大我的第一篇学年论文,《〈说文〉阅读一得》[②]。

张宜: 那是读研究生的时候吗?

向熹教授: 读研究生的时候的一篇学年论文。

比如说现在对王力先生的《汉语史稿》,也有这样那样的意见。但是在那个时

---

① 指《再谈词义引申变化》,载《汉语史学报》第八辑,上海教育出版社 2008 年版。人大报刊复印资料 2010 年第 2 期转载。

② 《〈说文〉阅读一得》,载《语言学论丛》第一辑,新知识出版社 1957 年版。

候,我们连这个概念都没有,不要说汉语史的概念,连词汇学的概念都没有。词汇这个系统怎么弄的?什么叫词汇系统?我第一次(听人)讲汉语词汇是周祖谟先生(讲)的现代汉语词汇,他的论文集有一篇关于现代汉语词汇①,就在那里学了点(汉语词汇的)知识。东北有一个老师(孙常叙先生),是王勤、武占坤两位的老师,讲现代汉语词汇。武、王两位出了一本《现代汉语词汇(概要)》②。你现在看起来当然是很一般了,但是(在)当时是很了不起的。

张宜: 他想法新啊。

向熹教授: 就是。你要把它弄成一个系统,不那么容易。你不要说王力先生那个《汉语史稿》,就是我写这个(《简明汉语史》),前面有王力先生的本本在那里,我拿来都很头痛。又是语音、又是词汇、又是语法,又是上古音、又是中古音、又是近代音,又到现代,你怎么去把它抓在一起啊?真不容易啊,很麻烦。所以你要是想提那个什么(汉语史),有的漏掉了,该讲的你没有讲,讲的还不一定对,那个(情况)肯定很多的。所以如果有哪一位(有)具体的意见我很欢迎的,没有什么的。我能够做到这一点,我只能说我尽了力了,做得好不好不知道。(笑)

张宜: 向老师,您认为作为一个语言学家应该具备什么样的学术修养呢?

向熹教授: 学术修养啊,其实这个前人也讲过。(第一是)王国维在他讲词(《人间词话》)的时候讲了做学问有三个境界。"古今之成大事业、大学问者,必经过三种之境界",第一(种境界)是"昨夜西风凋碧树。独上高楼,望尽天涯路"。这是什么意思呢?我的理解就是,做学问一定要登高望远,起点要高,要看得远一点。第二(种境界)是"衣带渐宽终不悔,为伊消得人憔悴"。这是什么意思呢?就是要刻苦、努力。第三个境界是"众里寻他千百度,蓦然回首,那人却在灯火阑珊处"。(如果)你做到了前面这两个(境界),(第三个境界)自然就出来了。这个就是王国维先生说的。

第二是王力先生说的,王力先生说做学问有两个,第一个要尽量掌握材料,我的体会就是做学问自己的基础一定要广。不能说我搞汉语史我就(只)读汉语史的书,我搞《诗经》就(只)读《诗经》,那个做不成(学问)的。就像盖房子么,这个地基就这么大,好不容易(把知识)放上去,倒了。因为你看不广,你就不知道问题在什么地方,所以基础一定要广。王力先生(涉猎)古今中外那些(书籍),他是拼命读书

---

① 指周祖谟:《现代汉语词汇的研究》,载《周祖谟语言学论文集》,商务印书馆2001年版。

② 武占坤、王勤:《现代汉语词汇概要》,湖南人民出版社1959年版;内蒙古人民出版社1983年版。

的,但是王力先生他是天才,他记忆力挺好,理解力也挺强。小的时候,他十几岁就教书,到了一个学生家,(学生家中)有十四箱书,没有用,就送给他,他就拿来全部读了,读了以后装到脑子里去了。我们这些学生跟他没法比,这个要承认,是事实。但是除此以外,还有一个(原因),他努力啊!"文化大革命"中把他整得要死,戴帽子,劳动改造,"坐喷气式飞机"。但是他白天在外面劳动,晚上回家看书。他有一部书叫作《康熙字典音读订误》①,他去世以后才出版的,就是在这种情况下写出来的。这个容易吗?所以对老一辈的学者我是非常崇敬的。王先生很了不起,其中有一条是他拼命努力。我觉得我作为学生比不上老师,这是没有问题的,但是老师都那么努力,你难道不应该更努力一点吗?很可惜的是我现在已经无法努力了。(笑)

张宜: 看您说的!

向熹教授: 现在老了以后,我晚上就没法工作,我一工作的话就(身体不舒服)。

张宜: 您身体有什么毛病吗?

向熹教授: 肯定有,前列腺、老年性支气管炎。我这几十年来,家务事也干了(不少),要煮饭、要弄菜。不是说我老伴不能做,一个(原因是)我们小孩很多,她还有教书的任务。

张宜: 师母也是川大的老师?

向熹教授: 也是四川大学的老师,她是学化学的。她的教学任务还挺多,所以家务我做得多些。但现在她的身体不好了,这些年身体不好了,所以我要煮饭弄菜,买东西。我除了气管不好以外,心脏也有问题。我觉得每个人都可能有问题,你到了八九十岁,别人有的(病)你没有,那可能吗?齐冲天给我写了一个条幅(向老师指着墙上的书法条幅给我看),是我请他写的,那话是我的:"尽力而为,适可而止,不忮不求,顺其自然。""忮"是什么意思呢?"忮"是嫉妒人家、嫉恨人家,我不恨人家也不嫉妒人家。求,贪求。我是个教师,第一当不了官,第二发不了财。这个我觉得无所谓,不在乎,别人有财随他。我的隔壁那一家就是很有财的,他办了好多个超市。我一点都不羡慕。(笑)

张宜: 他是有这个"财"。所以您是"尽力而为,适可而止,不忮不求,顺其自然"。

向熹教授: 这个是我一辈子从生活中归纳出来的几条。(笑)

张宜: 我也要向您学。(笑)向老师,您在汉语史、在诗经方面的研究,您的特点是

---

① 王力:《康熙字典音读订误》,中华书局1988年版,2015年版。

什么呢？您觉得在哪几点上是有突破的呢？

向熹教授： 我要说的就是我先前说(过)的,我的(作品)都是材料。(笑)我写的东西以材料收集为主,结论是从材料中得出的。至于(水平)高不高、理论性强不强,这个我不知道,也许里面人家一看根本也没有理论也说不定。有定论的是独创性,看怎么看,比如说编撰词典,中国编撰《诗经》词典这是第一本。

张宜： 《诗经词典》,这是第一本。

向熹教授： 音义俱全的,这个(《诗经词典》)是我们中国编的《诗经》的第一本(专书词典)。当时为什么想编这个东西,我因为当教师就爱看看这样那样的书,(我看了)各个版本(的《诗经》),我看几个(观点)都不一样,各家与各家之间。后来我就想,我来编一个(书),把各家的观点都集中在一起,看看究竟怎么样。就是从这一个观点编出来(《诗经词典》)的。其实想编这个(书)很早了,我当学生的时候,(读)研究生的时候,我就想到这一点。我跟袁家骅先生谈得最早,他还很鼓励我,但是当时没办法做。后来到这里以后,因为我要编《简明汉语史》,也搞《诗经》,我就想到这里,这个(事情)就是从实际出发。还有一个呢,就是我科研跟教学结合起来。我的几本书实际上就是(在)教学、讲义的基础上改写提高出来的。

张宜： 就是(科研)来自教学,然后科研反过来又对教学有促进。

向熹教授： 就是,所以如果要说有什么特别(之处的话)呢,我的这个书好像现在都是人家容易用一点,人家比较喜欢用,就是我这个空话比较少。人家看了以后可以解决实际问题。有什么理论,反正我觉得没有什么很高的理论。(再)比如说(王力先生写了)《汉语史(稿)》,我又写这本《简明汉语史》,(因为)我有一个想法,我们中国写了多少文学史啊,写了多少通史啊,但是汉语言作为那么大一个语言,历史那么长,应不应该有一个历史,一部《汉语史稿》就够了么,能不能够多写一点。在这个基础上我也看到了我的老师的书,当然也读过,我觉得也还有写的余地,所以我就写了。所以这个也是从实际出发的。

张宜： 向老师,我说的这个问题可能不一定合适,但是我想问您,您说汉语史这一块,一直没什么这方面的书,我是一个晚辈,我只是一种猜测：一个是这第一本是学界泰斗级的人物写的,就是王力先生写了这个《汉语史稿》,那么一出来它就是一个标志性的东西,它的高度就在那了,然后其他的学者,甚至是他的学生有想法,可能也是望而却步了,会不会有这样的一些想法？

向熹教授： 可能有这种(想法吧)。还有另外一种(可能),就是写这个东西太花劲儿了,费力不讨好。搞了一辈子就搞了这么点(成果),人家搞别的,一年就可以出几本(书)了。

张宜: 所以您干的这个事有可能是费力,然后也不一定讨好。

向熹教授: 费力不讨好,这个我有自知之明的。(笑)你要想靠这个多得点利益不可能,想要得什么名也不可能。我说一个事情给你看吧,这个书出来以后,最初(1995年)在四川社科评奖,三等奖都评不上。人家瞧不起的。多亏赵振铎教授讲了好话才评了个三等奖。就是同一年,教委评了一个二等奖,不知道谁报上去的。所以这个当时是很难讲,真的是费力不讨好。(笑)但是你不费力你干什么啊,你教师本身就是干这个事情的。古往今来,如果说都为了去赚钱,那我们这个文化怎么发展。

我们向家是一个小姓,历史上最有名的一个人就是竹林七贤的向秀。他做了两件事,第一个,(写了)《庄子注》,但是这个书后来不存在了,别人把他的成果拿去了,所以他没有书,他也拿不了稿费;(笑)第二个,他写了一篇赋,《思旧赋》,《思旧赋》加上序言一共只有24句,就是嵇康死了以后,他感觉很难过,只写了24句。但是他是我们向家唯一一个历史上、学术上有成果留下来的人。当然后来当官的(人)有,比如说宋代有个宰相叫向敏中,当官的。他的一个族人、女的当了王后。剩下的都是当官的。作为学者的就向秀一个,穷也穷得要命,竹林七贤嘛,他们在湖边的一个地方打铁嘛。

张宜: 吃饭都吃不上的。(笑)

向熹教授: 就是就是。但是向秀做了这件事,他对我们的文化就有贡献。我当然不能跟这些伟人、古人去比,也不能跟我的老师比,但我只能说我做了这件事情。(我)最近出了这个《汉语避讳研究》。

张宜: 商务印书馆的,这是新出的?

向熹教授: 才出的。本来可以送你一本的,但是因为现在只有这一本,其他的还没有到,以后记得送你一本。

张宜: 好,等您有多的(的时候)。这是2016年6月份(出版的)的,够新的!才出来的。

向熹教授: 才出来的。(笑)也是"凑"材料凑出来的。(笑)

张宜: 明白。您这都快90岁的人了,还在出书,很了不起!向老师,在这些成果当中,您本人最看重的是哪一本或哪一部呢?

向熹教授：《简明汉语史》，另外就是《诗经词典》。因为这两个，《简明汉语史》是我的专业，而且是我们汉语历史研究必须要做的。2011 年我在北大做过一次讲座，在北京大学王力先生诞辰一百周年纪念的时候。那时候《简明汉语史》已经出版了，我讲的就是汉语史。最后两句是这样的，我用了龚自珍的两句话："落红不是无情物，化作春泥更护花。"我本来就不是花，就是个老叶子，老叶子落下来就完了。但是我可以化作泥巴，给将来的人……

张宜： 再去滋养（后来人）。

向熹教授： 滋养不敢（当），但是（可以）鼓励鼓励吧，（笑）就是这个样子的。就是说知识是有用的，要不然的话人家不会一出再出，我想能够写一点给人家有用的（东西）也好。这个《诗经译注》和这个是配套的，本来配套的有三本，一个是《诗经语言研究》。本来我想出一个修订本，补充一些材料。那年我跟商务印书馆说，但是现在出专著很难，不愿意出，那就算了。我也没有钱，这个你可能不相信，现在不是有很多科研经费吗？我从来没有用过，轮不到我。因为我已经退休好多年了，(19)96 年就退休了。

张宜： 那您从 (19)96 年到现在，这些书都是自己写稿子？

向熹教授： 自己写稿子。《简明汉语史》是 (19)93 年的书，那时还没退休。后来的书都是免费（出版）的，我没有给出版社出过钱。

张宜： 对呀，现在出学术著作有的时候得自己掏钱的。

向熹教授： 这个岂有此理啊！我花了一两年（精力），我得不到好处，你还要我交钱，我哪有这么多钱啊！这个我也感谢出版社，他们一出再出（书），没要我的钱还要给我一点稿费。对此我还是很感谢的，说明人家看得起我嘛！（笑）

这几部书，《诗经译注》《诗经词典》，还有《简明汉语史》都是印了不止两次。《诗经词典》原来在四川也印了好几次。反正你只能做这点事就做这点（事）吧，我就从这个地方着眼，从文化这个角度。你作为教师，你要报答自己的老师、报答自己的父母。我在川大，我至少要为川大做一点贡献，这个就是我的（想法）。至于个人利害这个东西倒无所谓，做出来以后社会承不承认，历史承不承认，我管不了，学校也管不了。但是你自己（得）去做，如果你根本没做，那你就没有资格来说这个。

张宜： 向老师，四川大学对您的教学和科研有哪些方面的比较好的支持呢？

向熹教授： 能让我来开这个课本身就是对我的支持。（笑）至于"文化大革命"中的，比如说下农场五年，我想这个是时代造成的。

张宜： 对，（当时整个）社会都是那样的。

向熹教授： 这都没有什么的。除那以外就是要集中精力去做吧。我觉得自己一个是天分不够，另一个努力也不够。

张宜： 您太谦虚了！

向熹教授： 我不是天才，只能做到这一点了。比如说我学外语，我这个科目就绝对不行，那你不是天分低是什么。我当研究生的时候，曾经（有人找我）要我翻译一个现代汉语的书，我翻（译）了一半，不知道什么原因，可能人家看到我这个稿子比人家（翻译得）不好，就没有（再）要我翻译了。我原来翻译过一篇文章，王力先生觉得（翻译得）还不错，他给我改了，但是也没有正式出版，就在那个北大油印印出来了。但是后来我自己从来不看（外语），你知道什么原因吗？这几十年我们国家在政治上，很不容易的。像我们这一辈的人，政治上过得很不容易的。动不动就给你扣一个帽子，因为王力先生被扣过帽子，"里通外敌"。所以我干脆就不看（外语），我也不跟（搞）外语的人打交道。刚才我不是说吗，在底下劳动，这些东西你说得了吗。为什么到现在为止我不搞电脑，我也不用手机，为什么呢？省些麻烦，我也没有那多精力去弄 QQ 群那些东西。（笑）

张宜： 向老师，在您的工作和研究当中什么事是令您最高兴的，什么事是令您最沮丧的呢？

向熹教授： 做出了学术成果以后。

张宜： 自己的这个学术的一些心得变成成果出来了。

向熹教授： 嗯，就是这个样子。别人看不起，那是人家的水平高，但是我自己（还是）敝帚自珍，还是高兴的。（笑）

张宜： 我听您讲，然后您给我看这些成果，我自己都能从您的那个角度感受到您的那份快乐。

向熹教授：（笑）也谈不上什么快乐。反正我觉得作为一个教师就应该去做，你不做就不配当一个高校教师。我如果不做的话就更对不起我的父母，对不起我的老师，对不起我的母校，对不起川大教师的身份，这个是我真实的想法。我现在想到我的父母的时候，我的心里还是很难过的，我这个人有孝敬父母的思想，但是还是觉得做得不够好。

张宜： 是没有能力？

向熹教授： 那个时候有什么能力啊。

张宜： 对啊，没有能力去照顾他们。

向熹教授： 尤其在困难时期，我家里那么多（口人），我是19斤口粮，还要自己节约1斤，还要上交。像我这种身体的话，38斤、48斤还差不多。

张宜： 正是长身体的时候。

向熹教授： 那个时候我这个人身体是很好的。

张宜： 您家里九个都是男娃娃？您是排在第几啊？

向熹教授： 我第五个，现在我的四哥还在，四哥92（岁）了。我的母亲父亲（都是）苦了一辈子的农民，真是苦啊！在山上的时候还总是把一些树根磨成粉来吃，吃了以后不消化，可是我一点（办法）都没有。（19）64年我才能把母亲接过来，住了60天，但是（政府）说不是城市户口的人就不能住在这，就送回去了。所以（想到）这些事（就很难过），孝顺之心我还是有的，但是实际的孝顺一点没有做。

张宜： 力不从心，您（当时）没有那个条件。

向熹教授： 是，所以到现在为止，我看到人家有父母在我就很羡慕。

张宜： 我还有一个老母亲，她是（19）34年出生的。我父亲是（19）28年出生的，已经不在了。

向熹教授： 我也是（19）28年出生的。（笑）

张宜： 我知道。我父亲已经不在了。就特别能理解您的这个心情。向老师，您有几个孩子？

向熹教授： 我六个孩子。有两个孙子，我的小孙子在美国。我的孙女儿也在美国。刚才出去的那个孩子是我的孙子，现在在美国读大学。孙儿孙女都在美国。还有一个大孙子在意大利读书实习。

张宜： 那把我给您写的邮件转给您的是小女儿吗？

向熹教授： 那是大女儿。

张宜： 她在您身边？

向熹教授： 她在社科院。她从川大毕业以后被分到四川省（社科院）工作，现在也退休了。她是（19）56年生的。我最小的孩子是（19）68年生的。孙子孙女在美国读大学。一代人有一代人的思想。美国我去过一趟，但是我觉得我不想住在那里。首先语言就不懂，再一个，你融入不了那个社会。我们这代人习惯了中国的生活，思想都不一样的。就算你融入（美国社会）了，你是中国出生、中国养大的（人），你到那里去做（研究），你做出成绩来算老几啊？

张宜： 对，我在那待了一年我也回来了。

向熹教授： 是啊。但是他们既然喜欢这样子，那就由他们去吧。

张宜： 那身边谁陪您呢？

向熹教授： 现在就我们两个（人）。

张宜： 就您跟师母。

向熹教授： 他们就是经常回来看一看。

张宜： 关键您和师母（在一起），尤其是您还能料理生活。

向熹教授： （笑）可以，可以。我自己能动就表示我还可以。

张宜： 向老师，那您对目前汉语史以及《诗经》研究有没有一些设想，或者是您对这个学科未来的发展还有什么样的建议吗？

向熹教授： 有些东西不是我想象的，建议也是空的，所以这些话我都不愿意去说。你看现在汉语史作为一个专业，除了北京大学以外其他学校大都没有了，那你说半天不是废话，人家根本不需要你这个（建议）。汉语史作为文化体系来讲有它的意义。一个民族、一个语言（发展）那么久了，一部历史都没有说得过去吗？苏联搞社会主义人家还有俄语史的，你汉语能够保存下来五千年不断的，就是这么一个语言。一部（汉语言的）历史都没有，你自己（心里）过不去吧，你作为一个民族（心里）就过不去吧？所以人家说你这个没有用什么的，这个我承认；没有实际意义，赚不了钱、来不了名誉，这个我承认。但是你说（汉语史）对我们这个民族文化没意义，这个我不承认。但是你现在让人家来写汉语史那不是空话吗，费力不讨好，谁有时间来搞你这个东西？人家一家人也得支撑（生计），成家立业要钱，在北京买房子要钱。最近不是报道（北京）有个人一套房子卖了 1 740 万（元）？1 740 万（元）一套房子，我的天啊！

张宜： 难以想象！（笑）

向熹教授： 我现在的退休工资是 6 500（元），并且还是这两年涨上去的。吃饭穿衣什么的，就（得花）快 4 000（元）吧，还剩 2 000（元）。如果（房子要）60 000 块钱一平方米，我要多少年才能买得起？（笑）要 500 年！谁能愿意干（汉语史）这个事情？人家现在搞个什么中心、什么公司的，一个月（收入）几万，那人家可以的。但是你现在要他放弃他的工作来搞（汉语史）这个东西，可能吗？

张宜： 他坐不住这个冷板凳啊！

向熹教授： 不可能，也没有必要。我想将来我们到一定的时候也许都不存在这个

问题了,比如房子的问题可以解决了,也许(就)有人来做这个事。(笑)

张宜: 谢谢向老师,用了两个小时的时间给我讲了这么多！向老师,您除了做学问,每天工作,(业余)时间也是很有限的,还有一定的家务,那您还有没有什么业余爱好啊？

向熹教授: 爱好我是有的,游山玩水也是我的一个爱好的。我曾经有一个志愿,游遍五岳。东岳泰山南岳衡山什么的,我现在只游了两个,泰山去过、衡山去过,其他山都没去过,为什么呢？(条件)不允许。现在更不行了,自己老了,我的老伴身体(也)不好。以前呢,想去游山玩水,那要钱的,家里娃娃多,条件不允许哦。当然我也去过一些地方。

张宜: 您去过美国。您在北京待过八年念书,北京的一些文化您也会很喜欢。向老师,您当年是从双峰县老家到武汉去考大学,是不是因为双峰离武汉近呢,您怎么没有去长沙呢？

向熹教授: 也不近啊。我刚才说的,我就想离开湖南。当时我们两个是怎么去的呢？我们是走路走到长沙的(然后再坐火车到武汉)。为什么走路呢？因为那是抗战时期,把路挖了嘛。带了一袋子锅巴。

张宜: 我看过(四川省)文史馆的李文学写的文章。您跟他讲的时候您说您背了一袋子锅巴。

向熹教授: (笑)你要看我的资料的话,其实还有一个资料可以看看。

张宜: 还有什么,您要是有的话给我(看看吧)。(说着,向老师为我拿来了《中国现代语言学家传略》①这套书。)

向熹教授: 这个是谁写的我也不知道。

张宜: 我应该有这本书。

向熹教授: 在第三册里。

张宜: 河北教育出版社的,《中国现代语言学家传略》。我当时在北外读博士的时候,不是想要做这个项目吗,当时北外的图书馆里有这套书,我就给它复印下来了。向老师,您有没有什么书能送我一本呢？

向熹教授: 好的,你等一下。

张宜: 您别着急。谢谢！《诗经译注》,太好了！向老师,您能给我题个字吗？您字写得好漂亮啊！你们那一代人都会毛笔字吧。

---

① 中国语言学会编写组编写:《中国现代语言学家传略》,河北教育出版社 2004 年版。

向熹教授： 我现在也不会写毛笔字了，年轻的时候会写。我大哥的字写得非常漂亮，但以后就当兵了。（人生有时候）也挺有意思的，我大哥是国民党的官，我最小的弟弟是在共产党这边当兵的，现在就住在成都，他是书法家。

张宜： 哦，那现在是老干部了。

向熹教授： 老干部了，77（岁）了。我就是半途而废的。（笑）

张宜： 看您说的！（笑）您当兵没成功，但是您做学者是 No.1！

向熹教授： 不是的，这个我自己知道。（笑）我只能说我尽力去做了，如果没有中间那些过程的话，也许还做得好一些。当时我的确有（计划的），比如说我搞这个汉语史（研究）我是有计划、有规划的，而且（想）搞成一个系统。

张宜： 但是社会不允许呀。

向熹教授： 比如第一次提博导，提了几个（人）提上去了，就没有报我，没办法。后来我退休好久以后带过几个博士生。学校觉得废物也可以利用嘛。最后我的简历上我没写我的博导（职务），在我的书上他们要（求）这么写。我就跟他们提意见，我说我不是博导。

张宜： 向老师，虽然我跟您比还算年轻，但是我也知道高校啊还有社会上的这些事，所以我今天跟您聊了之后，我也像您的这个境界那样去要求我自己。（**向熹教授：** 很好。）不去想自己求不来的那些事，而求来的那些事呢，也要看自己是不是和这个事能匹配，不要去想那些身外之事，是吧？

向熹教授： 你想也没有用。但是呢，自己是既不自我吹嘘，也不要自我遗弃。

张宜： 不妄自菲薄。

向熹教授： 自己要有主心骨。（笑）

张宜： 要有自己的定力。

向熹教授： 中国人也有中国人的气魄。

张宜： 明白。向老师，有一些名字，我如果要是写得不对的话，将来整理出来的文稿请您帮我改一改。

向熹教授： 可以可以。

张宜： 我后来还找到一个您学生俞理明写的《向熹先生的语言学研究及学术思想述略》，我看了一些，是关于汉语史研究和《诗经》研究的。这篇文章写得偏学术一些。

向熹教授： 这个我好像都没有。

张宜： 那这个我就留给您吧，我电脑里还有。有一些您谈到的人的名字，我如果记得不清楚，回头请您帮我更正一下。因为什么呢，向老师您有的(发音)是湖南的方音，听的时候有的我能听出来，有的还是困难一点儿。

向熹教授： 可以可以。真正来讲我是不配学语言学这个学科的。

张宜： 看您说的！

向熹教授： 不光你这么说。我讲课的时候都是这样子的，学生都反映这(种情况)。有一个学生开玩笑，(他说)"我听不懂向老师的话，但课里的内容我一切都懂了"。我说你肯定不懂，他说"我听不懂，我可以查得懂"。(笑)

张宜： 他以为他都查懂了！(笑)谢谢向老师。您也累了，中午好好休息一下吧！我就不多打扰了，这都两个半小时了。

向熹教授： 不客气！

赵振铎访谈录

受 访 者： 赵振铎教授

访 谈 者： 张　宜

整理/注释： 张　宜

地　　点： 成都四川大学农林村赵振铎教授的寓所

时　　间： 2016 年 9 月 2 日，下午 2:50—4:50

张宜： 今天是 2016 年 9 月 2 日，此刻是下午 2:50。我现在是在成都四川大学农林村赵振铎教授的家里。我今天访谈赵老师的主题是音韵学、训诂学和中国语言学史。赵老师您好！您是怎样走上语言学研究道路的？您为什么会研究语言学呢？

赵振铎教授： 这个问题不是很好谈，但是对我个人来说是这样的。（我）走上语言学的道路，受家庭的影响比较大。我的祖父赵少咸是原来川大中文系的教授，是个音韵学家。我的父亲（赵幼文）是搞中文的，后来到社科院历史所工作，研究《三国志》。由于这样一个家庭影响，我在很小的时候受传统语文方面的教育比较深。我记得小时候读《三字经》，我读《三字经》不是读的王伯厚的《三字经》，而读的是章太炎的《重订三字经》。当时家里边人说，章太炎的思想比较进步，就读他重订的（版本）。那个《三字经》我可以说是读得滚瓜烂熟。那个时候人很小，我父亲在上海工作，我跟我父亲一起在上海，也没去上幼儿园，就在家里读《三字经》，还有读一些小学的国文课本。到现在有些课本我还能整篇整篇地背下来。

　　1935 年我跟我父亲回到成都，因为当时看见（国家）形势要打仗了，所以就从

上海回到成都。回来时是十月,小学已经开学了一段时间,进小学不可能了。一天到晚小孩子在家里空(闲)着玩儿也不好,祖父就说,那你就读书。读什么?第一部读《诗经》。《诗经》是从头读,一直读,读到最后,《周颂》《鲁颂》这些都读完。祖父要求非常严格,要背诵。比如说《关雎》,那几章都要背。到了《邶风》以后,不仅要把《诗经》的诗背得,还要把小序也背(下来),因为序就是讲诗的历史背景。我开始根本就没觉得什么,当时街上还有一些私塾,我看我祖父也就跟那私塾老师一样嘛,不过他穿得比较整洁一些。我说这没什么嘛,一个老头儿来教书。(笑)后来我才发现他教书跟别人不一样,他很强调复习。所以我的诗从头到尾都要背的,经常从头到尾抽来背。所以那个《诗经》也是读得(滚瓜烂熟)。到现在《诗经》我也能从头到尾地背,哪一篇讲的什么我都很清楚。这是读《诗经》。我祖父后来到中央大学去教书去了,在重庆沙坪坝,我当时很高兴,他走了,我想我这下轻松了。

张宜: 没人管(您)了!

赵振铎教授: 结果他给我母亲布置了作业,(让我读完《诗经》继续)读《左传》。从头来,从第一篇隐公元年一直读到最后。读了四年还是五年,把《左传》读完了。因为我母亲是旧制中学毕业的学生,她原来也教过小学,后来因为跟我父亲结婚以后,家庭负担重,就没继续教书了,就在家里面当家庭妇女。说实话,当时我读小学到初中这几年,家里面的作业是主要的,学校的(作业)还不是主要的,学校的(作业)只要能混得过去就可以了。家里面布置的《诗经》《左传》要抽着背的,每天早上教一段,上学之前就要把它背了,背了才能上学,背不得就不让上学的,当然是吓唬我的了。

大概小学初中我就这样毕业了,中学考得不太好,就考了一个私立学校①。读私立学校我当时也不觉得(如何),但是家里边人和亲戚朋友都觉得,怎么读私立学校?怎么不读个公立学校?总觉得门第都要低一点一样。所以当时(这件事)慢慢地就刺激我,让我有了一点改换门庭的思想,(笑)就拼命地用功。结果考上了一个成都当时比较有名的中学,四川省立成都中学,简称"省成中"。这个学校的特点是读书风气好。学生没有作弊的,都是(凭实力)硬考的。而且进学校的学生都是各个县的中学里边的前几名,学生程度高,起点也高,聘的教师很多都是大学教师。我在那里读了三年书,那个时候家里就管得少一点儿。

进高中后,祖父给我布置了一个作业,就是读《说文解字段注》。当时读《段注》

---

① 指私立蜀华中学。

很有意思,祖父说反切的部分你就别管。段注《说文解字》不是每个字下面有个反切(吗),还有个古音在多少部。他说这个你不用管,其他的你都要管,就是要(我)把《段注》读懂。每天 5 个字。开始(我)想 5 个字有什么呢?不就认 5 个字嘛,再看一下它的解释,也就可以过去。后来才慢慢地知道,祖父要抽问。有时候礼拜六回家以后,抽问我的时候我不会,答不上来,答不上来他就慢慢给我讲。小时候读《诗经》他要体罚的,打手板的。现在高中了,他就不打了。只是让我好好读,读不懂他(就给我)讲。我受了很大的益处,段注《说文解字》里边讲了很多语文知识,那个时候我都清楚。高中毕业以后,有半年的时间没有大学考,我是春天毕业的。

张宜: 您是 1948 年春天毕业的吧。

赵振铎教授: 嗯,半年的时间,就在家里边准备考试。后来考大学,考的川大。当时是 1948 年,时局的原因,那个时候能够考的只有少数几个学校,我就考的川大。因为中学的时候我的(学习)基础各方面不错,理科也不错。结果考的时候,我的化学考得最好,百分制我考了 85 分。所以最初(大学)看了我的成绩以后,虽然我填的(志愿是)中文系,要把我分到化学系去。后来有个老师就说不对啊,他没有报化学系啊,他三个志愿都是中文系。后来就把我收到中文系。听系里的老师说,(我的成绩)排位也比较(靠)前。进了中文系以后,当时我真是如鱼得水,觉得这下可以好好地读书了。当时川大中文系的课程,大学一年级的课程里边,除了外语还有政治课,当时政治课是三民主义。另外还有一门理科的课,就是说文科的(学生)要学一门理科的课。理科的课我选了一个地质学,为什么选地质学呢?因为地质学的老师给分数给得高。而且他是信佛的,跟他一起,可以到附近一个庙子净慈寺,可以到那个庙子里面,礼拜天跟他一起去吃斋饭。

张宜: 觉得好玩儿有意思。

赵振铎教授: 这是一种好玩(的事)嘛,所以就选了一门理科的课。文科三门课,音韵学,当时叫声韵学不叫音韵学,还有门中国文学史,还有门读书指导,这三门课对我的成长都很有好处。原来我在家里边看了很多书,家里边的书房里边书很多,经常可以去随便看,有很多感性的知识。但是这些感性的知识要把它上升到理性,对文献知识这方面要有很多真正的系统的理解,上这门读书指导课就起了这个作用。当时读书指导的老师就是后来我们中文系的主任,杨明照,这是中文系很有名的教授了。

张宜: 项楚老师的导师。

赵振铎教授： 对。项楚原来是庞石帚教授的研究生，1965 年 1 月庞石帚教授去世后，项楚由杨先生带。杨明照是我的老师。那个时候（他）整个的讲课我都很好地听，我觉得他讲的东西很多我都知道，但也有我不知道的，我也给他提一些问题。他当时很耐心，他觉得我怎么懂这么多东西。我说我在家里看的。他说你家是哪一家啊？我说是赵家。因为他是中文系（的教授）嘛，我祖父在那儿当系主任，（他）当然知道。后来期中考试时候，一般的同学他给了 85 分，就算最高的了，他给了我 94 分。文献知识这门课我学得比较好。到现在我认为在这个方面，我还算是能够胜任现在的科学研究（工作），这门课对（我）科学研究打下基础很有帮助。

另外就是文学史。文学史当时用的教材是中华人民共和国成立之前川大一个教授编的。用文言文写的。而且这个教材，在高中的时候，我的老师就教过我，所以我还能背。文学史我还能一段一段地背，当然考试也就没什么问题了。最头疼的是音韵学，虽然以前在中学时候我学英语的拼音学得比较好，也还有一点一般的现代语言学知识。但是听音韵学，没怎么听懂。当时（教）音韵学的老师叫钟树梁，他是我祖父的学生，他教这个课教得很耐心，也教得不错。这个老师当时是地下民建（党），是个进步老师，他经常拿一些进步的书籍给我们看。这门课我学得不好，考试得了 60 分。我说这 60 分就是恩分，可能（我本来）得不了这么多分，（老师）给我个及格分吧。我回去跟我祖父说，我怎么音韵学就学不懂。后来我祖父跟我说，音韵学是学文学的入门东西（知识）。你语音都不懂，你怎么能够从事进一步的深入的学习呢？你回来我教你。音韵学那个课原来是他教的，后来钟树梁先生毕业了以后，他就把课交给钟树梁先生教。祖父教我就不像教一般的学生那样教了，不像现在的音韵学教程那样教。他给我两本书，一本是陈澧的《切韵考》。实际上这本书就是讲切韵的声类、韵类、声调和一些音韵学的知识的。祖父说你把这本书从头到尾仔细读一遍，看怎么样。结果那年寒假，我就仔仔细细地把它读完了。他也教了我（读书的方法），陈澧的"系联"是怎么回事儿，他说你自己把所有的《广韵》的声类、韵类都系联一遍，这个（过程）会让你有收获。结果做了以后我的确发现有收获。就是说我至少对《广韵》的声类有哪些，韵类有哪些，某个声类里面一些常用字是什么，清楚了。所以到了后来，期末的时候音韵学课程最后考试我的分数还是上去了，80 分，当时 80 分就算是不错了。

张宜： 成绩排在前面了。

赵振铎教授： 这是一本书。另一本书就是《广韵》，祖父说这本书就是让我们知道某个字有什么意义、有什么读音、有什么反切。这个反切声类是什么，韵类是什么，它是开口韵还是合口韵是几等,要(弄)清楚这些。你用红笔跟蓝笔把它标一遍,用蓝色的笔标清音,用红色的笔标浊音。他说你这一遍标下去以后,大概你对古代有哪些是清声母哪些是浊声母就有一个印象了。所以我就用笔标这些东西,这些都非常枯燥的。也就是在那年暑假里边,我就这样把音韵学学完了。

大学里边当时有三门课,一门是音韵学,一门是文字学,一门是训诂学。这些都是大学的语言课方面的入门课,没有什么语法,语言学概论也没有。这三门课是中文系都要学的,但是有些学生在这方面比较注重,觉得语言通了以后可以对阅读古书有帮助。所以我在第二年的时候,文字学是要第二年选修的,我选了;训诂学是更高年级的,是我祖父在教,我也跑去旁听,他不会不让我听的。(笑)在我二年级的时候没读多久中华人民共和国就成立了。文字学和训诂学都是后来自己自学的,音韵学、文字学的基础我是比较好的。其他(科目)当时从我的兴趣来说,我比较喜欢文学。因为我读了很多古书,对古书的研究也很有兴趣。我记得还没有上大学时,我就开始在那胡思乱想地写文章。后来有篇文章是反驳游国恩的,还在我们中文系一年级的系刊上面发表过。当时我在年级里边成绩不算太差,但是不是最好的,我们年级还有成绩比我好的。我不会作诗,韵文这些我都不会。当时我们班上有个女同学①,这方面特别好,后来在一个中学当特级教师,现在已经退休了。我对文学创作这方面不行,但是我搞研究还可以,所以当时想搞文学研究。谈到这个地方,我就(可以)转(话题)到语言学了。

张宜: 转到语言学了。

赵振铎教授: 我大学毕业以后,1952 年 7 月,我被临时抽调到重庆西南文教部高教处工作,当时整个高等教育体制学习苏联,高教处成立了一个高校院系调整办公室,我参加了西南片区高等院校的院系调整工作,当时的副省长康振黄也在那里,他负责院系的设计方案。我在秘书人事处,就是最核心的工作单位,管人事的。回川大大概已经 11 月份了,回来以后就到中文系报到。当时系主任是个作家,林如稷。他跟北大的杨晦在中华人民共和国成立之前都是一个文艺团体的,他是留法的,跟李劼人他们的关系很不错。见了面以后,他说你来报到啦,我们早就看到你的名字。你到语言组去吧。就把我分到语言组。当时因为已经是团员了,不好违背组织,分我去我就去了,我就到了语言组。

院系调整,课程都改了,音韵学、文字学、训诂学都去掉了,没有了。开了两门

---

① 指刘映月。她的古典诗词和散文都写得很好,后来在德阳教中学,是特级教师。

课,一门叫语言学引论,一门叫中国语言学。语言学引论就是我们知道的语言学概论。中国语言学,主要是(从)苏联学过来的,苏联叫俄罗斯语言学,就是讲现代俄语,这个搬过来就讲现代汉语。这两门课我从来都没有接触过,当时也不是我祖父教,是当时刚从美国回来的一个女老师甄尚灵教。她是刚从美国耶鲁大学回来的,她的博士论文都写好了,但是因为当时号召她回来建设祖国,博士也没念完就回来了。她出去时候就是副教授,回来后也还是副教授。她教我们语言学引论和中国语言学。我当时跟她当助教,辅导语言学引论。当时语言学引论(教材)已经有了斯大林的《马克思主义和语言学问题》,然后参照她带回来的教材。实际上我后来才知道她就是用的布洛赫(B. Bloch)和特雷泽(G. L. Trager)写的那本《语言分析纲要》(*Outline of Linguistic Analysis*),一本(关于)美国结构语言学的书。那本书 1951 年[1]才出版,她 1952 年给我们讲就用那个书,所以她讲的体系很新。中国的这些教材她都没说,她也没跟我们说她用的什么教材。但是(我)后来看了那本书的中文版,赵世开译的。我对照(看),才发现她大致给我们讲的是这个东西。当然她当时不敢说,当时(要是)说了,那不就是崇洋媚外啦,传播资产阶级学术思想啦。我学了语言学引论以后写了一个比较详细的笔记,那个笔记后来一直都在,现在不知道哪去了。我到北京大学进修的时候还带去了。我还给当时有个跟我们一起进修的许绍早,我跟他同一个屋,我还把这个笔记给他看。他一看说这个思想思路很新啊,他就拿去抄了一份。当时甄尚灵先生教我的第一门课是这个。第二门课就是中国语言学,实际上是讲现代汉语。(她讲)现代汉语主要是比较强调语音。我花了一学期时间学现代汉语语音。当时学现代汉语语音就把国际音标都学了。因为我要跟她一起去辅导(学生),所以她要把我教懂。这两门课我都学得比较好,而且学了以后还顶用。因为以前学音韵学时没学过语音分析、国际音标,这些完全不懂,现在把这两个东西连在一块了,慢慢就有些收获。我当时就跟她说我原来学的那些东西都没有用。她说不是没有用,将来都会有用,而且都会有很大的用处。她说你音韵学,声母、韵母都那么熟,道理你都知道,那用现代语音学给你一串通,你就会学得很好。

(我)在川大工作了一年,到了 1953 年,我看见报上登了一个(消息)北京大学有个语言专修科,又看到中山大学有个语言学系。我就跟系里边反映,我说我原来完全没有学过语言学的东西,现在边学边教是不是让我出去学一下。当时,全国很

---

① 《语言分析纲要》首次出版于 1942 年。Bernard & George L. Trager. Bloch, *Outline of Linguistic Analysis*. Linguistic Society of America, 1942.

多学校开这些课都困难,(川大)就向高教部提出来缺语言学教师,当时高教部也点头,说让北京大学帮你们培养。1953年北京大学中文系开了一个语言学进修班。当时可以说是来者不拒,只要你愿意去就去,但是知道这个消息的人并不多。

北京大学院系调整以后,语言学这方面教师有三个,高名凯、周祖谟、魏建功。高名凯教语言学引论,周祖谟跟魏建功教中国语言学。中国语言学里边又分了一下,魏先生教语音词汇,周先生教语法,大概就是这样。我是跟系主任林如稷教授到北京去的,他借开会向高教部反映这个情况,高教部就说(让)他们来吧。林如稷就专门去找了北大中文系的主任杨晦,跟他说我们有个新老师想到你们这来学习,杨晦表示愿意接受,所以这样1953年9月我就到了北大。

当时我们那个语言班里一共是七个人。七个人里,三个讲师,四个助教,后来这些人都在国内语言学界算有点名气了。比方说武汉大学的李格非、云南大学的吴进仁、西北大学的杨春霖、兰州大学的顾正、东北人大(后来的吉林大学)的许绍早,还有一个是南开大学的陈坚,大概就是我们七个。当时我跟顾正两个是分给高名凯先生,因为我说我回去是教语言学引论的,他就让我跟他学。

我们这七个人里面现在只剩我一个了,这六个都作古了。我们这些进修教师都是跟老师学。当时老师带学生的时间比较多,像高先生每个星期三给我们讲一次课,平时还可以随时想问他就问,跟他请教。当时高先生问我学过什么东西没有,我说我学过音韵学,他说音韵学以后有用,现在没有用。高先生对我比较好,我学习比较努力。

(我)到北大去之前,在川大花了一个月的时间突击学习俄语,借助字典能够看书。当时一切向苏联学习,包括语言学理论也要学苏联,我也很老实,决定必须要学俄语。当时热情很高,我花了一个月时间突击俄语,然后就抱着字典看苏联契科巴瓦(Арнолъд Степанович Чикобава)的《语言学概论》,花了半年时间,居然看完了,俄语水平也大有提高。那个时候高先生正在翻(译)这本书。

张宜: 太厉害了!赵老师,那您在川大读本科的时候,您学的外语是?

赵振铎教授: 英语。所以我就(自)学了俄语。我也不知道(为什么)那个时候学俄语很用功,所以学了一个月以后,拿着字典就可以看(书)。契科巴瓦那本书好懂,第二本布拉霍夫斯基(Булаховский Леонид Арсеньевич)的《语言学概论》就看不懂了。直到现在中国(都)没有翻译本,契科巴瓦那个有(高名凯先生的)翻译本。那个时候我因为俄语比较好,能够看见这些,也到图书馆去看看杂志。苏联的《语言学问题》杂志,还有《苏联科学院院报》的文学和语言部分,里边有些语言学的文章我就都看,所以我当时在北大的时候学习时间还是比较紧张的。我认为在高先生的弟子里边,当时来说我算是学得不错的,因为当时(希望)回来能够把这个课上好。

所以我经过在北大的学习,自己的专业思想就巩固了,我原来想学文学的思想慢慢就没有了,就想在(语言学)这块儿搞。我学俄语,我也胆大。1954年1月,我就翻(译)了《苏联大百科全书》的一段文字,"同行语"(Жаргон),我就把(译稿)寄给《中国语文》。结果1954年8月《中国语文》就给我发(表)了,还给了八块钱的稿费,当时八块钱稿费就是一个月的伙食费了,当时觉得蛮不错的。在北大那两年,我是认真读了书的。那个时候(我)完全把原来学的音韵、文字、训诂放在一边儿,根本不去碰它。当时尽管王力先生给他的学生布置(作业)读《说文解字段注》,我也不去插手,我也不去说我读过,我就不吭气儿,我装作不知道。(笑)

张宜: 您就想多学点儿别的。

赵振铎教授: 北大的条件很好,语言学的师资力量很强。在北大的第二年,中山大学语言学系调整到北大,王力、岑麒祥等著名学者都来了,可以说集中了全国语言学界的精华。所以那个时候北大开的课就更多了。王力开汉语史,岑麒祥开普通语言学,这些课我都听了。我认为在北大的两年我是很认真读了书的。王力先生的汉语史我是认真听完了一遍的,岑麒祥先生的普通语言学,我也是认真听了课的。所以这样对语言学就慢慢有了兴趣了,也就没有转行,回去一心想着要好好地把语言学这门课教好。我教语言学(的)课一直叫语言学引论。我一直教到1964年,因为去搞"四清"运动,就没有教了。"文革"以后还陆陆续续教过几次。大概我的语言学(历程)就是这么走过来的,比较顺当地就走过来了。

北大对我来说还是一个很关键的时期,因为以前在川大学的语言学完全是传统语言学的方法。到了北大以后,(学到的)是现代的语言学方法。而且听了那些先生的课,我能够把现代语言学的理论用到传统语言学方面,我深有体会,也做得还可以。所以我就在这方面一下子就学习过来了,很快就过来了。因为我一直是搞语言理论,由于我是高先生的学生,对(语言)理论到现在我都还是比较重视。在北大进修两年,读了不少书,思路也开阔了。没有出去之前,我只以为川大的语言文字学不错,出去之后才发觉,语言学方面自己好多东西还不懂,好多知识还要更新,语言学要吸收国外的理论,不能固步自封。

1959年到1961年,学校派我到苏联去教书,教现代汉语,在莫斯科国际关系学院。国际关系学院的教研室主任很有名的,就是我们第一本《俄华辞典》,伊三克和陈昌浩编的那本,那个伊三克就是他。我在那儿教了两年书。这两年里,(我把)俄语好好地学了一下,但这两年我有一件事跟别人不一样,我到苏联我什么地方都没有去玩儿。我时间都放在列宁图书馆了。我当时发现列宁图书馆里边有很多书国内看不见,所以我就在那儿看书去了。特别是那些学位论文,里边有很多讲语言学史的,(在)中国根本看不见,甚至我都不知道。比方说有个希腊人叫多纳特(Donatus),他有一本讲语法学的东西,我们国内根本就没有人提过这个事,但是我在那儿看到一篇学位论文,就是《多纳特的语法学思想》。所以我在那儿大概有一年的时间,就是每天上(完)课有那么两个小时(空闲),我就从国际关系学院坐地铁到列宁图书馆去看书,顺带着在列宁图书馆把饭吃了,然后回去,下午去上课。那个时候我在那儿写了好几十本笔记。当时回来很想开一个国外语言学。但是后来一想,这个课开了可能也不受学生欢迎,因为学生对这些国外的东西一无所知,(就像)一页白纸。你从头给他画一通,然后给他批判一通,那讲了等于没讲,不好。所以后来这个课,写了那么多笔记,都扔在那儿了,都没用处了。

在那里遇到一件事,就是中苏关系紧张。1960年苏联撤专家以后,列宁图书馆也有反应。凡是带 DR 字头,这个字头(表示)学位论文,中国人(就)看不见了,不给看了,就说这个书别人在看。但是其他的书还是给看。图书馆里面的一位老太太,管衣服(寄存),我跟她关系很好,逢年过节还给她点儿钱,所以她对我们也很好。所以有的时候,列宁图书馆到了旺季,里面人满了,她(还)可以让我进去。去了也照样把衣服给我寄存了,给我个牌子,让我进去找座位。所以在苏联的那两年,我是什么地方也没去(玩儿),我就是读书。读了很多外语(比如)俄语的书,回来想开(语言学史)这门课。国内当时就是岑麒祥先生开语言学史。我看了他那个语言学史,因为(我)在苏联待了那一段,看了很多苏联的语言学书籍,就觉得他那个(课)还有些地方说得不够深透。但是(我回国以后)这些东西都搁在那儿,就没有搞了。

后来到了"四清"运动。那个时候我是中文系的副主任,又是总支的委员,又是中文系教师支部的书记,所以"四清"运动就冲击了(我),批判了我一大通,然后就要叫我下乡去搞"四清"运动。我遭别人整了,我又(得)去整别人。回来就是"文化大革命"。"文化大革命"十年,大家都过过那种日子,就不多说了。

"文化大革命"过后,我遇到个特殊情况。1975年,国家出版局在广州开了一个中外字词典编写工作座谈会,提出来要编一百六十部词典。汉语三十部,其他的就是外语的,还有很多小语种。那个时候我已经没事儿了。叫我去评《水浒》,搞儒法斗争,我也觉得那个东西没意思。我就跑去跟出版社说我愿意编字典,你们要不要。出版社正在那儿(愁)找不到人,你这个人来了,当然高兴啊。后来别人说人家只要师范院校的,不要综合大学的。我说没有关系,我们学校肯定愿意让我来编(字典),后来就把我弄去编字典。在川大成立了一个大字典编写组。

因为当时这个事儿就(要)说到以前北大的那个老朋友了,李格非,武汉大学的。他去参加了广州那个中外字词典编写座谈会,当时湖北方面就把《汉语大字典》①的编写任务接受下来(了)。李格非跟他们领导说,一个湖北省搞不下来(这个任务),把四川(学者)拉上。

张宜: 你们两省一起合作。

赵振铎教授: 就把四川拉上(了)。因为李格非在四川待过,抗战时期,武汉大学在四川乐山。他也知道四川的语言学方面的力量,川师大的院长跟李格非还是武大中文系同班同学,所以这样他就把我们拉上。这样我就去编了 16 年字典,从 1975 年到 1990 年,我都在编字典。我走上辞书学的道路,搞词典,跟这个有关系。因为当时我在词典编写组的领导里边还算最年轻的,当时西南师大的方敬院长就说,编字典是个长期的工程,我们这些都是六十几岁的人(了),赶快找个年轻人来当"替死鬼"啊,不然我们将来死不了的!(笑)就把我弄来当了领导小组的成员,后来去当了《汉语大字典》的副主编,就这样我就领导字典编写去了。语言学概论就没有怎么教了,就是编字典。系里面要我再教课,我说我没(时间),(我)又搞字典又教课不行,系领导不松口,我说我搞古代汉语吧。所以我就开始教音韵学、教训诂学、教语言学史,后来就搞到这方面来了,大概就是这么个情况。

张宜: 赵老师,其实刚才您说的这些和我跟您这个提纲上表现出来的第一个和第二个问题就基本上都涉猎了是吧?那个时代的家庭的背景、您的家学影响,再加上 20 世纪 50 年代到"文革"这期间的社会的一些影响,都是促成您走上语言学研究道路的因素。那么,哪一个人或者是哪一本书、哪一件事对您从事语言学的研究影响大呢?是什么因素又促使您从事这几个领域的研究呢?

赵振铎教授: 应该说是我祖父对我的影响最深。从我六七岁的时候开始,他就教我读《诗经》《左传》这些,后来几乎是有问题就问他。我大学毕业分到语言组以后,

---

① 徐中舒主编:《汉语大字典》,湖北辞书出版社、四川辞书出版社 1986—1990 年版。1986 年 3 月 9 日,《汉语大字典》由川、鄂两省三百多位专家、学者历经十年编纂完成,首版八卷本于 1990 年出齐。全书共八卷,收列单字约 5.6 万个,总字数 2 030 万字,凡古今文献、图书资料中出现的汉字,几乎都可以从中查出,是当今世界上规模最大、收集汉字单字最多、释义最全的一部汉语字典,是以解释汉字的形、音、义为目的的大型汉语专用工具书。

他就跟我说你要读什么书。我读的书都是跟一般的搞语言学的人读的不太一样，比如说读《广韵》像那样标点，别人不是那样做的。然后我刚好大学毕业，他就教我标点《经典释文》。他把他批（注）的《经典释文》的资料给我看，就是所谓的十三家校本，当时有的人不多，叫我过录。还有就是《经典释文》里边有些音很特别的，他都把它批（注）在书上的，叫我看。所以《经典释文》我是从头到尾翻了一遍，读了一遍，还读得比较仔细。这是他指导的。

后来我到北大去进修，不是我听过王力先生的汉语史吗？因为当时系里边要祖父教汉语史，我正好从北大进修回去，回到川大，他就跟系里面说让我给他当助手。做什么呢？就是帮他写汉语史的讲稿。我帮他写讲稿，他去讲。因为他从前根本都没有接触过这些东西，我就照王力先生那个体系，我又自己思考了一下，给他写讲稿。我一直给他从绪论写到上古先秦两汉，后来因为他年岁太高了，那个时候70多（岁）了，其实比我们现在还年轻。后来（学校）说（他）70多（岁）了，就不让他教这个课了，不让他上讲堂第一线了。后来这个课就没有教，那个讲义我还扔在那儿了。那个时候我主要是教学任务也重、行政任务也重。系里边只有我一个副系主任，主任是个民主人士，他不管事儿，啥事儿都给我管，教学、科研、学生工作都我管。我祖父也就管得比较松一点儿。

我从苏联回来，正好"高教六十条"出来，就是要"抢救遗产"，要"向老先生学习"，叫老先生带学生。祖父又把我叫去了，他说学校党委书记丁耿林跟他说了，我回来以后就跟他学。我说学什么呢？他说别的你都学了，《说文解字段注》你也读了，《经典释文》你也看了，你现在读王念孙的《广雅疏证》吧。他就教我读，跟一般的（读法）也不一样。是拿《广雅疏证》来对着《广雅疏证》引的那些书来看，那个（我）学得就比较扎实。他说你读王念孙的《广雅疏证》，你同时要把《读书杂志》《经义述闻》和《经传释词》这些书对照着，你可以看得见它后来怎么发展的。从1961年一直看到1964年，一共花了三年把《广雅疏证》读完。读完了以后（我）写了一篇读书笔记，我祖父给我改了三遍。后来这篇文章在1979年，（那时）《中国语文》刚好复刊不久，在《中国语文》杂志上面发表了[1]。这篇文章在社会上影响比较大，王力先生曾经多次表扬了这篇文章。因为王力先生知道我，我从前也跟他请教过。他有一次我还在下边坐着，他（就）在上边谈。他说你们搞训诂学的人，要好好学下语言学理论。比如说赵某人，他的那篇《读〈广雅疏证〉》，就用了很多理论。但是你

① 指《读〈广雅疏证〉》，载《中国语文》1979年第4期。

看起来觉得没有理论，他的理论都贯穿在他的论文里边了。王先生说我写得很好。

张宜： 您当时就在下面坐着。

赵振铎教授： 嗯，他说为什么他（指我）能写这种文章，因为他是高名凯先生的研究生。他记错了，他说我是高名凯先生的研究生。（笑）我文章发表了不久，我到他家去看他。他就跟我谈，说你那篇文章我看了，我觉得写得很好。他说我都给我们那些研究生介绍，叫他们读书就要像你这样读。所以那篇文章王力先生觉得我是写得比较好的。一直是祖父指导我。我认为我这辈子在语言学方面，音韵学、训诂学方面受祖父的影响最深。

有两件事儿。一件事就是钟树梁先生，我的音韵学启蒙老师。他90岁大寿的时候我去给他祝寿。他就跟我说，振铎啊，我没有想到，我们老师的衣钵是由你来继承的。这是一件事儿。还有一个就是我姑丈殷孟伦，山东大学的教授。他去世之前，大概两年、三年（之前）。他跟我父亲说，他说我们那个老太爷，他管我祖父叫老太爷，因为他是我姑丈嘛。他说我们老太爷怎么搞的，他跟振铎不知道说了些什么，怎么好多东西振铎说起来我都不知道。（笑）所以他们就认为我受祖父的影响（最深），祖父那些东西传在我这边儿，（我）还算是给他继承下来了。（所以说祖父）是我的第一个老师。

第二个老师，我认为是高名凯，高先生对我来说是（将我）引入语言学入门（的老师）。我没有说甄尚灵先生，甄尚灵先生也是（我的老师）。但是高先生我跟他（学习了）两年，他的确教了我很多东西。很多（知识）就是他在讲课啊、谈话（时）自然谈的，没有说要给我系统地整理（知识体系），就是教我怎么样从事语言学工作。他跟我谈的就是要我好好地学理论、学外语。其实我外语都不好，英语早就忘了。俄语在苏联学两年吧，还算是有点一般的基础。日语学了那么两句应酬话，就那么个样子，我没有好好学。我自己后来也知道，我说我如果搞理论工作，我搞不下去，因为外语不行。搞理论工作，俄语当然不用说，还有就是德语很重要。你看19世纪那几个语言学派，什么心理语言学派、自然语言学派，还有唯美主义等，都是德语（著作），都是德国人写的，我看不懂怎么办。所以后来我自己说，（语言学）理论我学了，高先生教了我这么多，我就学这么多，只能还到这里。我主要的精力还在传统语言文字学方面，大概是这样子。所以高先生对我来说影响比较深。

要说书呢，我认为是《普通语言学》。它是我最早学习语言学理论读得最多的一部书。语言知识能够运用到科学研究当中的，也就是那么几条基本观点。语言是社会的、语言是发展的、文字是记录语言的工具，就是那么一些。但是这些东西你要(想)把它运用得很活,那就要花功夫了。所以我觉得影响我的人,除了我祖父就是高先生。当然,王先生也应该算是一个,因为我后来从事的传统语言文字学这些东西,如果没有王先生那些思想影响,我后来不可能写这些东西。那是受王先生的影响。我觉得这(些)就是(我)这辈子受影响比较深的人。

我想我们这辈人只能说起到一个作用。我们跟徐通锵(那一代人)不一样。他们还有所发展,我们这辈人只是一个承前启后。把前人的东西好好地继承下来,不要走样地,能够传给后人就行,就只能做到这一步。如果像徐通锵啊,像现在王洪君啊,他们那个路子我们现在没办法走了。我看见(你的提纲)里面有个题目就是教学与科研的关系?

张宜: 对,就是接下来这个问题。您周围的这个研究环境,比如说四川大学,对您从事学术研究有哪些有利方面的影响? 您是怎样处理教学和科研关系的?

赵振铎教授: 可以这样说,四川大学这个环境比较自由、比较宽松,不像有些学校。像北大,尽管我在北大那个时候政治学习不多,但是支部书记经常要来管。我们这个学校原来也是管得多一点,但是相对来说我们是比较宽松的。环境比较宽松,比较自由。文献知识方面的书比较多。原来我家里书多,"文革"当中都给抄走了。原来我做研究工作根本就不用到学校去查书,我在家里就解决了,后来就要到图书馆了。现在有电脑了,要好一些了。

我这人有个特点,我写东西不多,也就是百十来篇,主要都是围绕着课程写的、围绕讲稿写的。我的讲稿里面就有很多我自己研究的心得,都放在讲稿里边。我在每一种讲稿(里),至少有一些自己的看法。我的《音韵学纲要》①《训诂学纲要》②《训诂学史略》③都是这样的。就是在教学的时候,对这些问题进行钻研、有所发现,然后才写。所以别人说你的书每本都还有点新意。这新意就是研究成果。《中国语言学史》④花的时间比较长。大概是在 1955 年,我要离开北大的时候去给高先生辞行,我就问高先生,我说高先生你看我将来做什么好? 他说你现在学了语言学理论,我知道你以前的音韵、文字、训诂的基础都不错。他说是不是将来你来搞中国语言学史,看怎么样啊? 所以根据这个思路,我先也没有说我要搞,我先回来跟我祖父商量,我说是不是可以搞这个题目。祖父说你书读了多少? 你书都没有读

① 《音韵学纲要》,巴蜀书社 1990 年版。
② 《训诂学纲要》,陕西人民出版社 1987 年版。
③ 《训诂学史略》,中州古籍出版社 1988 年版。
④ 《中国语言学史》,河北教育出版社 2000 年版;商务印书馆 2017 年修订版。

几本,你要搞什么语言学史?你先要读书。他这句话对我启发很大。我读每一本书,我都尽量从语言学史这个角度去看那本书,这是一方面。另外一方面,注意一下国外对这个问题的研究。比方说我写那本《中国语言学史》,我有一些国外语言学的知识贯穿在里头。比如说,讲到训诂,古书的训诂,我一定要讲讲古代希腊怎么样、古代印度怎么样。讲方言我也要讲到印度怎么样。

张宜: 就是横向去看一下。

赵振铎教授: 嗯,能够用那些东西去做一些比较。所以写教材,每一种教材我都是这么写的。写《中国语言学史》,也是先有很多的一篇一篇、单篇的论文,然后把它们汇总起来,形成这么一个东西。现在《中国语言学史》我已经搞出一个修订本,商务(印书馆)要出。科学研究跟教学并不矛盾。所以我的科研是跟教学同步的。我写讲稿,写成以后,出版社就出(版),出来以后就是科研成果了。所以我的《中国语言学史》《训诂学纲要》《训诂学史略》《音韵学纲要》,还有编字典的时候写的《辞书学纲要》[①](都是这样子搞出来的)。

另外一方面,编《汉语大字典》我也跟科研结合,我不是当那种"编编匠"。有些人说编字典就是编字嘛,那有什么。我说编字里边也有很多学问。所以我在编字典的十六年里写了好多篇文章。那个时候(我)有个条件比较好,我是副主编,我比较在上层(位置),大家讨论的那些(问题)、提的很多问题都集中到我这来了。然后我就根据这些问题把它加以研究、加以汇总,然后提出自己的思想。所以这样我就写了一本《辞书学纲要》,还写了一本《字典论》[②]。《字典论》出了两次,上海最近又出了一次。现在可能不再改它了,没机会再改了。那个也是个科研(成果)嘛,也是围绕着我(的)工作做了科研,把一般的编写工作上升到理论上来讲。我这辈子大概教学跟科研我还没有感觉有什么矛盾。我出《集韵研究》[③],后来出《集韵校本》[④](都是这样搞出来的)。

张宜: (《集韵校本》)是您退休后做的吧?

赵振铎教授: 嗯,退休以后做的,因为退休以前没有机会做。(其实)开始这个工作早,1956年"向科学进军",提出来了"语言研究十二年规划",从那个时候我就开始想研究《集韵》。定了计划没有做,都是到我退休了以后(才做)。定了计划没有

---

① 《辞书学纲要》,四川辞书出版社1996年版。

② 《字典论》,上海辞书出版社2001年版;上海辞书出版社2012年第二版。

③ 《集韵研究》,语文出版社2006年版。

④ 《集韵校本》,上海辞书出版社2012年版。

做,就是说没有全力投入,只是说平时看书有什么东西(想法)都往上面装。这个笔记倒是写了不少,后来退休以后才开始(做)。本来我该 1988 年退休,因为招博士生,我就(工作)到了 2000 年。后来我去跟学校报告,我说我不能再干了,让我退休嘛,我自己还有些事儿要干,后来学校同意了我退休。但是 2006 年以后又把我调回去教研究生,现在还有三个研究生。现在还有一点儿社会活动,就是《汉语大词典》的修订。把我找去当副主编,我、蒋绍愚、张斌我们三个是副主编,主编是华建敏。工作已经搞了四年了。说是二十五卷,原来只有十三卷,现在二十五卷,(我)还挂了个副主编,这个月 18 号还要到上海去开会。

张宜: 赵老师,在您的工作和在您的治学当中,曾经令您高兴和让您沮丧的事儿有吗?

赵振铎教授: 高兴的事儿几乎没有,没有什么事儿(让我)高兴,高兴不起来。沮丧的事儿倒是有。"文化大革命"中我是中文系首当其冲的那个(受)冲击对象。因为我们那个书记他写过自首书,等于是叫作"叛徒",发现了他这个问题就把他靠边了。我当时是中文系的副主任,又是总支委员,当然"走资派"就给我当上了。而且我到过苏联,"苏修特务"就当上了。开始我很生气,我说我这一辈子都是很认真地给党工作,居然还说我是坏人,我说为什么会这样。我叫儿子都不要搞学问了,你干脆去当行政人员最好,你像我这样搞得不上不下的,现在还经常要给毛主席请罪。

当时确实有那么两三年,我是比较头疼的,心里面不舒服。但后来想通了,怎么想通的呢?我当时开玩笑,我说,说我是"走资派",我看了一下全国,我认识的都是"走资派"。我说我们川大的各个系的副主任都是"走资派"。说我是"苏修特务",我们到苏联那一帮哪一个不是?都是!我说都是就都不是,所以我说这叫作辩证法。

张宜: 您心态太淡然了!

赵振铎教授: 所以后来我就一点儿不生气。后来不知道怎么莫名其妙地就解放了。我想解放了嘛,这下我好好地躲在一边儿,别干事儿了。后来说不行,现在成都要成立"干宣队",干部毛泽东思想宣传队。就是那个当时什么"工宣队"搞得很糟糕,"军宣队"在地方上也没有威信,后来就说把各个高校、市里面的干部、在"文化大革命"当中没有沾派性的那些人,把他们组织起来,组织干部毛泽东思想宣传队,去搞运动。是(当时)四川省省革委几个人出了问题,就叫我们去到各个单位去搞这个事儿。就又把我找去了,还说你的工资级别高,给你个队长当吧,结果(我)就是当那种工作队的队长。你想,当工作队队长,那不整人也得要整人,当然那个时候我出去倒是没有乱整。出去又搞了一年多,然后把我放回来。放回来又叫我去搞高考招生。搞文化考察,又遇到张铁生。那也搞得我不舒服。

张宜： 那应该是也是 20 世纪 70 年代初吧?

赵振铎教授： 嗯,上世纪 70 年代初。我那个时候在高教局的招生办公室的文化考察组当组长,搞文化考察。张铁生是反对这个的,又在那儿搞了半天,搞得不可开交。不过这些运动我都见惯了,也就无所谓了,反正全国都是这么搞的,有什么(情况)都不管了。对于我(来说),要说不高兴,这就是最不高兴的事件,"文化大革命"当中最不高兴。

所以后来我就尽量地淡出行政的工作,系上的干部我也不当了。我早就提出来,我说我不当了,年龄也到了,你们别让我当了。人的事情说不清楚,我退休了、没事儿了,再后来(学校)又给(我)叫去带博士生。这回我跟他们说了,我说我绝对不带了,今年我 88(岁)了,我这么大岁数还带博士生,我自己都不好意思。带他们(的话)他们也不好意思,我们代沟多厉害啊!我觉得我简直不敢想象。我总觉得(我)看不惯他们,可能他们也看不惯我。所以大概情况就是这样子。

张宜： 高兴的事儿应该是您有成果出来,您应该高兴吧?

赵振铎教授： 哎呀!也不高兴,我就是该做的。我那个《集韵校本》,这么厚,三本,出来以后得了王力语言学奖一等奖。

张宜： 2013 年。

赵振铎教授： 嗯。现在还有一个叫作《集韵疏证》。是把《集韵》来做(研究)。现在做了一半,还有一半。那个书不可能找别人做,全靠自己做,像输入都是我自己做。

张宜： 哎呀,那好累吧?

赵振铎教授： 也不累。搞惯了也无所谓。

张宜： 每天都要搞?

赵振铎教授： 每天搞。上午两个小时,下午两个小时,晚上看电视。(《集韵》里的)怪字太多。《集韵》里面的怪字,一般的字库不解决问题。像北大方正,这都不解决问题。

张宜： 那怎么办呢?

赵振铎教授： 日本有个今昔文字镜(字库)。这个(汉字字库)有将近十万字,熟练了以后这个字库比较好用。

张宜： 了不得! 那您现在做这个工作,没有助手?

赵振铎教授： 没要助手。因为我找过很多人来帮我做了,都做得不好。但是有些时候有些技术上的问题(我)解决不了了,(就)找他们来一下,找我的研究生让他们帮我一下。一般的情况下我都自己打(字)。我这个事儿动手比较早。我是1991年开始用电脑,那时(配置)还是286(的)。那个时候招第一个博士生,我就跟那个博士生汪启明①说,我发现我一个问题,我现在手在发抖,写字不好了,不方便了。我原来想打字,现在有电脑了,我说用电脑(打字)行不行。他说可以,他就跟院里边谈,就是(申请)给我们博士生配一台电脑。他先学,他学三天(之后)教我,我就跟他学。这样他也学会了,我也学会了。

张宜： 您20世纪90年代就学了(电脑)。1991年用电脑,了不起! 赵老师,您认为一个语言学家应该具备什么样的学术修养啊?

赵振铎教授： 哎呀! 这个问题太大了,太难回答了。我觉得因人而异。但我觉得还是那句话,理论绝不可少。另外就是对你的专业和专业有关的东西你要搞(科研)。比如说我现在搞《集韵疏证》,那不仅是基于音韵、文字、训诂的知识,古代地理、古代动植物的知识都要有,因为它都涉及这些东西。所以知识面要广,知识面窄(的人)搞不了。吕叔湘先生原来说过一个话,别人问他编字典要什么人能编? 他说大学本科毕业,再读十年书,就可以编字典。这话很对,(编字典的学者)要有广博的知识才行。

张宜： 赵老师,您是怎么样看待学术批评的? 您的著作和您的观点受到过批评吗?

赵振铎教授： 我原来年轻时候,二十几岁、三十几岁的时候,我还很"冲",爱批评别人。有名的语言学家像朱星,像我的老师我都批评过,高名凯我都批评过他。但是我不乱批评,也不上纲上线,就是摆事实,讲道理。有些先生,我批评他,他还对我很好。比如说姜亮夫先生,那是个老先生,杭大的,我批评了他。他后来在一本书里面专门写了一段,表扬我。说我对他的批评对他很有好处、有帮助。后来我都很惭愧,我说为什么那个时候想要去批评他。后来到了40岁以后,我说我绝不

---

① 汪启明,西南交通大学艺术与传播学院教授,博士生导师,汉语言文字学、编辑与出版、古籍整理与出版方向硕士生导师。曾任巴蜀书社编审、社长。

写批评文章,所以后来我就不写批评文章了。

别人批评我(的情况)有,最近我那个《集韵校本》,有一位先生叫王培峰,是陕西师大商贸学院的一个教师,原来是个博士生,学文献的。他写了篇文章①,给我那个书提了两点意见。我觉得这是一个好事,别人能够批评你,说明他把你这个书看了,这个书在他身上起了社会作用,我都觉得(这)是个好事儿。他把他的批评的文章寄给我们系上一位老师,那个老师就转给我。我看了以后就建议我们的《汉语史研究集刊》把它发(表)了,同时我也写了一篇文章谈我的观点②。我认为首先是肯定他那个文章是好的,写得好。第二,他说我某种书没有引,不妥当。对这个问题,我说我看不起那本书。但是他提及那本书的理由是,这是最早的一本关于校正《集韵》的(书)。我说从这个意义上说可以考虑,将来修订的时候收入。另外一点,就是有些东西,他说的不是那样,我给他表示了不同的意见。(他的和我的文章)都发表在我们学校的《汉语史研究集刊》上。因为他那个文章找不到地方发,别人不会给他发批评《集韵校本》(的文章)。后来(文章)拿到我们这儿来,我们那个《汉语史研究集刊》也是 C 刊,就给他发(表)了。后来他还给我来了信,谈别的事儿,(我们)还有来往。

我是这样看,批评是好事儿。(批评)不会说要对别人如何如何,我倒不那样想。批评(者)总是他看到你的书了,他才批评。有些时候有些人在看我这个书的时候说了好话,也说了一些批评的意见,我都是这么看,这个无所谓的。学术界应该是批评多一些,咱们中国的学术界这几年批评的(情况)不多。

张宜: 赵老师,您这数十年的研究生涯里面,您原来结合教学搞科研,您在音韵学,在训诂学,在辞典编纂,在中国语言学史等领域,退休之后又做了《集韵》的研究。您在这几块(领域的)研究,综合起来,您有哪些特点呢?

赵振铎教授: 我们这一代人主要是把前代的人的东西继承下来,传给后代,主要是做这个。(如果说)我们做得细一点儿,(无非)就是看的资料多一些,工作做得细一些,还有尽量地使今天的人能够读懂我们(前代人)的东西,大概这个方面我们做了一些工作。你要说(我)做了什么、哪个地方有什么贡献,这个话很难说。每一种书出来总会有些影响,有些影响大,有些影响小。比如说我的《训诂学纲要》,最早陕西出版社出的时候,那个时候因为这个书出得少,所以就有什么盗版书出现了,

---

① 指王培峰:《〈集韵校本〉疏失补正》,载《汉语史研究集刊》第十七辑,巴蜀书社 2014 年版。
② 指《关于〈集韵校本〉——敬复王培峰先生》,载《汉语史研究集刊》第十八辑,巴蜀书社 2015 年版。

杭州就有个"海盗版"。

现在我的《中国语言学史》,在复旦大学附近几个旧书店有,要价很高。因为外边买不到,要一百块(钱),或者甚至更高。我觉得书商这样来赚钱就不应该。所以后来商务(印书馆)跟我谈,说你是不是把它再改一下,再修订一下。我已经把稿子给他们了,也就是这两年(修)改的。

张宜: 您主要看重的是哪几个成果?《集韵校本》?

赵振铎教授: 《集韵校本》算是一种,《中国语言学史》我觉得也是一种。其他的说实话都是一般的,就是把前人的东西汇总起来,(再)有些自己的观点、我自己的想法。

张宜: 赵老师,最后总结一下。在您的研究生涯当中,您现在对目前国内外对这些方面的研究有什么样的看法?今后又有哪些发展呢?

赵振铎教授: 我是这样看的,咱们这个语言学,从 1949 年以来,的确取得了很大的发展,取得了很大的成绩。比方说语言调查研究这一块,语言调查研究和方言调查研究,我们就做了前人没有做过的工作。我们学校的教育能够有统编教材,尽管统编教材不一定统(一)得起来,但总还是在统(一),这也是一个很好的事情。我觉得现在看来,好像有了统编教材这些东西以后,相对地说,我们的理论研究,有创新的东西应该说现在不算太多。国外的理论的引进也很多,但是有很多东西都是一点一滴的,就是说系统的(知识体系)没有。比方说用结构语言学的方法来研究汉语语法,写出一个全面的结构语言学的书,没有。像乔姆斯基的东西到底能够成立的有多少?因为他经常都在改,我们看到以后感觉比较难办。就是说提出一个观点容易,但这个观点能不能贯彻始终,那就还需要研究和实践。

当然,20 世纪 50 年代那种"打棍子"的做法,那种"围剿"的做法,我觉得也不是太好。比方说关于高先生的汉语词类(研究)①。其实高先生跟我们谈的时候,我觉得谈得很清楚。他说照印欧语法来研究,汉语就没有印欧语言那种语法。这个话我觉得没有错,怎么就给他的话"引申成"汉语没有词类?这个就过了一些。所以我觉得 20 世纪 50 年代"打棍子"的做法并不好,"围剿"的做法也不好。我们中国的语言学跟西方的又不一样,中国语言学真正的像理论的东西就少,我们中国现在就没有出现一个什么什么学派。我们看到西方的(各种学派),比如说自然主义、心理主义,或者美学唯心主义、索绪尔等那一套。总之它形成学派了。当然,它

① 指高名凯:《关于汉语的词类分别》,载《中国语文》1953 年第 10 期。

一个世纪就能够出现一两个,也就不得了了。但是我们中国的语言学要成个什么派就很难。赵元任先生在音位学方面倒是有些成就,但是那个(领域)也太窄了。我是觉得咱们这个理论研究还跟不上。因为(搞)理论研究,不是说只有搞语言理论。搞语言理论,要涉及很多语言问题。

高先生在世的时候曾经说过,他说他是搞哲学的,他对语言问题有很多看法,但是还不成熟,还要思考。但是后来他也没有写出来(他的观点)。所以我觉得中国的语言学界,社科院还应该更好地来起一个领导咱们语言研究的作用。虽然(现在)我们语言学会、各种会在不断地开,但是真正说凝聚力和在理论创新方面能够有什么(作用的),还看不出好多来。所以我经常说,到了我们这种年龄,这些方面我们只能在旁边(继续守望),(我们)喊一阵不起作用。今年我碰到郭锡良、唐作藩,他们到成都来,我们也谈到这个问题。现在我们都不敢多出去了,别人也不敢请我们出去。

张宜: 是因为年龄大了。

赵振铎教授: 年龄大了出去很难办。姚老师办过语言学的会,大概是 2005 年办的,我去过,后来就没去过了。

张宜: 我导师是姚小平,他的德语挺好的。赵老师,您谈了这么长时间也挺累的了!我想请问您,您的业余爱好是什么?

赵振铎教授: 原来年轻时候喜欢打球。

张宜: 看您身体好,打球是吧?打排球。

赵振铎教授: 原来我打排球,我到过市代表队,到过省代表队。在北京大学进修的时候,还在北大代表过北大(参加排球赛),那一年(我)还给北大立了汗马功劳。北大那年得了"三好杯"冠军,就是我们得的。后来(北大)就没有(得过冠军)了。排球的活动到了 40 岁以后就不打了,体力不行了。但是看我还是爱看。我爱看奥运会,我爱看比赛。原来我还参加了四川省的体委下边的一个协会,排球运动协会,我还是那个排球运动协会的委员。

张宜: 那您的排球打得应该相当好了。

赵振铎教授: 嗯,可以这样说。在 20 世纪 50 年代,我在成都市还算是(排球打得)不错的。但是后来专业球队上来了以后,我们这种业余的(球员)就不行了。

张宜: 那您是从小学的(打排球)?

赵振铎教授: 我是初中(开始学的)。小学时候我们这种家庭,说实话就是一种养尊处优的家庭,没什么事儿(干),所以身体也不好。我记得是怎么开始搞运动的呢?抗日战争时期,躲到乡下去了。"(孙中山总理)纪念周"在操坝(操场的意思)里边儿站了一个钟头,我就晕倒了。

张宜: 中暑了吧。

赵振铎教授: 嗯,中暑。后来老师就说你身体太弱了,要参加点儿运动,当然在学校里也没有什么运动可参加,就是每天早晨从家里边儿走到学校。当时我家(在)乡下,躲警报躲到乡下。家里到学校是从成都到温江,家在成都这边,学校在温江那边。三里路,每天来回走,这个有好处。后来到了中学了,觉得排球还可以。因为排球隔个网子,身体接触比较少,不那么激烈,所以我就去学排球。加上我那个中学是个排球比较好的初中①,所以在那儿(我)就去打排球。在初中打得不好。到了高中②,人家说我(打得)还可以。高中第二年,(我)就到了代表队,后来就到成都市中学排球队。1951年,(我)就入选成都市代表队参加全国的排球比赛。打完球他们要留我,我那个时候已经要毕业了,我也不想留,所以我就没有去了。

毕业了以后我就到北大去进修。本来我是不想打球的,我想好好读书。但是我要看球的。教体育的林启武老师见我看球看得那么投入,就找到我说,我看你喜欢打球,你把手拿出来。我手上很多老茧,(他)又看见我这手比较大。他说你是不是打过球?我说我打过。当然那个时候当学生,对老师不敢违背,我也知道林启武,他是全国有名的排球教练。我说是。他就说,那你下个礼拜三,你到我们排球场来。我就去了,打了一下球。他说你还可以嘛,到我们代表队来。这样就把我吸收进北大代表队。所以在北大我就打了(排球)。1953年我一年没有打球,1954年我就开始又打球了。第一年输给了中央体育学院,第二年,我们把它赢了,得了北京市的冠军。得了北大这么多年以来唯一的一个冠军。因为当时我们那个球队有好几个(球员)都是(地方)代表队下去的。现在我就是每天走走路。(在)楼下走一走。然后晚饭就到我儿子那儿去吃。生活倒还有规律。我晚上九点钟睡觉,早晨七点钟起床。睡十个钟头足够了。洗完脸以后吃早饭,吃完早饭以后去做事儿。

张宜: 那您吃的东西上面有什么讲究吗?

赵振铎教授: 糖尿病嘛。糖是不敢多吃的,含糖的东西都尽量少吃。另外吃药嘛,你看,(赵老师把他吃的药拿给我看)糖尿病的(药)、前列腺的(药),还有这个小

---

① 指私立蜀华中学。
② 指四川省立成都中学。

瓶里面装的是降血压的(药)。原来(我)没有这些毛病的,我大概在 50 岁以前是没有什么毛病的,60 岁以后有高血压,去年开始有糖尿病。去年一年(我)住了四次院,就是(因为)糖尿病。

张宜: 现在吃了药,血糖能控制多少啊?

赵振铎教授: 血压是控制住了,完全没有问题。血糖在低线,不是高线。前列腺控制得不算太好,去年有一次小便出血,后来查出来倒不是什么大毛病,就是膀胱里边有一个钙化点出血。后来把钙化点用激光烧掉了,就没事儿了。

张宜: 我看您现在还在带博士生啊?北京师范大学的周流溪教授是不是在跟您读博士啊?

赵振铎教授: 嗯,是的。他已经快退休了。

张宜: 他就是想跟您学呗?

赵振铎教授: 他想跟我学音韵学。他原来跟吕叔湘先生搞过语法。他到我这儿学音韵学。题目都想好了,已经做了六年了。他的想法我还比较欣赏,他是学外语的。学外语的人来搞我们的传统音韵学可能有些思想方法跟我们搞传统音韵学的人不一样。

张宜: 他能跳出去吧。

赵振铎教授: 他可以从另一个角度来深化这个项目。

张宜: 赵老师,时间不早了,让您受累了!今天就先谈到这儿吧。谢谢您!

赵振铎教授: 不客气!不客气!

桂诗春访谈录

受 访 者：桂诗春教授

访 谈 者：张　宜

整理/注释：张　宜

地　　点：广东外语外贸大学桂诗春教授的寓所

时　　间：2015 年 2 月 10 日，下午 2:30—5:30

张宜：　今天是 2015 年 2 月 10 日，现在是下午 2:30，我现在是在广东外语外贸大学桂诗春教授的家里。我今天访谈桂老师的主题是应用语言学。桂老师您好！首先想请您谈一谈您是怎样走上语言学研究道路的，您为什么要从事语言学的研究？

桂诗春教授：　这个问题，以前我在不同的场合也谈过，但是有一些问题并没有展开，事情过去了也就过去了，对别人也没有什么特别的可供启发的地方，因为个人的道路已成历史，往往都很难复制。每个人都生活在社会上，社会是发展的，各个阶段都不同，所以我们个人的经验也不能重复，历史总是往前走的，它不会把以前的东西又翻出来再演一遍，大家跟着我再来搞一遍，那不可能的。所以我研究语言学不是我个人决定的问题。我原来不是搞语言学的，我原来是学英国语言和文学的，我是中（山）大（学）毕业的。我去中大也是偶然的，我参加了 1949 年后第一届高考。

张宜：　您是（19）50 年考的大学吧？

桂诗春教授：　我是（19）50 年考的，那个时候还没有（全国）统一的高考。

张宜： 那个时候您住在哪儿？

桂诗春教授： 那个时候我在香港，回来（参加）考试的。

张宜： 您是在香港读的中学？

桂诗春教授： 对。所以回来的时候呢我对国内的情况也不熟悉，我也根本就不知道哪个学校是好学校，或者大家都说是很热门的、大家都报的学校。

张宜： 那是解放后第一届高考？

桂诗春教授： 1949 年后第一届高考。所以我报考的时候是有点盲目性的。当时的高考是通过学校单独招生的，但是北方大概有五个大学是联合招生，那是统一考试的，北方的五个大学是北京大学、清华大学、燕京大学、辅仁大学、南开大学。但是你报的时候是要报具体的哪一所，所以我也莫名其妙地选了北京大学，也搞不清楚国内哪所学校好，根本就是漫无目的的。我在香港生活了很长的一段时期，小学、中学。

张宜： 您是生在香港吗？

桂诗春教授： 我生在广州，但是日本人侵占广州之前我们家就移居到香港。我父亲是中山大学医学院的教授、院长，日本鬼子还没来广州的时候我们就已经搬走了，他继续在广州上班，周末回香港。后来中大内迁到云南，他也跟着去云南一段（时间），再回香港就很难了，要经过越南河内坐船到香港，不能像以前那样每周末都可以（回家）。所以我们在香港那边对国内的东西不了解，国内哪所大学好，哪所大学坏，一点都不知道。我根本没有报中大，因为我父亲就是中大的，他说你报中大干啥，中大的校长啊什么的我都认得，意思是说他也可以捎个口信就可以进去，我就说不报中大了。所以我根本就没有打算到中山大学来，我打算找个风景好的地方，看看中国的大好河山啊。所以我就选了青岛，青岛风景好啊。杭州的之江大学，之江大学在杭州，所以觉得之江大学可能也不错。看招生广告，武汉大学有个珞珈山非常漂亮，我就报了武汉大学。我也想报那几个学校，但是这些学校分别报名，却同一天考试，意思就是说你考了这个就不能考那个，考了那个就不能考这个。北京联合招生的五所学校，我也没有特定的目的，我就填报了北大，主要是考试不重叠。我又报了武大，因为武大风景好，介绍的一些老师的名字我也听说过，可能也不错，我就报了这两个大学。中大我根本就没有报，中大、武大、之江都是同一天考试，考了这个就不能考那个。报了以后就回（香港）去了，根本就没有打算一定考取，我当时也不知道国内情况。结果后来发榜了，它也不是通知的，是在一个中学里面贴个榜,发榜的时候我回来看,一看两个学校我都考取了,北大我考取了,武大也考取了,然后我就回家去了。当时是因为生痔疮,我父亲是外科医生,他说我给你把手术动了,以后再回去吧,要不以后找医生也麻烦,他亲自给我动了(手术),手术后就睡在床上休息了。报考以后呢,开学(时间)是同一天,那么我需要提前一个礼拜回到广州来体检。

张宜: 报考的时候分专业吗?

桂诗春教授: 分专业的。

张宜: 那报考的时候您填的是什么专业?

桂诗春教授: 我填的是外语,北大也好,武大也好都填的是外语,然后第二、第三这些专业(填的)是中文、历史。

张宜: 都是文科的?

桂诗春教授: 都是文科的,理科我一点都不喜欢,就乱填。我记得有历史,有中文,哪个学校是历史,哪个学校是中文,我也搞不清了,随便这样填的。我一看两个(学校)都录取了,我也没有决定去哪里。回来动了手术以后,就拎着个大箱子从香港回到了广州,参加体检。结果我原来肺有点毛病,有点问题,但是医院(体检的结果)却不一样,武大(体检)通过了,北大体检也没有说不通过,让我来拍片子复查确定,我拖了两三天才能拍片子,因为我动了手术。所以我已经都请了假,新生学习周我请了三周假,但是我还不知道北大的那个体检行不行呢,既然武大(体检)可以我就去武大吧,我也就没有去北大。因为我的父亲和郭沫若是同学,他已经写信给郭老,郭老又代我向北大请了假,要拖延一点(时间)来。我记得当时北大的教务长是魏建功。我还给郭老写了封信,说我能不能够保留(北大)学籍,当时郭老给我回了个信,他就在我的信上批了几个字然后寄回来,他说无所谓的,既然在国内能够读到大学,读哪一家都一样的,没有关系,所以我就听他的,就不再想着去北大了。现在回想起来去北大甚至留在武大,后来又到中大,都是随遇而安。谁都不知道如果真的到北大会发生什么事情,或者在武大继续留下来会发生什么事情。回中大有个好处,从香港回来是有港澳关系的,如果在北京(大学)或者在武大,那个时候"文革"或者"文革"前"反右"啊,说不定就很麻烦,讲也讲不清,或者说我点什么东西,我也一点办法都没有。广州很好,因为广州大多数的居民都有港澳关系,港澳关系这一条是不能够用作一个标准来衡量一个人的,到别的地方去,我的后半生也不知道是怎么样的。我回到广州后,"反右"或反什么东西我都没有受到冲击。

张宜： 桂老师，那您在武汉大学是学了一年？

桂诗春教授： 学了两年，两年中其实是学了一年多。

张宜： 那怎么去了中山大学呢？

桂诗春教授： 当时院系调整，统一调整去的，也不是我一个人去，是整个武大的外语系一锅端去的，所有的学生跟老师一起去的。当时院系调整把中南地区的几个大学通通都合并到中大去，所以武汉就有两个学校，一个是现在叫作华中师范大学，原来是教会大学，后来就改为华中师范大学。华中师大和武大这两个大学的学生跟老师就一起到中山大学了，老师也是全家搬，学生是一个班一个班地搬，差不多一节火车全部是武大的学生。（**张宜：** 太壮观了！）

张宜： 那您在武大学的是什么专业？

桂诗春教授： 英语。但是我一到武大的话就很明显地觉得武大上的课都是比较低级的，和我在香港学的不同步，我在香港已经学过一段（时间）英语了。所以武大当时有一个教我们班的（老师）叫袁昌英，袁昌英是一个留法的诗人，她写过一个诗剧《孔雀东南飞》。她属于老一辈的早期留法的学生。她说教的和你会的都不符，算了你就不（要）来听课了！

张宜： 让您免修了？

桂诗春教授： 不是免修了，她说你可以不来听课，考试来考考就行了，你爱听什么课就去听什么课，你爱听谁的就自己找老师去听课吧。

张宜： 她肯定了您的能力。

桂诗春教授： 所以我在武大就待了一年，这一年是属于随意上课。其实我也没有随意上课，课我也没上。

张宜： 课也没上？

桂诗春教授： 对，课也不上。因为没有什么老师可以教我适合的课程，我也听过一些老师讲，也没有意思，所以我索性就不上课了。但是武大当时比较看重我的中文的写作能力。在中大、武大、北大考试，反正我估计我的数理化是一团糟的。我当时在武大还查过分数，我的物理、数学、化学加起来只有 7 分，但是我在武大的外语系录取的（成绩）是第二名。说不定我文科好，中文啊、英语啊分数还不差，数理化是不行的，但是加上去以后我居然还是第二名。在武大情况是这样。我想被北大录取应该也是这样，我考北大的数理化大概也是一团糟的，当然我也没回北大去查分，可能也是因为我的英语、语文比较突出。所以，在武大的时候，他们大概看了我的档案,知道我的中文还不错,就调我去武大校报《新武大》当副主任委员。主任委员是教务处的处长韩德培,是个学法律的,他当然不管事了,我一天到晚当跑腿,所以我在武大实际上的工作就是办校报,当时是因为拔"白旗"什么的,今天斗这个明天斗那个,我们就一天到晚去跑稿子,找人写稿子,自己写稿子,然后登在《新武大》,两三天就一期。

张宜: 锻炼了您的写作能力。

桂诗春教授: 也不是,主要是组织人员写稿,但是我就到处跑。我也学过一点编报纸的东西,怎么编报纸啊,怎么跑印刷房啊,怎么找老师,当时做报纸是用拣字嘛,怎么改错字啊,这个字错了,找哪个字啊,差不多在那个拣字房里我都能拣,知道哪个字大概在哪里,那个时候是活字排印,也没有电脑。所以我(有)比较多的时间去编《新武大》。

因为我原来不是有肺病的底子嘛,后来在照片的时候发现我的肺部有痕迹,有阴影。当时武大有个副校长,学工的,叫张瑞瑾,他自己也是肺病,当时没有别的(治疗)办法,他的肺病是靠卧床休息好的,所以学校做了个规定,凡是有肺病的通通卧床休息一年。当时读书都是免费的,而且吃得很好,每天都有一个鸡蛋,而且每天中午的菜,我们平常大概是七八个人一桌。当时是按系来组织炊事班的,我们学生去做管理,我也当过一期班长,管理过伙食,也知道一般的人一个礼拜才能吃一次肉,对我们病号特别开恩,每餐都是两荤或者三荤一菜,每天早上还有一个鸡蛋,加强营养,卧床休息就是不用起来,可以睡在床上休息,这样休息了一年。

张宜: 在武大修养得很好?

桂诗春教授: 也不知道怎么样,反正后来就好了,然后就搬家了。所以这两年实际上我在武大并没有读了多少书。然后(19)53年到中大,从三年级开始在中大,读了两年毕业。

张宜: (19)55年毕业的?

桂诗春教授: 对,(19)55年毕业,其中有一年就等于说卧床休息。所以在武大实际上我没搞出什么名堂,业务上并没有什么长进,课也没有听多少,也没有适合我听的课,我也不知道当时别的课开什么。当时是刚刚恢复办大学,所以都不齐全的嘛。比方说我们的系主任是戴镏龄,是个很有名的学者了。当时我也想去听他的课,跑到他的课堂里面去。当时他开的一门英语诗歌,只有一个学生,我趴在窗台外面向里看,一个老师对着一个学生。我也不敢再进去成为第二个学生了,因为我怕进去后很显眼（的），要不听的话又不好，进去以后就非得要听了，所以我也不敢进去了。如果一群学生的话我就进去听听看，好的话我就继续听下去。我也不敢听了，所以在武大我基本上没有上什么课。到中大最后的两年我倒是认认真真地读书上课，课也比较齐全，分数也不错。我参加了一年两个学期共四次考试，总共加起来全部（课程都是）五分，只有一个四分，当时是五分制。所以选我为中大全校的学习标兵。但是毕业的时候我根本不想留在中大。

张宜： 毕业时您不想留在中山大学？

桂诗春教授： 没有想留在中大，我当时的志愿是到新华社。

张宜： 当记者？

桂诗春教授： 当驻外记者。但我也一点都不懂（当驻外记者的相关要求），结果中大把我留校了。我同班有一个同学去了新华社，去了新华社转了个圈又回来了，因为新华社的要求不是说你说去就去，能去就去。我当时是看过一些香港《大公报》留英的记者写了一些英国的情况，觉得这样的机会很好，也可以在国外自由自在地遛一遍，学一些东西回来国内，但只是幻想而已。像我的那个同学就根本没有这个机会，后来去不成又回到中大教书。我没有转这个圈子，一直留在中大，也没事干，我就等候分配，我就在这个暑假里自学了俄语，我的俄语（水平）当时能达到译书的水平。翻译的都是（英国）文学史这样的书。

张宜： 俄文写的英国文学史？

桂诗春教授： 我把俄文的书翻译成中文。

张宜： 您是自学的？

桂诗春教授： 全部是自学的，没有上过一门课。

张宜： 1955 年的那个夏天自学的？

桂诗春教授： 留校等候工作的那个时间没事干。

张宜： 您太厉害了！

桂诗春教授： 那些翻译出来的东西都出版了的[①]。

张宜： 太棒了！

桂诗春教授： 在苏联来说也是最高级水平的书了。苏联的高尔基文学研究所出的五卷集的英国文学史，让我们翻译其中的一卷，我就翻译了其中的几个

① 指桂诗春教授参与翻译（从俄语译为汉语）的《英国文学史纲》（〔苏联〕阿尼克斯特，著，人民文学出版社 1959 年版）和《英国文学史（1832—1870）》（苏联科学院高尔基世界文学研究所，编，人民文学出版社 1986 年版，桂诗春教授主要翻译了其中的第一、二、五、六章）。

chapters，当时还达到这样的（水平）。但是"文革"以后英语也不学了，俄语也不学了。这本书翻译出来以后不能出版，是周扬要翻的，周扬在"文革"的时候也受到批判。后来周扬复出，他要出版（这些书）。要出版的时候找原来翻译的人校对一下看有没有错误，他们找到我，我说我已经不具备这个校对俄语的能力了，（笑）"文革"以后俄语全部都丢光了，我说我已经不具备这个能力了，您另外找人吧。

张宜： 桂老师，您父亲是做医学研究的，做医生的，而您从小实际上是对社会科学，对文科比较感兴趣。

桂诗春教授： 嗯。但是，我家里一本这种书都没有。我父亲是留日的，但是日本当时是学德语，日本是学德国的医学，所以他懂得德文，懂得日文。

张宜： 那是不是在香港学习的时候香港的社会环境和语言环境比较适合您学英语？

桂诗春教授： 也不是说特别适合，因为实际上后来我也很讨厌。战后我父亲待在香港，他说在香港那个地方不学点儿英语是很难待得住的，要我们学英语，我进（的）那个学校是教会学校。

张宜： 那个学校叫什么名字？

桂诗春教授： 叫华仁书院。华仁书院是个很有名的一个教会学校，我现在还有很多朋友，都不是同届的，都是那个学校毕业的，包括香港前一届特首曾荫权也是华仁的，算起来我是他的师哥，我比他早一点进去的。华仁书院是爱尔兰教会办的天主教学校，所以都是爱尔兰的神父教我们的。我在那儿待得越来越讨厌，根本就不想在那里待，不喜欢在那里待。

张宜： 不喜欢。

桂诗春教授： 不喜欢在那里待。我当时喜欢读中国东西，看中文。当时香港也有不少中文报纸，我从小就喜欢看报纸，看了以后我也学着写，所以我在香港的好几个报纸都发表了一些东西①。

张宜： 就是学生时代？

桂诗春教授： 高中时期。

张宜： 给香港报纸写文章？

---

① 如《谈华南军中文艺》，载香港《周末报》1949 年 8 月；《新形势下的方言文学》，载香港《周末报》1949 年 9 月 3 日。1950 年前后在香港《文汇报》《大公报》上也发表多篇文章。

桂诗春教授： 最初是一般的报纸，后来是左派的报纸，比如《文汇报》《大公报》我都发表过不少文章。

张宜： 您都写些什么？

桂诗春教授： 鲁迅那样的杂文，比较短。

张宜： 都是评论社会现实的？

桂诗春教授： 对。所以武大后来大概知道我这个底细，所以就让我去编《新武大》。（笑）实际上我在武大也没有学什么英文，在中大倒是真真正正地学了两年英文。

张宜： 那就是说您学生时代的语言的功底，无论是中文的还是英文的都有一定的积累。

桂诗春教授： 对，有一定积累，但是自己学的，所以残缺不全，这个文笔啊，甚至基本功啊都是没有受过严格训练的。

张宜： 桂老师，您后来在中山大学留校当老师了，您觉得您自己的个性对您从事教学工作有什么影响？

桂诗春教授： 暂时我还不能回答你这个问题。（笑）毕业后我在中大什么课都教，英语课我也教，英语课里的精读课、泛读课、语法课、写作课、大学英语课我都教过。后来又安排到文学教研室，我也教过英国文学史、英国文学选读、外国文学、毛泽东文艺思想等课程。

张宜： 好厉害啊。

桂诗春教授： 我在中大毕业以后最初是什么课都教一点，哪里缺什么课就到哪个年级去教，没有一个固定方向，后来就固定在文学组了，外国文学教研组，搞外国文学了。

为什么叫我搞外国文学呢？当时中山大学的中文系学生也学外国文学，有一个老师叫叶启芳，叶启芳是一个老报人，他是办报纸的，翻译过考茨基（Karl Kautsky）的作品，他这个人笔头来得很快。他（给学生）开外国文学课，但是他不懂早期的外国文学的东西，所以要我专门给他写讲稿，专门写古代文学部分的讲稿，因为我懂英文嘛。我就看英文翻译的希腊文学，希腊的三大悲剧家，还有一个喜剧家阿里斯多芬（Aristophanes），差不多写了很厚的一本外国古代文学（讲稿）。

张宜： 外国古代文学的讲稿。

桂诗春教授： 嗯。现在我估计中大的图书馆还有。中大的中文系当时没有人能开这个，连中大外语系自己都不开，那是因为需要开古代文学部分，所以我专门写了古代文学的讲稿，从希腊的三大悲剧家到一个喜剧家，还有罗马的诗歌、《神曲》

等。就这样我就搞文学了。

为什么我后来转向搞语言学了？那是"文革"以后的事情了。我在"文革"前写了一些论文，其中有一篇论文是（关于）古代文学的，荷马的 Odyssey（《奥德赛》），写了《〈奥德赛〉主题初探》①，当时没有人写这个。

张宜： 类似文学评论。

桂诗春教授： 嗯。写了一篇关于《奥德赛》的论文，那个是"文革"前60年代的，到现在还有人在网上下载这篇文章。

张宜： 1961年发表的？

桂诗春教授： 对。1961年（发表的）。我这篇文章的结论好像到现在为止还没有人这样谈。我曾想给杨宪益寄去，后来听说杨宪益身体也不好了，因为杨宪益他们也搞过《奥德赛》的相关研究。我这篇写《奥德赛》的文章反映了原始公社制度崩溃，这是根据恩格斯讲的，不是我发明的。恩格斯在他的著作《家庭、私有制和国家的起源》里的一篇文章里面谈到，人类的历史最初是原始的公有制，公有制实际上就是母系社会。所以我当时就说这篇文章的背景反映了原始公社解体时代的一些现象。《奥德赛》里主要讲一个女的 Helen 被抢了，抢来抢去，后来又回到祖国。那个时候原始公有制已经解体了，父系社会还没有建立，所以就把这个女人 Helen 抢来抢去。实际上是反映了原始公社解体时代的一个故事。

到了"文革"的时候有人给（我）贴大字报，通栏的大字报，所谓通栏，就是一栏全部是批判我的这篇文章。幸亏没有给我打成什么东西！（笑）批判什么呢？我那篇文章讲得清清楚楚，其实也不是我讲的，是恩格斯讲的。原始公社解体了，《奥德赛》诗歌里面所歌颂的，所表现的就是反映了那个时代——原始公社。结果那个给我写大字报的人根本没有看懂我的文章，说我反对"三面红旗"，当时提出的社会主义建设总路线——"大跃进""总路线""人民公社"嘛。我那篇文章刚好讲的是原始公社嘛，就说我的文章影射人民公社解体，但后来也解体了。（笑）我也不是反对"三面红旗"，实际上当时我也没有那样的觉悟，（笑）我的觉悟是从历史上看，从恩格斯阐述的角度来看，我在文章里都写得清清楚楚。

张宜： 他看不懂。

桂诗春教授： 他看不懂！他就说我这个是反对"三面红旗"的一个大毒草，把我吓了！这么一弄的话我（可能）就要被抓起来，打成什么"三反分子"啊，剃光头啊什么

① 《〈奥德赛〉主题初探》，载《中山大学学报》1961年第4期。

的都会跟着来了。

张宜： 太吓人了!

桂诗春教授： 太吓人了! 这就是中山大学"文革"的时候。我那篇文章给抄出来以后,看的人也没有看懂。反正里面有公社嘛,公社解体,就说原始公社解体影射了我们国家的人民公社解体。

张宜： 当时是个政治问题。

桂诗春教授： 嗯,当时是不得了的事情。(笑)这事把我吓了一跳,所以就觉得当时搞文学是很危险的,(一旦)和政治挨上边了你就说也说不清楚了。我自己教过毛泽东文艺思想这门课,当时新中国成立后我们讲文艺理论的课全部都是跟苏联学的,都是按苏联那个框框搞的,当时我们大家都觉得苏联定的那个框框也不对,想改,但是始终没有人敢改,也是怕政治上的原因,所以不敢怎样。我当时也没有接触什么东西,看了大字报就给吓了一跳,后来看也没有太多的反应,慢慢地也就过去了,心里才定了。所以这里面就等于给我埋下了一个烙印——可能说不定哪天搞文艺,又碰到哪一颗定时炸弹就完了。

张宜： 桂老师,在您这个从事教学和研究,包括前面求学过程当中,有没有哪一本书或者哪一个人对您有影响?

桂诗春教授： 等一会儿我会讲到。"四人帮"还没有倒台前,1976年前,大概是六七十年代间,当时中英要恢复邦交关系,周总理就请了英国的首相希思(Heath)到中国来。英国的首相希思来中国以后就签署了一些协议,其中有邀请我们中国组织一个英语教师代表团到英国去,我们国家就派出了一个(代表)团到英国。北京、上海、广州,主要是从这几个地方挑选人选。北京就是北京大学的罗经国,是搞文学的,北外派的是张中载,上海也有两个,广州就是我。

当时的英国正在兴起应用语言学研究。(这里有一点需要交代的是,)1964年是一个分界线,1964年成立了一个国际的应用语言学大会,标志着这个大会的有两本书,一本书是 Halliday(韩礼德)、Strevens(斯特文斯)和 McIntosh(麦金托什)他们三个人写的,叫 *The Linguistic Sciences and Language Teaching*(《语言科学与语言教学》),1964年出版的。美国有一个老太太 Wilga Rivers(维尔加·理弗斯)也写了一本书 *The Psychologist and the Foreign Language Teacher*(《心理学家与外语教师》)。大家认为这两本书标志着应用语言学的诞生[1]。1964年既有一

---

① 参见桂诗春:《20世纪应用语言学评述》,载《外语教学与研究》2000年第1期。

个国际会议，又出了两本专著。在这以后，大概是 70 年代，英国首相希思来中国，中英恢复关系以后，我们是第一个出去的团。团长是北大的罗经国，我是党支部书记，实际上也没有做什么。

英国人给我们看什么呢？就是看应用语言学，我们才知道有所谓应用语言学。我们知道语言学，但还不知道有所谓的应用语言学。我就很受吸引，因为"文革"时我已经有了教训，现在来这里边看到有这么个东西，就想我们搞这个东西会更好一点。因为搞应用语言学可能和政治的关系没有那么近，原来搞的那些东西也搞不出什么名堂，搞出一点点名堂也给人批判。所以我在英国的时候我就说应用语言学值得向国内介绍，因为当时国内根本就谁也不知道。刚好我们这个团出发去英国前，我们全团组织起来去找吕叔湘，当时他是语言所的所长。吕叔湘当时就向我们推荐。他和我们谈了两个事情，一个是向我们推荐，他说 *The Linguistic Sciences and Language Teaching* 这本书在"文革"前 1964 年我们国内曾经翻印了，你们先看看这个书做准备，然后再去。其实，我早就买了这书，到英国前我就已经看了。其他几位都不是搞语言的，都没有看过这本书。他还有一个推荐，他建议我们去访问 Randolph Quirk（伦道夫·夸克），他在英国很有名气的，专门搞英语用法调查的，后来还出了书，*A Comprehensive Grammar of the English Language*（《英语语法大全》）。吕叔湘还让我们问 Quirk 搞这个调查的时候有没有用到计算机。

于是我们就去英国了，这两本书有的人看了，有的人可能也没看。我们去了以后发现他们讲的那些实际上都是根据 Halliday 那本书里面介绍的那些东西，但是后来发展得更宽阔了。这本书原来是三个人写的，Halliday，Peter Strevens 和 McIntosh。后来我们开一个国际语言学会议的时候，Halliday 来了，Peter Strevens 也来了，我们都请了他们来。McIntosh 可能已经去世了，所以就没法联系。后来 Halliday 还跟我说，他们写了这本书以后，两个人就没有见过面，是在中国开这个会才和 Peter Strevens 见面的。这本书也被认为是应用语言学的奠基之作。我在英国，一看到应用语言学这个东西像得到了宝贝，因为我原来不知道搞什么好了。所以我在那里就注意搜集。搜集什么呢？我跑到每个大学去参观，搜集那些大学出的建立（应用语言学）系或者学院的机构的那些小册子。我的意思等回来有机会的话，在中国搞起这个专业来，所以我就注意搜集这些东西。当时一起去的有两个人，一个是张中载，一个是罗经国，他们也是这个意见，文学没什么意思，搞不下去了。但是他们也就是随便说说而已。结果回来以后他们两个都搞回文学了，只有我一个按照当初在英国说的那样搞了应用语言学。这个专业开些什么课程,我都弄回来了。回国以后我就开始筹备搞应用语言学,那时"四人帮"还没倒台,但已经是到后期了。

张宜: 就是 1974、1975 年了呗?

桂诗春教授: 嗯。回国后我就按照应用语言学设置的课程进行自学,看应用语言学的书,当时有一套书①,是爱丁堡大学出的,一共是四卷。(说着,桂老师到书柜里找出来这几本书拿给我看。)*The Edinburgh Course in Applied Linguistics. Volume 4*,*Testing and Experimental Methods*["爱丁堡应用语言学课程"丛书卷四《测试与实验方法》(J. P. B. 艾伦,阿兰·戴维斯编)]我就自学,主要是这四本黄皮书,我们都叫它们为"黄皮书"。这是第四卷,前面还有三卷。还有更早的一些:S. Pit Corder(S. 彼德·科德)(的)*Introducing Applied Linguistics*(《应用语言学入门》)。我们到英国去就跟他们讲了,将来要请他来,后来我们都成为朋友。后来 Pit Corder 退休了,我请他来广外,他也答应来,但因心脏病发作就没来成。Pit Corder 相当于(应用语言学)祖师爷。英国能够向我们推销的介绍的就是应用语言学了。我们就住在南部的一个小城市 Essex(埃赛克斯),这些人就从英国各个地方来,今天上午是谁讲,今天下午是谁讲,来跟我们介绍这个东西。他们谈了很多东西,做了很多东西。Halliday 没有来讲,当时他不在英国,但是他们带我们去看他们语文改革的时候,他们英国搞了一个,根据 Halliday 中心思想搞了一个英语语言文字改革的 project。英国有个资本家就[以 Nutfield Foundation(纳菲尔德基金会)名义]资助他们来搞这个语文改革。比方说高中毕业生,学英语应该学什么东西,我们中国传统的就是在高中要上文学。他们专门搞了个教学大纲,这个教学大纲我们后来叫作红皮书②,我们就专门观摩了一堂英国中学毕业班的一门英语课,它是按照他们那个改革思路来上的。

这个课的内容就是 use of English,英语的使用,他们专门编了个大纲,那个大纲我现在还有。(对这个)Halliday 到现在还津津乐道。根据这个大纲,英国人到了高中毕业还有很多东西是不懂得的,如怎么用英语的,还有很多东西需要教的。Halliday 后来还和我说,这些东西本族语者后来也能慢慢领会到的,为什么不早点教他们呢? 我们当时听课就是这个内容。听课就是放录音,放了几段录音,然后组

① 指 Allen, J. & P. Corder (eds.). *The Edinburgh Course in Applied Linguistics*,Oxford:Oxford University Press. 1973 - 77. 四卷分别是 Vol.1 *Readings for Applied Linguistics*,1973;Vol. 2 *Papers in Applied Linguistics*,1975;Vol.3 *Techniques in Applied Linguistics*,1974;Vol. 4 *Testing and Experimental Methods*,1977.
② 指 *Language in Use*. 整个大纲共有 110 个单元,从各个角度去教怎样使用母语。参见桂诗春:《我与中国英语教育——自序》,载《桂诗春英语教育自选集》,外语教学与研究出版社 2007 年版。

织大家来讨论,根据每一段录音你来判断这个人文化水平有多高,他从事什么职业的,他来自什么地方。这个录音有多少个内容呢? 我现在有这个大纲嘛,所以我现在还可以记得清清楚楚。有一个是 Churchill(丘吉尔)在战争的时候发表的"炉边谈话"(Fire Side Talk),每个礼拜都放"炉边谈话",有丘吉尔的,有牧师在教堂里面传道的,有售货员的,有家庭主妇的,两个家庭主妇逛街的讲话,(让我们)听这些内容让大家讨论,这个人是谁,他的文化(水平)多高。最后大家得出结果。根据什么呢? 根据他的文化水平,他用了什么词,或者根据他的发音,知道他的文化水平是多少。教师最后来总结。我们这个团有八九个人,有人听了这门课也不感觉什么。我听了以后马上去找那位老师,我说你这个课很有意思,有没有教学大纲? 他说有啊,他就拿了一本红皮书送给了我,他说送给你拿回去看。这个小组是 Halliday 带头组织的一个组,那个书我还有,大纲也还有,我现在文章里面有时候还提到过这个大纲。后来 Halliday 来过中国好多次,在某一次谈到他的 project,他还津津乐道,在当时有财团肯资助这个确实是很有见识,可中国就不行了。吕叔湘、张志公等人曾经提倡过要教语言,包括中学生,高中生,老师不仅仅教他们文学也要教语言,我们国家曾经有一度改革的时候单独开设了一门语言课,后来就取消了。

张宜： 是在高中吗?

桂诗春教授： 在高中。就是吕叔湘他们几位倡导的。中国语言还有好多东西要教的,不是说就教教中国文学的。是教怎么用语言的,文学侧重的是意义和主旨,如修辞手法之类的;语言使用是讲实际的。我就跟 Halliday 讲,你这个在英国还行得通,我们的语言学家在中国提出来这么搞还没有人理呀,最后还被取消了,这说明语言学家在两个不同国家遭受了不同的命运,我还跟他开玩笑。(笑)那么我那个红宝书到处传给人看后来就丢了,Halliday 告诉我,美国有一个大学经过他的同意就把这个书放到网上去了,你去下载。我就到网上去把这个书下载了,才找回来那个红皮书,现在红皮书又不知道跑哪儿去了。我回来就到处宣传这个,对汉语老师也讲,我问他们觉得这种方法怎么样,他们都说很有道理。有个老师说,我们教汉语的老师也没有学过这些东西啊。

就这样我从英国回来后才改为搞应用语言学,在这以前的就等于告一段落了,从此我不再搞(文学)了。

张宜： 您是在 1978 年在广外建了语言学及应用语言学系的吗?

桂诗春教授： 是不是那么具体,我现在也一下子讲不出来,但是我们做了很多准备工作。与此同时，比方说我们最早搞了个硕士班，开始搞应用语言学了。但是与此同时我们还组织了一年制的文凭班，招收全国的骨干教师，相当于副教授的，大概也有二三十人的一个班，一年制的。我们请了三个外国专家，澳大利亚的、加拿大的、美国的，三个人来共同开这个班，也开了一年，在开这个班的同时我们又搞自己的应用语言学，做了很多前期的铺垫。

张宜： 那个时候您是外语系的主任？

桂诗春教授： 我记不太清了。

张宜： 也就是说当时广外是非常支持您在学校、在外语系搞应用语言学的实践。

桂诗春教授： 对。当时是谁支持呢，有一个副院长温流，这个人是搞文艺的，打游击的，他很支持我，我都没有想到。

张宜： 他是老干部啊？

桂诗春教授： 对啊！他原来是写诗的，在战争年代打游击的时候，他写诗歌都是用温流这个名字。

张宜： 是他的笔名吧？

桂诗春教授： 也许是笔名吧。他不但支持我，他甚至主动说我们应该开个应用语言学的国际性的会。

张宜： 太有远见了！

桂诗春教授： 对！于是（1980 年）我们就开了中国的第一届国际应用语言学大会，当时 Halliday 也来了。教育部也支持，当时有几十个人参加。年龄差不多涉及了六代人。首先在我们学校，我们和上海外国语学院联合开的一个小型的"应用语言学与英语教学"学术讨论会。1984 年在香港中文大学又开了一个国际的"应用语言学研讨会——汉语社区的语文教学"学术讨论会，来的人更多，当时来了很多知名的语言学家。

张宜： 是不是许国璋也来了？

桂诗春教授： 许国璋、王宗炎都来了。

张宜： 太棒了。这应该是标志性的会？

桂诗春教授： 对！现在我们都还有照片。

张宜： 桂老师，在您漫长的几十年的从教生涯当中，您有很多时间是在教学，又有很多的时间是在搞科研，还有很多的时间是在搞行政管理，您是怎么处理这些关系的？在 70 年代末、80 年代、90 年代，一直到零零年以后您还在不断地有科研成果的出版、发表,您都是什么时间去做这些研究?您怎么安排时间的?

桂诗春教授: 我身体也不是太好,所以我也不熬夜,能做就做。但是在行政工作里面我做的东西很少,我们的党委书记老是怪我不管事,我说我根本就不是这个料。我提出来不干了,上级还不同意,还跑来做我的工作。我说我毕业以后到现在,我没有哪一年不做行政工作,教学组长,教研室主任,副系主任,系主任,我从来都做的嘛,但是领导从来没有给我时间做科研,你现在放我一马,已经到 80 年代了,我已经做了几十年了,我连假期(都)从来没有休过一次嘛,从来放假都在做工作,天天如此,假期都没有休过。他们的第一个反应是你没有犯错误,没有犯错误为什么不干呢?按照当时做官的思维,如果我不犯错误的话就应该年年升级升大官!我年年都想着归队,行政工作不是我能干的东西,不是我擅长的,我也没有学,也没有专门派我去学,虽然我很早就入党,党校我也没有去过。我还有另外的理由,我说我不做,接班人我已经培养了一个。为什么老是让我做呢?那个时候领导的思维就是这样子。

张宜: 您说的接班人是刘建达吗?

桂诗春教授: 不是刘建达,我后面还有几届。我不做的时候后面还有黄建华、徐真华。黄建华当了两届。刘建达是我的硕士学生,博士后研究生。我的几个学生都是做行政的,我也不知道他们做得怎么样,他们有没有体会。解放军外国语学院的院长李绍山是我的学生。现在浙江大学外语学院的院长何莲珍也是我的学生。他们都是我的博士生,但是他们都比我能干。

做过这么多行政工作以后,我得出一个结论:我们的国家政策老是改,改了半天又改,所以我抱着一个宗旨就是老子的"无为而治",我就什么都不做了,因为过了几天可能又返回来了,我等于是白做。

做研究不同,我走一步就是一步。行政工作往往是领导说了算,一个领导一个说法。所以我的对策是无为而治,你改我不改,过了一段你可能又要改回来,花我的功夫干什么?

有人说中国为什么不能像印度那样搞英语、普及英语,我认为这样的看法很外行。学者 Kachru(卡奇鲁)把英语的使用者区分为 3 个环①,内环(the inner circle),包括英、美、加、澳和新西兰等国家作为母语而使用的英语,约有 3.2 亿—3.8 亿人;外环(the outer circle),包括印度、新加坡、菲律宾、南非等国(曾经做过殖民

---

① 参见桂诗春:《我国英语教育的再思考——实践篇》,载《现代外语》2015 年第 5 期。

地)作为 L2 或官方语言而使用的英语,约有 3 亿—5 亿人;扩展环(the expanding circle),这包括中国、日本、波兰、俄罗斯等国家和地区,约有 5 亿—10 亿人。在前两环里,英语曾经发生过或仍然有影响的约有 75 个国家和地区。印度和中国怎么能够比呢?

张宜: 桂老师,在您的工作和研究做学问当中,什么事是让您高兴的事?什么事是让您沮丧的?

桂诗春教授: 这个我倒没有真正想过。高兴的事儿就是在学术上看到自己的研究成果出来了,我能够把这个成果送给大家去看看提意见,这时我就感到高兴。我性格比较外向,我爱讲话,爱聊天,而且兴趣很广。

当然也会碰到一些不高兴的事情,不过想一想也就过去了。塞翁失马焉知非福!我不能够去北大读书究竟是好事还是坏事啊?我跟王佐良讲过,我也可能是你们的学生,因为王佐良曾经是清华的嘛。他说,Peking lost,Guangzhou gain。(笑)所以,比方说我在北京甚至我在武大,那谁知道我在北大会不会像中大这样啊,说不定我被斗得七零八落的,又有海外关系,说不定我的日子更难过的。所以有些事情不能够看得太(功利),有的事情我们无能为力,不高兴也无能为力,我们就要顺其自然,反正那都是身外之物,不高兴,人家也不能让你高兴。社会上有些事命令下来就是一刀切,切了就要伤到一些人。改还改不了,个人要改什么是很难很难的。我觉得个人能有些时间做点自己想做的事就挺好。我手里也压了不少活,我也写了不少东西,但是确实是有些事现在看起来是谬种流传,所以我现在写一篇文章要把我最新的考虑表达出来,我已写了差不多一万多字了,估计没有杂志肯发表。

张宜: 那您用电脑写东西累不累眼睛啊?

桂诗春教授: 我不累,我习惯了。说老实话,搞电脑不是我的专行,搞电脑是杨惠中他们在行。但是杨惠中说在中国外语界里面你是第一个买 personal computer (个人电脑)的。我最早的时候是到香港开会和杨惠中一起带回来了的。他拿回来还在上面编个程序啊什么的,那时的系统和现在的都不太一样。他说你是中国第一个拥有 personal computer 的。

张宜: 桂老师,您觉得作为一个语言学家应该具备什么样的学术修养呢?

桂诗春教授: 很多东西都很重要,但是我强调一点,我最近谈到的一点。我曾在《中国外语》写的①不仅要向前看,向横看,还要向自己看,意思就是说你的视野一

---

① 指《向前看,向横看——略论跨学科研究的必要性》,载《中国外语》2013 年第 3 期。

定要广。我们很多人都容易犯一个毛病：我是搞哪一门或者搞哪一行，或者是搞哪一个专题出来的，我就思考这个。实际上这样思考问题是没有出息的，不可能走得太远，一定要左顾右盼，就是看看人家在别的领域能够给予什么营养，这个是最重要的，不一定要看你本学科的发展，别的学科的发展说不定会大大地影响你、启发你。比方说我搞的是莎士比亚，但是就这个题目不知道有多少人搞过，自己手头上也可能没有那么多的新东西。可是我从别的角度来看，说不定就可以得到一些新的东西。比方说我们以前中大的陈寅恪陈老先生，他的眼睛都瞎了，都看不到东西了，但是他还是能够从多种视野来谈，他写《柳如是别传》。从各个角度去研究，往往会有新的一个视野或者新的视角，或者有对这个问题的新的说明，从不同的视野看往往会得到一些新的启发，所以现在非常提倡跨学科。为什么要跨学科呢？就是利用别的学科的研究得到启发来看你本学科，所以视野一定要广。比方说我是比较早地搞了应用语言学，但实际上我后来搞了好多东西的，心理语言学我也搞了很多、认知语言学、语料库语言学。

张宜： 认知语言学、语料库语言学、语言测试、语言统计。

桂诗春教授： 都是自学的。语言统计对我来说是最难的，因为我高考数学才7分，我怎么能够搞统计啊？所以我后来几度想自己重新学高等数学。

张宜： 那您是因为需要，才要去研究语言统计吧？

桂诗春教授： 因为统计再往高的一个层次，就涉及了计算机的 simulation（模拟），模拟人工智能，里面都需要高等数学，所以我几度反反复复拿起来，看看微积分什么的。

张宜： 研究语言统计时您多大年纪了？

桂诗春教授： 大概是80年代。现在出国机会多，有的人年年出去。我每次出去都带有很特定的目的。当年英国文化委员会资助我们去英国，我们去了英国东南西北比较多的地方的学校。我每到一个学校，有时间就去学校的图书馆，看看有什么书。我是80年代从国外回来后才搞语言学的，就是把足够的资料拿回来再搞，不是去了随便听一门课就拉倒。

我去英国后发现，其实外国也和我们国家一样，有的教师很名不副实。我到爱丁堡大学，有个人也在上统计学，是个博士，那时候我还没有出《语言学方法论》[①]那本书。我没有去听课，我就自己在学校里面摸，摸到了爱丁堡大学里的总机房，

---

① 桂诗春、宁春岩：《语言学方法论》，外语教学与研究出版社1996年版。

应用语言学研究中心的总机房。当时有一个香港人,现在在香港已经做了个系主任级别的头了,她当时在爱丁堡大学,她想用一些统计的程序,想用 SPSS (Statistical Product and Service Solutions,统计产品与服务解决方案),应用语言学系没有 SPSS,但总机房有,在计算机房怎么去把总机房的 SPSS 调来运用?她就去问那位教统计学的老师,统计学老师不懂,统计学老师跟她说你去找找那个中国人。他指的是我。

张宜: 让她问您?

桂诗春教授: 他也不认得我,我也不认得他,所以他告诉那个香港人,你去问问那个中国人,我看他在这里面一直在搞,结果那个香港人,那位女士就找到我。实际上我也不懂,我俩就研究了一下,就搞懂了怎么样从应用语言学系把 SPSS 调出来使用,怎么用,我手把手地告诉她,她居然就用上了。谁都没有告诉我,我也不知道那个博士在课上讲的是什么,我也没有去听他的课,我就自己转,自己摸。当时不方便,只有学校买一个 SPSS 软件放到机房,别的单位可以从那里去调过来再运算。

张宜: 桂老师,您讲的这个亲身经历是不是也从一个角度、一个方面反映出我们作为语言学的研究者要学以致用,就是在学术研究过程当中去锻炼自己发现问题解决问题的能力,这其实也是一种修养,对吗?

桂诗春教授: 对。我的一个感觉就是,当然不排除向别人请教,别人比我们先走一步,应该从他那里可以学到不少东西,我也是常常希望这样。但是我更加相信什么东西都是要自己做出来,事非经过不知难,自己做过了就知道怎么回事,动手能力是最重要的。要有动手能力,动手能力不但是自己经过,知道难处在哪里,而且还有很多好处,它帮助你记忆。你做过的和没做过的那是不同的。你看人家讲,看过一下子完了,自己由头到尾这样做过的印象才深刻,动过手的就不同了,所以动手能力是很重要的。

张宜: 桂老师,您是怎么看待学术批评的?

桂诗春教授: 中国没有学术批评,我没有看到中国有认真的学术批评。比如(项目)验收,都是讲好话,都不是认认真真地评价。外国在这一点上确实是值得我们研究。

张宜: 您的著作和您的研究成果受到过批评吗?

桂诗春教授: 我没有看到,我就希望看到,但是没有太多的人批评我。

张宜： 都是正面的吗？

桂诗春教授： 正面的也不值得我去思考，因为他说了等于没说。但也有认真的，王宗炎先生是认真的。

张宜： 他给您的书做过书评吧？

桂诗春教授： 他不只做过书评，我的那本《应用语言学》①，他也写过文章②推荐的，但他寄回来我的书里面有很多批语，说这点说的还要怎么样，这点应该怎么样。

张宜： 他是认真读了。

桂诗春教授： 他认真读了，而且有评论。比方说我曾经提出应用语言学的系统观，我很早就这样提过，我在《应用语言学》里面就提出来。王宗炎说你这个说法是好的，但是你并没有说明为什么。许国璋同样也说我这个提法是好的，当时他也有几篇文章说我的提法是好的。我花了七八年的时间重新思考这个，又写了《应用语言学的系统论》③发表了，这多少也是得自他们的鼓励，谁知道正在校对文稿的时候却传来许老去世的噩耗，我本来是想给他看的。

　　我又发现，我那个应用语言学系统论也不够的。现在有一群人又提出这个问题，这些人包括英国的 Nick Ellis（尼克·埃利斯）、美国的 Larsen-Freeman（拉森·弗里曼），他们现在专门谈这个 chaotics（混沌学）、谈 complex systems（复杂系统），比我的说法又高了一层。我写那篇文章的时候没有提到这个，当时我也没有办法看到这些有关资料，现在他们又高了一层，所以学术发展是没有止境的。我现在写文章我也用了很多他们"复杂系统"的观点来说明，实际上也是系统工程的延续，实际上也是应用语言学几十年前的成果的延续。但是有人早指出来就好，光说好话没用，还不如指出来，觉得还不够，要继续努力，现在 complex system 变得很流行了。有一批人在美国的新墨西哥州的 Santa Fe（圣达菲）专门组织了一个研究所，Santa Fe 研究所，专门研究 chaotics 的，他们就在那个地方开了一个会，成立了一个叫作 Five Graces Group，"五味组"。五味组的得名源于他们开会的地点 Inn of Five Graces，是个旅店的名称。他们大概有十几个人共同发表了一个宣言：*Language Is a Complex Adaptive System: Position Paper*（《意见书：语言是一个复杂的应用系统》），来说明他们这个复杂系统究竟是怎么回事。由 Nick Ellis 和 Larsen-Freeman 代表小组成员合作写的。成员里面有计算科学家，有搞外语教

---

① 《应用语言学》，湖南教育出版社 1988 年版。
② 指王宗炎先生：《评桂诗春〈应用语言学〉》，载《外国语》1990 年第 1 期。
③ 《应用语言学的系统论》，载《外语教学与研究》1994 年第 4 期。

学的,最著名的就是 Holland(霍兰德),搞 chaotics 的专家。现在我在写文章的时候就参考了他们的东西。

张宜: 就是您刚才说的写了一万多字的这篇文章?

桂诗春教授: 对。他们的理论由此引起很多理论和很多新的东西,比方说,最早从索绪尔开始,索绪尔谈 language and parole(语言和言语),后来 Chomsky(乔姆斯基)谈 competence and performance(能力和运用),Chomsky 区分了 competence 和 performance,他目的是什么呢?目的是研究 competence,而不是研究 performance。他说 performance 是 individual(个别的),这个东西没办法研究,我研究共同的,universal grammar(普遍语法),共同的东西。其实,个人的行为也不是漫无目标、各个人都不一样的、看似没有共同规律,performance 也不是 individual,因为语言使用的根本核心就是"约定俗成",是有规约性的。荀子早就认识到。所以也有共同的规律。现在就有人提出 performance theory,然后又提出 use theory,usage-based theory。有一群人,包括研究历史的,他们认为 competence 和 performance 这个区分根本没有必要,不管你是 competence 也好,performance 也好,都是以使用为基础的,变化也是靠使用出来的。所以 Chomsky 研究 competence,不研究 performance,语料库对他来说没有用,那都是 performance,他们就说 performance 出理论,包括认知科学家 Croft(克罗夫特),他是研究语言变化的。语言变化也是来自 usage,也是(语言)使用的问题,使用的人多了,那么慢慢语言就变化了,整个语言的发展与变化都是跟语言使用有关的,现在变成显学了,现在很多人都在考虑这个。他们反复强调的是 competence 和 performance 既不能分,分了也没有意思。现在大家都盯着使用了,使用才是最重要的,使用就是 performance 嘛。(笑)

张宜: 桂老师,我下面要问您的问题是您在应用语言学研究方面的特点。是不是您一直努力践行在语言的使用上面做文章?

桂诗春教授: 我现在比较倾向的观点是 usage based 或者是 use based(指基于运用)。比方说语法,语法哪一点对哪一点错,你说语法是错的,但是很多 native speaker 都这么用啊,是用得多少的问题而不是说对和错的问题。

张宜: 就像您说的那个例子:"您的说法很郊区"。

桂诗春教授: 我做了一个小调查,当然我也问了一些人。有些人说行,有些人就说不行的嘛,这个道理你讲不出来的嘛。比方说:"我们住的地方好郊区",现在说不定也有人这样说。"今天的好云"行不行呢?又不行,什么道理呢?拿语法的规则来说,"好郊区"可以,"好云"就不可以,就是看有没有人用?大家用得多了,慢慢就被接受了。现在"很"的用法已经超越了很多语法的范畴,"很中国","中国"是名词为什么能够作为形容词用呢?很多人这样讲,大家只好接受,但是有些也不行啊。"很中国"可以。行还是不行,要形成一条规律。名词可以作为形容词用,你不能归纳成为一条规则的,但确实有很多用法是可以的。这个以什么来判断呢,use based。

从历史上来看有很多说法一时很流行,网络语言一时很流行,但是过了七年、八年它又不流行了,又没有了。所以国外编写字典有个原则,我们中国现在顶不住这个原则,一个字没有被稳定之前是不收入字典的。我们中国的《新华字典》也好,《汉语字典》也好,老是要公布新的网络语言,都没有经过考验,没有经过十年、八年甚至二十年的稳定,就这么用了。所以这个就牵涉使用,牵涉历史主义原则(historical principle)。语法现象有的是根据历史主义的原则,是什么时候用的就什么时候用的,什么时候不用了就不用了。但是我们中国就有这个问题,我现在还没有发现一本汉语字典是依据 historical principle 的。同样一个词也好,一个用法也好,要根据历史原则,什么时候这个词,用的什么意思,我们不妨从甲骨文一直(追溯)到现代,从历史上看,一个语言现象是怎么回事,那是应该有一个综合的看法,局部看是不清楚。必须得历史地、全面地看才能够看清楚。

张宜: 桂老师,在您研究应用语言学方面,这些成果当中,贡献当中,您最看中的是哪些呢?

桂诗春教授: 很难说,现在我回过头来看,我觉得没有哪一本是我感到满意的。

张宜: 您太谦虚了!

桂诗春教授: 我觉得没有什么,但是有一些我花功夫是很多的。花功夫最多的不一定就是(最满意的),比方说这本《新编心理语言学》①。(说着,桂老师打开书柜为我找出来。)原来的那本只有薄薄的一本嘛。

张宜: 这是上海外语教育出版社出的,2000 年 6 月。

桂诗春教授: 我现在这本也是比较新的(说着,桂老师为我找来《多视角下的英语词汇教学》②),它现在才出版了一两年。如果再版允许的话,我可能要补充大概八分之一到七分之一,我觉得没有哪一本是能够 update 我的思想的。(笑)

---

① 《新编心理语言学》,上海外语教育出版社 2000 年版。
② 《多视角下的英语词汇教学》,上海外语教育出版社 2013 年版。

张宜： 要与时俱进。

桂诗春教授： 人都是与时俱进的。还有一本《基于语料库的英语语言学语体分析》①，外语教学与研究出版社 2009 年出的。这本书如果说全书印出来应该有这么厚，现在把里面的东西用光盘的形式来呈现，大家看起来方便。用这本书的人很多，学生用这本书来写论文、做科研，但是它也有很多问题。我已经有一篇文章专门讲这个。

张宜： 您也逐渐在修正？

桂诗春教授： 我都没办法修正了，我就提醒大家。

张宜： 您说的是《语料库语言学》2014 年第一期吧。

桂诗春教授： 它有一个类似你这样访谈性质的，不过是笔谈。

张宜： 《语料库语言学答客问》②，笔谈的。

桂诗春教授： 我在那里面提到了语料库也有问题了。现在再看，连 norms，规范，都成问题。我们以什么为规范，比方说我们标学生的错误，说这个地方错了，那个地方对了，你以什么为标准？连 norm 都成问题了。现在正在围绕 native speaker（NS）开展了一场辩论，大多数的意见，说 NS 这个概念根本就是模糊的，根本就搞不清楚。有一个很典型的例子，一个印度人叫 Ajit Singh（阿吉特·辛格），他就专门写了一个 Indian English 的东西，究竟印度英语算什么，他有他的看法，Indian English 也应该算是 NS 中的一种。但是更重要的是跟他谈话的那个人认得他，把他讲话的录音寄到英国去给 Gimson（吉姆森）教授，Gimson 组织了一批人来听辨。听辨的结果大多数（人）认为"the speech is said much nearer to RP than to Indian English"，认为他是 NS。而他自己却说他是印度的。所以这个 norm 究竟在哪里？现在都没有弄清楚，我写这个东西的时候还没有接触到这个问题。说到我们国家的外语教学，没有一个 norm 也不行，最后目标不知道是什么了。

张宜： 国家现在不是在研制《大学英语教学指南》吗？

桂诗春教授： 最后应该达到什么目标呢？达到 NS 的程度吗？可是 NS 这个概念根本不存在。Paikeday（派克达伊）是《纽约时报》专栏《每日词典》主持人，他自认 NS 说法困惑了词典编纂者 25 年，他向当时驰名英美的 40 多位语言学家进行调查，问题是"谁碰到过一个 NS？"其结果综合成一句话，就成了他的书的名字"*The*

---

① 《基于语料库的英语语言学语体分析》，外语教学与研究出版社 2009 年版。
② 《语料库语言学答客问》，载《语料库语言学》2014 年第 1 期。

Native Speaker Is Dead!",《NS 已经死亡》。Chomsky 是其中一个重要对话者，他坚持自己原来立场，NS 的意义在于他是语法性的重要"仲裁者"，对自己母语独有直觉力天性。NS 就是"特定语言的熟练使用者"。"就具体所获得的语言或方言而言，'本族'与'非本族'习得有些什么差异，这问题简直是无的放矢。""每一个人都是他（或她）在心灵/大脑里'成长起'的特定语言的 NS。"他的这本书很难找，我专门托人去香港给我影印过来，他说 the native speaker is dead，他访了 40 个语言学家，问他们对这个 NS 怎么看，最后的普遍观点是 NS 根本不存在。

张宜： 桂老师，您说您的业余爱好很多，我知道您喜欢古典音乐。

桂诗春教授： 我喜欢西洋的古典音乐。那几个名家我都喜欢听。

张宜： 您年轻时还喜欢看武侠小说？

桂诗春教授： 我的兴趣很广泛。看武侠小说，也看侦探小说。

张宜： 桂老师，我用口述历史的方法研究语言学家以前您接触过吗？

桂诗春教授： 接触过很多访问我的。他们也是访谈，不过不那么集中。

张宜： 没有主题吗？

桂诗春教授： 有的时候也有，也不是说没有。像媒体记者不懂得语言学，所以他问的是一般的问题，应不应该教外语啊，应不应该学外语啊，类似这样的，问的是这些问题。但是我现在兴趣是，我现在正在写的这篇文章是《我国英语教育的再思考》①，现在有几个杂志要，我说有一万多字，他说一万字也要，现在还没有写完。我至今教过 60 多年，也写过不少文章，现在有些内容已经有待更新，我就不断地写这篇文章，现在写得很长。已经是 13 页，还差两三个问题就写完了。

张宜： 桂老师，您是陕西西安人吗？

桂诗春教授： 我在广州出生的。

张宜： 您父亲是从陕西过来的？

桂诗春教授： 他从日本回来就直接来到广州。当时只有广东大学，后来孙中山合并（广州其他几所学校）搞中山大学的时候，我父亲那时已经在中大了，20 年代。最早叫广东大学，后来改为中山大学。当时中大有附属医院，我父亲当院长。我父亲是第二次结婚才有了我，我父亲原来的爱人是日本人，和郭沫若一样的，他们两个很要好。郭沫若来广州的时候我们就是邻居。郭沫若的爱人叫安娜，我的那个母亲叫花子。后来郭沫若逃到日本去的时候没地方落脚，就跑到花子的家里去落

---

① 《我国英语教育的再思考——实践篇》，载《现代外语》2015 年第 5 期。

脚。后来花子得了斑疹伤寒死掉了，不知道在路上还是在日本死掉了，他们到上海经过郭沫若家里，曾住在郭沫若（家里），郭沫若也得了这个斑疹伤寒，郭沫若也差点死掉了，当时没有药治的。

花子死掉了。郭沫若也大病了一场，他去不了莫斯科，后来就去日本了。郭沫若自己说的，他的回忆录有，我都不知道，我是事后才看到的。我是（19）30年出生，可能是1929年父亲娶了我母亲。

我对口述历史的意见是，口述历史也有好处，它比较真实，但是口述的东西有时候也不一定很准确，人的记忆总是有偏差，所以人的记忆也不完全可以拿来为凭的。这个是一般的情况。还有一个情况就是，每一个人的历史都是个性的，但是他和当时的社会文化是紧密相连的，所以介绍这个人的时候，也要联系他当时的社会文化背景来谈，才能够了解得更深。个人的东西很难复制，因为历史不能重复，历史文化背景不会重复的，相近可以，但是不能重复，所以有很多东西是要互相认证才能够得到真实的历史。

张宜： 其实做文字研究、文献研究不是也要互相引证、互相对比吗，其实口述历史的这种研究方法也是一样的，整理出来也还是要进行认证的。

桂诗春教授： 你现在查我写过的关于我的东西，我都有些地方有矛盾，一下都搞不清楚。

张宜： 回去整理时，不准的我就及时请教您。谢谢桂老师。

桂诗春教授： 不客气。

华劭访谈录

受 访 者：华劭教授

访 谈 者：张　宜

整理/注释：张　宜

地　　　点：黑龙江大学华劭教授家

时　　　间：2009 年 7 月 16 日，上午 9:00—11:20

张宜： 今天是 2009 年 7 月 16 日，我现在是在黑龙江大学俄语教授华老师的家里。今天我访谈的主题是俄语语言学、语义学、语用学、语法学。华老师您好，请问您是怎样走上俄语教育和研究道路的？您为什么要从事俄语教育和研究？谢谢。

华劭教授： 对不起，我可能不能够满足你的要求。（笑）我学外语，不是我选择的，是革命（工作）的需要！（笑）我做教师是组织分配。我先简单给你讲讲我的历史吧。1930 年 6 月我出生在（湖北）汉口。我是（19）49 年初（考入华北大学）参加革命的。那时开始接触俄语。

　　当时我在北京参加革命并没想着学外语。当时我 19 岁，我以为我要跟着（解放）大军南下去接收南方的城市，做一些工作。我们在华北大学经过了短期的革命训练，训练完了以后就准备派往南方了。这个时候（1949 年 4 月）我接到调令，进入东北民主联军附设哈尔滨外国语专门学校学习，这个学校当时是军队的附属学

* 本访谈录初次成稿时间为 2009 年夏，至本书出版已过去十余年。其间，华劭教授曾于 2016 年 11 月专门为《欧亚人文研究（中俄文）》撰写了有关自己的俄语教学和研究生涯，以及俄语教学和研究体会的文章（《我的俄语教学与研究经历》2021 年第 1 期；《写给俄语教学与研究的后继者》2021 年第 2 期）。为了更充分、更完整还原华劭教授的学术生涯、学术贡献和学术观点，经《欧亚人文研究（中俄文）》编辑部同意并授权访谈者张宜使用上述两篇文章中的相关内容。

校,校长是刘亚楼。

国家下一步要进行建设,主要依靠苏联,当时就从华北大学,也就是中国人民大学的前身,挑了一些接受过短期革命训练的人,一般都是年纪比较小的,有一定文化水平的。当时因为解放初期,中国人民大学里这样的人有很多。(于是)就从这些人中挑了一些像我这样的人(来学习)。就是有一定文化水平,一般都是大学一二年级的或者是高中毕业学生,年龄比较合适,我当时 19 岁。基本上没有问什么志愿,学校就是问问你愿不愿意去(学习)。我们当时很有热情,我们希望参加革命。我就这样来(哈尔滨外专)了。所以对你这个问题我就很难回答。(笑)我是从北京来的,我在来北京以前中学是在四川念的。我祖籍是湖北汉口。

我父亲是国民党。(笑)(20 世纪)30 年代的时候,他在北京工作,他做过新闻工作也做过行政工作。抗战时期,尽管他是国民党,但是他很爱国。(我们)就跑,那时候叫逃难。7 岁我就开始逃难,从北京到天津,从天津坐船到青岛,因为陆路都给炸了。然后从青岛到济南,然后从胶济铁路那段转到郑州,再到武汉,然后再从武汉跑到宜昌。

宜昌也天天挨炸,我们又跑到重庆,最后跑到成都。我们一直待在成都,一直待到我(19)48 年高中毕业,后来就回来了。所以我这个情况是一种特殊的情况,我对俄语的兴趣也好,责任感也好,关系也好,都是在工作中间形成的,因为当时(国家)号召,(我们)要爱自己的专业。因为说实在的,我们当时也没什么(其他的)选择。(笑)改革开放之前,也就是(19)78 年之前,没有什么可能考虑你自己要干什么的。可以说,我是新中国培养的第一代俄语语言学工作者。

我们学校在 50 年代初的时候,我们这里的学生是全国招来的,主要是上海的、北京的,还有四川的、南京的,所以那个时候我们学校的学生质量很高。俄语学得好不好,跟学生质量有关系。我们这一批人有很多都是大学生,有的可能你也能认识,像伍铁平,他就是清华大学的。他是从西南联大转到清华的。还有比我来得早一点的,王钢同志,去了广外,现在已经退休了。他也是清华大学二年级(的时候来的)。(还有)王超尘,北二外的校长,(他是)南开大学的学生。这期间,学校克服各种困难确保教学秩序和教学活动,培养出了第一批俄语人才。在学校体制、教学设备、教师队伍等方面为新中国的外语教育奠定了良好的基础。回想当年学习时,只有一本仅 18 课的薄薄的教科书,一本会话教材。一个班才有一部八杉贞利编的《俄华词典》,俄人乌索夫编的语法书成为罕见的工具书。

我(19)50 年快学完的时候开始了抗美援朝。国家要及时培养翻译。我们学习的时间很短,就两年。1951年初,我提前从哈外专毕业,留校任教。

两年可能学不到多少东西,就是为了满足当时革命的需要。1950年战争爆发后,我校经上级批准从上海、北京、东北、四川等地招收了一批质量较高的学生,他们对教学提出了很高的要求,当时大多数俄侨教师并没有相应的知识准备,这样,满足这些要求的任务,就不得不由年轻的中国教师承担了。这一批学生对我们学校的成长起了关键的作用。

起初我们设法弄到苏联学校用的语法书,如谢尔巴(Щерба)编的、马季琴科(Матийченко)编的语法,但是在教学中我们很快发现它们并不适用于我国教学。于是,我们就在俄侨教师的协助下,针对一些学习难点,如前置词、连接词、不定代词、体的意义和用法等,编写(活页)教材。虽然收到一定效果,但只不过是头痛医头、脚疼医脚地应对工作。随着来我校学俄语的人员层次越来越高,学校采取了一些应对措施,成立了独立于实践课之外的语法教研室、翻译教研室,还有编辑室;又成立了研究生班。(**张宜:** 您教的学生都是什么样子的?)他们有国内知名大学的在校生、记者、高级翻译,甚至还有一些西语系的教授。

从留校到1957年的夏天,我先后担任过助教、语法教员、教研组长、《俄语教学与研究》杂志的编辑。这期间,哈尔滨外专成为高教部①直属的外国语学院。作为语法教研室成员,我承受了作一个正规大学教师的压力。

张宜: 华老师,本来,我想请您谈谈您的家庭和当时的社会对您的学术发展有多大影响,您的个性对您选择职业和确定研究方向起了多大的作用这两个问题的,但是听您刚才对这段往事的回顾,我基本上明白了您在职业选择和学术研究方面其实是深受当时社会情况的影响的,对吧?

华劭教授: 没错!俄语曾经是大语种,而且还是压过英语的大语种。我们那时候是(根据)革命需要,我学了两年(的俄语)。我的同学有到了抗美援朝前线的,战争很快就结束了,所以我教的学生后来都投身到建设的第一线,当翻译什么的。我们那批学生很不错,所以说我们对国家有贡献。当时苏联156项大的援助项目如果没有(我们培养出来的)翻译,那是根本不可能(完成)的。我们教的大批学生都是干这个的,说实在的,我们应该对他们表示敬意。比如说我教过很多很多很聪明的学生,他们跟着苏联的地质专家跑到新疆、青海去普查地质,最终自己也变成地质工作人员,变成行政人员,很多都是这样的,所以我们这一代人都没有谈什么报酬,

---

① 1952年11月15日,中央人民政府委员会第十九次会议决定,成立中央人民政府高等教育部,简称高教部。

大家都有这种(建设祖国的)热情。

张宜: 华老师,哪一个人,或者哪一本书,或者哪一件事儿,对您现在所从事的学术研究影响最大?是什么因素促使您从事俄语语言学、语义学、语用学、语法学的研究?

华劭教授: 我给你讲讲我留校任教后的事儿吧。大约 1953 年底,苏联专家乌哈诺夫(Г.П. Уханов)来我校执教,系统讲解语音学、词法、句法、历史语法,他还倡导搞科研,还在我校召开了第一届全国俄语研究大会。(当时)我和许多同志一样,积极参加听课、讨论、做练习、看参考书,投入了很多精力,尤其是刚接触古俄语历史语法时,感到困难,我花了不少工夫去弄懂基本知识。这些努力没有白费,等到后来我们学 1954 年版苏联科学院《俄语语法》时就感觉容易多了。除了乌哈诺夫,来我校执教的有一大批苏联专家,以戈尔什科夫(А. И. Горшков)为首。他们都是文学、普通语言学、词汇词典学、语法学、语音学、古俄语、古斯拉夫语教学法等方面的专家。除了给在学的研究生授课外,每个专家还培养几个脱产或不脱产的教师作为接班人。我当时被指定跟戈尔什科夫学习俄语语言理论,同时我还承担着原有的教学与编辑工作。戈尔什科夫是苏联著名的语言学家维诺格拉多夫(В. В. Виноградов)院士的研究生,他对他老师的观点有比较深入的理解。我们学习的方式大致是先由他介绍某一课题研究的历史、现状和存在的争议,并指定阅读参考书,大家读后提出问题进行讨论,由他做总结。对我来说,我最大的收获是提高了阅读俄语学术原著的能力。我先后读过的书有:维诺格拉多夫的《俄语》(Русский язык,1947)、沙赫马托夫(А. А. Шахматов)的《俄语句法学》(Синтаксис русского языка,1941)、佩什科夫斯基(А. М. Пешковский)的《俄语句法的科学阐释》(Русский синтаксис в научном освещении,1956)、格沃兹杰夫(А. Н. Гвоздев)的《俄语修辞学概论》(Очерки по стилистике русского языка,1952)等。有些书我是抱着词典、硬着头皮逐节逐章地啃下来的。还有一个收获是大致明白了传统语言学中有关俄语主要问题的研究历史和症结所在,这都为以后自己观察、理解、研习这些问题探明了方向,使我找到了研究的切入口和突破点。在这 5—6 年的学习、工作过程中,我逐渐意识到理论学习对实际工作的重要性。

在学校(这段)正规化的过程中,不同层次学生提出的问题越来越复杂、越来越广泛,加上我当时是杂志编辑,我那时主要负责语言理论文章的审稿和答读者问专栏工作,要面对读者,甚至投稿作者提出的大量问题,我明显感到凭自己理解或查阅资料做出的解答,难免肤浅片面,就事论事。我觉得只有理论概括才能从本质上、系统地释疑解难。于是我所领导的教研组内,曾规定每个教师半年读一本理论书,结合教学实际,做一次学术报告,互相切磋以提高教学和研究水平。当时在国家"向科学进军"的号召下,借助苏联专家的帮助,1956 年前后,在我校部分教师中掀起了一个学习理论的小高潮,其中有些人学完副博士入学考试必读书目并准备答辩,后来因为 1957 年"反右"运动作罢。

这段时间内,我对语言理论也产生了兴趣和学习愿望,(于是)就广泛阅读有关书籍和学术期刊。我记得 1954 年,当我们读到斯米尔尼茨基(А. И. Смирницкий)的几篇文章《词的分离性问题》(Проблема отдельности слова)、《词的同一性问题》(Проблема тождества слова)、《语言存在的客观性》(Объективность существования языка)时,明显感到苏联语言学已开始引进一些西方观点,这引起了大家的注意,也开阔了我们的视野。当时,科技报刊提倡,要注意学术上的生长点,就是那些有创意、有前瞻性、有价值的观点。我在读书时,也尽量去发现、搜寻自认为的所谓学术上的生长点。受科学视域和知识水平的限制,自己的判断难免偏颇、片面,但是这还是有助于提高我的思考、领悟能力。

在这段时间内,我还做了密切联系教学的研究工作,发表了少量论文[1],虽然水平有限,但由于有针对性,得到部分学生、读者和同行的肯定。与此同时,我积攒了一些读书笔记、例句卡片和为数不少的存疑问题,它们都有助于我以后的学术成长。

另外,还有一件事儿对我后来从事的研究也有影响。1957—1959 年我有机会在莫斯科大学语言文学系进修,进修的课程是普通语言学和现代俄语。我被编入俄语教研室,参加他们的学术活动。当时的教研室主任是维诺格拉多夫院士,教研室里还有许多知名教授,如阿瓦涅索夫(Р. И. Аванесов)、库兹涅佐夫(П. С. Кузнецов)、洛姆捷夫(Т. П. Ломтев)、切尔内赫(П. Я. Черных)等。教研室指定加尔金娜-费德鲁克(Галкина-Федрук)教授为我的导师,帮我制定学习计划,定期答疑。她要求我用写论文来体现学习成果。语文系知名的普通语言学教师有布达戈夫(Р. А. Будагов),我听完了他的语言学引论课。我选了兹维金采夫(В. А. Звегинцев)的语义学课。列福尔马茨基(А. А. Реформацкий)主管语音实验室,不授课,他为我们校正发音,我向他请教过莫斯科学派的音位学说。

至于俄语本科语言理论课,由于此前已大都学过,我只选了洛姆捷夫的句法专

---

① 指华劭教授 1960 年代发表的部分论文:《试论俄语名词数的范畴》,载《外语教学与研究》1962 年第 3 期;《俄语中的数量句型》,载《外语教学与研究》1963 年第 3 期;《试谈句子的实际切分》,载《语言学资料》1965 年第 Z1 期。

题课,还听了维诺格拉多夫为教研室成员所做的专题讲座"俄语句法研究史"(Из истории изучения русского синтаксиса)。1958年后应部分中国研究生和进修教师要求,校方为我们专门举办了系列讲座,由兹维金采夫主持,他本人为我们讲了词汇语义学,介绍了西方语言学知识,并邀请布达戈夫讲了普通语言学,切莫达诺夫(Н. С. Чемоданов)讲了俄语历史语法,伊万诺夫(Вяч. Вс. Иванов)讲了印欧比较语言学。我自始至终听完全部讲座。(当时)赵洵、赵云中等都是听课成员。此外,我和另一中国留学生一组,每周上两小时俄语实践课和两次德语课,(那时的)学习条件很好。

除了听课,我还参加了一些学术活动,比如,旁听了1958年莫斯科举行的第Ⅵ届斯拉夫学大会,兹维金采夫新书《语义学》(Семасиология)的讨论会,以及关于"生成语法"的讨论会。此外,还旁听了一些博士论文答辩会,我记得起来的有阿赫玛诺娃(О. С. Ахманова)关于词汇学—词典学论文答辩,杨科-特里妮茨卡娅(Н. А. Янко-Триницкая)有关带-ся反身动词的论文答辩。我参加这些活动获得了新鲜信息,增长了一些知识。我当时萌生了兴趣并且开始尝试研究的问题主要有:词汇学—词典学方面斯米尔尼茨基-阿赫玛诺娃(Смирницкий-Ахманова)提出的"词的同一性与分离性",以及由此派生的词作为语言集合单位的界限问题;词法方面的"不同类别语法范畴的性质差异";句法方面则是由逻辑—语义构成的句子类型及其教学;与言语教学密切相关的句子实际切分等。在普通语言学方面,则更多是了解有关索绪尔的学说,获取有关结构主义和功能主义的信息。

张宜: 华老师,哈尔滨外国语专科学校、哈尔滨外国语学院和后来的黑龙江大学的环境在哪些方面对您从事学术研究有利? 您又是如何处理教学和科研还有管理方面关系的?

华劭教授: 我们这一代人人生的最好时光大都是在社会变革动荡中度过的。从1959年回国到1966年"文化大革命"开始,我断断续续地做过一些教学和研究工作。1959年秋回黑大后,曾被短暂安排在《俄语教学研究》杂志任编辑。很快,因为开展"反右倾机会主义"运动,我被认为思想认识跟不上国内形势发展,被下放修建水库和到学校农场劳动,前后达两年的时间。在这段时间里,因为中苏关系恶化和遇到三年困难时期,下乡办学导致我系大批师生都患上了浮肿病,俄语教育事业元气大伤,《俄语教学研究》也停办了。后来因为落实广州会议制定的知识分子政策,我被从农场召回教书,主要给研究生班和来我校的进修教师讲授词汇学和句法学,还指导一名研究生撰写论文《论词义发展中的通感现象》,这对我来说是全新的工作。此外,我还给本科生讲语言学概论和实践语法课,我按照在苏联进修时形成的句法观念,在高年级尝试按句型教学,收到了一些效果,我就是以当时的讲义为底稿,编写了1979年出版的《现代俄语语法新编》①(下)的句法部分。此外,我参加了《现代俄语通论》②的编写工作。

在科研方面,由于受当时条件限制,很少接触俄国的(更不用说西方的)学术思想,我写的一些文章,多半是拓展以前在苏联进修时形成的想法,如《试论俄语名词数的范畴》③,它和此前发表的《论俄语体范畴》④和未发表的《论形容词的比较级范畴》都是苏联进修时撰写论文的组成部分,还有《俄语中的数量句型》⑤和《试谈句子的实际切分》⑥。后两个问题也源于以前萌生的思想,并在以后的年代里成为我关注的对象。我始终认为,随着认识的变化,对从事的研究课题应该持续深入地研究,不能浅尝辄止、见好就收。1965年下半年我奉调参加呼兰县农村"四清"运动,结束了相对稳定的教学生活,直至第二年的8月,我被召回学校参加"文化大革命",并由革命动力变成革命对象,就此中断了教学研究活动。

十年"文化大革命",全国各地的情况都差不多,(黑大的)教学活动也基本上停顿了,部分教工长期下放农村。我和一些教师带领尚未分配、滞留在校的学生下乡办学。之后我还在校内挖了一阵防空洞,也曾被派往铁力县的深山老林修战备基地。直到1970年代初被召回学校,为招收工农兵学员做准备。回校后,由我提出,学校批准编写了《现代俄语语法新编》。"文革"后期,我参加的另一有学术价值的活动是编写《大俄汉词典》⑦,任务是中央交代的。我在苏联留学时期,曾接触过一些词汇学、词典学理论,对编写工作产生一些兴趣。除参加撰写、审校、讨论词条外,我还负责编写虚词部分的词条。在工作中我认为词典编纂学有三个主要的理论问题,一个是所编纂词典的目的和功能决定了词典的收词范围,即确定收词的时间界限,也就是收不收以及收哪些古词、旧词、新词;空间界限,也就是收不收以及如何收方言词汇;社会界限,也就是收不收以及如何收只用于少数或部分社会团体

---

① 指黑龙江大学俄语系:《现代俄语语法新编》(上册/张会森主编;下册/华劭主编),商务印书馆1979年版。下册(句法)长达30多万字,详实、精辟地论述了俄语句法范畴、句法联系及其所建构的句法系统所提出的"句型"思想和研究方法。该书成为我国俄语句法学研究的重要标志。

② 指王超尘、黄树南、信德麟等编:《现代俄语通论》(上下册);商务印书馆,(上册)1963年版,(下册)1964年版。上册包括绪论,语音学和拼写法,词法学等三篇;下册包括句法学,词汇学两篇。

③ 《试论俄语名词数的范畴》,载《外语教学与研究》1962年第3期。

④ 指《试论俄语动词体及其语法意义》,载《俄语教学与研究》1958年第3期、第4期。

⑤ 《俄语中的数量句型》,载《外语教学与研究》1963年第3期。

⑥ 《试谈句子的实际切分》,载《语言学资料》1965年第Z1期。

⑦ 黑龙江大学俄语系词典编辑室编:《大俄汉词典》,商务印书馆1985年版。又黑龙江大学俄语语言文学研究中心辞书研究所编:《大俄汉词典(修订版)》,商务印书馆2001年版。

的语言,如行话、科技术语、俚语、黑话等,可简称之为词典的界限。第二个(问题)是词条内容的界限,详见阿赫玛诺娃《普通词汇学与俄语词汇学概论》(Очерки по общей и русской лексикологии)及《语言经纬》①一书的相关部分。第三个,也是最主要的问题是释义问题,现行的无论是以同义词、反义词释义,转说释义,翻译释义,构词派生或语义派生释义,都有其天生的缺点:未揭示词的语义内涵,只是指出其等义词语及词义产生的来源和方式。这也是蓬勃兴起的语义学所致力解决的问题。

"文革"结束后,我国进入全面(包括学术界)改革开放时期,整个俄语学界也面临全新的局面。我国开始摆脱将近三十年与西方学术界隔离的状态,着手恢复并增进了解我们所研究语言母国的学术发展状况。禁锢的闸门一旦打开,各类信息蜂拥而至,如功能语言学、结构语言学、生成语法学、语义学、语用学、语言哲学……不同的思潮,新颖的观点,陌生的术语令人眼花缭乱。随着与苏联学术交往的扩大与加深,逐渐发现,我们师长辈苏联老一代语言学家已慢慢成为过去,与我年龄相仿的一代学者,其中不少人原来是研究西语的,已占据了俄语语言学学术界的中心舞台。像梅利丘克(И. А. Мельчук)、阿普列相(Ю. Д. Апресян)、阿鲁秋诺娃(Н. Д. Арутюнова)、帕杜切娃(Е. В. Падучева)、斯捷潘诺夫(Ю. С. Степанов)等学者的名字在 20 世纪 50 年代是很少有人知晓的。这段时间我们主要的任务就是学习新知识,我参加了《国外语言学》和中国俄国教学研究会举办的一些学术活动,增长了不少的知识,但主要还是靠自学。记得当时我们从学校图书馆、资料室翻出尘封已久的上述苏联学者的著作和论文,包括从校外和苏联同行那里弄来的书,大家再一次找回 20 世纪 50 年代学习的劲头。不过这次没人指导,只能依靠自己琢磨、同行切磋。

另一方面,改革开放的格局对教学与科研提出新任务。恢复高考初期,我校招收了一批有相当俄语实践能力和一定理论基础的本科生和研究生,其中不少后来成为有成就的学者、教授。自 1984 年起正式招收硕士学位研究生,自 1987 年起招收博士学位的研究生。为研究生授课和指导论文给我们的压力很大,我一直是竭尽所能、边教边学,与同行、研究生互教互学。大概到 1990 年前后,研究生教学才走上轨道。

至于说教学科研与管理之间的关系,我说说我自己的体会吧。自毕业留校任

---

① 《语言经纬》,商务印书馆 2003 年版。该书被教育部推荐为研究生教学用书,是我国以俄语为材料的第一部普通语言学著作。

教,除了有两年到苏联进修,我就没离开过黑大,我(先后)做过语言理论教研室主任、俄语系主任、俄语研究所所长等管理工作。在 1966 年到 1976 年那个特殊的年代里,不能正常开展教学,我只好自己抓紧时间学习,我没有浪费时间。比如这期间我主编了《现代俄语语法新编》(句法)。80 年代、90 年代,特别是最近这十几年,我们国家的高等教育也发展得很快。这段时间里,我把时间和精力都放在人才培养①和一些科研工作上。这期间既有一些著作和教材②的编写,也有一些论文③发表。(话又说回来)就是我们要保留我们的教学传统,另外,我们要适当吸收西方的教学经验。我们(黑大)这个好的传统(就)是注重实践。促使我选择研究课题的因素大致是疑问、工作需要和兴趣。寻求疑问的答案往往是研究的原动力。疑问不仅源自解释不了言语现象,回答不了别人提的问题,也包括对一个学术流派、一本学术著作弄不懂的地方,如其主旨思想、创新观点、结构特点、理论与实用价值何在? 对产生的疑问,首先我尽量寻求现成答案:搜索相关资料,阅读相关著作,请教高明学者。只有找不到满意答案而自己又有初步想法时,才可能设置研究课题,以免犯与发现美洲(открыть Америку)类似的错误。

工作需要是决定我研究方向的另一主要动力。比如说,本科语法教学促使我研究句型,编写出《现代语法新编》(句法)。为硕士生开设普通语言学课程,我做了相应研究,写成《语言经纬》一书。此外,为编纂词典、指导研究生,我自己先后研究了语言单位确定、语义指称、篇章、语用等课题。我们这一代人先天准备不足,面临创办博士点、博士后流动站一类新任务,缺少可资借鉴的前人经验,筚路蓝缕,只能靠自己动手研究,以完成任务。这类选题指向明确,研究成果实用,不会束之高阁。

其次,决定选择研究课题的另一要素是兴趣。在对问题的思考过程中,只要能

---

① 除了本科生和硕士研究生,这些年培养的博士生有蒋国辉、邓军、孙淑芳、张中华、彭玉海、郝斌、李洪儒;博士后有王永、蔡晖两位。

② 主要有:《俄语语法》(信德麟,等编,外语教学与研究出版社 1990 年版,2009 年第二版。该书根据苏联科学院俄语研究所 1980 年版《俄语语法》精选简编而成。各章执笔人:信德麟:语音学、音位学、重音、语调;张会森:词素学、构词学、词法学;华劭:句法学。该书曾多次印刷,成为国内众多俄语学者的案头书和大多数俄语院系研究生的必修教材),《华劭论文选》(黑龙江人民出版社 1991 年版)《大俄汉词典》(1985 年)和《语言经纬》(2003 年)。

③ 主要有:《从语用学角度看回答》,载《外语与外语教学》1996 年第 3 期、第 4 期。《从符号为角度看隐喻》,载《外语学刊》1996 年第 4 期。《关于语句意思的组成模块》,载《外语学刊》1996 年第 4 期。《词的搭配限制》,载《俄语语言文学研究》2008 年第 4 期、2009 年第 1 期。《概念还是观念? 概念化还是观念化? 概念分析,还是观念分析?》,载《中国俄语教学》,2010 年第 2 期、第 4 期。详参《华劭集》,黑龙江大学出版社 2007 年版。此书为"当代中国俄语名家学术文库"之一。该书汇集了华劭教授除专著、词典编纂、编译工作以外的一些论文。从时间跨度上看,最早的文章发表于 1957 年,最晚的则发表于 2007 年,在一定程度上反映了作者半个多世纪的学术历程,也折射出作者一代人所关心、研究、处理问题方面的变化。《华劭集》的涵盖面较广,涉及形态学、句法学、实际切分、功能与语义、语用学、隐喻、普通语言学和教学改革。

有些发现、领悟、心得,(我研究的)兴趣就会油然而生。如果说对研究而言,释疑解难是理智的追寻,工作需求是外在动力,那么当产生兴趣之后,就在情绪上产生一种探索愿望,形成一种研究某一课题的内在驱动力,并且乐在其中。当我确定把《语言经纬》作为课题,探讨不同性质的语言和言语现象之间的相互关系时,就有一种兴致勃勃、欲罢不能的感觉。

有了某一研究课题,就可以说是在我心中立了项,此后便有一个酝酿积累的过程,这包括搜集资料,弄清前人、别人做过哪些工作,其中有什么可资借鉴、继承或引发争议、值得怀疑的内容。在此基础上确立自己的研究思路,积累支撑或反对自己观点的论据,逐渐具化研究课题的理论意义和实用价值;尽量搜集典型、生动的例证,并注意那些用自己观点不能诠释的现象,琢磨自己观点(特别是核心思想)的妥当贴切的表述,包括借用先辈贤达、同行巨擘的名言、警句。酝酿积累过程时间长短不一,有时可能是经年累月。好在对我心中的立项没有时限要求。当酝酿积累到一定阶段,我把初步的认识写成提纲。它包括基本思路及体现它的论述结构,各个组成部分的中心思想,阐释要点,典型例证。在研究过程中,往往要对提纲做出补充、修正,甚至部分否定先前的想法。如果我觉得论据不周密、例证不充分、不足以说服自己,就先放一下,不急于一蹴而就。但也有另一种体验,不宜老是停留在酝酿和写提纲阶段,要试着把思考所得、研究体悟写出来,在撰写研究成果的过程中,可发现原来想不到的问题,也可激发出新的火花,使认识得以提升。

张宜： 在您的工作和治学中,曾经最令您高兴和最使您沮丧的事儿是什么?

华劭教授： 最令我高兴的事儿和最令我沮丧的事儿,这一下子还想不太好。(笑)

我在苏联进修时候的大部分时间,主要是在国立列宁图书馆自学,阅读与我感兴趣问题相关的专著和研究生的存馆论文,然后带着产生的问题向专家或导师请教,每隔两周去导师家一次。有一段时间我从早到晚泡在图书馆,记读书笔记,撰写文章,生活紧张又单调。那时候,列宁图书馆经常举办一些学术活动,我曾经买过一次听文学朗诵的长期联票(абонемент)。记得我先后听过阿赫玛托娃(А. А. Ахматова)朗诵自己的诗,人民演员伊林斯基(А. И. Ильинский)朗诵契诃夫的小说,某朗读名家朗读的保斯托夫斯基(К. Г. Паустский)的小说。对我来说,这些(经历)都是一种难得的精神享受,很过瘾。(笑)另一桩我高兴做的事情就是逛书店,特别是旧书店(Букинистический магазин),从那里我弄到 1933 年俄译版的索绪尔(Ф. де. Соссюр)的《普通语言学教程》(Курс общей лингвистики)、万德利耶斯

（Ж. Вандриес）的《语言》（Язык）等书。（有种）沙里淘金的感觉！（笑）这些书对我学习普通语言学有很大帮助。就是说，（日常生活中）我的兴趣点都还是跟我的本行相关吧。（笑）

张宜： 接下来请您谈谈您认为一位语言学家最应该具备什么样的学术修养？

华劭教授： 作为一个从事语言教育和语言研究的人，我觉得应该努力做到这么几点。

一是要勤学苦读，广泛涉猎。我读过不少与语言学相关的书刊、论文，其中对我助益较大的有这样几类。一类是与教学实践、研究课题密切相关的书。例如，因教学需要，我对苏联科学院出版的 Грамматика русского языка（《俄语语法》，1950）和 Русская грамматика（《俄语语法》，1980）比较熟悉。年轻时，我对实际掌握语言有利的修辞学、构词法感兴趣。后来，为了指导学生或自己的科研，也有针对性地读过一些相关书刊和论文。另一类是公认的经典性著作。对这类书，我花力气读懂，掌握一些基本知识。在20世纪五六十年代，我就反复学习过维诺格拉多夫的《俄语》和索绪尔的《普通语言学教程》。还有一类就是各种学术流派的代表作，特别是引领新思想潮流的著作。学习这类书，主要是为了开拓视野，不抱残守缺，过分落后于时代。如果其中一些书富有创新思想，有学术价值，符合当下的需求，我就会继续找相关的书读下去；相反，有些书过于玄奥、艰涩，超出我的需求和能力，只得割爱放弃。此外，我也会阅读一些哲学、文学或其他社会科学书报，它们往往也会给我的语言教学和研究带来启发，会萌发有益的遐想。

二是要对语言研究语言现象保持好奇和敏感。普希金曾经说过"Без грамматической ошибки русской речи я не люблю."（没有语法错误的俄语言语，我不喜欢）。我想这也不完全是俏皮话。一些特殊、例外甚至奇葩的（语言）现象也许蕴含尚未揭示出来的规则和规律，（我们）应该从言语现象中洞见语言的本质。

当然，更值得注意的是新的理论观点。如梅利丘克的词汇函项（функции лексики）学说，阿鲁秋诺娃关于语言逻辑分析（логический анализ языка）的论点，斯捷潘诺夫的符号层次性主张等，都对我的学术研究起到了重要的启示作用。此外，当看到既有思想的新提法、精当的表述、含有深邃哲理的观点，我都会记下来，欣赏、琢磨、思考。如阿普列相指出，词典学首先要求回答词的意义表达什么，而前一时代理论语义学研究的几乎全是词的意义如何表达。仔细想想，过去的释义无非是翻译，指出其同义词或反义词，说明它是哪个词派生的，语义研究只局限于探讨各种转喻、扩大、缩小一类释义方法。严格说，词典仅仅指出某词词义的等价物或形成方式,并未涉及语义自身的内涵。阿普列相的批评可谓一针见血,他同时指出今后的研究方向,建立解释语义的中介语言(язык-посредник)。我在阅读书报时常常发现一些哲人、名家的话语,它们十分精当地阐释了语言学表达的思想,于是我就记录下来。如王夫之说"静乃静动,非不动也",这最好不过地表明所谓"共时静态"的本质。钱锺书先生指出,"中国哲学讲本体不易,而样态变异,是所谓变不失常,一而能殊",这可以深刻阐明语言单位中常体和变体之间的关系。阿鲁秋诺娃说,"观念是离散的,世界却是连绵不断的……对反映世界的观念来说,连续性不会不留下痕迹"。这指明一切语言单位之间的界限都不免地是约定俗成的,难免有划分时的斧凿印痕。随着阅读经验的增加,对一切新的思想的敏感程度也会增强,毕竟只有新的东西才能加深和扩大已有的知识。

三是在融会贯通中深化对现象的认识。学习新知识时,常会和老问题、旧知识产生联系。如果后者是心中萦回已久的问题,印象深刻的知识,就会适时浮现。例如索绪尔曾经指出,任何要素的价值,都是由围绕着它的要素决定的,甚至指"太阳"的词,如果不考虑它的周围要素,也没有办法直接确定它的价值;有些语言是不能说"坐在太阳里"的。作者十分强调价值的重要性(对词来说,价值比意义更重要)。但需要通过哪些周围要素,如何确定价值,却语焉不详。当我第一次接触梅利丘克的词汇函项学说时,立即就联想到它是确定价值的有效途径(梅利丘克本人未必持有类似的观点)。又如兹维金采夫在语义学中提出"或多或少稳定结合为整体—群词的变化(变化走向一致)","这就是语义规律的本质"。书中只举了几组英文例子,很难让人掌握什么是语义变化规律。当我接触帕杜切娃的《词汇语义中的动态模式》(Динамические модели в семантике лексики)一书时,很自然联想到,这是真正找到研究一群有共同主题的词,由于其不同组成要素的变化而形成动态演化的模式或规律。有人把这些模式看成衍生现象(деривация)而非历时现象(диахрония),其实这类所谓动态性的共时现象(динамическая синхрония)正是形成历史演变规律的动因。又如我在读到梅利丘克、阿普列相等人对系统的定义时,觉得颇为新颖:第一,客体的集合将会构成一个系统,如果只需要少于这些客体的要素就能对这些客体进行区分而又不冗余的描述;第二,客体的集合构成系统,如果这些客体能按常规的相当普遍的规则互相转换。其实,更经济地描述的可能与互相转换的可能都取决于作为定义对象的这些客体,这些客体中有无相同要素的出现,即有无某些共同的部分。至于有共同要素就能形成系统,则是已有的知识。上述定义扩大了我对体现"同"的聚合方式的认识,深化了对系统的了解。

四是善于总结语言规律，指导外语教学。我在平日的学习和工作中尽量运用已有的知识，把日常碰到的语言现象纳入语言系统，并运用到教学中去。如在构词规则方面，用表动词做工具的后缀 -л- 来解析熟知的名词 мыло（洗涤的肥皂），шило（缝制的锥子），并推及新认识的其他词，如 точило（磨刀的石），правило（驶船的舵），черпало（舀水的勺）等，甚至用于词源分析，如 чернила（о）（用来涂黑的墨水），рыло（用来拱地的猪嘴，后转义为人的嘴脸），后两个词中的后缀 -л- 显然已被人们淡忘了。

对我来说，先对语言现象发生兴趣，然后才形成语言知识。我从布尔加科夫（М. А. Булгаков）的例子联想到类似句子所建立的句子模式，如 Язык у меня не поворачивается называть его дядей（我张不开口叫他叔叔），Рука не поднимается бить сироту（手举不起来揍孤儿），等等。由于整个主谓结构具有"不能""不敢"之类的情态意义，所以可以和后面的不定式连用，它们表示 язык（舌头）和 рука（手）作为换喻所代替的主体——人，无法实施后面的动作。词组这方面的例子就更加常见，如前缀 на- 加在不及物动词（含不定向动词）上，变成及物动词，其补语表示由持续、反复进行动作所形成的后果（消极后果占多数）如：наспать мешки под глазами（睡肿下眼皮），насидеть геморрой（坐出痔疮），набегать простуду（跑步得了感冒），наездить порок сердца（长期乘车患上心脏病），也有表积极后果的补语，如 нагулять аппетит（走路走饿了），наиграть деньги（多次赢钱）。за что 用于表动作的及物动词及其客体之后，则有动作着力点的意义，如 открывать дверь за ручку（抓把手开门），выгнать мальчика за шею（拎着男孩脖子往外赶），уцепить гвоздь за шапку（抓住钉帽），в зубах за рубашку нести девочку（咬住衣服托着女孩），等等。从这些语言现象里不难看出，客体与着力部分之间有整体与部分的关系等。了解并掌握这些规则和模式有助于我们辨识、阐释、记忆甚至研究各类言语现象，把碎片化的知识纳入语言系统，同时用于外语教学。

五是活到老学到老，认识无止境。起初对 Букв в русском языке 33；Стран света четыре 这类不符合数词搭配规范的现象，我只能用句型来解释，即"名词复数二格（无复数者用单数）＋数量词"构成一种对事物数量（而非性质）描述的特殊句型，并为此写过一篇文章①。后来，学习 Русская грамматика，遇到像 Знакомых мы встретили Ваню и Машу（熟人，我们接到了万尼亚和玛莎）；Где лес，тут и

① 指《俄语中的数量句型》，载《外语教学与研究》1963 年第 3 期。

комара — в две руки не отмашешься(有森林,就有蚊子,而且蚊子多到两只手都抓不过来);Уток весной — стреляй вверх,обязательно попадёшь(春天用枪打鸭子,一打一个准)一类例子,已经不能只用句型理论解释,就改从实际切分角度考虑。由于单纯从词序改变方面很难对上述二格用法做出妥帖解释,受波捷布尼亚(А. А. Потебня)的独立一格、独立不定式的启发,我提出句外二格主位的观点,并认为实际切分对言语的交际分析,比句法结构分析更高一层次,后者应服从前者。到了最近几年,我读到阿鲁秋诺娃关于语句的逻辑、语法与交际构成的著述。作者剖析句子 3 种构成在形式和功能上的关系,指出主位(тема)和述位(рема)与作为逻辑构成要素的主词(субъект)和谓词(предикат),以及作为语法构成要素的主语和谓语之间的区别。述位在表达信息量方面不受限制:小到传递最低限度的语义,如 Я здесь живу (а не жил)(我现在住在这里〈之前没有住过〉)一句,通过对照,突显的只是动词 жить 现在时的意义,大到由复杂句法构造表示的意义。在所传递信息的性质上,述位所覆盖的领域更宽,不像逻辑谓词只限于表示动态或者静态特征,也不必像语法谓语那样一定要具备情态、时间、人称等所谓述谓性意义。在表达形式上,述位可由系词、半系词、助动词、虚义动词来表示,如 Помощи он мне не оказывал(帮助,他没有给过我)在作语法分析时,оказывать(给予)只能是谓语的一部分。一般说,词义空泛的副词、虚词、参数词不能独立用作谓语或谓词,但都可作为述位表示手段,如 Денег у меня ни-ни; — Вам налить чай с сахаром? — Без;Женское сердце вещун, а материнское — тем более; Когда она покупает платье,её внимание привлекает не цвет,а фасон. 在狭义的、纯描述性判断中,表示具体事物的名词、专名、人称代词不能作谓词,但它们却广泛用作述位,并形成证同句。对许多看来不符合语法规则的交际层次的言语现象,就我而言,先是从句型角度,后转入从实际切分探讨,再后又从语法结构、交际需求两个层次分析过渡到从语句三种构成,即语法、逻辑和交际的角度剖析,于是这些现象获得越来越充分的阐释,我对它们的认识深度与系统性也随之提高。

在试图建立"名词+不定式"充当谓语一类句型前后,我们认为,一切处于谓语位置上的词如能和动词不定式搭配,都应具情态意义,即有(无)意愿、嗜好、能力、资格等意义,它们实质上都相当于动词性合成谓语的表情态意义的组成部分。如 Он мастер (искусник, охотник, молодец, мастак, не дурак) расказывать (стряпать, плясать, выпить). 虽然 Русская грамматика 把这类"名词+不定式"的组合看成词组,并认为有信息补足关系,但强调它们常用作谓语,而 не дурак 只能以否定形式用作谓语。正因为这些名词表示语法性的情态意义，才显得信息不足。有些形容词短尾形式，当处于谓语位置上，且具备相应长尾形容词所不具有的情态意义时，就可和不定式搭配：Он здоров（слаб）пить（他身体好能喝酒/他身子弱不能喝酒），Ты зелен（молод）меня учить（你教我嫩了点），Я уже стар учиться（我年纪大了学不动了），Он не властен изменить план（他无权改变计划），Ваня ленив таскаться в такую жару（万尼亚懒得大热天动活儿）。上述形容词短尾转为所谓述谓词或状态词时，它们不再表特征的名称，而仅仅是述谓词的重要组成部分。述谓词中还有些来自名词，如 Грех меня забывать（忘记我是罪恶），Лень было заниматься（懒得做事），Охота спорить с ним（想去与他辩论）。它们不仅失去名词的所谓事物性，而且不再有性的搭配要求以及数、格的变化。至于 Пора спать（该睡觉了），Досуг мне разбирать вины твои, щенок（小崽子，没工夫掰扯你的对错），Не место здесь шуметь（此地不宜喧哗）则是通过指出"有无适当的客观时空条件"，表明动作实现的可能性、正当性等。专门表示由于"有无广义客观条件"而产生情态意义的否定代词 некого（нечто，некогда，негде...）等及其对（逆）义词语组合 есть кто（есть что，есть когда，есть где...）等，其实应该叫作存在代词。当然，最常见的表示情态意义的还是所谓助动词，如 мочь，хотеть 等，但是不难看出，有些用于该功能的动词尚具有明显词汇意义，如 условиться（сговориться）встретиться в кино（双方同意在电影院见面），Дом угрожает（грозит）обвалиться（房屋可能有坍塌的危险），Птица ухитрилась（изловчилась）вылететь из клетки（鸟儿趁机飞出笼子），устать кляняться（累得不愿鞠躬）。这些动词（условиться，угрожать，ухитриться，устать）可以说是具有半实体性质的情态助动词。然而最引人注意的还是下面这类言语现象：Мне во всей квартире нет угла переодеться（房内我无处更衣），У него терпение лопнет ждать（他难忍再等），Вот остался бокал с вином. И закусить найдется чем（还剩下一杯红酒，也能找到下酒小菜）。只有从这个角度，才能理解它们支配不定式的用法。一旦接触一定数量同型的言语现象，就适宜通过概括模式把握。例如，Ты не мальчик голубей гонять（你不是个孩子了，还做赶鸽子的事），Я ему не собака хвостом вилять（我不是他的狗，要在他前面摇尾乞怜），Я ему не кухарка у плиты стоять（我不是他的厨子，得站在炉边忙乎），Отец не бабушка тебе потачку давать（父亲可不是奶奶，不会对你纵容），等等。这种句型表示因主体不是某类人或动物，因而不宜、不应、不屑于、不值得去做不定式所表示的动作。正是通过对碎片式知识的积累，逐渐将其纳入相应理论体系，使我对情态意义形成句子结构的功能有了进一步的认识。

以上(这些)是我对俄语教学和研究的一点个人体会吧。

张宜： 华老师，您怎样看待学术批评？您的著作和观点是否受到过批评？批评者是什么人？

华劭教授： 你这个问题不太好展开谈。我只能说，研究人员的科研成果都是在特定的社会条件下的研究产物，受到认识、阅历、社会条件等诸多方面的限制与制约。但是，从学术层面开展研讨或辩论不但无可厚非，还应该加强，应该提倡。

"文革"后期，由我提出，学校批准编写《现代俄语语法新编》。全部编写完成后，因为政治形势变化，审批手续复杂，直到1979年才出版。这部书反映了我当时的认识和教学经验，力图满足学生实际需求，鼓励学生自己探索发现一些模式、规则，主张所谓开放式地学习语法，书中也提出一些不无争议的观点，例如，"不同语法联系与句型的关系""从意义出发研究展词联系""单句的繁化与复句的简化"等。这部书出版后，得到一些同行的肯定，多次印刷，但也有非议，主要是无法与现行教学体系兼容，与现行统一考试标准不符。(后来)迫于压力，我把准备好的有关实际切分的材料去掉了。那时我就体会到，想在教学改革、观点创新上有点进展是不容易的事，需要有勇气和毅力。

再比如，1990年我发表的那篇《俄语教学改革之我见》[①]。我主张对俄语专业学生进行专题教学。我为什么提出这样的改革思路呢？因为一段时间以来，俄语专业的学生普遍存在知识面狭窄的现象，到了高年级以后，给学生开的课，诸如语言理论、文学史、翻译、写作、阅读等，没有内在的有机联系，学生们很难把从教材中学到的一些偶然、零碎、分散、无系统的知识用于实际。因此，他们学习的主动性和积极性都不够高。要解决这些问题就必须要加强教学的目的性、计划性和针对性。也就是说，每开一门课，选每一篇教材都应该考虑其效益。我认为最合适的办法就是进行专题教学。(这里我)简单说说专题教学的好处。一是它使教学双方对长远和近期的目标都有所了解，从而会提高领导、教师、学生的主动性、自觉性和积极性。二是通过必修的专题课，保证学生有最低限度的知识，通过选修的专题课可有计划地扩大、调整、充实学生的知识。三是专题教学可为因材施教提供条件。四是专题教学从教学体制上保证了学用结合。五是专题教学为青年教师提出了努力方向。他们可以通过三五个专题深入钻研下去，成为这个领域内的专家里手。同时，

---

① 《俄语教学改革之我见》，载《外语学刊(黑龙江大学学报)》1990年第6期。

如果明确规定,以开设专题课的数量和质量作为考核教师的依据,同等重视理论研究成果和编写专题教材,将有助于教师的全面发展。

我记得当这种设想刚提出来时,就有过不少疑虑和诘难。在一些人看来,专题教学既无科学根据,又不从实际出发,只是乌托邦式的空想。随着时间的推移,对外交往的增加,我们现在逐渐了解到国内外都有过相似的观点,并且已经付诸实践。我曾经就专题教学的设想和当时来访的苏联词典学者 В. В. Морковкин(莫尔科夫金)交换过意见,他很赞同这种想法,并指出我们信息不灵,早在 20 世纪 60 年代末和 70 年代初,苏联一些学校在对外俄语教学中就这样做过,并收到很好的效果。总之,(类似)专题教学这样的观点或者主张在我国是新生事物,它会有种种缺陷,不能要求它立竿见影,马上见效。但它符合我国目前俄语教学的实际情况,所以,尽管有诸多疑虑和质疑,我仍然希望这样的问题能够引起领导特别是广大同行的关注。

张宜: 您在俄语语言学、语义学、语用学、语法学方面研究的特点是什么? 您有哪些突破?

华劭教授: 这方面可谈的东西不多,因为我个人觉得我没什么高水平的成果。前面跟你说了一些我的工作,特别是科研方面的情况。还是那句话,我因为教学的要求和科研的兴趣,以及我个人的经历等因素,使得我在俄语语言学的研究方面有跟别人不一样的地方吧。来自教学实践中的语言问题、解决问题的需要和由此产生的种种思考、兴趣与寻求答案的内驱力是我研究的原动力。我想能代表我的研究成果和价值的东西,感兴趣的话可以去看我的《华劭论文选》①,里面有十几篇我结合教学与学习心得写的文章。2003 年为了给硕士生开设普通语言学课程,我做了相应研究,写成了《语言经纬》,这本书被高教(教育)部推荐为研究生教学用书,也是我国以俄语为材料的第一部普通语言学著作。

张宜: 您认为您对俄语语言学、语义学、语用学、语法学方面的主要贡献有哪些? 在您的成果中,您本人最看重哪一/几种? 学界对它(们)的评价与您的看法一致吗?

华劭教授: 也谈不上什么贡献。我在语言研究方面的成果基本上都是结合教学体会与学习心得写的一些文章②,其中也包含一些自己的见解。改革开放初期阶段,我的有些论文是为学术会议撰写的报告:如《有关俄语句子实际切

---

① 《华劭论文选》,黑龙江人民出版社 1991 年版。
② 参见《我对语言研究的管见与琐为》,载《外语研究》1998 年第 1 期;《关于语言单位及其聚合关系和组合关系问题——苏联科学院〈俄语语法〉(1980)理论研究之一》,载《外语学刊(黑龙江大学学报)》1986 年第 4 期、1987 年第 1 期;《〈现代俄语语法新编〉句法浅释》,载《外语学刊(黑龙江大学学报)》1980 年第 1 期。

分问题》①《关于语言单位及其聚合关系和组合关系》②。其余的文章有涉及语义学的，如《用于句子转换的词汇手段》③，语用学方面的有《从语用学角度看回答》④《说话人与受话人》⑤等，以及一些评介性论文。也许值得一提的是我刚才提到的那篇论文《俄语教学改革之我见》，至今我仍然觉得它对我国的俄语教育改革有一定的现实意义，尽管它并未得到同行的广泛认同。另一件有实际价值的工作是信德麟、张会森和我缩写合编了苏联科学院 1980 年出版的《俄语语法》，该书至今已多次印刷并再版。

新世纪前后，我结合教学与学习心得撰写了十几篇文章，其中一部分收入《华劭论文选》。2003 年我出版了《语言经纬》，这本书被高教（教育）部推荐为研究生阅读参考书。

张宜： 您对俄语语言学教育教学及研究方面国内外目前的研究状况有何看法？它今后的发展趋势如何？

华劭教授： 这个问题现在看很难充分回答。我想，应该交由俄语教学与研究的后继者们来作答吧！（笑）现在的俄语教学与科研情况，是 20 世纪 50 年代初无法想象的。为此做出贡献的我的前辈和同辈老师（有些已不在世），他们的业绩值得我们怀念、值得后辈铭记。我呢，可以说是这段时间——俄语事业艰难发展过程的亲历者和见证人吧。

张宜： 谢谢华老师，耽误您这么长时间，今天您受累了！

华劭教授： 不客气！

---

① 《有关俄语句子的一些实际切分问题》，在全国俄语教学研究会第一次学术会议（1983，重庆）上的报告，收录在《俄语语言学论文集》，外语研究与教学出版社 1989 年版。
② 《关于语言单位及其聚合关系和组合关系问题——苏联科学院〈俄语语法〉（1980）理论研究之一》，载《外语学刊（黑龙江大学学报）》1986 年第 4 期、1987 年第 1 期。
③ 《用于句子转换的词汇手段》，载《外语学刊（黑龙江大学学报）》1991 年第 3 期。
④ 《从语用学角度看回答》，载《外语与外语教学》1996 年第 3 期；《从语用学角度看回答》（续），载《外语与外语教学》1996 年第 4 期。
⑤ 原题目为《说话人与受话人：从语用角度分析言语行为》，载《外语教学与研究》1989 年第 3 期。

詹伯慧访谈录

受 访 者：詹伯慧教授

访 谈 者：张　宜

整理/注释：张　宜

地　　　点：暨南大学第二文科楼汉语方言研究中心詹伯慧教授办公室

时　　　间：2015 年 2 月 11 日（农历腊月二十三），下午 2：20—6：00

张宜： 今天是 2015 年 2 月 11 日，我现在是在暨南大学第二文科楼汉语方言研究中心詹伯慧教授的办公室。詹老师您好！我今天访谈您的主题是汉语方言学。首先想请您谈一谈，您是怎样走上语言学研究道路的？您为什么要从事语言学的研究？

詹伯慧教授： 我是 1953 年在中山大学语言学系毕业的。这个语言学系是王力先生创办的，也是当时全国唯一的一个语言学系。在毕业之前，我已经对语言学有一点兴趣，有一点接触。（**张宜：** 那您报考大学时就已经决定报考语言学系了？）嗯，我报考大学时第一志愿就报考了语言学系。我报考大学时是 1949 年，入学考试时广州还没有解放。西南联大回迁北方的时候是 1945 年，王力先生路过广州，当时的中山大学校长（王星拱）就要把他留下来。我看我班同学唐作藩也和你谈过这个事情。（**张宜：** 唐老师和我谈过这个事情，他提过您。）我和他（唐作藩）是同班同学。当时王先生提出一个条件，留在中山大学可以，但是要办一个语言学系，因为当时全国还没有语言学系。校长答应了。就这样王先生留在中山大学，当了文学

---

* 本访谈整理稿经詹伯慧教授审阅认可。

院的院长,同时就办了语言学系。这个时候我的父亲是中大中文系的教授,他和王先生也很熟。(**张宜:** 哦!是詹安泰先生吧。)对,他们都很熟,所以我也经常接触到语言学系里面有关的教授啊、老师啊。1949年解放前夕我高中毕业。当时报考大学不像现在这样统考,而是一个大学一个大学(自主)招生。中山大学招生时,我就想了一下,我父亲是搞文学的,因为中山大学有个语言学系,我也多少了解了一些语言学的东西。就想要考一个不能在家里学的,必须进大学里才能系统学到的(专业)。我父亲搞的古典文学我也有点兴趣,但是我想我要读语言学系。因为我了解到语言学要搞语言调查、语言分析,多少带有一点技术性的东西,跟文学不完全一样。我父亲也没有给我提什么意见,他尊重我的意愿。我就这样报考了语言学系。再说,我本身的兴趣也与我的家庭有关。你知道广东的方言是比较复杂的,(珠江)三角洲地区是粤语,我们粤东地区主要是闽语和客家话,我们的闽语跟福建的闽语是一个系统的。我们家在潮州,潮州话是闽语的一支嘛。客家话在广东的东北。我们家在潮州的饶平县,挨到福建,在与福建交界的地方。我们县的大部分地方靠海,在南边与福建接壤。现在的潮州市、汕头市都是讲潮州话的,就是闽语;但是饶平另外有四分之一的地方在北边山区,靠近客家话的梅州地区,所以那个地方是说客家话的。我的家乡新丰就是闽语和客家话交界的地方。开始出现饶平客家话了,饶平县属于潮州府。

以前的中山大学叫广东高等师范学校,后来又叫广东大学,20世纪30年代鲁迅先生曾经在这儿当过系主任。孙中山先生去世以后为了纪念他才改为中山大学。我父亲就是从广东高师毕业的。毕业后回老家饶平,到潮州府。潮州府很有名,当年韩愈被贬潮州刺史,大力发展教育,造福潮州,千古流芳。潮州一向都是文化发达的国家级文化名城,潮州府城里有个师范学校,也就是现在韩山师范学院的前身,已经有一百多年的历史了,我父亲大学毕业就到这个师范教书。我母亲是他的学生。她是潮州市郊枫溪人。枫溪是中国著名的瓷都。我父亲在潮州教书,我母亲在潮州读书。父母亲结婚后,生下我,我是老大。所以我是在潮州出生的。潮州不是讲客家话的。所以我从小和父母亲讲潮州话。和父亲也能说些家乡的客家话。这样我就能说潮州闽语、饶平客家话两种方言,两种话都是我的母语。

张宜: 这应该是家庭对您的影响吧。

詹伯慧教授: 对。家庭的影响。天生就是说两种方言。所以我从小就对语言有点兴趣。而我的家乡刚好又是两种语言分界的地方。饶平的新丰镇上就通行两种语言,往北是客家话,往南是潮州话。就是这样一种情况。本来父亲在韩山师范教了十多年。他搞诗词研究，也创作，跟当时国内一些名家，像夏承焘等词学名家都有来往酬唱，也在词学期刊上发表文章。到了 1938 年，日本占领广州，当时国内一些有名的大学为避战火都往内地迁。比如，北方的几个大学往云南迁，设立西南联合大学。中山大学在广州沦陷前夕也搬到云南去了。1938 年当时在中山大学教（诗）词的岭南词派名家叫陈洵的，他不去云南了，中山大学很着急，很想另找个诗词名家。想来想去就想到我父亲，把我父亲从韩山师范以"名士"的身份请到当时已经搬迁到了云南的中山大学来。（笑）现在这样的事情不大可能，韩山师范的教师怎么能一跃而为中山大学的教授呢！当时中大的文学院院长是吴康，搞哲学的，很有名。是他当机立断，以名士的身份把我父亲从潮州的韩山师范请到中山大学来当教授。这样不拘一格，把我父亲聘为教授。我想现在是不可能的。

抗战期间，就在中大想聘父亲入滇之际，我们家乡也有人要我父亲去重庆从政。重庆当时是（国民党的）首都嘛。但我祖父反对，说我父亲一直做学问、搞诗词。如果走那条路（从政）的话，那就是到政府里去（当官）了。我祖父是行医的，是当地有名气的老中医。我父亲再三犹豫，最后还是决定到中山大学教书。所以他一辈子就在两个学校，大学毕业时来到现在潮州的韩师，一待超过十年，然后就到中山大学，1938 年以后，直到 1967 年辞世，近三十年，可谓从一而终啊。抗战时期，交通不方便，不像现在，飞机啊，高铁啊。广州沦陷之后，要到云南去，我们在潮州，在粤东，必须先沿着还没有沦陷的地区，沿海，从惠州那边到香港。到香港之后再坐船到越南。越南当时叫安南，到安南之后再从安南坐滇越铁路火车进入云南，才能到昆明那边去。

我们潮州有个著名的才子叫饶宗颐。他比我父亲小十五岁，饶家在潮州是很有名的，有很大的书斋，藏书楼。饶宗颐的父亲饶锷主修潮州府志，又组织诗社，以诗聚友。我父亲跟饶宗颐的父亲有些诗词酬唱来往，早就知道饶宗颐少年时就在家庭影响下饱读诗书，才华出众。有一年在韩山师范，我父亲生病了，大概需要休养一段时间，起码要几个月吧。学校跟我父亲说你能不能推荐个人代你的课。我父亲稍加思索就推荐了饶宗颐。饶宗颐当时大概只有 20 岁，也没有什么学历，（笑）结果一鸣惊人。我父亲当时教的有诗词曲赋什么的，饶宗颐都能一一胜任。后来人们才知道我们和饶家的这段关系。我在报刊上发表过文章，讲我们家两代人的交往，就是从这里说起的。有人说饶先生是我父亲的学生，我说不是，绝对不是。但是他第一次上讲台确实是我父亲推荐的，他不是我父亲的学生。他是潮州才子,独一无二的才子,从小受家庭熏陶,自学成才,我们两家可算是世交了。

为什么要讲这段?因为当时我父亲从家里到云南中山大学任教,叫作单身赴任,自己先去云南履新啊。自己一个人去报到、上课。当时他就跟饶先生说他有意在日后将饶先生推荐到中山大学去。我下面老二是个妹妹,当时很小,才 1 岁多,太小了。只好我父亲一个人先去。他和饶先生约好了第二年什么时候来云南,跟我母亲一起去。路上辗转困难,不大安全,我母亲也得有人陪。结果第二年饶宗颐先生就跟我母亲一起从潮州出发去云南,当时因为战乱,广州已沦陷,他们从惠州辗转到了香港,不巧路上饶先生身体不好、生了病,结果就留在了香港,不能和我母亲一起入滇,从此饶宗颐先生就跟香港结了缘,成为香港人了。他是 1917 年出生的,今年下半年就要庆祝他虚岁百年华诞了!(笑)饶先生后来学问越做越大,又兼工书法绘画等艺术,就成为当今誉满全球、学艺双全的国学大师了。人们可能不大了解,他就是这样跟香港结了缘的。

话说回来,我母亲知道饶先生不能(和她)一起入滇,只好自己带着我的不到 2 岁的妹妹,从香港出发,辗转经过越南进入云南去找我父亲。我当时给留在家乡。我已七八岁了,就留在家里读小学。母亲和妹妹先是辗转到了昆明,然后再到中山大学当时的所在地云南澄江。结果就这样我妹妹跟着妈妈,我就留在家乡,留在潮州。

抗战时期,潮州也告急。但是我的老家饶平上饶地区在潮州北部山区,日本人打到潮州、汕头等沿海地区,却没有打到我老家,我外公外婆为避战乱就把家搬到了饶平。我就跟着他们在老家饶平读小学。那个地方是说客家话的地区,小朋友说的都是客家话。本来此前我在潮州时是不大说客家话的,尽管我父亲是客家人。我孩提时期基本上说的是潮州话,说闽语。现在客家话和潮州话都是我的母语了,我的语言环境就是这样。后来随着战事的变化,40 年代初,中山大学又继续搬迁,搬回到广东粤北的坪石,就是广东跟湖南交界的地方。坐粤汉铁路的火车,坪石一过就是湖南了。有山,五岭。当时广东省的省会就在韶关。坪石是韶关乐昌县的一个镇。搬回来以后,中山大学一个大学就给分成了好几个地方。医学院在乐昌,文学院在坪石。坪石位置有点像抗战时期广西的桂林,很多文化人聚居的地方。当时中大文学院就有很多文化名人,像洪深、马思聪等都在中大任教,陈寅恪也到坪石来演讲过。钟敬文先生也是中大的教授,跟我们家是老相识,跟我爸爸是好朋友。我读中学就知道钟伯伯是散文作家,又是研究民间文学的大学者。我记得那年我从日本讲学回来时到北师大拜访过钟伯伯,当时他还在当系主任。知道我从日本讲学回来，让我给他们中文系师生做个报告。那时候出国的人很少，我是第一个到日本东京大学讲学的，1980年去的。(19)82年回来。

张宜： 詹老师，那什么人、什么事儿或者哪一本书，对您从事语言学研究起作用？

詹伯慧教授： 刚才说到中山大学搬回来坪石了，我父母亲也从云南搬回坪石来了。因为是在广东，也安定一点了，我父亲就回老家把我接过来。坪石是个小镇，中山大学校本部就在坪石镇上，其他学院就分布在附近各个地方。(**张宜：** 您当时和父母分别了多长时间啊?)有几年了吧。这时我在老家已经读过四年级，就要读五年级了。五年级六年级这两年很关键，我来到坪石跟在父母亲身边。我读的这个学校叫汉德小学，设在广同会馆，就是广州同乡会办的小学，像个祠堂。我五年级六年级两年都是在那里念的。老师是用广州话粤语教的。这样子到小学毕业时我的粤语也就相当可以了。当时中山大学是从广州搬来的，学校里有很多说粤语的教授，像岑麒祥先生，常常可以听到人们讲粤语。自从在坪石读小学之后，我日常生活中就开始兼用三种方言(粤、闽、客)进行交际了。你可以看我那本书[①]，我的老同学周耀文写的一篇文章，刊在"专论专访"部分，他说我能说三种方言。(说着，詹老师和我一起查找目录。题目叫《能讲三种纯正的汉语方言的詹伯慧教授》。)

因为(刚才说到的)这个关系，我从小，到小学毕业以后，读中学以前，我已可以经常使用三种方言。话又说回来，你刚才问我为什么读语言学系，搞语言学，(实际上)我是从小就有机会接触到(各种不同的)方言。后来又有机会经常能接触到像王力先生这样的语言学专家。当时我就想我得学一门待在家里光靠自己自学不行、学不了的学问。(笑)

(就这样)大学放榜时我是语言学系第一名啊！当时中山大学9月份发榜，录取我到中大语言学系，10月14日广州才解放。那个时候不是统考，是一个学校一个学校各自招生。中山大学发榜也是学校把各个系录取的名单张贴出来。10月份一解放，我们还没入学，就担心共产党不承认中大的录取结果。我的同学唐作藩啊、饶秉才啊，他们早在1948年已经在中山大学读了一年了，也担心解放后不承认他们，解放时就都回家去了。后来11月份中山大学要开学了，新招的学生要来报到，以前的学生也都通知他们回来注册报到。这样一来唐作藩他们早一年入学的才回来跟我们一起读。(**张宜：** 哦！你们是这样成为同学的，实际上他要比您长

① 指李战、甘于恩主编：《走近詹伯慧——庆祝詹伯慧教授从教六十周年纪念文集》，暨南大学出版社2013年版。

一年。）我们可说是共产党新中国第一届大学生。从头到尾这四年都是在新中国读的。到 1953 年毕业我们班上就只有七个人，现在中山大学校庆，我这个老中大没有人通知我，因为现在中大中文系的人已经大都不知道曾经有过一个语言学系，他们只知道有中文系了。我们 1953 年毕业，语言学系这个系办到 1954 年，中央进行院系调整，为了集中培养语言学专业的人才，1954 年就把中山大学语言学系一股脑儿合并到北大去了。合并后北大中文系里设立了汉语专业，是由北大、燕京、清华，加上中山大学语言学系一起组成的。北大汉语专业的师资力量特别强，正是由于它是几个学校的力量合在一起的。当时中央一声令下，系主任王力教授就带着全系师生浩浩荡荡坐上火车北上去了，唐作藩是系里唯一的助教，他就跟着调入北大，此后一直跟在王力教授身边，从事汉语史古汉语方面的教学研究工作。1953 年毕业时我被分配到武汉大学，前年是我从教 60 年：30 年武汉大学，30 年暨南大学。从 1953 到 1983，从 1983 到 2013，非常完整的 60 年。

张宜： 您在暨南大学从事语言学研究，尤其是方言学的研究，您是怎样处理教学和科研关系的？您还有很多行政职务，您是怎样处理它们之间的关系的呢？

詹伯慧教授：（笑）那是以后的事啦！你一下子跳到 80 年代了！你（的问题）跳得太远了！我读书读了 4 年，从教 60 年，我们这些人现在说都是科班出身，我们那时系里的课程全部都是语言学方面的，没有文学方面的。现在看来有点偏。王力先生开两门课，一门是中国现代语法，一门中国语法理论，就他那四本大书。中国现代语法，他就用《红楼梦》做例子。语法理论都是西方的。传统的是中国语文概论，讲音韵啊训诂啊这类基本的东西，严学宭先生教。有少数民族语言调查研究，高华年先生教。他当年也是西南联大的，他和罗常培先生一样都是早年搞少数民族语言研究的。一门汉语方言，当年是张为纲先生上，他早就去世了。这些事情我估计你访问唐老师的时候，他都会同你讲。我们当年上的这些课都是专业性很强的。还有一门课班上其他同学没有选，我选了，就是叫作世界语，Esperanto 的选修课。波兰的柴门霍夫（Zamenhof）发明的，岑麒祥教授教。教了半年，我是拿了学分的。当年我们一入学，正赶上搞新文字运动，搞文字改革，我很有兴趣。我对拼音很有兴趣。当时还没有汉语拼音方案，是用的北方话拉丁化新文字方案，吴玉章、瞿秋白他们搞的。我们系成立了一个协会，我是积极分子。我们出墙报啊、写稿子等。我们语言学系当年上的都是语言学的课，没有文学的课上。分得很细。商承祚先生教文字学。（还有）语文概论、少数民族语言、方言调查、现代汉语语法、语法理论等等。到了四年级的时候，我们做调查，实习，我和唐作藩一个组。当时严学宭教授调到中南民族学院当副院长，在武汉。王力先生就和他联系，推荐几个学生去做语言调查，去实习。民族学院少数民族多，让我们去做少数民族语言调查实习。所以，我们就到武汉中南民族学院去。我们分三个组，我和唐作藩一个组。每组调查一种少数民族语言，我们调查完了之后要整理出来。

张宜： 您还记不记得您做的是哪种语言？

詹伯慧教授： 你可以看刚才说的那本书，里面有唐作藩老师写的《〈田野春秋〉序言》。里面提到了我们一起调查的是广西的仫佬族语言。

王力先生当年的愿景就是要创办语言学系，要培养一批真正能从事语言研究工作和语言实际工作的人。能够调查语言，分析整理语言。毕业时要写毕业论文，王力先生就问我，你对拼音、对文字改革不是很有兴趣吗？于是，我就用汉字改革为题做论文。王力先生把他 20 世纪 30 年代曾经写过汉字改革的论著拿给我看，很多人没有看过。后来，我就在王力先生的指导下写汉字改革的毕业论文。毕业后，王力先生觉得我的方言基础比较好，家庭环境也比较好，希望我能在方言研究上多下点功夫。他 1954 年去北大，1953 年我就毕业分到武汉大学去了。你是不是访谈过郭锡良啊？我分配到武汉大学任教时，他还没有毕业。当时他四年级。我 1953 年去的，当助教。他(19)54 年毕业的。他年纪比我大。他见到我常说：你去武汉大学时，我还没有毕业呢！他 1954 年毕业以后去了北大跟王先生读古汉语研究生。唐作藩则是中大毕业后跟着王力先生去了北大，一直跟在他的身边，做了他的助教。唐作藩最了解王先生，王先生的业务包括汉语史在内的学术衣钵都让他继承了。

我们当年毕业的七个人中，大都被认为是可以直接上讲台的。因为我们几个的基础、底子比较好。我在武汉大学，唐作藩在北大，还有许绍早在吉林大学（当年叫东北人民大学）都是一到校就准备上讲台的。许绍早最勤奋，可惜英年早逝！唐作藩不是曾经说过嘛：最用功的是许绍早。（**张宜：** 他说最聪明的是您!）我不一定是最聪明的，但是许绍早确实是最用功的一个。王先生去北大，开始设计汉语史的课程。北大是领头羊，很多我们语言学的课程几乎开始都在北大开出来。王先生搞汉语史，他就想到许绍早有这个基础，他就和学校提，学校第二年就把许调来北大跟他进修。许跟唐作藩一起协助王先生编《汉语史稿》，这在该书的后记里有记载。

因为袁家骅先生他们搞方言，1954 年北大第一次开设汉语方言学课程，王先生想到我了，1955 年他就推荐我来北大跟袁家骅先生进修，跟着他听课、帮忙辅导,接着又跟他一起编写《汉语方言概要》①。那本书 50 万字,我编写了三分之一,南方的闽语粤语部分是我写的。(**张宜:** 是袁老师主编的,其中有三分之一部分的闽粤方言是您写的。)你注意到了没有,那本书的署名是这样写的:袁家骅等著,袁先生在前言里面写了(分工)。袁先生是江浙地区人,他吴语当然很好。他留学英国,原来是教英语的,上个世纪 50 年代初才从英国回来的。后来才专门搞方言和少数民族语言。当时北大的研究生很少,就是像我这样的进修生也不多。他了解到我是潮州人,我的闽南话行,粤语也行。他就让我来跟他进修。他上课讲到粤语,就叫我站起来,让我发粤语的音。和我一起听课、后来又一起协助袁先生编《汉语方言概要》的王福堂是吴语区的。石安石是四川人,北方话区的。袁先生就是充分调动学生的资源,利用我们对这些方言的熟悉,让我们边学边干,在他的指导下和他一起编写《汉语方言概要》。

我在袁先生那里进修了不到一年,国家有个大的语言调查工程:全国范围内调查研究少数民族语言。为全国少数民族设立几个工作队,赴实地进行全面调查。袁先生是壮语的专家,负责广西和海南岛的壮侗语,作为第一工作队,由他担任队长。他想到我,想到我会闽语,因为他的第一工作队调查地区包括海南岛的黎语。袁先生让严学宭先生和王均先生负责第一工作队的海南分队,把我和我的同班老同学欧阳觉亚调去。欧阳觉亚在民族语言所工作,是我们调查黎语的主将,他太太是壮族的。打那次调查以后,他们一竿子插到底,每年都要去海南研究黎语,早就是我国权威的黎语专家了。那次我跟欧阳同在海南分队。我不是民族学院的人,(调查工作)民族学院是主体。我是武汉大学助教在北京大学进修、借调来参加少数民族语言调查队的人,我很庆幸有机会跟着工作队到了海南岛调查黎语。当时袁先生给了我一个任务,让我调查黎语中的闽语借词。他说黎语里的借词肯定不会借北方话,肯定是借当地海南闽语。海南岛汉语方言属于闽语,跟福建、潮州是一个大方言区。你有个任务,就是要特别留意海南黎语里的闽语借词。他说你要把你的方言的作用发挥出来。这期间我同时调查了一些海南岛的汉语方言。回京后袁先生曾推荐我在北大的《语言学论丛》上发表了一篇颇有影响的揭示一个"方

---

① 袁家骅等著:《汉语方言概要》,文字改革出版社 1960 年版;语文出版社 2001 年版。此书是袁家骅教授主持编写的一部集体著作,全书 50 万字,被认为是我国第一部比较全面系统地介绍现代汉语方言的重要著作。书中分量最重的两章:粤方言和闽南方言,是詹伯慧教授执笔起草的。在约占全书三分之一篇幅的两章中,他充分发挥熟谙粤方言和闽南方言的有利条件,广泛吸收前人的研究成果,力图比较准确地对这两种方言的语音、词汇、语法进行全面的介绍,受到方言学界的赞赏。

言岛"的文章《海南岛"军话"语音概述》①。当时我随黎语调查队路过海南岛现在叫三亚的地区,当时叫崖县,我发现在崖城镇上有两种特别的方言,跟当地的海南闽语不一样。一种叫"军话",一种叫"迈话"。我觉得很奇怪,怎么会有"军话",听起来有点像北方话。我就匆匆忙忙把随身带上的一千多张卡片将这两种话的音记下来。前几年我的学生去那里调查军话,听说当年帮我记音的那个人还在,也该是80(岁)以上的人了。(笑)他当年是镇上的文书,还记得我当年记他的音的事儿呢!我22岁大学毕业,那时是25岁。至于"迈话",印象中就像广东粤语,"军话"就像北方话。所以这两种方言都是方言岛。半年后我就回北京了。欧阳觉亚他们一直在那里。我在那里时也参加了由欧阳他们主持编写的《海南黎语调查报告》,我们当时还想替黎族创造拼音文字呢!回到北京后,我帮助袁先生继续编写《汉语方言概要》。所以我在北大从1955年秋一直待到1958年春,整整待了两年半。现在读一个研究生也就这么长时间吧。我在北大进修的两年半是我语言学基础全面夯实的时期。有听课,有实践。在北大,听周祖谟先生、王力先生、魏建功先生、岑麒祥先生、高名凯先生、袁家骅先生、林焘先生等人的课。现在看来,当时这些课都是语言学科具有开创性的课程。1955年10月在北京西苑大旅社,就是北京动物园斜对面,连续开了三个语言学界的重要会议:先是全国文字改革会议,接下来是现代汉语规范问题学术会议,最后是民族语文工作会议。那时我在北大当进修教师,王力先生给我们安排去听会。推广普通话嘛,语言规范化嘛,有机会听到郭沫若、陈毅、吴玉章、王力、罗常培、吕叔湘、丁声树等等党政领导和学界名家在会上做的报告。现在想起来还感到很幸福。这些经历对我们年轻人来说都是打基础,国家语言政策的制定,国家几十年来重大的语文举措,我们都有所了解。系列会议以后,就有了汉语拼音方案,有了汉字简化字方案,有了规范化的政策。我们都是从一开始就接触到了。我自己觉得,如果说我进入语言学系读书,是老师和家庭的双重影响,老师的培养,那么在北大这两年进修就是我打下业务基础的重要阶段。此后,无论是搞方言还是搞少数民族语言,或是从事语言学理论、语言学应用的工作,都有了从事专业研究的一点"小本钱"。

　　1958年以后我回到武汉大学,学校就要我搞方言。我开始走遍湖北的山山水水,(笑)做调查,现在叫作田野工作。1959年,向国庆十周年献礼。每省要编一个方言概况。李荣先生主持的,轰轰烈烈的。各大学语文系科的师生此前参加方言

① 《海南岛"军话"语音概述》,载《语言学论丛》第三辑,上海教育出版社1959年版。

的普查,普查之后要编写方言地区学习普通话手册,然后就要总结各省方言普查的成果,编写各省的方言概况。湖北的方言概况就由武汉的几所大学:武汉大学、华中师大、武汉师院等凑了三四个人,由我牵头在省里的一个招待所里日夜苦干,赶在国庆节前编了出来,编出来后是由我们自己油印的,油印本现在还在,一直没能修订出版。和我合作的华中师大刘兴策老师是个热心人。2011年我80岁时他还特地赶来广州出席聚会。他说他退休了,但是一直也没有忘记这事。油印资料在华中师范学院,现在成了孤本,人家都还在用。1958年我从北京回武汉后就一直做方言工作。60年代我到过浠水,就是闻一多的家乡。浠水方言跟武汉话是很不一样的。我有一年整个暑假都待在那儿。和那儿博物馆的馆长王祖佑老先生合作。如今他可能早已去世了。我去那里调查浠水方言,他很热心。那个博物馆像个庙一样的,我就在"庙"里搁了一个铺,白天向他调查记录语料,晚上就睡在那儿。调查的材料一直没有发表。80年代初,我到日本讲学,和日本中国语学会会长波多野太郎教授谈起此事,他就把我这份浠水方言的材料推荐给日本龙溪书舍出版了。回国后湖北的朋友问我要此书,可惜印数少,我再也要不到了。后来听说,连出版此书的书店也已不存在了。上个世纪五六十年代,我在武大期间,除了调查省内各地方言外,也陆续写过一些有关的文章。例如鄂东广济方言和鄂南蒲圻话,我都写过文章发表。

1958年进北大进修的这两年多,打下业务基础以后,我就一直以方言为研究工作的主攻方向。除了方言工作,我比较关注的就是语言应用。语言应用方面实际上也占了我整个学术生涯中相当大的一部分时间,其中特别突出的就是大型辞书的编撰。

"文化大革命"这段就略开了吧!(**张宜:** 好的。)

詹伯慧教授: (这两年)因为(我)拿到国家社科重大项目,首席专家,肯定要牵头搞项目,不能推卸。我这个项目要编写一部400万字的大辞典——《汉语方言学大词典》①。还要建设数字化平台。方言词典已经出了很多了。我们正在编写的这部词典是方言学的,不是单纯列出方言词语的。关于汉语方言学界的人物啊,方言著作啊,方言学术活动啊,等等等等,都要收,是百科性的辞书。所以,我要组织起

---

① 詹伯慧、张振兴主编:《汉语方言学大词典》,广东教育出版社2017年版。该词典是我国首部全面反映汉语方言和方言学面貌的百科型辞书。全书共465万字,分上下两卷,上卷为汉语方言学部分,内容涵盖汉语方言学科的方方面面,下卷为汉语方言部分,内容包括54个方言点的概说、字音对照表和词汇对照表三个部分。同时构建了《汉语方言学大词典》数字化平台,该平台以纸版为基础,对其中的内容进行了深度加工和数字化重构,目标是建成一个动态开放的汉语方言学百科平台,更方便学界进行知识更新与使用。

全国各地的方言工作者来共同协力。比方说,长江以北直到东北西北各地的官话方言,我就邀请山西大学的长江学者乔全生教授来主持统筹,同时福建闽语有人抓,湖南湘语有人抓,广西平话土话有人抓,西南官话有人抓,江浙吴语有人抓,客赣方言有人抓,粤语有人抓……各地方言都要有人抓,否则我这么大年纪,光是联络,我都没有办法。虽然我也略懂电脑,但靠我自己来沟通那么多人,那也不行啊!

（这时詹老师打开《走近詹伯慧》,翻到210页。）你看了这篇文章没有?① （单周尧）这个人当了三任香港大学中文系的主任。现在退下来了,60来岁。就是和他的交情,所以我一直给港大上课。单先生现在又到了一所私立大学去当副校长了。（接下来,詹老师和我又聊起了《走近詹伯慧》那本书里的内容,以及《中国社会科学报》上的一些报道,好方便我访谈后的整理。期间,我们提到了西泠印社的社长饶宗颐、周有光等百岁学者。）

詹伯慧教授： 我刚刚参加了在东莞组织的周先生110岁生日的纪念活动,纪念活动在北京、东莞两地同时举行。前天我在香港开会,香港的中国语文学会也搞了纪念活动,还要我去讲一讲。我在东莞的时候写了个发言稿,我的题目是我们要向周有光学什么? 学两样东西:一个是与时俱进,一个是把语言研究和语言应用密切结合。在香港的纪念会上,我补充了一点,因为现在我知道,也有人写文章,对周有光先生有些看法。我们学习他的精神,但并不等于他的一言一语我们都要同意。这个是两码事。为什么呢? 现在把他称为"现代汉语拼音之父",汉语拼音从赵元任、黎锦熙(就开始研究),新中国成立文改会以后,罗常培、王力、吕叔湘、魏建功等一些著名语言学家都为此做出了贡献,那怎么到周有光先生就成了汉语拼音之父呢! 这种话不可能是他自己说的。最近我的一些朋友,包括唐作藩也给我发来短信,他们觉得"汉语拼音之父"的说法不太妥当。今年发行了周有光先生的十五卷全集。后面五卷都是80岁以后的,不光是语言文字的,还有文化方面、政治方面的。周老现在有个特点,他爱说什么就说什么。所以,现在记者去采访他,不能随便就把他说的话原原本本发表出来。你知道,这个总理上来去看他,那个总理上来也去看他,表示对百岁老学者的敬仰。然后周老爱说什么就说什么,说明他是关心政治的。这里头就要一分为二(地看)。有些话他说可以,他110岁的人说可以,别人说可就不一定合适了。所以我那天就补充说,并不是说年纪大了的人说的什么话都是对的。（笑）

---

① 指《走近詹伯慧》一书中收录的原香港大学教授、中文系主任,现香港能仁书院副校长单周尧写的《论交十八载》一文。

那天在纪念会上,大家都很赞赏周老关心国家大事的精神。我始终认为,向周老学习,主要是要肯定他的精神,作为百岁老学者很难得的精神。(接着,詹老师又找来几张报纸,指着相关报道里的照片给我介绍。)

如果讲到我对(中国当代)语言学的发展(贡献),有些地方看我的书就好啦。

张宜: 在您的工作和研究当中,什么事儿是让您高兴的事儿啊?什么事儿是让您不高兴的事儿?

詹伯慧教授: 高兴的事儿?我这辈子能从一而终,一辈子都搞语言学专业,这是最高兴的。但是中间赶上"文化大革命",确实有段时间,以为我的研究就此终结了。那时确实感到有点沮丧。

最可惜的是我父亲(留下来)的一幅墨宝,父亲写给夏承焘的一首词。挂在家里,我老婆因为害怕,没来得及收起来就自己撕掉了。现在找父亲的字已很难找到,因为他去世得早。65岁,"文化大革命"一来,他就去世了。没能留下什么东西。他是书法家,他的字是很珍贵的。我(19)53年一毕业就到武汉大学了。我小弟弟高中毕业给送到农村插队劳动。本来可以去工厂,但是因为是"黑五类",就不行了。我这个弟弟有个功劳,就是把父亲的一部分手稿什么的带到农村去收藏起来了。所以前年上海古籍(出版社)才能出版我父亲的全集,六卷本由我整理,论文、专著及诗词作品等都在里面了。

我父亲要是能再活十年八年就不一样了。到了80年代,给他平反。中山大学通知我,叫我回来参加(平反)大会。《南方日报》登了相关报道。父亲在世时我们家住在三房两厅的楼里,(父亲)去世后我母亲被赶到中山大学东北区的教职工集体宿舍,俗称"东伯利亚"楼。就是像学生宿舍那种,给两间房,走廊中间摆着炉子,厕所、厨房是全层楼共用的。父亲平反后中大问我有什么要求,我说,"文化大革命"结束后,我父亲的学生啊朋友啊在海外的要回来看老师。我说这(困难的情况)怎么办呢。我们无所谓了,但是(条件太差)会不会影响学校的形象、国家的形象?父亲原来是二级教授,待遇是够高的,(每月)300多块。划成"右派"后给降到四级,一直在系里面做抄写资料的工作。近几年我为整理出版父亲的遗著做了一些工作,之前上海古籍出版社给(民国)四大词人中的三位,夏承焘、唐圭璋、龙榆生等,都出过集子,他们说唯独詹安泰的著作我们还没出过,不免有所遗憾。该社编辑部主任找到我。我费尽心血,夜以继日地汇集整理遗著遗稿,千方百计寻求出版资金赞助,经过一番努力,父亲的六卷全集终于在2012年纪念他110岁冥诞前出版问世了。读到全集的人都感慨我父亲去世得太早了。(要是能活到)改革开放以后,他还可以做很多的事,写更多的著作。全集出版前那年,潮州市政府曾出面联同韩山师院专门举行了一个纪念我父亲的会。上海古籍出版社来了位编辑部主任李保民,他表示希望能出詹安泰的全集。会后我就作为主编投入紧张的筹备工作,结果一年多后全集就出版了。此时,广东南方日报出版社还编了一套《世纪学人》①,为20世纪去世的各方面的广东名人学者各写一篇详细的传略,一共收入50位,搞得不错。我父亲作为入选人物,其传略也在这部重大著作中刊登出来。慎终追远,现在父亲遗著的整理出版都搞得差不多了,也就可以告慰父亲在天之灵了。(詹老师把《南方日报》的相关报道②拿给我看。)这张照片是一批语言文学学者应高教部之邀集中到青岛编写高校教材时照的照片,这些年到处在用。北大出的书也在用。这个就是我父亲。第二排这几位是刘绶松、王瑶、周祖谟。第一排是王力、游国恩、余冠英、林庚、王起、袁家骅、赵景深和我父亲。当年这些前辈每个人都带着自己的助手,我在这里,我是作为袁家骅的助手。唐作藩作为王力的助手也在这里。这是1957年。我父亲参加完这个会③,回到中山大学,(等着他的)大字报一大堆,就给戴上("右派")帽了。原先还应有一个武汉大学的程千帆。就是因为开会之前武汉大学已把"右派"元帅程千帆揪出来了,他就不能前来与会。我跟唐作藩我们这些后排的助手们先去青岛安排(会务),大家住在青岛的新新公寓。当时山东大学的校长是陆侃如,他和冯沅君夫妇是中国文学史名家。由他们来筹划。常有朋友说,我们父子同时出现在一张照片上,指的就是这张照片。1998年我去美国加州讲学,照片第三排北大的潘兆明老师早就移居美国,听说我来了想和我聚聚,多年未见面,见面时他就拿着珍藏的这张老照片,我借此机会向他求教照片上我没有记住的人的名字。此事我在《田野春秋》④里的一篇文章有所记载。(此时詹教授又想起饶宗颐先生来,给我看饶公写的"别开词境"四个字。)现在我们都不敢请饶公写字了。纪念我父亲110岁的会我都不敢请他来。结果他派人来了,送来了这个匾。(**张宜:** 当时他是95岁了吧!)

刚才说过,(我之所以能走上语言学研究的道路,)家庭有关系,老师有关系。所以,后来我就搞方言了。有人说,搞语言研究的人容易钻牛角尖,能有什么社会效益,能有什么用啊。如果中文系有两个专业,一个语言,一个文学,分开两个专门

① 指《世纪广东学人》,南方日报出版社2011年版。
② 见《南方日报》2012年11月28日的相关报道。
③ 指1957年夏,北大、复旦、中山、武大四所大学的中文系部分教师受高教部委托在青岛编写统编中文教材。
④ 《田野春秋:庆祝詹伯慧教授八十华诞暨从教五十八周年纪念文集》,暨南大学出版社2011年版。

化的话,让学生去选,学生肯定选文学,语言则冷冷清清。我的老师王力先生,还有吕叔湘先生这些老一辈的学者,他们都强调语言的社会效益,应该在应用方面下点功夫。我们不要老是孤芳自赏,要让社会上觉得语言是有用的。实际上语言是牵涉每一个人的。文学就不一定。哪一个人不经常说话,推广普通话和哪一个人没有关系啊。方言(在社会生活中)发挥作用,它和哪个人没有关系啊。

前几年老是有学生来问我,老师,您写了这么多文章,发表的也有几百篇,您哪有那么多东西好写啊?我说,如果你研究其他东西,你找不到题材还说得过去,但你说搞语言没有文章可以写,这话说不过去。你碰到的人每天都在说话,你接触到的东西都有语言问题。你要下功夫做有心人的话,你随时可以抓到语言问题,都有文章可以写。大文章写不了,你可以写小文章。因为我当过人大代表,吕先生也是人大代表,有一次开会前我去他家里看他。他跟王力先生很熟、很好,所以把我们也当成他自己的学生,很关心我们的成长。我们(老中山大学语言学系毕业)七个人吕先生都知道的。谈到语言的应用,他认为语言研究为语言应用服务应该是天经地义的事。他举例说现在有误会,以为语言没用,我们就要多做工作。《中国语文》杂志"文革"前有一段时期每期后面都有一段语文短评。那时吕先生在语言所,他主持这个杂志。他说语文短评就那么一条,这句话《人民日报》哪天哪一版哪条,这句话《光明日报》哪天哪一版哪条,里头有什么毛病给指出来分析一下,每期都有。后来社会上反映不错。语言研究真的为语言应用起了作用,有社会效益。他跟我谈了这些,给我的印象很深。他说(语言应用)应该扩大,不应该仅仅局限在北京的几家,还有地方上的语言应用问题嘛。你们也可以做啊。语言的应用研究马上就火起来了。

张宜: 詹老师,那您说的这个问题和一个语言学家的修养是不是有密切关系啊?

詹伯慧教授: 当然有关系啊。你知道吗?深入不容易,浅出更难。那就是要深入又要浅出。所以我现在的学术思想,你看我的学生刘新中写的那篇①,比较能概括我的学术思想。他现在是汉语方言研究中心副主任。他很年轻,去年去美国Chomsky(乔姆斯基)那个学校访学。他主要谈了我倡导的语言应用问题。现在我不是主编了一套"大家小书"②吗?唐作藩也写了,出了四本了。后来据说有版权

---

① 指刘新中:《方言研究的大家与和谐语言生活的给力者——詹伯慧先生与语言文字规范化及其他》,载《走近詹伯慧》,暨南大学出版社2013年版。
② 暨南大学出版社出版的"大家小书"丛书,由詹伯慧教授主编,是一套由在语言文字研究中作出贡献、具有相当影响力的语文学家们分别撰写的、兼具应用性与通俗性的语文读物。"大家"是就作者而言,"小书"是就篇幅而言。这套丛书的定位是以"大家"的学问来撰写篇幅不大的普及性读物,力求深入浅出,通俗易懂,把"大家"的精深学识和独到见解以浅显的语言传达到广大读者中去。

问题。北京出版社也出过一套。他们的是什么方面都有，各个专业的"大家"都有，我主编的这个就只限于请语言方面的"大家"来写。没料到出了四本之后，出版社怕惹官司，现在出版计划只好搁浅了。我应该送一本我自己写的《语文杂记》①给你，都是些小文章。（**张宜：** 我还想要您的那本《东瀛杂记》②。）我看看这里有没有，有就先给你。（说着，詹老师起身去柜子里找了起来。）送你这几本书啦。这本《东瀛杂记》是暨大出版社重新出版的。书中收的全是在报纸上发表的文章，是我在日本讲学时《文汇报》约我写的，大概有几十篇吧。（**张宜：** 我看您的学生啊朋友啊都喜欢您的这本《东瀛杂记》。）开始的时候，1982年武汉大学出版社出了第一版，第二版是1989年人民文学出版社出的，就改成了《日本面面观》，人民文学出版社是为了避开书名重复才换了个书名字的。那两版现在都买不到了。2011年我80岁的时候，暨大出版社作为送给我80岁寿庆的礼物重新刊印，还是用回"东瀛杂记"的书名。内容没有改，我只加了几张在日本的照片。现在的书越出越漂亮。给我写序的曾敏之先生最近也去世了，他是原来《文汇报》的副总编辑，就是他给我开的专栏。当年在日本待了两年，家属没有去，每个礼拜都写一篇出来给《文汇报》寄去。回国时武汉大学刚刚成立出版社，就要出这本散文集，第一版印了15 000本。过了好多年，人民文学出版社的总编辑来问我出书的事儿。我说出版社的规矩我也不懂，不晓得武汉大学出版社还印不印。后来他叫我给武汉大学出版社写封信，就问此书还印不印。结果武汉大学出版社说他们暂时不会重印，不再出了。人民文学出版社就决定重出此书，并换个名字。这一版我加了几篇回国后写的。《东瀛杂记》（武大版）出版的时候还没有这几篇。后来，胡耀邦请了3 000个日本青年到中国来，他们要到几个城市访问，有一个是武汉，没有计划来广州。那时候我已调到广州了。武汉的《长江日报》知道我原在武汉，去过日本教书，在日本有影响。就到武汉大学找我，让我写文章配合这次大批日本青年的到访。找不到我，后来知道我已经调到暨南大学了，他们就又追到暨南大学，要我写文章，我就以《一衣带水情谊浓》为题写了几篇新的杂记在该报发表，后来就把它们补充到《日本面面观》中去。

张宜： 詹老师，那您怎样看待学术批评啊？

詹伯慧教授： 学术可以批评，但不要打棍子。批评是在学术争鸣的基础上，学术

---

① 《语文杂记》，暨南大学出版社2010年版。

② 《东瀛杂记》，武汉大学出版社1982年版。此版署名"柏苇"，"柏苇"是詹伯慧教授的笔名。第二版改名《日本面面观》，人民文学出版社1989年版。第三版《东瀛杂记》，暨南大学出版社2011年版。

观点不同可以争,学术争鸣、学术平等、学术自由还是应该有的。但是学术自由要有底线,没有底线不行。政治不能干预学术,但是学术也不能处处跟政治唱反调。学术不是为了跟政治唱反调才存在。这是我的观点。当然,我们也反对动不动就扣帽子、打棍子,"文革"的那些手段,"文革"时的那些思维不应该有。学术不能样样都跟着政治走,但也不能老是把学术看成是跟政治对立的,这是我的观点。

张宜： 詹老师,您在学术研究中的最大特点您能不能概括一下? 还有您在学术方面的最大贡献是在哪几点上?

詹伯慧教授： 从方言学来说,我这辈子,搞方言是我的主要专业。从方言学来说,我是一直注意把方言的研究和方言知识的应用和普及结合起来。整个语言学的研究我始终觉得应该跟应用结合起来。所以在我从事方言研究的同时,也非常注重语言应用。(编写)教科书属于应用的范围,汉语方言学从第一本教材——我的恩师袁家骅教授主持的《汉语方言概要》我就参与了。在编写此书的过程中,我写了一本小书,叫《现代汉语方言》①,这本书虽然很小,实际上也是为方言基础知识的普及和应用而写的。在缺乏方言学教材之际,曾有过一些学校拿它作为教材用,包括台湾的高校。这本小册子后来台湾还出了繁体字本,日本学者早在1980年我作为讲稿在东京大学讲学时就边听课边翻译,等到课讲完,讲稿也同时翻译出来了。因此这本《现代汉语方言》的国内简体字版和东京日文版几乎同时在1982年出版。从《汉语方言概要》到《现代汉语方言》,应该说,对汉语方言学人才的培养、对方言知识的普及和应用,都是起了一些作用的。因为你要推动一个学科的发展,一定要普及这个学科的知识,一定要使这个学科能不断涌现新人。要培养人,要开设课程,没有合适的教材怎么办行? 后来随着方言调查研究逐步深入,方言语料材料越来越多,方言研究越来越受到重视了,在这种形势下,90年代,我就着手组织力量编写《汉语方言及方言调查》②。现在全国通用教材方言方面用得最多的就是这本教材。国外也是用的这本教材。这是我跟几位老一辈的、志同道合的方言学同道黄家教、许宝华、李如龙,我们四个人合作的成果,由我牵头。我重视应用的观念,从培养人才来说,汉语方言教材的编撰自然是我从事汉语方言研究工作中经常关注的问题。

---

① 《现代汉语方言》,湖北人民出版社1981年版;湖北教育出版社1985年版;台湾新学识文教出版中心1991年版;日译本,日本东京光生馆1983年版。
② 《汉语方言及方言调查》(詹伯慧主编,与李如龙、黄家教、许宝华合著),湖北教育出版社1991年版,2001年版,2004年版。

另外,要搞方言应用,就要编写方言工具书。我离开下放的农村被调回学校之后,很快就参加了《汉语大字典》①筹备上马的工作。那时是 1975 年,"文化大革命"刚要结束,开始招生啦,开始复办啦,要上课啦。此时由周总理主持,在广州开了一个全国性的、规划字(词)典编纂工作的会议,周总理在会上说,外宾来,人家要看我们的辞典。辞典是一个国家文化建设、文化成就的表现。法国、英国的大辞典,牛津的大辞典,都是文化文明成就的体现。哪怕是很小的国家都有大百科全书。汉语言文字历史悠久,中华文化如此丰富,可每次外宾要看字典,我们就拿《新华字典》给人家看,怎么说得过去。根据周恩来总理的指示,那次会议后,全国要编几十种,包括外语,包括小语种的(各学科的)工具书。要一举改变被讥讽为"国家大字典小"的局面。其中有两部大家伙,一部是《汉语大词典》,由华东各省来编,一本是《汉语大字典》,由湖北、四川两省(组织编写)。当时我在武汉大学语言教研室,于是就被调入新成立的《汉语大字典》的编纂机构,从此我就脱离教学,一股脑儿栽进《汉语大字典》的编纂中去,再没有教过书。我开始参加筹备工作,搞《汉语大字典》的编写方案,正式上马后,负责收字、审音,当收字审音组的组长。因为是两省合作,所以我要经常跑四川。那边由四川大学牵头。湖北这边是武汉大学、华中师范大学等几所高校参与编纂,是武汉大学牵头的。我一直编到(19)80 年出国,我出国时就是《汉语大字典》的编委。因为我负责审音和收字。开始收字时,我要跑全国所有的字模厂。《汉字大字典》收字最多,有 6 万左右吧。收了字后,还要找字模厂做字模,因为全国没有几个字模厂有那么全的字模。不像现在用电脑(排版)。

(张宜: 那时还是铅字印刷的吧。先要做成字模。)对呀。我知道全国只有三个字模厂。上海的我去了,丹江口的我去了,北京的我也去了。那时我还不到 50 岁,东奔西跑都没有问题啊!现在回顾起来,我最好的年华,我的锦绣年华可以说都贡献给武大,在武大度过的三十年间,"正面"的、"反面"的教员我都当了。我被卷进了一些政治运动,是个老"运动员"。我 30 来岁就进"牛棚"。"文化大革命"时,是我最好的年龄。我回到暨大时已经过 50 岁了。50 岁的生日是在日本过的,日本朋友为我办过两次寿宴,49 岁的和 50 岁的。他们很厉害。我 50 岁生日时,系里的老师和研究生一起请我吃饭。我的生日是 7 月 10 号,但是旧历是五月二十五。他们居然查到了,我 50 岁的生日他们是旧历五月二十五给我过的,他们考虑得好细致啊!他们跟我说,在我之前,只有谢冰心曾应聘到东(京)大(学)来教过书。

① 徐中舒主编:《汉语大字典》,湖北辞书出版社、四川辞书出版社 1986—1990 年版。

我是第一个去东京大学任教的，是开拓者。之后是袁行霈，以后换着去的都是北大的。我去东大临走时，王力先生、吕叔湘先生都嘱咐我要好好和他们交流，要好好介绍中国。有两篇我的老文章你可以看看。（詹老师说着找来。）一篇是 1980 年在日本中国语学会介绍中国语言学发展情况的《三十年来中国语言工作的一些情况》[①]，另一篇是编写《汉语大字典》的时候，1979 年，刚刚改革开放，《中国语文》主编侯精一找我写的关于字词典注音问题的文章。[②]

张宜： 詹老师，您从事汉语方言研究大半生，现在已是 80 多岁的高龄，您现在怎样看待国内汉语方言研究的现状？

詹伯慧教授： 现在应该在汉语方言应用的研究上下功夫。过去谈应用谈不上。语言规范化冲淡了对充分发挥方言作用的认识，现在已经意识到这一点，从官方到民间，从中央到地方。语委现在搞语言资源调查，也把拯救濒危方言放在一个重要的地位。实际上，通过最近这 20 年也看到了方言学在语言学里面的突出地位，它对语言学的贡献，就是不搞方言的人也看得出来。现在很多大的项目都是关于方言的。在这样好的形势下，一方面要全面深入调查，做好方言本体的调查研究工作；另一方面要做好方言的应用工作。使方言在社会语言应用中充分发挥作用，它的生命才能长久。如果语言不在应用中发挥作用，它的活力就没有了。为什么个别语言会处于濒危，比如说满语，就是因为使用者太少了。现在我们要充分注意应用，不光是说人多人少（使用）的问题，而是方言本身的价值，我们要把丰富的方言资源开发出来，并且充分利用起来。

张宜： 詹老师，现在社会上是不是有误区，也可能是人们不了解，可能就会断章取义。比如前一段有记者采访您的时候说到"两话"并存的问题。有人说，詹老师提倡推广普通话，排斥方言。实际上恰恰相反。

詹伯慧教授： 对！实际上我的意思被歪曲了，被误解了。后来我也写过文章谈这个问题，发表在《学术研究》上，《语文杂记》后面也附上我和记者的谈话，以正视听。

张宜： 是《语文杂记》附录里面收的《詹伯慧专访》，和《羊城晚报》记者吧。

詹伯慧教授： 我的观点从来都是推广普通话，是要在我们的语言格局里面推广一种，即，普通话，保留多种，即多种方言，使我们的语言生活从单一过渡到多元化。单一指的是，我们是方言大国，每个地方都有方言。每一个人生下来就会说方言，

[①] 《三十年来中国语言工作的一些情况》，载日本《中国语学》1980 年第 227 期；《语文现代化》1980 年第 4 期；《武汉大学学报》1981 年第 3 期。

[②] 指《汉语字典词典注音中的几个问题》，载《中国语文》1979 年第 1 期。

方言不用学的。所以推广普通话是要使得每个人在他不用学就会说的母语之外再学一种大家共同使用的语言——普通话。对于我们这样一个有 13 亿人口的大国来说,这样做是必要的。我说的是推广普通话并不是要把我们的语言生活从单一的方言变成单一的普通话。单一是不行的。但是光有普通话,不要方言也不行。最近我写了很多关于语言应用的文章。我特别提到了 50 年代百花齐放,百家争鸣。那时极力推广普通话,雷厉风行。但方言在文化领域里的作用是不可替代的。因为中华的优秀文化、灿烂文化是包括主流文化和地域文化的,地域文化的载体是方言。有两种人,一种人是别有用心,他本身的思想就是排斥外来人、外来务工人员。他们这是借题发挥。觉得外来人侵害了本地人的利益。他们要维护的是本地人的利益,而不是方言的利益,借题发挥。另一种是对语言和方言缺乏认识,以致产生误解。如果客观地、冷静地看待问题,我们的语言知识没有很好普及。我们首先应该反省我们自己,我们普及语言知识的工作实在做得太少了。所以,后来我在《学术研究》上发表的文章①,就明确表示我的观点:我们应该反省我们自己,我们普及语言知识做得太不够了。

张宜: 时间不早了,感谢您百忙之中接受我的访谈!

詹伯慧教授: 不用客气。

詹伯慧访谈录

---

① 指《试论粤方言地区的推广普通话工作》,载《学术研究》1996 年第 9 期;《语文建设》1996 年第 1 期;澳门中国语文学会《语丛》第 31 期;《语文现代化论丛》第三辑,语文出版社 1996 年版。

张会森访谈录

受 访 者：张会森教授

访 谈 者：张　宜

整理/注释：张　宜

地　　　点：黑龙江大学张会森教授家

时　　　间：2009 年 7 月 15 日，下午 2:30—3:30/2022 年 8 月定稿

张宜：　今天是 2009 年 7 月 15 日。我现在是在黑龙江大学张会森教授的家里。我今天访谈张教授的主题是俄语语言学、语法学和修辞学。张老师，您是怎样走上语言学研究道路的？您为什么要从事俄语语言学、语法学和修辞学的研究？

张会森教授：　其实说起来很有意思，严格说不是我要从事俄语语言学研究，而是时代要求的。因为(19)50 年的时候朝鲜战争爆发了，我那时候还在哈尔滨市立一中读高中，还没有毕业，12 月份的时候，哈尔滨外国语专门学校(哈外专)①，当时是一所由原东北军区管辖的军队院校，(学校)到我们那里招生，他们实际上就是来挑人。他们跟我谈了，说："国家需要学外语的，学俄语，你愿不愿意去？"那个时候刚解放，年轻人都有一股热情嘛，所以我就说："我愿意去。"就这样我被保送到哈外专

---

* 本访谈录初稿在 2009 年 7 月 15 日的录音访谈文稿的基础上形成，经张会森教授审阅认可。至本书出版，时间过去了十余年。正式出版前，访谈者张宜根据张会森教授公开出版物的相关内容，做了适当增补。

① 哈尔滨外国语专门学校源于 1941 年 3 月在延安成立的中国人民抗日军政大学第三分校俄文队，后来曾改名中央军委军事学院俄文科、中央军委俄文学校、延安外国语学校。1946 年 6 月抵达哈尔滨，以南岗区东大直街为校址，11 月定名为东北民主联军总司令部附设外国语学校，同年 12 月迁于佳木斯市之后，于 1947 年 7 月迁回哈尔滨办学。1949 年 1 月改名为哈尔滨外国语专门学校。1953 年 1 月改名为哈尔滨外国语专科学校，并由高等教育部直属。1956 年 6 月升格为哈尔滨外国语学院，成为我国早期设置的几所外国语学院之一。1958 年 8 月哈尔滨外国语学院改建为黑龙江大学。

学习俄语。

张宜： 您是出生在哈尔滨吗？

张会森教授： 不是，我是（河北）乐亭人。我7岁的时候随父母来哈尔滨的。刚解放的时候，我读过俄罗斯的文学作品，像托尔斯泰、普希金的作品，读过之后我感到俄语是个很了不起的（语言），所以很喜欢俄语，就学了俄语。我（19）53年大学毕业了。我们那个时候虽然叫哈尔滨外语专科学校，但它是按照大学本科的教育（方式）实施的，这样学了三年我就毕业了。我本来是想到新华社工作，去当驻外记者，后来服从组织安排留校任教了。按照我的本意，我不希望做一名教师，那个时候我也和其他年轻人一样，也是想要志在四方。可后来我搞了一年的语法，逐渐喜欢上了它。事情永远都是这样子，你开始不太愿意干的事情，很有可能后来就成了你的专业。包括我学术的名气，我是靠语法起家的，大家首先知道我是一个俄语语法学家。后来我经常拿我个人的经历跟学生讲，科研和学习兴趣可能有关系，但关键的是你要能钻研才行，什么事情都是你干了一会儿，你就会发现里面有乐趣。语法起初看来很简单，但你要是仔细琢磨琢磨，里面还是很有道理的。当时学校领导也考虑到我年轻，逻辑思维挺好，脑瓜儿很好，所以搞理论研究会很合适。我觉得现在的青年和我那时还不太一样，现在可以挑志愿什么的，但在那个时候是完全不可能的。（笑）（**张宜：** 如果您自己按照个性去选择的话，您会……）如果按照个性去选择的话，我会去搞文学翻译或是会到新华社当记者。

张宜： 您刚才已经把（访谈提纲上的）第一、第二个问题放在一起谈了，您的意思就是说在当时，您不可能按照自己的意愿去选择（自己的职业和研究方向）。

张会森教授： 对，是这样的。但是我个人的成长还多亏了那个特定的时代。的确，那个时候也没有现在的灯红酒绿，也没有现在这些物质的诱惑。那个时候我就觉得我自己是一介书生，好好学习、好好工作就行了，但那个时候有"左"的东西，比方说，我搞科学研究，有些人还觉得我是"只专不红"，但那是另外一回事了，（就是说）没有现在那么多的诱惑。

张宜： 张老师，有没有什么人、什么书或者是什么事儿对您从事俄语语言教学和研究影响比较大，或者是您现在还能记忆犹新的？

张会森教授： 现在很难说哪一个人对我从事外语教学有影响。比方说有一些同志，有一些先生对我治学、教学里面有些帮助。我刚参加工作的时候（年龄）比较小，才20岁，就开始教语法了。我当时接的第一个班是教授班，这个教授班都是英语的教授、副教授、讲师,当时的情况是"一边倒",(其他外语专业的老师)都改学俄语,这些人中包括湖南师范大学的刘重德,他就是我的学生。当然我是开玩笑了。但是我当时教的学生有的比我的父亲岁数还大,他们有时候就逗我说:"张先生,你有几个孩子啊?"我当时还没结婚呢!"你跟我们李先生学习学习,他都有七个了!"(笑)我开始工作的时候在教研室里,比方说伍铁平,他曾经是我的第一个助教(老师),他很欣赏我,要求我治学严谨。当时我们教研室里面其他人都不错,现在回想起来可能再也没有那样的教研室了。虽然当时的哈尔滨外语专科学校是一个军队院校,但是从领导开始都很重视教学工作,当时教研室经常定期要开会,要研究教学、要进行公开课、评课等。(**张宜:** 当时的管理非常严格。)对,我当时在那样一个集体里,我还是觉得很受益的。所以说不是一个人或两个人对我的影响,而是整个(学校)对我的影响。(**张宜:** 我在做博士论文的时候访谈过伍铁平老师。)他很有个性。这个人做什么事情都很严谨。我出的一本书拿去给他看,他发现我的书里有一处英文引文的字母错了,他就说:"你要是早拿给我,我早就给你指出来了。"他确实很严谨。

张宜: 从哈尔滨外国语专门学校到后来的黑龙江大学,哪些方面有利于您从事学术研究?您如何处理教学和科研的关系?

张会森教授: 哈外专当时的校长是王季愚,副校长是赵洵,她们都是专家出身,不是行政或党政干部来主持教学,也就是说她们本身就是教育专家,所以她们对教学的要求、对管理学校的要求,对教学质量、教学风气都抓得很紧。从 1950 年起,我的学习、工作和生活基本上是和这所三易其名的高校紧紧联系在一起的。在这里,我历经了学员—助教—讲师—副教授—教授—博士生导师这样一个完整的成长过程。作为一名学人,我也是以哈外院—黑大为基地发展起来的。

1953 年 9 月,我留校任教,被分配到语法教研室。本来我并不想搞语法,而是想搞文学、搞翻译。我从小就喜欢文学,我在哈一中初中三年级的时候已经是哈尔滨文学工作者协会(简称"文协"),后来改称"作协"的会员了。搞语法其实是很抽象、空洞,很枯燥的,所以头一年我不愿意干,闹情绪。为这事我还受到了批评,那种批评实际上从现在的角度来看完全是一种党性上的教育,我当时还要在会上检查自己。(笑)也许是"天意",语法成为我立业的第一块基石。

哈外专从 1954 年起分期分批轮训教师。1955 年我和一些年轻教师离职到哈尔滨苏联侨民中学插班学习,以提高俄语实践水平和口语能力。后来我又回到哈外专进修班学习。之后又参加了教师进修班,跟乌汉诺夫(Г. П. Уханов)学习现代俄语理论。我还在学校编译室和词典编写组工作过。1957 年我被调到学校编译室,在这里我主要是参加了《现代俄语语法》(上下册)①的编写工作,虽然当时没有名分,但实际上我是这部书的主编之一。在编译室,我还主译了维诺格拉多夫(В. В. Виноградов)院士的专著《词的语法学说导论》②。

1960 年我提前结束例行的劳动锻炼,到俄语理论教研室任教,在那里我首先接受了参编全国统一教材《现代俄语通论》③的任务。我负责编写的是"词法学"部分,我所讲的课也是"词法学"。这部教材影响深远,一直用到 20 世纪末。

1976 年我被调到词典编写组,参加《大俄汉词典》④的编校工作,也是这部词典主要编写者之一。这部词典 1982 年完稿,1985 年由商务印书馆出版,后来获全国辞书一等奖。

自 20 世纪 80 年代起我一直从事俄语理论教学与研究工作,教学自 1984 年起完全是在研究生层次。我还曾经长期主持黑龙江大学俄语研究所、俄语理论教研室和研究生(含博士生)教研室工作。

我曾连任黑龙江省高校职称评定委员,外语学科组组长。参加过全国社会科学基金外国语言文学评审组、博士后论文评审、国家教委科研项目立项评审等工作。20 世纪 90 年代到 2005 年,我一直是黑龙江省重点学科——俄语语言文学学科带头人。

我先后 8 次获得过国家、省级科研成果奖、教学成果奖。享受国务院政府特殊津贴。我还入编多种世界名人录,例如美国传记学会主编的 The International Directory of Distinguished Leadership(《国际名人指南》),香港版《世界名人录·中国卷》,北京版《中国世纪专家》(第三卷),中国画报社版《共和国专家成就专览》等。

我的一生基本上和黑大相联,所谓"基本上",是因为"文革"期间,自 1969 年珍宝岛事件发生后,我被调到黑龙江省战备俄语训练班任教,任教材组组长,后来又到萝北生产建设兵团俄语提高班任教,前后有两三年。1987—1988 年,我被公派

---

① 黑龙江省俄语研究所、黑龙江大学外语系编:《现代俄语语法》(上册词法、下册句法),商务印书馆 1963 年版。

② 〔苏联〕维诺格拉多夫著:《词的语法学说导论》,黑龙江大学编译室,译,科学出版社 1960 年版。

③ 王超尘、黄树南、信德麟等编:《现代俄语通论》(上下册),商务印书馆 1963 年、1964 年版。

④ 黑龙江大学俄语系词典编辑室编:《大俄汉词典》,商务印书馆 1985 年版。又黑龙江大学俄语语言文学研究中心辞书研究所编:《大俄汉词典(修订版)》,商务印书馆 2001 年版。它是一部单卷本大型工具书。它是在刘泽荣主编的《俄汉大辞典》的基础上,广泛参考了苏联出版的各种现代俄语标准语词典编成的,该词典共收词条 15.7 万个,共 1 061 万字。

以高级访问学者身份去苏联留学,在列宁格勒大学语文系研习,导师是著名学者马斯洛夫(Ю. С. Маслов)教授。2001—2003 年,我又应邀到台北中国文化大学俄文所任客座教授,给那里新办的博士生班授课。

　　1954 年的时候,在哈外专,黑龙江大学前身,就召开过全国第一次俄语教学研讨会,那次研讨会的影响很大,对很多教师的影响都很大。当时也不是说所有的教师都得搞科研、都成才,其实那样说也不对,但是的确我们老哈外专的老师出了不少人才,包括李锡胤老师、华劭老师,实际上我们都是一代的,我是年龄比较小的。所谓"黑大三老"就是指我们三个人,(可能是)有点名气吧!(笑)我认为当时的哈尔滨外国语专门学校整个环境还是很好的,它(确实)抓科研、抓教学。我当时在语言理论教研室,如果这个学期你有课你就教书,如果没有课你就搞科研,每个人自己都有一两门课,这是看家的本领,不像现在的老师什么都教,其实也不能怪老师。(**张宜**: 这是现在的社会大环境造成的。)我有时候感觉很可惜呀!现在大家可能搞科研的少了,挣钱、讲课的多了,我们黑大也是如此。我甚至认为,现在教学质量下滑。但在那个时候,我们的老师还是不错的,比方说我和华劭,我讲语法的形态学即词法学,他教句法学,我们的科研都是这个方向。后来我又搞修辞学,他搞语言学,李老师编词典,搞语义。这样一来我们就形成了自己的体系和方向,整个就带动了院系的学术成长和发展,也在国内产生影响,所以有人称我们为"黑大三老"就是因为这个原因吧。

张宜: 张老师,在我们东北地区,俄语教学和俄语研究领域是不是有一些得天独厚的优势?

张会森教授: 对,那当然是了。比方说俄语系俄语专业就是黑龙江大学的王牌,大家有时候开玩笑说:"俄语系跺一下脚,黑大就得动一下!"我们可以想一下,哈尔滨外国语专科学校之所以能够变成黑龙江大学就是因为俄语专业嘛。后来我们一些人(逐渐)有了些名气。(笑)大学里怎么也得有几个知名的教授吧。可以这么说,全国哪儿都可以没俄语,但黑大不能没有。(**张宜**: "天下俄语一半'黑'"嘛!)对!辽师、辽大(的俄语专业)都是从这儿出去的。当时沈阳还有个沈阳俄语专科学校,也是从这儿分出去的,但是它办(学)的时间比较短。(**张宜**: 我还发现一个特点,黑大的俄语专业在全国是屈指可数吧,每个综合性的高校都有外国语学院,但是能够独立成俄语学院的只有黑大一家。)对,是这样的。比方说在北大,俄语算不上什么,但是换在黑大就不一样了。(**张宜**: 所以你们的研究生培养,包括硕士、博士、博士后流动站什么的都很完备。）我只能说开始几年包括李老师、华老师和我对研究生质量要求很高，过去在一线的时候一直是我主管研究生工作的。我和华劭老师曾经到过吉林的一所大学去主持他们的第一届硕士研究生答辩，六个我们刷掉了三个。后来我就跟他们讲，我们（当初）刷掉的那三个比你们现在还要好。（**张宜：** 培养质量下滑。）培养质量下滑有很多原因。一方面现在我们有的导师未必在业务上很精湛；另一方面，（学生）招得太多，培养不过来。所以我说现在质量不如过去，我就是这么说的。这就是一个老教授的心里话，外语教学的悲哀啊！现在一个很不好的现象就是，我们（这个社会）物欲的东西超过了学术。搞科研的很少，因为科研太耗费精力，写的东西未必能发表，发表了也就那么点儿稿费。现在如果教教课的话，也能不少挣，我们现在的课时费是很贵的，尤其是英语。过去曾有句话："腰包鼓了，档案袋瘪了。"现在俄语我估计可能也有这样的情况。如果现在不去抓，将来肯定会出问题。现在造假也多，我们现在形式上的东西太多了。

张宜： 现在人们都在追逐名利。

　　另外在教学方面，我认为在我们那个时代，本科毕业了，教个几年就差不多（成手）了，可是现在本科毕业又读研究生，现在研究生（毕业了）也未必能够应付我那时候（所从事）的工作。那个时候（招收的）学生都是各个学校挑选（出来的优秀生）。另一个原因就是当时学校在教学方面抓得比较紧，而现在的情况是我们的学生多了，来源也比较复杂，良莠不齐。还有一点，我认为现在我们的教学目的不明确了。我记得前几年，我们大学都在强调素质教育，可是素质教育（又）把专业教育给淡化了。我正好有一篇文章要发表的，是关于语法教学[①]。我觉得语法是（外语专业）看家的（本领）。在大学把本科的语法课给砍掉了，那学生们还能学到什么呀！当然语法课在实践课上也是可以讲的，但那是两回事。还好，最近又改回来了。黑大中间有一段走过弯路，选修课多于必修课。可是现在开设的课程也有问题。比方说，你给一个（俄语专业）二年级的学生上俄罗斯外交史，这不开玩笑嘛！这就是一味地想提高（学生）素质吗？什么叫作素质？其实最基本的素质就在他们的专业里。我们那时候没学那么多的课，但是毕业后都能从事自己的行业，有的还能当翻译，有的不到两年就出去工作了，这都是因为我们那个时候基本的东西都掌握了。我们现在的大学里最吃香的专业都是一些有专业技能的专业，而不是什么

---

① 指《俄语语法研究：现状和问题》，载《中国俄语教学》2011年第1期。

东西都学点儿的专业。我们过去走了一段弯路,我们不能笼统地谈素质教育。专业也是素质,它是最基本的素质。在课时很少的情况下,怎么能实事求是地来安排课程,不能什么课都有,比如说,俄罗斯外交史,如果(一个学生)想知道,就去看看报纸、看看书,就比老师讲得还清楚。(**张宜:** 张老师,您是不是从 50 年代开始,这几十年都在教学与科研一线上?)事实上,从 80 年开始我就不再教本科(生)了,而是专门主抓研究生的教育,从硕士到博士。从 90 年代初开始带博士生。(**张宜:** 您是不是既抓教学同时又抓管理工作?)对,我当时主管研究生教学。

张宜: 张老师,您在教学实践过程中,您觉得学生喜欢什么样的教师,教师又喜欢什么样的学生呢? 我觉得您讲授的课程一定非常受学生欢迎。您又是怎样处理教学和科研的关系?

张会森教授: 我认为学生可以从我这儿学到货真价实的东西,我对他们要求是严格的,学生们一开始都怕我,但后来都好了。现在不管到哪儿去,我送毕业的学生们跟我的关系都特别好,我还认了很多干儿子、干女儿,当然也有(他们)师母的关系。(笑)我对他们好,这个好不是别的,而是我真教他们东西,包括如何做事、做人。(**张宜:** 您除了有知识传授,还有人格魅力的感染。)人格的魅力当然也有,我站着讲课、讲话从来都不带稿。(笑)(**张宜:** 您的声音特别洪亮,声音特别有质感、有磁性。)我们现在的校长张政文,他以前当过我们研究生处的处长,他说:"张老师,你往那一坐,简直就是一个俄罗斯贵族啊!"(笑)

(**张宜:** 张老师,您的气质确实跟别人不一样。我给您打电话,在电话里就感觉您的声音确实很有感染力。)他们有的人就说:"张老师,您应该去唱歌。"我说:"是,中国少了个歌唱家,多了一个蹩脚的语言学家!"(笑)我认为我讲的课程都是货真价实的东西。你想在这儿学语法,跟张会森教授学还能吃亏呀! 他出了多少部语法书了呀!(笑)再比方我讲的修辞学,你上哪儿去学呀!(笑)二十多年来,我指导了不少硕士生,20 世纪 90 年代以后,我的精力全花在博士生及博士后的指导上。如同我的科研成果一样,这些博士生、硕士生也是我的骄傲,他们今天都已成为所在单位的教学和科研骨干,有的已经成为教授、博导,已是国内俄语界的新一代翘楚。

校外一些学子和年轻些的同行,愿意称我为师,乐意听到我的指点。一些不相识的青年人,有的是俄语界以外青年学人,寄文章来,我都一一提出修改意见。也有同行求教、求助,我都尽力满足。我常应邀讲述自己的治学心得和经验。"江山

代有才人出"，俄语事业后继有人。我"老骥伏枥"，愿意在有生之年为我国俄语事业再尽绵薄之力。(笑)

刚才跟你聊的是我的教学，现在说说我的科研。我做科研，有的是兴趣所在，有的也是任务，学校里安排的，我得从国家社科、教育部重点研究项目里拿东西，我都给他们完成了。最近，2009 年 1 月份，我还给黑大争得了个黑龙江省社科一等奖。(**张宜：** 您带着学生们一起做吗？我看现在俄语学院挑大梁的都是您的学生吧。)对。现在俄语学院的院长王铭玉①是我的第一个博士(生)，副院长孙淑芳是我的第一个硕士(生)。(**张宜：** 您也在俄罗斯学习过，在列宁格勒大学学习过。您真的可以说是学贯中西了。)不能这么说！我们李锡胤老师也许可以这么讲。李老师的国学和西方文化底蕴比我好，但是俄语语法他不一定比我强，讲课、搞口头翻译什么的他不一定比我强，(笑)但是他的英语功力好，语义学，逻辑学研究得比较深。

张宜： 您二位各有所长。张老师，我觉得您是一个在教学方面，对待学生以及对待同事方面都是一个充满热情的、肯于帮助他人的人。在您的教学、科研和工作当中有没有什么事让您非常高兴，有没有什么事让您觉得非常沮丧呢？

张会森教授： 我最高兴的事就是自己有了成就，比方说，我第一个博士生答辩成功，那时候我真的很高兴。(另外)我在大学学习期间就已经搞翻译和研究了，当时上海的《大公报》副刊就发表过我翻译的文章，那也是一件让我很高兴的事。还有，我的第一篇学术论文是在 1954 年发表的，那也是(值得我)非常高兴的(事儿)。我的书出来也是高兴的事儿。另外，我在莫斯科大学代表中国俄语界发言②，那当然也高兴了。

张宜： 太了不起了！张老师，您这每天得工作多少个小时啊！您搞科研一定是有乐趣吧。我高兴的事情其实还真的很多。其实我坦白地讲，像我这样的，现在已经是功成名就了，身体又不太好，得过病，但是我还是扔不下。科研其实就是我生活的一部分，我要不干的话，我真不知道一天怎样度过，所以我认为搞科研本身就是一种乐趣，兴之所至，我就干点儿，我一有想法儿，就马上开始写了。(**张宜：** 搞科

---

① 王铭玉教授后来调任天津外国语大学副校长。

② 1995 年张会森教授参加由俄罗斯科学院语文学部、莫斯科大学、普希金之家及国际俄语教师联合会 4 家单位在莫斯科大学共同举办的"纪念维诺格拉多夫院士华诞 100 周年国际学术研讨会"。在第一天开幕式上，张会森教授在主席台就座并代表黑龙江大学和我国俄语界致辞，向这位大师表达敬意，闭幕大会上作了题为《维诺格拉多夫院士和中国俄语研究》的演讲。参见《纪念维诺格拉多夫院士诞辰 100 周年》，载《中国俄语教学》1995 年第 2 期；《维诺格拉多夫与修辞学——纪念维氏诞生 100 周年》，载《修辞学习》1995 年第 2 期。

研其实就是您最大的爱好吧。)搞科研真的是我生活中的一部分。俄国有个叫契诃夫的小说家,他晚年得了肺病,他身边所有的人,包括医生都劝他别写了,可是他说:"如果你夺去我的笔不让我写作的话,我就得死!"我也有同感,如果让我张会森什么都不干、什么都不想了,那我可能也活不了。其实我今年都76岁了。李(锡胤)老师身体可真好。但我现在还行,还能继续搞科研。前不久,我们开了个俄语教学研讨会,校长让我讲话,我说:"看到这么多的年轻人,我也很高兴。我虽然已经老了,但我还能给你们压压阵脚、助助威,古人云:廉颇老矣,尚能饭否?我现在也一样,也能吃,但我还有两个他干不了的——能思否?能!能写否?能!"(笑)这就是一种心态,兴之所至,一种乐趣。我计划一年要在全国一级刊物上发表四篇(论文),现在已经发了一篇了,明年我们的《外语学刊》要连载我的文章①。我就是把它(科研)当成一种乐趣,不是一种负担,不是一种痛苦的事情。

张宜: 张老师,那么有没有什么让您烦心的事情?

我觉得也有。例如,应该如此的但没有如此。还有就是不太公平的事。其实我自己并不太在乎一些事情,有的就是过眼云烟,过去了就过去了,这回不行我就下回再试。可能轮到我的时候,事情已经过去了,轮不上了。我想事情过去了就是过去了,不想太多。我是性情中人,我要是不高兴了,什么事都挂在脸上,他们说我的脸就是一个晴雨表,我这个人心里不存事儿,完事儿了就是完事儿了,不多想。所以我看得比较透,比较达观,精神头也比较足,同龄人中很少有我这样儿的。(笑)

张宜: 您认为一位语言学家最应该具备什么样的学术修养?

张会森教授: 我认为,一个学者应该努力做到这么几点②:一是要克服"浮躁"的情绪。"浮"就是漂浮在表面,不能踏踏实实的"浮","躁"就是急于求成,急功近利的"躁"。科研是一种严肃的创造性的思维劳动。要多读有关文献,吃透别人的观点,看他有什么不足,你又如何看?要多提几个"为什么"?自己首先要把观点搞明确。要多动手,勤于收集语言事实,用语言事实来检验来证明。这是搞科研的必要劳动。有些科研产品"研"字不足,因而缺乏质量。读得少,思得少,材料收集得少,不到火候就"出炉"了,这也是"浮躁"。有人以为文章发表了,就以为是有质量了。其实不然,有的刊物把关严格,有的刊物把关不那么严,不免良莠相容。现在什么都"商业化",出书、发文章,难免有"猫腻"。在缺乏学术批评的情况下,我们更要自

① 指《今日俄语:现状与问题——"今日俄语"系列研究之一》,载《外语学刊》2010年第1期;《今日俄语:语法领域中的积极过程——"今日俄语"系列研究之二》,载《外语学刊》2010年第2期。
② 参见《和青年学人谈治学》,载《俄语学习》2010年第1期。

尊、自重。

二是要做好选题。选题涉及个人的研究方向。搞科研的人都应为自己选定一两个方向,在这个方向上深入钻研,逐渐开拓。我个人科研实践是这样的:首先集中精力搞俄语语法,到了一定的程度我转向修辞学,因为语法和修辞是密切相关的。语法解决"对不对"的问题,修辞则解决"恰当与否""好不好"的问题。传统上的语法是"从形式到语义(功能)"的描写模式。对这种语法吃透了之后,我自然地又转向"功能语法"("从语义到形式")。中国俄语研究要在世界上占有一席之地,应该有"中国特色"。一方面,教学研究要结合中国实际;另一方面,语言研究也要从中国人角度出发,进行俄汉对比。这种对比无论对于俄语教学,还是对于俄语语言研究本身都会产生积极作用。我举个例子:《80 年语法》①增写了"Употребление видов"(动词体的使用)那一重要部分,就是外国人教学与研究促生出来的。

在选题时,一定要从自己的实际条件和可能出发。要客观地考虑自己的能力和条件,自己的理论准备和语料的掌握程度。切勿好高骛远,贪大求全,眼高手低。科学研究讲求实事求是,路要一步一步地走。不能一口吃下个胖子,不妨先从具体的问题搞起,大问题分解成部分,滚雪球似的逐步扩大战果。

三是要有创新精神。一项科研成果,一篇论文应该有所"创新",有"新意",有新的见解,即对某一问题的研究有所贡献,这样论文才有一定的价值。如果别人已经写了关于某一问题的论文,你也写,但没什么新鲜东西,那你写的东西就没什么价值了。自然科学这点特别重要。搞文的也力求避免这种情况。科研成果、论文怎样才算"有所创新""有新的见解""有新意"? 前些年,在高等学校现代俄语专业研究生培养工作经验交流会上,我曾就这个问题发表了自己的见解,得到与会者的一致赞同。

四是要掌握、运用文献资料。科研是一种继承性思维活动,我们都是在前人已取得的成果基础上前进。因此,搞科研,掌握、运用文献资料十分重要。要搞一个题目,研究一个问题,你要尽可能充分地查阅已有的文献、资料。其中主要的文献、资料还要认真阅读,分析、掌握其基本观点,从中吸取营养。通过阅读文献资料,可知在你之前人家已经取得了哪些成就,人家都写了些什么,还有什么问题没有解决,哪些地方还是薄弱环节,供你"乘虚而入"。这样,你写的东西就不会是简单的重复,甚至是不如人家的重复,而是会有新的贡献。

---

① 指由什维多娃(Н. Ю. Шведова)主编的苏联科学院的《俄语语法》(Русская грамматика,1980),简称《80 年语法》。

要保证科研水平、学术水平，"博览群书"是基础。文献、资料一定要力求充分。手头或本校没有，要出访，要外借，要购置、复印，甚至手抄。现在我们有些文章参考书目十分贫乏、陈旧，有的甚至没列参考书目。

参考文献要注意新旧。科学在日新月异，新文献原则上反映了研究的新成果。同一作者观点前后可能有变化，例如，乔姆斯基的理论经过了几次大的变化，P. Якобсон（P. 雅各布森）的诗语功能理论后期论点也有变化，研究者都要注意到。

现在的时代叫"信息时代"。搞科研要注意有关信息。要留意新出版的书刊，从而了解学科领域的新动向、新思想、新成果。文献资料很多，有的可以浏览，而有的则要精读。有些著作理论性很强，语言艰涩、术语生僻，理解起来很费力，一遍读不懂，那就读两遍、三遍，直到读懂为止。在对待文献上，不要"言必称西方""言必称外国"，记得也要研究本国的实际，研读本国的成果。

张宜： 您怎样看待学术批评？您的著作和观点是否受到过批评？批评者是什么人？

张会森教授： 这些年来，我们认真的学术讨论、批评的风气还不够浓厚。现在有些书评、文评往往是好话连篇，有时是无谓的、无根据的吹捧，这对科学事业是不利的，只会带来"市侩气""帮会气"的病毒！我欢迎并支持正常的学术批评，学术批评应该正常、健康地进行。20 世纪 80 年代，我曾经就传统的俄语语法教学中存在的一些现象和问题，发表过一篇文章《论主语》①，指出多少年来一直采用传统的句子成分分析法来分析句子。这种分析法的基本特点是在一个句子中同时找出主要成分（主语和谓语）与次要成分（补语、定语和状语）。很多语言学家注意到句子成分分析法的种种缺陷，但注意力大都集中在次要成分上。我试图从新的角度来探讨句子的主语问题。传统的、"经典性"的主语概念以及句子分析实践存在着一系列严重的缺陷，很有研究的必要。主语是句法学的基本概念之一，主语问题不仅关系到句子分析，关系到次要成分问题的解决，而且也关系到句型的确定和描写。这篇文章发表后，在一段时间里引起了一定范围内的关注和讨论，对于我们的观点有人支持，有人反对②。不同见解的存在和交锋是很正常的现象。我们不认为我们的观点就是完全正确的，更不是"唯一正确的"。科学总是在不同观念、方法的斗争中，在认真的讨论中向前发展的。正是基于这种心态，我记得我们《外语学刊》特地刊发了吕济川同志《〈论主语〉异议》③的文章，使我们有机会在一个平台上平等探

---

① 《论主语》，载《外语学刊》1983 年第 2 期。
② 指孙夏南：《主语、主体、主位——写在张会森同志"论主语"一文之后》，载《中国俄语教学》1984 年第 4 期。
③ 吕济川：《〈论主语〉异议》，载《外语学刊》1985 年第 1 期。

讨主语问题。后来我也针对吕济川同志的一些观点作出回应①,主要是为了与他商榷他那篇文章中的某些提法。

张宜: 您在俄语语言学方面研究的特点是什么? 有哪些突破?

张会森教授: 我的研究领域主要在语法、修辞和文学。说到我在语言学方面研究的特点,概括起来还是一个很大的话题,我就拿我研究功能语法做个例子跟你说说吧。我是国内最早开始引介并直接研究功能语法的学者。我的功能思想与 А. В. Бондарко(А. В. 班达尔科)的功能理论有着较为紧密的渊源关系。功能语法在俄罗斯的主要代表是 А. В. Бондарко,他从语义范畴出发,建立了"从意义到形式"的功能语法体系—语义功能语法。他倡导"从功能到手段","从意义到形式"的研究方法,提出了"功能语义场"理论和"范畴情景"理论。我在介绍、吸收新理论的同时,我很注意结合中国人俄语教学和使用俄语的实际,走自己的路,走出自己的特色。我的《俄语功能语法》②就是最好的例子。概括起来,我的功能思想有以下几个特点:第一,功能语法是以研究、描写语法单位的功能为己任的语法,研究和描写如何使用语法手段,是为表达一定的思想服务的。也就是说,功能语法是以语义为出发点、研究其相应表达手段的语法,它抛开结构意义以及一般的语用意义。第二,功能语法以语义范畴为描写类别。虽然这种范畴的确定与相应的语法手段(词的语法形式、句法手段)相关。但后者绝不是前者的基础,只是前者的一种可能结构类型。这样一来功能语法就抛开了形态中心论,而坚持类型多样化的原则,融情景主题、词汇、词汇语法手段、语调手段等为一体,对事物、特征、行为、疏状、情态进行有机的描写分析。第三,功能语法从交际出发,它的最大特点在于研究、描写语言手段使用的规律、规则,把语法与修辞相结合。《俄语功能语法》一书就充分体现了这种特点,它不仅注重各种范畴的描写还十分注意分析各种表达手段、表达方式的修辞特点与语体属性、指出其应用的情境、场合。

张宜: 您认为您对俄语语法和俄语修辞方面的主要贡献有哪些? 在您的成果中,您本人最看重哪几种? 学界对它们的评价与您的看法一致吗?

张会森教授: 我的学术研究是从语法开始的。20 世纪 50 年代我就发表过三四篇俄语语法方面的论文③。1963 年,我参与编写了《现代俄语通论》,我负责"词法学"

---

① 指《再论主语——兼答吕济川的〈论主语〉异议》一文,载《外语学刊》1985 年第 2 期。

② 《俄语功能语法》,高等教育出版社 1992 年版。此书获黑龙江省优秀社科成果三等奖和黑龙江省优秀教学成果奖。

③ 指《俄汉语形容词几个方面的比较》,载《俄语教学与研究》1957 年第 4 期、第 5 期;《俄语复合句中指示词的使用》,载《俄语教学与研究》1959 年国庆十周年专号。

部分。我作为主编者的《现代俄语语法》（上下册）也在那一年出版。16 年后，由我和华劭共同主编的《现代俄语语法新编》①（我负责词法部分，华劭负责句法部分）由商务印书馆出版。此书深受广大俄语工作者和学员们的欢迎，印行 5 万余部。1982 年美国 *Slavic and East European Journal*（《斯拉夫和东欧期刊》）上有专门评介。

2000 年我受商务印书馆的邀约，独自撰写的《最新俄语语法》②出版，该书成为继《现代俄语语法》《现代俄语语法新编》之后第三代商务版俄语语法，迄今为止已印行 5 次。

我与信德麟、华劭合编，1990 年由外语教学与研究出版社出版的《俄语语法》③，全书 831 页，是个大部头。我负责词素学、构词学、语法学三编，第 89 页至 470 页。这本书是供研究生、教师使用的，但销量很大，已印行 4 万余册。我是国内最早接触与关注 Русская грамматика（《俄语语法》）的学者之一。1983 年发表了《〈俄语语法〉浅评》④，并于 1986 年 9 月在黑大主持了"苏联科学院 80 年语法国际研讨会"，出席者达 160 人之多，是国内有史以来俄语界规模最大的一次学术盛会。会后我又主编出版了此次研讨会的论文选集《俄语语法学论丛》。我还参加了 Русская грамматика 的翻译工作⑤。

在语法学领域，我的另一贡献是对功能语法的引进和研究。1980 年我的《功能语法若干问题》⑥恐怕是国内最早一篇专讲功能语法的论文。后来又陆续发表了《功能语法导言》⑦《俄语功能语法：祈使范畴》⑧《俄语功能语法：存在范畴》⑨《苏联的功能语法研究》⑩《功能语法问题》⑪等文章。1992 年我的《俄语功能语法》⑫一经出版，当年就引出了书评 3 篇⑬。因为我把功能语法引进到本科和研究

① 黑龙江大学俄语系：《现代俄语语法新编》（上册张会森主编，下册华劭主编），商务印书馆 1979 年版。
② 《最新俄语语法》，商务印书馆 2006 年版。
③ 信德麟、张会森、华劭编译：《俄语语法》，外语教学与研究出版社出版 1990 年版，2009 年第二版。
④ 《〈俄语语法〉浅评》，载《中国俄语教学》1983 年第 1 期。
⑤ 指苏联科学院：《俄语语法》（上下卷），胡孟浩，主译，上海外语教育出版社 1991 年版。
⑥ 张会森、俞约法：《功能语法若干问题》，载《外语教学与研究》1980 年第 3 期。
⑦ 《功能语法导言》，载《外语学刊》1988 年第 5 期。
⑧ 《俄语功能语法：祈使范畴》，载《外语研究》1988 年第 3 期。
⑨ 《俄语功能语法：存在范畴》，载《外语学刊》1989 年第 2 期。
⑩ 《苏联的功能语法研究》，载《国外语言学》1989 年第 3 期。
⑪ 《功能语法问题》，载《外语与外语教学》1989 年第 1 期。
⑫ 《俄语功能语法》，高等教育出版社 1992 年版。此书获黑龙江省优秀社科成果三等奖和黑龙江省优秀教学成果奖。
⑬ 指田文琪：《〈俄语功能语法〉读后》，载《外语学刊》1993 年第 1 期。李尚谦：《俄语语法学的新成果——评介〈俄语功能语法〉》，载《中国俄语教学》1993 年第 1 期。沈志文：《浅评〈俄语功能语法〉》，载《外语教学》1993 年第 4 期。

生教学中,并因此获得了黑龙江省优秀教学成果奖。王铭玉曾在《我国学者对功能语言学的贡献》①一文中讲了我在功能语法方面的贡献。

俄汉对比语法是我语法研究的另一个领域。我主持了国家哲学社会科学基金"九五"重大项目《俄汉语对比研究》。项目成果《俄汉语对比研究》②后来在上海外语教育出版社出版。除了主编全书外,我负责撰写了语法对比的大半部分和修辞对比的全部。其中,有些对比语法论文先在刊物上发表过,匡正了一些流行的谬误之见,提出了新的见解。

下面再谈谈我的修辞研究。那还是在我刚刚开始教书的时候,我就注意修辞学了。我学习并翻译了苏联谢尔巴茨基(Б. М. Щербатский)编著的《中学高年级俄语修辞课》③一书。但是我认真、大力研究修辞学还是从 20 世纪 80 年代初开始的。1982 年中国社会科学院《国外语言学》杂志让我撰文介绍苏联修辞学,于是我的第一篇长篇修辞学文章《苏联的修辞学研究》④在该刊发表。第二篇成果是《现阶段的修辞学》⑤,是我参加中国修辞学会昆明年会的论文。这篇论文被年会领导机构确定为年会大会首篇报告,后又作为首篇论文收入中国修辞学会编《修辞学文集》第二集,《语文导报》杂志又把该文放在"语言学论文导读"专栏中加以介绍⑥。这次年会后我被选为中国修辞学会理事,常务理事,东北分会会长,现在是中国修辞学会顾问。1984 年我开始指导修辞学方向的硕士生,90 年代起指导博士生。1984 年我在黑大开设了"俄语修辞学"课程。1991 年出版了俄文版教材 Стилистика русского языка(《俄语修辞学》),2002 年出版了研究生用教材《修辞学通论》⑦,该书被广泛采用,有书评给予很高评价。我撰写的《俄汉修辞对比》一书收在我主编的《俄汉语对比研究》⑧中。

我是国内研究"现代俄语的变化和发展"比较早的。我的专著《现代俄语的变化和发展》⑨填补了我国俄语研究的一项空白。描写苏联解体前后俄语变化的《九十年代俄语的变化和发展》⑩也是填补空白之作。在成书之前,《中国俄语教学》

---

① 王铭玉:《俄语学者对功能语言学的贡献》,载《外语学刊》2001 年第 3 期。
② 《俄汉语对比研究》(上下卷),上海外语教育出版社 2004 年版。
③ 〔苏联〕谢尔巴茨基:《中学高年级俄语修辞课》,张会森,译,时代出版社 1957 年版。
④ 《苏联的修辞学研究》,载《国外语言学》1983 年第 4 期。
⑤ 《现阶段的修辞学》,载中国修辞学会编《修辞学论文集》(第二集),福建人民出版社 1984 年版。
⑥ 指王建华:《〈现阶段的修辞学〉带来的信息》,载《语文导报》1986 年第 11 期。
⑦ 《修辞学通论》,上海外语教育出版社 2002 年版。
⑧ 《俄汉修辞对比》,载《俄汉语对比研究》下卷,上海外语教育出版社 2004 年版,第 293—495 页。
⑨ 《现代俄语的变化和发展》,人民教育出版社 1984 年版。
⑩ 《九十年代俄语的变化和发展》,商务印书馆 1999 年版。

1992 年三期连载了我的《苏联解体后的俄语》①。

我也是我国最早研究俄语口语的学者之一。1980 年《外语学刊》创刊号就发表了我的《俄语口语问题》②一文。我后来编写的《俄语口语及常用口语句式》③，总结、分析了一般语法书中所不常见的 131 个口语句式。

刚才跟你也谈到了，我从年轻时代起就喜爱文学，虽然主要从事语言研究和教学工作，但有时我也"客串"参加一些文学学术活动，（笑）比如，《评苏联七十年代的"静派诗歌"》④就是我 1979 年参加"苏联当代文学研讨会"时撰写的论文。我还应邀参加了《外国文学大辞典》⑤的编写工作，负责"圣经文学"部分。

早在青年时代我就曾立志从事文学创作和翻译工作。还在念大学本科期间我就在期刊上发表过译文，大学时代还译过儿童文学作品。1957 年我和别人合译出版了《苏联独幕剧选》⑥。我的大部分翻译作品是十一届三中全会之后的成果。文学方面主要译作有：艾特玛托夫著长篇小说《一日长于百年》⑦、《屠格涅夫全集》⑧第七卷、《托尔斯泰夫人日记》⑨、《苏联诗萃》⑩中阿赫玛托娃等 8 位诗人的作品。此外，我还翻译过波兰作家科西多夫斯基著《圣经的故事》⑪《新约的传说》⑫。2007年我又完成了《周恩来传》的汉译俄工作。2004 年我被中国译协评为首批"中国资深翻译家"之一。

张宜： 您对俄语语法研究和修辞研究的现状有何看法？它们今后的发展趋势如何？

张会森教授： 近些年来，语法在俄语教学中和在学术研究中不被重视，受到冷落。⑬ 首先，在一些院校俄语语法课被砍掉，而且是基础阶段的语法课被砍掉。语

---

① 《苏联解体后的俄语》（I、II、III），载《中国俄语教学》1996 年第 3 期、1996 年第 4 期、1997 年第 1 期。

② 《俄语口语问题》，载《外语学刊》1980 年第 1 期。

③ 《俄语口语及常用口语句式》，世界图书出版公司 1994 年版。

④ 《评苏联七十年代的"静派诗歌"》，载《文艺百家》1979 年第 2 期；又载《张会森集》，黑龙江大学出版社 2007年版。

⑤ 刁绍华主编：《外国文学大辞典》，吉林教育出版社 1990 年版。

⑥ 《苏联独幕剧选》，辽宁人民出版社 1957 年版。

⑦ 〔苏〕艾特玛托夫：《一日长于百年》，张会森，主译，新华出版社 1982 年版；华东师范大学出版社 2008 年版。

⑧ 〔俄〕伊·谢·屠格涅夫：《屠格涅夫全集》（第七卷），张会森，译，河北教育出版社 1994 年版。

⑨ 〔俄〕C. A. 托尔斯泰娅：《托尔斯泰夫人日记》上卷（1862—1900）、下卷（1901—1910），张会森、晨曦，译，中国社会科学出版社 1983 年版；又《托尔斯泰夫人日记（精选）》，张会森、陈启民、蔡时济，译，中国社会科学出版社 2006年版。

⑩ 王育伦主编：《苏联诗萃》，四川文艺出版社 1990 年板。

⑪ 〔波〕芝诺·科西多夫斯基：《圣经的故事》，张会森，译，新华出版社 1980 年版。

⑫ 〔波〕芝诺·科西多夫斯基：《新约的传说》，张会森，译，黑龙江人民出版社 1992 年版。

⑬ 参见《语法和语法教学》，载《中国俄语教学》2010 年第 1 期；《俄语语法研究：现状和问题》，载《中国俄语教学》2011 年第 1 期。

法教学和语法研究紧密相关。我翻阅了近 5 年的《中国俄语教学》上有关俄语语法的文章,比过去明显少了。2006 年语法方面的文章只有 4 篇,第 2 期、第 4 期两期则没有。国内其他外语刊物呢? 2008 年,据《解放军外国语学院学报》所提供的《外国语研究论文索引》,共发表有关俄语语法论文 12 篇。近三年 80 篇硕士论文中竟没有一篇语法课题论文! 如此状况令人咋舌。难道我们的俄语语法研究真的没有必要了? 我们的研究生(包括教师)对俄语语法掌握得很好,没有什么疑难问题了? 答案应该是否定的。可以肯定的是:由于语法是语言的基础、"灵魂",忽视或放弃对俄语语法的研究必将导致我国俄语教学与研究质量的下滑。造成这种轻视语法局面的原因是多方面的。根源在于认识上的偏差,学风上的偏差。

修辞学研究也是这样。我曾经写过专文①,对过去的 80 年代中国修辞学的成败,以及 90 年代中国修辞学的前景发表过自己的见解。主要谈了两个问题,一是如何评价 80 年代的中国修辞学;二是 90 年代的中国修辞学应如何发展。20 世纪,修辞学摆脱了文学、美学的附庸地位,成为一门独立的语言学学科。今天的语言学其对象和任务早已超出了索绪尔或结构主义语言学对它的限制,不只研究语言结构,更倾向于研究言语,运用于交际中的语言。今天修辞学面临着其他新兴的研究语言使用的学科,特别是语用学(含言语行为理论)的强力挑战。修辞学应该在新的语言学语境中调整和完善自己,从相关学科或科学中吸收自己发展的营养。20 世纪后半叶以来,俄语修辞学是以功能修辞学的形成和发展为其基本特征的。谈 20 世纪俄语修辞学,实际上主要话题就是功能修辞学。以语体为中心的功能修辞学是世界修辞学发展史上一座新的里程碑,对世界各国(包括法、德、英、美)的修辞学产生了强大的影响。中国早在 50 年代就把苏联修辞学大讨论的主要论文译介过来,中国修辞学界逐渐接受了功能修辞学理论和描写模式。从总体上说,语言的功能,即语言使用的研究、言语、言语活动等方面的研究比之作为系统的语言结构的研究在深度、广度和细度上都差得很远。同时,科学在发展,又出现许多新的问题,新的视角。总之,修辞学领域是大有可为的。关键在于我们主观上的努力。如果我们在理论上、方法上、视野上跟不上,上不去,那也不能排除"将会"面临或陷入困境。科学总是不断地调整、完善自己。修辞学研究也不例外。

回顾我们国内近 20—30 年的俄语研究,可以说不断地出现跟"风"热。出来一股新的思潮,新的风向,一批学人就紧追其后,介绍和模仿。原来的研究方向、课题

---

① 指《当代中国修辞学:回顾和展望》,载《云梦学刊》1992 年第 2 期;《俄语修辞学:成就、问题和发展趋向》,载《中国俄语教学》1999 年第 1 期;《现代中国修辞学:成就和任务》,载《当代修辞学》1989 年第 6 期。

尚未搞深,尚未沉(淀)下去,新的思潮一来,就扔下尚未搞好的学科去抓新的了。于是很少有人搞语法研究了。20世纪,语言科学跟其他科学一样,呈现着分化(дифференциация)强于综合(синтез)的态势。Т. В. Шмелёва(Т. В. 什梅廖娃)认为:"今天我们可以说,过去的一个世纪整个语法科学的热情在于分化,结果我们得到的关于语言语法机制大量理论和同时产生的许多新的语法学科,它们都满足于自己孤立的地位。各自为政的关于构词法、词素学、词法和句法的描写使得我们无法把我们丰富的语言知识形成一个完整的图景。"我国的语法研究也存在着此类问题。Т. В. Шмелёва说得好:"我觉得我们21世纪的语法学正期待着综合20世纪所有的理论和经验财富。"今天,语义学、语用学观念已渗入语法研究之中,尽管还不够充分,但事实证明它们是语法描写中所必需的因素,也许不久会出现"认知语法学"这样的成果。语法研究早已不再是单纯形式—结构描写和分析。"多学科"结合的多维研究、引入新的语言学理论和方法,会使语法学与时俱进,受益良多。

我的研究成果都有理论。我虽然搞理论研究,但是我不能脱离开教学。如果语言研究脱离了教学去搞就什么都不是了。各门学科都是相通的,包括语法、修辞学,还有到后来我的研究从单一的俄语语言研究到汉—俄对比语言学,还包括文学,都是相通的。总体上讲,我觉得(我们)应该理论联系实际,理论的研究应该解决实际问题。

我们学外语、研究外语都(应该)是"为我而用",不像过去的士大夫是为了消遣。现在我们这个时代,要为整个国家的建设目标服务。比方说北外培养外交官,如果学生外交礼仪都不学,去学其他的东西,那不就成了天大的笑话了嘛!我认为在学习外语(专业)的学生里,除了一部分做教师、搞研究,大部分都是当翻译,实践型的(人才)。培养实践型的人才,就得教他们实际的本领。有些像知识型的东西,学生自己完全有能力补充到。我们开设的课程一定要围绕国家需要和社会的发展,如果脱离开这些东西,那就不可取了。我们一定要反对形式主义。

我觉得一个学校和一个人一样,应该有它的看家本领。黑大俄语是我从50年代到现在为之奉献的。从50年代到现在我一直都在研究俄语语法。商务版《俄语语法》从60年代初到现在的《最新俄语语法》,都是我和一些同志或我个人搞出来的,在黑大比较有名气。可能一个是语法,另一个就是李(锡胤)老师他们的词典了。仅从口头上去谈素质教育,我们就会把本质的东西给忘了。每一个学校都应该有自己的特色。每个学校都应该有自己的特点,比如说应该有自己知名的教授、有(自己的)科研成果、有(自己的)压住阵脚的精品课程,这样的话才能够成长发展。并不是所有的大学都必须是科学研究型的大学,其实更多的大学都是实用型的院校。我们打下俄语研究的天下,当然要坚持研究下去。黑大俄语学院一直就在搞俄语方面的研究,它还得继续研究下去。但另一方面,我们还得抓教学,我们教出来的学生质量必须得有保证,所以我说它是科研与教学结合型。我们现在都有一种贪大求洋的风气,这个很不好,原来的专科变成学院,学院变成了大学。但在国外情况就不一样了,有些学院一直是很有名的,比如说伦敦经济学院,它一直以来就是学院,上百年了还是学院,这也并不丢脸呀!梅贻琦说"所谓大学者,非谓大楼之谓也,有大师之谓也"。教育是教书育人的,马虎不得的,是个很严肃的事情。有些东西我现在也不敢说都对,姑妄听之罢了。(笑)

张宜: 张老师,听了您这一番谈话,我感觉确实受益匪浅。张老师,您的业余爱好是什么呢?

张会森教授: 唱唱歌,听听音乐。我以前喜欢打打排球,打打乒乓球什么的。我在 2004 年的时候患上了心梗,现在就是走一走,散散步。(笑)沉寂了差不多两三年,我这两年才开始恢复工作。

张宜: 您要是不说我根本看不出来。今天让您跟我谈了这么多,让您受累了!太感谢张老师了!

张会森教授: 没事儿!不客气!

游顺钊访谈录

受 访 者：游顺钊教授

访 谈 者：张　宜

整理/注释：张　宜

时　　间：2017 年 9 月 6 日—2018 年 2 月 1 日

张宜： 游老师您好！2013 年我的"中国当代语言学口述历史研究"获批国家哲学社会科学基金项目，为圆满完成这个项目，本人很想能有机会就视觉语言学研究的主题访谈您。您一直住在国外，当面的录音访谈或电话访谈均很难实现。为此，您在 2017 年 9 月 6 日给我回复的邮件里建议"还是先作个书面采访，然后在这个基础上，在电话上作补充"。我认为此建议甚好，于是，便开始筹划此事。其间，得到了复旦大学徐志民教授的帮助。他为我寄来了您的两本代表作的中译本《手势创造与语言起源》①和《视觉语言学概要》②为我的访谈提供了方便。

　　游老师，首先请您谈谈您是怎样走上语言学研究道路的，您为什么会研究语言学？

游顺钊教授： 张宜，你好。1936 年我出生在香港，祖籍广东新会。本来我生长在一个家无半本书的普通人家里。小的时候读书也不知道用功，家里人也没有鼓励或者督促，我连中学都没有念完。1950 年代，偶然听人跟我讲了钱学森的故事，我

---

* 此文稿依据访谈提纲框架，在游顺钊教授授权的基础上，根据他的相关著作整理而成。游顺钊教授做了认真的审阅、补充和完善。徐志民教授也对文稿做了几次审订，此文稿保留了他的几段插话。

① 游顺钊著、译，徐志民校订：《手势创造与语言起源——离群聋人自创手语调查研究》，语文出版社 2013 年。
② 《视觉语言学概要》，商务印书馆 2014 年。

才开始发愤读书。

  1958 年 9 月,我以自修生的名义考进香港大学,在那里念了 7 年。我先进修了中文,获得了一个学位,但是我不满足,就申请在英语系再多念了一个学士学位。说起来好笑,当时学校当局以没有先例为借口,拒绝了我的申请。其实在国外,包括英国,再念一个学位绝不鲜见。但在香港是不容许的,原因是,那时香港只有港大一家大学,每年只收 1 200 个学生(1958 年时,可能稍微多收一些)。如果我从头再念,数字上,就要少收一名。大学对我的申请的答复是很可笑的:"穿了黑袍(毕业后才有资格穿的),就不能再穿绿袍(本科生穿的)!"后来 Alan W. T. Green 教授(他的中文名字是格林青)为我力争,才获得批准。50 年代的香港大学,开设语言学课也是种新尝试吧。教授为人很谦逊,对我也非常好。他甚至为我一个人开了三门新课:古英语、中古英语和语言学。毕业于伦敦大学的格林青教授并不是语言学家,他在牛津大学念的是英国语文和古英语。他在语言学课上用的教材是根据 Charles Hockett(查尔斯·霍凯特)1958 年出版的那本 *A Course in Modern Linguistics*(《现代语言学教程》)编写的。他很坦率地对我说:"Hockett 这本书有很多地方我也不大明白,我们俩就一起学习吧。"

  念完了学士之后,我继续跟格林青教授念硕士。我的毕业论文题目是 *A Study of the Functions and of the Presentations of Cantonese Sentence Particles*[①]。写这篇硕士论文我用了两年多的时间。为了获取第一手资料,我先策划了一个特定语境,录制了 15 个小时的中学生的现场对话,获得了大量的语助词,然后分析讨论了其中的语助词在句子层次上的内涵意义(sentential connotations)。值得一提的是,我这篇硕士论文是采用美国心理学权威 Charles E. Osgood(查尔斯·E.奥斯古德)的语义分析方法[②]。那时候,Osgood 教授刚好在香港做粤语语义调查,我当上了他的助手。70 年代,我曾去美国拜访他(们)夫妇俩。晚餐时,桌上摆了四个座,我觉得很奇怪。原来他们的爱犬也跟我们一起用膳!

  我就这样走上了语言学之路。

张宜: 那是哪一年呢?念完硕士之后您就工作了吗?

游顺钊教授: 1965 年。1968 年,我拿到了法国国家奖学金到巴黎继续学习。那时我已经 32 岁了。我记得第一次见到汉语语言所所长 Alexis Rygaloff 教授(他的

[①] 参见该论文的缩写本《香港粤语的语助词》,载《方言》1980 年第 1 期。
[②] Charles Osgood, George Suci, & Percy Tannenbaum, *The Measurement of Meaning*. University of Illinois Press, 1957.

中文名字是李嘉乐)时,他毫不客气地对我说:"你来得有点晚了。"他说的是实话。当时他有个学生拿到美国麻省博士学位时才26岁。听了他的这句话,我心里很难受。这还不算,因为我在香港大学的那位格林青教授名不见经传,Rygaloff教授对我的那篇硕士学位论文质量也颇有怀疑。好在我的论文的校外主考是Michael Halliday(韩礼德),在欧洲很有声望,他才抽空看了我的论文。是的,我也觉得有点晚。所以这次和Rygaloff教授的谈话有点伤了我的自尊心。

张宜: 游老师,社会对您的学术发展有多大影响? 您的个性对您选择职业和确定研究方向起了多大的作用?

游顺钊教授: 60年代末,乔姆斯基(Noam Chomsky)的生成学派正如日中天,影响力早就扩展到法国。在法国语言学界,很多人都追随这股潮流,但也有采取观望态度的。70年代初,Robert Lees(罗伯特·利斯)教授正好在巴黎做客座教授,我俩成了忘年交。他是乔姆斯基学派的主力人物之一。但是听了他的课,我觉得这一派的研究主旨和我的思想格格不入。

那时候,我还没有真正对语言学研究产生兴趣,我受聘法国国家科研中心,隶属中东、远东文化组,我的直接领导是汉学家Jacques Gernet教授(他的中文名字叫谢和耐)。

张宜: 那是什么原因促使您转向语言学研究,特别是开始从事视觉语言学研究的呢?

游顺钊教授: Jacques Gernet教授是历史学家,而我的研究重点是语言学,所以他推荐我去见巴黎汉语语言所(70年代时改称东亚语言研究所)所长Alexis Rygaloff教授。

六七十年代期间,在美国加利福尼亚州斯坦福大学Joseph Greenberg(约瑟夫·格林伯格)的口语基本词序研究的影响下,语言学界兴起了共时的、历时的词序研究,但是大都没有去追问和论证不同词序的背后有没有共同的源头。由于19世纪时抵制探索语言起源的后遗症,语言学界研究的倾向是只求"知其然",而非"所以然"。我年轻的时候虽然书念得不大好,但我是个打破砂锅问到底的人。我的学习成绩可能不是很突出,但是这种个性对我日后从事语言学研究的态度却打下了深刻的烙印。多年的研究也教会我对问题反复思考,不仅如此,还要对一些似乎是合常理的、有定论的观点,再尝试从另一角度,甚至相反的角度去推敲一下。我常常跟我的学生说,在田野上就是捡到了一块金子,也要先把它翻过来,看看另一面是什么样子,再决定这块金子的去留。

随着分析词序问题的需要,我设法到那些还没有很受关注的领域去寻觅新的数据。(**张宜:** 您是这个期间开始对聋人手语研究产生兴趣的吗?)嗯,是的。70年代初,我在探讨口语的各种词序是否同源时,需要采撷从视觉管道得来的材料,以补充听觉管道口语资料的不足。

有个现象常常引起我的思考:聋人历来用手势表达和交际,然而却少有人对他们的表达系统发生兴趣。不少人对聋人及他们的表达系统缺乏了解。记得1972年我第一次回北京收集手语材料时,就有人问我:“你是研究语言的,为什么去找没有语言的人呢?”

其实,我下决心从事聋人手语研究的原因有两个:一个是因为我年轻时候喜欢看哑剧,哑剧不用台词而以动作和表情表达剧情。它要求演员有高超的形体语言,去表达戏剧思想和意蕴。现代哑剧主要产生于19世纪法国哑剧表演大师德布洛(Deburau),他创作了一个独特的人物形象比埃罗,并围绕这个人物形象编演了一系列哑剧作品,引人瞩目。哑剧都是一些由身体姿势与手势的组合。虽然哑剧可以是一种想象的、情感的、故事性的沟通方式,但是哑剧的传达不会超出文字可以传达的范围。另一个是我对事物的奥秘和起源,包括语言的起源很好奇。历来的语言研究,过分偏重听觉方面,只顾舌头和耳朵,忽略了视觉方面,不顾眼睛和双手。这种偏颇给语言研究的深入造成了障碍。我希望把无声的语言与有声的语言沟通起来,发掘手语材料以促进和更新语言理论的研究。

我之所以提出视觉语言学这一理论框架,不是为了标新立异,也不想把它当作一门新的学科,我只是希望对来自手语等不同系统的材料的视觉和空间因素能引起足够的重视,并把有关这一领域的研究视为普通语言学研究中不可或缺的部分。通过引入“视觉”这一大有发掘价值的,拓宽语言学的研究领域,进一步加强语言学与其他学科,尤其是心理学、神经科学和人类学的联系,从而充实和完善普通语言学理论。

张宜: 游老师,哪一个人,哪一本书或者哪一件事儿,对您从事的学术研究影响最大? 是什么因素促使您从事视觉语言学研究的?

游顺钊教授: 上面谈到了,我并不是一开始就对语言学研究感兴趣,也不是一开始就知道自己的研究兴趣在视觉语言学方面。我后来选择这条道路也不是没有阻力的,因为当时语言学界对刚才谈到的“所以然”那类课题,不乏抱有偏见之人。此外,还有更多的人抱有另一种偏见,他们只承认口语为研究对象,只顾舌头和耳朵,而把其他靠两只手和眼睛表达和领悟的方式撇在一边。到了 20 世纪 70 年代和 80 年代,局面有了明显的好转。这个时候 Greenberg 对口语体系中的各种类型词序研究引起了很多同业的重视。在他的启示下,我除了安排自己调查口语体系中的各种类型的词序,我也开始研究聋人手语词序,使二者互相配合。为此 1972 年我在香港、北京、上海等地收集手语材料。1973—1974 年,访问了美国加州 The Salk Institute for Biological Studies(萨尔克生物研究学院)和 Washington D. C. 的 Gallaudet University(嘉路达聋人大学)的两个语言实验室。它们分别由 Ursula Bellugi(乌尔苏拉·贝卢吉)博士和 William Stokoe(威廉·斯多基)博士主持。此后的十多年里,我利用到加拿大北部调查离群聋人手语之便,每年总有两三个月在北美做研究,这些对我在 20 世纪 70 年代构思视觉语言学的理论框架都有很大的帮助。

当时也是欧美两地手语研究自 1880 年意大利米兰会议(Milan Congress)停顿后开始苏醒的时候。但是我研究视觉语言学的初衷,却并非为追逐手语研究的新浪潮。

从 1977 年到 1987 年,我先后十一次到北美做调查,跑遍了散布在加拿大北部各省的印第安人原居民保留区。在这十年的时间里,我对 12 名"离群"聋人的手语做过深入调查,最终在魁北克省 Saint-Maurice(圣莫里斯)印第安人保留区找到一位理想的"离群"聋人母亲——Martha Pettikwi(玛莎·佩蒂克维)。我当时真有那种"众里寻他千百度,蓦然回首,那人却在灯火阑珊处"的喜悦啊!1980 年,广州聋校又给我介绍了黄埔四代聋人同堂的郝伯家。有了 Pettikwi 女士和郝伯家这两处聋人提供的宝贵语料,我才能完善我在 1983 年提出的视觉语言学的构想,结束了自 1972 年至 1987 年的离群聋人自创手语田野调查工作。(**张宜:** 您怎样观察和记录这些聋人的手语呢?)我用小型的电影摄影机和照相机。就这样,在积累和总结了十多年的田野经验后,我才提出视觉语言学的理论框架。那时候,有同时录音设备的摄影机刚问世,很笨重,不易携带,所以一边拍照,一边简单地写下必要的笔记。

张宜: 您为什么要观察研究"离群"聋人的手语?

游顺钊教授: 我后来研究视觉语言学确实是从手语开始的,这也是因为我对手语的观察与分析比较独特吧。世界上对聋人手语的研究已有几百年的历史,但规模极小,也并未得到大部分语言学家的认同。直到 20 世纪 60 年代初,才引起一些学者的重视,但是他们所研究的对象大都局限于一些规约手语(conventional sign language）。这些规约手语在不同程度上受到周围口语或书面语的影响，实际上并非研究手语原始状态的理想材料。所以我就有了直接观察记录"离群"聋人独创的自然手语的念头。

所谓"离群"聋人，是指先天失聪，却生活在有听觉的人群的社会中，跟别的聋人又没有接触的聋人。当然这种调查对象可以包括聋孩，但他们一般只能提供150个左右的手势，是不成熟的手语词汇。所以我得强调我的调查对象，首先必须是成年聋人，他们从未进过聋人学校，不识字，也不认识任何规约手语，因而他们所创造的手势语未受过外来的影响，也就是说是真正未受过"污染"的自然手语，是理想的研究材料。其次，理想的调查对象是有孩子（的），特别是健听的孩子的聋父母。这样他们才会，为与孩子们沟通而创造较为丰富的手语词汇。这样的成年聋人，一般能为我提供1 200个左右的手语词汇。按我的经验，如果是没有结婚的聋人，只能从他们（那里）收集到150个的手势。

张宜： 您是什么时间获得博士学位的？

游顺钊教授： 1988年。也就是我做完了我的田野调查工作后，整理出来 *Création gestuelle et débuts du langage — Création de langues gestuelles chez des sourds isolés*（《"离群"聋人手语的创造》），以这份调查报告取得了法国国家博士学位。

徐志民教授： 那时候，法国有好几种博士学位，"法国国家博士"是最高的，其实是一种博士后的头衔，即在拿到"研究博士学位"后，再经过多年在同一学术领域内进一步的研究，才有及格报考的。现在为了和欧美其他的体制合拍，只有一种博士（Ph.D）衔了。

张宜： 自1988年起，您就一直在法国国家科学研究中心及巴黎社会科学高等学校东亚语言研究所工作了吗？那里的环境在哪些方面有利于您从事学术研究？您和我之前访谈过的语言学家不同，您的学术研究生涯多半是在法国度过的，与国内的语言学家的经历也不一样，他们多数在高等学校任职，一边教学，一边科研，而您是受聘于法国研究机构的专职研究员，您在巴黎社会科学高等学校讲过视觉语言学课，那么您又是怎样处理好科研与教学的关系的呢？

游顺钊教授： 因为我是受聘于法国国家科学研究中心，所以我的职责是研究，不用承担教学的。虽然我同时隶属巴黎社会科学高等学校，并间或开课，但那都是由我自己决定的。所以可以随时到外地做田野调查。固然，所需的经费预算，得由科学研究中心批核。

张宜： 在您的工作和治学中，曾经最令您高兴和最使您沮丧的事情是什么？

游顺钊教授： 在我的工作和治学中，令我高兴和沮丧的事情，有的是！这里只提供一项：（当年）Roger W. Brown（罗杰·布朗）评论 T. Z. Park［Tschang-Zin Park，朴张真（音译）］博士的韩裔女儿 Susin（苏欣）学习母语的情况时说："苏欣习得朝鲜语的报告提供了最显明的对照。她所学的语言的词序是最自由不过了。她的父母提供的模式什么都有。既有 SOV（Susin、便帽、看见），也有 OSV（便帽、Susin、看见），OVS（便帽、看见、Susin），SVO（Susin、看见、便帽）。然而，Susin 怎么办？尽可能自由地变换花样，还是适应父母的习惯？不，她只用一种词序：SVO。"①

这位儿语权威的报告，对我来说，是迎头一盆冷水！若如是，那么我的动词后置的词序共性的假设不就是吹了吗？但我有点"不服气"。我终于找到 Park 博士那篇尚未发表的原文。Park 博士在 1979 年 4 月 10 日给我的信里，曾对上述矛盾做了澄清。他证实他女儿 Susin 的词序确实是 NNV。②

这篇拙作 *Natural Word Order in Child Language*③（《儿童语言的自然词序》）发表后，我把抽印本寄给 Brown 教授。在复信里，他没正面回答我的质疑，只说把我这篇论文收进他发给学生的参考目录。

这个事情的一起一落，可当作对你提出的问题的回答。

张宜： 游老师，您认为一个语言学家应该具备什么样的学术修养？

游顺钊教授： 一个语言学家的学术修养离不开他的生活背景，离不开他的研究经历。

我曾在国家博士论文答辩会上说，我很像一名跳高运动员，明知人的跳高能力有一定的限度，但总是不断企图跨越新的高度。徐志民教授这样评价我——"执着地追求，踏实地实践，刻意创新"④，这就是我的性格特征吧。

我是个原则性很强的人，我做学问跟名利无涉。当年我在撰写法国国家博士论文《手势创造与语言起源》时，我跟论文导师 Antoine Culioli（安东尼·库里奥利）教授讨论写作计划，他不同意我写第一章"中加离群聋人独创手语实地调查历程概述"。但是我坚持认为，要是没有这些离群聋人的无私帮助，无保留地提供他们一生的手势创造，这篇论文就无法写成。语言研究既属于人文科学，那么调查过

① Roger Brown, *A First Language*, Cambridge, Mass. Harvard University, 1973：pp.156 – 157.

② 参见游顺钊：《视觉语言学论集》，徐志民，等译，语文出版社 1994 年版。

③ Shun-chiu Yau, Natural Word Order in Child Language, *International Journal of Psycholinguistics*, The Hague：Mouton Publishers, 1979.

④ 参见徐志民：《游顺钊与视觉语言学》，载《国外语言学》1989 年第 2 期。

程中的人际关系应该是整个研究的重要一环。后来 Antoine Culioli 教授看了我论文的初稿后，欣然改变了态度。

徐志民教授： 当时我正在巴黎访问。那天，我出席游兄的答辩会。后来知道，Antoine Culioli 教授的预审报告里的评价有这样的一段话："论文的规模、方法论方面的智慧（intelligence méthodologique）、理论的跨度（portée théorique），都令人赞叹。作者凭着他的语言学修养、适应能力和异乎寻常的观察力（exceptionnelle capacité d'observation），为我们提供了一大批无可比拟的（incomparable）、'独一无二'的（unique）数据和资料。"在预审报告的末尾，他还特地补充说明："游先生的这一论文的可读性很强。字里行间，显示出这位研究员的一贯性格，热情和宽厚的心地。"

游顺钊教授： 20 世纪 90 年代，我把 80 年代写的散篇论文结集①后，就很想另写一本《视觉语言学导论》，能比较系统地介绍视觉语言学理论架构和方法。这期间，中国社会科学院语言研究所江蓝生教授于 2008 年、2009 年两次到巴黎访问，她鼓励我把这个心愿付诸实践。我曾把《视觉语言学导论》的绪言和头两章的初稿交给她，请她帮我审定。2012 年我的健康出了问题，在医院里住了几个星期之后回家静养，就想抓紧时间尽快写完《视觉语言学导论》，因为我往后的日子完全操纵在大夫们的手里。考虑到年底要动手术，本来计划要写十六章，就精简为八章，约 10 万字，于是就把当初的"导论"改为"概要"了。我为什么要讲这些，我想说的是，在我生命有难的关头，我想到的是要把我的学术研究成果留下来，并且要用中文在中国出版。我要把我的研究成果介绍给中国读者和同行。我是寄望于国内没有先入为主的学者，能对我的理论做出较客观的评述。

张宜： 游老师，您是怎么样看待学术批评的？您的著作和您的观点受到过批评吗？

游顺钊教授： 我是这样看，批评是好事儿。批评者读到了你的作品，他才能做出批评。国内已有几位学者就我的观点发表评论或提出商榷。

1997 年，李学勤教授针对我的《古汉字书写纵向成因》②一文，发表了《古汉字书写纵向与丁公陶文》。③ 在这篇文章里，我提出："竹简（或木简）的面积分布是较

---

① 指游顺钊：《视觉语言学论集》，徐志民，等译，语文出版社 1994 年版。
② 《古汉字书写纵向成因——六书以外的一个探讨》，载《中国语文》1992 年第 5 期。
③ 李学勤：《古汉字书写纵向与丁公陶文》，载《亚文：全球化时代的民族文化》第二辑，中国社会科学出版社 1997 年版。

宜于书写瘦长的纵向动物字汇形体的,结果是横放的动物字汇遭到淘汰,竖写的原则一直维持迄今。"李学勤教授认为我的这一假说解答了"纵变"起因的疑问:"在中国古文字学很少有人注意的一些重要问题上面,提出了新颖中肯的见解。"

他进一步指出,1991—1992年间,山东大学历史系考古专业在山东邹平丁公发掘出的一个陶片,上有五行十一个字,不仅文字纵向直下,有纵变,还含有一字像竹木简编连的"册"字。由此可知,丁公陶文已经具备"直下""纵变"这样趋于成熟的现象,并且丁公陶文时代就有可能有竹木简了。由此可以认定,丁公陶文是古汉字书写"纵变"已知的最早的例子,"'册'与'直下''纵变'一起出现,恰好支持了游顺钊先生的假说,这绝不是偶然的"。

何九盈教授在他的《汉字文化学》[①]一书中认为,我对"耳"与"耻"在义理上的关系所做的研究比较深入。我在《六个古汉字背后的传统手势》[②]一文中说,许慎在《说文》中把"耻"释为"辱也,从心,耳声",表明他不重视甚至没有注意到"耳"与"耻"在字源上的密切关系。实际上,如果从生理和态势角度观察,就可以推断出"耻"是按我国古代民风中的一个手势构思的。比如,我国的南方北方都有人们一边用食指在脸颊上向前轻擦两三下,一边说笑对方不怕羞的话。在广东的有些地方,有人一边在耳垂后边往前拨两下,一边说着"丑(羞)、丑、丑,甩(掉)耳仔(耳朵)送烧酒(作下酒物)"。这些手势是对"脸红耳热"这类自然生理现象反应害羞的描画。大概在古代耻刑流行的年代,"指耳朵"这个手势应该是个儆戒别人不要做羞耻的行为的一个讯号,而不是个戏弄对方的等闲比划。它表示的是"小心你的耳朵",而不是"看,你的耳朵都红了"。何九盈教授指出,"游顺钊举这个例子的目的'是想通过汉字获得具有特殊意义的规约手势及体态的信息'。他的分析过分强调了这一点,但对我们很有启发。……在游顺钊以前,似乎无人指出'耻'中之耳为亦声,他把这个问题提了出来,有助于认识'耻'的文化内涵。'耻'后来演变为'耻',古人没有用'止'取代'耳',而是取代了'心',足见'耳'在'耻'的构成中处于很重要的地位"。

针对我的观点提出不同意见的学者有方经民[③]、吴辛丑[④]、孙中运[⑤]、胡广文[⑥]

---

① 何九盈:《汉字文化学》,辽宁人民出版社2000年版。

② 《六个古汉字背后的传统手势》,《视觉语言学论集》,徐志民,等译,语文出版社1994年版。

③ 指方经民:《汉语"左""右"方位参照中的主视和客视——兼与游顺钊先生讨论》,载《语言教学与研究》1987年第3期。

④ 指吴辛丑:《不宜混淆》,载《读书》1999年第5期。

⑤ 指孙中运:《甲金文"朕"和"般"的真象——同游顺钊先生商榷》,载《古汉语研究》2002年第3期。

⑥ 指胡广文:《也原"耻"——兼与游顺钊同志商榷》,载《河北师范大学学报》1993年第2期。

等。他们或商榷汉语方位参照中的主视和客视,或区分"古文字"与"古文字学"两个术语的含义,或就甲金文"朕"和"般"的形音义进行交流,或探讨"耻"的语源的历史性和社会性等,这些都是关于汉语的特别是古文字的本体研究吧。

此外,对我的离群聋人手势创造,国外已有研究团队在寻找离群聋人的手势创造[1]。

张宜: 游老师,您在视觉语言学方面的研究特点是什么? 您有哪些突破?

游顺钊教授: 视觉语言学这个名称是我在 1983 年春提出的。迄今为止,语言学的研究对象仍以口语为对象。只顾舌头和耳朵,就忽略眼睛和双手了。自 1960 年代以来,由于欧美两地对聋人手语的重视并且正式把它作为语言研究的一个对象,语言学的偏颇情况才有所改善。但这个改变还不够彻底。单是把手语放到语言学课程上是不够的。我们需要的是用一个新的理论框架去处理来自口语、手语和表意文字的材料。视觉语言学的提出就是要研究、分析上述不同的信息传递系统材料的视觉和空间的因素。总的来说,视觉语言学是要把语言学的研究领域扩大,进一步加强语言学与其他学科,特别是与心理学、神经语言学和人类学的联系。

我在视觉语言学方面的研究有一个特点,就是我不迷信权威,力求创新。我不满足于只是接受现成的理论和方法,然后补充一点新材料的研究方法。我希望从新的角度发掘新的课题,并尽可能提供一点新的解答,归根结底是想有所创新。

在手语方面,我提出了研究"离群"聋人的基本手势序、自然手语手势的基本成分及发展阶段、手势形态学、手势人名学、手语词汇的派生方式等问题。以自然手语的研究为基点,又进一步提出了儿童语言的自然词序问题、甲骨文的空间配置与时序、形声字的导向原则和语义类目问题、口语中时间概念的空间——视觉表达问题、语言中的时间指向问题、不同语言参照点的差异问题、汉语量词对前列名词"底子"的重复功能及显示"类目"的功能,等等。

在语言共性的研究方面,我力求从多系统的交叉研究中寻找基本成分排列次序存在的理据。在所有这些方面,恕我说句真话,我都进行了开拓性的研究,并有新的发现。

我在研究上的另外一个特点是,视野开阔,不墨守成规,强调视觉角度,时空两种形式和动态分析。比如,中国古文字"大"这个字,人们往往只看到大这一象形

---

① 见 Nicholas Wade, Researchers study birth of new language in Bedouin village, *New York Times News Service*, February 9, 2005.

的形状。然而,光从这一形状很难解释"大"的词义。其实这只是一个动作终点的静态,人们忽视了在这个静态之前还有一个动态,因为这个字形实际上是用伸展双臂来表示体积的宽大的。我认为中国古文字研究因受传统的书法欣赏的影响,重视汉字的静态美,因而忽略了汉字构成上的动态因素。

在语义方面,我发现表达时间概念的词语大多来自表达空间——视觉的词语,并提出从认知层次来看,无形的时间感知是依附于有形的具体空间——视觉事件来体现的。东、西方语言表达上的一些差别,是由于参照点的不同而产生的。比如,英语和汉语的对话里,在使用 yes(是)和 no(不是)回答对方否定式的问句时,刚好是相反的。回答"Aren't you hungry?"/"你不饿吧?",英语肯定式回答是"Yes,I'm hungry.",否定的则是"No,I'm not."。像汉语、日语这些东方语言与英语不一样,头段回答是以对方的话或问句为参照点的(即根据对方的陈述而定)。在汉语中,甲说:"你不饿?"或"你不饿吧?"乙回答:"不,我饿。"或"对/是,我不饿。"[①]这也能充分证明了我提出的视觉语言学的解释力,以及我将时空概念、"动态"意识引进语言学研究领域的方法论意义。

我的视觉语言学研究是从"离群"聋人的自然手语开始的。"离群"聋人的手语不同于"规范手语",后者受到周围口语和书面语的影响,是受到"污染"的手语。我在十年时间里奔波于欧、亚、美三洲之间。我所掌握的"离群"聋人创造的手语材料,无论就广度还是深度来说,都是独一无二的。为了仔细观察手势在日常生活中的使用情况,获取最有价值的第一手材料,我坚持背着沉重的器材,住到所调查的"离群"聋人家中。要知道,这并非一件容易的事。一方面,要这些聋人乐于接受招待;另一方面,我也必须适应生活上的许多困难。在我坚持不懈的努力下,我终于搜集到了迄今最完整的自然手语材料。仅 Pettikwi 和郝家这两种最有创造性的手语,我所收集到的手势就各有 1 200 个左右。我曾在《视觉语言学概要》第一章的篇首语里写道:"十年的田野调查有所收获,三分靠执着,七分是际遇。"在专业研究上,我很注重通过田野调查工作以获取第一手资料。在田野调查过程中,我很珍视与受访者的人际关系,没有他们,就没有我的研究成果。所以我是发自内心地尊重、感激我的调查对象。

手语是一种保留了时间域和空间域两种特性的语言,例如,要表达"猫逮住耗子"这个意思,聋人的手势串一定是"猫"和"耗子"出现于"逮住"之前,这个"时序"

---

① 参见《手势创造与语言起源——离群聋人自创手语调查研究》"余论"部分。

跟口语中的两种优势词序之一 SOV 对应。但是手势的"空间配置"是"猫"和"耗子"分处两段,"逮住"在中间,这正好跟口语的另一优势词序 SVO 对应。从认知上看,自然手语里发现的时序反映了各种信息表达系统"更原始"的共性。这是因为口语交际的基础是健听,而明眼失聪者也能交流,所以视觉比听觉更基本。

在视觉研究的基础上,我把关注的对象和研究的范围扩大到儿童语言和汉语古文字。我根据大量测试材料证明,以不同的词序类型为母语的儿童,如日本、中国香港和菲律宾的儿童,在他们的口语尚未完全发展成熟之前,同样反映出上述的时序特征①,甚至黑猩猩 Washoe 的手势发展也是遵循时序的 SOV 开始的②。

张宜: 您认为您对视觉语言学方面的主要贡献有哪些? 在您的成果中,您本人最看重什么? 学界对您的研究的评价与您的看法一致吗?

游顺钊教授: 一分努力就有一分收获,目前视觉语言学在法国已逐渐为大多数语言学家所接受。就视觉语言学而言,我想我主要有三个方面的拓展:一个是比较意符学,一个是古汉字的参照物,还有一个是中国古代态势语与古汉字研究。

以往,不少语言学家强调手语不是语言,因而不予重视。在我的研究中发现,手语与口语确实存在着一系列平行现象,手语(尤其是自然手语)的资料不仅可以,而且完全应当引入到语言学的研究中来。过去,关于中国古文字的研究,在法国汉学界和其他许多地方,大多仅限于语文学的范围,主要为考证文献服务。我的系列研究着重从视觉角度挖掘中国古文字的静态书写系统中所隐藏的、可用来论证语言问题的原始痕迹,这样的研究当属于语言学范围,这就拓宽了文字研究的视野。总之,视觉语言学在探索语言共性、语言与思维的关系、语言起源、语言发展规律等问题上的意义,已为越来越多的语言学家所感受到。

当然,我本人在这方面的研究目前尚处于开创阶段。我所提出的一些假设涉及的范围有限。例如关于基本手势序和词序的共性,主要涉及基本陈述的序列,并不能解释口语和手语中后起的词序和手势序,也不能解释词序和手势序的多样性。我所提出的一些见解,也不无可商榷之处。不少论题则有待做进一步深入的探索,其中包括我对语言起源问题所提出的一个大胆假设。我在 1986 年于英国牛津大学举行的语言起源问题讨论会上宣读了一篇论文,题为《模式手势与引导句法——语言创造上的一个突破》③。在这篇文章中,基于对自然手语手势类型及其创造过

---

① 参见《视觉语言学概要》,商务印书馆 2014 年版:第三章 8. 日本、中国香港和菲律宾的儿语对自然词序的验证。
② 参见《视觉语言学概要》,商务印书馆 2014 年版:第二章 6. 黑猩猩 Washoe 的手势词序。
③ 《模式手势与引导句法——语言创造上的一个突破》,卢景文,译,温晋仪,校订,载《语文研究》1987 年第 4 期。

程的分析,我提出了"语言起源于手势"的看法,这一理论当然尚需认真讨论。不过,视觉语言学既已开创,相信今后将会不断充实,在理论语言学的研究中发挥越来越显著的作用。认知科学是 20 世纪世界科学标志性的新兴研究门类,它作为探究人脑或心智工作机制的前沿性尖端学科,已经引起了全世界科学家们的广泛关注。认知科学是哲学、心理学、语言学、人类学、计算机科学、脑神经科学的综合,视觉语言学在一定程度上体现了这种综合性,因为视觉语言学的研究对象远远超出了语言学的范围,涉及符号学、身势语、舞蹈绘画等领域。手语,特别是"离群"聋人的手语的研究对认识语言起源和演化有着重要价值。我们应该从人类与其他生物不具备口语交际的生理基础的共享层次上去寻找人类语言的起源。

张宜: 游老师,您对中国语言学目前的研究状况有何看法?您以大半生之心血所构建的视觉语言学今后的发展趋势如何?

游顺钊教授: 我一直非常关注、关心中国语言学的发展,中国语言学要走出一条有自己特色的路子。早在 1979 年,中国语言学代表团访问法国时,我就跟朱德熙先生表示:我不赞同国内一些同行对乔姆斯基生成学派的跟风表现。参考外国的研究成果是需要的,但不能亦步亦趋。在北美洲,语言学平均 30 年就换一个学派,即便不然,主流学派中也会发生重大变化,如果国内同行在北美某个学派接近后期的时候才起步,等到入门的时候,人家那里已经又出现了多个流派,教人无所适从。朱先生当时很以为然。

中国古代态势语和古汉字研究,从古汉字的静态观察,进入动态的深层分析,颇能体验视觉语言学理论的运作潜力。此外,在古汉字和中国传统视觉文化领域中,这个理论也还有很大的发展余地。

我提出视觉语言学,并不是要普通语言学向手语延伸,也不是企图把手语或形意文字的研究建成语言学的一个独立学派。我只祈求视觉语言学能提供一个新的、全方位的研究框架,把跟语言有关的不同形态现象(手势的、口语的、书写的),统摄在一个新的视觉的、空间的角度下来探讨。这样,就可能在不同类型的语言研究间建起一个更有动力的、互补的关系。

视觉语言学是由词序问题引发,并取得了一些成果,但是作为一个理论框架,却不能只为应付某一个问题而设立,而必须在研究领域里有开拓的潜力。所以视觉语言学的确立,还有待研究范围的进一步扩展。毋庸讳言,视觉语言学发展到目前为止,还基本上停留在我个人努力的阶段,然而,这个理论的可取之处,则不应归属于我个人。借用清代诗人龚自珍的话就是"但开风气不为师"。我希望视觉语言学最终融会到主流的、开放的语言学中,与之配合,互相启发,互相印证,而不应与之对立,也不必另立门户。

视觉语言学的提出已经 30 多年了,可是还没有"告退的老态",反而有点"方兴未艾"的迹象。2008 年戴浩一教授来巴黎访问,我得悉他在台湾开了"视觉语言学"的课。2009 年,我又得悉 Bernard Pottier(贝尔纳·伯狄埃)教授在巴黎曾以"视觉语义学"为题发表演讲。近日,又喜见视觉语言学,在国内开始有反应,我看过靳开宇等的《视觉语言学视阈下的聋人手语研究》①和孙欢欢的《游顺钊离群手势调查简述》②。

张宜: 作为一名在外国生活了大半生的语言学家,我想请问您,您的业余爱好是什么?

游顺钊教授: 我自认我是个读书人,所以平生最喜欢的事情当数读书吧。也喜欢下厨、打太极、游泳和写写毛笔字。也曾于 90 年代,在香港出版过小说《祭无言》和前两年写就的以瞿秋白为题材的五幕剧本《秋白春寒》。自去年夏天起,在自己的网址,每周定期刊登一篇约千字的小品《倒骑驴周末谈》。

我从事视觉语言学始于对"离群"聋人的田野调查研究。数十年里我奔波在几个大洲之间,所到之处,都是所谓的"落后"的印第安人保留区和当年贫困的中国农村那样的地方,没有自来水、没有电的经历是家常便饭。但是我知道一个理想的调查对象对于研究者来说意味着什么。没有他们,就没有我的研究成果。所以我是发自内心地尊重、感激我的调查对象。在调查酬劳方面,从不因人、因地而别,不管聋人的生活水平多低,也不管是国外、国内,我都按大城市的标准支付。我并非富家子弟,我只志在学术,我丝毫不热衷物质上的享受,即使住在巴黎的闹市区,我也过着简朴的生活。四十多平米的单元房一住就是四十多年。江蓝生教授来访,看到我的"陋室"到处是书架,说它简直就像一个阅览室。好多著名学者都在我的"陋室"住过,甚至是多次住过,比如,朱德熙先生就曾经住过多次,李学勤、裘锡圭、蒋孔阳、桥本万太郎、侯精一、沈家煊等也都在此住过。他们都很喜欢、欣赏我的藏书。加拿大 UBC 大学(不列颠哥伦比亚大学)高嶋谦一教授曾对人说,住在游先生家,不用到图书馆去了。

张宜: 游老师,您对我做口述历史怎么看? 您有什么建议吗?

---

① 靳开宇等:《视觉语言学视阈下的聋人手语研究》,载《绥化学院学报》2013 年第 4 期。
② 孙欢欢:《游顺钊离群手势调查简述》,载《语文建设》2013 年第 16 期。

游顺钊教授： 我没看到你其他口述历史，不能空口说白话，单从你这次对我的采访，我很欣赏你对工作的认真态度和发问的切题。

张宜： 游老师，感谢您对我的理解和支持，感谢您对我访谈邀请的及时回复，也谢谢您能替我着想，克服时空困难接受我的访谈。让您受累了！谢谢您！

游顺钊教授： 别客气！是我应该谢谢你。

李如龙访谈录

受　访　者：李如龙教授

访　谈　者：张　宜

整理/注释：张　宜

地　　　点：厦门厦大新村李如龙教授的家里

时　　　间：2015 年 9 月 25 日，上午 9 点

张宜：　今天是 2015 年 9 月 25 日，我现在是在厦门厦大新村李如龙教授的家里，现在是上午 9 点。李老师您好！我今天访谈您的主题是汉语方言学和汉语音韵学。首先请您谈一谈您是怎样走上语言学研究道路的，您为什么要从事语言学的研究？

李如龙教授：　我走上语言学的道路，一个（原因）是我所处的那个历史时代，一个（原因）是我碰到了老师。

我出生在闽南话发源地南安，那里是泉州音两种口音的分界处，从小学到中学我接触到这两种口音，觉得很有趣。后来又到了厦门，学习厦门口音，接触到各种闽南话和其他闽方言，当然也学普通话。这些经历使我对学语言学产生了兴趣。

我是（19）53 年进的厦大，念了一年以后，（19）54 年曾经被学校选派到北京去学俄语，准备出国，是留苏预备班，但是政治审查不合格（笑）。我父亲在菲律宾，一个哥哥在台湾。政审干部一看（我有海外关系）靠不住。（笑）政治审查不合格，所以我刚刚学了两周俄语就通知我回来。回来就是（19）54 年的秋天了，回来就老老实实地上课了。当时我的老师是黄典诚教授，我是很幸运的。他从（19）53 年、

＊　本访谈整理稿经李如龙教授审阅认可。

(19)54 年到(19)55 年上半年,一直给我们上好几门课,都是他的拿手好戏——汉语方言学、汉语音韵学。而且他很早就关心文字改革,他组织了厦门的新文字协会。所以关于 50 年代的简化汉字、讨论汉语拼音等他也很关注。我这一路上跟着他。(19)53 年入学,(19)54 年从北京回来以后就跟着他上课,一直到(19)56 年,教育部发文了要开展全国的方言普查。那个时候,厦大和福建师大就承担起福建省的方言普查。这个时候黄老师已经"靠边站"了,不让上课了,(因为)他历史上有一度跟国民党走,当时这个(在 20 世纪 50 年代)是比较严的,所以不能上课了,不能上课也不能发表文章。但是,学校也考虑到他是"老厦大",考虑到他确实有真才实学,所以当时交代给我的时候叫作"控制使用",还是要发挥他的作用。我是一如既往一直把他当老师。

张宜: 是的,您就是个学生。

李如龙教授: 嗯。我可以说是他带出来的第一个,也算是有成就的。(笑)他(19)55 年、(19)56 年"肃反"时就已经被除名了,但是一直还住在厦大,由我管理。我当时是共产党员,是教研室主任,我觉得我问心无愧。我是一个党员,我只能够按照党的政策(办),我也无法去改变他这个状况。但是我一直把他当老师,一直称他黄先生,有什么事情,业务上的事情我都听他的。所以普查一开始,该怎么做?他就说你培养几批学生,带几批学生,训练他们,让他们去做去。全省六十几个县,每个县都要调查,没有人呢,当时教师队伍里头就我一个能够做这项工作。我(19)55 年年底被学校抽出去做审干,审查学生的历史,后来(19)57 年又回来补完之前落下的课,到(19)58 年 2 月毕业。毕业以后到夏天,教研室里头七零八落的没什么人,就让我当教研室副主任。整个语言学的教学、方言普查都落在我身上,当时我也比较年轻,二十几岁嘛。(19)58 年以后就开始方言普查。我从自己熟悉的闽南话开始,然后跑到闽西调查客家话。后来省里面组织了《福建方言概况》①编写组,把普查工作整个由这个编写组领导起来。从(19)58 年调查,(19)59 年、(19)60 年、(19)61 年、(19)62 年,正式编出来《福建汉语方言概况》是(19)63 年,200 万字。当时我还不到 30 岁。(笑)这个工作从头到尾,我全程参与,而且我是负责人之一。当时不知哪里来的力气,但始终整个过程,都是在黄先生的指导下工作。所以他后来一直对我很好,并没有什么芥蒂。比如说他带的第一批硕士生,我当时已经到福州(福建师范大学)去了,请我来主持答辩。他年纪大了,70 多岁

---

① 指福建省汉语方言调查指导组编写:《福建省汉语方言概况》(讨论稿),1963 年版。

了,他说,福建语言学会会长他不当了,厦大一个(老师)、师大一个(老师),我当时在福建师大,就指定让我和何耿丰接班了。我觉得我还是对得起他,我也从他那里学到了很多东西。这个书后来铅印,作为讨论稿,都是繁体字,1963年印出来。当时在厦门最好的一家宾馆,鹭江宾馆举办了一个专题研讨会,就专门讨论这本书,我们先寄出去,让大家准备意见,然后在那个地方开了一个礼拜的会。当时的学术会议都很长,得开个四天五天六天的。也就三十几个人吧。当时全国开方言课的那帮青年教师包括我在内,都来了。有黄家教先生、许宝华先生、陈章太、张盛裕,还有南京大学的施文涛,后来不在了。还有詹伯慧,总共是九个人。"方言学九兄弟"①就是这么来的。(笑)黄家教最大,大家都叫他黄老大,我是老九,最小。1963年,当时我想这是中国第一次方言学的研讨会。(19)63年还没有中国语言学会,所以当时就觉得我们做了一点事儿,有点成就感。从(19)58年到(19)63年,整整前后做了5年,并不是脱产出来做的。还要照样上很多课,整个教研室的工作、下乡劳动、学术批判等等。(那时候)活动多,经常带学生下乡去劳动,夏收夏种都少不了,但有一个好处是我可以抽时间去调查。我记得当时第一次去调查,非常兴奋,到了长汀,调查客家话,开头完全听不懂,后来一个星期以后,我竟然可以用本地话试着通通话,尚且用一用。(笑)客家话比较好学,所以就觉得几年的工作下来,有收获,感觉到这个不错可以继续做下去,当时就已经定了研究方向。(**张宜:**有这个志向。)(19)55年"反胡风"、(19)57年"反右",净是搞政治(运动)。我虽然身为共产党员,也是支部委员,但我对那个东西不感兴趣,觉得争来争去干嘛呀!所以我连文学都不研究,尽管我有的时候也作作诗,但是那个玩意不好弄,我还是去研究语言学吧。还是当我的老农吧,调查方言吧。就这样走上这条路。

同时,我是一开始就和黄先生一样,一开始就重视应用,方言调查当时提出来要为推广普通话服务,所以我们办了很多普通话的培训班,编了学习普通话的教材,这编写组十几个人都在我的领导下又调查又登材料,调查六十几个点,又编写学习普通话手册,当时调了一批普通话训练结业回来的七八个中小学老师在这里做资料(整理)工作。参加编写工作的是福建师大的两个老师,潘茂鼎先生、梁玉璋先生,(社科院)语言所两位:陈章太、张盛裕,厦大就我和黄先生两位。还有一个闽北的参加语音研究班的,叫潘渭水,他是一个中学老师,也调上来脱产做这项工作。这个编写组后来就编出来了这样一个东西[指《福建省汉语方言概况》(讨论

---

① "方言学九兄弟"为黄家教、陈世民、詹伯慧、陈章太、许宝华、施文涛、张盛裕、王福堂、李如龙。

稿)〕。我们编到最后考虑到当时群众运动开始，新手做出来的材料不过硬，就挑选了7个点，福州的、莆田的、厦门的、建瓯的、永安的、邵武的、长汀的，7个点做了比较详细的报告，后边有个字音对照表、词汇对照表，还有几十个地方的方言地图，采取这个办法来编。我到现在为止还觉得这个编法不错。有的省编的就是每一个点材料都齐备了，多少字音、多少词汇就完了。我们是按这个小区，比如说5个小区，5个小区抓出一个代表点，来全面描写说明它的特征，这样其实就可以看出福建方言内部的一些同异。所以这项工作当时也得到了李荣先生的肯定，全国也算是方言普查做得最好的省份之一个吧。上海和江苏也做得不错。当时想要公开出版，所以(19)64年六七月份吧，我就跟潘先生(潘茂鼎)专门跑到北京，住在语言所。找丁声树先生、李荣先生，经常去找他们商量怎么修改修订这个书。

张宜： 那时候出书是不是很难呀？

李如龙教授： 当然很难喽！而且权威是李先生呀，我得听他的，要怎么回去再复核材料。这个材料该用哪些字哪些词，一条一条地推敲。大概住了一个多月，将近两个月。我们还利用在北京的时间找到王力先生、袁家骅先生、胡明扬先生，找了这些大家。吕叔湘先生当时在语言所，所以能经常见面，请教他们指导我们怎么做方言。他们都很好，虽然当时我还是毛头小子，二十几岁小伙子，他们挺认真呀，再三地肯定，认为做得不错。包括王力先生，也很爱护我们。(19)64年待了1个多月，当时已经是踌躇满志，想回来要正式出版。(可是)回来以后就开始(批)《海瑞罢官》啦。(**张宜：** 政治气氛就变了。)开始就搞运动了，接下去就是"文化大革命"，这个工作就搁置下来。所以现在这个书，已经复印过了，已经翻烂了，原来的底本都已经不行了。台湾的那些朋友说："你能不能借我一本像样的！"他们看的是已经复印几十遍的，都破了。

张宜： 可是李老师，现在咱们没有时间和精力把它重新出版吗？

李如龙教授： 我申请过一次后期资助计划，国家社科有这个计划，成果已经有了，后期资助出版，我上报了这个计划，没有批，也不知道为什么。(**张宜：** 太可惜了！)事实上要做起来的话，人也老的老，走的走，没人做，最后还得落在老九(我)的身上。我这个人做事又太认真，马马虎虎的我也不干，所以后来我也想罢了，就算了吧，就让它做讨论稿吧，但是经常被引用。(**张宜：** 太可惜了！我看多处地方都曾提到。)但是后来主要内容我们消化到了《福建省志·方言志》①，基本上反映了

---

① 福建省地方志编纂委员会：《福建省志方言志》，方志出版社1998年版。李如龙教授担任副主编、主要作者。

这里面的主要内容。《福建省志·方言志》是80年代组织起来的。黄先生当时也是年纪大了,身体也不好,他是1914年(出生)的,(当时)已经70多(岁)了,身体也不太好,所以整个工作是由我负责的,又组织了一个(项目),(我把)以前参与过普查的这些人组织起来,开了几个会,大家分工。1989年定的稿,交到黄老的手上。我们还是把他当作主编的,我是副主编,实际上他都没有做,是我在主持。后来没多久,他就卧病,卧了几年,躺在床上。我们还是挂他是主编。(说着,李老师去书房取来这本书。)我觉得我还是对得起我的老师。基本内容是消化的这个书〔指《福建省汉语方言概况》(讨论稿)〕的。所以后来我想,算了,你们不赞助,我也就不出啦!

张宜: 李老师,我觉得这些手稿是基础稿,我们要是申请福建省的社科基金项目不可以吗?

李如龙教授: 福建穷呀,他们不给投资。现在国家用项目的钱很多,我如果再去报,也可能批,上次为什么不批我也搞不清楚,是落在谁的手上去审批的我也不清楚。现在材料多了,发表的东西多了。我的语言学研究过程就这样。刚入大学的时候稀里糊涂,我也不知道做什么,后来就这么一步一步地参加讨论简化字,讨论汉语拼音,主要就是这五年去做了方言普查。这个普查当时北片由福建师院负责,是潘茂鼎、梁玉璋;南片是厦大管的,闽南、闽西这一片是我们管的。后来"文化大革命"以后,因为派性,我就跑到福州去了,(19)73年调到了福建师大,没想到这一待待了二十年。(**张宜:** 在福建师大待了二十年?)对。当时到了师大也不错,因为跟当时的校长比较熟,问我要不要去,希望我能去。

张宜: 那是"文革"以后了吧?

李如龙教授: (19)73年吧。去了以后,我说这下子好了,闽东、闽北我做过调查,但是不深不多,这下正好我就可以把闽方言做全了。(**张宜:** 您说那些年春节的时候您都在调查?)对呀,都在底下跑,闽北、闽东,闽北是逐县地做,一个县十天、八天,都是别人放假的时候我去调查,我就想,课也不能耽误,那么越做越有劲,就像农民一样。(笑)像水稻专家整天都在地里面转,(笑)有一次在(香港)中文大学和袁隆平碰到了,我说:"袁先生,我跟你一样!"(笑)(**张宜:** 田野调查。)是的。所以从闽南、闽西、闽北、闽东转了一圈。所以这里边(印刷)错了,(李老师把《历史的旁白》翻到第417页指给我看。)潘悟云说"在全国能调查一百多个方言点以上的,我知道有两个人,一个是李云龙,一个是郑张尚芳……"(**张宜:** 嗯嗯,这个地方应该

更正一下。）对，潘悟云说的是我。（笑）

张宜： 您和郑张尚芳先生是做田野调查做得最充分的。

李如龙教授： 最多，乐此不疲呀！前年到了湘西，我一个学生说："老师，您要不要再过过瘾呀？"我说好呀，你给我找个发音人，他就找了发音人，我又在那待了 5 天。（**张宜：** 记音。）记湘西的辰溪乡话，乡话归哪个区也归不进去，也不知道它属于什么方言区，（我就）做了一个点感到痛快。（**张宜：** 又找到当年的感觉了。）又找到当年的感觉，所以这个东西我说是职业病。（**张宜：** 看您讲得这么津津乐道，好有意思。）人家说李如龙一下乡，这劲头马上就来了！朱熹说"问渠那得清如许，为有源头活水来"呀。（做）方言工作就不断有这个新的材料，我心里就比较兴奋，所以我（在福建师大）待了二十年。他们在提工资呀，抢官当呀，也有校长书记和我关系很好啊，也希望我出山，去当一个什么官，我说我很好，我到处做调查感觉很好，所以我一直没有当官。

张宜： 一直都没有当官。

李如龙教授： 当过省语委委员，闲职。后来在师大帮他们建立了一个硕士点，招了两届三届吧，培养了五个学生。都是精心培养，现在都是教授，都很有成就。当时还是硕士生，后来有的又继续念我的博士。所以，我这个就是误入歧途吧，不知道怎么就走上了这条路，走着走着就越走越有劲了。

张宜： 李老师，那我还是感兴趣家庭和社会对您从事这个学术研究，学术发展有多大影响。您刚才说您家有海外背景，是不是您当时报考厦大的时候也没有想好一定要研究语言学呀？

李如龙教授： 那当然，毫无思想准备。之所以来厦大，刚才说，黄老教我的课，他课也讲得很好，方言很熟，音韵很熟，还会吟诵古诗，所以我一下子就被他吸引住了。还有就是厦大有这个传统，罗常培先生在这待过，待的时间不长，可是他在这里写了《厦门音系》①。我一看这个了不得，一个满族人，老北京，能够把厦门话说得这么透彻！当时已经二三十年过去了，我找不出毛病，我五体投地，太佩服了！他是 50 年代的语言所的所长，后来又读了他的另外一本书《临川音系》②，也写得非常好，所以这个都是（影响我的）重要因素，不然的话，我也没有北大清华南开那样的优越的条件，名师如林，除了黄老师，别的老师我就不太敢恭维了。我就是靠这

---

① 罗常培：《厦门音系》，科学出版社 1956 年版。
② 罗常培：《临川音系》，科学出版社 1958 年版。

点,读了这些名家的书。另外,80 年代以后,我参加了中国语言学会,我是第一批会员。(19)80 年在武汉开会,音韵学会、中国语言学会,我第一批就进去了,方言学会是我筹办的,在厦大开会,我也是原始的会员,这三个学会每一次(开会)我都去,会碰到很多老先生,我就抓住这种机会,带着论文,带着问题去请教,所以老一辈的这些语言学家,其实我很熟,有时候就寄个稿子请他们提提意见,他们都给我回信。最近我抖一抖。邢公畹先生、袁家骅先生、王辅世先生都给我写过信,在美国加州大学的张琨、罗杰瑞,日本的平田昌司等这些国外研究汉语方面的学者(与我)都有往来,包括一个已经不在的 Bodman(包拟古)也很好,专程跑到福州来找我,所以跟这些(学者)交流往来请教,也是一个来源。当时交通不发达,我蹲在这个海岛上,哪有什么机会接触到学术界的高手,只有读书、看杂志,还有这种学术会议的往来,我想这也对我的成长有很大的作用。

张宜: 李老师,您刚才说,您那么早也就是在读本科的时候就对语言学,尤其方言研究产生浓厚兴趣,其实,您也有机会去做一些管理,从政当官,可是您都没有。那您的个性对您选择方言学研究,从事语言学研究和确定您对方言、音韵等这些最鲜活的地方语料的研究都起了多大的作用呢?

李如龙教授: 我对于政治上的追求兴趣不大,我觉得我也不擅长,在处理人际关系上我也不擅长,但是我在搞学问上,我擅长,也坐得住。读书也好,调查也好,讨论问题也好,我敢说,思路比较活跃,不愿意用某一个理论的框框把自己框住,所以我觉得我走这个路很好。你如果去研究语法,你得对照一下走哪一家理论体系;你去研究词汇,你也得选择训诂是哪一派;你真正沉到音韵学里头,音韵学里也有两派,也不好弄,考古派还是审音派,做语言学理论一下子就比较空,所以我就是安守本分,我就利用我所知道的方言事实,从中去发现问题,提炼我的理论。别人调查完了,报告完了,工作就结束了,我还要思考怎么解释这些语言现象。我觉得语言调查,只调查不行,还得分析研究,解释它为什么会这样,这个就是无形的指导引导,使得我不断地往下走下去,这跟我的性格有关系。就是说,在事实的基础上应该出理论,从实践出真知,我觉得五六十年代学哲学、学毛泽东的"两论"(《实践论》和《矛盾论》)还是有许多帮助的,不白学。学实践跟理论的关系,这些对做学问是很有帮助的。我一直跟学生说你们一定要看哲学,哲学是开拓人的思想,专管你的思想方法的。所以,我就不愿意去应付官场上的人际关系。

还有一个就是学生。我说我有两件事没有后悔,从事方言调查研究没有后悔,还有一个当老师也没有后悔过。当老师我经常会体会到这个教学相长。我在厦大、在师大开方言课,给学生留作业,我得要(他们)逐个地发音给我听,我来核对他们音系搞清楚了没有,变调规律搞清楚了没有,要逐个地来。(19)81年,在建瓯办的一个全国性的方言研究班,招了47个学员,全国20个省市,现在好多都是博导教授,包括乔全生、苏晓青,暨大的伍巍,都是这个班出来的。当时用了一个多月的时间,黄老师讲音韵,我讲方言调查,手把着手教,他们记完音我得要去检查一下。黄老讲的音韵学,他们没有基础听不懂,我还得给他们辅导,晚上加班辅导,联系方言实际去讲,他们就比较容易理解,所以一个多月回来以后,在家里躺了三天,起不来,她(李老师指着老伴)就抱怨说:"你干嘛!"

张宜: 您太辛苦,太投入了。

李如龙教授: 是,太投入了。因为他们也好学,当时那些青年教师好学无门呀,有这个机会,闻讯而来,好多都是给他们一个名额,后来又追加那么多人。我把吴宗济先生请来,我说应该给他们上第一课,我说我们这班应该由最早的老一辈的先生来领头,然后黄家教先生也来了,许宝华先生也来了,王福堂也来了,都来这个班上课。我是班主任嘛,当时事无巨细都得我管,(这个班的)成功率还比较高,有些人从此走上方言研究的道路。经常保持联系,一直到现在还在联系,好多都要退休啦。(19)81年到现在。所以你教了这些学生,他们也成长了,成才了。(**张宜:** 桃李满天下!)有的写书了也给我寄来,有问题也来问,(**张宜:** 有成就感。)我就觉得很值了。(**张宜:** 很值,累也值得。)也从他们那里学到很多东西,有的已经超过我啦,至少在某些方面超过我了。(**张宜:** 可能在某一个具体方面做得充分一些。)嗯。我有一个学生,硕士博士都跟我的,现在在中山大学,现在是独撑一面,是中山大学语言学的台柱子。(**张宜:** 谁呀?)庄初升,他已经很多方面都跑到我前面去了,我也很高兴,我的学生有出息啦。(**张宜:** 他就是研究方言呗。)嗯,研究方言学、音韵学,就我这路子,(**张宜:** 青出于蓝。)有很多学生跟着我几年,都有论著,我组织他们一起编书,一直到几个80后。一直到前几年,孙宏开先生说你老兄得来给我们做一点贡献呀,调查一种濒危的语言呀,(**张宜:** 少数民族的。)我说你给我找一个不要太偏僻的山旮旯里,他说你去桂林吧,桂林郊区就有,就调查了这个茶洞语,这个现在基本上可以定性为水语,侗水语的一支。我就带了两三个学生去了,我去了两次。(**张宜:** 就是头几年的事儿。)嗯。后来编了书①出来,他们说老师你要当主编呀,我说主什么编呀,我说年轻人嘛不要太计较这些东西,我当上

---

① 指李如龙等著:《茶洞语研究》,民族出版社2012年版。

这主编又怎样。(于是)我们四个人并列。所以我说我对老师对学生都还可以。(笑)他们到现在都还跟我往来。(**张宜：** 太好了。)很多都参与了我的研究工作都一起出了书，前前后后有十几个吧。带过的学生有 80 多(个)，本科不算，就硕士博士。所以，我通过参加这些学术活动结识了老一辈的语言学家，向他们请教，他们也爱护我。后来就带了这几十个学生，他们也都对我不错，我也尽心尽力。(**张宜：** 您也教书育人。)我觉得当老师我也没有后悔过，绝大多数人还是对我很好的。

张宜： 李老师，刚才您也说了黄典诚黄先生对您走上语言学研究道路，对您的语言学、方言学研究起了重要作用，那您能不能再谈一谈哪一本书或者是哪一件事儿对您从事学术研究影响最大呢？

李如龙教授： 我一路走过来，从 50 年代到现在已经半个世纪了，跟着时代走，我是到什么时候该做什么就做什么。年轻的时候基本上是个儒家，也叫入世，在什么年代做什么事儿，不竞争，所以不是守住一块一做到底，你说哪一个论著现在也不好说。我自己在商务出过两个论文集①，我觉得还是站得住脚的。在香港中文大学出了一本《方言与音韵论集》②，大概 1991 年、1992 年，我把我 60 年代以后写得比较像样的文章集结在一起，方言和音韵学方面的，后来获了王力奖和教育部的奖。

张宜： 人文社科成果奖。

李如龙教授： 那是商务出的第一本。这两本书到现在看来还是站得住的，没有掺水、没有假货。(笑)后来又编了一个教材，《汉语方言学》③，这个书已经出了第二版了。

张宜： 这是"九五"重点教材？

李如龙教授： 嗯，对。采用的人也很多，到现在我觉得基本上没有过时吧。我最近又写了一本给本科生用，《汉语方言调查》④，已经交给商务了。方言方面的这几本书我自己觉得还是可以经得起历史的考验，还有一点总结吧。另外，厦大 90 周年校庆的时候，公开征集研究成果，叫大家报，我就报了一本论文集，叫《汉语词汇

---

① 指《汉语方言的比较研究》，商务印书馆 2001 年版；《词汇学理论与实践》，商务印书馆 2001 年版。
② 《方言与音韵论集》，香港中文大学中国文化研究所 1996 年版。该文集收录了李如龙教授在方言学与音韵学方面的重要论文 32 篇，先后获"北京大学王力语言学奖"(1998)、"教育部普通高校第二届人文社会科学研究成果奖"(1998)。
③ 《汉语方言学》，高等教育出版社 2001 年版，2007 年第二版。此书是教育部"九五"重点教材。
④ 《汉语方言调查》，商务印书馆 2017 年版。

学论集》①,这个书后来就作为厦大90周年校庆南强丛书出版的,是厦大出版的。80年代以后,我编了三部方言词典:福州话的②、建瓯话的③、厦门话的,编了以后就接触到一些词汇学的论著,看了一些书,我都不满意,我们的词汇学研究,把自己圈起来,画地为牢,只研究现代汉语的书面语的词汇。这个不行,词汇学研究应该重视口语,应该南北方言打通,古今词汇打通,所以2002年在厦大开词汇学会,我就提出来,词汇学的研究应该古今南北打通,探寻词汇演变的规律。在这个词汇学的会上,很多专家赞同我的观点。从2002年以后,两年一次的词汇学的会,就扩大了就开放了,研究古汉语、研究方言的人都可以来,那就很不一样。每两年一届都出本论文集,每一届我都写了一篇比较认真的文章,后来收到了《汉语词汇学论集》,这是我从方言学跨出去的第一步。(说着,李老师去书房取来了这本书给我看。)现在看来这个书也还可以。

张宜: 您真是写了很多呀,每一次都把写的论文汇总,最后出来这个。您还写了篇《我的词汇研究之路》。这本书后来收到了纪念厦门大学建校90周年的"南强丛书"里。

李如龙教授: 是的是的。当时就是后面书单里的十几部吧,他们经过挑选的。这书已经卖光啦。我说我还有朋友该送没有送的,再加印。这是刚刚加印出来的。我到现在为止还没有在旧书摊里头发现我的书,被人扔了成为处理品啦!(哈哈)

张宜: 这是新印的?

李如龙教授: 嗯,这是新印的。2011年出版的,第一次印刷的已经卖光了。

张宜: 李老师,您刚才说您是(19)58年毕业留校的,之后在厦大一直到(19)73年,(19)73年去了福建师大,在那一干就是20年,也就说到了(19)93年,是什么原因您离开福建师大去了暨南大学? 是他们那边要调您?

李如龙教授: 嗯,他们过来要我去。

张宜: 李老师,您走过这么多高校,不仅有教学还有研究,这些大学在哪些方面有利于您从事方言学、音韵学的研究,您又是怎么处理教学与科研的关系的呢?

李如龙教授: 我刚才说到什么山头唱什么歌。在福建师大,那是一个师范院校,我就要求开一门课叫语言教育,也写了一些文章。到厦大我开方言学、音韵学、语

---

① 《汉语词汇学论集》,厦门大学出版社2011年版。

② 指李如龙、梁玉璋、邹光椿、陈泽平编:《福州方言词典》,福建人民出版社1994年版。

③ 指李荣主编,李如龙、潘渭水编纂:《建瓯方言词典》,江苏教育出版社1998年版。

言学概论。在师大讲现代汉语，后来也开方言学、音韵学、语言教育。后来怎么离开师大了呢，师大的那个队伍不太理想，说句老实话吧，他们有点排外，所以我不愿意去当官，我还是去做研究吧，我的专长。我下放到永春的时候，他们让我做宣传部部长，我说我不是那块料，我还是教书吧。当时师大说你到师大来，我们是新办的师范大学，以前叫福建师范学院，很需要人才，我下放到永春。当时让我当宣传部部长，县委常委，已经上报到泉州市了。我赶紧跑，就跑到福州去了。躲着当官！

张宜： 那个时候您其实还是在厦大的。

李如龙教授： 嗯，当时我的编制还在厦大。

张宜： 李老师，我没太听明白，您在厦门大学为什么要下放呢？不是干部才要下放吗？老师也要下放吗？

李如龙教授： 当时搞派性，我是最后一批才下放。在永春为了不当宣传部部长，我就跑到福州了。当时曾经回到厦大，我跟领导说，现在陆陆续续人家都回来了，（我也回来）怎么样。当时我一个学生，还是我介绍入党的，当中文系的总支书记，给我打官腔说："好啊，你回来啊。"我说现在一家五口了，我们长期分居，多少年了，下放才在一块儿，你叫我一个人回来吗？不行，我五个人五个户口，他说他办不到，让我一个人先回来。我掉头就走，我这个人从来不求人。有什么了不起呀，没有你这里我还活不了，就这样跑到福州去了。

张宜： 就这样全家都到福州去了？

李如龙教授： 嗯，全家就到福州去了。到了福州之后，他们有什么好事都没有我的份儿。要下乡就记起李如龙，要支援农村的时候就想起我了。要涨工资了，都是他们先来。开头那几年我来调查方言也不错呀，等于给我提供这么好的一个机会。后来就厦大有一个老的领导调到那儿当书记，兼任校长一职，他多次动员我出山，说："我来了，你还不出山呀！"我说："你看，我住在这个鬼地方，一家五口挤在那么两个房间。"（他）再三地说，让我当系主任，让我当科研处长，当图书馆馆长，我说我对不起了。

张宜： 他是很重视您。

李如龙教授： 对，我当时在参加学生肃反的时候，他是办公室主任。

张宜： 他知道您的为人和能力。

李如龙教授： 我经常周末也去看看他，跟他反映一些师大的情况。后来申请了一个硕士点，也开始招硕士生了，周边没有什么人，这个学科发展不大有前途，(19)87、(19)88、(19)89那几年我带了几届硕士生，后来詹伯慧那里成立了博士点没有导师,就跟我商量我能不能过去广州。我说好呀,闽北、闽东我都跑遍了,福建方言志写了 12 种①,做得差不多了,最后还写了一本《福建方言》②,"福建文化丛书"之一,这个书比较有特色,从文化的角度切入的,看待整个福建的方言,这个书现在也卖光了。曾经在日本是畅销书。(笑)

就这么就跑到广州去了。我当时还有一个小小的野心,因为我父亲在菲律宾过世,很多叔叔啊、堂兄弟啊都在印尼,在马来西亚,我们那里又是侨乡,所以从小我就知道南洋的情况,我知道那里有一两千万的华裔,还保留着他们的闽方言、粤方言、客方言。闽方言我做得差不多了,客方言我也做得不少啦。我到广州去可以去了解一下粤语,学一学广东话,因为(19)90 年到香港中文大学去访问,陆陆续续去了几次,我一上街我就和他们学广东话,也有点基础的,我说我再去加加工。所以我就想到广东去也不错,做粤语(研究)的只关注珠江三角洲。我说粤语更有意思的应该是在粤西,西部的粤桂交界的那一片老粤语,珠江三角洲是新粤语。我当时想到去广州搞那一片。另外,暨南大学是面向南洋的,清朝末年办(学)的时候"暨"就是"及"呀,就是要向南洋发展,所以我去研究东南亚的语言,后来我就出了两本书:《粤西客家方言调查报告》③和《东南亚华人语言研究》④。

我在暨南大学待了五年。我觉得东南亚华人语言还是很值得做。开了一次国际会议,出了一本书。所以所到之处,我就愿意组织一些力量、一些人,做一些事儿。我这五年也没有白费,带了一批博士生。这些环境对我做学问,都有好处,都有帮助。在中国研究语言学,研究汉语,我一直跟我的学生说,不管你走到什么地方,你只要愿意沉下去,摸到新鲜的材料,再浮上来,能够从中发现一些规律,上升到理论,不管在何时何地,你都会有成就。不要抱怨:"我这里不好呀,没有老师呀,没有经费呀,没有条件呀。"我说我有什么经费呀,我到现在也(写了)有 50 本书,包括在出版社还没有印出来的,哪一本我拿过经费呀,没有的,都没有的。现在的课题动不动就几十万几百万的,我们那代人什么时候给过,包括做这个闽语研究,陈章太去所里打了个招呼说我们要研究闽语,所长也支持了。他来过两趟,每次七八天,十来天吧。我们做了二十几个(方言)点,每一个点都是我下去摸的。经常有外面的人闻讯而来,要跟着我见习,听一听我是怎么做的。(**张宜:** 观察一下您是怎

---

① 指《福建县市方言志 12 种》,福建教育出版社 2001 年版。
② 《福建方言》,福建人民出版社 1997 年版。
③ 李如龙、庄初升、李健:《粤西客家方言调查报告》,暨南大学出版社 1999 年版。
④ 《东南亚华人语言研究》,北京语言文化大学出版社 2000 年版。

么做的。）是呀，所以后来都是成群结队的，他也没有人给经费，我也没有人给我钱，我自己的路费都是我自己报销的，所有的东西，你看看这是我的手稿，（说着，李老师把他整理的厚厚的方言调查的手稿拿给我看。）这样一个一个音标，一个一个字儿地爬格子爬出来的。

张宜： 这都是什么时间写的？

李如龙教授： 80 年代做《闽语研究》①的时候写的。从来都是我自己一个人搞，学生们也没有人帮过我，我也不放心。（这时候李老师的夫人端着茶水过来，李老师指着老伴儿说。）她对我的也不感兴趣，有的老伴儿能帮忙，她也帮不了忙。

张宜： 您这活儿太枯燥了！（笑）要是师母帮您弄，也得给她累够呛！

李如龙教授： 这些东西我都舍不得扔。

张宜： 不能扔呀！有的整理出来了，有的还是素材呢吧。

李如龙教授： 大部分是整理出来的，这是我的手抄本。

张宜： 太珍贵了！

李如龙教授： 有两篇东西②在当时影响很大。那天你不是寄来了书（指《历史的旁白》）吗，我看了一下，对章太兄说的两个字儿有点意见。他说那篇文章（指《论闽方言的一致性》）是他和李如龙合作的，由他"执笔"的。看到这两个字我有点刺眼。这篇东西是他的名字排在前面，你要说是他"执笔"，理论上也说得过去。但是实际上整个调查，包括材料的整理都是我做的。叙述文字也没有多少，这些材料都是我做的，所以用的那两个字我看了不是很舒服。这篇东西当时虽然影响很大，但是它是有来历的，不像他说的那样，这个书的前身是这篇论文③，（李老师拿给我看。）这篇论文是在《中国语文》发表的，1963 年 6 期，署名第一个是福建师大的潘茂鼎先生，副教授，我当时还只是个讲师，我是第二个作者，（陈章太）他是最后一个。梁玉璋已经作古了，张盛裕在语言所退休了。潘茂鼎先生因为年纪大了，我们尊重他把他放在前面。实际上，这篇稿子第一功臣是黄老，都是在他的指导下写出来的。李（荣）先生让我们做一个普查的总结，这个总结提出了一个观点，说福建境内的方言的第一分层是客赣方言和闽语。闽语下面的分区也不能只分闽北、闽南，要先分为沿海片和内陆片。

① 李如龙、陈章太：《闽语研究》，语文出版社 1991 年版。
② 指陈章太、李如龙：《论闽方言的一致性》，载《中国语言学报》第 1 期，商务印书馆 1983 年版。李如龙、陈章太：《论闽方言内部的主要差异》，载《中国语言学报》第 2 期，商务印书馆 1985 年版。
③ 指潘茂鼎、李如龙、梁玉璋、张盛裕、陈章太：《福建汉语方言分区略说》，载《中国语文》1963 年第 6 期。

张宜： 这好像还是刻的钢板字呢。

李如龙教授： 嗯对。我是从《中国语文》拿出来刻（钢板字）的。这个可以在《中国语文》查到的。

张宜： 这个稿子太珍贵了！

李如龙教授： 这篇文章就提出来更正了所谓闽北、闽南两种方言，闽北方言以福州话为代表，闽南方言以厦门话为代表。1955年，丁声树先生和李荣先生在"汉语规范化学术会议"上作了《汉语方言调查》的联合发言，把汉语方言分为八区，即官话区、吴语区、湘语区、赣语区、客家话区、闽北话区、闽南话区、粤语区。这就是汉语"八大方言"说。我们这个文章更正了这个说法，闽方言是一种，内部有很多分支，往下分不是两种而是五种。所以当时这篇文章在《中国语文》发表之后影响很大。那么（上面提到的）两篇文章是这篇的补充和发挥，这两篇不是太重要的，一个是讲一致性，一个是讲主要差异，闽方言内部的主要差异。第二篇是我的名字署在前面的。（李老师说着翻到这篇文章给我看。）

张宜： 这篇文章您是第一作者。

李如龙教授： 他（陈章太）当时已经是（语言所的）副所长了吧。我说我们可以一起去做，你当年也参加了普查的。你当了官了，忙，我就多做一点调查，他又是中国语言学会的秘书长，我说你现在更需要署名，要不你署在前边吧。（笑）

所以那两篇东西也不要太夸张。主要是这篇文章，后来学术界普遍接受了我们的观点，七大方言，闽方言就只有一种啦。有人说本来闽方言还有两种，你"卖掉"了一种！哈哈！所以这一篇文章经常被引用，现在成了定论，闽语内部我们把它分成五片，这个来历是这样来的。（**张宜：** 挺有意思的。）这个当时隐藏在幕后的指导是黄老师，实际执笔的是我。从这篇开始就是我执笔的，因为潘先生比我大一二十岁吧，他是学教育学出身的，后来又参加了普通话语音研究班，开始学记音。他主要是教教育学，他是厦大教育学毕业的。后来转行来搞方言普查，（19）58年才转过来，不过搞得不错，那老头儿学得挺认真，能记福州话，他是福州人，所以福州话这章是他写的。当时我（跟陈章太）说把你署在前面。我是谦让的，我历来就是这风格，不愿意和别人抢镜头。（笑）我那些学生跟我去调查，学"功夫"，我连主编也不（单独给自己）挂，我说并列，我说你们年轻人更需要，但是你们挂主编当然也不合适。你看这个《福州方言词典》①，我也没（单独）给（自己）挂（名），其实整个

---

① 指《福州方言词典》的作者署名是并列署名，扉页上写"李如龙、梁玉璋、邹光椿、陈泽平 编"。

工作都是我操作起来的,这本《福建双方言研究》①是我带着两个学生编的,当时我还有点儿后悔,这里挂了一个"等著","李如龙等著"。等以后再重印,并列(署名)就好了。

张宜: 他们太幸福了,跟着您做。

李如龙教授: 他们俩是我的得意门生,都是在福州入学的硕士,他们的硕士论文我拿来加工一下,加上一些调查报告,就这样出来一本书,他们也很高兴,所以我不会抢镜头。

张宜: 把硕士生都给带出来了。

李如龙教授: 都是硕士生,像(我们一起搞的)《客赣方言调查报告》②拿到厦大出版社去出版,他们出了一点经费。

张宜: 跟您做事儿太幸福啦!

李如龙教授: 所以我说,我的老师我的学生我都问心无愧。做人嘛也就这样,承前启后。其实,人生就是非常短暂的,我一直跟学生说你们不要老吹捧我,一个人要定案,究竟他有多大的历史作用,什么贡献,身后50年才能做结论。

张宜: 让历史去说话。

李如龙教授: 嗯,对!(笑)所以当官呀,出名呀我都看得很淡。

张宜: 您确实与众不同。

李如龙教授: 你看这是我找出来的(当年"全国汉语方言研究班留念"的照片),这是黄先生黄老,这个是我。

张宜: 那时候那么年轻呢!

李如龙教授: 四十几岁,(19)81年。这是王福堂,当时(开会都)是陆续来了的。吴宗济来了就走了,黄家教也走了,(我和黄先生)我们两个是蹲到底的。(当时)我40来岁,黄老是1914年,他比我大二十几岁,他是我的父辈,我的老师吧。你看这些人很多都是在民族所、学会啊当什么副会长,当什么主编的,当官当教授的。你看这个是苏晓青教授,伍巍教授当时都是从这里开始学方言的。

当时叫中国语言学会,委托福建省语言学会创办的,是全国的,二十几个省的都来了。所以我觉得当时弄得那么累。(**李师母:** 回来就那么躺了三天!累得要

① 李如龙、庄初升、严修鸿:《福建双方言研究》,汉学出版社1995年版。此书封面作者署名作"李如龙　等著"。
② 李如龙、张双庆主编:《客赣方言调查报告》,厦门大学出版社1992年版。此书编著者还有李如龙、张双庆、万波、邵宜、练春招。

死！）（**张宜：** 您也是蛮拼的。）

张宜： 李老师，在工作和治学当中什么是最令您高兴或者最令您沮丧的事儿？

李如龙教授： 高兴的事儿有两个，一个是学生成才了，出来本书寄来了我觉得好，感到高兴。看到学生成长了，这是经常使我高兴的。还有就是我自己（做学问）琢磨到一点儿，自己感觉到有一点新的理解，这个时候我会有一种欣喜。我刚才说我经常喜欢问问为什么，怎么解释这个语言现象，所以我就经常处于一种不愿意满足于现状的状况，（**张宜：** 总想再继续做点什么。）做方言就要研究音韵，研究音韵我觉得（只会）记音不行，把方言研究变成语音研究怎么行，方言的语音是依存于词汇，所以我编了三部方言词典，这下我就对词汇学有兴趣了，后来我后段研究方言就转向词汇，又转向语法。那些大家包括赵元任都说汉语方言主要差别在语音，语法上没有多大区别，我说不是这样。我组织了一个东南方言语法研究小组，是民间的，没有人赞助，日本的平田昌司给过一点钱，后来香港中文大学我那个朋友张双庆教授也给了一些钱。只有十几二十个人，包括刘丹青、游汝杰、潘悟云这些名家，都是参与过十年的东南方言语法研究小组，我说咱们东南的语法没有受到关注，他们研究现代汉语语法的、研究官话、研究书面语，我们研究方言，大家很有兴趣。基本上是一年一次会，后来我们也不用赞助，但是会务费、伙食费都是我来筹。

张宜： 您会不会也往里搭钱呢？

李如龙教授： 也会搭点儿，（笑）我们轮流办会，到中山大学、到复旦开会，到黄山脚下开会，前后开了 10 次会，出了五六本书，都是关于东南方言的语法研究，后来有人说这个在（中国）语法学史上也得写上一笔，有影响。

我说我们就是一个游击队，也没有人赞助，大家还挺团结的，很热心。赵日新，语言大学的，也是一个积极分子，他在研究徽语。还有施其生，中山大学的，陈泽平，现在在福建师大。他们都是里面的干将。这个组织也是我拉扯起来的，每次要出书，我先求人，我们有成果呀，你帮我们出一本呀。

张宜： 多操心呀！

李如龙教授： 嗯，但是有点成果，对学术工作有推动。（**张宜：** 高兴！）花了功夫，我也学了很多东西，因为本来方言语法我不熟。

张宜： 您总是不满足。

李如龙教授： 嗯，不满足。从语音开始转入词汇，又转入语法。最近 10 年，我又想入非非了，我说"文革"时候我都没有造什么反，"文革"后我在学术界成了"造反

派"，到处"造反"。（笑）

张宜： 到处去看有什么问题，然后再去给它"翻个案"。

李如龙教授： 对呀！词汇学我就翻这个案。古今南北应该被打通，学生给我造出一个概念，李先生有个"十字架"理论。研究汉语，古今不对照不比较，南北不比较怎么行啊。一个人守着这一小块地，自耕农，你永远站不高。一个要沉下去找新鲜的材料，一个还要浮上来，一个要能概况统观全局、要有宏观的思考，要有理论的提炼，所以最近这 10 年我提倡研究汉语的特征。现在不能拿洋理论来套汉语的东西，套过来套过去，套不起，要从（汉语）自身的语言事实去提炼出自己的语言理论。已经有很多学者提出来中国语言学家得了失语症，没有理论，提出来人家也不买你的账。（**张宜：** 都是照搬西方的。）照搬又解释不了汉语的许多事实，所以我就提倡，不管你是搞古汉语、现代汉语，南北方言都是通语，都应该大家一起来思考，究竟汉语的特征是什么。这方面我已经写了一二十篇文章了，最近准备集成一个集子，叫《汉语特征研究》①，《方言》杂志的主编麦耘在替我编辑，今年底明年初吧，能把它印出来。

中国的语言如此地丰富，资源这么雄厚，很复杂，但是出不来理论这个不是正常的现象。我们汉语和印欧语大不一样，你应该深有体会，跟英语很不一样，但是现在英语的理论有语音学理论、语义理论、词汇学理论，全是洋的。中国的音韵学、训诂学、文字学有点陈旧啦。

张宜： 真的是没有人打通去研究汉语特征？

李如龙教授： 没有呀！我最近看到沈家煊那几篇文章，他提倡研究汉语的特征我很高兴。我也没跟他碰过头，当然我跟他熟，见个面就是打招呼，有话说，但是没有聚在一起。他现在忙他的，我忙我的，我说看来我这个观点是对的，我不知道为什么他的那个访谈没有发表。他是一个比较低调的人，还有王宁，都是比较慎重的。

张宜： 李老师，我知道了您的治学研究还有您的学术方面的一些思考，我想请您谈一谈一个语言学家，最应该具备什么样的学术修养呢？

李如龙教授： 我想无非是一个沉一个浮。沉要沉得下去，拿到第一手材料，你不能做空头司令。我不太愿意坐在那里做文献，文献是旧的东西，死的东西。当然里面有很多精华值得你去发掘，但是你应该用现代的语言去对比，所以我也用文献，考本字理论人家说李如龙是有名的。有人讥笑，考什么本字呀，我们都有字可写。

---

① 指《汉语特征研究论文集》，厦门大学出版社 2019 年版。

我说考本字不是为了找一个字来写,是为了说明你这个方言词跟古汉语有什么关系,究竟是地上冒出来还是天上掉下来,对语法史、词汇史和语音史都有重要的价值,所以我乐此不疲。要沉得下去找新鲜的材料。一个浮得起来,一样地通盘地考虑,宏观地思考,理论地思考,一个材料一个理论,理论与实践相结合,你的学问才能够深入。所以这里边要有一种追求,不断地完善、不断地提高这样的精神,不能止步不前,不能满足于已有的一点成果。我说你一辈子,赵元任是一个天才,也就是这样的。一个人能够包打天下,不可能的事儿! 中国的语言如此的丰富,历史这么长,我们的古籍世界第一,我们语言的品种世界第一,我们一个人一辈子只能够触及一点点,不要沾沾自喜,要有一个宏观的考虑。现在我集中的考虑就是应该发现总结我们的汉语特征。理论上的意义,汉藏语言学理论,现在基本上没有,中国的语言还是罗列事实,还没有上升到理论。我跟孙宏开很熟呀,(跟)戴庆厦(也)很熟,我也不客气。没有理论。人家印欧语,早有一套理论,对不对至少它能解释它的事实。我们没有理论,所以我经常说中国语言学上不着天、下不着地,天就是理论,你提不出汉藏系语言的理论出来;下不着地——解决不了现实问题。现实问题很多,成堆。对外汉语教学一大堆的问题,我这几年也摸了点儿(情况),孔子学院一大堆的问题,语文教育一大堆的问题,方言政策一大堆的问题。文字改革做了一百年,但是现在没有一篇文章交代为什么汉字不能改成拼音,上海的一家出版社正约我写这个书,我希望能够在明年写出来,叫作《汉字拼音化运动百年祭》。

要做一个交代,有一个历史的交代。现在对汉字有三种观点,第一种取消简化字,恢复繁体字,这个是传统派、"右"的。"左"的是继续改革,汉字拼音化,用汉语拼音来拼写汉字,我说两个我都不参与。周有光先生提到了能不能用双文字,汉语拼音也作为一种兼用的手段,汉字不能废。我最近才开始研究这个,因为我已经好几年都在摸汉语和汉字的关系。有一年在这里开了一个国际会议,王宁先生支持我,还给我一点赞助,她的经费多。专题研究汉语和汉字的关系,我想我们整部的汉语史都是汉语和汉字相互适应、相互矛盾、相互让步衍生出来的,词汇史、语法史、语音史(都是这样出来的)。但是研究文字学的历来不关心汉语的研究,研究汉语的人也不关心文字学,隔行如隔山。

张宜: 老死不相往来。

李如龙教授: 对呀,研究民族语言的不懂汉语研究,研究汉语的不懂民族语言。我为什么研究少数民族语言? 我要至少研究一种。古文字我没有兴趣,但是《说文》之后文字的演变,跟汉语史呀、词汇史的关系,我从考本字中都有很多的理解,我想整部〈词汇史〉为什么从单音词变成双音词,但是单音词并没有退出历史舞台,这些东西都是相关联的,研究汉语不能不研究汉字,研究汉字也不能不研究汉语,所以我这就越来越像登山一样,打算爬到上面去。(笑)

张宜: 爬得越高看到的东西也就越多了。

李如龙教授: 看到了(一些)不符合事实(的东西)。(比如)对外汉语教材现在教什么,教语法点。不对了!应该着重扩展词汇,字和词的关系,(比如)"头疼""我的头很疼",这是句子,"这个事情我很头疼",这是词。让他们洋人知道汉语的词是怎么构成的,句子是怎么构成的,叫作字、词、句,理顺这个,现在没有人花功夫在这上。所以我也带了几个博士生编了一个对外汉语的教材①。

张宜: 是对外汉语方向的博士生?

李如龙教授: 对,我带了五六个,七八个(博士生)在传媒大学和厦大。所以(我)到处当"造反派"。对外汉语教学这块儿一开始对我的观点也不太感冒,文字学家对我的观点也不太感冒。我说汉字不是一般的文字,它是一身二任的。一方面它是个文字体系,字形系统;另外它又是语素,它是汉语的一个细胞,语素是细胞,所以一身二任。读书认字,认字就是字怎么写,读什么音,理解什么意思。意义是什么,意义是语言不是文字。他们不能接受。他们说语言是第一性的,文字是第二性的,他们说我连这个也不懂,犯了常识性的错误,我现在还要跟他们辩论。为什么汉字能存活 4 000 年到现在立于不败之地,因为它不是一般的文字。一般的文字脱一个外衣,脱完了换一件,它已经是细胞了,跟汉语粘在一块了。所以这些东西我还在研究。我们不要辜负我们这个民族,我们语言文字如此地古远、丰富,不要动不动就去求助于洋人。洋人也有好用的,我也有很多国外的朋友,也交往得很好。所以我就说要能沉下去、能浮上来,能有愿意思考的这种习惯。

张宜: 我觉得您已经说了一些我下面要请您谈的怎么对待学术批评了,是吧?其实我已经能感受到您对学者呀、学术呀,包括在学术方面存在的问题,您不是针对人,而是针对这种现象。您刚才用了一个词,当您发现当研究现象"模糊"的时候,也就是您存疑最多的地方,是吗?所以李老师想请您谈一谈,您是怎么对待学术批评的,您在您的科研和治学当中遇到过学术批评吗?

李如龙教授: 遇到过,有人跟我抬杠,说不同意我某篇文章(的观点)。我说没关

① 指李如龙主编:《卓越汉语·轻松入门》(国际汉语培训教材·"卓越汉语"系列),外语教学与研究出版社 2011 年版。

系呀,有什么不同的观点都可以摆出来。有两次都是学生辈的跟我商榷。商榷就商榷,我再写一篇,本来我这话已经说完了,那我就再说一遍。有两次都是这样,都是在《中国语文》上。这样有好处呀。(**张宜**: 充分表达。)对呀,所以像这样只有好处没有坏处,把对事跟对人分开,学术研究是没有国界的,没有人界的,也没有年龄限制,谁都可以说。我也鼓励我的学生,我说你们要能打倒我,我甘心情愿,我给你们树碑立传,来纠正我的错误是我的福气,你们不要认为我说的就是对的,我也鼓励他们。学术批评应该是正常的事情。至于说持有不同的见解,那也没有关系,反正一个人的认识总有他的由来,有他的客观原因,不能苛求别人,你可以发表你的意见。我说考本字很重要,你不屑一顾,那你就不要考呀,愿意考的跟我来考,这个都没关系,可以保持共存。至于说人和人之间的那种关系就不说了。那是另外一回事。

张宜: 可是为什么在中国搞学术批评有时候搞不好就变成了人身攻击呀,或者是带有那种很强的主观性的。

李如龙教授: 对!这个不好!中国语言学界已经够可怜的了,现在还要攻击来攻击去,无非就是争名争利嘛,这是小我,不是大我。音韵学会现在弄垮了,社会语言学也变成两个学会,这个是不应该的。那些老一辈的语言学家当年(19)81年成立中国语言学会以后,都一直很好,我接触过的。王力先生,吕叔湘先生,邢公畹先生等。现在这些老一辈的作古了,到下面来了搞不平了,要争会长当了,要以我为中心,问题就一大堆,没意思,这个就是人品和学品不一致,我不太赞成那样做。所以那些东西我都不介入,什么汉字文化,汉字文化也是有一点走极端,也有问题。

伍铁平老师是个老实人,发现问题,他就提出来,他不怕,他的学问确实做得不错,应该保护他,所以他批评这个批评那个,从来没批评过我,(笑)我对他也很好。像这种人应该保护。

张宜: 我访谈过他但是也没整理出来发表。

李如龙教授: 他早不在了,你是什么时候访谈过他的?

张宜: (20)02年到(20)05年,这个期间我一直在北外呀。

李如龙教授: 你成"老革命"啦!(笑)

张宜: 嗯,我成"老革命"啦!(笑)实际上他是我做的第一个录音访谈。我第一个访谈的人是胡明扬,胡明扬老师不同意我录音。因为伍老师是我导师姚小平老师的导师,他就说:"来,你就从我打个样儿吧!"伍老师特别好,他跟我讲了好多。

李老师，那您在汉语方言学和汉语音韵学方面研究的特点是什么呢？您有哪些突破呢？我最近在看您的这些资料的时候，也看到了(20)05年辛(世彪)老师和刘(晓梅)老师做的访谈，他们里面也讲了一些，我现在想请您亲口说一说。

李如龙教授： 那个访谈已经过时啦，十年前的东西了，以前的东西他们都说了。以后的最近这十年的我就是跑野马了，正式思考一些宏观的问题。我就提倡要研究汉语特征，要把学科界限打烂，你不能说你研究现代汉语不要管古代汉语，研究汉语不管汉藏语民族语言，研究文字的不管语言，研究语言的不管文字，这不对，应该打通。那当然不是每一个人都能做到，我也做得很费劲，很吃力。本来福建没有那么早的古文字，不像他们早就接触到甲骨文。福建没有青铜器时代，所以历来我不敢涉猎古文字。但是现在研究汉字与汉语的关系，我就想探讨一个问题，究竟是汉字影响汉语还是汉语影响汉字，谁起主导作用。这个单音词的制度，先秦是单音词占优势，《论语》《孟子》，《孟子》已经有一批双音词了。"吾日三省吾身"六个字都是单音的。汉字使得汉语从多音字变成单音字为主，或者是汉语本身单音词的制度要求它来适应，像这个问题我还没有解开，那我只好也去知道一点古文字。所以客观事实是，语言文字，语音词汇语法都是纠缠在一起的。人就是一个完整的人。庄子说他的眼中没有全牛。一个医生，内科医生外科医生(的眼里)也没有全人，他看你的眼睛就知道你有什么毛病。他研究时装，看你穿的衣服就知道你的性格，各有所好。(研究语言)这个东西也不能搞分离分割，切割式的研究。所以我对后现代主义呀就觉得有一点意思，后现代主义就是不管你原来学科的界限。现代主义就是一切越细越好，细到底有没有用？有啊，这个消化系统是一套，循环系统是一套，这个需要去研究。综合起来，中医你还不能缺。就是说既要能分析也要能综合，学科之间也要搭界，要互相渗透。所以我的学生就说他们老是跟不上我，(笑)我就不愿意止步在一个地方。

张宜： 您能把原来已有的研究加以比对，就是想要把它们都打通，然后去建构一个更大的系统，对吧？

李如龙教授： 对。因为语言本身的语音词汇语法都是分析的结果，它本来就粘在一块，词汇之中有语法，特别是汉语，构词法跟造句是一致的，它和印欧语就不一样。许多语音现象是浸透了语义的。为什么特别是汉字有同音字，有异体字，有多义字，语音有异读别义，有文白异读，语音现象跟词汇现象、语法现象紧密相关。为什么"儿"，我的你的他的，一虚化它的语音就变了。语义虚化造成了语音的混化、弱化、半促化，以前人们不太留意(这些)。我提倡系统的观点，综合的研究对比。

张宜： 那现在要让您概括的话,您在哪几个(研究)方面有所突破呢?

李如龙教授： 这个我就不敢说了。很多东西我到现在为止还是自己也没有完全弄明白,但是我是在追求,希望能够在有生之年,自己思考过的这些问题都应该有一个结论。大概现在外面有影响的比较成熟的,我觉得自己说起来比较放心的,比如说关于对比研究、十字架理论、语音词汇语法之间的相关联,有关这些我也写了不少东西,我的研究通常就是把它们打通研究。还有(汉语的)特征研究。我从方言开始,研究方言特征词,出了一本专辑。我提倡研究现代汉语的特征,古代汉语不同段也有不同特征。语音,中古音上古音都有各自的特征。

张宜： 在(中秋节)这个时间来打扰您,我也是觉得挺过意不去的。沈阳到厦门挺远的,难得李老师认可我的这个项目,愿意接受我的访谈。

李如龙教授： (我老伴儿)她的一个姐姐现在90多(岁)了,现在还在坐班看病。她出了一本书,写她从医的过程,我给她做了一个序。退休前是福建省妇幼保健院的院长,现在是名誉院长。新中国培养出来的第一代妇产科专家。当中有一段就说:"口述历史是一个新兴的史学,非常有意义。近些年来在中国也提倡征集口述历史了,这是大好事。口述历史是普通人的自述或回忆,不是专业人员奉命采集编书的,而是历史的亲历者自己觉得有话要说,不说不快,对历史中的人与事的种种看法和感情是油然而生未经加工的。口述史是人生态的历史,因为纯真,更使人相信,也因为是实情,更使人感动。"(**张宜：** 写得太棒了!)这本书就是一本口述历史。

张宜： 李老师,您认为您对汉语方言学和汉语音韵学方面的重要贡献有哪些呢?在您的成果当中,您刚才提到了一些。您最看重的是哪一种或是哪几种?学术界对它们的评价和您自己的看法一致吗?

李如龙教授： 我上大学的时候老师提出来,你们不要搞一本书主义,一辈子就写一本书,所以我不太赞成一辈子只写一本书,特别是研究汉语这一块。要在原野上驰骋。我自己编的吧,也有20、30本了,(加上)跟别人合作的一起将近有50本啦。至于哪一本是自己满意的,我可以说我没有假货,都满意,但是没有一本觉得非常满意的,我永远没有已经达到顶峰的。

张宜： 这就是我觉得作为学者,您虚怀若谷……

李如龙教授： (笑)从哪一个角度来看,它都有缺点,都有不足。我就是这个观点,所以说这一堆东西,这一架都是我(写)的(书)。(李老师指着自己身旁的书架说。)

张宜： 太了不起了！

李如龙教授： 包括杂志(论文)什么的，包括给人家写序什么的。

张宜： 我看网上有一些资料，说您有 200 多篇文章，30 多部书，应该不止。

李如龙教授： 50 本，文章有 300 多篇。究竟怎么去估价它们，我自己也说不清。

张宜： 人家说著作等身，您这完全高于您的身高了！

李如龙教授： 好多学生、朋友写的书，叫我写序的，可能有一大部分。

张宜： 您还说师母不是贤内助，如果她不是贤内助，您这些作品得什么时候能写出来呀！每一个成功的语言学家背后都有一位成功的女人！（笑）

李老师，您对汉语方言学还有音韵学的目前国内外研究现状有什么看法？

李如龙教授： 这个其实我刚才都有讲过了，我说上不着天下不着地。再一个就是关于中学西学的关系。中学为体西学为用，这个说法也有人反对。现在语言学界是两个现象，一个就是抱着传统的东西认为至高无上的，我也不认同。另外一个真正的理论是洋人的理论，才算是理论，我也不认同。我觉得中国的学术界的悲剧，就在这一点上。从维新运动以后，一直没有改变，到五四运动，一直到现在，学术界的这个中西的关系一直没有理顺好。这是一个大问题。还有从世界上的潮流来说，现代主义也好，古典主义也好，后现代主义也好，到现在也没有定论，也还在发展，还在探索，所以也有很多东西我就觉得还是一个未知数。反正我还在求索啦，我觉得我虽然七八十了，还像我自己游泳一样，我还是在摸索、前进。（笑）

张宜： 那您觉得汉语方言学将来发展趋势应该是什么样子的？

李如龙教授： 汉语方言学的研究应该跟汉语史结合起来，跟现代汉语、跟通语结合起来，跟民族语言结合起来，才能够体现出它的价值。关起门来研究方言不行的，要跟民族语言比较，跟古汉语比较，它就活了。所以我知道的方言事实在我这里都是活生生的有用的，今后还应该从类型学的(角度)研究，从汉语的历史发展史的这个角度去进行考察，那这会就是遍地是宝。现在很可惜就是，调查完了就摆在那睡觉，全国已经(出了)多少个方言词典，还有李先生李荣编写的《现代汉语方言大词典》，许宝华编写的《汉语方言大辞典》。怎么去用这些材料去总结出规律，几乎没有人做，摆在那儿睡觉，这个不对呀。(方言词典)止步于罗列事实不行的，还要分解事实，理解事实，总结理论，还有就是他不愿意谈，他也不愿意别人去谈，其实他有理论，他不轻易地去谈理论。

这个就是中国国学的一个基本现象，罗列事实。罗列事实肯定是对的，吕先生也是这样,吕叔湘先生有一个著名的理论,"钱串子跟(散)钱",他说有了(散)钱就好了,钱串子太多,没有(散)钱没有用。那钱串子是理论,有正确的理论驾驭了,材料就能够发挥价值了。

张宜: 李老师,是不是咱们中国研究汉语的一些学者,包括其他领域的一些学者,不太善于总结这些事实当中的规律。

李如龙教授: 不是。整个中国的人文学科、社会科学缺少这个传统。我们只要事实,不要理论,只有综合没有演绎。从事实的基础上有时候还能综合出一点东西,但是演绎的精神太差了,所以这个是我们中国社会科学的弱点。洋人就是太爱演绎了,一点儿事,一个小理论他们能发挥得很大。他可以不要事实,或者杂凑一个事实来论证他的理论,他们也有缺陷。台湾现在还是传统的东西多一点,他们两大派现在互相攻击,有洋派的(推崇)乔姆斯基的很瞧不起这些搞传统的;搞传统的人也瞧不起他们,这个都没有好处。我就觉得应该兼容并蓄,互相取长补短。

张宜: 李老师,那您怎么看待我用口述访谈方法去研究中国当代语言学家呢?我这个是我在念书的时候在北外读博士的时候产生的一个想法。

李如龙教授: 你已经做了十几年了?

张宜: 中间毕业回学校,回沈阳师范大学以后停了一段,我就是从前年开始又捡起来了。

李如龙教授: 因为你接触到了事实,我建议你能够在这些事实的基础上做一点分析。学科与学科之间。比如说,以前研究语法的很瞧不起做方言的,觉得你那个不是学问,不就是讲讲土话吗。事实上方言里有语音规律,有词汇规律,有语法规律。研究汉语语法已经一百年了,提炼出来的哪个理论框架是大家公认的?到现在也没有。但方言学是有一套的,自成一体的。所以我想你这个工作很有意义,可以了解很多第一手的事实,口述的,而且很多东西是书上看不到的。

张宜: 我觉得听您讲和自己看书是不一样的。李老师,辛世彪和刘晓梅他们做的访谈是跟您笔谈的吧?

李如龙教授: 好像没有录音。就是比较随便地坐着谈的。就是那次 2005 年的聚会的时候,可能明年一月份还要聚一聚。

张宜: 刘晓梅,刘老师就是北方人,吉林的。她现在是在暨南大学。我看她做的好多研究都是汉语词汇学。

李如龙教授: 词汇学做得不错。

张宜： 辛老师在海南大学搞音韵。

李如龙教授： 他在海南岛上挖掘了好多语言材料,少数民族语言、海南黎语。

张宜： 李老师您的业余爱好是什么？您锻炼身体吗?

李如龙教授： 我每天去游泳啊。有时在海里,有时在游泳池里。（笑)我从小就喜欢游泳。我从广州回来的原因之一就是喜欢游泳。（笑）

张宜： 时间不早了,不多打扰了。感谢您今天接受我的访谈! 谢谢师母的款待!

李如龙教授： 不客气! 以后有机会再聊。

鲁国尧访谈录

受 访 者：鲁国尧教授

访 谈 者：张 宜

整理/注释：张 宜

地   点：江苏省会议中心贵宾楼

时   间：2016 年 8 月 1 日，上午 9：00—11：30

张宜： 今天是 2016 年 8 月 1 日，现在是上午 9 点，我现在是在南京的江苏省会议中心贵宾楼 A 座的 307 室。非常荣幸，我今天能有机会访谈南京大学教授、我国著名的音韵学家鲁国尧教授。鲁老师您好！我今天访谈您的主题是汉语音韵学、汉语语音史、汉语方言史等等。首先想请您谈谈您是怎样走上语言学研究道路的，您为什么会研究语言学？

鲁国尧教授： 张宜教授，您要求我讲怎样走上语言学研究道路的，可能要讲得远些。我在中学时代，对文科很感兴趣，我喜欢语文课、历史课、地理课。但是我不偏科，我是一个比较全面发展的学生，我的平面几何、三角、立体几何等课成绩都是 90 多分，物理差些，也接近 90 分。（笑）我对语文，特别是中国古典文学更喜欢。唐诗啊，宋词啊，我背诵了不少。在高中的时候，我还订阅过《文艺学习》杂志，记得主编是韦君宜，她那时或者以后担任过人民文学出版社的社长。

张宜： 您喜欢中国文学跟您父母有关系吗？比如说您的家里有这个条件。

鲁国尧教授： 我爱好文科跟我父亲有关系，我母亲是文盲。我父亲有一定的

---

* 本访谈整理稿经鲁国尧教授审阅认可。他做了一些补充和修改。

文化。

张宜： 您家里有这方面的书吧？

鲁国尧教授： 我父亲不是搞文化的，但是他智商高，读过若干古书，尤其对中国古代历史知道不少。如果有我这样的条件，能受到良好的教育，他一定会是一个有成就的学者。家父鲁照林，生于清朝末年。我们家在江苏中部泰州市的溱潼镇，近年颇有声名的5A级景区溱湖湿地就在这里。我祖父是城市平民，（家里的）经济困难。我父亲念的是私塾，那时候我们那儿有个"规矩"，男孩子（虚龄）15岁就要离开家庭，到外面去做学徒，所以他就没有继续学习的机会了。但是我父亲有一定的文化，他念的课本《诗经》《书经》我还保存着，他写得一手漂亮的毛笔字。他能够吟诵古典诗词，他没有事儿的时候，常常拿着线装的多册本《古文观止》《唐诗三百首》卷起来吟哦不已，陶醉其中。他有时候还给我和我母亲讲历史故事，家中有一部《二十五史精华》，父亲读了就讲给我们听。到今天，我最喜欢看的书是历史书，而不是语言学的书，我几十年来写的论文做考证得力于我的史学功底，这些该跟我在童年时代、少年时代受的家庭影响有关系吧。

我们那儿的常规是男孩子虚龄6岁要上私塾。在孔子像下磕头，拜私塾先生。我的第一位私塾先生姓储，是老先生，第二位姓段，年轻。两三年后，我就转到了正规小学。我初中是在泰州读的，高中上的江苏省扬州中学，这是所名校，我1952年入校时，显微镜就有一百多台，可见教学设备之多。因为喜爱古典文学，高考时我报的第一志愿是中文系，报的学校是北京大学。一考就考取了，大概我们那时候比较好考吧。（笑）我给您提供一条史料吧，您在其他书上是找不到的。我在北大时，有一次在大饭厅东门前看见一个木牌子，上面写着1955年北大在每个省录取的人数，总计1 900多人。我是华东地区的，我就把华东地区山东、江苏、安徽、上海、浙江、江西和福建六省一市的录取数做了一个统计，（结果是）1 200多人。可见那个时候北大的录取不像现在这样给各省分配名额，从外省录取的学生就很少，那时候谁的成绩好就录取谁，比现在公平得多，应该这样。（**张宜：** 说明华东地区的教育质量好、文化程度高。）就这样我就考进北大中文系了。我是抱着学习中国古典文学的愿望来的。

我后来为什么会走上语言学研究道路呢？情况是这样的。我家在江苏泰州，现在觉得离北京不算远，可是在那时候，就觉得离北京很远很远。我没有钱，（大学）四年都没能回家。那时候的学制是五年制，四年级上完了的那个暑假，我姐姐借了30元让我回了趟家。四年了我才能回家，我不是不想家，父母也不是不想我，可是没有钱啊。那几年的暑假，那几年的春节，回不了家，就都留在学校里过，就整天看书。有一个暑假我看了一百多本西方文学、俄苏文学的小说、诗歌、戏剧等，因为放假之前刚听了一学期的"外国文学课"。那时候很穷，北大又在郊区，我一学期才去一次城里，在食堂里，领几个馒头，几块咸的大头菜，中午就站在王府井大街边上啃冷馒头，没有水喝。记得有一个学期压根儿就没进过城。

1957年大学二年级的暑假，留在学校看书的时候，一位同学拉我一块出去调查方言。北大中文系派了两支小分队外出调查方言，一支到承德地区，是王福堂老师带队，那时他是助教。我参加的这个小分队是由研究生吴天惠带队，他毕业后分配到西北大学，去世早，可惜啊。燕园虽美，但是月月日日、朝朝暮暮浸淫其中，能无审美疲劳？尤其对青年学子来说。调查方言，到外地去走走，见识见识另一个世界，太好了，太好了！我报了名，说不出的兴奋。我们几个人到了张家口，待了大概有十天吧，我们住在张家口中学，学校帮我们找了调查对象，是来自张家口地区各个县的学生。我负责调查张北县的方言，这位张北县的学生姓段。我们记音，整理资料，制成表格，方言田野调查的这一套流程就这样学会了。就因为去了一遭张家口，我对调查方言产生了兴趣。

当时北大中文系有个很重要的制度，三年级开始分专门化。我们这个55级，一、二年级时约有100人，分成三个班。三年级开始时分专门化，多数人学文学，少数学语言学的，抽出来，成立一个新班，即四班，有17个人。一开始系里召集全年级同学开动员大会，动员学生学文学的大概是文艺理论家杨晦主任吧，记不清了。动员学生学语言学的是副系主任兼汉语教研室主任王力先生。王先生讲了语言学的意义，国家、社会需要语言学，等等，希望同学踊跃报名。他还说："如果同学们有什么想法，欢迎到我家里谈谈。"志愿学语言学的才有十个出头，不够开一个班。那时我还是喜欢古典文学，但是因为刚刚去张家口参加了一次方言调查，对方言（研究）也有了兴趣，这时动员我去调查方言的那位同学又拉着我一块到王力先生家，找王力先生谈心。王力先生很和蔼地跟我们说"语言学需要你们"，就这样我就进了语言学的门，那是1957年。一直到现在啊，到明年有60年，一个甲子，真是许了终生（笑）。

张宜： 是吴天惠先生拉着您去做方言调查的？

鲁国尧教授： 不是他。是我的一个同学，叫孙维张，他已经去世好几年了。进了四班，即语言班，我就将语言学作为终身伴侣了，不离不弃。虽说我对古典文学，历史学还保持着兴趣，然而主要精力在语言学方面。那些"副业"呢，仍然对我有诱惑力,少年青年时的感情就是不一般啊。至于哲学,则是近十几年交的"新朋友"。

张宜: 学界评价您做音韵学研究,做方言研究,您写的论文总是带有文采的,这是不是跟您原来对古典文学的兴趣、爱好有关系?

鲁国尧教授: 是的。我主张治学、撰作应该"义理、考据、辞章"三者兼具。多年前我读朱熹、吕祖谦编订的《近思录》,就发现程颐有关三者的议论。清代乾嘉时,不同学派对三者有不同的解释和不同的对待。我提出这三者,有我自己的新的解说,我认为,义理就是理论、思想,这是根,这是本;考据现在一般叫作考证,就是充分占有材料,利用逻辑做严密推理;辞章就是具有适当的文采。语言学的文章可以没有文采,但是这就难以引起人们的兴趣,免不了"干巴巴""枯燥"。孔子说过:"言之无文,行而不远。"语言学文章具有文采不是更好吗? 锦上添了花,谁不喜爱美? 三者兼具,岂不更佳? 林焘先生、向熹先生都当面称赞我的文章有文采。论文要具有文采,需要著者作主观努力,需要读文学的书报。我现在仍然对古典文学感兴趣,只要有空,读古典诗文词,也读点现当代的文学作品。有时兴致高的时候,吟诵一些我喜欢的唐宋诗,如杜甫的组诗《咏怀古迹五首》《秦州杂诗二十首》《秋兴八首》,或者刘长卿、李商隐、王安石、苏东坡等人的诗,当此之时,宠辱皆忘,喜戚悉遗,精神仿佛升华到一个纯真之境。

张宜: 我看有些报道里面提到您到一些大学去讲学,还会给学生吟诵古典诗词。(笑)

鲁国尧教授: 中国知网上有我一篇文章①,谈我学习吟诵的经过。我的老师(仲一侯先生)是南社诗人。南社是清朝末年民国初年的革命文学团体,柳亚子是主要创办者,他是毛泽东的好朋友。我的老师民国二年(1913 年)由柳亚子亲自介绍参加了南社。我高一、高二暑假里向仲先生学习,他亲口教我吟诵。老先生也没有什么教学方法,就是模仿。他吟诵一句,我跟着模仿一句。有时候一句要(反复)吟诵七八次。

张宜: 社会对您从事语言学,特别是音韵学研究有什么影响?

鲁国尧教授: 本来我是抱着强烈的兴趣学古代文学的。冯钟芸教授,她是冯友兰先生的侄女、任继愈先生的夫人,她教我们唐宋文学。因为她上课提的问题我多能积极回应,我也爱向她提问题求教,给她留下了良好的印象,老师的赏识有异常的

---

① 指《古诗文吟诵·我学习古诗文吟诵的经历》,原载《甘肃高师学报》2013 年第 4 期。最后的修订版发表在《中国语言学》(第八辑),北京大学出版社 2015 年版。

效果,它更激励学生。大三开头选专门化的时候本来我会选文学的。我后来之所以改选语言学是因为这个暑假中去外地调查方言,还有就是王力先生的公开动员,还有就是思想斗争的时候到他家里谈心。那是我第一次坐沙发。(笑)以前我哪里坐过沙发啊!(**张宜:** 当时的王力先生是知名教授。)他当时是一级教授,住在燕南园的小楼里,我们南方叫作小洋房。1954年他从广州调来北大就住在那儿。20世纪50年代,对于我们(这些学生)来说,就像看到了宫殿一般。(笑)现在我们好多人装修房子要比那时阔多了。(笑)……所以还是学校教育(对我搞语言学有影响)。我为什么后来学了音韵学,呃,呃……

张宜: 对啊。您的个性对您从事音韵学研究又有多大的影响呢?

鲁国尧教授: 好,我继续讲下去。语言学比起哲学、文学、史学来,是个不大不小的学科,然而也是个领土广阔的王国,分支学科也很多。我为什么会学习音韵学呢? 我五年制本科毕业的时候,面临毕业分配,先填志愿。当时有的人填愿意当助教,有的人填愿意当记者。我填的志愿是当助教。但是组织上研究的结果是让我(继续学习),念研究生,念北大的研究生。我说我肯定会服从组织分配的,可我的第一志愿是想当助教啊。(领导说)让那些年龄比你大的当助教吧,你年龄小,再学学。

张宜: 那是要重点培养您吧。

鲁国尧教授: (笑)那也谈不上。但是我当时的年龄确实比较小,陆俭明是我的同班同学,他比我大两岁。念研究生,念什么专业呢? 暑假之后回到学校报到了,(学什么专业)也是组织分配。那时候什么都要服从党的(安排),我是群众,但是我们养成了习惯,党叫我们做什么,我们就做什么,我们都服从,都愿意,真心诚意地愿意,这是真的,确实如此,长期的思想教育养成了我们这个习惯。系里把我分配给周祖谟先生,做周先生的研究生。周祖谟先生,当时是二级教授,40多岁,可是成就很高很高,是中国20世纪第一流的音韵学家、校勘家。还有的学生分配去学语言学理论或现代汉语,跟高名凯先生、岑麒祥先生、林焘先生学,我们都绝对服从。就这样,我走上了学习和研究音韵学的道路。

我对方言学也有兴趣,也写过几篇方言史的长文。本来嘛,音韵学跟方言学是亲姐妹。北大方言学教授袁家骅先生是江苏张家港人,他是汉语方言学,汉藏语学的著名专家。因为我曾经调查过张家口方言,对方言有一定的了解了。记音啊,整理表格什么的,我都会。袁先生(在课上)讲吴方言、粤方言等南方方言的丰富多彩的现状和纷繁复杂的历史,更激发了我的兴趣。所以后来在大学四年级的暑假我第一次回家,我就拼命地调查自己家乡的方言。因为我就是当地人,当地话我当然听得懂。我就到菜场去,(买菜的)中年妇女啊、老太太啊,同卖菜的对话,那时也没有录音机,我就带个小本子记。她们之间的对话,那都是十分自然的语言,比通常的调查方言时那种调查人与调查对象一问一答的方法记下的材料要自然得多,收获也大得多,我认为这种"自然调查法"应该大加提倡。那时我给魏建功先生写信汇报我的暑假情况,也谈到在菜场调查方言的事。开学后返校,陆俭明和马真告诉我,他们暑假去看魏先生时,魏先生指着桌上的信表扬了我。如果问我的专业方向是什么,可不少呢。我的主业是音韵学,副业是方言学,再副业是文学,再再副业是历史学和文献学。而最近十几年呢,又添了个再再再副业,那就是哲学和思想史,哦,我认为应该给思想史改个名称,叫"思想学",现在立此存照。(笑)

张宜: 嗬,鲁老师,您的副业可真不少啊!

鲁国尧教授: 哦,要补充一下,我对方言学之所以有浓厚的兴趣,还有一件事。大学四年级1959年的时候我们五五级语言班跟着袁家骅先生到山西朔县调查方言,在离县城十几里的一个师范学校做调查,果子从树上掉下来,学生捡到都交到教导处,多好的风气啊。临离开时,在校门口,我们坐在各人的行李卷上,班长侯学超说:"这是我们一辈子来一次的地方。"他的这句名言我印象特深,常引用。我真想有生之年再去那朔县的师范学校一趟,踏一踏五十多年前的足迹,圆一次历史之梦。

张宜: 哪一个人、哪一本书、哪一件事儿对您从事学术研究影响最大?

鲁国尧教授: 您提的这个问题,我思索过。我想这样回答您,哪些书对我做人、对我治学影响大,可以吗? 我应该总结大半生,几乎一生了,因为去日苦多啊。

对我的人生观的形成与坚守,影响大的书有三类。

第一类是先贤的教导,例如《左传》:"大上有立德,其次有立功,其次有立言。"《周易》:"君子进德修业。"我们中华民族的先贤都特别重视"德",放在首要的地位,头等的地位。西方先哲也是这样的,例如意大利的伟大诗人但丁说:"Virtue can remedy the defect in one's wisdom and never vise versa."。(道德能补智力的不足,反之则不然。)爱因斯坦在《悼念玛丽·居里》一文中说:"The first-class figures of the times and historical significance of the process, in its moral quality, perhaps more than pure talent will be even more significant achievements, even if it is the latter, they depend on the degree of character, perhaps more than usually perceived as."。(第一流人物对于时代和历史进程的意义,在其道德品质方面,也许比单纯的才智成就方面还要大。即使是后者,它们取决于品格的程度,也远超过通常所认为的那样。)我很爱读这类先贤名言、格言的汇编,歌德(Johann Wolfgang von Goethe, 1749—1832)说过:"Collection of famous quotes and collection of mottoes are the most important treasure of the society."。(名言集和格言集是社会最宝贵的财富。)歌德的这句话本身就是 famous quote(名言)。中外先贤的遗教,是精神的指南针,是最好的导师。华中师范大学张舜徽老先生编的《经传诸子语选》我特意买了很多本,自己留了两本,其余赠送给一些学生,如徐朝东,鼓励他们"拜读"。又如商务印书馆出版的张致祥教授主编的《西方引语宝典》,我就买了三本,放在不同的地方,便于随时翻阅。在王宁教授主持的全国汉语言文字学暑期高研班讲课时,我多次向几百位学员介绍这两本书:向年轻人推荐好书是我这个做教师的职责。我经常读的还有《广征博引英汉词典》,主编是陈羽纶先生,你们辽宁人民出版社 1998 年出版的,每个词的例句都是名言和格言,受启发,我曾经想编一本中文的《汉汉词典》,每个字、每个词都引名言作例证。因为您是英语教授,所以我今天就将案头的这几本书带来。[说着,鲁老师把几本书从书包里掏出来给我看。有《二千年前的哲言》《西方引语宝典》《广征博引英汉词典》《中国古代经典名句(英汉对照)》《中国历代名人名言(双语对照)》等,这些书的里面还夹着一些纸条子呢。]①

张宜: 鲁老师,我在做访谈您的准备时,有一个很感兴趣的问题,您是不是从小就对英语感兴趣,您的英语从小就很好吗?

鲁国尧教授: (笑)中学时很好,(可是过去这么多年了)现在不好。(笑)

张宜: 我看您对国外的文学啊、文学家啊、诗人、哲人的作品啊,很感兴趣,您在您的论文里面、札记里面也多次地引用原文,您还曾以中国古典诗歌的形式翻译过 William Hazlitt 的一段散文②。(**鲁国尧教授:** 是的。)所以我觉得您对英语的兴

---

① 上海古籍出版社编:《二千年前的哲言(学生版)》,上海古籍出版社 1998 年版。刘士聪、谷启楠编:《中国古代经典名句(英汉对照)》,商务印书馆 2012 年版。尹邦彦、尹海波编注:《中国历代名人名言(双语对照)》,译林出版社 2009 年版。陈羽纶主编:《英汉词典》,辽宁人民出版社 1998 年版。张致祥编:《西方引语宝典》,商务印书馆 2001 年版。

② 指英国散文家 William Hazlitt(威廉·黑兹利特)在 *On the Feeling of Immortality in Youth*(《青年人的永不衰老之感》)中的一段文字:"One half of time indeed is flown-the other half remains in store for us with all its countless treasures; for there is no line drawn, and we see no limit to our hopes and wishes."。鲁国尧教授经常默背这段文字,并用中国传统诗体翻译:"韶光半逝固堪哀,另半辉煌待我来。二者何曾存畛界? 前程憧憬自心开。"参见《鲁国尧语言学论文集》,江苏教育出版社 2003 年版;《鲁国尧语言学文集:衰年变法丛稿》,上海古籍出版社 2013 年版。

趣也很大。

鲁国尧教授： 我对英语的兴趣是很大,但是我这一辈子最大的遗憾之一就是看英语书不能达到自由阅读的程度。英语是当今国际性的、世界性的语言,按照道理,作为一个语言学工作者,英语(能力)应该很好,可是我们这一代人的大多数英语都不好,我即是。（**张宜：** 这个现象绝对跟新中国成立后的前三十年的教育有关。孙宏开先生就有过您这样的感慨。）我曾经读郝尔格·裴特生(Holger Pedersen)的名著《十九世纪欧洲语言学史》的英文版两遍,是逐字逐句读的,查词典查得心烦。我现在记忆力衰退厉害,但是我规定自己每天晨课时,读、背两三条英文的名言,背诵后,感到身心愉悦。

我认为,经常阅读、背诵中外先哲的名言可以提高思想境界,净化心灵,《周易》:"君子以多识前言往行,以蓄其德。"张舜徽先生在《经传诸子语选》的《自序》里说:"或拈出一言以检束身心,或综合群语以会通理道。"讲得何等好啊。这些书太有帮助了! 当今社会处在转型期,很混乱,中国的传统道德也不太提倡。就是在高校里,各种不正之风也很厉害,拉关系、走后门、行贿受贿、挥霍公款等等,"好人变坏,坏人更坏"。按道理,知识分子是精英分子,应该是道德最好的,有节操的,可是现在有不少人不像样子,坏,恶。所以我觉得我们应该用先贤(的名言警句)来励志,来涤荡心灵,来教育下一代。中外先贤的话都是教人做道德高尚的人,做对国家和民族有责任心敢担当的人。中国古代经典《周易》里面有四个字,我觉得太正确了。去年我在杭州师范大学给学生们上最后一次课,今年 6 月 27 号我给南京师范大学的学生上最后一次课,我临别赠言,都在黑板上大书四字"进德修业"。一个人既要提升道德水准,也要提高专业技能。中国的先贤两千多年前用了这四个字就概括了一个人的一生应该做的事。任何人,从大人物到普通老百姓都应该进德修业。

张宜： 我读了您的一些书,发现您的文章里引用中外的名言警句不少。

鲁国尧教授： 是的! 我在文章里面常引用我敬佩的名言警句。（**张宜：** 可以信手拈来。）信手拈来谈不上,读过、背过的,就比较熟悉。我受到这些中外先贤高尚思想的启迪,也愿意让我的读者同样受到启迪,也使我的学生们受到启迪。

我还要说的是,古代史书对我的影响。我小时候我父亲给我母亲讲历史故事,我在旁边听,耳濡目染。等我有了阅读能力的时候,我就特别喜欢看历史书,我说我有历史癖,以至于到后来我成了所谓的学者的时候,我喜欢中国古典文学,我也喜欢读历史书。大概在目前健在的中国语言学学者里面,我读史书也许是很多的之一吧。二十四史的前四史——《史记》《汉书》《后汉书》和《三国志》,我都认真读过。这些书是民国及其以前任何一个知识分子都必读的书,现在有的文史专家不一定都读过。《史记》我读过不止一遍,但是有的地方我是读不懂的,比如《天官书》,那是讲天文的,以前都跳过去。有次我下决心把每个字都看一遍,看《天官书》究竟讲的什么。"文化大革命"中,我是"逍遥派",我向隔壁房间的历史系吴世民老师借书看,还一"史"借一"史",就这样将晋南北朝到隋的那些正史都读了,该有好几十本吧,是中华书局的点校本。新旧《唐书》和《宋史》,我只读过部分,但在科研中经常查它读它,尤其是研究宋词用韵,必须读《宋史》的有关部分。辽金元明四朝的正史我没读。我还喜欢读历代的笔记、野史。读史书对提高道德修养很有帮助。因为中国史书的一个传统就是褒善贬恶,"多行不义必自毙"是《左传》的名言,"善有善报""恶有恶报"见于宋代文献。而现实世界里,好人不一定有好报,被杀被贬被诬陷的,潦倒一生的,多的是。而很多恶人却生荣死哀,如李林甫、如冯道就是。可是历史是审判员,他公正,好人史书上都给予好的评价;搞阴谋诡计的、善于钻营的坏人恶人,史书上都是贬斥他们。再说,我对近代史很感兴趣。我研究过郑成功,下了功夫。2004 年我到台湾的成功大学做客座教授。当年郑成功从金门渡海,打到台湾,就是在台南(落脚的)。后来清政府把中心从台南迁到台北去了。郑成功的遗迹在台南有很多,我都去瞻礼过,很受感动。他是民族英雄,顶天立地的大英雄,我崇拜他。我在台南,后来回南京,连续读了许多关于郑成功的史料,我就写了一篇论文——《郑成功两至南京考》[①]。郑成功收复台湾,无人不知。但是郑成功到过南京,很多人未必知道,而且是两次:一次是作为福建的生员被保送到南京太学读书。明朝有两个太学,一个在北京,一个在南京。南京的太学文化程度很高,因为南京在明朝时是(中国的)文化中心。第二次,他是作为统帅自福建率领船队,从海上过来,进长江口,经过镇江,到了南京的北面,攻打南京。当时南京已经被清军占领多年,可是郑成功一来,很多民众和官员响应,声势浩大。遗憾的是,在玄武湖的北边,郑成功吃了败仗,对手是一个汉族人,他是山西人[②],一个清军将

---

① 《郑成功两至南京考》,载《南京大学学报(社会科学版)》2007 年第 4 期。

② 鲁国尧按:张宜教授在整理访谈时给我提出:"鲁老师,我查了史料,没有找到打败郑成功的这个人是否是山西人的证据。您说的是郎廷佐吗?书上说他是奉天广宁人,就是今天的辽宁北镇人;如果您指的是梁化凤,史料说他是西安府长安县人;如果您指的是管效忠,他是辽宁人。"现在我查了拙文,知道接受张宜教授访谈时,记忆有误。现更正如下,拙文中讲的在南京玄武湖北神策门(1928 年更名和平门)打败郑成功的是梁化凤,他是长安人。1644 年吴三桂引清兵入关进北京,是为顺治元年(1644 年)。梁化凤甘为鹰犬,投靠清廷,顺治三年(1646 年),中武进士,转战山西、江南,击败郑成功。张宜教授是英语专家,然而考中国古史功夫不亚于吾侪,甚佩,特书此数语。

领,是汉奸,可恶!郑成功败走后退至福建海边,从此再也无力攻打南京了。清政府派兵追击,他只好去台湾发展了。另外,我对清朝末年的历史也很感兴趣。我读了很多书,了解了鸦片战争之后中国如何一步一步走向衰败。兵连祸结、割地赔款、丧权辱国、生灵涂炭,每读至此,我感到痛心、愤慨。所以我很讨厌崇洋,在学术上我主张中国语言学应该走自己的道路。总而言之,我读的这些史书都告诉我如何做一个道德高尚的人,做一个热爱自己祖国、热爱自己民族的人。近代史的书,使我对国家和民族屈辱的历史有了更多的了解,更浓的悲愤之情。1945 年日本投降,台湾光复,魏建功先生到台湾推广国语。2004 年我在台湾花了很大的功夫收集(相关)史料,也写了一篇长文①。

其实,这些都是历史学的问题,跟我的音韵学(研究)没有什么关系。《郑成功两至南京考》一万多字,是纯历史学论文。《台湾光复后的国语推行运动和〈国音标准汇编〉》虽然属于语言学的范畴,可是讲的主要是魏建功先生等人在台湾推广国语的历史,目的是表彰先贤的功劳和苦劳。这两篇文章我都是出于对国家和民族的感情写出的。直到现在,一提起这些,我依旧很激动。

最后我要说的是,对我立身行事有影响的还有古典文学。司马迁《报任安书》,诸葛亮《前出师表》,杜甫、苏东坡、文天祥的诗和辛弃疾的词,都体现了"天地有正气",都是人生的教科书。所以"新的博士生入学,我总是赠送他们一个字,就是'正'字:人要正,学要正。人不正,学焉能正?"②

顺带说一下,我对历史比较熟悉,这对我的主业很有帮助,音韵学是研究汉语各个时期的状况及其演变的学科,这不就是历史学吗?所以我的关于通泰方言史、颜之推谜题、卢宗迈切韵法的长篇论文,我考史都很成功,这得力于我的史学功底与文献学的功底,譬如说"吴方言本北抵淮河说",前人都没有讲过,这是我的创见。又如宋真宗时编了《广韵》,为什么仅仅隔了二三十年,到了仁宗亲政后又编了一部更大的《集韵》?音韵学教科书都回避不谈,现在(的论文)多就两部韵书做文本细部比较,我则从真宗、仁宗父子两代的政治形势、学术思想变迁等着眼,做历史学的考证,大处着眼,写出了《从宋代学术史考察〈广韵〉〈集韵〉时距之近问题》③一文。

张宜: 您是 1964 年研究生毕业,1965 年来到南京大学。您是分配来的? 之后您

① 指《台湾光复后的国语推行运动和〈国音标准汇编〉》,载《语文研究》2004 年第 4 期。
② 《鲁国尧语言学论文集》的第二序,载《鲁国尧语言学论文集》,江苏教育出版社 2003 年版,第 10 页。
③ 《从宋代学术史考察〈广韵〉〈集韵〉时距之近问题》,载《语言研究》1996 年增刊;又载《鲁国尧语言学论文集》,江苏教育出版社 2003 年版。

就在南京大学一直工作到 2007 年退休吗？在这漫长的 40 多年时间里，南京大学的环境在哪些方面有利于您从事音韵学的研究？有利于您发展您的学术兴趣？您又是怎样处理教学和科研之间关系的呢？

鲁国尧教授： 我是分配来的。学苏联，那时叫高等教育部，后来跟教育部合并。当时的高教部把我分配到南大。我是汉语史专业研究生，可是我到南大报到之后，让我搞对外汉语教学。为什么呢？因为 1965 年越南和美国打仗，打得特别激烈。那时候胡志明主席派了 1 000 个高中生，都是些十七八岁的小姑娘小伙子到中国来，要求中国培养他们，等把美国鬼子赶走以后，他们好回去参加建设。这些年轻学生就被分配到北大、南大、复旦、华东师大等学校。南大给分配来了 100 人，当时当作一个重大的政治任务。那时候越南是胡志明时代，中越关系好极了，中国是越南可靠的后方，坚强的后盾。南大就挑选一些人，新建了一个机构，叫"留学生班"。主要教语文，也教点数学、化学、物理。我一来就赶上组建留学生班，缺教师。那时候我们绝对没有专业思想问题，党指向哪里，我们就到哪里。我全心全意地投入对外汉语的基础教学，学生对我的教课评价是："教学认真，教得很好，但是普通话差。"教了一年，中国的"文化大革命"来了，这批越南学生就撤回（国内）去了。

关于"文革"，留在后面谈。"文革"结束之后，又有留学生来了，我又教留学生。那时中国和世界的联系恢复正常了，中国刚刚开始改革开放，南大来了些留学生，除了通常的留学生以外，还有少量的"高级进修生"。法国有两位：沙加尔、石磊，沙加尔已经是博士了。日本有好几位：岩田礼，本来是东京大学的博士生；平田昌司，是京都大学的博士生；还有雨堤千枝子，女，原来也是京都大学的学生。（几年后，还有木津祐子，也是京都大学的。）他们到了南大以后要学习音韵学，领导就让我来指导他们。（**张宜：** 等于说，您是这样子干回了本行！）对！他们都是搞音韵学的，他们希望来中国继续学习与研究音韵学。还有，越南又派了十几名大学里的教师来，年龄都是 40 多岁，大多数比我年长，要我开音韵学课。

张宜： 那从 1966 年"文化大革命"到您重新给国外的留学生指导音韵学，差不多有十年的时间。您这段期间一直都在南京大学了吗？您都做了什么呢？

鲁国尧教授： 我 1965 年 6 月来南大，教了整整一年的越南留学生的基础汉语。此后就是十年"文化大革命"时期了。"文革"一开始，作为青年教师，我是坚决拥护的，对运动也很有热情。后来看到搞派性、武斗、夺权，校长、总支书记成了"走资本主义道路的当权派"，好多老教授变成"反动学术权威"，纷纷被打倒，被戴上高帽子,胸前挂着牌子,游街,打扫厕所。学校"停课闹革命",乱糟糟的。那时候的南大也是两派斗争,激烈得很,还武斗。干部、老师挨斗,"坐喷气式飞机",跳楼自杀,等等,好端端的,却怎么给搞成这个样子呀?那时候"走资派"和"反动学术权威"及地富反坏右"黑五类"是革命对象,红卫兵是革命动力。而一般教师多数既不是革命对象,也不是革命动力。这些人中积极参加运动的很多,也有一些选择了做"逍遥派"。我也是,就自己看看书,但是也没有很系统地看书。我看了哪些书呢?《鲁迅全集》都看了十几本,范文澜《中国通史简编》四本仔细读过。晋南北朝隋这个时期的正史都读了。《纲鉴易知录》从头读到尾,使我了解了中国史的大略,很有益处。我对中医很有兴趣,曾经动过念头改行学中医,我读过人民卫生出版社的《中医学概论》《中医内科学讲义》《中医推拿学讲义》等,这些书我多次搬家没舍得丢,"汤头歌""药性赋""君臣佐使""金元四大家"这些术语,至今我都不陌生。也看了《中国绘画史》《中国哲学史》,但是哲学史很不好懂。后来军宣队、工宣队进校,管得紧了,很多人(包括我)下五七农场,过集体生活,"三同",即同吃同住同劳动,那就不能随便乱看书了,因为你看什么书,做什么事都不能不在别人的眼皮底下。那时候我们几次到南京南边的溧阳县的一个果园劳动(又称"五七农场"),有一次待了三百多天,很艰苦,很臭很臭的新鲜猪屎,还是热的,要用手抓,穿着短裤跪进稻田里一步一步往前爬,当地人叫"爬稻",我们都毫不迟疑地干了。结果是,有一种寄生虫,具体名称记不得了,进入肺部,咳得不得了,因为稻田里刚刚浇过的猪粪是新鲜的。如果晒上好几天,这种寄生虫就死了。我们这一代人不怕脏、不怕累、不娇气,现在的年轻人跟我们不同啊。我们吃饭,粘在碗边的一粒米也要用牙齿啃了咽下,如今仍然如此。时下年轻人常挂在嘴边的"光盘族",我们就是"光盘族"的爷爷辈,那是因为我们经历过三年困难时期。现在我经常在学生食堂吃饭,学生特别是女生把许多饭菜倒掉,我看了很心疼。

在五七农场,几次,加起来好几百天,就两件事,一是政治学习,搞运动,抓"五一六分子";二是干农活,先"天天读"一小时(只读毛主席的著作),然后下田。多年的阅读习惯,不看书就难受,那时看《参考消息》是允许的,好些人(包括我)从左边第一个字看到右边最后一个字,不落一字,那是在午饭后或晚上的事。我晚上睡觉前,也看点马恩的选集,例如《反杜林论》《路德维希·费尔巴哈与德国古典哲学的终结》《共产党宣言》,列宁的《国家与革命》《唯物主义和经验批判主义》我都读过。《毛泽东选集》读了不知多少遍了,就不太想老读它,再好吃的菜天天吃也腻了,这就叫作"审美疲劳"吧。(**张宜:** 因为您最近研究了美学,所以您常用美学术语。)

有一天晚间，我在看《路德维希·费尔巴哈与德国古典哲学的终结》，正巧被班长碰见了。那时在五七干校是军事编制，领导我们的叫"连长""排长""班长"，中文系的二十名教师是一个班，与生物系的班合编成一个排。这些"长"其实他们都是工宣队从教师或行政干部里指定的。我们的这个班长责问我："为什么不读《毛泽东选集》？"我说："早晨'天天读'的时候读过了，现在读的是上面发的马恩列斯的经典著作啊。"哦，我又回忆起一件事儿，我曾经带了上海锦章书局石印的线装《经史百家杂抄》到农场，自己偶尔看看，被一位老教授看见借去，班长翻这位老先生的枕头时发现了，吼道："你还想重上讲坛？"株连到我，要求在全连大会上批评我，幸亏别的排的排长说："他是书呆子。"此后我就将这书深藏不露了。

再后来工农兵大学生入校了，我们就回到南京，回学校教课了。教学中要编教材，编现代汉语语法，都是从《毛选》四卷里找例句。不是集体住宿，回到家来，可以看自己有兴趣的书了，可以做点研究了。在"文革"后期，我捡起了宋词用韵，以前也曾摸索过，如今首先是做辛弃疾的《稼轩词》韵字研究。我爱辛词，"金戈铁马，气吞万里如虎"，何等的英雄气概！不应讳言，那时的政治气氛，特别是"评法批儒"运动，辛弃疾是被肯定的，这也是我首先研究辛词的一个背景吧。

"文化大革命"结束了，外国留学生来了，我就负责教他们音韵学。现在这些学生们都很有成就。如岩田礼、平田昌司都做过日本中国语学会的会长。他们的会员有一千多人啊，跟我们的中国语言学会会员人数差不多。1982 年，我被系主任调到古代汉语教研室教古代汉语，教了好几年。原来教音韵学课的鲍明炜老先生退休了，他的课就由我来接。鲍先生对南大语言学的中兴起了重要作用，饮水思源不可忘记这位掘井人。1990 年起，领导任命我做语言学科带头人。1990 年我们拿到了江苏省第一个语言学的博士点，2001 年拿到语言学国家重点学科，南大得了第二名，第一名是北大，复旦第三，华中师大第四，安大第五。2006 年第二次评，我们再次获得第二名。这些都是团队全体同志的奋发努力的成果。这十几年可以说是南京大学语言学科的第二个辉煌时期。第一个辉煌时期是方光焘先生为首的团队在新中国的前十七年打造的，在全国享有很高的地位，可以与北大、复旦并肩[详见《南大校友通讯》2016 年秋季卷（总第 72 期）第 36—40 页]。

我 70 岁退休后，返聘了一年，此后赋闲了一小段时间。2010 年我应聘到杭州师范大学做特聘教授，教课、读书、撰作，五个年头。去年期满回家，今年南京师范大学又聘我上课，上到 6 月 27 号。我自 1965 年春在北大做王力先生助教，至 2016 年夏，共计"从教五十一周年"，画了一个圆满的句号。在杭州师范大学教的是硕士生,他们没有博士点,但是我的教学非常认真。这次在南京师范大学,一共上了12次课,我11次都给学生布置作业。教音韵学就像你们教外语,学生不是靠懂些理论就能学会的,必须要做作业,必须多做作业。(对学生的作业)我都动脑筋出合适的题目,作业交来后都认真批改。几十年来我对教学,有兴趣,有热情,是付出了心血的。把课教好,让学生学会学好,这是一个教师应尽的责任,我求的是一心之安,一心之乐,《孟子·尽心》"得天下英才而教育之",一乐也。有个姓吴的博士生,他听了我三遍音韵学的课,我每年开一个学期,三年他听了三遍。现在在安徽师范大学任教的姓朱的学生也连续听了三次课。他们都说我每一次上课的内容跟以前讲的都有相当的不同,这给他们留下了深刻的印象。有某些教师总是拿着旧教案来教,每次上课,教案纸都发黄了,上课举的例子还是老的。我怎么能做到每一遍都有相当的不同呢? 现在讲一下我的"秘诀"。我每教完一个学期的课,就把备课笔记、教案拿铁夹子一夹,放到柜子里,此后再也不看了。下一年上课时重新逐字读教科书,认真备课,写新的教案。要是看了原来的教案,那就会被自己的旧框框套牢,怎能出新? 因为过了一年,我的学术水平有了提高,我也将学术界他人的新成果吸收进来,我的教学法也有改进,琢磨怎样使学生更好更快地学到手。在杭州师范大学,音韵学课是一学期的课。2014年放暑假前,考过试了,给了学生分数,课就结束了。9月开始了秋季学期,本没有音韵学的课,但是我觉得学生的音韵学还需要"加热"才能扎实,我就跟已经拿到学分的刘斌、潘思琦、张经洪等同学及旁听的青年教师许菊芳商量,我每半月出几道题目,用E-mail发给他们,他们做好后,也用E-mail反馈给我,我改好后发还,同时布置新习题。他们都同意了,就这样一直做到12月。我们师生都是这样给自己增加额外负担的,然而,几个月下来,师生都不以"加负"为苦,他们乐,我也乐,可谓"乐乐与共"。(**张宜:** 当下能做到您这样的老师太少了,太少了! 学生才会听您的话,跟您配合得很好。)

传统的道德思想对我影响比较深。孔子说,"古之学者为己,今之学者为人"。"古之学者为己"的"为己",就是古时的学者是为了提高自己的道德、修养,"为己"不是现在的那种为了自己的个人私利。"今之学者为人",孔子是指责他那时的人,做事是为了做给他人看,做表面文章,让人家说自己好。我很信服(孔子的)这句话,所以无论在南京、在杭州,我不会去跟领导讲我的教学有多认真,有多好,领导也从来没有问过我的教学情况,"介之推不言禄,禄亦弗及"。我没有得过什么"名师奖",现在我是南京市民了,居委会主任当然不会给我什么教育奖的,再说他也不认识我,因此现在我可以讲讲过去的行事和思想了。我的教学就是为了使我的学生真正学到知识,学到方法,我写文章是为了使自己的研究成果能给中国语言学添一砖一瓦。我觉得这才是中国知识分子应该有的情怀。有人喜欢跑书记、院长的办公室,套近乎,吹自己,正派人不做这等事。

张宜: 鲁老师,南京大学对于您从事汉语音韵学的研究比起其他地方有哪些不一样的特质呢?

鲁国尧教授: 我(当初在北大)念研究生的时候,我的导师是周祖谟先生。王力先生是副系主任兼汉语教研室主任,用现在的话说就是语言学的学科带头人。王力先生是一级教授,中国20世纪第一流的音韵学家,中国语言学史上的第一流的专家。作为副系主任,王先生两次要我留校。1965年初王先生的原来的助教,奉命到湖北省搞"社会主义教育运动"(俗称"四清运动")去了,王先生特地找我,要我做他的助教。那时候的学生现在也老了,都70岁左右的人了,但是他们都还认我这个助教做老师。当年我没有听从恩师的话留校,而是想回家乡。因为我的父母年纪大了,所以我就回到了江苏,离家近,我就到了南京大学。南京大学那时候的语言学科带头人是方光焘先生,一级教授,著名的理论语言学大家。是1963年的夏天吧,我返乡途中在南京停留,拜谒方先生,方先生跟我谈论语言学,谈了整整一个上午,兴致很高。方先生十分和蔼,还留饭,收了我这个年轻人。知遇之恩,铭记于心。天不祐吉人,方先生于1964年去世了。如果方先生健在,我或许会成为他的语法理论研究室的一员,也许我的专业方向就是语法学了。

唉,如果当时我听王力先生的话,我就留在北大了。现在很多人都想留在北京,而我那时候明明可以留在北京的。从后来的特别是现在的眼光看,首都的平台当然比省城的平台高,高许多。我不免后悔。是的,后悔。但是回过头来说,平台不高未必不能做出成绩,甚至优秀成绩来。打个比方吧,人人都知道家境优渥的学生比贫寒子弟,在多方面具有优势,但是贫穷往往会使人倔强、坚韧,催人上进、奋力。重要的是人,人是决定一切的因素,这话正确,十二分正确!(**张宜:** 鲁老师,您讲得对,事在人为啊。)明朝初年的文学家杨荣有篇文章说过这样的话:"人之为学,贵在立志坚苦。"对,对啊!

张宜: 您是怎样处理教学和科研之间的关系的?

鲁国尧教授: 我认为,教学和科研是分不开的,一个好的大学教师,用现在的话说,要"两手硬",两个都应该好。我自信我能做到,我的教学情况刚才讲过了,我的科研也很不错,后面再细讲吧。近三十年在高校里,重科研,轻教学的现象非常严重,我一直反对。这是现在的政策造成的,学校各层领导之所以不重视教学,因为科研容易出成绩、出数字,就是说为他们出政绩,哪个领导不要政绩?我认为在学校里,首要任务是教学;研究机构才以科研为主。我反对重科研轻教学,但是,要挽狂澜于既倒,个人怎么能做到?因此,我决心自己来实践自己的主张,科研和教学我都重视,都花了力气,都非常投入,都有很不错的成绩。在这里,我谈一点切身的体会,别人可能不大谈的,就是科研促进教学,教学促进科研的相辅相成的关系,不妨叫作"教""研"相长。作为教师,做科研,有了成果,必然充实到教学中去,讲课时就多了新鲜的内容。所以教师不应该满足于老教案,要求自己多做科研,做好科研。现在我要着重谈的是,教学可以促进科研。谈我的亲身经验,我在杭州师范大学讲音韵学,《切韵》的 193 韵、《广韵》的 206 韵韵目,印在书上的那两百多个字清清楚楚,但是怎么读呢?唐宋时代的人用他们自己当时的语音读,但是失传了,因为古人没有留声机、录音机啊。今天我们怎么称说?绝大多数音韵学概论书都不讲,可是教课的时候,演讲的时候,讨论的时候,遇到这些韵目字,必须要出声读啊,这怎么也回避不了的。对此我以前多有考虑,在杭州教音韵学,促使我下决心加深研究,彻底解决这个问题,终于写成了两篇文章,写作过程中也得到了吴葆勤同志的合作。我自信,这两篇文章可以传世,今后凡是教音韵学的人和学音韵学的人都必须读它,不会被扔进字纸篓。这两篇文章是《四声、三十六字母、广韵韵目今读表》①《〈四声、三十六字母、广韵韵目今读表〉再申释》②。事后想想,如果我退休以后,不去杭州再次上讲坛教课,那就不会写出这两篇重要的文章来。"教学自是支出,教学也是收入",这是我这个老教师的心声,或许也算是名言吧。我诚恳地希望所有的教师,我的同行们都以教学作为自己的天职,培养好下一代,须知教学中迸发的火花完全可能成为科研的强大的推动力。

张宜: 鲁老师,刚才您也都谈到了,一个是您特别热爱教学,也钻研教学,我看在您的几本文集里面收录的文章涉猎面很广。在您的教学和科研当中,有什么让您高兴的事儿?有什么让您感到遗憾的事儿呢?

鲁国尧教授: 我在"文革"中,也读了些书,但是缺点在:(一)不多,原因在不勤奋;(二)比较杂,目的性不强,原因是在那很混乱的年代,对今后前景比较茫然,不像有些人在"文革"中偷偷搞科研,眼光远大。对我来说,那十年可是壮年时期,多

---

① 《四声、三十六字母、广韵韵目今读表》,载《古汉语研究》2011 年第 3 期。
② 《〈四声、三十六字母、广韵韵目今读表〉再申释》,载《古汉语研究》2013 年第 4 期。

宝贵的时期啊，而几乎无所成，浪费掉了，遗憾啊。如果那壮年的十年像我衰年的十年一样，成就该如何？当然这不仅仅是我个人的问题，许许多多人都这样，可以说是一代人的问题。待到"文革"后，方急起直追，那就费了大气力了。"文革"后我方向明确了，专业明确了，我就研究古代汉语，重点是音韵学。我的信条是做事情就要认真。我教学很认真，做科研也很认真。我愿意做穷尽式研究，也喜欢做，研究一个课题，就应该尽可能地把材料搜集到手，然后经过严密的逻辑推理写出来。1990年冬天我在日本东京大学做外籍研究员，在日本的《国会图书馆书目》里见到一个书名，叫《卢宗迈切韵法》，是我国宋朝的书，我怀疑这本书是伪书，因为从来没有听说过。我就到日本国会图书馆去找这本书看，二战后，美军占领了日本，因此模仿美国，叫"国会图书馆"，现在很多国家都叫"国家图书馆"。看了之后很震动，我初步判断这本书是真的。但那就要努力证明，我就在日本查找资料，1991年回国之后，在国内查资料，1992年春天作为访问学者到了美国俄亥俄州立大学，读了若干当时在大陆看不到的台湾出的书。我花了20个月的时间全力以赴研究这本书，我阅读了我能找到的所有相关的书，杜甫说"读书破万卷"，"破"字我做不到，但是我"翻阅逾万卷"，"十月怀胎，一朝分娩"，最后写成了一篇文章①，《中国语文》极少连载，当时把我这篇文章连载，能不高兴？这篇论文后附的"主要参考文献"可以见到我的阅读量，例如我逐页翻阅过《四库全书》收录的宋人文集近400种8 000卷。至于类书、笔记、书目，也翻阅过很多卷。我自信，文章不苟作，写成了发表了总是高兴。

除了大量本科生外，我自己总共带了大几十个硕士生、博士生、博士后、进修教师（现在叫"国内访问学者"）、外国高级进修生。别的教授指导的研究生，南京师范大学等兄弟学校的研究生先后也有好几十位来听我的课，这样加起来就上百了。当看到这些学生为人正派，在各自的岗位上做出成就来，那自然十分高兴的，"喜而不寐"。我认为，一个人的能力有大小，机遇有顺逆，但只要为人正派，做了努力，就是好学生。除个别外，我的绝大多数学生都能如此，所以作为老师我感到欣慰，这就是孟夫子所说的教育之"乐"。

在我的生活中，经常存在着一种情绪，跟"高兴"同类却并不完全相同，那就是"愉悦"。我是书生，因为与书有缘得获书生之名。我喜欢看闲书，转文谓之"性好博览"。陶渊明"每有会意，欣然忘食"，我虽不到他那忘食的地步，但是读了书，长

① 指《〈卢宗迈切韵法〉述评》，原载《中国语文》1992年第6期、1993年第1期；又载《鲁国尧自选集》，河南教育出版社1994年版；《鲁国尧语言学论文集》，江苏教育出版社2003年版，收进文集时，有许多增补。

了知识、有了新发现,甚至是思想的火花迸发,那自然也是愉悦的,甚至很愉悦的。

至于遗憾的事则很多,往事萦回,不胜感慨。首先是读书恨少,中国的书,史书许多未读,经书、子书则更多,我陆续买了几十本佛学的书,想涉猎这门学问,但是只看了几本。心理学的书我有三十本吧,认真读的只有朱光潜先生的《文艺心理学》和孟昭兰的《情绪心理学》两本。每当看到堆在墙角里的那些书,愧疚之心油然而生:"我对不住这些书!"关于西洋哲学社会科学的书,"衰年"时期才注意到,买了好几百本,但只读了一些。记得我被定为周祖谟先生的研究生不久,魏建功先生和周祖谟先生都教我练习书法,他们并不相谋。我当时竟然率尔回答:"我要学好英文。"此后两位恩师再也不向我提出这个要求。可是,我英文也没学好,真是"学书不成,去;学剑,又不成"。如今已至耄耋之年,每思及此,自责当年如此回答老师,大不敬! 愧对二师! 按理,一个从事中国文化的学人,应该能写诗词,而我不能,惭愧之至,惭愧之至!

有件事可以讲讲,乘便谈谈我的学术主张。有人说我写得不多,没有写书,写的都是论文。是的,当今出版多本厚书的学者很多很多,他们犹如托尔斯泰,而我只有若干篇论文,我只能拿契诃夫作比以自嘲。往事又涌进脑里,我当研究生期间,某日跟朱德熙先生谈论有关学问的事儿,我问老师:"写书好还是写论文好?"先生沉吟片刻说:"写论文好。"这对我的影响很大。多年来我有这种想法:写书,至少需要十多万字,谋篇布局,起承转合,各章各节都要填许多字。不可能"惟陈言之务去",不可能完全或大部分是出自吾心吾口,必须或抄录或撮述或改写前人或他人的已有成品。我教音韵学课约三十次,有些朋友、学生怂恿我写一本音韵学概论的书,我自信多年教和学,也有许多心得和新见,论学与识,我还是能写这本书的,我自信如此。但一转念,有不少内容我没有研究过,如陈澧的系联法,由于没有下过功夫,说不出新道道,只能抄《切韵考》,最多换换例子、变变词句而已,拾人牙慧,自己也觉得无味,多次想动笔终于搁下。一家出版社邀我编《古代汉语》教科书,选题已经确定了,我踌躇许久,还是推掉了。因为《古代汉语》教科书,从数量讲最多的内容是选文的注释,那成百上千个词语,它的意义、读音、用法都有成说,难以变出什么新花样,你绞尽脑筋纵使得出些新说,最多只是百分之一二,终究淹没在老释义的汪洋大海之中。论文,指好的论文优秀的论文,应该是自己的心血结晶,像顾炎武所说的,采铜于山铸钱,而不是拿旧钱熔化铸钱。论文,掺的水比书少多了,少多了,这就是为什么理工科考评时重视论文而不重视书的缘故。我主张,纯粹是自己创新的东西才是可贵的,才能拿得出手。当今世间,"天下文章一大抄",大书、套书成堆，浪费纸张，污染环境，贻害他人，兼及后人，何必作这等孽？我又想，抄撮、改写前人和他人的文字，不也耗时间费脑筋吗？何必呢？好钢应该用在刀刃上，智慧应该用在创造上。有志者，思必出于己心，言必出于己口，方可不愧于学，方能无怍于人，此之谓真丈夫。

我的经验中还有一种情况。我研究《卢宗迈切韵法》，以狮子搏兔之力，花了20个月，读过、翻阅过大量书籍，超过万卷，最后成一文，三万多字吧，《中国语文》连载。我也曾想放开手，铺开来写，做成一本书，出版社定了，请同行专家写好了序言，但是最终没有做成一本书，不了了之。我的《泰州方音史与通泰方言史研究》①，十万多字，在日本东京刊物上发表的。鲍明炜先生说过，十万多字，应该认作一本书的，不过，我自己还是认作论文。我完全可以趁热打铁，做成一本书，夸张地说，只有一步之遥。然而论文定稿了，发表了，"意尽"，不想再耗费精神挖空心思去添加一些次要的填充物。唐代诗人祖咏参加考试，有首诗："终南阴岭秀，积雪浮云端。林表明霁色，城中增暮寒。"考官嫌它太短，问他还有什么话，祖咏回答："意尽。"

还有个重要原因，我性好博览，我读书，常有"感觉"，就是陶渊明所说的"每有会意"，产生了新的兴趣，信马由缰，好追究下去。大脑的兴奋点游离了，时过境迁，就不想再费心思往旧作里塞几片"泡沫塑料板"了。这或许是我的治学之病。我体会到，太专则失于窄，过博则流于杂。如何处理好博与专，而不窄不杂呢？值得研究。我思考和实践的结果：不可动摇的原则是去窄求博，但须博而不离其宗即专，做到博大与专精兼具并且交融。我花了八个月读了十几本美学书，最后写成的长文《语言学与美学的会通》②，还是"心在"语言学；我三度研究美国史，目的在阐述中国语言学思想史。

不，张宜教授，我应该自省，我悬鹄过高，而才力不足以副之。以致撰作之时又惧资料之不赅备、文字之有疵病，反复增益修改，而耗却许多时间与精力，这也是成品不丰的原因。

张宜： 据我的看法，您鲁老师是"兵不在多而在精"，您的每篇论文都精彩啊。

鲁国尧教授： 不能这么说。但是我敢说的是，我每篇文章都是用心之作，不苟且的，有些长文自谓是殚精竭虑之作。我也敢说，每篇都有新意。

---

① 《泰州方音史与通泰方言史研究》，载日本亚非语言文化研究所《アジア・アフリカ語の計数研究》1998 年第30 号。
② 指《语言学与美学的会通：读木华〈海赋〉》，载《古汉语研究》，2012 年第 3 期。

张宜： 您能不能告诉我，您的得意之作是什么？

鲁国尧教授： 我就大言不惭地说了：我第一时期的论文里，至今仍旧感到满意的是这几篇：《泰州方音史与通泰方言史研究》《〈卢宗迈切韵法〉述论》①、《颜之推谜题及其半解》②，还有《论"历史文献考证法"与"历史比较法"的结合——兼议汉语研究中的"犬马—鬼魅法则"》③。这一篇本来是《颜之推谜题及其半解》的一部分，因为《颜之推谜题及其半解》本身很长，《中国语文》主编给予特惠，又一次分期连载，所以我就将这一部分独立，取了个很长的题目，交《古汉语研究》发表。总而言之，这几篇都是我用了极大的气力，也是多年学术积累的成果。至于我的第二时期，有哪些比较好的论文，后面再向您汇报吧。

张宜： 鲁老师，听了前面您讲的这些，我对您的治学和研究有了一定的了解。现在想请您谈一谈一位语言学家应该具备什么样的学术修养？

鲁国尧教授： 张教授，可以多谈一些吗？您不要怪罪我跑题啊。（**张宜：** 哪里哪里，您尽管讲。）我认为，做一个学者，首先要具有很好的道德修养，人们应该首先严格要求其道德。《易经》说"进德修业"，"德"不是在"业"的前面吗？我们经常见到称颂某个学者或者文士，总是说他的"道德文章"如何如何，道德必然放在前面，文章放在后面。不是不要文章，但是总有一个第一和第二的问题。不仅是学者、文士，任何一个人都应该先以道德要求他，衡量他。举个例子，汪精卫，在中国现代史上，一个大名人，他非常有才华，是南社诗人，他的《被逮口占》诗中"慷慨歌燕市，从容作楚囚。引刀成一快，不负少年头"，为人赞誉不置。中国革命的伟大先行者孙中山先生临终前，他起草《总理遗嘱》，堪称大手笔。可是日寇侵华，他卖身投靠，沦为头号汉奸，遗臭万年。任何学人，必须为人正直、正派、正当。现在的风气很不好，有些人品德太差，投机取巧，钻营成性，却受到重用。以前的世风如何呢？举个例子，我们中国的学位制度是 1981 年建立的，以前我们没有学位制度，跟苏联友好的时候，学苏联搞了个副博士学位。后来和苏联交恶，（学位制度）就不了了之了。真正的学位制度是 1981 年开始的。（当时）文学评审组成员有二十几个人，组长是王力先生，组员有叶圣陶、吕叔湘、钱锺书、朱东润、王瑶、程千帆、李荣、王元化等先生。那个时候没有一个人去和评审委员打招呼，而现在呢，坐飞机去拉关系，请客

---

① 此篇初发表时题作《〈卢宗迈切韵法〉述评》，原载《中国语文》1992 年第 6 期、1993 年第 1 期；又载《鲁国尧自选集》，河南教育出版社 1994 年版；《鲁国尧语言学论文集》，江苏教育出版社 2003 年版，收进文集时，有许多增补。
② 《颜之推谜题及其半解》，载《中国语文》2002 年第 6 期、2003 年第 2 期。
③ 《论"历史文献考证法"与"历史比较法"的结合——兼论汉语研究中的"犬马—鬼魅法则"》，载《古汉语研究》，2003 年第 1 期。

送礼,诸多不当的手段,嚣张得很,上面不是不知道,却闭着眼,放任、放纵。作为一个学者,要自律,严格要求自己,人要正,学要正,这是最重要的。

我们还是谈中国语言学吧。我认为,当前的中国语言学有两个错误倾向。一个是崇洋,一个是排外。这里首先要声明的是,研究国学与排外是两码事,研究西学与崇洋是两码事。在这前提下,我来讨论"崇洋"与"排外"的问题。我多次写文章,主张"不崇洋,不排外"。崇洋,想创新想登峰的心智就给泯没了,永远是他人的跟班、仆从,在世界语言学坛上连"二等公民"都做不到,"三等""四等"吧,这么没出息!所以我厌恶崇洋,反对崇洋,堂堂炎黄子孙岂能如此卑三下四?而排外就会堵塞窗口,本来窗子可以打开的,拿砖头一砌,就黑乎乎的,不能接受新鲜的空气,不能"拿来"外面的精华。这两种倾向都要不得,非常地要不得。所以我主张不崇洋不排外,中国学人应该为中华的崛起、腾飞尽心竭力,应该有大创造,在世界学坛上,发出最强音,"振大汉之天声"。清初思想家唐甄的名言,"志任天下之重"。

遵您张教授之命,现在我再来谈学术修养问题。语言学家最该具备什么样的学术修养呢?我想,最缺少的就是应该最具备的。当代中国语言学的一个最令人满意的现象是语言学人的量空前地多,可谓车载斗量,远远超过新中国成立初期、中期,那民国时代更不在话下。至于质如何呢?那就很不能令人满意了,朱德熙先生的一段话定了性,1990年12月在《纪念王力先生九十诞辰文集》的序中说:"回过来看五十年代以来培养的学生,其中虽然也不乏杰出者,但总的看来,失之于陋。"朱先生的批评一针见血,除了少数杰出者外,大多数都太窄,都是"陋"。又过了二十多年,当前的语言学人情况改观了吗?没有。更陋,问题更加严重。现在的中青年学人,上本科、上研究生,为了得学分,得学位,真正学到手的学问并不太多。等到做了教师,就要忙于报课题、获奖项、晋职称、争地位,因为这些都和工资、待遇挂钩。当前的有些制度,例如评价体制,很不好,使得所谓的"学者"们(学问)都搞得很窄、很陋,只懂得自己这门学科或者分支学科里的一部分,甚至是一小部分,甚或是一个专题。您说,这样子中国的学问能好吗?我的上一辈的那些老师多是学问渊博、中西兼通、古今兼擅。到了我这一代,窄了,下一代更窄,"一代不如一代",绝非耸人听闻之语。谈到学术素养,做到"专"似乎不大成问题,领导就是要你"专"。专,钻也。钻牛角尖,快快出文章,出书、出套书,拿大项目、拿特大项目。但是"广"却成问题,成大问题。没有"广"作基础,怎能很好地发展?中国的学术这样搞下去,行吗?

胡适先生1925年写了篇文章《读书》,值得向当今的所有学人推荐。他说学问就像金字塔,高度是他的专业,广度是他懂得或涉猎的相关学科。做学问应该像金字塔,又高又广,这样才是理想的学者。胡适本人为什么能成为大家?他在哲学、思想史、文学、史学、文献学等方面都是一流的学者。

张宜: 鲁老师,您怎么看待学术批评?您的著作和观点受到过批评吗?

鲁国尧教授: 我受到的教育是北大的教育。北大的学风就是提倡批评,尊重批评。我们的老师都希望别人提意见,例如1965年我做王力先生助教的时候,有一次我去王先生家,对他主编的《古代汉语》教科书提出了一个问题,他立即用笔记下,还对我说:"以后多注意,书里有什么错误,有什么问题,及时告诉我。"榜样的力量是无穷的。2003年我在编江苏教育出版社出的我那本文集的时候,都特别注意把国内外对我提出的建议、批评记下来,放在新加的"附言"里,如黎新第、游汝杰、黄笑山、平山久雄等先生的批评。作为一个学者,我认为应该具有宽广的胸怀。人家的批评是对我们的爱护,即使是不友好的批评也要看作是好事。外国有位学者说过,最好的老师是你的敌人,就是这本书上的例句,(鲁老师说着,拿起刚刚给我看的那本陈羽纶主编的《广征博引英汉词典》。)我喜欢这句话。恩格斯在《路德维希·费尔巴哈和德国古典哲学的终结》里说,费尔巴哈是德国很有成就的哲学家,后来他退隐到乡间,就没有什么发展了。恩格斯惋惜他,再也没有朋友切磋,再也没有敌人对阵,就前进不了了。我还是"文革"期间在农村劳动用手抓猪屎的时候读的这本书,我看到这一句很喜欢,我也喜欢引用这一句。所以对来自任何人的意见都要认真考虑,即使是恶意的批评,也要如此。《孟子》里有一句:"子路,人告之以有过,则喜。"子路是孔子的大弟子,只比孔子小几岁。我有个习惯,写好了一篇文章,就发给一些朋友或学生看,盼望他们的批评和建议。记得我有一篇关于元代语言的论文,我请重庆的语言学家黎新第教授看,他看完之后写了一篇文章批评了我的观点,他把文章寄给我,我读后,立即推荐给《古汉语研究》杂志发表。有的批评,我不同意,我在《研究明末清初官话基础方言的廿三年历程——"从字缝里看"到"从字面上看"》①长文中写了一段柏拉图式的对话,抄在下面。问:"你自1984年提出明代官话的基础方言的'南京话说',一直坚持己说,你对其他说法持何种态度?"答:"……老杜诗句'不薄今人爱古人',我模仿造一句,'不薄自己爱他人'。"这最后一句就是我虽然仍旧认同己见,但对他人的异议的态度。

　　我再唠叨几句:在学术界,要提倡尊重别人的劳动和成就的风气,要读、学别

---

① 《研究明末清初官话基础方言的廿三年历程——"从字缝里看"到"从字面上看"》,载《语言科学》2007年第6期。

人的论著。例如宁继福，他专门研究韵书史，孜孜矻矻，四十年如一日，出了六七本书，都是名山之著。他的路子跟我很不同，但是我十分赞佩他。叶宝奎教授关于明清官话的观点跟我不同，但是我敬佩他的成就和精神，为他的两本文集各写过一篇序。我经常诵读林则徐撰作的对联："海纳百川，有容乃大；壁立千仞，无欲则刚。"上联讲的是做人的气度，下联是指为人的道德。

张宜： 鲁老师，您从事研究几十年了，您自认为有哪些成绩？有哪些亮点？有哪些不足？您2013年在上海出版的文集叫《衰年变法丛稿》①，对您的衰年变法，我很感兴趣，学术界也感兴趣，也请您谈谈，可以吧？

鲁国尧教授： 是的，进入老年了，该做些总结了，也可以做些总结了。总结，最好由别人做，由后人做。现在您提出这个问题，不回答不礼貌，我就妄言了。

关于我的研究经历，我梳理如下。大学五年（17至22岁）是学习期，或曰"准备期"。此后即23岁至60岁左右是我研究生涯的第一时期，60岁左右到现在78岁多是第二时期，我命名为"衰年变法时期"，关于"第一时期"，我想不出一个好的名称，叫"前（衰年）变法时期"吧，勉强，不好。

先说"准备期"。上了大学，才知道什么是学问，才略略知道怎样做学问。我17岁进了北大，当时是五年制，文学的课程多，一半以上，三年级分专门化，语言学的课程才多了起来，占了优势。我生而有幸，听了许多名师的课：高名凯先生的语言学概论，岑麒祥先生的语言学史，魏建功先生的古代汉语，王力先生的汉语史、诗律学，周祖谟先生的汉语言文字学要籍解题、文学语言史，朱德熙、林焘先生的现代汉语，梁东汉先生的文字学，袁家骅先生的方言学、汉藏语概论，李世繁先生的逻辑学。此外系里邀请了陆志韦先生来讲构词法，郑奠先生讲《文心雕龙》，各一个学期。我也到外系听了唐兰先生的古文字学、任继愈先生的佛学概论（至于文学课、历史课不列举了）。对这些课，我都认真学，都有兴趣，这个"准备期"内的学习对我后来的大半生影响不可谓小，我所以几十年来能"兼收并蓄"，涉足语言学王国内的许多学科，衰年能拓展到语言学外的若干学科，都与中学尤其是大学的学习"习惯"有关。本科的整个五年，我只在《光明日报》发表了一篇千字文，是对归庄，他是顾炎武的好友，《万古愁》中的一支曲子《龙吟怨》的解释提出了异议，算不得论文。那时的大学教育跟现在不同，只是听课和读书，并不要求写论文。

四年研究生期间，那时不实行学分制，导师周祖谟先生每两周给我开一个阅读

① 《衰年变法丛稿——鲁国尧语言学论集》，上海古籍出版社2013年版。

论著的书单,读毕,交读书报告,先生阅批,然后当面指点并解答我的疑问,接着布置下两周的读书目录。先是音韵学,约一年,其后是训诂、文字、语法,这四大块学完,就考试。我准备了六十多天,在1963年1月5日考试,是口试,从上午考到晚上开灯(中间午饭及短暂休息除外),考试委员会由王力、周祖谟、林焘三位先生组成,我得了个"优"。除了按照导师的指导读书外,我也听了王力先生、朱德熙先生的课,还到中央民族学院听了半年藏语课。在研究生期间我只写了两篇论文。一是《泰州方音史与通泰方言史研究》,1961年起三年六易其稿,十万多字,不是上面要求的,是自发自觉的,是兴趣使然。另一篇是毕业论文《〈孟子〉句法结构初探》,按照北大那时的规定,口试通过后才能进入毕业论文写作阶段。周祖谟先生提出的题目是宋词用韵研究,这本是罗常培先生做的,但是罗先生过早辞世,未能成功,周先生要我这个年轻人完成罗先生的夙愿。我对老师说:这个题目好,我愿意做,现在试试做点,但是毕业论文可不可以做语法方面的?这样毕业后出去工作就面儿宽广了。周先生同意了,起初拟做《史记》语法,摸了一下,《史记》部头太大了,最后定下来,做《孟子》语法。那时的现代汉语语法书和古代汉语语法书我都认真读了,功不唐捐,毕业后除了发表了一篇论文外,没有再做古汉语语法,但尚非门外汉。可见年轻时多所涉猎,是很有益处的。1963年到1964年辛苦了一年多,写了约十万字,毕业答辩我只得了个"良",显然不成功。可以炫耀的只是答辩委员会由三位大专家组成:王力先生、吕叔湘先生、周祖谟先生,这阵容大概在中国语言学史上"后无来者"吧。张宜教授,我要岔开说几句,这次答辩使我拜见了久已敬仰的吕叔湘先生,此后吕先生不以我愚顽,对我谆谆教导、热情关怀,我永铭于心。

说到这儿,我不禁回忆起研究生阶段的学习生活,很艰苦啊,三年困难时期,吃不饱,浮肿,上二楼都爬不动。但是周先生布置的每两周的任务又多又重,因此从星期一到星期七都窝在宿舍里看书,每天十小时左右。就这么咬着牙挺过来了。

1965年6月我被分配到南大工作,教越南留学生,全力以赴,接着是"文革",不可能写论文。到了"文革"后期,工农兵大学生入校,教学之余我拾起了词韵研究,当时做的是辛弃疾《稼轩词》及宋代其他山东词人用韵的研究,论文在"文革"后才发表。此后到花甲之年,除了好几篇词韵研究的论文以外,我还写了若干篇其他方面的论文,也得了两次王力语言学奖。从我的几本论文集可见详细篇目,不赘。现在是在做总结,我的这些论文涉及音韵、方言、词汇、词典、语法、文字、通语史、文史语言学等方面。在我的这个第一时期里,我使用的方法主要是考证法(基于历史文献的考证法和基于活方言的考证法的结合),何谓考证法?就是下死功夫尽可能穷尽地搜集材料,理清诸种材料的内在联系,据之进行严密的逻辑推理,以作出可靠的结论。考证的文章,需要细针密缕,一丝不苟,慎之又慎,严之又严,必须体现工匠精神。我也做归纳概括,提出若干理论性的观点,或可径谓之理论。如在通泰方音史研究系列文章中提出"吴方言本北抵淮河说""通泰、赣、客方言同源论""南朝通语、北朝通语说",在《孟子"以羊易之""易之以羊"两种结构类型的对比研究》①文中提出"调节论",此外还有"早期韵图层累说""前中原音韵音系说""明代官话基础方言为南京话的假说""颜之推谜题""三代篇韵说"等。关于"篇韵",我讲得最早,文章1992年在《中国语文》上发的。② 此外我还倡议建立"文史语言学"。

　　1991年春我在日本京都大学访学时,写了一封信给朱德熙先生汇报我的治学计划,我说,今后打算注重理论方面的研讨。(**张宜：** 是不是鲁老师做学问有新的指向?)是啊,这可以算是我治学生涯的一个节点,也许是重要的节点。从1961年写《泰州方音史与通泰方言史研究》第一稿起,整整30年,我发表了若干论文,自我评估,面还算宽广,质也算不低,但是我总感到未惬吾意,我,我还是圈在朱德熙先生所说的"陋"字之列,不是"少数杰出者"。我研究的还是局限在"汉语学"的范围之内,格局不大。虽然我提出了若干理论性的观点,但是不够高大。那时读书,知道了大画家齐白石的"衰年变法"的动人事迹,齐白石"衰年"之际说道:"余作画数十年,未称己意,从此决心大变","扫除凡格实难能,十载关门始变更"。白石老人终于超越了自己,也就超越了同时侪辈,而成为一代宗师,从而名垂中国绘画史。谁不想"出类拔萃"? 这是有志者的选项。所以我步武前修,不屑庸常,亦欲"变法",企图攀登学术的高峰,花甲之年时这个想法时时萦回于我的脑际。此后的十多年是我个人学术史的第二时期,即"衰年变法"时期。

　　需要说的是,我欲"变法",想"研习理论",有了"志",那走什么"路"呢? 看来,可走的路大概有两条。一般人首先想到的是找某个西方语言学理论,作跟随式(一曰跟踪式)的学习、研究。我也这样想过,但是我马上否定了,"吃别人嚼过的馍没滋味"③。西方也有很精辟的说法,玛格丽特·加德纳,布莱辛顿的伯爵夫人(Marguerite Gardiner, Countess of Blessington)说:"Borrowed thoughts, like borrowed money, only show the poverty of the borrower."。(借来的思想犹如借

① 《孟子"以羊易之""易之以羊"两种结构类型的对比研究》,载《先秦汉语研究》(程湘清主编),山东教育出版社1982年版;又载《鲁国尧自选集》,河南教育出版社1994年版。
② 鲁按:有学者的论文排列诸家的"篇韵"说的先后顺序,应该依照我的论文发表的时间,而不应依据收入此文的论文集的出版时间来排。
③ 兰考县委书记焦裕禄的名言。

来的钱,只能说明借用者的贫乏。)用我家乡的话说,"跟在别人后面拎草鞋",不为也,大丈夫不为也!我是堂堂正正的中国学者,我要走自己的路!

这十几年我如何"变法"?我的思想,我的实践,可以归纳为两条。

第一是开拓,开疆拓土的意思。"变法"之前我读的书,写的文,不出"汉语学"的范围,还是一个"窄"字。我认识到,如果一位学者有大志,就应该将学问扩展到其他学科或领域,不应再是一个城邦的邦主,而应是一个领土广袤的王国的国王,所以我的《衰年变法丛稿》一书中有《中国音韵学的切韵图与西洋音系学(phonology)的"最小析异对"(minimal pair)》①、《读议郝尔格·裴特生〈十九世纪欧洲语言学史〉》②两篇论文,我还给裴特生书的钱晋华中译本做了个校订版,这都标志我越出汉语学的雷池一步。不过这仍在语言学的范围内,算不得博大。此后我发表了《语言学与美学的会通》③《语言学与接受学》④《文学、文字学、哲学札记各一则》⑤《一个语言学人的"观战"与"臆说"——关于中国古人类学家对基于分子生物学的"出自非洲说"的诘难》⑥《郑成功两至南京考》,以及关于"中国语言学思想史"的两篇长文。这些该算是超越语言学科疆域的跨界行为吧。⑦ 梳理一下,我近十几年"衰年变法",涉足古人类学、哲学、美学、思想史(按,我认为应该更名叫"思想学")、文学、史学、文献学等。我认为,做个学人,要"心大""志大",目标是六字:"通古今,贯中外"。(**张宜:** 足见鲁老师治学面之广,在当代语言学界是罕见的。您讲的是"衰年变法"之一的"开拓",很详细的,至于之二呢,必定更引人入胜。)不,自我评估,我涉足语言学之外的其他学科,在广度和深度上都还不够,需要继续努力。

第二是"立说",就是成语"著书立说"的"立说"。"何谓立说?著书者所言之义理是也。"这是段玉裁的名文《与诸同志书论校书之难》一文中的话,我认为,段玉裁的释义具有经典性。"说"就是义理,用现代的话,就是思想、理论,"立说"就是提出

① 《中国音韵学的切韵图与西洋音系学(phonology)的"最小析异对"(minimal pair)》,载《古汉语研究》2007年第4期。
② 《读议郝尔格·裴特生〈十九世纪欧洲语言学史〉》,载《民俗典籍文字研究》2014年第1期。
③ 《语言学与美学的会通》,载《古汉语研究》2012年第3期。
④ 《语言学与接受学》,载《汉语学报》2011年第4期。
⑤ 《文学、文字学、哲学札记各一则》,载《浙江大学学报(人文社会科学版)》2015年第2期。
⑥ 《一个语言学人的"观战"与"臆说"——关于中国古人类学家对基于分子生物学的"出自非洲说"的诘难》,载《古汉语研究》2012年第4期。
⑦ 张宜按:最近鲁国尧教授又发表了两篇很有价值的长文,他研究美国早期的历史,著《自立、屹立:中国语言学的愿景》,发表于《汉语学报》2017年第4期;他研究美国20世纪的诗歌史,作《植根于自己国家的土壤才会长命——读王佐良论美国诗人勃莱(Robert Bly)》,发表于《温州大学学报》2018年第1期。

思想、提出理论。

　　我们可以鸟瞰，做中西比较，西方有古希腊的传统，一贯对理论很重视，千百年来出现了许多理论家甚至大家，为人类的学术做出了可贵的贡献。但是我们绝不可忽视的是，在西方，也有像恩格斯《反杜林论》所说的那样的理论家："'创造体系的'杜林先生，在当代德国并不是个别的现象。近来在德国，天体演化学、自然哲学、政治学、经济学等等体系，雨后春笋般地生长起来。最蹩脚的哲学博士，甚至大学生，不动则已，一动至少就要创造出一个完整的'体系'"。恩格斯讲的是 19 世纪的德国学坛，而这种"创造体系的"情况在 20 世纪及其后的美国有过之而无不及，我 1992 年在美国做访问学者，不时跟一位语法理论专家谈论学术，听他讲过不止一次：在美国，三四年就出现一种新理论，就要学，就要跟，很费力啊。在大致明白之后，就又有一种新理论出来了，又要跟！累。当时我不免腹诽："这不是曹雪芹的'你方唱罢我登台'吗？"我也记得朱德熙先生 1991 年说过："近年来，美国语言学有重理论轻事实的弊病。"①依我之见，我们应该一分为二，既重视、研习西方的精华，也舍弃其蹩脚的糟粕。近来我见到有些学人一谈到西方的理论，就加顶帽子，说成"先进理论"，我大不以为然。西人往往会制造理论，这是不是理论很难说，即使是理论，是不是先进理论，则需要检核、甄别，有的确乎可以成为某一时期的先进理论，有的则是杜林式的糟糕透顶的理论。"最蹩脚的哲学博士，甚至大学生，不动则已，一动至少就要创造出一个完整的'体系'"，恩格斯的这段话，不见中国的语言学杂志及大小博士论文引用，何其怪哉！何其怪哉！因为 1971 年在五七农场读过恩格斯的这本书，所以我今朝抄出来奉献给中国语言学界，不妨多读读这段话。我们中国的学术传统呢，我认为，中国古代语言学的传统主流是重实际重应用②，但是也不应忘记，我们也出现过杰出的语言学思想家，如段玉裁在酝酿《六书音均表》时，曾进行过理论探索，提出了若干理论，我在 2015 年发表的那篇关于段玉裁的论文里作过表彰、阐释。不耽误时间，现在仅仅举一例：段玉裁对古韵的分合，提出了"知其分而后知其合，知其合而后愈知其分"，光辉的辩证法，辩证法的光辉！

　　我，作为 20 世纪、21 世纪的中国学者，我认为，我们应该无分中西，只要是人类千百年来探索自然、研究社会而获得的优秀成果，都是我们要继承、发扬的传统。今日之中国语言学家应该并实用与理论二者而兼擅之。可是，就我对当今中国语言学坛的观察，事实上却是西方学者源源不断地制造理论，中国学人迫不及待地引

---

① 鲁国尧：《重温朱德熙先生的教导》，载《语文研究》2002 年第 4 期。
② 鲁国尧按：这犹如现在的"应用语言学"。

进洋理论的态势，"输入学理"（胡适的话），然后用中国的事实附会解释，这怎么说也脱不了"跟在人家屁股后面转"的尴尬相，其结果就是"西"的一方俯视，颐指气使，优越感十足；"中"的一方仰视，低三下四，可怜复可悲！① 我读《孟子》，有一段话绝对是至理名言，读后令人热血沸腾："成覵谓齐景公曰：'彼丈夫也，我丈夫也，吾何畏彼哉？'颜渊曰：'舜何人也，予何人也，有为者亦若是！'"先贤的话激励我们后世的子子孙孙要"有为"，"有为者亦若是"！我劝天公重抖擞，中华学者争奋起，为人类创造出光辉的多种理论。（**张宜：** 讲得好，精彩！）

下面谈谈我的经验。怎样"开拓"？首先要立志摆脱"陋"，誓不再做井底之蛙。具体地说，读书学习，切勿偏狭，要涉足语言学的多个分支学科，进而涉猎语言学之外的多个学科，后者更为费力。胡适 1925 年的《读书》一文值得认真拜读："理想中的学者，既能博大，又能精深。精深的方面，是他的专门学问。博大的方面，是他的旁搜博览。博大要几乎无所不知，精深要几乎唯他独尊，无人能及。他用他的专门学问做中心，次及于直接相关的各种学问，次及于间接相关的各种学问，次及于不很相关的各种学问，以次及毫不相关的各种泛览。"胡适引用了宋代哲学家程颢的话："须是大其心使开阔，譬如为九层之台，须大做脚始得。"可见"大其心""大做脚"意义之重大。当今学者之"陋"，正源于读书窄仄，治学窄仄。

关于"立说"，不揣谫陋，我曾经在 2005 年提出了"国力学术相应律"，此文在 2006 年初发表，名为《振大汉之天声——对近现代中国语言学发展大势的思考》②，有兴趣的朋友可以到中国知网上搜索出来看看。我还提出"不崇洋，不排外"的"双不方针"，"新'二重证据法'""犬马—鬼魅法则"，治学三要"坚实、会通、创新"，撰作三要"义理，考证、辞章"。我还创造了"书谱"这种文体，人之生、老、病、死的编年纪事谓之"年谱"，书之孕、生、长、荣的编年纪事则可命名为"书谱"。我撰写了《〈六书音均表〉书谱》③，当为中国学术史上的第一部书谱。在这儿要着重说的是，在语言学界，是我第一个提出建立"中国语言学思想史"学科。释迦牟尼在菩提树下证道，我这个凡夫俗子是 2004 年某日在书店里流连忘返时"悟"的"道"，纯系出于吾心。2005 年在南大中文系的学术讲演会上我专门提出了这个"建立中国语言学思想史"的建议，并做了阐释，讲演毕听众提问时有个外籍学人说："'语言学史'的书，西

---

① The great are only great because we are on our knees. Let us rise. — Pierre-Joseph Proudhon（了不起之所以了不起只是由于我们双膝跪地。站起来！人们。——蒲鲁东）

② 《振大汉之天声——对近现代中国语言学发展大势的思考》，载《语文科学》2006 年第 1 期。

③ 指《新知：语言学思想家段玉裁及〈六书音均表〉书谱》，载《汉语学报》2015 年第 4 期；又载《民俗典籍文字研究》2020 年第 2 期。

方多得很，中国近几十年也出了一些。"我回应说："语言学思想史和语言学史并不一样，犹如军事思想史与战争史不一样。"2006 年 8 月我在中国音韵学研究会第 14 届学术讨论会暨汉语音韵学第 9 届国际学术讨论会的开幕词中讲到，"我们至今没有一本《中国语言学思想史》《汉语音韵学思想史》，这委实是一件遗憾的事"，我提出"我们语言学人应该开展思想史的研究，写出质高量多的著作"。我在 2005 年起草的一篇长文在 2007 年正式发表了，这就是《就独独缺〈中国语言学思想史〉?!》①。隔了 8 年，就是 2015 年，我又发表了一篇长文《新知：中国语言学思想家段玉裁及其〈六书音均表〉书谱》，第一个提出段玉裁是语言学思想家，我做了充分而可靠的论证。②

怎样"立说"？我认为，需要培养自己的理论思维的能力，即哲学思维的能力。我愿意将我的读书经验和盘托出，贡献给朋友们，愿"把金针度与人"。冯友兰先生在 20 世纪 30 年代出版了《中国哲学史》两册本，八九十年代出版了《中国哲学史新编》七卷本，我读了这两套书的第一章即绪论章，大获教益。我曾经向若干年轻的学人介绍过，我体会到对"立说"最有帮助的就是哲学，哲学是人类智慧的最高体现，有了哲学思维能力，观察对象、思考问题、诠释道理、提出新见，就跟以往不一样了，甚至大不一样。我经过这十几年的摸索，认识到，必须学哲学，必须读中外哲人的著作。学了哲学之后，去研究语言学，其思想境界就"非复吴下阿蒙"了。（**张宜：** 让我们的认知达到一个新高度。）我衷心建议我的朋友们重视哲学，多读哲学书，西方的哲学书、中国的哲学书，我希望我们中国语言学者都能在理论创造上做出贡献。

我以前从事具体的研究，很细，穷尽式的，尽可能花大量的时间去搜集资料，这是很具体的（科研）方法，这没有错。但是需要进一步提升，往哪儿提升？答案是，提升到理论的高度。我以前做的基本上都是考证、考据，所以我后来要提高。我就提出"治学三要"，就是"坚实、会通、创新"③。我的穷尽法就是"坚实"，但是我还得"会通"，就是将中学同西学会通、融合，将语言学、文献学等和哲学会通，走出一条新道路，也就是"创新"。也可这样说，我以前写的东西基本上是"形而下"的，近若

① 《就独独缺〈中国语言学思想史〉?!》，载《鲁国尧语言学文集：考证、义理、辞章》，上海人民出版社 2008 年版。
② 张宜按：鲁国尧教授近来又新提出"学术文化后发论"（见《自立、屹立：中国语言学的愿景》，载《汉语学报》2017 年第 4 期）和"土壤论"[见《植根于自己国家的土壤才会长命——读王佐良论美国诗人勃莱（Robert Bly）》，载《温州大学学报》2018 年第 1 期]。
③ 参见《鲁国尧语言学文集：衰年变法丛稿》（自序），上海古籍出版社 2013 年版。原文为：我志亦欲在治学领域、思想、理论、方法、实践等方面"有所创获"，"成一家言"。于是我提出了"不崇洋，不排外"的治学方针，提出了"治学十二字诀"："义理，考据，辞章；坚实，会通，创新。"以此激励自己，指引自己。

千年,我不放弃"形而下",但着眼、着力在"形而上"方面,自信取得了若干成果。其中有若干"言他人所未言"的东西,更重要的,我摸索出了"持续发展","更进一步"的自强、自立的道路,迥异于"尾随他人"的"跟从式的道路",这是我比较高兴的。我现在的学术状态,仍然如白石老人所说的"未称己意",但是在有生之年,我要继续奋发图强。马丁·路德·金有一句话,叫"我有一个梦"(I have a dream)。我看过他的这篇演说,我很感动。我也有一个梦,我的梦就是愿中国语言学有一天能够像珠峰一般屹立于世界学术之林,大放异彩。(**张宜:** 会梦想成真的!)

2010年秋,我到杭州继续教课,浙江大学的老朋友们邀我去演讲,我提出来一个"做大学问"的问题。2015年秋,我告老还乡离开杭州前夕,又在浙江大学做了一个演讲,可以说是再论"做大学问"。两次演讲,前后五载,都围绕这个"做大学问"的问题。"做大学问"这四个字可以有两种分析,两种理解:一个是"做大/学问",另一个是"做/大学问"。"做大/学问"就是要把学问做大。"做/大学问"就要做大的学问,做成大学问。我们对自己应该有高要求。我提出这个目标,我未必能做到,但是我仍在奋力中,也许能达到。譬如登山,毫无登山志趣的人必然老死山麓,有志者纵然不能攀上峰顶,至少也可到山腰,或许终于能"山登绝顶我为峰"!这就是我的"登山论",或曰"山论"。①

我的衰年变法的目的就是要"做大/学问"和"做/大学问"。作为学人,自少至老,都应该以读书为安身立命之本。我在读书,语言学的书我读,哲学、史学、文学、文献学,甚至古人类学的书我也在读,近时还网购了好几本社会学、人类学的书来读。中国的书我看,外国的书我也看。我读孔子、孟子、朱熹、冯友兰、张世英,也读亚里士多德、笛卡儿、培根、罗素,甚至《希腊罗马名人传》、恺撒《高卢战纪》。只要一息尚存,我要继续如此读下去。可以告慰友朋的是,我仍在读书,仍在登山中。更可以告慰友朋的是,我的梦仍在做:盼望有一天中国语言学屹立于世界学术之林。

总结一下,就下列几句:有涯有志,有为有成,追求更上更进,贡献更多更大。不负此生,不负国家,不负学术!

张宜: 鲁老师您讲得真好,壮志凌云! 接下来想请您谈谈汉语音韵学、汉语方言史、汉语语音史国内外目前研究的状况和今后的发展趋势。

---

① 张宜按:鲁国尧教授的"山论"(或"登山论")最早的表达形式见他在2007年5月4日所作的《江山语言学丛书总序》(此丛书由上海人民出版社出版)。

鲁国尧教授： 章太炎先生 1905 年 7 月 15 日在东京留学生欢迎会上说："近来有一种欧化主义的人，总说中国人比西洋人所差甚远，所以自甘暴弃，说中国必定灭亡，黄种必定剿灭。"一百多年来崇洋之风甚炽，至今依然，必须驱除之、涤荡之，不可长他人之志气，灭自己之威风。

张教授，我认为，要评估汉语音韵学、汉语方言史、汉语语音史这几门学问的国内外的研究状况，首先需要有实事求是之心，必须摒除二"妄"，即不可妄自菲薄，也不可妄自尊大。在中国，在语言学这样一个疆域广大的王国内，如吕叔湘先生 1986 年 8 月为龚千炎《中国语法学史稿》写的序中所言，"过去，中国没有系统的语法论著，也就没有系统的语法理论，所有的理论都是外来的。外国的理论在那儿翻新，咱们也就跟着转"。看来，在语法学，人家在"领跑"，我们还是处在"跟跑"的地位，不停地在引进××学说，××语法，请看看这几年的花样翻新。但是汉语音韵学、汉语方言史、汉语语音史这几门分支学科，中国有自己的悠久的研究历史，有辉煌的成就，基于自己的原创，也接受了域外兄弟民族的精华，结合、化合成一个新的结晶体。这几个分支学科都是植根于中国的土壤，中国学者背倚历史的积淀，凭借丰富的资源、众多的人力、非凡的智慧、极端的勤奋，都取得了卓越的成就。我想借用 20 世纪西洋第一流的汉语音韵学家高本汉的话来表达。高本汉于 1936 年为其《中国音韵学研究》中译本写的"著者赠序"是这么写的："中国民族史上的研究工作何等的大，一个西洋人再要想在这上面担任多大一部分工作，现在其实已经不是时候了。中国新兴的一班学者，他们的才力学识既比得上清代的大师如顾炎武段玉裁王念孙俞樾孙诒让吴大澂①，同时又能充分运用近代文史语言学的新工具；我也不必在这里把人名都列出来，只须举一些刊物，例如：《历史语言研究所集刊》《国学季刊》《燕京学报》《金陵学报》《文哲季刊》《北平图书馆馆刊》，此外还有许多第一流的杂志及各种目录。一个西洋人怎么能妄想跟他们竞争呐？这一班新学者既能充分地理解古书，身边又有中国图书的全部，他们当然可以研究到中国文化的一切方面；而一个西洋人就只能在这个大范围里选择一小部分，作深彻的研究，求适度的贡献而已。这样，他对于他所敬爱的一个国家，一种民族，一系文化，或者还可以效些许的劳力。无论如何，我自己恳切的志愿是如此的。"（录自赵元任译文）

我想谈一个问题，去年发的一篇文章，②我大脑的兴奋点还在这上面。中国有

---

① 鲁国尧按：原译文在众多人名后不加顿号。
② 指《新知：语言学思想家段玉裁及〈六书音均表〉书谱》，载《汉语学报》2015 年第 4 期。

文献的历史有三千多年,学术研究的历史也有两千年以上吧。关于汉语史的分期这一问题,我研究的结果是,最早是从 18 世纪的段玉裁开始的。他第一个提出汉语史的分期学说。他是清朝乾隆年间的语言文字学专家。我想看看欧洲,英语史、法语史、意大利语史等等,甚或古希腊语、拉丁语,什么时候提出第一个分期学说的。第一个分期学说不可能是完美无缺的,但是毕竟是第一个吃螃蟹的人的心血结晶。在学术史上它的意义更重大:提出分期方案显示学术研究进入了一个新时期:明确知晓语言是发展的,明确知晓语言发展是分阶段的,明确知晓语言不同阶段各有内容,彼此有较大的质的歧异:这是人对语言认识的一次飞跃。语言分期学说的提出,是该语言研究史的一块里程碑。因此比较哪种语言最早提出分期学说,具有学术史的意义。张宜教授,我想请您帮我找找资料,英语史分期的状况,第一个做英语史分期的人是什么时代的什么学者。

中国有些学人总认为中国的语言学比外国差,我持不同意见,我们不差!我们应该具有"全球史观",中国段玉裁(1735—1815)的《六书音均表》跟欧洲赫尔德(Johann Gottfried Herder,1744—1803)的《论语言的起源》几乎同时问世,都是语言学专书,赫尔德的书还荣获当时普鲁士皇家科学院的奖,是西方名著。这两本书都传世两百多年,论立论的坚实、思想的深邃、理论的建树、对后世的影响,孰高孰低,显而易见,请看我那篇论文的结语。[①]

我们中国语言学有悠久的历史、深厚的传统,可以挖掘、可以研究的东西很多很多,我们做得很不够。我们应该坚持"三视原则",即严拒仰视,倡导平视,绝不俯视。著名表演艺术家冯巩同志有句名言:"自己选择 45°仰视别人,就休怪他人 135°俯视着你。"讲得何等好啊,试问,当今大小学问家能讲出这么精彩的名言吗?

我再阐释几句。不可卑躬屈膝,必须挺起胸膛,严拒仰视,宋代大哲学家陆九渊的语录:"自立自重,不可随人脚跟,学人言语。"当我们中国语言学屹立于世界学林的时候,我们要牢记孔子的教导"己所不欲,勿施于人",绝不俯视兄弟民族的学术。

在当今世界,任何学术,无论在空间和时间上,都是处在与其他学术共存、互动、激荡的状态中,扬长补短,相互吸收,"你中有我,我中有你"。我们应该始终坚持"不崇洋不排外"的方针,不崇洋,走自己的创造之路;不排外,吸收兄弟民族学术的精华。我认为,社会学家费孝通先生的十六字箴言"各美其美,美人之美,美美与

---

① 指《新知:语言学思想家段玉裁及〈六书音均表〉书谱》,载《汉语学报》2015 年第 4 期。

共，天下大同"是我们学术研究者所追求的目标。

张宜： 鲁老师，在汉语音韵学方面，年轻一代的学者他们的修养和成果是怎样的？

鲁国尧教授： 我认为年轻一代首先应该注重德的修养，要了解、崇敬先贤的"为天地立心，为生民立命，为往圣继绝学，为万世开太平"的恢宏气魄、伟大志向，至少要"勿以善小而不为，勿以恶小而为之"。如此方可祛邪扶正，拒绝腐蚀，做一个正直、正派的大写的人，为国家为民族作出贡献。当前的风气令人担忧，身处高校的人都知道，不多讲了，讲多了，令人气沮。我衷心希望还我们高校的绿洲称号，每个学子认识到首先做一个"大写的人"。好，继续谈"学"。我觉得，现在的年轻学人大多数都很用功，"少数杰出"者已经很有成就。但是他们的压力太大，住房、家庭等都存在很多困难，值得同情。谈到学术问题，如今的博士生硕士生以及青年教师，他们的负担太重了，要发表论文，要好几篇，要在 C 刊上发，要在《中国语文》发，要得社科基金，还必须是国家社科基金，要得奖，最好是王力语言学奖。我见过一些博士生，刚入学就愁眉苦脸，设法向导师要得博士论文题目，就直奔而去，因而除了有关博士论文的论著以外，其他的书哪里顾得上读？天天吃麦当劳的汉堡包，顿顿吃肯德基的鸡腿，行吗？我认为当前年轻学人的根本问题是读书少，当然，要加个"但是"，即"除了少数杰出者以外"。跟诗歌创作、数学、理论物理、工程技术不同，在这些学科，年纪轻轻的时候就有可能取得大成就，音韵学这种基本上属于"古学"范畴里的学问，需要的是积累，积累主要是靠读书，（中国）古代的书要读，（中国）现当代的书要读，外国的书要读。请问，读书少，面儿窄，怎么能不"失之于陋"？今日的年轻人，若干年后，他们就是各大学、各研究院所的"学术带头人"，他们就是"博士生导师"，这样下去，中国的学术怎么得了？钱学森先生所盼望的大师怎么能产生？我建议，各级领导不要图一己的政绩，"轻徭薄赋"，营造一个良好的氛围，让年轻人好好读书，培养胡适 1925 年作的《读书》中所说的那样的理想学者。我希望教育一方的校长、院长、老师，学习一方的研究生、青年教师都正视、重视这个问题。

我还想再说一些话，可以吗？（**张宜：** 这还用说，请畅所欲言。）中小学的应试教育，为世人所诟病，家长、校长、教育局局长都声嘶力竭地反对、批判，然而毫无成效，应试教育愈演愈烈。高校的这种评价机制给年轻学者"亚历山大"，院长们校长们无动于衷，我行我素。据我的看法，这是自隋炀帝至光绪帝的科举的延续，好像没有什么办法能够像 1905 年废科举那样把这种应试教育、评价机制铲除掉，可哀！

另一方面，中青年学者如何对待功名利禄，也是一个普遍的社会问题，值得探研。请读史书，弃举业而舍力实学，取得成就的学士、贤者史不绝书，当然，这些人要付出代价的，不过历史是公正的，对他们高尚的人格及高度的成就都给予充分的褒奖。对有成就的"少数杰出者"我也要说几句，我发现他们太忙了，在飞机上，在高铁里，在轿车里，不断出现他们的身影，出席各种会议，参加各种答辩，举办各种讲座，一个月里有多少时间在自己的板凳上坐着，让它暖起来？荣誉害人，酬金害人啊！我真想劝劝他们："请安下心来读几卷书吧。"有的"杰出者"不停地在发文章，出书，数的积累猛增，而质的提高有限。能不能"闭关"？能不能认真系统地读几本经典？能不能旁涉一门新的学问？"××学者"之类的荣与利活埋了当今多少有潜能的中青年？可哀啊，可哀啊。

张宜： 鲁老师，您虽然已经退休了，可是还在不停地做学问，还在不断地学习，除了这些，您还有什么爱好吗？

鲁国尧教授： 我不抽烟不喝酒，也基本上不喝茶，也不吃什么补品。我平生只有两个爱好，一个就是逛书店、钻图书馆，这本书想看，那本书也想看，常常流连忘返，不忍归去。不过也往往喟然而叹："以有涯追无涯，能看多少呢？"苦恼。还有一个爱好就是爱参观名胜古迹，知天下之大以明天下之理。像你们沈阳的那个故宫，我老想着去看看。我只有这两个爱好。我的生活简单、平淡。举个例子，我和老伴，每逢生日，上午乘公交车到中山陵或者明孝陵走一遭，然后到夫子庙各吃一碗面条，就是"寿面"，花费不超过 30 元，下午照常，读书、写作。我不久就到 80 岁，好些学生要给我祝寿，出寿庆论文集，我表示感谢，但是我严拒。顾炎武、段玉裁，都是大师，不，是大师崇拜的大师，他们的文集里都有辞祝寿的文章，我，何人哉？再说，祝寿大摆宴席，奢靡之风有悖我中华民族的俭德，出论文集，浪费纸张，需要砍伐多少树木，需要多少吨化工药水来处理纸浆？污染大地，罪过罪过。

张宜： 鲁老师，您对我从事语言学的口述历史怎么看？我自从 2003 年开始做，已经有十多年了。这是一件耗时耗力的事儿，有时候联系一位语言学家，前后就需要很长的时间啊。

鲁国尧教授： 您做口述史研究，非常好，非常好，向您致敬，这是肺腑之言。口述史（研究）是个新方向。这需要有心人有勇气，有毅力，有担当、有恒心。对您的工作、您的成就，我敬佩、我支持。（**张宜：** 谢谢您的理解！）您的口述史工作意义重大，这不仅是总结某个学者的学术经历，也是对人类的贡献。为什么我讲得这么高？做学术研究的人，写的论文和书，成千上万，多如牛毛，都自视甚高，其实能够经得起历史检验的并不多。过了三年五年，最多三十年五十年，大部分要化成造纸厂的纸浆。心理学家说，忘却是为了记忆，这话对极了，推陈是为了出新，那些为了政绩为了利禄而粗制滥造的劣质货早该扔进垃圾箱。而堪称实录的口述史（料）是永远都不会被磨灭的。无论过多久，只要史料（录音、书等载体）在，它对人类的贡献就还在。每个人的一生都是唯一的，一个学者的一生也是唯一的，他的道路、他的经历、他的言论、他的思想都是唯一的，是他人不能有的，是不可复制的。这决定了口述历史是唯一的，不可复制的。您记录的资料对研究中国以至人类，都是有重要意义的。所以我认为您的工作不仅是对中国的贡献，也是对世界的贡献，(**张宜：** 谢谢您对我工作的肯定!）这样的工作太有意义了。我读过若干口述史，比如唐德刚做的胡适口述史、李宗仁口述史，我爱看，胡适口述史看了不止一遍。还有，三联书店的畅销书何兆武老先生的《上学记》，我看了五六遍，每看一遍，都兴趣盎然，我向许多朋友推荐："如果你看了觉得不怎么的，购书的费用我付。"事后人人说好，我就没有掏腰包。何老先生他那一代人都 90 多岁了，他们的经历我们这一代人就不知道；我也快 80 岁了，我这一代人的经历，比我年轻的人也不知道。所以说，中国语言学的学术史也是文化史、社会史。一粒沙中看世界，从中可以窥见人类历史的一斑。张宜教授，您的工作我有体会，我认为您的工作特有意义，向您致敬!

我们志同道合。我有历史癖，在我们的《南大语言学》上发表了多篇回忆录，比如《"惠"文七篇》即王力、李方桂、蒋礼鸿、俞敏、朱德熙五位语言学名家的夫人所写的对夫君的回忆文章。我们还拟组织、发表健在学者的"为学录""访学游记"。

您可知道，我也在搞口述史啊。南京师范大学有位徐复老先生，是章太炎、黄侃两位大师的弟子，道德高尚、学问渊博。在他 93 岁的时候，我请求做他的口述史，老先生欣然同意。我于是派了一个姓马一个姓卢的学生做了他的访谈录，刚做成，徐先生就仙逝了，我为"抢救遗产"立了一个不大不小的功，您同意吧？(**张宜：** 当然同意! 您的确是立了大功!)《徐复先生口述史》发表在《南大语言学》第四编上，商务印书馆 2012 年出版。我对中国社会科学院的吴宗济老先生很崇敬，我请他写回忆录，约好在我们办的刊物《南大语言学》上发，吴先生高兴地答应了。他在写，我逐渐发现，他毕竟是百岁老人了，搞不动了。因此我改弦更张，策划做吴宗济先生的口述史，我特地到北京吴先生的家里商谈。我不能待在北京亲自做，于是请了一位好朋友，北京师范大学的崔枢华教授到吴先生家，访谈了好多次，吴先生用互联网、百度搜索引擎等现代手段准备资料，崔枢华教授录音、转成文字，加工，整理，尽心竭力。这个口述史很成功，崔枢华出版过《标点注音说文解字》《周易浅解》，是位"老学究"，不意他的文字如流水行云，笔端生花，我很是佩服。《我的百年人生——吴宗济先生口述史》第一章、第二章已经在乔全生同志主编的《北斗语言学刊》发表，下面将继续连载。

所以我非常支持您，张宜教授的工作。这项工作是很艰苦的，"中国当代语言学家口述实录"已经出版了第一辑，我祝贺您的成功。现在乘胜前进，做第二辑，祝您成大功。

张宜： 好的，感谢鲁老师的支持！

鲁国尧教授： 您做口述史，我十分钦佩！！！

刘润清访谈录

受 访 者：刘润清教授

访 谈 者：张　宜

整理/注释：张　宜

地　　　点：北京外国语大学中国外语与教育研究中心刘润清教授的办公室

时　　　间：2015 年 6 月 6 日，上午 8:30—11:00

张宜： 今天是 2015 年 6 月 6 日，现在是上午 8 点 30 分，我正在北京外国语大学中国外语与教育研究中心刘润清教授的办公室里。刘老师您好！我今天访谈您的主题是应用语言学。首先请您谈谈您是怎样走上语言学研究道路的，您为什么要从事语言学的研究？您以前很少跟我讲您父母的事，您今天给我讲一点儿您父母的事儿吧。

刘润清教授： 我父母都是老实巴交的农民，他们对我学什么，考什么学校都没有什么过多的意见。只要是能有提供助学金的大学，我报考哪个学校都无所谓。（笑）（**张宜：** 您大学五年里有助学金吗？）有，前两年有助学金。上到第三年我的家乡遭受了洪灾，那一年的学费就全免了。所以要不是有助学金，我也念不下来。小学毕业后，我就离开家，到姑姑家、舅舅家去上完小（完全小学），他们村里有完小。（**张宜：** 您父母应该很宠老儿子吧，希望您有文化。）因为我们村离完小太远。父母还是心疼我，所以找了另一个学校去上学。

　　我中学学的是俄语。初中时喜欢哲学，读过艾思奇的《大众哲学》《矛盾论》《实

---

* 本访谈整理稿经刘润清教授审阅认可。他做了一些补充和修改。

践论》,毛选两卷都读了。我(那时候)数学好,哲学好,美术好,外语好,还当了体育委员。高中我考到了沧州那边的泊头第一中学。那个中学很好,是河北省的重点。到了高中,赶上了勤工俭学,三天劳动,三天上学,吃饭不再交钱了。但是,学业也没有太受影响。我参加天津地区几十个中学会考,我的几何、代数、三角,考了三个一百(分),给我们泊头一中的校长高兴坏了!全天津大区也没有几个三个一百分的。(所以老师们)就希望我报考数学系,考理科。临高考的时候,体检出来我的血压高。毕业之前我们去检查身体,准备报名海军,四百多学生差不多都刷掉了,最后就留下来两个,一个是我,还有一个男孩。可是我血压高,他们让我第二天再检查一次,(搞得我)一夜没睡觉。(血压)更高了!因为当时年纪小不经事儿!就是因为那一次,我知道我血压高,就有些担心身体会不会因为学理而吃不消。高中毕业考大学就从理科转到外语来了。(**张宜**: 那个时候分文理科吗?)分啊。我本来可以考数学系的。(**张宜**: 您自己想当数学家吗?老师也那么认为的吧?)反正他们说你考理科肯定挺好的。高中时我就订阅了《数学研究》,每期都有几道竞赛数学题,我曾经两次做对题目,下一期就登出我的名字。小孩嘛,拿着杂志向全班显摆。可高兴了。(**张宜**: 那是老师建议您学俄语的吗?)是老师建议的,我的班主任是我的俄语老师。他让我考外语学院或国际关系学院的俄语系。那时的我还是个不懂事儿的孩子。来到当时的北京外国语学院俄语系报到找不着我的名字。我心想是不是搞错了。一打听才知道那一年英语系扩招了,我被分到了英语系。(**张宜**: 那是什么原因呢?)(我的高考)成绩挺好的。俄语系是留苏预备部。那一年(1960年)中苏关系恶化了。本来要去苏联留学,到苏联去培养一年,可是那一年一下砍了200个(名额)。这样就把计划名额分给英语系了,我就不学俄语了。我的同班同学差不多都学过英语,发音也没有太大问题。唯独我这个从农村来的孩子一切都要从头学起。你说这是好事还是坏事呢?(**张宜**: 您那个俄语老师立功了。)(笑)立功了!刚开始,课堂上人说 Yes,我就说 Da(俄语的"是"),常常引得全班哄堂大笑。我脸皮厚,一笑了之。暗暗地自己下苦功呗。星期天,自己反复听录音,反复在黑板上写,写满了擦,擦了再写。结果我英语还学得挺好。(**张宜**: 这就叫命运的安排吧。)那年一下子英语系多了100多个学生,没那么多的老师,就把三年级学得好的学生挑出来当我们老师。你知道给邓小平和撒切尔谈判时做翻译的张幼云吧,她们好几个女老师教了我们几年,后来调到外交部去了。我们学了五年的英文。那时候,我满怀希望梦想着毕业后能去外交部当个外交官的。虽然我的英语底子薄,开始学习英语发音的时候总是不由自主地说出俄语。发英语的几个元音时,我也遇到很多困难,经常在班上引起哄堂大笑。好在我在班上年纪大,脸皮也厚,又是团干部,因此无论别人怎么笑,我都不太在乎。幸运的是,我遇到了夏祖煃老师,他不仅有丰富的教学经验,而且他对学生特别热情又耐心。他经常鼓励我、帮助我,给了我学好英语的信心。我把周末的时间都用在了英语学习上。我对着镜子练发音,一练就是几个小时,有时候把嗓子都练哑了。当时班上只有一个只能外放的大录音机,死沉死沉的。要听大家都听,要不听谁也别听。录音材料只有精读课文和生词,没有别的。我还经常在黑板上练习拼写,写满一黑板,就擦掉再重写。单单发音和拼写就不知道花去了我多少业余时间。我的语法还不错,当时没有什么专门的语法课,精读课文中出现什么语法现象,老师就顺便讲讲。总之,在第一学年,我一直是班上的最后一名,到了一年级结束的时候我才算入门。

从二年级开始,除了精读和泛读,老师还要求我们使用英英字典。我记得第一次用 *Advanced Learners' Dictionary*(《高阶词典》)查了一两个单词的时候,心情非常激动:我可以用英文解释英文了!从根本上说,查完英汉词典或者汉英词典,并不能真正学会使用一个英文单词。只有查一部好的英英词典,才能真正搞清一个词的确切含义和用法。随着词汇量的扩大,我使用英语词典的兴致也越来越高。有时候查着查着就上瘾了,不知不觉过了个把小时,甚至忘记了正在读的文章。在我看来,查英英词典本身就是在学习地道的英文。

此外,给我留下深刻印象的是阅读英文的简易读物,这些小书不但因为里面有着全新的文化而让我眼界大开,而且还让我惊叹于其中简单、地道的英文所包含的极强的表达力。我像海绵一样在一年的时间里阅读了近百本简易读物,逐渐培养起我对英语的“直感”(to cultivate a feel for the language)。这时,我已经丢掉了“落后”的帽子,开始名列前茅了。

我们从三年级开始读原版英文小说。我觉得读原著才是英语教育的开始。原著中的语言不再是为了照顾学习者的词汇量和语法的需要而改编,而是作者深刻、细腻的思想感情的自然流露。而且,大部分原著都出自语言大师之手。更重要的一点,原著保留了原汁原味的西方社会背景、风俗习惯、法律制度、宗教信仰、伦理道德、人情事理、人文精神等等。同时,三年级的时候开设了英语写作。学习写作让我意识到,一个人英语的好坏,在很大程度上取决于他的书面英语的水平。语言之美,多体现在书面语上。讲话不能像背书;同样,写作业不能像讲话。可以说,我现在对书面英语的认识,以及我现在的英文写作水平,在很大程度上都受益于三年级的写作课,写作课为我打下了扎实的基本功。

四年级的时候我曾经被挑选到一个高级翻译班,就是尖子班。办这个班的初衷是要把这些学生培养成高级外交翻译。入选的有吴一安、秦秀白、王英凡、唐闻生和我等9个人。当时,给我们纠正语音语调的是伊莎白教授。她先是给我们听一些英国出版公司出版的录音带,有小说、诗歌,或者剧本,都是百分之百的 RP(Received Pronunciation),典型的英国上层社会的发音。然后,她就让我们模仿。最后她还让做模拟发言。她说我们的底气不足、声音不稳,一拉长声就走调。她要求我们两个人相隔50米对着讲,每天早晨至少练半个小时。虽然我没有当成大翻译,我的朗读水平却大大提高了。我能把一个故事读出感情、读出抑扬顿挫、轻重缓急,这些都是大三那年长的出息。

五年级的时候上汉译英课,印象最深的是两位老师:薄冰和钟述孔,他们都很有水平,上课也非常有趣。这门课使我认识到,英文不学到家,翻译是谈不上的。与此同时,我还意识到,汉语文字看似已懂,实则不然。翻译远不是词与词、结构与结构的一一对应;要比这复杂得多。没有对汉语的透彻理解,没有足够的英语造诣,是做不了翻译的。

回忆起来,我在北外学习期间,我遇到了好老师、好教材和适合我的教学方法。虽然我们没有当下这么好的学习环境和学习资源,但是我们学的是地道的英语,我们有大量的听、说、读、写、译的练习。毕业时没当成翻译,根据组织安排就留校了。那时我也不知道我会研究语言学。(笑)(**张宜:** 您是什么时候开始研究语言学的?是您考上研究生吗?)差不多吧。(19)78 年我考上了许国璋许老的研究生。这是"文革"之后的第一批研究生。当时的导师有许国璋和王佐良等先生,学的是语言文学。我用心备考,特别重视考研读研的机会。后来我听说我被录取了。许老说,在考生里面,刘润清 is by far the best。(**张宜:** 绝胜!)绝胜。(笑)听人说,刘润清当场写的作文,by far the best,这是因为我准备充分,更有几分侥幸。写作题目是评一本书,评一部电影,我正好看过那本写黑人的书,*Roots*,《根》,我看了英国报纸 *The Times*(《泰晤士报》)上的 Literary Supplement(《文学增刊》)的文章,深受影响和启发。人家分析得深刻,语言表达优美有力,我记住了一些句子,搬上去了,给评阅老师留下好印象。

我还喜欢查字典,我教书的时候也经常查字典。考研时,我记得考卷上有道题,是关于评价两本字典的。*Learners' Dictionary* 是用两三千字解释所有的字,所以是 easy,colloquial,你能从(词项的)explanation 那儿学到很多的英文。另一个(字典)是什么,我现在叫不上名字来了,好像是 *Webster's New World Dictionary of American English*(*second complete edition*)[《韦氏新世界美语词典(第二完全版)》],没有音标,但是每一个词项都有百科知识,而且我还记得一个例子。Nelson(纳尔逊),他是英国海军大将领,瞎了一只眼在那儿指挥,打胜了仗。现在(伦敦有)Trafalgar Square①(就是纪念他的),有他骑在马上的雕像。

Learner's Dictionary 不可能有关于 Nelson 的介绍,也不可能有这种百科知识。而另一本,虽然没有发音什么的,但是有这样的知识在里面,所以我说这个字典比那个好。答题时我信手拈来拿出两个词来举例子,我记住了字典里的例子。(笑)(**张宜:** 书到用时方恨少啊!)自己还挺得意的。等到口试时,王佐良教授说,"你那样评论那两部词典,是不太公平的。因为,每部词典的定位不同,所针对的读者群不同,所以提供的信息层次不同"。等到后来我评字典,我也是遵循这个原则。有的字典是给 learners 的,有的是给 college students 的。encyclopedia 不是词典,它是百科知识辞典了。发音、basic 语义都不讲了,好多都是非常高级的用法了。

刚才你问我是怎样走上语言学研究道路的,为什么要从事语言学的研究。其实,我研究语言学也是 by chance,我读英语本科的时候我喜欢英语本身,但是我更喜欢文学。刚才我也说了,二三年级的时候,我读了很多小说,开始读 simplified 小说,后来读原著。有一段时间我给自己定的目标是每个周末(读完)一本小说。那个时候读过的有 *Airport*(Arthur Hailey)[《航空港》(阿瑟·黑利)], *Looking Back in Anger*(John Osborne)[《愤怒的回顾》(约翰·奥斯本)],等等。

我本来非常喜欢文学,但是上了研究生的时候,有两三件小事儿把我改变了,最主要的一个事儿是,当时学校请了两个外国专家来讲了两个月的课。一个讲英国文学的专家是 British Council(英国文化委员会)派来的布朗(也许记错了名字),态度挺傲慢的。这个人讲英国现代文学,讲 60 年代的 the Angry Young Men Movement("愤怒的青年"文学运动),另一个讲语言学的是英国人 John Reed(约翰·里兹)。文学我特熟悉,而且我也感兴趣。语言学讲的是 Saussure(索绪尔),加上 *Course of General Linguistics*(《普通语言学教程》)。这个人绝对是个学究,特别严谨,不苟言笑。这两个人让我在学术上往前推进了一大步。布朗讲完 the

---

① Trafalgar Square(特拉法尔加广场)是英国伦敦最著名的一个广场,是为纪念 19 世纪初著名的特拉法尔加海战而修建的。1804 年法国拿破仑执政后迫使西班牙舰队同他一道渡海进攻英国,英国海军上将纳尔逊指挥的英国舰队与法国、西班牙联合舰队,在西班牙的特拉法尔加港海面上遭遇,英国舰队以少胜多,使法、西舰队在这场海战中惨败。但当海战胜利结束时,纳尔逊上将因中流弹而牺牲。英国人民尊崇纳尔逊为英雄。每年 10 月 21 日,即纳尔逊上将牺牲的日子,总有许多人到特拉法尔加广场举行悼念仪式。

Angry Young Men Movement，我真的就借了十几本 20 世纪 60 年代的那一代人的书，其中最主要的一个是剧本 *Look Back in Anger*（John Osborne），另一个是 *Saturday Night and Sunday Morning*（Alan Sillitoe）[《周末晨昏》（艾伦·西利托）]，还有一个是 *The Loneliness of the Long Distance Runner*（Alan Sillitoe）（《孤独的长跑者》）。然后我就用英文写了一个长长的评论，交给了布朗，这个专家大为高兴，给我的批语是"Tour de force"（法语，意为"出色之作"）。后来这个傲慢的专家也变得友善了许多。这个上面也可能有。（刘老师指的是《刘润清英语教育自选集》①。）我写的英文的评论文章还真是把这个人给震了。我记得他说："我来中国讲课两个月，能看到这么一篇作业，也就值了。"

得到了鼓励之后，我就把文章拿给王佐良先生，王先生也比较满意，说"你把它译成汉语吧，给你在我们杂志登出来"。这就是《外国文学》1980 年第 1 期上《回顾"愤怒的青年"》②。

语言学讲座这边，我记得是十个讲座，我把一个一个的录音拿来听了。不光听，我还 dictate 下来。经过这次大规模的听写，许多语言学的基本概念在我的头脑中牢固地建立起来。第一，我对语言学感兴趣了，第二，我懂了 signifier（能指）、signified（所指），什么叫 synchronic（共时）、diachronic（历时），如何区分 language（语言）和 speech（言语），为什么说索绪尔是现代语言学的鼻祖等。从此以后，我就开始走进语言学了，但是那时候还没有决定搞语言学。

还有一件小事。1978 年我通过许国璋许老结识了赵世开先生。赵先生从美国带了本语言学的书，是 Kenneth Pike（肯尼斯·派克，美国著名的法位学理论的创始人）的 *Grammatical Analysis*（《语法分析》）。他让我写个介绍和评论。我当时是初生牛犊不怕虎，拿来就啃，费了一番功夫，终于写出来一篇文章③，发表在1979 年第 6 期的《语言学动态》（后来的《国外语言学》）上，是赵先生他们社科院语言所的杂志。1981 年又发表了《派克及其语言学理论》④。发了这两篇文章，一下子就把（我的）语言学研究向前推了一大把。

这时许国璋许老说，你去把图书馆里关于 testing 的书都借出来读一遍。当

---

① 前述见《漫长的学习道路》，载《刘润清英语教育自选集》，外语教学与研究出版社 2007 年版。该书是"中国英语教育名家自选集"丛书中的一本。第一批入选作者有王宗炎、桂诗春、胡壮麟、胡文仲、戴炜栋、秦秀白、刘润清、张正东、文秋芳、刘道义等 10 位英语教育名家。
② 《回顾"愤怒的青年"》，载《外国文学》1980 年第 1 期。
③ 指《派克的法位学语法》，载《语言学动态》1979 年第 6 期。
④ 《派克及其语言学理论》，载《外语教学与研究》1981 年第 1 期。

时，我对 language testing 一无所知，更没有想到它后来发展成一门独立的学科。（我）就把图书馆里有关语言测试的书都借了出来，大概有十几本。把这些书抱回去一看，我吃惊地发现，这是一个很大的研究领域，而且前人早就有了很多研究。我借来的书有几本让我爱不释手。我通宵达旦地读着这些书。很快就写了一篇文章①，是介绍 language testing 的第一篇（文章）。1980 年在广州的一个学术会议上，我这篇文章引起了人们的兴趣，后来在广外的《现代外语》上发表。结果后来我被人认为是搞 testing 的。（笑）一晃儿几十年过去了，真不容易！现在都老了，说实话，这几十年迷迷糊糊就跟有人推着你似的。（笑）（**张宜：** 我一直还记得，我在北外访学，我第一次认识您，印象特别深。）哪一年？（**张宜：** 1996 年、1997 年的时候。您几乎天天穿一身蓝色涤卡的衣服，都洗得褪色了。每天早上骑着您那辆黑色自行车，去水房打两暖瓶热水，然后去语言所。每天都是那个样子，印象太深了！您那个时候是不是做学问特别集中的时段？）是的。那时候已经开始了。

这些往事你可以看看我的《艰苦的科研历程》②。（说着，刘老师拿起 2008 年送给我的那本《刘润清英语教育自选选集》，找到那篇文章给我看。）（**张宜：** 但是您讲出来比您写出来的更有意思。）当然了！因为文字都是死的，可是叙说是活的。有些时候你写不进去，至少我自己不能这么写。还有一篇是上研究生的时候，许国璋给我的一本乔姆斯基的 *The Sound Patterns of English*，很难很难的，叫《生成音位学》。他老先生也不看这个，说这是语义音位学的 *Bible*，你去看看吧。我拿回来看了前三章，还真看懂了，就把这前三章写了一篇文章，介绍 generative phonology（生成音位学）。一开始是用英文写的，拿给谁看呢？给了我们讲学的一个 Pittsburgh University（匹兹堡大学）的老师安东尼。我记得很清楚，他说"you are a complex person."。我说 complex 是褒义词还是贬义词，（笑）他说"当然是 compliment 了！Chomsky（乔姆斯基）的东西很难懂的，你能看懂，还能叙述出来，这不容易。"我就把这篇英文写成汉语的，交给许老，许老给我改了两三处，就让我拿去发表了。这一篇③发了以后，人们说你怎么又搞 Chomsky 了，而且还是 phonology。（笑）就这么三下两下，三弄两弄的，好像在语言学这方面就突出了，文学后来就没有再搞。所以你看我读研究生是个 turning point，前面已经奠定了基础，读研期间一下接触这么多，全是新的东西，刺激太大了。（笑）（**张宜：** 刺激大，

① 指《语言测验的方法和理论》，载《现代外语》1981 年第 4 期。
② 《艰苦的科研历程》，载《刘润清英语教育自选集》，外语教学与研究出版社 2007 年版。
③ 指《生成音位学：评 SPE》，载《现代英语研究》1987 年第 1 期。

让您的反应也大。所以说只要有一个触发的 motivation，您马上就可以拿出来东西，就像您刚才说的，有的人就会很好奇，为什么您会有这么多的兴趣。）但是总的兴趣是对语言研究的兴趣，后来偏向教学，可是理论研究，从索绪尔（开始），观察语言的本质起了根本的作用，所以后来我记得有篇文章是跟考试有关的，我忘了是哪篇文章①了。你看看就知道了。

还有一个应该讲到的是，邓炎昌老师写的那本 *Language and Culture*②。实际上是他写的，我给他翻译成汉语的。这本书出来后，人们都说你怎么又搞语言与文化了？这是怎么回事呢？我说绝对不是我的，ideas 都是邓老师的。可是不管怎么着，别人也认为我是最早搞语言和文化的人之一。当然对于教学也有好处。我后来给别人讲起故事来特别有意思，（笑）直到现在这本书还在印刷。（**张宜：** 以上这些都是使得您开始从事语言学研究的契机吧。）对，我就说"I was pushed into linguistics."。（**张宜：** 你们那一代人好像差不多都是这样子，都听老师的话。）对，没有太多自己的选择。

张宜： 刘老师，那您的家庭还有当时的社会对您的学术发展有多大影响？您自己的个性对您选择职业，确定研究方向有多大的作用呢？

刘润清教授： 可以说我的家庭对我毫无影响。社会呢，我觉得我们赶上了好时候。改革开放，那时候叫科学的春天。邓小平恢复了高考，我就是赶上这个大形势了，所以我才能上研究生，我要是不上研究生，刚才和你讲的这些都可能接触不到。在这个大的社会背景下我才可以去充分发挥、去施展。

作为我的个性来说，我对语言很感兴趣，这个跟我原来喜欢数学有关系。人们都说语言和数学有一定关系，数学是一种逻辑，而语言学，尤其是理论语言学跟逻辑有关系，跟数学也有关系，所以包括 statistics，包括乔姆斯基的那种转换生成理论我都觉得跟逻辑有关系。

这也跟我原来对哲学感兴趣有关，我在高中就订阅了《哲学研究》杂志，订了两年，很少有人干这事，（我当时还是）小孩儿呢，我就对哲学感兴趣。（**张宜：** 您应该是理科、理性思维更强一些，又对文学有兴趣，所以您不偏科吧？）不偏科。直到现在我还有兴趣读诗歌啊，读剧本啊，但是更多的是从语言学角度去看。（笑）因为你懂得语言学以后你就更 critical 了。（你说的）个性可能就跟这个有关系吧。可

---

① 指《高考英语试题的设计问题》，载《外语教学与研究》1981 年第 4 期。

② 刘炎昌、刘润清：《语言与文化：英汉语言文化对比》，外语教学与研究出版社 1989 年版。此书为英汉双语。

是当时我是 unconscious 的。我现在教语言哲学,我能这么教,也跟我这辈子对哲学感兴趣有关系。你想想,初中读《矛盾论》《实践论》,还有艾思奇的《大众哲学》,高中读《辩证唯物主义》,还有《历史唯物主义》,这些书都是中学生很少读的书。

我(给硕士生博士生)上语言哲学好几年了。我觉得哲学、逻辑、数学、语言、语言学是分不开的。

张宜: 刘老师,哪一个人、哪一本书,或者是哪一件事对您现在从事学术研究影响大? 是什么因素促使您从事应用语言学这么多方向的研究的?

刘润清教授: 我觉得学术道路上名师的指点至关重要。如果非说一个人,那就是许国璋许老。当然还有王佐良王先生,赵世开赵先生等。再加的话,就是 Lancaster University(兰开斯特大学)我留学时的 Leech(利奇)和 Mick Short(米克·肖特)。也有人问过我,外国导师怎么样,中国导师怎么样,我会说,我的中国导师许老有哲学的高度和治学的严谨,我们永远达不到他那种境界和胸怀。他从来不小气,治学上也是大气。外国导师 Leech 太博学了,又是谦谦君子。许老有时还有点儿脾气,Leech 一点儿脾气都没有,他真是人见人爱。(**张宜:** 是不是 Leech 除了学问上对您影响很大,他的英国绅士的谦谦风度对您也很有影响?)对,一个他,一个 Mick,他们那么通达,又那么谦逊,不做作,不牛,真是让你沉浸在一种严肃认真的治学(氛围)里。有一次,Leech 主持一个讲座,等他把报告人介绍完毕要坐下时,回头一看,没有空位置了,于是他干脆一下子坐到地板上,而且没有觉得一点不舒服,在场的人都会心地笑了。Leech 是我的论文的校内评审。一天,他约我去附近的一个餐厅喝茶,一边喝茶,一边就算给我谈了对论文的意见。他那种平易近人的态度让人感到舒服、放松,又得到启发、教育。

我在北外的几位导师也都特别棒。王佐良先生常说,"做学问是个终生苦差事,但是有志者乐此不疲"。许国璋先生教育我们要有严谨的学风。从书法、拼法、标点,到引语出处、书名、作者、出版社、出版日期,都要准确无误,格式规范,一丝不苟。导师的责任,不在于向学生"灌输"多少知识,而在于把学生"领进门"。我的几位中国导师站得高,看得远,能够指出在某个领域内各个时期的主要见解、主要学者和代表文献,指明当前国外研究动向。许老当时给我们讲授"英语学习书目指导"(A Bibliographical Guide to English Studies)一课,对我们很有指导意义。他强调使用参考书的重要性。"没有一个教师,不论他多么博学,能比得上一本有价值的参考书。"他详细介绍了几种主要参考书目的体例、内容、特点之后说,每个致力于做学问的人,都应该"逐步建立自己的分门别类的书目,有的书来不及读,拿来翻翻认识它的模样也是好的"。他教导学生读书要有选择,切不可"赶时髦"。毫无目的地去读"畅销书",不会增长多少学问。他以一个哲学家为例,区分"我有一本书看"(I have a book to read)和"我得看一本书"(I have to read a book)的不同,前者无的放矢,后者目的明确。他还说:"要把时间花在那些不读就会使你的知识出现漏洞的书上。""要把读书看成是智力上的享受,求知欲望的满足。"许老经常强调学习中国文化,要学中国历史、中国文学史、汉语语法学等等。他说:"没有祖国文化的修养,不能算是有文化教养的人。""没有哪一个民族不研究自己的文化语言而不受惩罚的。"

许老绝对是大家,他这个大家是在于他的哲学高度高,胸怀大。我与许先生相处 30 年,先是他的学生,后来在他的身边工作,有机会经常同他讨论一些问题,多半是学术问题。这些谈话在当时听上去似乎平平常常,其实对我的教育和影响极为深刻,使我终生受益匪浅。我跟他办事,跟他组织会议什么的,他没有一点小家子气。(**张宜:** 刘老师,哪一本书您印象特别深呢?)还是索绪尔的那本书。我是听了(介绍)以后搞到这本书,复印的。直到现在那墨都飞光了,我还有这本书。

(**张宜:** 已经变成善本了!)(笑)是啊!读了这本书记住了 *Course in General Linguistics*。(**张宜:** 那是什么时候?读研的时候吗?)读研,也可能是稍微后一点,接着就又读了 Janathan Culler(乔纳森·卡勒)写的介绍索绪尔的书,还有一个人写的介绍乔姆斯基的书。把这几本书读完就对语言学越来越感兴趣了,就是觉得 fascinating,语言学特别有意思。

张宜: 刘老师,北京外国语学院,后来的北京外国语大学在哪些方面有利于您从事学术研究?您又是怎样处理教学和科研的关系的?我知道您从事管理也差不多有十多年,您又是怎样在教学、科研还有管理这三角关系当中协调好它们之间的关系,做得这么有声有色的?

刘润清教授:(笑)也没有怎么有声有色。我认为,一所大学的学术地位和教学质量取决于其教师的科研水平。一位优秀的大学教师能够把教学和科研有机地结合起来。研究者从事教学活动是有益的,因为教学给他以灵感,让他发现课题,验证理论或开展实验。而科研活动又能保证教学的科学性、前沿性及时代感。一定量的科研活动能使教师保持对教学的高度兴趣,这样,他就不会有"教书匠"的感觉。科研能使教师在学术上永葆青春。要说北外学校的这个环境,我们图书馆还算好,比方说 language testing 的书,一下找着十几本,比方说

Bloomfield(布龙菲尔德)的 *Language*(《语言论》)，去了我就找到了。Charles Hockett(查尔斯·霍克特)的 *A Course in Modern Linguistics*(《现代语言学教程》)，去了就找到了，还有一些别的语言学的书。我们还有些不错的学术期刊，都很新，很快，很及时。

当年可没有现在的条件这么好。我毕业的时候只能找到几本语言学的书，我的 MA(Master of Arts，文学硕士)毕业论文 *Discourse Analysis of Some Chinese Texts*(《汉语语篇的话语分析》)，前头介绍理论，后面分析了《孔乙己》。等下看看我能不能给你找到它。我毕业答辩时，有老师说怎么这个还不够，那个还不够之类的，当时 Mick Short 在场，Mick Short 说你们怎么能批评刘润清，你们整个英语系资料室里只有三四本 discourse analysis(话语分析)的(书)。(笑)

答辩后我跟 Mick Short 说，您这句话 saved me！我分析了《孔乙己》全文，《风波》《药》等鲁迅的小说片段，还分析了一段毛泽东的《当前形势和我们的任务》，一个是 prose，一个是小说，来试验这个 discourse(话语)是什么样子。后来我们跟 British Council 开始了(交流)以后，几年内，书就哗哗地进来了。(我)一边教书，一边看书，教了一个 round，再到英国去留学，去学语言学。英国老师说你怎么读过这么多语言学的书，Margret Berry(玛格丽特·贝里)有一本 *Functional Grammar*(《功能语法》)，1964 年出的。老师们组织讨论，我都能答上。他们说你在哪儿看的，我说你们 Margret Berry 1964 年的书，现在英国绝版了，我有本影印的。一个英国学生开玩笑说："You bloody Chinese know too much!"。(笑)

当时 1985 年 Halliday(韩礼德)的 *Introduction to Functional Grammar*(《功能语法导论》)还没出来呢！换句话说，北外就这么点氛围就足够了！什么叫科研，什么叫教学，谁能严格分开？好老师，好学者永远不会把它们(分开)，平时常看书的人教书不可能不好，新的东西，思想活跃，脑袋总是在思考的人教书，不可能教不好书。我几乎天天有新的收获。TED 演讲上有个 How the babies learn before they are born(《婴儿在出生前如何学习》)，fascinating！(笑)你说(看了这样的视频)帮助不帮助教学！如果你就死啃着课本，有什么意思？我上课用的 PPT 每次都有更新，那些东西都来自我的广泛涉猎。

我也很喜欢上课，喜欢备课。备课是为了学生，也是为了自己。不论大学老师还是中小学老师，每次去上课，心里总要有点什么追求。我把这种追求分成五个境界，或叫五种等次。这五个境界从低到高是：第一，起码要充满信息(information)；第二，尽量让信息都是事实(facts)；第三，最好把事实放在一个系统中成为知识

（knowledge）；第四，更理想的境界是让知识充满智慧（wisdom）；第五，最理想的境界是把智慧上升到哲学（philosophy）。老师上课起码要有信息。备课是在任务的带动或逼迫下所进行的有目的的学习，因为有紧迫感和实用性，所以记得快、收获大。我觉得，备课就是最好的进修，特别是在我刚当老师的那几年。我的许多有关英语的基本知识，就是在备课中搞清楚并加以系统化的。我备课的内容大致有两种：一是语言本身，二是背景知识。我查词典、背词典常常上瘾，尤其是英英词典，我把上面的解释和例句不厌其烦地抄了一页又一页。有时出于好奇，我还为一个词查阅多部词典。除了几部英英词典外，我最常翻阅的就是几部背景知识的书，如《麦克米伦百科全书》（一卷本）、《大不列颠百科全书》《历史词典》《英国文学牛津手册》和《美国文学牛津手册》等。

记得我教 newspaper reading 时，有几篇关于中东问题的文章，我在备课时就把中东战争的来龙去脉查了个遍，第二天讲起课来信心大增，学生也特别感兴趣，都忘了时间了。他们不知不觉就学了英文，和你分析这句话的语法是什么怎么能一样呢。不管是搞科研还是搞教学，都要尽量经常看书。除了看英文书，也要看百科知识，了解世界、历史、外交、文学，你再上去讲课，你再教英文，"You are not teaching the language for its own sake, full of encyclopedic knowledge."。

我深知教师搞科研有一定的困难：教学时数多、负担重，缺少参考书，缺少资金和懂行人的指导等。但是我想说，教学和科研是相辅相成的关系。（**张宜：** 教学促进科研，科研又反过来推动教学。）对，反哺教学。你要说 teaching for its own sake，你永远不行，就包括你 reading for its own sake 也不行，你一边读着书的时候你就想，怎么用到研究中，怎么用到教学中。到了课堂上这些例子全是信手拈来，而且很有启发。学生会说我们教书教到这个分儿上就行了。（笑）

张宜： 刘老师，您做管理，对您的教学和科研有什么影响？刘老师，您觉得一个教育机构的管理者，最重要的是什么呢？

刘润清教授： 教育机构的管理者最应该清楚自己的主业是什么。管理教学的，就要抓教师、抓教师的教学、抓教师的科研。从学生角度讲，要抓学生的学习、抓他们的思想品质。这是管理者的本职工作。一句话，就是要创造条件让教师和学生长本事。

张宜： 刘老师，在您的工作和治学当中，曾经最令您高兴和最使您沮丧的事情是什么？

刘润清教授： 我最高兴的就是我写的这几本书。《外语教学中的科研方法》①，出版了这么多年还很畅销，这回修改以后我特别高兴，我补上了那么多新事。（**张宜：** 比原来的那版厚了好多!）通过这次修改，我觉得我在哲学上又上升了一步。为什么呢? 就是我能融会贯通了。所有内容都是我自己科研的时候的小体会。为什么要有 literature review，因为有 literature review 你才能了解这个领域，知道你的前人做了什么，有过什么经验，有过什么教训，你才能明确方向，我还有什么没研究呢，要注意什么东西。你要没有这个，你说你从何谈起啊? 我觉得我那段话都是我这么多年的感受，不是抄的谁的，是自己写出来的。自己闭门造车成吗? 这个太经验主义了、片面了，一下子就会搞错，犯经验主义错误。最后到 statistics，statistics 为什么要正态分布，它那个比例是怎么回事，为什么这个就 significant，这个不 significant。不 significant，因为 by chance，你得 80 分，我得 85 分，咱俩差不了多少，5 分差是 by chance。我想当年我要有这么一本书的话，我会少走多少弯路啊! 为什么 bibliography 这么做，要包括什么，不包括什么，经典要有，什么要有? latest 要有，什么没有? 小打小闹的文章不要有，不登大雅，你引用这样的文章来批评乔姆斯基，你八竿子打不着啊，不登大雅。

但是你看看博士的、硕士的（论文），很多 bibliography 里就有这个（小打小闹的文章)啊! 我要看到了我就说这个不要，写的乔姆斯基，写的哲学，这种东西不行。

你手里拿的这本（指《刘润清英语教育自选集》)，外研社书店祝恒培经理告诉我这一套书已经出了 10 本了，他跟我说你这本书连着两个月销售榜上 top list，听了这个我很高兴。最近在微信上传我的那篇关于大数据的文章，昨天还有人告诉我，就是这本书（指《外语教学中的科研方法》）的修改版前言在微信上也在传。（**张宜：** 《西方语言学流派》②和《外语教学中的科研方法》是很多学校研究生的指定教材。教育部研究生工作办公室推荐。)有学生说听你讲语言学流派像听小说，像听评书，这么难的事像（听）评书。听着这样反映就特开心。

---

① 《外语教学中的科研方法》，外语教学与研究出版社 1999 年版。初版为 20 万字，后续刘润清教授在初版的基础上增补了约 40 万字的内容，出版了修订版《外语教学中的科研方法》，外语教学与研究出版社 2015 年版。反映了他在探索外语教学科研方法中的诸多新成果，其中包含大量的前沿信息，具有很好的指导作用。修订版涉及范围包括外语教学科研的模式、定性方法和定量方法、如何起草科研申请报告、定性研究、描述性研究、相关关系研究、追溯性研究、实验研究、统计学理论简介、大数据时代展望外语教育中的科研等。全书共 12 章，论述全面、条理清晰、翔实有据、例证丰富。

② 《西方语言学流派》，外语教学与研究出版社 1995 年版，2002 年版，2013 年版。2013 年修订版是刘润清教授在 1995 年版的基础上修订而成，篇幅较上一版增加了近一倍，充分反映了这一学科的发展现状，内容体现了"权威""客观""最新"的特点。该书是教育部研究生工作办公室推荐的研究生教学用书。

我在新版的《外语教学中的科研方法》里讲了好多小实验。我在书中要表达的一个理念就是,因果关系不重要了,相关关系重要。为什么呢?大数据告诉你相关,相关 is enough。有个例子是卖尿不湿的旁边摆上啤酒,啤酒卖得最多。你说卖尿不湿跟啤酒有什么因果关系吗?没有,但这是相关关系,实际证明就是这样,所以人家商店的尿不湿跟啤酒一块儿卖。(笑)

质的研究是,麻雀虽小,解剖以后是五脏俱全,只要解剖一个麻雀,所有的麻雀你都知道了。现在这个话不完全对了,我这(书)上面有。比方说,椋鸟飞的时候,形成一种队伍图形,而这个图形是迷惑敌人的,鹰捉不到的,变化非常快,飞得也非常快,互相不碰。沙丁鱼、蝙蝠都有这个 property,这个 property 你解剖任何一个生物体,你都解剖不出来。它是一个集体的 property,而这个集体的 property 也在基因里头。

有人可能会说,这老家伙怎么这么先进,弄大数据。我就是看大数据重要,我连着买了两本英文的国外的大数据的书[1]。一看,fascinating。我给你举个例子。一个小女孩,15 岁,收到了商店寄来的妈妈要用的东西,女孩爸爸生气了,找人家商店经理去了,你们干吗?我这女孩才 15 岁,你认为她要生孩子啊!经理说对不起啊,我可能是搞错了。女孩爸爸回家以后,女孩跟他说,爸爸我怀孕了。后来他又回去找商店经理:你别道歉了,我姑娘真怀孕了,你们是怎么知道的。经理回答说,是因为大数据,我们也不知道具体是你孩子。凡是买这个产品的人,连续买上十次,我们就知道她一定是 expected 妈妈,准妈妈才能买这个,所以我们就给她寄这个去。你说有道理吧!从此我说因果关系 less important,correlation 占第一,而且只要有了大数据就再也不用 random sampling。random sampling 再科学,random 只是小数,N=all。所以说大数据,差一两个无所谓,当你有了上亿(的数据),差一两个算什么?这个都是有哲学意义的,从此以后这个 paradigm 要发生变化,理念要发生变化,人的哲学要发生变化。(笑)

张宜: 刘老师,您认为一位语言学家最应该具备什么样的学术修养呢?

刘润清教授: 语言学家最应该具备什么样的学术修养,这个其实挺难总结的。但是,要说我自己,一条就是持之以恒,一条就是求知若渴,"Stay hungry, stay

---

[1] Hilton, G. E., & R. Salakhutdinov, Ruslan: Reducing the dimensionality of data with neural networks, *Science* 2006 (313), pp.504 – 507.(《用神经网络消减数据的维度》)Mayer-Schönberger, Viktor, & Cukier, Kenneth: *Big Data: A Revolution That Will Transform How We Live, Work and Think*. Boston, MA: HMH, 2013.(该书已有汉译本:维克托·迈尔·舍恩伯格:《大数据时代:生活、工作与思维的大变革》,盛杨燕、周涛,译,浙江人民出版社 2013 年版。)

foolish."。你越是觉得不够,你就越要不断学习,而且是感兴趣地学,不是为功利地学。我可以引一个希腊哲学家的例子。有个哲学家的学生说,老师你知道那么多,可是你总说自己知道的很少,我知道这么一点,总觉得知道的挺多的了。哲学家说我知道这么多是个大圆,你知道这么多是个小圆,这个大圆以外的我都不知道,小圆以外的你都不知道,因为我这个圆太大,接触不知道的东西很多,所以我老觉得我不知道的(多),你这个圆小你接触到的不知道的东西很少,所以你觉得你知道的挺多。哲学家分析的这个关系太辩证了,实际上就是"The more you feel, the little you know."。(笑)为什么啊?我一学大数据以后我就觉得我是学生。

知识无穷无尽!你学了这个以后你就觉得 statistics 以后要革命了,因为它要跟大数据有关系了。恰恰就在这两天有人和我说,现在西方在谈,一个是 literacy,要懂文化,会读会写,这是个 literacy,还有一个 statistics,也是 literacy。在 Internet 这个时代不会统计,就等于没文化。我说这个话真对啊!我写这个书的时候还没有这个意识呢,这么想想人家说的真是对,你要没这个意识,大数据就错过去了。而有了大数据这个意识,你才知道,再过几年每一个人 produce 的 data,相当于一个社会,一个公司,一个集团 produce 的 data,再往后就是一个人的,每个人天天 produce 太多的 data,留下很多的指纹、脚印什么的,你走到哪儿都有一道光。(笑)

张宜: 刘老师,您是怎样看待学术批评的?您的著作和观点是否受到过批评?他们客观吗?批评者是什么样的人呢?

刘润清教授: 批评者就是你的导师,姚小平。(笑)(**张宜:** 是对您的《西方语言学流派》吗?)是的,他在一篇文章[①]当中提到过。他跟我当面也说过,他说你就是少一章国外对汉语的研究。我说我知道这个缺点,我一时也补不上,包括我修订这本书的时候,我还是补不上,因为我对汉语研究得少,对国外(对)汉语的研究更少,所以我补不上,我承认。他第一次和我说的时候,我就很平静,他在文章上提的时候我也很平静。因为,第一,这是事实;第二,这并不影响这本书。他也写了《西方语言学史》[②],他就偏向于历史。一本书,就跟咱们说那个辞典似的,aim at 某一块儿,我不可能说我什么都写,我都知道。我限定好就行了,我就写清楚这些地方。

就像是 statistics,谈多少算多?多少算少?你 define 一下就行了。第二,我们

---

① 指姚小平:《西方语言学史研究再思考——〈西方语言学流派〉读后》,载《外语教学与研究》1996 年第 2 期。

② 参见姚小平:《西方语言学史》,外语教学与研究出版社 2011 年版。

现在国内就这么点批评，都很少，就这么点雅量的都不多。其实，第一，姚小平不是怀疑我，他是表达纯学术的观点；第二，我不拿着这个（说事儿），好像就伤害了我怎么的。

有博士生答辩时，姚老师喜欢找我，不是我什么题目都懂，而是我 philosophical，与人为善。第一，我肯定你（学生）的成绩，不容易，（千辛万苦把博士论文）做出来了，但是，指出缺点是为了他以后进步；通过归通过，缺点归缺点，哪一本书都是遗憾的艺术，你看到它的优点你就用它的优点就行了。我是这样。

答辩的时候我很烦的是，很多人都是这样：优点我就不说了，下面有几条……你凭什么这么说？如果前面有人说了，你可以不说，我同意谁谁说的优点，这也可以。前头没人说，（你就说）优点我就不说了，我不喜欢这样的 approach。对于学生来讲这三四年、四五年，一个博士做下来不知道哭过多少次，你能看出他的功力，他付的 effort 非常大，至少给一个 balanced impression，如果我说的优点说得挺充分的，你再说出来，你说我同意刘老师说的，这个我不重复了，没时间我提点儿别的。这样才是正常的。现在答辩有的人言不由衷，博士（论文）根本就没看，捧着个摘要挑了点儿毛病就算完了。

其实，他根本就没有（通）读论文。还有借题发挥一下的，因为他对那个 point 了解特别多，让别人知道他有学问，可这跟（博士）论文有什么关系啊！在措辞上，标点符号上，花费很多时间。而我会说，其他的小事，我这里都给你标了，你拿回去改，不在会上浪费时间了。我觉得现在真正的批评很少，书评都是歌功颂德，书评这么做就没有前途。国外杂志的书评，批评深刻，态度友好，对事不对人。

张宜： 刘老师，您在应用语言学方面研究的特点是什么？您有哪些突破？做过别人一开始没有做过的？

刘润清教授： 我同吴一安教授主持过（19）87 年、（19）90 年的两个全国大型的调查①（"中国英语教育抽样调查""全国英语本科学生素质调查"）。我认为它们是个突破，框架基本上是我设计的。

张宜： 我感觉在外语教学领域，不管是专业的还是大学英语的，迄今为止没有超越这个规模的，当时应该是北京外国语学院承接的两个科研项目吧。

刘润清教授： 当年的调查非常严肃，大概是我国外语教学中规模最大、最为正式、

---

① 参见刘润清、吴一安等：《中国英语教育研究》，外语教学与研究出版社 2000 年版。该书为北京外国语大学英语系教育研究组于 1980 年代末和 1990 年代初进行的两个大型全国科研项目的报告全文。

技术含量最高的两项调查。其设计比较讲究、合理,使用的调查工具比较规范可靠,实施比较严肃认真,分析中肯全面,结论绝不牵强附会。它们是我国外语教育中实证研究之力作,大兴了调查研究之风。两项报告的调查工具给后来的研究者提供了研究方便,或者给他们以启示;正是在这两篇报告的启发下,全国出现了二十多种小型的类似研究和语言学研究生论文。我们是(19)89年设计的,我现在看好多都是第一张图。你要搞什么东西,中间你要测量这么多的变量,上头指向什么,下头指向什么,这个关系后来被很多人引用,设计那个调查问卷,虽然很粗糙,可是后来人们都说,这个调查开了外语教学实证研究的先河。换句话说,即使有一天报告中的部分内容变得过时了,它的方法论上的光辉也是永远不会减退的。要说一句:英国文化委员会给了我们很大支持,要感谢他们。(笑)

第一个研究报告1991年获北京市第二届哲学社会科学优秀成果二等奖;第二个研究报告1993年获中国高等教育学会第三届优秀高校科研三等奖。《中国英语本科学生素质调查报告》1999年获教育部颁发的优秀科研二等奖。

从个人角度来说,对我们和对我们那个team锻炼挺大的。怎么搞实证研究,总体设计,问卷设计,它们之间的关系等等都经过了反复思考和论证。最后statistic analysis是British council派了两个专家给我们出题的,为什么这么值钱呢?那个专家说,first rate research。为什么呢?国外都是40个人做个问卷,然后就说,A跟B没有关系。我们(学生)45(人),广外(学生)45(人),上外(学生)45(人),调查了上千人,从南到北,不同学校,不同老师,调查得很全面。他们觉得,我们的报告拿两个PhD学位都够了!British council又是挺给力的,给参与调查的学生每人买了一本 *Collins COBUILD Advanced Learner's English Dictionary* (《柯林斯COBUILD高阶英语学习词典》)大英文字典。学生高兴得都跳起来了,乐死了!其实学生很累,但是心里很高兴。(笑)

张宜: 刘老师,您认为您对应用语言学方面的主要贡献有哪些?在您的这个成果当中,您本人最看重哪一本或者是哪几种?学界对它们的评价和您的看法一致吗?

刘润清教授: 我在testing和科研方法方面做了一些工作。testing最早,我不光写了一本书①,也写过文章②。1995年开始,我担任全国自学考试外语专业委员会秘书长,主持设计了《高等教育自学考试英语专业考试计划》,做了不少这方面的工

① 指《语言测试和它的方法》,外语教学与研究出版社1991年版。
② 指《语言测验的方法和理论》,载《现代外语》1980年第4期;《高考英语试题的设计问题》,载《外语教学与研究》1981年第4期;《用测试检验教材的有效性——是课文教学还是句型教学?》,载《外语教学与研究》1983年第2期。

作。2001年,我受人事部委托主持编写了《全国专业技术人员职称英语考试大纲》,2002年又为国务院学位办主持编写了《同等学历人员申请硕士学位英语水平全国统一考试大纲》。再后来你就更清楚了!(笑)(**张宜：** 您是指您那些关于对大学英语四六级考试的评价①吧?)对! 我使劲儿批判四六级考试,实际上现在四六级已经让我给搞得不那么狂气了,大家对那种靠着概率分析就可以猜出部分答案的多项选择题的认识比原来要好了,不拿它们当一盘菜了。(笑)

雅思考试专家对我们的四六级就是嗤之以鼻。现在我也不想评论什么,但是有人总想挑事儿,说这是关乎国家主权问题,我们必须要有一套自己的考试,我们的考试不能用雅思代替,也不能用托福代替。我说你们可以改啊,你们为什么设计不出来跟雅思一样的(考试)。

我知道北京考试院设计了雅思式的高考题,今年就会用,试验两年全国推广。我的建议是非得改了高考指挥棒,才能把中学英语教学彻底改观。理念就叫"Test language as it is used."。我反对多项选择,一句话叫"Teach language as it is used.",第二句叫"Test language as it is used."。以后听力、口语都要实施数字化,都可以机器评分,慢慢都改了,要这样测。taking a test 就跟 reading a book 一样。方法论,就是这个方法。第一版书②影响了很多很多人,那是(19)99年出的,(新版)这一版出来以后我估计影响会更大,up to date 了。我反对用 test 去指挥教学,我始终用《漫长的学习道路》③那篇文章(告诉大家),始终就是 input 好,大量 input,然后大量 output 之后,不要用 test,用 test 代替课本是最最糟糕的,用考试代替课本太糟糕了,用实际语言这样的 native input 就是最好的 input,考试靠练习。现在的应试考试,小孩考试! 其实就问了几个字,这也叫 language test,你考他干什么? 他才出生不久,他对这个世界还很茫然,你非得这么做,没办法。(笑)你看我真的没什么贡献!

张宜： 刘老师,您现在把《外语教学中的科研方法》和《西方语言学流派》都做了修订,显然您虽然在教学上逐渐进入到退休期,但是实际上您在科研和哲学思考方面,一直还在与时俱进着。

---

① 指《英语四六级考试——花钱买个谎言!》,载《中国大学生就业》2004年第9期;《为四六级考试改革支招》,载《英语周报》(初中教师版),2004—2005学年第40期,2005年4月6日。这两篇文章皆收录在《刘润清英语教育自选集》,外语教学与研究出版社2007年版。此外,刘润清教授还作为嘉宾在中国中央电视台的"央视论坛"栏目中,就四六级考试改革问题谈了自己的看法。节目播出后,引起很大反响。受到广大英语教师和学生的欢迎。
② 指《外语教学中的科研方法》,外语教学与研究出版社1999年版。
③ 《漫长的学习道路》,载《刘润清英语教育自选集》,外语教学与研究出版社2007年版。

刘润清教授： 至少这几年我是 officially 退休了，但是（中国外语教育研究）中心返聘我，还有课教，我也愿意教，尤其博士生的语言哲学。我希望能有人接下这门课。但是哲学的修养需要慢慢修炼，我从中学就读艾思奇，读《矛盾论》和《实践论》，我喜欢哲学，喜欢思考。"What is education?"，什么叫教育，我们的教育太偏离 education 的 purpose 了，太着急，（笑）testing，天天是考试，叫 test-driven education。teaching for tests，learning for tests，testing for tests，test is for its own sake，大小人儿天天考，光见考，不见学；光见分，光见 certificates，不见水平。

张宜： 刘老师，您对应用语言学方面国内外目前的研究现状有何看法？应用语言学今后的发展趋势会是怎样的？

刘润清教授： 整个的语言学和应用语言学今后的发展趋势，第一，是走向认知，或者叫 internal approach，别再研究 behavior 和这种总是要 observable 的，一定要研究认知。认知里头 neurolinguistics（神经语言学），然后再到 biolinguistics，叫生物语言学，其实就是研究 DNA，研究我们人出生之前到底是什么样子。第二，大数据，大数据就包括 IT 或者是教育数字化，MOOC，科研里头的大数据，等等，这个会深刻影响到外语教育和外语教学。有专家说到 2050 年，现在叫 artificial intelligence（AI），接着就会发生，AI，才几年之内就跳到 AI 了，再有几年到 2050 年跳到 super intelligence。（**张宜：** 那不是机器人要给我们上课啊?）机器人 take over，你去看 TED 上讲的，从人类离开 brunches，离开 trees，到 caves 以后，一直是多少万年，多少亿年，这个图就没怎么动过，然后，突然在几天之内我们就发展到了 artificial intelligence 了，一下上来了，最后几天一下到了 super intelligence，这个图是这么上去的，换句话说，一旦有了 artificial intelligence，我们最后最后的一个中心就是 super intelligence，从此以后你就不要再上去了，the machines, the computers will take over，人类的 intelligence 和机器的 intelligence 毕竟不一样，就是我穿这个衣服你能认识我，我穿你那个衣服你还能认识我，这是 human intelligence。机器不行，你换了这个数据以后，你是不是准确，我还是 doubt，我 hesitate，因为衣服不一样了，或者我头发长了，我戴眼镜了，任何 data change，机器都反应，都能注意到，我们人类是 fuzzy 这种 cognition 的，非常有力量，正因为他的 fuzziness，我们不那么准确，我们能识别很多东西，你从小到老长多少皱纹，我还能看出来。但是它（机器）能瞬间秒杀海量数据，这是人做不到的，它瞬间能知道全世界调起来多少什么什么东西，瞬间，这是云计算能够做到的，我们人类就不行。但是,那些程序是 powerful calculation,我们永远永远达不到它的速度,将来的发展就是这两个。MOOC 实际上就是大数据,将来的校园,将来的 classroom,将来的校园肯定不是这个样子的,肯定是 computer related,Internet related 的模式,你到处可以学,何必上教室来,教师有 interaction 是可以的,那时候 face to face,one to one 这种是最宝贵的了。(**张宜:** 以秒收费!)对啊,这种最宝贵了。而那种 tele 的 pictures,你美国讲课,我在这儿也能听,你听也好不听也好,跟你也可以有关系也可以无关系,这是技术,这是 free,不用付钱,但是你那时候会渴望:人对人多好啊,face to face 多好啊,one to one 多好啊,那时候的 one to one,我们就可能没有职业了,那时候的 face to face,辅导是最值钱的了。

张宜: (笑)刘老师,您看现在国内都在做慕课,翻转课堂,不知道您对这个怎么看?课堂能翻转吗?

刘润清教授: 叫 flipped classroom,我觉得这是小打小闹,没有多大意思。适当的增加 interaction 就够了。还有 MOOC,我们现在开始做,很初级,初级阶段不可避免,很像课堂搬家,没有太好的 interaction,不真实。artificial,我估计将来会你出一个,我出一个,会竞争,你都放到网上去,谁被看的人多,谁卖钱,谁上的点数多,这靠什么? 比方说语言学流派,你讲得最好,从英文到 presentation,到 delivery 都是最好的,这是第一,你备课备得最好,几分钟,比方说十分钟一个人,十分钟一个理念,加在一起四十分钟一个大的 unit,而且里头你插的好的东西,插什么? 一个是你和学生的 classroom interaction,一个是你插的别人的视频,正好你讲到 "Babies learn before they are born.",都插得正好,谁做得最好,谁最后会胜利。现在我们这种课堂环境是不行的,在那儿都摆 pose。你还是要把你的课上好。如果你非常的 stupid,你让你学生翻转能翻转出什么来,你给他什么启发?

你要能 hit the nail on the head,而不是 parade my own knowledge。比方说,到底你同意乔姆斯基还是 Halliday,还是 cognitive linguistics(认知语言学),还是索绪尔,我说句最难听的话,这些语言学家和我们都是瞎子摸象,为什么呢? 语言很大很大,方面很多,跟社会,跟心理,跟什么都有关系,结果我正好摸到社会了,摸到 Halliday 了,我正好摸到心理了,我就是乔姆斯基,我使劲强调我看到的东西的重要性。你说他们谁不对,我说他们谁都对,最后是先天派还是后天派,其实绝对不是他百分之百对,也不是他百分之百错,而是 a matter of degree。

张宜: 刘老师,您是愿意学生们称您为语言学家呢还是一个语言教育家呢?

刘润清教授： 他们在语言学的场合都说我是语言学家，在谈外语教学的场合，他们就说我是语言教育家。我觉得我称不上什么"家"。

张宜： 不是语言学家不可能做好语言教育家，而语言教育家他一定是一个好的语言学家，我可不可以这样说？

刘润清教授： 是，你这个观点是对的。我非常反对不读语言学流派，就搞 English teaching。现在人们一上来就说，不上语言学，我上应用语言学，我说那你应用什么？包括老师，有些老师理论语言学始终就没有入门，理论语言学基本知道点儿，语言哲学也没入门，天天搞点什么小实验、小故事、小问卷、小统计之类的。

我的观点是，凡是我没读过的，我就说我不知道。我没有 blindly follow 任何一个人，我比较喜欢乔姆斯基，但是也不是像有些人除了乔姆斯基别人就不学，我都学。而这种肚量是需要看书看来的，你要不去读乔姆斯基，你去读 Halliday，还有 Lakoff（乔治·莱考夫）、Johnathon（马克·约翰逊）、Langacker（罗纳德·W. 兰艾克）这些人的书，你读了以后你才知道，人家不简单，不是你一句话，他们没什么！这句话我说真是无知者无畏，敢说这话！

有博士生这样写，"他是海归，他是 45 岁的海归，他的年龄是 45 岁"——"His age is 45 years old；he is a returned turtle."。我说你这是英文吗？他说是，我在网上抄的。岂有此理！你是英语博士，你在网上抄的！我说你什么时候见到这样的英文表达？"His age is 3 years old，returned turtle."。谁知道是什么！真来了个龟啊！

有写得挺好的，有的一般。但真有我看上眼的，挺好的，有个别人我都给的优。四川大学有一个博士生，他是跨学科的，搞得不错。你看这是我的学生吴红云做的结构方程模型，她做到一半的时候，她就来给我看了。我说这都是机器生成的吗。她说不是，我什么时候给它调了调。我说那不算，回去另做。结果她又回到北师大去学了一个月，她说现在是百分百机器生成的，是 program 自己生成出来的。我说这就是 without human intervention。program 本身，没干预，它要是不对，那是 program 本身的问题，我说这个是你一辈子，你自己的一个 clean concern，我没有干预。实际上就是这样，直到现在她也说，亏了那时候你拦了我一下，要不然现在毕业了，论文发表了，也改不了了。别人不知道你自己知道啊！可不敢这样。所以说，我还有一个高兴的事儿，就是我的这些学生，so far，总的来说都还不错，他们取得的成绩都还不错。

张宜： 刘老师，今天请您谈了这么多，让您受累了！请问您除了教学和研究，您的业余爱好是什么？

刘润清教授： 我的业余爱好跟年轻人可能比不了，但是还是有一些的。比如说，我喜欢品尝美食，中餐、西餐都喜欢。高兴的时候也喜欢小酌一下。（笑）喜欢上网看些自己感兴趣的视频，比如说 TED 演讲。我还喜欢画画。（**张宜：** 毕业前，我在北外东院语言所您的办公室的书柜上曾经见过您画的山水画和猛虎图。）呵呵！你还记得啊！我给你看点儿东西！这个是我自己画的像。［说着，刘老师从小茶几上拿起《西方语言学流派（修订版）》，翻开书，给我看里面的自画像和为书中介绍的 30 位语言学家画的像。］（**张宜：** 太棒了！这一版太有特色了！太细致了！这得画多长时间啊？）一张画得两三个、三四个小时吧。这是我刚出的书。（**张宜：** 我是 first reader？）你是 first reader，我一本都还没送出去呢。（笑）这本《科研方法》①也是新的。（**张宜：** 我现在每年的春季学期给研究生们上科研方法，秋季学期上语言学理论。用的都是您写的书。您这是把学术研究和个人爱好有机结合，相得益彰啊！）

张宜： 您既前沿，又时尚！太 up-to-date 了！您这哪里是退休了呀！谢谢您今天跟我讲了这么多，您受累了！

刘润清教授： 不客气。

---

① 指《外语教学中的科研方法（2015 修订版）》。

项楚访谈录

受 访 者：项楚教授

访 谈 者：张　宜

整理/注释：张　宜

地　　　点：成都四川大学文科楼中国俗文化研究所项楚教授办公室

时　　　间：2016 年 9 月 2 日，上午 8:40—11:00

（**张宜：**　我对项老师的访谈从我们见面后的简短寒暄开始。项老师得知我是从东北远道而来后，便打开了话匣子。）

项楚教授：　我去黑龙江吉林比较多。其实我在做学问之前，70 年代末，"文革"刚结束的时候我去过吉林好多次，因为我和一位朋友写了一个电影剧本，长春电影制片厂要把它拍成电影，所以我就多次到那儿去。我要根据领导的各种意见来修改剧本，我跟敦煌的结缘也是因为这件事。我的剧本是写抗战时候有一群画家到敦煌的故事，常书鸿算是一个原型吧。实际上常书鸿只是一个影子，我们是闭门造车，从来没去过敦煌，所以写的都是想象中的敦煌。制片厂就派我们去体验生活，去看看真实的敦煌，这样我就去敦煌了。但那个时候敦煌跟现在不一样，因为"文革"刚结束，一派荒凉破败。领导班子被打乱了，没人管事儿，所以也根本不存在游客、旅游这回事儿。我们去了以后，也找不到管事儿的人。常书鸿的夫人原来是那儿的书记，她已经不是敦煌研究院的人了，但是她依然还在那管事儿，就来接待我们。（**张宜：**　能给你们提供一些方便。）那段时间想起来生活艰苦，但是非常美好。

---

* 本记录稿经过项楚教授审阅认可，他做了认真的校阅和修正。

因为那儿也没别的人嘛,我们就拿到三把钥匙,所有的洞窟的门我们自己想打开哪个就打开哪个,想去哪儿就去哪儿,而且生活是与世隔绝,没有电视,没有电话,看不到报纸,与外界断绝了一切联系。白天太阳运行到空中的某一个位置,洞窟里面才开始明亮,我们就要在那个时候进去看。如果太阳光线过去了,洞窟里面又黑下来,你想看也看不见了。其余的时间我们就在莫高窟的周边,戈壁啊,沙漠啊到处转悠。很多地方现在是禁区了,不准去了。天垂四野,极目四望,一个人都没有,就觉得好像是在古代大漠之中丝绸之路上跋涉的感觉。晚上漆黑一片,根本没有声音。有时听到有隐隐约约、时断时续的叮当叮当的声音,(**张宜:** 是驼铃吗?)不是驼铃,是九层楼上的铃铛,铁马,风吹过来发出的声音,但是就像你说的,听起来感觉是驼铃,就像唐代的马帮从那里经过。因为那次经历,敦煌就走进我的心里了。

张宜: 这就是一种结缘。那部电影叫什么名字?

项楚教授: 《沙漠宝窟》①。但是那个年代思想还没有完全解放,所以电影拍出来跟我想象的不太一样,领导这样提意见,那样提意见,改来改去的,个性也就消泯了。

张宜: 挺有意思的。之前我在搜集您资料的时候,没有发现关于您这段经历的。(笑)今天是我的偏得!

项楚教授: 很多事情没有机缘就不会提它。(笑)

张宜: 项老师,您看咱们什么时候开始谈呢?

项楚教授: 已经开始了,你有什么想问的你就问吧。

张宜: 好的。今天是 2016 年 9 月 2 日,此刻是上午 8:40,我现在是在成都四川大学文科楼中国俗文化研究所项楚教授的办公室。项楚教授是我国著名的敦煌学家、文献学家、语言学家和文学史家。我今天访谈项老师的主题是汉语词汇史。因为大家都知道项楚教授一直以敦煌学研究为核心,系统而大量地运用佛教文献进行中古汉语的研究而且成绩斐然,所以今天对我来说非常荣幸能够和项楚教授在这样一个时刻坐下来谈一谈项楚教授求学、治学的心路历程。项老师,您好!(**项楚教授:** 你好,你好。)首先请您谈一谈您是怎样走上语言学研究道路的?您为什么要从事语言学的研究?

项楚教授: 其实我不是学语言学的。我 1962 年从南开大学毕业后,考取了四川

---

① 电影《沙漠宝窟》,导演:秦绂生;编剧:朱玛/ 项楚;主演:赵申秋/ 王奕/ 王志华/徐美娜;上映日期:1981 年;发行公司:长春电影制片厂。

大学的中国古代文学专业的研究生,这是"文革"以前的事了。到了"文革"就去军垦农场劳动,又到中学当了十年的老师,跟做研究已经绝缘了。1976年,国务院下来个文件,要在全国编很多种字书,其中就有《汉语大词典》《汉语大字典》①。《汉语大字典》由四川省和湖北省联合承担了这个任务。由徐中舒先生任主编,副主编里有赵振铎先生,他组织编字典班子。那个时候上面要求以阶级斗争为纲,工农兵为主力,所以请些工人、农民和解放军来编这个字典。但是,其实肯定还是要靠知识分子来编。所以那时候就把我从中学借过来,跟工农兵一起编《汉语大字典》。

张宜: 他们是怎样找到您的? 因为您是川大研究生?

项楚教授: 嗯,我川大研究生毕业的。来了之后,一切就从白纸开始。因为所有的参编人都在做搜集资料这一件事,给我的任务就是一部《敦煌变文集》。然后就搜集例句,用卡片把例句一条一条写下来。一个字头,字头下面有一项释义,要把这个例句里面这个字的意思写在那儿。其实我以前没接触过《敦煌变文集》这类东西,我翻开了一看好像很简单。等到做例句下面释义的时候,就发现不容易。因为看起来简单但是和我们现在理解意义不一样。那个时候我有一部工具书,就是蒋礼鸿先生的《敦煌变文字义通释》②,第三版,我就用这两样东西,利用蒋先生的这本书,有些例子,一些很特别的词语的解释,我就利用它解释了。但是接下来发现一些问题,其实有许多问题蒋先生的书也没有解释。再深入下去就发现有一些字蒋先生虽然解释了,但是我觉得好像不太恰当,这时候我就产生了兴趣,要解决这些问题,没有解释的我就想办法解释,我觉得他解释错的我就想要找个正确的解释。为了解决这些问题,就要看很多书,这样就开始进入了这个领域。其实我在南开大学的时候,是邢公畹先生教我的普通语言学。但那个时候其实没学到很多东西,因为要贯彻党的教育方针,教育为无产阶级政治服务,教育与生产劳动相结合。所以我们大部分的时间都是搞政治运动,然后是劳动,修海河,挖地球啊。又遇到了三年困难时期,那段时间学校基本上半瘫痪,也不上课了。有些同学浮肿了,只好卧床休息。到后来,形势又开始"右倾"了,又开始补课,邢老师给我们讲"文字音韵训诂"，一周一次，一个学期就讲完，都是最基本的知识，就这样，当时有些同学还不满意，不喜欢。因为南开的学风是关注现实，比较注意政治风向，所以对这些"封资修"的东西是不感兴趣的。那个时候，邢老师曾经组织过一个同义词研究小组，有一些学生参加，我也参加了，做了一段时间，算是得到一点基本的训练。在编字典的时候，我读蒋先生的书，他就是我的领路人。我从他的书里不但学到了知识，我也学到了方法，同时，我也发现了问题，我就想要解决这些问题，我就写了一篇论文。当时我还写过其他的论文，但是跟语言学无关。这一篇就是《敦煌变文字义析疑》①，就是试图解释蒋先生书里面的《待质录》，就是他认为没法解释的词，我给解决一些，解释一些。然后对他的正文，我也提出不同的意见。在《中华文史论丛》上发表，后来还写过这样的文章。我在当时编字典的时候虽说有兴趣，其实我的心还不是在这儿。那时候我同时还在搞创作，还在写电影剧本和别的作品，还去敦煌，我对敦煌真正有兴趣还是因为那次经历，我就觉得敦煌进入我的生命了，我的后半生跟它紧密相关了。后来，川大想了很多办法把我调回来。那个时候是我的十字路口吧。如果我没有回川大，我也许就走创作的路子了。回到了川大，当然就走学术的路子了。一个中学老师回到川大，也没什么重要成果，所以就从最底层的小角色来开始吧。我回来是在中国古代文学教研室，别人认为我跟语言学没关系，我自己也认为我跟语言学没关系。那怎么会有关系呢？那是因为在1985年，我得了中国社科院青年语言学家奖②一等奖，这是第二届了。这让中文系的眼镜掉了一地，（笑）大家说古代文学教研室的那个人怎么把我们的奖得了。其实我自己也很意外，我也没想到。这个事情说起来还是有个根源，因为我记得1982年，川大中文系资料室里有一些杂志，我在那儿翻杂志，偶然翻到了《中国语文》，上面有一篇关于敦煌变文的文章。因为我有兴趣，下班的时候我就把它借回来。然后要在明天上班的时候还过去，因为它是给大家阅览的。那篇文章的作者是刘坚，但当时我也不知道刘坚是什么人。我觉得文章里面有问题，一个晚上我就列出来了十几二十条吧。第二天把杂志还了，我就把文章寄出去了。很快，大概过了两个月三个月，就

---

① 《敦煌变文字义析疑》，载《中华文史论丛》第一辑，上海古籍出版社，1983年版。
② 1985年11月项楚教授《敦煌变文字义析疑》系列论文获中国社科院青年语言学家奖一等奖。
　　1983年5月吕叔湘先生拿出多年积蓄的6万元，作为基金设立中国社会科学院青年语言学家奖。中国社会科学院青年语言学家奖于1984年首次评奖，每年评选一次，后来调整为每两年评选一次。2012年奖项的名称修改为"中国社会科学院吕叔湘语言学奖"。该奖项由中国社会科学院主办，中国社会科学院语言研究所承办。自1984年首次评奖以来，至2022年已经评选21届，在中国语言学界和社会上产生极大的影响。评奖委员会只接受专家推荐优秀著作评选，不接受著者本人申请。关于该奖的评选办法及章程，参见"中国社会科学院青年语言学家奖金章程"和"中国社会科学院青年语言学家评奖委员会启事"（载《民族语文》1983年第6期）及中国社会科学院语言研究所的相关资讯。

在《中国语文》上发表了，这就是我在《中国语文》上的第一篇文章①。也就是那个时候，我去兰州参加了一个敦煌文学的座谈会，那次会议其实规格比较低，没有多少大专家过来，但是它是历史上第一次的敦煌学的会议。在那儿我遇到了江蓝生，她一看我的名字叫项楚，她问我，她说你是不是在《中国语文》上发表文章的那个项楚？（**张宜：** 关注到您了。）我说我是发表过一篇文章。她就说，原来就是你。她就给我讲了内情，她说这篇文章寄过去以后是由资深的编辑陈治文经手的，他也做研究，他是研究近代汉语的。他一看是跟刘坚商榷的，刘坚是他什么人呢？是他的妹夫。（笑）他是刘坚的大舅子，他就把这篇文章拿给刘坚去看了。他说你看，有人批评你了，怎么办？刘坚把文章看了，看了以后刘坚说：要发表。后来就发表了。如果刘坚当时说不发表，大概也就不发表了。所以说，我遇到过很多类似的事情。我觉得我们的学术界其实是很好的，不像现在有些人说这样黑暗那样黑暗，起码在我参与的那个时候不是这样的。后来刘坚和我还是互相支持的。他曾在我不知情的情况下推荐我参加这个参加那个，我都是事后才知道。

刘坚是江蓝生的"二导师"，江蓝生的导师是吕叔湘先生。实际上是刘坚经常来指导她。江蓝生研究生毕业以后就成了吕先生的助手。这都是刚刚发生的事情。当时我们都是初出茅庐，小字辈儿，菜鸟。（笑）后来我跟江蓝生我们就约定，互相交换论文吧。这个事情在现在好像觉得没必要，但那个时候就是这样的，你发表一篇论文绝对会给你稿费，不像现在要作者交钱。绝对会给你稿费，然后给你一本或两本杂志，如果是抽印本就四份五份之类的，这就是全部了。不可能到网上去查，没有转载，也没有复印的技术，学术杂志在市面上也买不到。所以说这个就很珍贵的，所以这种情况下才有我们所谓的交换论文。后来资讯发达以后就没必要了，可以到网上下载、复印等等。那个时候我们就只能是交换论文。就是那个时候吕先生设立了青年语言学家奖金。第一届好像是郭在贻和蒋绍愚，他们两位得了奖，我们都觉得很崇拜，两位先生很不错。第二年就是第二届了，因为江蓝生是吕先生的助手，她很了解吕先生的心思，他就是想扶植年轻人。因为我跟江蓝生交换了论文，她就把我的论文交给吕先生看，如果她不交给吕先生看，谁也不知道我。因为我的有些论文不是在语言学杂志上发表的，我是在《文史》《中华文史论丛》上面发表的，研究语言学的人不一定去关注去看。吕先生看了论文之后，他就给川大张永言教授写了一封信，请张永言先生推荐项楚，因为青年语言学家奖不是自己申

① 指《敦煌变文校勘商榷》，载《中国语文》1982 年第 4 期。

请的,是由专家来推荐的,所以说理论上本人不一定知道。那一届有一个评审小组或者委员会,有吕先生、朱德熙先生,还有俞敏先生。后来评选结果公布在《光明日报》第一版。因为那时候国家省政府各部门还没有设立什么奖项,所以这个奖项就很引人注目,很显眼吧,《光明日报》上发表了这个消息。(**张宜:** 那个时候您还不知道吧?)(笑)我那天正在图书馆看书,那个管理员是近视眼,每天报纸送来后,就那样拿着报纸"闻"(凑近了看)一遍。他过来说,项楚,你得奖了!他把报纸拿过来给我看,我才知道,我得的是一等奖。所以大家说中文系眼镜掉了一地,我也是非常地意外。

其实我做研究,我的目的不是语言学,我要解决我研究的问题。比如说我研究敦煌学,它会涉及各个方面,肯定也要涉及语言的问题,首先是文字,很多俗字一般人看不懂,它的口语词汇也是非常难的,那些专家们都要出错。一个是字认错,一个是不懂它的意思,那些口语词从来没见过,有些字面普通而意思特别,所以蒋先生专门来解释这些不一般的口语的词汇,所以他的书成了名著。当然他不能都解释完,所以有些就全靠自己了。研究中如果遇到别的问题,我还要解决别的问题。比如说,因为敦煌是佛教的圣地,敦煌的通俗文学作品都跟佛教有深刻的联系,虽然古人都熟悉佛教,但是现代人不行了,跟佛教很少结缘,特别是1949年以后这几十年,宗教被认为是麻痹人民的精神鸦片,一般人缺乏宗教的知识,那么怎么办?我要研究敦煌的这些文献作品,就要解决佛教的问题。也可以想点儿办法,浅尝辄止,但是我决定根本解决问题,于是就读《大藏经》。我就用两年多的时间读《大藏经》,读了一遍。这期间我遇到语言问题我就解决语言问题,遇到宗教问题我就解决宗教问题,遇到文献问题我就解决文献问题,遇到历史问题我就解决历史问题……所以说,我从事语言的研究就是因为我在工作中的需要,涉及了语言,我就去研究语言。这些研究是因为跟我工作相关。

张宜: 项老师,我觉得以敦煌学为核心的研究,对学者的要求应该很高吧,也就是说如果一个人的文化、语言、社会,乃至于宗教的滋养,要是达不到一定深度和广度的话,是做不了这项研究的吧?

项楚教授: 你不能要求研究者们都处于理想的状态,实际上也并非如此。因为从事学术研究,始终有一个博和专的问题。我看到有一些学者发表的治学经验,就是要在自己的领域里专下去。其实中国的学术传统是文史不分家,不光文史,实际上整个学术是综合性的。所以中国古代的学术大家乾嘉学者们都是非常博学的。自从西方的学术方法传过来之后,他们讲究分,就是不同的学科,每个学科可以再分,比如文学可以分古代文学、现代文学，古代文学又可以分段，比如说先秦一段、隋唐一段，等等。在某一段里面一个研究者又有自己的研究领域。比如说我是研究《红楼梦》的，可能我这一辈子就研究《红楼梦》。这样做确实有它的好处，它的好处就是能够深入下去，集中精力来攻克这一点，但是这样做学术显得有点儿孤立。如果你跟一个研究明清小说的人说其他的内容，比如探讨先秦的学术，或许他会有点儿隔膜，有点不太通了。但是他也可以作为一个专家，他也达到了专家的要求，他如果在学校里面任教，他也能把课讲得很好，就是说他符合要求。而且做得好也可能有了名气，但确实也有点儿各自相互隔离。所以中国古代学术讲究宏通，它把学术作为一个整体来看。不同的人研究的对象不同，要求也不同。你研究敦煌文献，客观就要求你要吃透它们，你就必须回到当时的历史的记忆中去，产生这个作品的历史的记忆中去，你要回到那个记忆中去，当时的环境的各个方面你都了解你才能深入。当然专注其中的一点也是可以的，实际上多数的研究者也都是这样，他研究历史，他就尊重历史。有很多研究语言学的，他关注敦煌文献，他就从语言角度来看待。另外有些人是从文学的角度，从宗教的角度，他都可以做自己的事情。要求一个当代的学者门门精通是不现实的，因为他所接受的教育，他不是按照这种模式培养的。但是如果你真正要把学问做通，那么难免会遇到各种各样问题。虽说这个目标是我们不能达到的，但是我们通过自己的努力可以接近它，越来越接近它。我们在大学里面，（是）哪门课程的老师你把这门课程教好就行了，并不要求你去涉及其他的方面。但是就我的体会来说，比如说我研究敦煌学涉及语言学的事情，我就去做语言学的研究，在这个时候我就觉得我在其他方面所下的功夫对我做语言学研究有很大的帮助，我的视野就不仅仅局限在语言学了。我会从其他很多方面自然而然地考虑它。因为语言说来是一个工具，实际运用的语言总是有内容的，它的内容就会涉及各个方面，你不理解它说的内容，你就理解不了它；你理解了它的内容，你就能更深刻地理解它，所以内容也有反作用的。我们景仰的学术大师，他们都是跨学科的。他不是一个专家，他相当于好几个专家，但是他不是好几个专家简单地相加，因为他把好几门学科综合之后，他又有新的认识了。（**张宜：** 您说得太好了。）他就有个总体的认识了，他就达到一个更高的境界了。虽然我们这么说，但是实际上现在人们能够做好自己这一块的专家就不错了。（笑）

我始终觉得今后学术是向跨学科的方向发展。西方把学科划分得越来越细，但是今后的趋势，我感觉又开始向综合的方向发展。你如果能够掌握发展的趋势，你能够从跨学科的角度研究，你就会打开新的天地了。在别人还没有理解的时候，你先做到了这步你就领先了。这是一个新的趋势。

张宜： 项老师，我一直对您 1957 年考入南开之前感兴趣，您的家乡是浙江永嘉县，您是在一个什么样的机缘里，决定报考一个北方的高校呢？

项楚教授： 我是 1957 年考到南开，1962 年考到四川大学读研究生。我看你的访谈提纲上说到家庭，以前也有人问过我，说你是不是出身书香门第啊？有没有家学渊源啊？好像他们觉得我应该有家学渊源，其实没有。我算是出身知识分子家庭吧。父亲是学医的，母亲年轻的时候教过小学，但后来有了孩子就不工作了，她是读过高中的。那个时候妇女能高中毕业，就算有相当的知识水平了。他们对我是放任不管的。但是我现在想起来是"不管的管"，就是无为而治的样子。其实还是很关注，但是不管我，只要我没有超过他们的底线，就让我自由地发展。（**张宜：** 您家孩子多吗？）多！虽然子女多，但是经常不是在一起的。我们家到处跑，孩子们也不固定在一起。我小时候不是那种规矩的学生，不是上课听讲下课复习的学生，不是这样的，我下课从不复习，上课想听就听，不听就不听。然后干什么呢？我就读书。小时候也没有什么目标，什么都读，古今中外的，自然科学，社会科学，什么书都读。（**张宜：** 家里的书很多？）家里没书，有时在书店站着读，有时去图书馆借，我自己也买书。我有时候把中午吃饭的钱省下来买书，那时候的旧书摊非常多，又便宜。在各种的兴趣里面，慢慢地我就比较喜欢中国的古代文化。就到旧书摊淘那些坊本，印刷质量低劣的书，但也无所谓啦。我感谢我的父母，非常感谢。他们不管我，这样就培养了我一种自学的能力。所以一开始我不懂什么，我就会看看，我自学，慢慢就懂了。古代的那些书也是这样，比如说我买一部《庄子》，看不懂，但是我还是有兴趣，看着看着就似懂非懂了。所以后来我做的一些事情，其实都没学过，就是自学。我的自学能力是从小培养的。我从小也爱写作，写诗歌，写小说，所以才有了后来写剧本这些事情。

我重新回到川大是 1980 年了，那个时候我 40 岁。所以说，我其实真正开始做学问的时候已经很晚了，我 40 岁时才开始安心做研究。原来是社会没提供做学问的环境，后来又在无谓的事情中浪费了青春。搞"四清"啊，"文革"啊，去军垦农场劳动啊……（**张宜：** 中学任教的十年您是在四川的什么中学？）在成都市西北中学。所以我做学问其实起步很晚，但是可以说原来有些基础。我起步很晚，从最底层做起，从中学老师到大学老师，做最基本的工作。（**张宜：** 那还是因为您有很强的自学能力。）反正我那时候什么职称都没有，过了五年吧我就评上了教授。从最底层突然就评上了教授,成了川大文科里最年轻的教授。(**张宜:** 跟您得了青年语言学家一等奖有关吗?)应该是一个因素吧。当时我有两位教授职称申报材料的评阅人,校内是杨明照先生,校外是周一良先生。他们两位都力荐我申报教授职称。周一良是研究历史学的,所以北大曾经想把我调过去,调到中国中古史研究中心。那时候还不是人才流动,是行政调动,我没有去。也是因为川大对我很不错,把我从什么职称都没有一下评了教授,再走,我无法开口。我刚才跟你说到了我经历过很多事情,我觉得当时的学风其实很不错,并不像现在说的这样。比如说当年江蓝生把我的文章交给吕叔湘先生,在这之前吕先生可能根本都不知道项楚这个人。其实江蓝生自己也参加了那届的评选,就是说也有专家推荐了她。结果评出来一个一等奖,她就落选了。(**张宜:** 挺了不起!)她在下一届也得了奖,也是实至名归。其实我一直都得到许多学术界前辈的关怀和提拔。所以现在应该也大力支持、提携这些有发展前景的年轻的学者,要帮助他们,要在后面推他们,要给他们创造条件,让他们一步一步地能够上来。我就是深深地受到了这些前辈们的感染。

　　按理说我做敦煌学的研究其实根本没有条件,那时候不像现在出版了各种图谱啊,文献资料啊,等等。我在四川做这个研究根本没有资料,当时是见不到敦煌原卷资料的。我怎么做呢? 我是根据别人的研究成果,他们发表的成果,我就从这里面寻找门道。那个时候大家都说敦煌在中国,敦煌学在外国,这是个事实。特别是经过"文革"之后,中国的敦煌学基本上就荒芜了。所以当时的中国的一些学者,也可以说是中国学术界的带头人,比如说北大的一批老学者,像季羡林、周一良、王永兴他们发奋要振兴中国的敦煌学。这是因为他们心中有一个情结,他们的内心怀有很深的爱国情怀。他们对外国(比如日本)的研究其实是非常不服气的,他们一定要振兴中国的敦煌学,而当时中国的敦煌学研究已经荒废了,所以他们就开始在北大招收敦煌学的研究生,要培养人才,这就是他们的振兴计划的第一步。他们自己的研究都涉及了敦煌学,所以在当时的中古史研究中心他们就招了两位敦煌学的研究生,这是中国学术历史上第一批敦煌学的研究生。他们精心培养,指导他们做了《王梵志诗校注》的一项研究①,在北大的学报上连载发表。这就是第一批敦煌学研究的出色成果,也是他们寄予希望的成果。这是 1980 年的事情,很早了。后来我就在图书室看到了他们的这个成果,因为我也关心,我就借回来看。但是我看不到王梵志诗的原卷啊,我没有原卷对照。我看着看着就从他们的成果里看出

① 赵和平、邓文宽:《敦煌写本王梵志诗校注》,载《北京大学学报(哲学社会科学版)》1980 年第 5 期、第 6 期。

了问题。看出问题之后我就写了一篇文章[①]，把我的一些意见写出来进行商榷，文章就在《中华文史论丛》上发表，这好像是(19)81年的事情。这篇文章就被北大的这些老先生看到了，他们肯定比较关心嘛。他们当时就很奇怪，什么地方冒出个叫项楚的人，这是个什么人，他们不知道，还给他们提意见，还说在了点子上。从这以后，他们就开始关注我了，后来我发表的文章只要是和敦煌学有关的，他们就关注了。但是他们还是有疑问，不知道打哪儿蹦出来这么个人。（笑）我跟他们见面是1985年的时候，在乌鲁木齐召开一个国际的学术会议上，这些大佬们还有海外的专家们都去参加，我也去了。从成都坐硬座火车，兰州转车，三天两夜。因为路途太长了，我买了卧铺上铺。三天两夜怎么打发时间呢？当然我就看书嘛。我就带了新出版的《五灯会元》，在火车上拿了支铅笔，看到问题我就做一个记号，一来一回就把《五灯会元》看完了。我根据这些记号整理成一篇文章，后来发表的《〈五灯会元〉点校献疑三百例》[②]，就是在火车上看出来的。我到了乌鲁木齐参加会议，那个时候我的身份是无职称，什么职称也没有，连助教都不是。所以我在会场看主席台上，季羡林先生他们学界前辈高高在上，云中的神仙一样，我不敢去跟他们说话，不敢打招呼。有一天，参加会议的甘肃省图书馆的馆长，姓周，他就找到我。他说你今天晚上有什么安排没有？我说没有。他说那你就待在房间不要动，王永兴先生要代表季羡林先生、周一良先生、宿白先生来拜访你。宿白是北大考古系的主任。我连忙说我去拜望他们。那天晚上我终于见到他们了，那是一个大套房，几位先生都在。王先生就把我带到里间，和我深入详谈，他们也想解开这个谜。他问我你的老师是谁啊？我说是杨明照。他说杨明照不研究敦煌学吧，我说他不研究。他问那你怎么研究敦煌学的？我说我是自学。他说你怎么自学，四川有资料吗？我说没有。他说的资料是敦煌原卷的资料，那时候敦煌学资料只有少数专家能够看到，因为很多敦煌学的资料在国外。后来英国和法国把敦煌卷子的一部分做成缩微胶片，像电影胶片似的很多盘，要用专门的机器去阅读，价格昂贵，那时候中国只有很少的几套。北大有一套，北图有一套，社科院有一套，敦煌研究院有一套，我是后来到香港中文大学才用过那个先进的玩意儿，一般人是看不到的。我就说没有资料。他说没有资料你是怎么研究的呢？我说别人发表了成果，我就根据他们的成果来做研究。王先生就感慨了一番，他说我们支持你，我代表季羡林等等我们

---

① 指《敦煌写本王梵志诗校注补正》，载《中华文史论丛》第四辑，上海古籍出版社，1981年版。
② 指《〈五灯会元〉点校献疑三百例》，载《古籍整理出版情况简报》(172期)1987年3月7日。

支持你,你今后需要什么资料,你写信过来,我们给你提供。其实我很不愿意去找他们提供资料,有时候迫不得已才提出来。然后他们派他们的学生到处去找,比如说到北京图书馆、到北大图书馆等等,但是我很少这样,我不想去麻烦他们,有问题我自己解决,没有资料我想办法。有时候逼不得已,比如说我做王梵志诗研究的时候,需要参考法国学者戴密微(Paul Demiéville)的著作,他是最早整理王梵志诗的,他有本书是法文的,只有北大图书馆有一本。北大的老先生们把它借出来,寄给我,因为那时候没有复印机。我用了以后,又挂号寄回去。当时王先生又问我,你现在在做什么? 我说我在做王梵志诗的校注。他一听就非常高兴,因为这件事情是老先生们的一个心病。这就要说到日本的著名汉学家入矢义高,这都是50年代的事情了。当时北大有位老教授邓之诚,是季先生他们的老师辈的了,著名的历史学家,他出版了一部《〈东京梦华录〉注》。入矢义高就写了一个长篇的书评,指出了他大量的错误,就是硬伤,很多很多,而且语气很不屑,就是对中国学者很瞧不起。这篇书评传到了中国,震动了中国学界。中国的这些老前辈都感到很受伤,感觉被别人这样的挖苦是一种屈辱。在日本,他们有个传统,就是有各种各样的读书会、研究会之类的。入矢义高就主持了很多读书会,他主持的一个读书会就是王梵志诗的读书会。日本全国有兴趣的学者都参加,每一周或两周一次,聚集在他家里面。他们有资料的便利,把所有的相关资料印发给这些学者,这些学者就定期来研究王梵志的诗,原卷一篇一篇地读。等于说集中了全国学者的智慧,这个读书会一开就是三年四年,长期的。一个读书会完了就接着另一个主题了。这个读书会上他们找了各种资料,也包括中国社科院一位学者写的《王梵志诗校辑》。这本书在这个读书会上基本上就成了靶子了。其实我也写过《〈王梵志诗校辑〉匡补》这样的文章[1],他确实错误非常多。他们的计划是读书会结束之后,针对《王梵志诗校辑》分工写文章,来集中火力批评。又要旧戏重演了。季先生他们也听到这个风声,感到没有办法破。所以王先生听说我在做王梵志诗的校注,他就非常高兴。他说你赶快写,你写了我们给你发表,比出版社快。因为王梵志诗中有很多怪字、俗字,当时是用铅字排版,怪字要用手工一个字一个字地刻,速度极慢,不像现在有造字功能。而且刻的字形也往往走样。他说你拿来我们给你影印发表。他们北京大学中国中古史中心有一个不定期的出版物,叫《敦煌吐鲁番文献研究论集》。约好了我回去就赶紧写,那时没有电脑打字这一说,都是手写。写了好几万字,用航空挂号

① 《〈王梵志诗校辑〉匡补》,载《中华文史论丛》第一辑,上海古籍出版社 1985 年版。

寄过去,那边有一个写手按照他们的规格誊写下来,省了排版这一关。我每写几万字就给他寄去,寄了有七八次吧。初稿影印出版大概有 50 万字的样子,就像一部书①,很厚,完全是手写。所以现在人们看到《王梵志诗校注》都觉得是上海古籍出版社出版的,其实在这之前,是手书影印的,由北京大学出版社出版的。后来我在一次学术会议上遇到了日本学者高田时雄,他年轻有为,是研究西域古文字的一把手。我就拿一本《王梵志诗校注》请他回国之后转送给入矢义高先生。交给他之后,其实我心里是七上八下的,我不知道它会不会又变成另一个《〈东京梦华录〉注》,给日本人提供一个靶子,非常没底。后来一位日本学者,神户外国语大学的教授佐藤晴彦,他给我写了一封信,他就是参加过入矢义高的读书会的,他说他就在入矢义高的书桌上看到了那本书,书里密密麻麻夹满了小纸条。(**张宜:** 说明他真读了。)他读完了。他就问入矢义高,你看《王梵志诗校注》和《王梵志诗校辑》有什么不同? 入矢义高就说根本没法比! 一个天上,一个地下。他还说当年在读书会上读的时候解决不了的问题,这本书基本上都解决了。看了这封信,我心里的石头就放下了。后来入矢义高写了一个书评,很短。但是按照日本学者的说法,他是给了最高的评价。因为他说:"对其极周详精审之至的注释,我只能起久长的惊叹之感。"他表达了这样的心情。(**张宜:** 这是对您的研究成果非常肯定啊。)

后来我招博士生了。我招的第一个博士生叫张涌泉。我最早的博士生的毕业论文,我都是请学术界的大腕儿们来评价的,像季羡林、饶宗颐等,请他们评价的。后来就没有了,因为不敢再打扰他们。他们也都很给面子。张涌泉的学位论文我就请了季羡林先生。季先生写了一篇评语,评语里面有一段话,他说当年《王梵志诗校注》把日本的一场剑拔弩张的"批判"给"镇压"了下去②。那位说敦煌在中国,敦煌学在日本的学者,现在他否认了自己说过这样的话。所以季先生的结论是,学术研究中也是有政治的。关于上面提到的那件事,季先生的这番话也算是一个总结吧。敦煌在中国,敦煌学在日本,本来是一位日本学者在南开大学做报告时说的两句话。其实对这两句话可以有不同的解读。一种解读是他确实说出了当时的现状,现状确实如此,我们从这个角度去解读,我们应该从中受到激励,因为现状如此,我们应该努力改变。还有一种解读,就是日本学者看不起中国,傲慢自大。季

---

① 《王梵志诗校注》,原载《敦煌吐鲁番文献研究论集》第四辑(全文刊载),北京大学出版社 1987 年版。后《王梵志诗校注》全书由上海古籍出版社于 1991 年 10 月出版。1998 年《王梵志诗校注》获第二届全国高校人文社科优秀成果一等奖。

② 季羡林先生的原话:"项楚教授对王梵志的研究,就曾把日本的一场剑拔弩张的'批判',在事前'镇压'了下去。"

先生他们可能主要是从后一个角度解读吧，这和他们亲身经历感受有关，但这样同样使他们奋发起来，一定要改变这个现状，确实他们也扭转了这个形势。因为当时他们下了这个决心之后，我说的王永兴先生，他曾经是陈寅恪先生的助手，帮助陈先生整理著作。他的遭遇其实也很令人感叹，他1957年成了"右派"，发配到山西，后来才回来。他对陈寅恪先生非常崇拜，学问做得非常好。而且他好像跟当时国务院的一位管经济的副总理过去有交往，所以老先生们提出了振兴敦煌学的计划，经过那位副总理报到了国务院，国务院批准了上百万的特别经费，这在当时是很大的一笔数目。有了这笔经费，这些老先生们才可以做很多的事情。比如说在北京、兰州和乌鲁木齐建立了三个资料中心，成立了中国敦煌吐鲁番学会。季先生当会长，一直到他去世，就这样推动了中国敦煌学的复兴。

1989年的春天，我接到一封从北大勺园宾馆寄来的信，写信的是梅祖麟（他是美国康奈尔大学中国文学和哲学教授，也是台湾"中央研究院"院士）。他说要到四川来见一面。我当然绝对是欢迎的。后来他就来了，他来的那一天是1989年的6月5号。但是我已经不可能请他到川大来了，因为那时候成都包括川大也发生了很多事情，我和另外两位老师就骑车到锦江宾馆去见他。虽说本来是个学术访问，但是没有谈学术，他就谈他在北京的见闻。临走的时候，他说今天的见面就是告别，因为他已经接到美国大使馆的通知。送别的路上他把我拉到一边，他说，把你的履历寄给我，我请你到美国来。我没有把履历寄给他，因为我觉得这个时候不是去美国的恰当的时候。而且很快美国政府就宣布制裁中国，中美之间的交流就中断了。又过了一年多，在中美关系慢慢开始回暖的时候，我去了美国，那是另外一位美国学者梅维恒（V.H.Mair）请我去的。我在宾夕法尼亚大学做了半年的研究，中间我去康奈尔大学做了一次演讲，就住在梅祖麟的家里。有一次晚饭后闲谈的时候，提到了朱德熙先生。当梅祖麟知道我和朱先生从来没有见过面，也没有通过信，也没有通过电话，也没有什么别的直接的交流，他感到非常的奇怪。他说，我当年给你写信，要来拜访你，那就是朱先生推荐的。朱先生说你去四川一定要去见一见项楚，所以他以为我跟朱先生关系非常密切。其实是我们没有这样的关系。他说，朱先生现在就在美国。于是他就拿起桌子上的电话，拨通朱先生的号码，把话筒交给了我。那是我跟朱先生第一次，也是最后一次通话。因为那时语言学界都已经知道朱先生身患癌症，他是在斯坦福大学住了很长一段时间，他同时也在那里医治他的癌症。朱先生一听到是我，他也有点儿意外，但他非常高兴。后来我们就谈到他的病情。他说他现在用中西医结合的方式治疗，他自己感觉效果还可以。

我听他说话中气也很足，我也很高兴。其实，他可能是回光返照，后来没过多久就传来了他去世的消息，我的悲痛是难以言喻的。我终于最后和他通了一次话，我心里也感到告慰。当年北大要调我去中古史研究中心，朱先生是北大文科副校长，是他最后拍板的。君子之交淡如水，朱先生完全是出于他那份学者的情怀，他对他欣赏的后辈学者总是会用各种方式来扶持的。

像这样，我受到过许多前辈学者的恩遇。潘重规先生是黄侃黄季刚先生的学术传人，又是乘龙快婿，季刚先生很欣赏这个学生，后来就把女儿嫁给了他。抗战时期，潘先生曾任川大中文系主任，是川大的校友。1949年以后他去了海外，后来到了台湾，台湾的敦煌学就是他一手发展起来的。他不但承续了季刚先生的那一套学问，还研究《红楼梦》，研究敦煌学。1987年饶宗颐先生在香港召开了一次敦煌学国际会议，大陆（内地）方面就是季羡林先生带队，台湾方面是潘先生带队，香港方面是饶宗颐先生带队，然后就是国际上的著名学者，那是一次大佬们的聚会，因为后来再也不可能有这样的聚会了。那次也是大陆学者和台湾学者第一次在国际学术会议上见面。（**张宜：**　所以也是很盛大啊。）因为我一直很景仰潘先生，但是在会议上我不敢轻易去交流，后来也是曾经的场景重现。晚上有人敲门，是潘先生，他抱了一摞书，都是他自己的著作，是他这次开会带来自己用的书，他就把这些书送给了我。我们谈得很融洽，我们要建立通信联系，当时大陆和台湾处于敌对状态，根本不通邮。他有个女婿（杨克平）在香港是实业家，我和潘先生通信都是通过他这个中介，我寄给香港的杨克平先生，然后他转寄给他的老丈人潘先生。（**张宜：**　他老丈人给您写信也由他转给您。）那个时候我在写作《敦煌变文选注》①，我用的底本是《敦煌变文集》②。在潘先生送给我的书里面有一本是他的《敦煌变文集新书》③，《新书》是敦煌变文集的升级版，是第二代的变文集。因为潘先生到法国、到英国看过所有的敦煌变文的原卷，所以他又做了很多补充，还增加了台北所藏的变文新篇目。他把那本书给我后，我就想改用《敦煌变文集新书》作为我的底本。但是因为书是他带来自己用的，他只带了一本下册，没有上册，我没法使用。我请他把上册给我，但是要经过中转。等他把下册寄来的时候，我的稿子已经写完一大部分，没办法改了，所以我只是在我的书里收了一篇《敦煌变文集》没有的新的

①　《敦煌变文选注》，巴蜀书社1990年版；中华书局2006年版，又2019年版。

②　王重民、王庆菽：《敦煌变文集》，人民文学出版社1957年版，又1984年版。

③　潘重规：《敦煌变文集新书（上、下）》，中国文化大学中文研究所1983年7月、1984年1月；又文津出版社1994年版。

变文,这篇变文我就用了潘先生的书作为底本。另外我请潘先生题写了书名。这些都是经过中转这样递过来的。《敦煌变文选注》出版了之后潘先生写了长篇书评,其中有一句是说他从那次开会之后,他就"逢人说项"。因为我自己有这种经历,所以对年轻人我总是能帮助的就帮助,能提携的就提携,算是我的回馈吧。

张宜: 项老师,四川大学的环境在哪些方面有利于您做科研?您是怎样处理科研和教学的关系的呢?

项楚教授: 四川大学地处西部,资讯不发达,四川的经济也比不上东部地区,但是它有它的好处。在这儿受到的干扰也少了,所以学者们在这儿的生活可能清贫一些,但是可以专注于自己的学问。当然首先是你自己要安于清贫乐道,这里就给你提供了这样的土壤和环境,如果你自己心里以为鸿鹄将至,你受不了这清贫,你就跑了。正因为这样,我接触的许多川大的老师都是安心在做自己的学问,应该说川大的学风比较保守。当初我从南开大学考到四川大学的时候,我就觉得学风不一样。我在南开大学的时候我的那些同学很活跃,早就有自己的打算。有的研究鲁迅,有的研究郭沫若,有的研究戏剧,有的专注理论,各有各的想法,都是跃跃欲试,而且很关注现实。我一到四川我就觉得整个川大气氛都变了,我早晨在校园里就看到有些学生摇头晃脑在那儿口中念念有词,有些川大美女也在那儿念,走近一听,她念的是"良辰美景奈何天"啊。中文系请杨明照先生开了《文心雕龙》课,规定所有的青年教师不分专业,都必须参加。所以气氛完全不一样,当时觉得川大很保守,不开放,但是这也是它的传统、它的特点。我当时的指导老师是庞石帚教授,他还是杨明照的老师。那个时候是计划经济时代,我们读研究生和现在不一样,一切都要按照计划来。教育部规定川大中文系可以招三个研究生,这是川大中文系第一次有资格招生,导师只有一位,就是我的老师庞石帚。三个学生是规定了的,只能从川大招两个,南开大学招一个。还规定每个名额只限两个考生考,这俩考生由学校指定。比如说南开大学指定我和另外一位学生来考,川大也指定了四位考生考。考试的结果很遗憾,只招收了一名。这也说明当时是宁缺毋滥,很严的,不符合要求宁可不招。结果那一年就我一个,我是四川大中文系第一届唯一的一个研究生,我见证了四川大学中文系研究生培养的历史。我那个时候来川大中文系,因为研究生太少,就按教师对待,我就是最年轻的。现在我已经是在职教师中的最老的了。所以我见证了川大很多的历史。研究生读了三年,后来就赶上政治运动了。所以我的论文题目改了两次,但是没答辩。第一次是因为我的导师去世,他在的时候我做的是苏轼研究。运动来的时候说我研究苏轼是"封资修",必须要以阶级斗争为纲。所以就改成了《从〈文心雕龙〉看当时的阶级斗争》，这样的题目我居然把它写出来了。但是那时候已经没有人管学业了，论文没有答辩，就赶上"四清"运动，然后是"文化大革命"，然后就去军垦农场劳动，再后来就去西北中学教书。和许多军垦战友相比，这就算比较好的归宿了。

张宜： 项老师，在您的治学和工作当中，什么事儿是让您最高兴的事儿？什么事儿是让您最沮丧的事儿？

项楚教授： 最高兴的事儿是你花费了很多精力，你收获了你的成果。就是你的精力没有白费，你看到了你自己的成果。当然成果还是要被认可，发表了，出版了，等等。就好像看到自己的孩子出生，当然就非常高兴。

张宜： 有没有什么沮丧的事儿？

项楚教授： 好像没有特别沮丧的事情，有时候情绪也会低落，但是我是那种与世无争的人，也不擅交际。（**张宜：** 您也没有时间交际。）也不会交际。你看我和你说很多，其实别人在生活里面认为我是个木讷的人，（笑）就是我跟别人没有话题，说不上话。（**张宜：** 得有学术的主题，得有您感兴趣的东西。）这个也要我高兴，愿意，有时候我不愿意，我就没有话。另外，所谓沮丧的事情就是自己的希望达不到，往往就会沮丧。其实我不是这样的人，我没有那么多的想法，我是与世无争，我从不去争什么，当然也就不会觉得失去了什么。换句话说也就是很平庸吧。（**张宜：** 您是随遇而安吧！这跟您的个性和学养有关系吧？）我认为是个性吧，我是不怎么进取的人吧，没有野心，很容易知足。（**张宜：** 但在我看来，您专注于一件事情就一定做成。比如说70年代您开始做《汉语大字典》，您坐图书馆一坐就是三年，去阅读古代文献，您觉得枯燥吗？有乐趣？）我有兴趣啊，有了兴趣，任何事情都会感觉有乐趣。（**张宜：** 那个时候师母说不说您啊？）她不说，她支持我。有一段时间她的地位比我高，她收入比我多。（**张宜：** 师母是做什么的？）她是四川音乐学院毕业，她也遇到"文化大革命"，也去军垦农场劳动，她也被分配到康定中学教音乐，然后又调回她的母校四川音乐学院。她回到她母校的时候我还是中学老师，所以她是大学老师，我是中学老师。她是教钢琴的，她可以教学生，所以她的收入比我多。（**张宜：** 我应该去访谈师母，她为什么要找一位学者。）那时候是我人生中的低谷。（**张宜：** 对啊！师母有眼界！）家务事我也不会做，她也不要我做，孩子她管了，就是这样的。（**张宜：** 师母她欣赏您、爱您，所以这些事儿都可以忽略不计。）我从来没有对她表达过什么，感激啊什么的都没有。但是我心里还是有个想法，我跟你说啊，我还是要努力，让她的付出得到回报。（笑）我还是有这么个想法，但没跟她说过。（**张宜：** 师母肯定能感觉到，不用您说。师母是音乐家，音乐家是用感觉去体验的。）

张宜： 项老师，您觉得一位学者，一位语言学家，但您又不单单仅限于一位语言学家，您认为作为一位语言学家或者学者应该具备怎样的学术修养呢？

项楚教授： 不管是什么学家学者，首先是个人吧，先要把人做好吧。人做好了再去说学问。我想首先是有个态度，我们现在说学风，要有个实事求是的学风、科学的态度，一切从事实出发。具体的对学养的要求，要有扎实的基础，要有创新的意识。我也接触过一些人，没有扎实的基础，创新就变成乱想了，最后得不到证实，或者最后证实是错误的。但还有一些人倒也是实实在在做学问，但是他没有什么创造性。没有创新，做出来的东西也是流于一般化，经不起时间的考验，时间一过就消失了。这是从一般的态度谈。从一个学者治学的角度看，我觉得他比较应该关注的是要进入学术的前沿。每一个学科，不管是语言学科还是其他人文学科，都有自己的前沿、最新的发展的方向。一个学科从它的基础到它的前沿各方面都要有人搞，都不能偏废，但是从学者自己治学的角度，我觉得应该对所处的学科心中有数，要到它的前沿。我开始做学问是在"文革"以后，百废待兴的时候。大家说那个时候学术经过摧残，什么条件也没有，但是我现在回想，它提供了很多的机会，一个学者要抓住机会。比如说我刚才谈到的敦煌学，经过"文革"，中国的敦煌学基本上荒芜了，当季先生他们提出了振兴计划，机遇就来了。这是个机遇，抓住了这个机遇，你就能很快进入敦煌学的前沿。所以我也胡打乱撞，因为刚才我说的那些原因使得我跟敦煌学有了接触，其实我是没有条件做敦煌学的，没有条件的情况下我还来做，于是机遇就打开了。比如说我做寒山诗的研究，寒山诗在中国是被忽略的，但在日本很红火，在美国也红火了一阵。我做寒山诗的研究其实是日本人约我的，日本禅文化研究所约我来做寒山诗的研究①，因为相信我能做出来，他们的想法是支持我做，我做出来后，作为他们的一项成果。所以他们就把日本有关寒山诗研究的各种资料，有些是珍贵的资料，有些是绝版的，就是海外的寒山诗研究者也没有读到的或者不知道的资料，统统提供给我。日本有四种古代的寒山诗注本，这四种

---

① 寒山诗在一千多年间除了宋代一度引起重视外，一直处于默默无闻的境地；进入近代以后，特别是到了 20 世纪 50 年代至 60 年代却突然大噪于海外，在日本和美国掀起一股颇具规模的"寒山热"。20 世纪 30 年代以来，日本学术界和出版界对寒山诗的兴趣愈发浓厚：截至 80 年代底，50 年间对寒山诗的论著和译注有十余家。其中始岩波书店出版的《寒山诗》与入矢义高校注的《寒山诗选集》影响较大。1992 年，日本禅文化研究所芳泽胜弘先生特邀项楚教授为寒山诗作注，并陆续向项楚教授提供日本古今学者研究寒山诗的大量资料。

寒山诗古注本完全是中国古籍的形式,就是木刻、线装、汉字,这四种寒山诗注本里只有一种我在海外的时候看到有排印本,其他的都没有,海外研究寒山诗的人也没有看到过。后来我看到有的海外学者研究寒山诗,有时候引用资料还要从我的《寒山诗注》①里转引。《寒山诗注》只引用了很少一点,我希望这些珍贵的资料以后会公开出版,让更多的研究者受益。所以说,我做寒山诗研究,也是抓住了机遇吧。

近代汉语研究在过去是被忽略的。吕叔湘先生提倡近代汉语研究,他提出来以后,这就成为新的前沿,大家都在做,你进入了这个领域,有可能就会多出成果。还有一点,因为我研究敦煌文献语言的需要,我引用了大量的佛经的资料,这是第一次大量引用,在这以前没有,这就算是创新吧。现在大家都在这样用啦,现在已经变得红火起来。我算是第一次大量地引用佛经,因为是全新的材料,就能解决很多研究中的问题。我刚才说我读《大藏经》,那又是一个机遇。因为宗教研究在世界上是很热门的,但是在中国不是,"文革"之前宗教是批判的对象,"文革"之后才慢慢地开放了。这时候你率先研究佛教文化,你就又得风气之先了。一个新的学术的前沿,它往往是新的学术生长点,它发展得最快,出成果也就最多。初出茅庐的人在这个领域就有可能、有机会和那些大腕儿们、大师们平等地讨论,因为大家的起点近似。你就可以在那儿平等地讨论,提升了自己的品位。所以从学者自己的角度,我建议应该关注学术的前沿,这里面有机遇。但是大家都去关注,成功的还是少数。原因在哪儿?就是你要有深厚的基础。没有深厚的基础,你接触一个全新的东西,那你就没法进入啊。你要有很好的基础,然后去接触全新的东西,你还要有创新的意识,这样你才会有新的成果。但是机遇也要你自己去寻找,也不是随处都有。"文革"以后算是一次大的机遇。"文革"以后,各行各业,各门学科都展现了一个新的发展的机遇。80年代,那真是一个激情涌动的年代啊!

张宜: 项老师,您是怎样看待学术批评的?您觉得在当前中国的学术界,有正常的学术批评吗?您是怎么看待这个问题的?

项楚教授: 别人的事情我不太关注,学术界内的纷争我不太感兴趣。我觉得学术批评还是应该有科学的态度,如果大家都站在科学的,也就是我刚刚说的实事求是的基础上,那么学术批评是推动学术发展的一个动力吧!大家都应该实事求是,你批评别人如果有根有据,别人也容易接受。如果你的批评脱离了这一点,如果别人觉得你是攻击他,他不会接受。如果他再一反击,就变成争吵了,就向恶性转化了。

---

① 《寒山诗注》,中华书局 2000 年版,又 2023 年版。

所以我觉得批评应该是正常的批评，良性的互动。其实我刚才说我往往是从别人的成果里面发现问题，如果你发现的确实是问题，从学术方面来说是一种推动，推动学术发展，被商榷的一方也容易接受。我自己呢，有时候也有人提出不同的意见，都是小问题了，通常我也不回应，如果是正确的我就接受，如果我觉得他说的没道理，他也是认真的，我也不一定去争论。但是学术批评过程中有时候也会有不正常的情况。

　　我遇到过一次吧。（笑）就是我曾经和某一位学者有很多的商榷。可能他就形成一些成见了。他也还算是有名气的，他主办学会的一个内部刊物，他就以这个刊物为基地。有的人也想出名嘛，出名有一种方式，就是谁有名，你就跟他商榷，这样出名就比较来得快，更加吸引眼球。有人就在他这里集中发表文章，都是跟我商榷的，连篇累牍。这些文章我当然都看了，一般我都是不管，我不理也不睬的。后来我针对其中的一个小问题发表了一篇文章，讨论一个有代表性的小问题。因为太多了，也没法去管，除非你不做你的工作，完全去应付他。我就遇到过这么个事情，这件事惊动了学会的高层，季羡林先生他们看不下去了，他们一声令下，就把那个刊物停办了。这对我来说有点遗憾，因为那个刊物曾经发挥过很好的作用。

张宜：　项老师，下面这个问题我很纠结怎样问您，因为我觉得您应该在国内学术界，在很多领域都建树很多，只是核心是围绕敦煌学。可是，我觉得又不能说敦煌学是您整个学术生涯的所有成就之所在。所以我只能这样问您，您自己是怎样看待您在这些方面研究的价值和贡献的？您的研究特点又是什么呢？

项楚教授：　在一段时间里面，敦煌学是我关注的重点，也因为敦煌学涉及了多门学科。我后来关注的是佛教的文学，或者语言，或者文献等。因为我觉得从中国文学的视角来看，这是一个新的领域，应该开辟，因为中国和西方不同，西方有政教合一的意识和传统，中国没有，中国的政权始终是世俗的政权。除了在东汉末年五斗米道在很短的时间里，在汉中地区建立了我国历史上唯一的政教合一的政权，中国一直是世俗政权。中国的这些文人、政治家，他们的思想是由儒家主导的，但是他们也会有道家和佛家的思想，而且往往影响很深。当他们在位的时候，他们是儒家思想，当他们失意了或者退下来了，道家的思想和佛家的思想便成为他们心灵的一种慰藉。在文学上也是一样的。其实佛教文学有很大的一片天地，但始终进入不了中国文学的主流。中国的主流文学是把它排除在外的，这和西方有些不一样。但实际上这是不符合事实的，所以现在我们要恢复中国文学的全貌，这部分就是不可或缺。刚才我说的敦煌变文、王梵志诗等都有很浓厚的佛教色彩。在过去的研究里没有提到它们，它们在文学史上也没有地位，甚至失传了，在历史上被抹掉了。幸亏在敦煌莫高窟的藏经洞里重新发现了它们。我刚才说的寒山诗，可以在日本很火，可以在美国很火。一个在中国默默无闻的唐代佛教诗人可以在欧美成为一些青年追捧的偶像，但在中国，他却受到忽视。我们是不是应该恢复它的真貌呢？所以我做寒山诗研究，就是要取得寒山诗研究中的中国学者的话语权，就是要建立寒山诗研究中的中国学者的权威性，毕竟寒山诗是中国的。我和我的学生合作写过一部《唐代白话诗派研究》[1]，因为唐诗在中国是最受老百姓喜欢的，也是中国学者研究相对来说最充分的一个领域。我先是发表了一篇论文[2]，所有的研究者都没发现在唐代还有一个白话诗派。这个诗派和文人诗歌分庭抗礼，它不是文人诗歌内部的诗歌流派，它是唐代文人诗歌之外的另一片天下。后来我们就写了《唐代白话诗派研究》，获得了教育部的一等奖。这个成果为唐诗的研究开辟了一片新的天地。这个白话诗派实际上是一个佛教的诗派。从语言来说，它是白话的。从内容来说，它是一个佛教的诗派，它跟佛教息息相关，同步发展。佛教发展经历过由禅学到禅宗的发展过程，白话诗派是伴随着它们发展的，而且有大量流传的作品，而且诗歌写得很好啊，像寒山诗，那是外国人都拜倒的。但是在中国，它们不被认为是诗歌，被排除在诗歌之外。寒山的友人拾得就提出了抗争，他说："我诗也是诗，有人唤作偈。诗偈总一般，读时须子细。"所以佛教白话诗不是我们现在提出来的，当时就有人发出了呼声。但是中国传统文学始终把它排除在外，我们的《唐代白话诗派研究》就是放大了这个历史的呼声。同样的道理，你可以推而广之，只不过很多研究中国文学的学者还没关注到这方面，他们还在停留在传统里面。再比如说，你来的我们这个中国俗文化研究所，当年教育部要建设文科重点研究基地，学校就给学院压力，学院又给老师压力，我们怎么着都要去申报，不然怎么交代？发动我们都来申报。可是一些学科，古代文学啊，语言学啊，都有人捷足先登，位置只有一个，别人占了就没有了啊。那年的国庆节的时候，没事儿在家绞尽脑汁，想要一个跟别人不同又有价值的名目，这么一想，突然就想出个"俗文化"，突然就冒出这么一个词儿。我们的传统是做"雅文化"的，不但我们，别人也是一样。但是我们也研究一些俗语词啊，研究一些通俗文学啊，变文啊，这些还是和俗文化有关系

---

① 项楚、张子开、谭伟、何剑平等：《唐代白话诗派研究》，巴蜀书社 2005 年版，学习出版社 2007 年版。该成果被收入国家社科基金文库，2007 年获四川省政府社科一等奖，2009 年获教育部高等学校人文社会科学研究优秀成果一等奖。

② 指《唐代的白话诗派》，载《江西社会科学》2004 年第 2 期。

的,所以我们就想到这个点子,准备了一些材料我们就申报了,后来就批准了。但是这说起来容易,你要研究的人来转型就很困难了,做惯了"雅文化"的研究,就不太容易转身。还有,这个俗文化和我们做佛教研究有一定的关系,佛教有大量的化俗的作品,所以我们的研究方向是俗语言、俗文学和俗信仰,后来又吸收了文化人类学和民俗学的研究力量,各自发挥长处。研究民俗学的有他们的强项,也有他们的弱项。因为民俗学最初是在外国的土壤上发展起来的,他们的强项,一个是民俗理论的探求,还有就是田野的调查等等。可是中国有自己的国情,有几千年的悠久历史和浩如烟海的文献积累,这是我们研究中国传统文化的学者的强项。所以我们希望把二者结合起来。从学院派的有色眼镜看过来,通俗文化研究的层次还有待提高,但这是又一个有广阔发展前途的新天地,只不过我们自己做得还不够好,我们正在努力之中。

张宜: 项老师,从语言学的角度去看您的研究成果,一个是敦煌变文,一个是王梵志诗,还有寒山诗,另外一个是您现在也在继续用佛经里面的一些东西在做研究,在这些研究成果当中,我是说从语言学研究的角度形成的成果当中您本人最看重的哪些? 您自己是怎么样看待您的这些研究成果,学界的评价跟您自己的想法一样吗?

项楚教授: (笑)学界的评价,我不知道。对我自己而言,我花费心血比较多的,当然我自己也就比较心疼吧。一是王梵志诗的研究,一是寒山诗的研究,而我是从研究敦煌变文起步的。这些研究涉及各方面,当然也涉及语言学,因为这是基础,你读不懂它你无法进行研究,但是它们是很难读懂的,所以从语言学的角度研究它是第一步。随着研究的深入又会有提升,这就是对文化背景的深入研究。文化背景的研究似乎和语言学研究不是直接相关,但它无所不包,它是语言研究的基础,而语言研究也是文化背景研究的一部分。变文、王梵志诗、寒山诗的共同特点,是它们和佛教的深刻联系。大量利用佛教文献来研究汉语的词汇,这是前所未有的事情。由于我的研究对象的特点,我算是最早踏入这片新天地的研究者吧,现在这片天地已经繁荣兴旺了。俗字的研究又是一个大功夫,一个新的前沿。中国的文字学研究,古代基本上就是围绕《说文解字》的研究。到了20世纪开始,文字学研究就转到古文字研究了,甲骨文、金文、简帛文字的研究,到现在一直很红火。这些文字都是汉代以前的。汉代以后的文字,在过去很少进入研究者的视野。但是从魏晋以后,产生了大量的俗字,俗字又在不断地演变,一直延伸到现在。像现在我们的汉字简化,许多简化字都可以上推到古代的俗字。但是俗字因为俗,所以不入一些研究者法眼吧,觉得不是大学问。我的学生张涌泉他就是做这个的,他报考的是文献学,做的是俗字研究。以前学界也有《碑别字》等少量俗字论著,零零碎碎的不成气候。他的博士论文《敦煌俗字研究》①,开创了深入研究俗字的先河,后来得了教育部的一等奖,慢慢地俗字研究也就热起来了。

张宜: 我(今年)8月1号访谈鲁国尧先生的时候,鲁老师还特别提到说项楚教授在中古词汇史这一方面的研究成绩斐然,这应该是他的原话,所以给我的印象也非常深。项老师,您对目前这一领域的研究您是怎么看的?国内外在这一块的发展和趋势又是怎样的呢?

项楚教授: 我觉得大的趋势是综合,学科的综合。单从语言学角度,我觉得它的发展趋势可能也是指向着综合的方向。语言学将不仅仅是研究语言本身,它还和相关的学科联系,学科的交叉,学科的融合。另外还有一点,现在中国大的背景是什么?是中华的复兴,中国的崛起,这也应该在我们语言学研究上打上它的烙印。现代语言学是从西方传过来的,它产生在西方语言事实的基础上,传过来以后,中国的学者又把它同中国的实际、传统相结合。但是在漫长的中国历史上,西方语言学传来之前,中国有自己的独到的研究方法,小学,乾嘉学派的研究,等等。而中华文化在历史上也曾经是强势的文化,中国的文化也向周边传播,像唐代日本向中国派遣的留学生、遣唐使,跟近代中国学者向西方学习是一样的。当然,中国后来积贫积弱,外来的文化是强势的文化,它挤压了中国文化,这是很自然的。但是随着中国的崛起,中国文化的复兴,中国软实力的增强,我觉得中国传统文化也会有发扬光大的一面。当年毛泽东批评有些人言必称希腊罗马,现在的文化人也爱说柏拉图、苏格拉底。说到语言学,也有一些随口就出的大师。实际上在中国,先秦诸子都是世界级的思想家。所以将来,人们也会津津乐道地来谈论中国的文化,就像现在中国人喜欢那些西方的文化一样,其实在中国周边的国家当年就是这样的。所以中国的传统的语言学是有它的价值的,因为它是从中国的土壤上产生的,中国人做中国的学问,去研究中国古代的文化。现在可能觉得还需要使它更加科学化,但是它的价值,它对中国文化的意义,是不可替代的。你用西方的那一套,来研究中国的经书、经学,你很难进入,格格不入。那是中国传统的学问,它就是在实用的过程中产生的,它就是要解释中国的文献文化,才会有那一套东西来说明它、解释它。乾嘉学派的那一套还是有它的意义,有它的价值,实际上我还是利用了它的方

---

① 张涌泉:《敦煌俗字研究》,上海教育出版社 1996 年版,2015 年第二版。

法来做中国的学问。当然我涉及的佛教文化、民间文化,乾嘉学派他们不重视,但是我做研究还是使用了他们的一些方法。我觉得中国传统的语言学还会有一个大家关注的时期,我们可以重拾,重新把它捡起来,来提炼它的精华内容,发掘它的现代意义。我觉得会有这么一天吧!

张宜: 您讲得太精彩了,项老师。听您讲我是受益匪浅。这也将近 3 个小时了,给您累够呛。

项楚教授: 我只是担心对你的研究没有价值。

张宜: 项老师您太谦虚了!项老师,我想问您点儿题外话。您这么多年来都是在潜心学问,虽然您身边有一个音乐家何老师,您自己有什么业余爱好吗?

项楚教授: 要说爱好,这些研究工作就是我的爱好。(笑)当然我也锻炼身体。

张宜: 其实您这样是一位非常幸福的语言学家,因为您能把您的研究和您的爱好那么好地结合起来。

项楚教授: 很平和吧,因为与世无争,所以就没有很多矛盾,没有什么勾心斗角。我和同事的关系都很好,也许有人互相关系不太好,但和我的关系都很好。我能帮助就帮助,与人为善,就会收获善意。就这样,就很满足,很满意的状态。(笑)

张宜: 那您自己的爱好呢?您做运动吗?

项楚教授: 年轻的时候有些运动,现在就是散步、旅行旅游。

张宜: 再次感谢项老师接受我的访谈。

项楚教授: 好的。不客气!

张家骅访谈录

受 访 者：张家骅教授

访 谈 者：张　宜

整理/注释：张　宜

地　　点：黑龙江大学俄罗斯语言文学与文化研究中心

时　　间：2009 年 7 月 17 日，上午 9:00—10:15/2022 年 8 月定稿

张宜： 今天是 2009 年 7 月 17 日。我现在是在黑龙江大学教育部文科基地俄罗斯语言文学与文化研究中心。我今天有幸访谈到的是张家骅教授。主题是现代俄语体学、语义学、语用学、对比语言学。张老师，您好！首先请您谈谈您是怎样走上俄语语言学研究道路的，您为什么要从事俄语体学研究？谢谢！

张家骅教授： 我走上俄语专业的道路和从事俄语教师这个职业，不是我自己选择的。我们那个时代自己不能选择干什么。我们考大学是自己报志愿，自己的志愿不行的话，就由国家统一分配。所以，走上俄语这条路和后来当俄语教师这条路，这都是国家分配的。我们那个时代的人和现在这个时代选择职业的社会因素不一样。我考大学的时候有志愿，有第一志愿、第二志愿、第三志愿。我的第一志愿不是学外语的。但是第一志愿不行了，我就安排在第一表的第二志愿，最后我就到了东北师大，东北师大的外语系俄语专业。我这个外语是这么学的。

张宜： 您是从四川考来的吗？

---

* 本访谈录初稿是在 2009 年 7 月 17 日的录音访谈文稿的基础上形成的，经张家骅教授审阅认可。至本书出版，时间过去了十余年。正式出版前，访谈者张宜根据张家骅教授公开出版物的相关内容，做了适当增补，并得到张家骅教授的认可。

张家骅教授： 不是。我是四川生人，但是早就迁到东北来了，随着父母到东北来住了。是在东北考上大学的。高中是在吉林省的公主岭那个地方毕业的，公主岭一中（怀德县一中）。毕业以后，我们那一批人，考文科的，大都（考）到了东北师范大学。

张宜： 那是在哪一年呢？

张家骅教授： 那是在 1960 年。我（考）到东北师范大学，外语系俄语专业，五年制。我中间休学了一年，所以我毕业的时候是 1966 年。(19)66 年"文化大革命"，所以我们都延迟毕业了。那时候不能毕业，都留在学校闹革命。（**张宜：** 本来应该那年毕业，但是赶上"文革"就没毕业。）毕业分配是在(19)68 年。我被分配到农村的中学去当教师。在那儿我一直干了十年。

张宜： 那是在什么地方？

张家骅教授： 是在长春市的郊区。让我困惑的是大学所学习的俄语完全没有了用武之地。(19)77 年我国开始（恢复）本科招生，(19)78 年研究生（恢复）招生，全国有 3 所高校共招收俄语研究生 10 名，其中黑龙江大学招生 6 人，另外两所学校（南京大学和南开大学）各招生 2 人。这样，我就考到黑龙江大学来了。我就成了"文革"后恢复招生的第一批研究生。毕业后留在黑大了。就这样从事的俄语教学工作。(19)81 年留在学校工作。所以这也不是我选择的，是命运使然。（笑）

张宜： 您在公主岭高中的时候，当时是什么样的情况？学的是英语还是俄语？

张家骅教授： 当时我们学的是俄语。当时我们那个时代，我们往前更早的时代，咱们国家是"一边倒"。中学开的只是俄语，没有别的。从我那个时候往下，慢慢的是英语了。所以我中学学的是俄语，而且从初中一年就开始学。

张宜： 俄语不是您自己选的，当老师其实也不是您自己选的。

张家骅教授： 当老师也不是我自己选的，是因为当时没有别的出路。有了这个机会考上了研究生，所以我要抓住这个机会，我就考到这地方来了。来到这儿之后，念了研究生，这就决定我将来肯定就是教师。因为那个时候，(19)78 年各个学校招的学生，绝大部分的研究生都要补充自己的师资，因为缺少这个年龄（段）的人，所以我就留在黑大了。

张宜： 张老师，您(19)78 年之前是在基层，是在公社吗？

张家骅教授： 我是在公社的中学当中学老师，而且不是（教）外语的中学老师，因为那时候是不上外语（课）的，需要你干什么你就干什么。

张宜：（19)78 年恢复了研究生招生，您就决定要报考研究生的吗？

张家骅教授： 因为我在那个地方太困难了，离家非常远，天天回家都办不到。当时我的家在长春市，到学校上课要骑两个多小时的自行车，为了不影响工作，只能在周末的时候回一次家。但最让我困惑的是前途的渺茫，大学所学习的俄语完全没有了用武之地，我在那儿不能教外语，学校又是一个被"贫宣队"（"贫下中农毛泽东思想宣传队"的简称)管理的学校，所以我要出来。我就是这么决定的，不管它是什么外语，只要我能考上我就能出来。不是我选择的外语，(而是)我唯一能考上的是外语。（笑）

张宜： 张老师，那您考到黑大来读硕士的时候，专业就叫俄语语言文学吗？

张家骅教授： 那时叫俄语语言文学。当时我们是导师组，导师组是一批老师。当时学习和生活很艰难，我的年龄比同学大了 10 来岁，家里还有两个孩子，小的才只有 3 岁，每个月 56 元的工资，自己食宿要用掉 30 元，剩下的填补给家里。（笑)生活上是苦了点儿，可是并没有影响我的学业。我们那个时候的硕士和现在不一样，我们到这儿来，要写论文。我们来的时候没有硕士(的说法)，就是研究生。那个时候国家没有(实行硕士)学位制度。我们临近毕业的时候才开始实行学位制度，所以我们赶上了发硕士学位证书。我们学的主要课程，那时候是精读课(实践课)、文学课、理论课，但精读课我们上得非常多。我们硕士生一年级的时候还是每周 8 课时，我们一天天在这实践课。当然也加强理论教学。文学史我们也学，到了二年级的时候，还(有)每周 6 个学时的实践课。

张宜： 张老师，是不是研究生读完了，就毕业留校当老师上课了？

张家骅教授： 对，开始上课了。这个时候主要是国家给我安排的，命运摆弄的，最后我变成了外语教师，是这么回事。（笑）不是我靠着我自己的志愿，靠着我自己的志愿我有可能干别的。

张宜： 您自己本来是想做什么呢？

张家骅教授： 我原本想报考中文系。(**张宜：** 喜欢文学。)喜欢文学，当然也喜欢语言学。但是最后到俄语(专业)来了，那是各种各样众多因素，特别是社会因素造成的。

张宜： 张老师，研究生读完了，留校了，就给本科生上课了吧？

张家骅教授： 我留校后就给本科生上课了。我被分配到了理论课教研室工作，教研室主任金晔教授安排我讲俄语语音学课程，并给我半年的备课准备时间。我就用了半年的时间编写了一本全俄文的俄语语音学教程和练习,当金晔主任问起我课程准备情况的时候,这本讲义让金晔主任大吃一惊,他被我备课认真刻苦的精神所感动。而这本讲义也为我课程的讲授和学生的俄语学习提供了很大的便利,学生们很喜欢。(**张宜:** 您喜欢这份工作吗?)也无所谓喜不喜欢,因为我现在已经注定要做这个事情了,所以我要把它做好。就是这么一种原因,不是我真的非常喜欢它。但是我开始做了,就往好了去做,好好去做。是这么一种关系。(笑)

张宜: 张老师,那有没有什么人,或者什么书,或者是什么样的事儿,对您的职业生涯有影响?

张家骅教授: 这个职业不是我选择的,因为这条路我已经走上了,我不可能再去选择别的,所以我就好好做这件事情,就开始钻研好好教书。我们黑大的俄语学科好,有最好的导师,吕和新、华劭等老师对我的影响非常大,他们对待学生就像对待自己的孩子,他们身上的师德师风值得我一生去学习。我没有辜负老师们的期望,毕业后我被留在黑大,当年招收的六名研究生也只有我一人留在了黑大。那个时候带我们的有一批人,像吕和新、高静、林宝煊等。这些人你可能都不熟悉了,他们都老了,有的已不在世了。他们基本上不是从事语言研究的。有个(苏联)电影,叫《乡村女教师》,它也左右不了我的命运。即便它影响我,我去选择也办不到。我们可能崇敬这样的女教师,但是我们自己选择不了自己。和现在不一样,现在的学生自由多了。(**张宜:** 现在都强调自主发展。)我们那个时候是党叫我干什么我就干什么。

凭借着工作的努力和研究的刻苦,我为自己争取到了俄语提升的又一次黄金机会,而这一次机会为我后来的学术研究打下了坚实的基础。(1984年)我通过了在北京进行的"留苏"考试,成为了首批派往苏联的访问学者,到普希金俄语学院进行为期两年的交流。(**张宜:** 您每天要上课吗?)主要是搞研究,上了半年课后,我用一年半的时间天天跑列宁图书馆。列宁图书馆是苏联最大的图书馆,由于距离我的住处比较远,早饭后我就去图书馆,中午在图书馆餐厅里对付一口,晚上在附近商店买一桶酸奶和一个面包当作晚餐,其他大部分能用的时间就是研究一个问题——俄语的动词体。(笑)

在苏联的交流期间,我把图书馆里所有能用到的资料都逐页复印,把所有能购买的书籍都逐本买到,所搜集的资料装了满满几大纸箱。害怕资料丢失,我就请在使馆工作的老师将资料通过安全的途径寄回国,又从北京辗转运回哈尔滨,为的就是将"俄语动词体"的研究进行到底。后来我在世界俄语教师联合会机关刊物 Pусский язык за рубежом（《国外俄语》）上发表了一篇《论使用俄语动词体的困难问题》，成为中苏关系正常化后中国首批在苏重要期刊发表论文的学者，这篇文章的例句和观点现如今仍然有俄罗斯学者在引用。（笑）

张宜： 张老师，黑大的环境在哪些方面有利于您从事学术研究？您如何处理教学和科研的关系？我看您除了教学和科研，您还做了一些管理工作，先后担任过黑龙江大学俄语系的副主任、主任（1994—1999 年），黑龙江大学俄语语言文学研究中心（教育部人文社会科学重点研究基地）主任（1999—2006 年），《外语学刊》主编（1998—2006 年）等职务。

张家骅教授： 是的。黑大对我影响很大，这个影响不是我当不当教师。黑大根于延安、源于抗大，其前身是中国人民抗日军政大学第三分校俄文队。黑大俄语教学的成就是几代人不懈努力的结果。黑大俄语人身上有着百折不挠、艰苦创业的精神，在事业的发展中传承延安精神是我们最大的特色。这个传统对我影响很大。其次，我们俄语系里边最重要的是始终坚持听说领先，就是技能教学这一方面，黑大有自己的传统。在教育方面、外语教育方面，在俄语教学方面，这个东西对我的影响是很大的。我感觉到了它自己的教学传统、教学方法，或者这种俄语教育理念是有效的，所以黑大的俄语在全国始终是不错的。不光是俄语语言研究领先，还是语言教学领先。这个领先有各种各样的因素。当时哈尔滨这个地理位置很重要，所以这里进来了一批外教。一个是地理的原因，这里靠着俄罗斯。另外一个是历史的原因，它（19）47 年就开始了俄语教学，所以有一套自己的东西。这套东西是从实践得出来的，所以黑大的俄语教学传统也就很好了。我们在实践课堂学，因为我们是研究生。但我们的本科实践课，也是这个传统。那就是第一听说领先，第二是技能训练，而不是知识传授。非常注重操练，课堂上"短平快"等等，这些方法非常有效，对我们的学生一直都是很好的。学生出来以后，语言的听说能力，在社会上都是公认的。以前说黑大是领先的，主要指的是这方面，但也不排除它对语言研究也一直都是很好的，是重视的。

　　四种外语技能，听说读写，是通过训练来让学生培养自己这些技能。而不是通过讲授让他们掌握语言的知识、语法知识。知识是靠老师传授学生的，而技能是老师领着学生去操练，所以课堂上要充分地让学生活动，老师和学生之间进行这种交流，而不是老师垄断课堂。课堂上老师讲得再好，学生不会仍然是不会。学生懂得知识了，但是他未必掌握了听说读写技能，所以黑大不仅仅是在理论上，而且在实践中形成了一套自己的、具体落实这些东西的方法,这个对我的影响很大。

你刚才说到的"俄语语言文学研究中心",那是 2000 年学校委托我着手创办的,开始叫"黑龙江大学俄语语言文学研究中心",后来更名为"黑龙江大学俄罗斯语言文学与文化研究中心",并顺利入选第二批教育部人文社会科学重点研究基地,从基地的申报到基地的发展和建设,我付出了很多的时间和精力。比较有影响的全国语义学学术研讨会就是在黑大俄语基地发起的,很多著名国内外学者参加研讨。最初主要是俄语界人士参加,现在已经扩展到了多个语种的研究人员参加,实际上变成了国际性的研究盛会。尽管现在我已经不再担任基地的主任,但是每次会议议题的设计和议程的安排,我都会积极参与。

张宜: 张老师,您觉得学生会喜欢什么样的俄语老师呢?

张家骅教授: 俄语学生喜欢什么老师呢? 第一首先是认真负责的。我们历史上曾经有两种教师。黑大,包括别的学校,我指的是俄语。一种教师是中国人,俄语是外语。另一种教师,俄语是母语,这里有两种:一种是外教,还有一种是从哈尔滨苏中(俄罗斯侨民中学)毕业的中国人,初中、高中甚至包括小学都是在那样的学校学习的,所以俄语相当于他们的第二母语。(**张宜:** 类似那种国际学校?)仅类似,因为俄侨学校主要的学生都是俄国人,他们的子女,中国人进去之后,他们所有的知识都用俄语学习,类似双语教学,但其实不是双语教学,没有汉语概念,全是俄语。还有一种教师是俄罗斯侨民的后代、混血儿。这些人的俄语都非常好,但是未必都受学生的欢迎。为什么呢? 就是因为他们的俄语是母语,虽然非常流利,但捕捉不到汉语学生俄语学习的难点,很多难点往往被忽视。学生欢迎(的老师)首先是负责任(的老师),这样的老师真的想把学生教会,尽全力想各种各样的办法教会学生,这样的老师才会受欢迎。黑大的老师另外一个传统就是吃完晚饭就到教学楼来,在学生的教室里面,有的人往往坐到九点多钟,学生自习完回寝室了才回家。我们这样的老师当初很多,所以学生非常喜欢这样的老师,留下的印象也特别深刻。像吕和新、陈名瑜、林宝煊,这样的老师很多。他们也培养出了真正的好学生。所以学生真正喜欢的老师就是认真负责的老师。当然,第二个,他自己的口语也非常好,但这个是第二位,当然也特别重要。我刚才举例了那些苏中毕业的,那些混血儿,甚至那些外教,但那里边也有认真负责的,那就是两个特点都具备的。当然也有不认真负责的,上完课就走了,学生跟他们没有密切的接触,这样的老师不是非常受学生的欢迎。我的一个学生曾经说我给她修改论文的时候,就算是标点符号错误我也会严厉指出,我的严格要求会让学生们在学术上做得更加精致。写论文时常与我争辩得面红耳赤,别人看到还以为我们在吵架。当时对我的严格有些不理解,甚至抵触,等到毕业工作以后,特别是当妈妈了,就更加理解了老师的良苦用心吧。

张宜: 张老师,反过来,老师会喜欢什么样的学生呢?

张家骅教授: 我(说说我)自己喜欢的学生。因为我教过很长一段时间的实践课,但后来我从事语言理论的研究,主要教的是博士生了。那么这两部分的学生加在一起,我喜欢的首先是什么样的学生? 就是他能独立思考。那种能按照自己的学习方法去学习的,他自己能够造出和老师上课教的东西不太一样的(表达方式)。他自己思考出来的,尤其最近他在网上查到一些新的东西,俄语的某些词、某些用法和俄罗斯的国情联系起来的,有的人是这样造句子这样说话的。而有的人用中国话的办法来造中国式的句子。老师上课教他什么例句他就把这个例句背了下来,课堂上你让他造一个句子他照着课本背,这个不行。(**张宜:** 没有创造性。)对,没有创造性。(笑)我比较喜欢的是这种(创造性)类型的学生。如果是博士生,我也喜欢这样的。因为我们上课很多都是不考试,而是写文章。有的人写文章是创造性的,有的人是把他学过的东西拿过来分析一个语言现象,哪怕是一个句子。有的是东抄西抄,拿过来拼凑一下交上去,交上去考试就完了。这样的学生不行。我也认为这样的学生没出息,将来也不可能有发展。独立思考是最重要的。我还不太喜欢的就是,现在这种学生也不少啊,上课的时候不认真,考试的时候照人家抄,然后跟老师走后门,这样的学生也很多。社会上有这种风气,跑到学校里来了,如果一代一代传下去,中国的前途很可怕。

张宜: 张老师,紧接着这个话题,想请您谈谈什么样的事儿在教学和科研中让您最高兴? 什么样的事儿让您沮丧?

张家骅教授: 我谈一谈我们国家整体的教育吧。我们国家整体的教育现在受社会上各种各样坏的风气影响太大了,这个是非常(令我)沮丧的事情。我首先说科研,科研要量化,量化的结果就是剽窃的、假冒伪劣的、各种各样低质量的东西太多了,充斥了很多出版物,这是非常令人悲哀的。这如果继续下去的话,我们整个的高等教育、中等教育和各种各样的教育会继续不断地下滑。这是最可怕的事情,这个风气不得了。学校的官也是越来越多,包括教授、博导、博士等等,很多人都希望当官而不是搞学问。做学问的目的是当官,学校里面是官在领导着学术,不是教授在领导着学术。这种状况越来越严重。这也是一个大问题。再就是各种各样的不正之风。比如家长想方设法和学校领导,和院系领导拉得紧紧的,想办法和老师拉得紧紧的,学生也想办法和老师和院系的领导拉得紧紧的。无非都是一个目的,通过各种办法让学生的分数高一点,毕业能找到更好的工作。都是为了这个目的。而且往往这样的目的能得逞。学校里面这个风气很严重。如果这样的学生仍然得逞的话,那我们各种各样的教育从幼儿园开始,甚至以后父亲母亲孩子都抄袭,给老师送点什么东西,送了以后能得到好处,那么整个教育机器培养出来的一代接一代,那中国整个的人口素质就完蛋了。令人悲哀的,我认为最大的是这种东西。这个要不改,那我们的教育即便是培养出来了一些专家,这些专家也都是一些道德素质很低的人,对我们的民族只能起破坏作用的专家。就像力拓和我们谈判的时候,咱们有很多钢铁企业里面的人就像内奸一样,培养出来的是这样的人。力拓驻中国机构的总负责人,这个人是我们培养出来的,业务上是尖子,但是他对中国的破坏作用太大了,大到了可怕的程度,所以被抓起来了。(**张宜:** 是胡士泰吗?)对呀。你说假如我们的教育体制不认真改革,培养出来的都是这样的人,我们给谁培养人呀?(笑)你还不如不是专家,不是专家他也有爱国主义精神,我认为起码他没有破坏作用。(胡士泰)这样的人(等于是)给力拓公司培养出来的,变成我们民族的败类。现在这个问题没有解决,我觉得这是一个大问题。要说外语教育,外语教育我自己写过一些这方面的文章。听说读写很重要,但是还有更重要的,学生用外语为谁服务?我觉得这个重要。外语教育,最容易失误的就是外语学好了,最后培养出来亲英派、亲俄派、亲日派。俄语这儿有一句话叫俄罗斯情结,说这个学生有俄罗斯情结,老师也夸他,学生也夸他。(**张宜:** 是当作褒义说的。)对。"我从小就学过俄语,我对俄罗斯有俄罗斯情结。"实际上,什么叫俄罗斯情结?所谓俄罗斯情结,说穿了就是俄罗斯什么都好。别学完俄语就变成这样一个人,俄罗斯什么都好,(我们)就完了。(笑)那是很容易的,他就会把自己的根都忘了。是什么原因呢?有两个原因。第一个原因,我觉得因为我们外语要让学生听说读写,所以我们把全部力量都放在这上面,科班似的、机械地训练。技能嘛,就要像唱京戏那样科班训练。但是我们对他们的人文素质的教育时间不够,课程设置不多,所以这个方面往往被我们忽略了。最后我们的学生说了一口好的英语、好的俄语,我们也很高兴呀。但是不太关注他们的思想最后是什么样子的。我说的是他将来的整个人生观、价值观等等。这个东西没有相应的课程去配套,政治课往往又不起作用,这是一个方面。还有一个方面,就是人文素质的方面。外语学好了,但让他写一篇好的文章,作一个好的发言,很有思想内容,这方面不行。我们现在的学生可能感觉不出来这方面很差。顶多他的外语好一些,平常他的文化素质、人文素质这方面差。这是外语课程设置方面的原因造成的。因为我们把所有时间都拿来培养听说读写,顾不上别的。但这方面不注意不行,即便是学好外语,他在这个方面也是很差的。所以外语教育要改革,怎么改?我认为这个方面非常重要,就是外语的听说读写和人文素质的培养,两个方面得结合起来,不能想办法只把他的外语教好。此外,外语学习光靠在本国,我自己认为办不到,所以现在西方,包括美国,大概本科学生都有一年的时间到外国去。学俄语的到俄国去生活一年,当然是到学校,但不抱团住宿舍,要拆帮,大部分时间与外国人多交流,这一年的时间赶上在国内教他们两年三年。没有这一年两年的时间,他的外语是过不了关的。(**张宜:** 让他有一个亲历过程。)对,需要到那个母语国家去体验,去真正地实践,这个过程是不可或缺的。学习英语或者俄语,光靠在我们的本科四年、五年,我自己认为能打好一个基础,但是真正地掌握,不太可能。所以就不必四年、五年,全部时间都让学生去搞技能操练。科班似、刻板似的技能操练是必需的,但有一个弊病,就是排挤了培养学生独立发现问题、分析问题、解决问题能力的时间。我们的学生(虽然)是文科的,(但)比其他文科的学生有差别,在发现问题、分析问题、解决问题能力方面较差。这是我们的专业造成的,学得死。应想办法让他们活一点。我认为整个的课程设置、人才培养方案,应该好好地调整。

张宜: 您在俄语体学研究方面的特点是什么?有哪些突破?

张家骅教授: 体范畴是中国学生俄语学习的瓶颈。我以服务于教学为目的,多年从事现代俄语体学研究,在系统总结国内外体学成果,结合中国学生特点,将我国体学研究推向深入的工作中尽了绵薄之力。① 我研究的成果中有五点值得一提。首先,丰富了俄语动词体常体意义和变体意义的理论体系。其次,以动词形式和体的具体语法意义的经纬脉络,归纳了数十种具体语法意义借以体现的典型情景类型,为我国俄语动词体教学将重点从抽象定义移向具体功能层次提供了参考模式。其中的许多类型是我研究了大量一手语言材料的劳动结晶。第三是在 Ю. Маслов(乌斯洛夫)、М. Гловинская(格洛温斯卡娅)、Н. Авилова(阿维洛娃)、Е. Падучева(帕杜切娃)等的有关论述基础上,将俄语对偶体动词区分为一般持续结

① 参见张家骅教授的相关论著:《俄语动词未完成体的概括事实意义》,载《外语学刊》1986 年第 4 期;《动词体与动词的词汇意义》,载《外语与外语教学》1988 年第 5 期、第 6 期;《俄语动词体的总和一体意义》,载《中国俄语教学》1987 年第 6 期;《俄语动词完成体过去时的结果存在意义》,载《外语学刊》1990 年第 6 期;《词汇意义还是语法意义?》,载《外语研究》1991 年第 1 期;《现代俄语体学》,高等教育出版社 1996 年版;《俄语体学的成就、现状和任务》,载《外语学刊》1998 年第 2 期;《透过汉俄对比看"了 1"的常体意义》,载《当代语言学》2004 年第 2 期。

果动词、努力尝试动词、单纯结果动词、结果状态动词和整体活动动词五种基本语义类型,在描述体的具体语法意义和典型情景系统时,揭示了它们在体范畴意义上的区别。第四是尝试转换视角从当代语义学、语用学、语言逻辑分析等领域找寻借鉴,使用有关预设、蕴涵、直指以及元语言释义、义素分析、实际切分的理论与方法揭示俄语动词体范畴的隐蔽特征。第五是通过汉、俄语各种语义类别动词完成体语法意义的对比研究得出汉语动词完成体常体意义的一个表述方案:受界限限制的整体行为。这个方案与俄语完成体动词常体意义的定义貌似重合实际有很大区别。

张宜: 张老师,您认为您对俄语体学、语义学、语用学等方面的主要贡献有哪些?在您的成果中,您本人最看重哪一/几种?学界对它们的评价与您的看法一致吗?

张家骅教授: 我在教学和科研工作中的主要精力是用在语言学研究上。我的主要工作第一个是关于俄语体学的研究,代表成果是《现代俄语体学》①。所谓体学就是俄语的时态学。有时候教学过程中有一些体会,教学的讲稿逐渐整理、完善,总结出来,就编成书了。刚才跟你也提到,在这一研究领域中,我曾经在俄罗斯科学院语言研究所主办的语言学期刊 Вопросы языкознания(《语言学问题》)上发表文章《俄语名词词汇意义中的体范畴语义成素》(2007 年第 1 期,17 页篇幅),以批评俄罗斯科学院编《俄语词典》(1—4 卷)和《俄语语法》(上、下卷)中对动名词释义、描写中的失误为主要内容,并提出了修正的方案,这是该刊自 1952 年创刊以来发表的首篇中国学者以俄语为研究对象的学术论文。俄罗斯语义学领军学者Падучева(帕杜切娃)在其著作 Статьи разных лет(《经年文存》)第 336 页中评价该论文说:"推动动名词体貌范畴研究摆脱停滞状态的有形式和语义两个方面的研究问题。形式方面的问题已由 A. A. Зализняк(扎利兹尼亚克)(2007)的文章做了穷尽的描写;而语义方面,迄今该题目研究内容最为充分的是张家骅(2007)的论文。"

第二个是将莫斯科语义学派引入中国。莫斯科语义学派理论的研究及其本土化集中体现在我的《俄罗斯当代语义学》②和《俄罗斯语义学:理论与研究》③两本

---

① 《现代俄语体学》,高等教育出版社 1996 年版。该书 1998 年获黑龙江省第八次社会科学优秀成果一等奖。《现代俄语体学》(修订本),高等教育出版社 2004 年版,2008 年版。增补 16 万字,2004—2005 年度入选教育部推荐研究生教学用书。

② 张家骅、彭玉海、孙淑芳、李红儒:《俄罗斯当代语义学》,商务印书馆 2003 年版。该书于 2003—2004 年度入选教育部推荐研究生教学用书,2006 年获第四届中国高校人文社会科学研究优秀成果奖、黑龙江省第十二届社会科学优秀科研成果一等奖、黑龙江省高校人文社会科学研究优秀成果一等奖。

③ 《俄罗斯语义学:理论与研究》,中国社会科学出版社 2011 年版。该书于 2011 年入选首届国家哲学社会科学成果文库。

书中。前者是对俄罗斯当代语义学理论,包括莫斯科语义学派理论的研究,而后者则实现了使莫斯科语义学派理论的本土化,书中最典型特点就是利用莫斯科语义学派的观点解决汉语语义方面的问题,这充分体现了我的"引进俄罗斯先进的语言学理论来分析、解决汉语问题"的思想。

第三个是以我为首席专家的一项国家社科基金重大招标项目——俄罗斯《语言学大百科词典》①翻译工程。可以说,该项目的研究标志着我开始从俄语语言学研究领域跨入普通语言学的研究领域,研究范围有所扩大,研究层次有所提升。这个项目汇聚了全国十多所学校、几十位研究精英联合参与。这个项目不仅是黑大也是黑龙江省第一个国家社科基金重大项目。2006 年我获得了由世界俄语教师联合会颁发的普希金奖章,2007 年获第三届国家级教学名师,还拿过第四、第五两届中国高校人文社会科学研究优秀成果奖,第八、十二、十五、十六届黑龙江省社会科学优秀成果一等奖。

张宜: 张老师,我看在您的研究当中,后来在语义学和语用学两块儿做了一些强调,您在这方面也有一些专著和教材,这些书是给本科生还是研究生做教材的?

张家骅教授: 都有吧。除了刚才提到的两本被教育部推荐研究生教学用书外,还有《现代俄语概论》②《新时代俄语通论》③《语法 · 语义 · 语用——现代俄语研究》④等。实际上那两本书出版的时候也不一定是教材,后来咱们国家评选研究生教学用书的工程开始了,就评上了那两本。它们确实是从教学体会里面产生的,确实是这样。《现代俄语体学》(是)我在本科教了二十余年(的成果)。是给学生开的选修课,36 学时,叫"俄语动词体用法"。(**张宜:** 您完全是从教学实践中总结出来的。)对呀。一方面是我总结的,一方面是借鉴俄罗斯的体学研究。(前面我也讲到了,)因为我在俄罗斯访学的时候,重点就研究体学。在普希金俄语学院做的研究,在那儿待了两年,俄罗斯这方面的研究文献我几乎都带了回来。能买的买,买不到的复印,带了几大箱子回来。然后加上我教学的体会,这两部分结合在一起写成书。

---

① "俄罗斯《语言学大百科词典》翻译工程"被立为 2011 年度国家社科基金重大项目(第二批),项目批准号 11&ZD131,2020 年结项鉴定结果为"优秀"。该项目由张家骅教授担任首席专家,共有来自全国各高校俄语专业的 30 余名优秀人才参与,项目历时 9 年,最终成果总字数达 350 万字。该项目最终成果译自俄罗斯《语言学百科词典》(Лингвистический энциклопедический словарь,增订版,俄罗斯大百科全书出版社 2002 年版),这是俄苏历史上第一部以普通语言学问题为专门描写对象的大型百科词典。对此词典汉译的最终完成为我国语言学研究提供了新的视角,也为"一带一路"建设、构建人类命运共同体的伟大事业增添了参考文献方面的重要动力。
② 《现代俄语概论》,黑龙江教育出版社 1995 年版。
③ 张家骅主编:《新时代现代俄语通论》(上、下册),商务印书馆 2006 年版,2010 年版,2013 年版,2014 年版。
④ 《语法 · 语义 · 语用——现代俄语研究》,黑龙江人民出版社 2000 年版。

张宜： 张老师，您是不是在教学之余还有很大的一部分时间和精力用在了《外语学刊》上啊？

张家骅教授： 对啊，我做了差不多十年的主编。主编《外语学刊》也是学校让我去兼做的。《外语学刊》不是它对我的教学有什么影响，而是我的教学理念对它有什么影响。对于《外语学刊》，在我主编那个阶段，我关注两个问题。第一个问题，一定要靠近学科的前沿。第二个是结合语言研究的实际。我当主编的时候注重这两个方面。想要避免的是什么呢？就是这个杂志上发表的文章，要避免统统都是对外国语言学的综述，这个我是反对的。但事实上我没能完全避免。因为稿件里的百分之九十五都是这些东西。（笑）所以我能避免的就尽量避免。但是完全避免办不到。第二个就是要联系实际，文章一定要分析语言实际。不分析语言实际，光在那儿谈理论，尤其是光在那儿综述其他国家的理论，这样的文章我是非常头疼的，但是不得不大量地发表，因为收到的稿件很多都是这些东西。外语研究、语言研究必须要分析语言的实际，或者外语语言的实际，或者母语语言的实际，反正你得分析语言，不能把外国语言理论搬过来，或者综述，例子照人家一抄，连换成中国话都做不到。这样的文章我反对。这样的文章是脱离实际的文章，一个是脱离语言研究的实际，一个是脱离中国外语学习、外语教学的实际，这样的文章只对作者个人有用，评职称。（笑）（**张宜：** 张老师，那也就是说，是俄语教育生涯对您从事十年的编辑工作有理念上的影响。）对，理念上的影响。我主编的那段儿时间，《外语学刊》的指导思想，就是理论联系实际，外语研究其中的一个目的就是（推动）教学。当然教学不是语言研究的全部目的，全部都要为教学负责（是）不对（的），因为语言研究还有其他的目的，但是很重要的一个目的就是教学。但是不管教学还是其他的目的，反正语言学研究要研究语言。我记得有一次《当代语言学》的编辑部扩大会议我去参加了，沈家煊的发言题目就是语言学要研究语言。他当时还举例，姚小平的研究是语言学史的研究，说这当然例外。语言学为什么存在就是因为它研究语言，不去研究语言，只转述人家的语言学思想，在思辨上兜圈子，这不叫研究。我觉得他说得对。

张宜： 您对俄语体学、语义学、语用学等方面目前国内外的研究现状有何看法？它今后的发展趋势如何？

张家骅教授： 俄语体学由于学科对象的特殊性和对语言教学的重要性而受到国内外几代语言学家的关注，是一个成就斐然的语言学领域。近年来俄语体学从语义学、语用学、自然语言逻辑分析中借鉴了新的思想和方法,开辟了更加宽广的研究领域。现代语义学使用元语言(метаязык)诠释意义的方法在体学中被广泛地采纳。在俄语体学中,成功运用语言逻辑分析、语用学有关预设(пресуппозиция)、蕴涵(импликация)与陈说(ассерция)以及实际切分(актуальное членение)、言语行为(речевой акт)、直指(дейксис)等理论的例子也颇多。体学研究领域尽管硕果累累,现状喜人,但是有待解决的问题依然很多。如何切实有效地在辞书中描写体的语法意义就是一个紧迫的问题。首先,辞书编纂缺少行之有效的判断对偶体动词(видовая пара)的统一标准。其次,绝大多数辞书的后缀法未完成体派生对偶动词的释义只限于"参见完成体"的标记,无助于解决疑难问题。还有一个令人困惑的问题:与同一完成体动词平行对偶的两个未完成体动词的意义关系往往因词而异。恐怕正是由于这些原因,М.Шелякин(谢廖金)1994年在莫斯科大学语文学系举办的体学论坛上把编写动词体词典作为当代体学的迫切任务提了出来。我认为,对于我国俄语工作者来说,这尤其是一个亟待着手的工作,急需编写一部逐个诠释完成体和未完成体动词体的语法意义的专门词典。

从《现代俄语体学》到《现代俄语体学》(修订本),再到现在,俄语的体学研究日新月异,有了飞跃的发展。我本人在这个领域也取得了若干新的研究收获。让时光见证我对学术一丝不苟的赤子之心吧。(笑)

张宜: 张老师,下面这个话题是不是跟刚刚您谈过的语言研究有类似的地方,比如说,外语教学的应用研究和理论研究,实际上应该是一个辩证的关系。(**张家骅教授:** 对,它应该是紧密联系起来的。)您觉得像我们中国的外语教育在理论上是不是应该有我们本土的一些理论,应该得到总结积累,并且在一定的空间得到彰显呢?

张家骅教授: 我不是外语教育研究领域的,我主要是(搞)语言学。外语教学就是听说读写这些能力培养,应该是用什么办法。这方面,我们国家,我们要搞出自己的特点,这是当然的。但是有时需要大量从国外引进、学习比较先进的东西,我们要把它消化吸收,结合我们中国的实际,这个是对的。但是现在结合得够不够是另一回事儿了。1949年以后,咱们中国的外语教育有了一定的进步,尤其最近这些年改革、开放,和外国人的接触比较多了,出去的人回来的人多起来,外语教育理念、教学效果也比以前好得多。但是总体上来说,我们的外语教学效果还不是非常好。我举个例子,我在台湾教了一年书。(19)98—(19)99年在(台湾)政(治)大(学)教一年。他们的俄语口语不好。不好的原因之一是,他们中学只开英语。小学中学学的是英语。(**张宜：** 是不是不重视呀。)不是不重视,他们跟俄罗斯的交流很少。我去的时候,刚刚开始有留学俄罗斯的人员回来。他们的俄语老师不是留苏的、留俄的,都是什么呢? 高校教师必须有硕士以上的学位,这和我们是一样的。怎么拿到硕士学位呢? 到国外去。到美国、日本、德国去拿俄语硕士。他们这些国家和地区的语言相对很好,相反俄语的实践能力差一些。所以学生相对也比较差。但是他们的英语大都很好,包括学生。我教本科二年级精读课。班上学生都辅修别的专业。因为俄语的就业机会很少,所以同时要学别的东西,别的专业要到别的系去学。有的在商学院学会计专业,有的学生学土耳其语,我问在商学院会计专业学什么课本,学生告诉我学的是英语课本。美国课本,教师用英语授课。我问听得懂吗? 回答说听得懂,中学的英语底子好。当然都是比较好的学生。因为政大是一个比较好的学校,高分才能进去。这些学生从好一点的学校毕业,英语基本很好,可以听老师用英语课本上会计课。总体而言,我的印象是,台湾的中学英语教学效果比我们的效果好。咱们大陆的中学好像达不到这样的水平。台湾也是应试教育,上大学联考,跟我们统考一样。李锡胤教授是俄语毕业,但他的英语非常好,比俄语还好,他是有其他的原因。(他)是(解放前的)教会学校毕业的。

张宜： 张老师,您认为中国外语教育和研究的得失在哪里呢?

张家骅教授： 说说俄语教育吧。中学的效果不是很好,有个别的好,全国的六七所外语学校,那当然都很好了。但普遍的,尤其是东北,中学俄语教育保留比较多的地方,教师的师资水平相对较差,学生中学里学不到太多东西。大学的俄语教育效果,要我看也不是很理想。许多学生毕业以后,外语交际能力不是很强。部分好的也有,就是那些有自主学习能力的,有独立思考能力的,有创新能力的。比如说他们能充分地利用外教,充分地利用留学生,和他们交流、来往,打成一片。吃饭啦,买东西啦,玩儿啦,等等。这些学生的外语水平高,但是个别的。而相反,靠着课堂老师教,外语真正能听能说的,不是很多。我认为,这个方面就是外语教育研究的问题了。我们的课本,我们的词典,我们的教学方法、课程设计、整体人才培养方案,还存在着很多问题。还有就是人文素质不高,即便是外语好了,但在这方面,在大学期间,提高不是很大。别的学科不见得都是这样,我们的外语教学方面表现得确实比较严重。比如俄语专业,除了学习语言以外,还应学习文化。但是文化这方面学生知道得太少了。学生也顾不上学,因为咱们开的课太多了。除了听说读写综合训练的精读课,每周 8 到 12 课时以外,还有一套听说读写单独开设的课。两套课重叠相加在一起,把学生所有时间几乎都占了。不仅占了学生的课堂时间,把学生自习时间都占上了。一周 30 多个学时的课。他自己想要读书自习的时间都没有。所以人才培养的整个教学计划,各个环节都有问题。我自己认为听说读写的实践课应该好好学,但是不应该占满了四年的全部时间。因为即便四年学出来,也不一定就能自如地去听说读写,还得有一个到国外去实践的机会。现在有的学校,俄语学生有一年抽出来到国外去学。就是说精读课,加上听说读写分科实践课,总课时适当应该减少,增加人文素质课的课程类型和课时,比如文学课、俄罗斯国情课的课时。北外前任校长郝平主张广设通识课,建外交、新闻、经济、管理、法律、中文等专业,我认为很好。因为外语说到底把它本身当作学生一辈子的专业,好像不一定合适。因为对绝大多数人来说最终它只是一个工具。学生在本科阶段,除了外语,应该扩大其他方面的知识。外语专业忽视人文教育出现在 1949 年后,跟苏联学的。专门设外语学院,(在)外语学院专门学外语。现在俄罗斯的情况已不是这样,多外语加专业。比如莫斯科大学的亚非学院,那里学各种亚非语言,但同时,比如说汉语,有中国历史、中国经济,当然还有中国语言文学。这个中国语言文学有点像我们的外语系,剩下的就不像。它就是外语加专业。我们现在绝大多数还是照旧,本科就叫英语、俄语、日语等。专业就是这个。研究生才开始叫俄语语言文学,英语语言文学。外语本身作为一个专业也有我国自己的原因,就是汉语和英语,包括俄语属于不同的语系,距离比较远,花费的时间比较多。但尽管是这样,现在很多学校都在改。最起码是语言加文化。老模式的俄语系、英语系,单纯学语言本身还感觉时间不够,这个模式我觉得必须改。

张宜: 张老师,如果现在让我们总结俄语教育和研究的传统,您觉得有哪些是值得我们提倡的,哪些是我们中国特色的呢?

张家骅教授: 中国特色,我觉得 1949 年前的外语教育经验应该加以总结。那时候培养出来的人有些很不错。那时候不仅重视语言,还重视文学。有两个好的地方,一个好的地方就是人文素质教育效果较好,可能跟当初的学校结构有关。你看我们的很多大师出身外语专业。1949 年后,我们靠着现在外语的体制,好像这样的大师没有产生。我觉得如果讲传统,讲好的地方,我认为那个时代的东西应该学。

在语言教学方面,比较好的是,黑大的语言技能训练的传统方法应该继承。就是所谓"短平快"呀,"近台快攻"呀,"四小"呀,"五常"呀那些东西。上实践课(精读课)要求教师准备大量短小精悍、生动活泼、形式多样的言语练习,以保证教师与学生的互动尽可能多,频率尽可能快,课堂浓度尽可能大,紧紧抓住学生的注意力,培养学生积极快速的反应能力。言语练习包括小短句、小问题、小课文、小对话等。在课堂上利用有限的时间进行尽可能多、尽可能有效的训练。所谓"五常",指的是常用词、常用词形、常用词义、常用句型、常用句。我觉得这些东西要继承。黑大还有一条经验,但这不是大家能接受的:语法要放到语言教学的比较重要的位置上来。所谓"语法隐形",对于俄语不合适。因为俄语是一个(形态)变化非常丰富的语言。词形变化非常丰富,很难掌握。所以,不重视语法训练不行。以语法为纲,主题为线。语法训练是为连贯言语训练服务的。在语言基本功训练的过程中,把语法训练放到一定的重要位置上,这一直是黑大坚持的。以上是我们过去的一些重要东西,我觉得这些东西很好,要坚持。

张宜： 张老师,我个人有一个感觉,现在外语教育都是非常重视各种教学法,应该说教学法层出不穷。我接受本科教育是在 80 年代中期,我觉得我们在这段时间,特别是新中国成立以后这几十年的一段时间里,我们的外语教育是自己走过来的,我们在本土化上进行外语教育,我们跟东南亚一些国家和地区,其实是有很大不同的。那我们在这一块儿有没有我们自己的(教育传统),至少应该整理并且能够传承的一些传统。我觉得这些比刚刚我说的那些把国外的一些什么理论呀,各种方法教学法呀,一股脑儿地拿过来,也不知道适不适合中国特色,就开始实践(更要有意义)。还有就是包括我刚才跟您请教的外语教学的理论研究、应用研究。现在我们一届一届的硕士研究生也好,博士研究生也好,每个人开题也好,还是学位论文也好,都要强调创新点。拿出来论文毕了业走了,那我们到底有多少新的东西是值得我们在将来外语教学上去推广,没有人去考虑。所以这样的话,现在谁都想要拿出一些好的教学法。(**张家骅：** 标新立异。)对,标新立异,但是总是感觉外语教育还是发展得不那么理想,不那么尽如人意,你这边重视基本功,你这边人文素质可能就不高,他那边做人还可以,但是语言技能又不行,所以总是在这些方面有这样或那样的问题,中国外语教育改革到底应该怎样走才好呢?

张家骅教授： 这个我就难回答了。(笑)我觉得吧,研究这个问题,包括做博士论文、学术论文、课题,得调查研究,广泛接触,深入社会实际,去调查研究从过去到现在走过的这条路子,到底有一些什么经验和教训,最后归纳出自己的思想,才是真有价值的。如果脱离开我国实际去抄什么外国的教学法书,那我觉得没有用。因为外国产生的教学法,有它们各种各样的历史背景、历史需要。比如在美国、加拿大的英语教育,对外国人的英语教育,那是有社会语言环境的英语教育。在中国基本上没有这个环境,应该是两样的。东南亚国家和地区,那样地方的英语教育又是另一回事儿。尽管这些地方不是母语国家、母语地区,但是它的英语广泛使用。那样的地方,和我们中国也不一样。哪种教学法,大概它前边儿都有一个限定,是在什么环境里的教学法。离开了这个环境、限定就不行。比如真实任务教学法可能在北京多少还能做一点儿,你像在我们这样的地方,到哪儿去进行真实任务实践去?(笑)所以有的东西,它是和整个教学环境,整个国家,各种社会因素有关系。离开这个因素去研究教学法不行。中国现在这种特殊的情况,改革开放尽管进行三十多年了,英语教育应该怎样进行,好像和外国各种各样的教学法仍然有一点差别。你说这个对,我同意你的说法。(笑)你说有哪些东西我们需要巩固继承,我还真的不知道。我觉得还是应该想一想我们过去有哪些不成功的地方。(**张宜:** 好好总结,我们过去有哪些不足有哪些失误。)还有一些社会的因素是我们左右不了的。比如现在英语教学进步挺大,包括中学,那是什么原因。非常重要的一个原因是,孩子们都想出国。这个东西指挥着他们。(**张宜:** 就是社会也在帮我们做一些教育。)对!这和俄语(现状)不一样,社会的一些因素,不是我们教师、教学法能够左右得了的。(**张宜:** 您看现在的双语小学,双语幼儿园多火啊。)对呀,如果办得好的话,挤都挤不进,走后门才能进去。(笑)

张宜: 所以我想十几年以后他们长大了,作为成人学生的时候,那个时候的高等教育、外语教育肯定和现在还会有很大不同。和您所处的求学时代,和你们的老师那个时代的学习也都不一样了。

张家骅教授: 他们和我们不一样。比如说哈尔滨曾经有许多苏中,苏联的幼儿园,那个时代和现在又不一样。和社会的整体走向,和很多因素有关,不是我们人为能办得到的。(**张宜:** 就像您那个时代,您的中学,大学时代,基本上没有什么其他的文化,语种都谈不上,就是靠几个课本,几本书那么学。)我在大学学了五年俄语,没有接触过一个俄国人。为什么?因为中苏关系非常紧张。(**张宜:** 您看现在的小孩儿,听着 MP3、MP4 就把一首外语歌学会了。)所以这些因素很重要。咱们讨论外语教育得失的时候,要顾及这些因素,不全都是学校、老师的因素。(**张宜:** 不全都是我们语言工作者所能办到的。)在这些因素的前提之下,我们努力把自己的事办得尽可能好。(笑)

张宜: 时间也不早了,今天就谈到这儿吧。真的非常感谢张老师!今天让您受累了!

张家骅教授: 不客气!

宁春岩访谈录

受 访 者：宁春岩教授

访 谈 者：张　宜

整理/注释：张　宜

地　　　点：天津师范大学立教楼语言研究所宁春岩教授的办公室

时　　　间：2017 年 4 月 1 日，下午 2:00—4:00

张宜：　今天是 2017 年 4 月 1 日，现在是下午 2:00，我现在是在天津师范大学立教楼语言研究所宁春岩教授的办公室。我今天访谈宁老师的主题是形式语言学、生物语言学、句法学、神经语言学和语言障碍等。宁老师好！首先想要请您谈一谈您为什么会走上语言学研究道路，您为什么要从事语言学的研究？

宁春岩教授：　简单回答就是感兴趣，不为功不为名不为利，这是我这辈的学者共有的品格。我是(19)60 年在黑龙江大学英文系学英文，(19)64 年毕业。黑龙江大学跟北外原来是延安外国语学校①的两个分支，叫"外语大队"②。在延安时期我们党建了两个(外语)大队，所以说我们党很有远见，那个时候就有外语专业了。

张宜：　我采访过李锡胤老师。

宁春岩教授：　哦！我跟他很熟很熟的，我很敬佩他。黑龙江大学原来叫哈尔滨外国语学院，它跟北京外国语大学一样(有历史)。(当时)哈尔滨外国语学院主要搞

---

* 本访谈整理稿经宁春岩教授审阅认可。他做了一些补充和修改。

① 延安外国语学校即黑龙江大学和北京外国语大学的前身。

② 黑龙江大学成立于 1941 年，前身是在延安成立的中国人民抗日军政大学第三分校俄文大队。"外语大队"当时分为俄文大队和英文大队。

俄语,所以那里俄语语言学,也就是苏联语言学的气氛极浓。

张宜: 嗯,那您考大学就考的英语专业吗?

宁春岩教授: 对,我学英语专业。为什么说(黑龙江大学)跟我研究语言学有关系呢?就是(因为)它有一大批老学者,他(们)是研究语言学的,包括你说的李锡胤先生。[**周老师(宁老师的夫人):** 他是学英语的,本科留校任教。]他们的(学术)研究的气氛极浓。我当时(还是)小孩,年轻(的时候)很尊重他们这些有学问的人,受到了学术气氛的感染。还有一个(原因),当时的社会形态跟现在不太一样,估计现在的人都体会不到。那个时候没有任何其他的不该有的诱惑,没有任何诱惑,什么功啊、名啊、利啊都没有。你采访过李先生,他就是纯粹愿意做学问、研究问题。我年纪小,但是我属于这类人,愿意研究很多问题。我对自然科学社会科学都感兴趣。我(给你)举一个例子。我当初学原子的时候,我就想过,既然世界万物都是原子组成,那么你、我、他、电视、桌子都是原子,不过这个原子整了这么一堆变成"桌子",我这一堆原子就变成了"我"。你别看这个萌芽很幼稚的思想,实际上跟现代人搞的(类似),比如量子,听说有人搞量子语言学。现在有人把人的意识归结到量子,这太神秘了,反正有人这么做。(话又说回来)就是我对任何问题善于思考,愿意问为什么,也想(为什么),也正好我受了黑大那些老先生的学术影响。我当时(有)两个学术兴趣,一个是文学,一个是语言学。(除了你)采访过的李锡胤,还有一位老先生张允文。他已经不在了。他是我们国家第一个提到 Chomsky(乔姆斯基)的人,是 1957 年之后。Chomsky 第一本书 *Syntactic Structures*(《句法结构》)是(19)57 年出版的。出版之后苏联就批判了这本书,因为苏联那个意识形态肯定批判西方(包括)美国的语言学思想。张老师就接触到了他们的批判,我从他那知道有个人叫 Chomsky。(笑)他也讲过高名凯,他们也提到过当时的语言学(热点)问题。反正不多说了,(在)那个气氛中我就感觉到语言中值得研究的问题太多太多太多太多太多了!(笑)所以毕业之后就两个方向可选,一个研究文学,我对英国语言文学很感兴趣。因为当时北大的李赋宁、北外的王佐良,我都很熟,不是(跟他们)人很熟,(是)对他们的翻译(作品)、对他们写的教材比较熟,这是文学方面。第二个选择就(是)语言学。因为年轻,选择也很容易,(我)就说搞语言学吧!怎么搞呢?我就想起张老师提到的 Chomsky。(笑)(他的)影响很大嘛。(那时)国内很少有这方面的书,我仗着会英文的优势查到了一本。你可能知道有一本这么厚的辞典叫 *Who's Who*(《名人录》),就是(关于)人的百科全书,我查到了 Chomsky 的地址,上面有他的工作单位地址——麻省理工学院哲学语言学系。(**张宜:** 您就给他写信?)对! 年轻人没有任何顾忌,我有这种性格,我现在也有这种性格。(我)就给他写了封信,我说我对语言学感兴趣,我就写了一些关于语言研究的一些乱七八糟(的)看法。(笑)他很快就给我回了封信。我当时抱怨说我很少有(这方面的)书,书比较少(我)看不到。(当时)确实没有书,几乎一本没有。可以这么说,大概国外语言学原版的书一本没有。能看到的书无非就是高名凯和石安石写的《语言学概论》①那些书。所以他(Chomsky)就给我推荐了个人,这个人叫黄正德,是台湾人,在 Chomsky 手下做博士(项目)研究。黄正德就跟我联系。他给了我好多好多的帮助,寄给我很多资料。他又(给我)推荐了一个欧洲的语言学研究社团,叫 GLOW②,G－L－O－W,全称是 The Generative Linguists of the Old World,旧大陆生成语言学家学会。Chomsky 和黄正德都让我跟他们的负责人联系。我就说我们这有一些年轻人对语言研究很感兴趣,而且我跟 Chomsky 提了十个问题。后来发表在黑大的《外语学刊》③上。李锡胤老师也看过,(他)说很好。Chomsky 说我问得很好。哇! 我觉得我还能入点儿门似的。(**张宜:** 对您是一个激励。)(就这样)我就跟黄正德黄先生联系,也跟欧洲 GLOW 的那个(负责人)联系,他们就很鼓励、很支持我们这些年轻人去做现代语言研究。所以这样我就在 1983 年和几个人(一起商量要搞一个国际研讨会),这受到了黑龙江大学当时领导的重视,(于是)就召开了第一届哈尔滨生成语法研讨会④。国外有很多很多人来(参会)。李行德也来了。你可以想象(19)83、(19)86 年来那么一大批老外,哇! 惊天动地的事。我也不知道怎么弄成的,反正不是我个人啦。李先生他们这些人都很支持。虽然他不是搞 Chomsky 的,但他对 Chomsky 思想很了解,他支持搞这些东西,所以在黑大当时(领导的)支持下就来了很多人。其中包括徐烈炯和李行德,那时候我第一次认识李行德,开始成为朋友,一直到现在。我就对(Chomsky)越来越感兴趣,

---

① 高名凯、石安石:《语言学概论》,中华书局 2003 年版。

② GLOW 是一个国际性的生成语言理论研究组织,现有成员近两百人,大多数是欧美国家的青年语言学家,也有一些是亚洲国家的语言学家。我国有个别语言研究者加入了这个学术团体。GLOW 成立于 1975 年。当时荷兰语言学家 Henk Van Riemsdijk(亨克·范·里姆斯迪克)为国外语言学者组织了一个关于"踪迹理论"的演讲班。法国和意大利的一些语言学家闻讯后也前去参加。会后,Jean-Roger Vergnaud(让-罗格·凡尔纳)和 Riemsdijk、Jan Koster(扬·科斯特)发起成立一个国际性的语言研究组织,定名为 GLOW。

③ 指《乔姆斯基答问》,赵辛而,译,载《外语学刊》1980 年第 4 期。

④ 1983 年 6 月 14 日至 21 日,第一届国际生成语法研讨会在哈尔滨举行。中外语言学者 130 余人参会,其中有来自全国 26 个省区市 60 多所高等院校、研究机构的代表 87 人,列席 30 人,以及来自美国、法国、英国、比利时、荷兰等 5 个国家的外国学者 16 人。大会共收到论文 80 余篇。会议期间,除全体大会外,还召开分组讨论会八次,63 人在大会及分组会上发言。

宁春岩访谈录

因为不单我,还有几个同事对生成语法很感兴趣。(我们)感兴趣的思路不一样,有的从哲学上,有的从认识论上。1984 年在 Chomsky 和他的朋友 Henry Rosemount(亨利·罗斯蒙特,当时在复旦大学哲学系任教。他的学生后来都成为我们国内语言研究的年轻力量)的推荐下,我就获得了 Fulbright 奖学金的资助①。Henry Rosemount 很喜欢中国哲学,他也希望我们国内有人去到外面看一看当时世界语言学研究的状况如何。当时很少有人能获得这个项目的资助,我是东北地区唯一一个得到 Fulbright Scholarship 的。我就这样去了 MIT。(我)是(19)84年到(19)85年在 MIT 待了一年。(我)就感觉到中国语言研究跟人家差别太大了。不用讲别的,可能你出过国,现在好一点了,他们讲的课我估计包括我们的老先生们基本听不懂。这倒是次要的,最重要的是他们有那么多的书,研究语言的书,太多了!他们开那么多课,有那么多的专业的语言学刊物。而且他们那么多语言学系,我们现在还没有,目前还没有一个真正的语言学系。而且开的课程是那么那么的标准,所以我在 MIT 待了一年,一年就最主要是气氛的影响极大。但是我从小和其他人不太一样,我很孝顺。我有个母亲,我母亲瘫痪七年,我就伺候她七年。我去美国怀着一种朴素的情怀,(我)感觉人家比我们强,就是我的妈不如人家的妈好,但是(笑)我唯一的想法就是让我妈也跟她一样好。就是我妈穷,我没有嫌弃她。你妈有奶(笑),但不是我娘,OK。因为我的最强烈的印象就(是)感觉差别好大,所以我就怀着这个印象我说一定让我妈跟你们过的日子一样(好)。语言学(也)一样。我们在语言学上那么落后,也不能说落后吧,就是(我们)知道的不是那么多、那么深。……(这时门外有人敲门进来,进来的是天津师范大学的顾钢教授。)这位是沈阳师范大学的张宜,她要跟我访谈中国语言学研究,你进来吧!(**顾钢教授:** 行行,我听听。)好的好的。所以我第一感觉就是差别太大了。就是说我妈怎么这么穷,人家的妈怎么那么富?但是我没有嫌弃我妈,我看见我妈不如人富的时候,我说我让我妈也那么富。(**张宜:** 也那么好。)所以说这跟很多人不太一样。别人是有奶就是娘喽!我从来都不是。(笑)(上面说到的)那次会吕叔湘吕先生也出席了。(会上)好多美国年轻的姑娘,一个个问问题(笑)。吕先生说:"哇!美国的小姑娘都搞语言学!"我(因为)在 MIT(待过一年)开始能插上一点嘴。最欣赏、最令人激动的就是那么(多)书,那么那么多的书,再就是那么那么多专业的杂志。最有名的你知道就是 *Linguistic Inquiry*(《语言探究》),等等好多好多杂

① 指富布赖特奖学金(Fulbright Scholarship),美国政府设置的教育资助金。

志,不像我们这一个大学学报(里)什么都有,要讲落后或讲知识落后(指大学学报的内容),这是很重要的标记。刚才我说的我们没有语言学系,反正这反差太大了。我在 MIT 待一年最大的收获就觉得我们中国语言学应该多做点工作,所以我就从 MIT 回来了,中间还去澳大利亚待了半年。黄正德先生就说,他管我叫"Ning",他说你光这么旁观不好,你是不是应该念个学位?我说好啊。(**张宜:** 黄老师建议您。)因为他看着我(有)这个情怀,愿意给中国语言研究做点儿贡献的情怀,Chomsky 很影响我这种情怀。你去过美国,我不知道你感觉(一)不一样,美国的学者最瞧不起的是你瞧不起自己祖国,瞧不起自己家乡的人。(**张宜:** 说自己不好的人。)对,就是美国的学术界,别的界我也不接触。黄正德先生说你是不是念一个博士啊?我说好吧。这样回来之后我就在黑大教了两三年书。(19)87 年黄正德在 Cornell University,康奈尔大学,我就到那儿去了,在那儿读的硕士。我原来想一直读博士(因为遇上那场风波迟缓了),后来确实也读了两年的博士。我跟顾阳是同学,他是从内地出去后来到了香港的,也是黄老师的学生。读了两年赶上那场风波,(19)87 年到 1989 年的两年,那时我有好几个孩子(包括后来是女婿)了,孩子都在北京念大学,他们就牵涉了这个社会事件。(笑)我就说不行,我回来吧(笑),这不就中断(学业)了嘛!康奈尔大学有个规定,中断了你可以拿一个硕士(学位)。(笑)(**张宜:** 美国好多学校可以这样。)这样我就拿了个硕士回来了。待了两年。(19)91 年,我的心情也平静了,黄正德先生说你来吧(笑)……那时他在加州大学。他从康奈尔大学转到了加州大学,我就跟他又到了加州大学。(笑)(19)91 年到(19)93 年,我读了两年,我就拿到了博士学位。(**张宜:** 是在尔湾分校?)对,尔湾分校。(我)做完博士后 30 天我就决定回来,回来伺候我妈了(指服务祖国)。(笑)(**张宜:** 哦,您又回到黑大吗?)没有,我得找一个地方,能够搞生成语法的地方,我就找到了广外的桂(诗春)老师。(**张宜:** 您自己联系的?)自己联系的。桂诗春先生有一个最大的特点(是)他对新东西、新技术、新思想极其感兴趣。(**张宜:** Open-minded!)对!所以我就跟他联系。以前也知道一点,他说你赶快来吧。(就这样)我回国了就在广外开始了(研究)工作。(1993 年到 1999 年这期间差不多就)一直在广外①,当了博导。我有幸、我最感激的是在广外我教了几个博士生,比如温宾利、何晓炜、吴刚、伍雅清等,他们现在(年华)正好,还在工作。他们大部分都(已经是博导了),(我的)博士都带博士(生)了,我算有博士重孙子啦。

---

① 1995—1996 年,宁春岩教授在香港城市大学做访问学者。

（笑）（20）00 年我就想我们得搞语言学系，就是说我们缺语言学系，就是标准的、典型的语言学系，其中以句法、音系、语义这三门为 basic courses，其他（课程）都是附加的。所以我就选择一个像 MIT 的地方，那就是湖南大学。（笑）湖南大学是个理工科大学，它还算比较强吧，尤其工科还比较强，（这点很）像 MIT。这段（历史）顾钢老师也知道。对，你可以采访的还有这位！我忘记（给你们介绍）了，他叫顾钢。（顾老师笑。）（**张宜：** 天津师范大学外国语学院院长。）对。现在他调到其他部门了。我们都是同行，他也很了解我们国内的语言学。所以我非常不客气，你这个（访谈计划的）名单应该改一改，刚才我提出的徐烈炯、伍雅清、温宾利、顾钢等，我给你开一个名单，你应该采访这些人。（**张宜：** 好，谢谢！）还有一个最重要的是，我看见你的名单中，你出的那本书①中没有一个是在国外经过系统的语言学训练拿到博士（学位）的人。我是其中不是之一而是唯一的，就说（在）我这个年龄中是唯一的。其他人只是有（国外的）访学经历。（读书和访学）没有好坏之分，但是不太一样，你受没受过那个思想的熏陶就是不太一样。（宁老师对顾老师说）她出了一本访谈录，我认为不好，不是书的质量不好，（而是反映得）不全。你还应该（写）一本就是我说的这一系列的人，（比如说，赵世开先生，还有我们这里的王嘉龄先生。）可惜他们都已经不在了。（王嘉龄先生）他就（曾经）在这屋（工作过）吧。（笑）你应该跟他（们这样的人）谈谈，蛮有思想的。所以说光看现有的名气有时候不说明问题，你要看前途，放在世界语言学的范围内认识我们自己。你不信我要把你这个书翻译出去，我不知道你有什么预期，我的预期就是你给美国人看，（美国人说）"哇，怎么回事，怎么这样呢？"（笑）所以我就怀着未来要开设规范的语言学系的思想，我们去了湖南大学。因为它是理工院校，另外它（当时）的校长王柯敏是搞理工科的，他是搞化学的，他有理工科的逻辑思维的思想。他们开始不知道语言有什么可研究的，我们一讲我们是搞形式语言学的，他就想到数学、想到逻辑，他很容易接受。很巧的是我去外语学院，（当时的）书记叫李庆国，他是数学教授，（我们）好谈得来。这样他们就愿意支持我们成立个语言学系。然后得需要人啊，这样就去了一帮人，其中包括李行德、胡建华、伍雅清、张文忠、李兵、韩景泉、梁杰等等，还有几个人我记不住（名字）了。我现在记不住了，你要名单的话我回头告诉你。（我们）就建语言学系。然后也请国外人来看，很多外国语言学家来看，这才叫语言学系。大部分（语言学家）是欧美的了，主要是美国、欧洲、荷兰的这些语言学家，所以当时

---

① 指张宜：《历史的旁白——中国当代语言学家口述实录》，高等教育出版社 2012 年版。

觉得很好很好。课程就是按照北美的典型方式，就是我说的那个以 syntax（句法）、phonology（音系）、semantics（语义）为基础，从本科三年级开始招专门学语言学的学生，完全是按照那个模式办的。哎呀！可惜！（苦笑）要概括地说就是好多好多原因凑在一起了，只坚持了两年这个语言学系就有人待不下去了。要走不是我们自愿要散，是由于学术之外的原因。李行德先生 Thomas Lee 就回香港了。说到李行德，我很推崇他这个人，他到湖南大学是把香港现职的年薪 100 多万辞掉了，所以说李行德先生对中国语言学发展的贡献是很大很大的，（我）建议你不采访谁你也要采访他。这个事他不会自己讲（笑），只能像我、顾老师这样的人（才能）讲他的事情。几年后，大家都走了，我也走了，我就来到他（指顾钢教授）这里了（笑），其他人去到南开等高校，还有几个老师留在（湖南大学）那里。我也祝愿他们都能有各自的发展。（**张宜：** 您是 2008 年来到天津师范大学的吧?）对。所以你要问我为什么走上语言学道路很简单，就是（因为）我愿意研究问题。

我学英文出身的，我的环境都是搞语言研究的，就是黑龙江大学那些苏联传统的语言研究（风气）很浓厚。对我影响最大的就是你采访过的李锡胤老先生，人格上我也很推崇他，瘦瘦的，极朴素。他领着人编写《大俄汉词典》和《俄汉详解大词典》，过去没有计算机，手工的卡片一条一条（抄）写，昼夜不停地干了几年，真是做学问的（人啊）！所以他对我影响很直接，（我）搞 Chomsky 受他的鼓励和影响也很大。他本来是费孝通的学生，他搞过逻辑，他是（对）形式逻辑很有研究的人。

张宜： 宁老师，我还想请您谈谈家庭和当时的社会对您的学术发展有什么影响呢?

宁春岩教授： 家庭很简单，父母教育我就是要孝顺。我这个孝呢是广义的孝，不是狭义的。就是尊重、珍爱你出生地、你出生的家。我刚到美国 MIT 时，有人问我"你爱中国吗"，我听了我就很（生气），等于问我"你爱你妈吗"，等于这样的问题。他们为什么都问这样的问题呢? 他们不是恶意，但就是觉得中国那么不好，你到了美国看看我们这么好，意思说"你还喜欢中国吗?"当你说"我不爱中国"的时候，估计他立刻（会）蔑视你。美国的政治学者就是这样的。Chomsky 就是这样的，他会很蔑视你。我说我学完之后我立刻回中国，他说你应该这么做。Chomsky 的学术思想和他的人品对我的影响和对我们的研究（的影响）是很大很大的。所以说家庭对于我没有太多的影响，家庭的影响就是让我自己有出息，我的出息就是要有学问。当时的环境没有其他的诱惑，没有当官的诱惑，没有金钱的诱惑，没有任何诱惑。我继承了这种教育传统。（**张宜：** 也是那一代知识分子特有的情怀。）对，（那时）好多人都这样。像那批比我年纪大一点的，教过我的老师跟我的同事甬说全这样，基本上都是我这种思想。

张宜： 宁老师，您的个性对您选择这个职业和确定您的研究方向有多大影响呢？

宁春岩教授： 我的个性就是愿意研究问题，愿意思考。比如说，语言学研究的一个思考问题是"为什么人会说话，狗不会说话？"我们当时学生物学，学巴甫洛夫（学说），巴甫洛夫行为主义很典型的就是 stimulus and response（刺激与反应），S-R 的理论。行为主义解释"人为什么会说话"，（就是）后天刺激，刺激反应。但是这个学说（实际上）回答不了，人不是刺激。我当时想到读《红楼梦》的时候，贾宝玉生下来的时候他带来（嘴里含着）一块石头，（**顾老师：** 通灵宝玉。）对，通灵宝玉。假如这块玉跟贾宝玉的后天环境接触的刺激一样，但这块玉不会说话，贾宝玉会说话，所以用行为主义解释不了。为什么行为主义现在在美国很少有人用它，当然学习训练时（刺激反应论）是另外一回事。通过刺激反应对学习训练有帮助，但这解释不了最朴素的直观的现象。人们都知道，我要生个孩子不会说话，这不正常。所以 Chomsky 这一套（理论）正好最终想回答这个问题，而且提供了回答这个问题的方法，很多人都按这个方法在做。另外，我对自然科学感兴趣，同时我对人文科学也感兴趣。Chomsky 的语言学就是把语言看成是一种人种的物种的属性。研究物种，就是生物学的性质。美国大部分语言学系都认为语言是属自然科学，自然科学有自然科学的（研究）方法。虽然科学方法常见的就是实验室的方法，但是还有一种方法就是形式主义研究方法。可以用数学的方法，黑洞的发现，不是实验室能发现的黑洞的，而是靠形式主义算出来的。算就有一套算法。那么 Chomsky 就认为人脑是什么样子，估计比天上的黑洞可能还神秘。实验的方法搞不清楚，所以他用了形式主义的方法。我很欣赏这种方法，所以这好几点就凑到一起了，我就越来越感兴趣。我的同事、我的学生们，他们也感兴趣，我们一起研究问题、辩论。再就是也和整个早期的环境有关系。但是，我们国家的语言学界，就像我说的，它是以研究汉语自身为主。我从 Chomsky 这儿区分开了什么叫描写主义，就是 descriptive，和解释主义。科学，什么叫科学，科学在于解释，不在描写。所以他这个（观点）很深刻。他给你解释能力，解释为什么汉语"把"字句是这样或者为什么汉语有"把"字句。（科学能）给解释，为什么汉语这样，英文那样，斯瓦希里语那样。他得解释这个问题才行。比如说他还回答语言有多样性，这跟物种多样性一样。

语言的多样性不是说语言是无限多的，不是任何声音形式都是语言，它有限制。生物界也一样，生物物种有成千上万，但是成千上万的物种都有它们共同的地方，（它们）受着生物的法则的限制。Chomsky 就解释人的语言为什么有限，在有限范围内受什么制约限制。他找这个 constraint，UG（Universal Grammar，普遍语法）可能就是一种 constraint，人有 UG，动物没有。我有 UG，那我可能就说汉语；他有 UG，他说英文。就好比这种生物有一种 DNA，它就变成蝴蝶；另外一个生物有另外一种 DNA，它就变成大象。OK，这个差别在这儿。（也就是说汉语和英语的区别）无非是像蝴蝶和大象的这种差距，但是要在蝴蝶和大象之间寻找这个（共同的 UG）很难很难。Chomsky 讲到这也不是一辈两辈人能做得了的，他希望今后有人做。所以说学术兴趣浓厚的人对学术发展是极为重要的。（这样的人）不一定在乎多，有那么几个人也可以成气候。（**张宜：** 他就有一个引领作用。）还与整个学术环境有关系，那是学科学术之外的事了。大家全都抱怨现在这个环境不好，这么的功利主义。其实不要抱怨这个，你觉得 100 个人都功利，不太钻研学问，你做不功利的那一个两个不也挺好嘛！

　　所以，美国有些大学者，尤其像 Chomsky 的这种纯学术的精神在美国影响了一批人，在中国希望（也）能够影响一批人。

张宜： 宁老师，听您讲得非常丰富，也多姿多彩。那么哪一个人或者是哪一本书、哪一件事对您现在所从事的学术研究影响最大？Chomsky 吗？

宁春岩教授： 是的，Chomsky，没有别人。（**张宜：** 刚才您提到了张允文老师，他也是一个影响吗？）张允文老师很简单，他是第一个搞俄语的，他是新华社记者。(19)57 年 Chomsky 出了 *Syntactic Structures*，苏联人批判这本书。他（张老师）是搞俄语的，他能看到（这些）。他看到了苏联人批判 Chomsky 的 *Syntactic Structures*，也知道了什么是生成语法，他就（向我们）介绍他们的批判，我从他那儿知道了 Chomsky 这个人的。苏联的语言学思想我也知道一点，觉得不太过瘾，想看看其他人怎么做，我就想到了 Chomsky 这个人。不是张允文老师教育的我，他没有直接说。他无意提到，我听他在课上讲到 Chomsky 这个人。我想搞语言学，那总（得）找个（人）入门。为什么没在国内选择呢？当时吕叔湘先生还在，王佐良先生、许国璋先生他们都在，我和许国璋先生也有过通信。许国璋先生给我（用）毛笔写过信，让我（弄）丢了。（笑）他们都鼓励我搞现代的语言研究。最后我选择了 Chomsky，也不是很熟，我自己查的 *Who's Who*。（**张宜：** Self-motivation！）（笑）

我就是愿意自己找,没有人告诉我怎么做,我就这么做起来的。我就(用)那个 *Who's Who* 字典查到 Chomsky 在 MIT 语言学系的那个地址,(我)就写了封信,还邮去我一点这么厚关于英文语法乱写的东西。我给你讲讲让我高兴的事儿!(我用)打字机敲了一点东西,敲完我又复印一本邮给 Chomsky。当时复印要到公安局开介绍信,那时复印机只有在公安局有。乱复印等于乱印刷,乱印刷是违法的。所以就在学校开介绍信复印,用夹子(夹上)然后到邮局用介绍信邮过去了。当时的研究跟现在不太一样,但是这不是最本质的事。我人生感受最深刻的,你们都知道列宁,列宁当时写了《怎么办?》。他被流放到西伯利亚,那么艰苦(的条件)还写了一本书。再一个大伙儿都熟悉的司马迁,(在艰苦的情况下)写了《史记》。康德(也是如此)。所以语言学研究需要这种环境吧。(**张宜:** 远离诱惑吗?)它不是诱惑,是没有任何干扰。所以说宗教圣地都出思想家,(让内省的人)翻腾出各种各样的思想。这就是笛卡儿讲的人类的思想极其丰富,他能认识一切,可以在追求真理的道路上走得很远。不知道你知不知道有个叫 Plato's Problem①,就是 Chomsky 研究语言学的三个最基本的问题(之一)。它基于柏拉图有一个很奇妙的问题就是"经验给我们的那么少,但是我们知道的这么多","Given so little, we know so much."。How come? 这怎么回事? All Well,以前很有名的一个哲学社团问的(刚好)相反就是"我们知道这么多,但是我们能做的这么少"。这就是社会把你能做的、能会的东西都给你屏蔽掉了,给它尘封起来了,比如说孩子也是这样。我们搞语言学的都知道,孩子很小的时候比如婴儿(或)五六岁(的小孩)他也能区分开人类的所有的语言。最典型的例子像很小的孩子就能把日语中的"r"与"l"分开,大了就分不开了。在湖南我问过,湖南小孩也能把"n"和"l"分开,(长)大了就分不开了。就是小孩应该会很多潜在的能力,都被后天的教育、社会束缚了,给尘封起来了,忘掉了。所以最有名的一句名言,就是"To learn something by forgetting.",怎么 learn 的呢,是 by forgetting。就是你本来会的东西如果没有社会和环境(的制约),没有把它充分发挥出来,就都忘掉了。所以除了 Chomsky,没有人对我研究问题有影响。当然(我)周围的朋友也互相影响,包括李行德老师,还有我一些学生们,也包括我说的那些老先生。他(们)对我也有影响。

张宜: 宁老师,您在黑龙江大学、广外、湖南大学、湖南师范大学和天津师范大学

---

① 柏拉图问题(Plato's Problem)是乔姆斯基在其 1986 年的著作《语言知识》(*Knowledge of Language*)中提出的术语,指在有限的经验下,解释我们如何知道这么多的问题。

都工作过,这些大学的环境对您从事语言学研究有哪些不一样的地方呢? 您又是怎样处理教学和科研的关系的呢?

宁春岩教授: (对我而言,它们)都一样,无所谓。根据 Chomsky 生成语法的思想,环境是你个人营造的,动物都这样。比如说小孩学语言,他有一个办法就是营造一个(环境)。我们的周围实际上充满了 noises 的,但是我们人有这个本领,我们能从 noises 里边剔出来 human voices,把它们筛选出来。所以 human voices 就构成了我学习语言的环境,其他动物也这样。你要被动地适应环境是一种方法;如果你不喜欢这环境,要么你离开它,要么你改造它。再就是(与)人文环境有关系。我选择学校首先要看它有没有支持当代语言学与生成语法研究的环境。广外的桂老师很支持,湖南大学也支持,这里的顾钢院长他更支持。环境的选择主要看你的初衷是什么。当然我要找一个适合我学术发展的环境吧。

张宜: 您是怎样处理教学和科研关系的? 您也给本科生上课吗?

宁春岩教授: 上课。我在这里没有给本科生上,以前上。你是北外毕业的,北外有一句话对我(有影响)。我是学英文出身的,我 60 年代去过北外,北外的哪个老师说的我记不住了。当时任教老师有冀朝铸、王佐良、许国璋、钱青,她(指钱青)是英国回来的,口语极好。(**张宜:** 她上英国文学,我听过她的课。)北外流传着一句话就是学英文的(笑),换句话说只会英文的叫"低能儿",imbecile。就是只会学一种语言,没啥本领,就是没什么专业的意思。我认为这句话说得很深刻。我在湖南大学做过院长。我们现有的外语系就是专门以学语言为目的的系,不是正统的,跟其他的物理系、化学系平起平坐的系,因为它没有专业,(所以)是"低能儿"。(笑)这不是说他们本人(低能),而是外语自身没有专业。除非你研究英语,除非研究英美文学、研究语言学,这是有学问做的。所以说北外的这句话对我的刺激很大。我也觉得(19)60 年我在黑大(当时叫哈尔滨外国语学院)的时候,当时请了一个外教,很年轻,是美国的出租车司机,他来这儿是当老爷来了! 戴个墨镜,(学校)给他现修了一个坐便。那时我们中国学生、老师都没见过坐便,很好奇的。戴着金丝边眼镜的北大毕业的老师给他当翻译。一个外国的出租车司机怎么这样呢? 这就是我们把英文看成宝贝。这件事儿对我的刺激很大。所以我觉得我除了做语言学之外还有很重要的任务就是改造我们现有的语言教育。我在好多文章①里主张取消

---

① 参见《试论外语教学的自然法则》,载《中国外语》2007 年第 2 期;《对第二语言习得研究中的某些全程性问题的理论语言学批评》,载《外语与外语教学》2001 年第 6 期;《语言学研究方法》,载《外语教学与研究》1997 年第 3 期;等等。

英语专业，要以语言（研究）为专业为学科。（这样）不是不重视语言教育，你可以教语言，教什么都可以。（如果）语言自身就是专业的话，应该有苗语专业、藏语专业。美国的做法很好，（学）语言就去语言学校，就是 Language School，就是学语言去。（**张宜**：就让你去学说话。）（笑）对。然后你得学别的专业去，应该这样。所以我觉得我们搞语言学的人得担份任务，但是这个任务不太容易完成，因为我们国家当初（培养）出了这么多（专门从事外语的人），包括你们北外，包括北语。（20世纪）60年代初，周总理出访亚非拉后，我们国家缺翻译，他下了个命令鼓励（培养外语翻译）。当时开过十余所外语学校，其中有个秦皇岛外语学校，现在不知哪里去了，出了很多外语专科学校，后来出了很多很多英语系。我不是说国家不应该培养会说（外国）话的人，不是这个意思，但是它不是学问、不是专业，不能跟数学系、物理系、生物系平起平坐。所以我很关心我们国家的英语教育的改造和教师发展，这个是我们的一个责任。

张宜： 宁老师，在您的工作和治学当中曾经令您高兴的事和令您沮丧的事是什么呢？

宁春岩教授： 也没有高兴什么，沮丧什么。（笑）自己高兴的事儿是自己想到一个学术的问题觉得很精彩，然后别人很接受，这是最高兴的。自己想了个问题看到别人早就解决了（也）不沮丧。这个常有。在我们这个教育环境中，比如说我们让学生写论文写了半天，他自己想个问题能不能解决，想了半天人那边早解决了。你们这代好了，现在好多了，因为文献比较丰富。所以还是要把我们的环境和个人学术发展与成长放在整个的国际的环境中，不要就范于什么北外、北大和我们大陆（的环境）。你是搞什么（专业）的？（**张宜：** 语言学史。我是姚小平老师的学生。）太（巧了）！我和姚老师很熟的。他后来写一本书我很欣赏，《西方语言学史》①。姚老师（跟我）也算同学同事吧，他黑大的。我刚认识他（的时候），他也是李锡胤老师的学生。姚小平老师做学问（**顾钢教授：** 很严谨。）对。虽然我不搞语言学史，但是他身上很多那种学者的精神确实不一样。（**顾钢教授：** 他是伍铁平老师的学生。伍铁平老师应该去世了吧，他是北师大的。）（**张宜：** 不在了。嗯，伍老师后来从社科院去北师大了。）

张宜： 宁老师，您认为一位语言学家最应该具备什么样的学术修养呢？

宁春岩教授： 就是啥都不顾，一门做学问，（具有）科学精神。再就是跟同行多讨

---

① 姚小平：《西方语言学史》，外语教学与研究出版社 2011 年版。

论多研究。我不太喜欢那种术语叫"本土化",我们现在国内很流行"本土化",我不知道啥意思。比如数学没人叫"本土化",但是研究汉语只有我们有。反正就是所有的学科,你(应该是)全世界的科学家共同(参与)讨论。

顾钢教授: 我补充宁老师一句,我觉得刚才宁老师也提到了所谓"本土化",我觉得现在咱们国内语言学家有一个非常重的情结就是要搞所谓中国语言学,实际上我觉得是不应该这么考虑问题的,我们不存在中国物理、中国化学这样的名词。语言学作为一门科学是没有国界的,所以不要去纠结为什么。我们要遵循他们外国人,因为这(语言学的)理论是外国人研究的,所以(有些人就)要搞一个不是外国人(的),(是)我们中国人的语言学。任何追着外国人研究这样的理论就好像丧失了民族自尊心、自信心,这是很偏激的一种思想。比如说计算机的键盘为什么是按英文字母排的,是因为它是英美科技的产物。我们假设如果这个键盘是中国人发现的,它一定是按照汉语拼音的笔画,那么外国人就要按照笔画来学。这个东西不是说你人为地把它纠正过来。所以现在花了很多的精力去搞所谓中国语言学,要创一个什么理论,都是这样的,英语教学理论也这样。总的来说你看这些理论都不是我们自己的理论,我们一定要搞自己的理论。你为搞理论而搞理论你搞不出理论,越是这样你越搞不出来,所以到现在为止你就说有这么多人热衷于在搞什么中国自己的东西,有一个国际上承认的吗?没有。但是你看理工科就不一样了。理工科他没有一个说我要搞中国物理,那恰恰这样搞出来很多东西。你是在人家肩膀上站起来,但是世界是承认的。没有哪一门(学科)比方说咱们现在搞的这些大飞机或者火箭上天,没有标榜说这是中国的技术,唯一的技术对吧,这是共通的。如果你把语言学看成是一种科学的话,更应该是这样。所以刚才宁老师讲的"本土化"这个东西是不应该考虑这个问题的,所以我们现在很多精力花在这个上是错误的,就是一直都在纠结为什么我们一定要学西方的,不能这样去想问题。我们的目的就是为搞出一个中国的东西而去搞一个中国的东西,(这样)就搞不出来,任何时候你带目的性地研究东西你绝对研究不出来。

宁春岩教授: 对,他们汉语界有一个(观点)当然不是主流的,他们看西方理论好用,能用来描写汉语,能把他们"吃食堂"那个理论解决得很好,他就觉得好。不应该这么做。我理解这个结构其实很简单,这是个比喻,就是把食堂当成了食物去吃。这不是 syntax,跟 syntax 无关。所以科学就是科学,研究汉语可以对科学做贡献,反过来讲(也)这样。所以你要采访徐烈炯、李行德,包括顾老师在内,你会得出跟你前面访谈的那些人不太一样的印象。(这时宁老师的手机响起来。)对不起啊,我接个电话。(宁老师起身去接听电话,我接着和顾刚教授聊起来。)

张宜: 顾老师,您要是方便的话给我留一个联系方式吧。

顾钢教授: 我给你一个名片。(笑)我现在调到我们学校的图书馆去了,做馆长,(20)15年去的。我(之前)已经在这儿做了十四年的院长了。

张宜: 回头我把我的访谈提纲和与我项目相关的信息发给您,今天太唐突了!

顾钢教授: 没事没事。(笑)你做的这项工作还是很有用的,咱们现在的语言学研究基本上就两大范式:国外的和国内的两大范式。在国外受过系统(语言学研究)的含义就是想问题的方法是不一样的。因为如果是受过这种科学范式(训练)的话,你是不会去考虑这个东西是中国人做的还是外国人做的。我关心的是这个事情本身,但是国内的范式出来的,一般会比较考虑这个东西是谁弄出来的。四大发明是中国的,就感到很自豪,这东西不是中国人(搞出来)的,他总是有一种我们应该搞出一种(属于)我们自己的东西、感到自豪的那种东西。这样(的语言研究)基本就是社会语言学,就是人类学、社会学那个意义(范畴)上的语言(研究)。我也做一些英语教学方面的研究,我就发现基本是这样的,就是花了很多时间搞所谓的中国的英语教学(研究),就是为了搞而搞。[**张宜:** 教学模式啊!什么 ESP(English for Specific Purpose,专门用途英语)啊!]对。搞来搞去最后哪一个是真正的完全跟其他不一样的,是一个新的东西?没有。基本上还是把人家的东西改头换面一下,然后融入一些所谓中国元素,对吧!但是你那个东西最原始的还是不行,就跟那个服装设计是一样的。你要说一个新的东西它本源上就是新的,这叫创新。我们现在缺的就是创新。有的时候把所谓的变更就认为是创新了,就是搞出一个东西来我就是表面上跟人家不一样,这就是我们中国的东西,但实质上还不行,本源还是人家的东西。人家有很多东西比如说科学这东西,你就难以(下手),因为科学就是发生在西方、发展在西方,它整个的哲学思想都在西方,所以你想如今搞一套(属于自己的)科学这套东西就(不好做)。这与在国内(搞人文科学研究)是不一样的,老子、孟子这是另外一套,但你(搞)科学你就(得)发挥一下。所以假如你走科学这一路,你说斩断和它的联系,我要自己搞一套那不现实。所以语言学咱们现在基本这两个路径,有一个路径就是把语言研究就看成物理化学分子原理这样的去搞做这些东西,还一个路径就看成是社会现象。社会现象那就不一样了对吧,因为社会现象那就可以做很多解释,而且从某种意义上来说社会现象是很难有最终解释的,因为好坏无法定义,这就是一个社会现象。所以就很难搞出一个所谓的能够概括性很强然后预测性(很强的),这就很难。因为实际我觉得科学它最重要的一个特点,包括前面做的那些,科学最大的特点是预测。我想要做完以后比方 N+1 我用公式得到这个,所有加一都得到这个;但是在社会的环境下得出的结论,换一个环境就不一样了,对不对? 你说共享单车这个事,在别的国家可能是另外一个模样,但是到咱们这就不一样了,情况不一样。你的采访就是针对采访对象你要知道有这两大路径,所以你在理解他们的东西的时候大概可能理解得更准确一点,因为这不是两个对立的东西,而是两个范式。(这时候宁老师接完电话回来了。)

宁春岩教授: 就是研究兴趣不太一样。研究什么都值得研究,都得有研究兴趣,兴趣完全不一样,兴趣是人决定的。但是作为整个的一个学术群体,你还是应该四周看看、四周比比。除非你证明美国那套是极其落后的、极其腐朽的。吕先生他们也是受结构主义思想的影响,结构主义也是西方的嘛。现在不管是哪方,反正只要值得研究的,是一个科学的命题,是科学的课题这都值得大家研究。当然有人感兴趣,有人不感兴趣,这是另外一回事。这兴趣不会存在着褒贬,只是 difference。difference 不是好坏的差别,比如苹果、梨只是差别,没有说苹果比梨好,没有这样。但是作为整个的科学发展总有个历史过程,所以我希望中国语言学界有彻底的改变,改变就需要很多人,人的思想理念,需要年轻人。现在年轻人至少做学问的精神不如我们,也许他们别的比我们强得多,他的信息可能比我们知道得多。另外这个不在年轻的学者本人,而在学术环境、学术导向。

张宜: 宁老师,那您是怎样看待学术批评的呢?

宁春岩教授: 学术批评必须要有!

张宜: 您的著作和观点受到过批评吗?

宁春岩教授: 不知道,我也很少关注这些。我最感兴趣我自己的研究,这没人注意。很早我就在《当代语言学》[①]上发表了一篇关于"LF"的文章,就是"Missing LF",翻译成(中文)就是"逻辑式缺损"的现象。为什么说这个观点我自己现在觉得很激动? 就是在于这个没人引起注意,为什么呢? 就是 Chomsky 生成语法第一个影响最大的人就是黄正德黄先生,但他不是大陆的人,他是 Chomsky 的学生。他最大的贡献就是找到了一个 LF 句法的层次,他的依据就是汉语中"你认为张三喜欢什么?"和英文的"What do you think that John likes?"这两句话。英文 what 放最前边,汉语放最后边,位置不一样,但它表达的思想,它的 semantic 是一样的。

---

① 指《生成语法中的 LF 缺失》,载《当代语言学》2014 年第 1 期。

他用逻辑式翻译出来,这是很大很大的(贡献)。所以主要依据黄先生这两句话汉语和英文的比较得出了这里存在着一个语言的表面说出来不一样但是思想一样的一个层次,叫 LF,logical form,它的影响很大。我正好在这上头发现个问题就是 LF 既然任何语言都一样的话,汉语可以问"你喜欢谁写的书?"这么一句话,这句话应该有对应的 LF。可是对应的 LF 你找不到,(找不到)对应的英文能说出来的话,英文说不出来的。你不能说"Do you like the book who wrote?",不行,who 加前边也不行,所以我就断定一个看法叫"Missing LF",就是 LF 有的地方缺失了。(笑)有几个老外都觉得蛮有意思,可是我现在没时间深入写这些东西,我得写另外一本书。我去年在写《生物语言学概论》,我得 5 月 20 号交稿,现在整得焦头烂额的,那本书中我有很多很多别的一些思想得发挥一下,就跟黄正德黄先生那个(一样),正好也是一个我觉得人们会重视的现象,所以我没有太多的影响。另外我可能在学术精神上、培养学生上多多少少受过一点影响,我影响不了,社会影响、家庭影响比我厉害。所以我说温宾利他现在当那个英语语言文化学院院长之前征求我意见,我说千万别当。那不行,老师说的不算,也有好处。他当了院长如果他真是认真地搞学科建设也没有坏处。

张宜: 宁老师,在这么多主题研究方面您的研究特点是什么呢?比如说,您研究形式语言学、研究句法学、研究生物语言学。

宁春岩教授: 研究特点就是我现在能提出的问题要多于我自己能解决的问题,发现了好多好多好多的 problems,或者说是 research questions,问题多于我自己能解决的。这恰巧是 Chomsky 的精神。因为 Chomsky 的语言研究的目标非常宏大,甚至有的都不可能研究出来的宏大的目标,意思说他现在在 MP 说的不是 theory,不是造好了 theory 拿回去用。Chomsky 从来不说这话,说造好了 theory 回去用去吧,造好了这个回去教学回去研究汉语吧,从来不这么说。他说提出更好的 problems(才)是最好的进步,所以我现在提出了好多好多 problems,我自己回答不出来。我估计其中肯定有些 problems 会使人感兴趣,所以我就写了这本书,大部分是问题,这些问题也不是 solution,当然我提出的问题可能会给 solution 提供一些线索,一些思考,这倒是可能的。

张宜: 宁老师,您刚才提到的您正在撰写的《生物语言学概论》,这本书是不是能代表您在语言学研究方面的一些突破?

宁春岩教授: 我没有什么突破。(**张宜:** 您提出了好多问题。)这本书它涉及的领域太多,可以说生物语言就是生成语法。现代的生成语法它有个别名叫"生物语言学",生物语言学无非在原来生成语法要回答的问题后面加两个问题,一个问题就是生成语法有好多规则,有 UG 啊,在人脑的神经(系统里面)怎么实现的,这是经验性的课题,一个理论课题,这个课题以前都不太做。还有一个可能更深奥的就是语言进化问题。它要回答这些问题,所以它在以前生成语法基础上扩展起来了,但是离不开生成语法的形式主义研究。很简单,经验实证的方法看不出来天上的黑洞,也看不明白脑子里的黑洞,现在只能靠形式主义的计算推演。(**张宜:** 就像您说的算法。)对,那个天上的黑洞不是实验室能做出来的,是 Hawking(霍金)算出来的,因为黑洞的能量是没法实验的。世界上很伟大的比如笛卡儿他们的科学贡献,笛卡儿好像不做实验,但是人人都承认笛卡儿是现代科学之父,他基本上是靠形式主义的方法做演算。所以这是一个可推崇的方法。那么我为什么写这本书呢? 一是我自己感兴趣,另外我碰见了几个年轻学生,他们也蛮感兴趣的,而且搞生物语言学研究的队伍里大部分是年轻人,各界都有,动物界的、神经界的、脑科学的、语言的。但基础还是 Chomsky 的生成语法,基础基本上是这些东西。学会它这个方法才能回答这些问题,所以(关于这一领域)现在文献特多,里边充满了问题,所以我能够把问题看懂,把哪些问题能够联系起来,我自己想象可能蛮有意思的事儿,可能有好处。我举个最简单的例子比如说他们研究人跟动物之间的差别,人的交际跟动物的交际,他们都没发现(的地方)。其实很简单,动物不会问问题,狗的叫声无非有三种、四种。动物的交际的功能,一个是求偶、交配求偶;再一个是警报,来天敌了叫唤一声;再就是这块地儿是我的,领地(主权),(笑)再就是报告食物源,那块儿有好吃的快去吧这个意思。(**张宜:** 小蜜蜂跳舞。)对,它没有任何问答,不会问问题,动物的任何信息你找不出哪段表示问什么事,也不是 yes/no question,wh-question 更不会有的。假如这个观察事实是真的,你得回答"为什么动物不会问问题而人会问问题",你会得出很多很多关于人类语言自身的特点的解释来。有很多有意思的观察,有新的问题,所以我这本书主要是充满这些东西的。当然可能有些问题很荒唐,但是你很难证明说我提出的问题是荒唐的。如果能证明是荒唐,那就是了不起的科学进步。

张宜: 那我可不可以理解这些问题就是您对生物语言学的贡献?

宁春岩教授: 对,我也从中提出来有可能解决这个问题的一些可以思考的方向、一些线索,当然也有汉语的东西。顾老师(知道)我多少年来(研究的)那个问题就是"一匹马",线性的就是先说"一"再说"匹"再说"马",一—匹—马,是这样说出的声音。当你选定"匹"的时候你脑袋先出现的是"马",你思维的顺序是先出来"马",再选了"匹",可是你说出的顺序是先说"匹"再说"马",除非证明用"匹"选"马",大概不如用"马"选"匹"更经济。反正这好多好多事我一下想不起来了,很多人认为生物语言学是新学科,因为它要解决一个最最本质的人认识自己的问题,就是人认识自己的基因、认识自己的人脑,因为只有人会说话。因为 Chomsky 提出很好的一个意思说法就是人跟动物的区别,进化中是基因突变,就是二十万年十万年前突然有一个生物个体脑袋基因突变就产生了语言。这个突变的标记叫 merge,我对什么叫 merge 我有很多很多想法。我还(对)比过 physical merge 和 mental merge 是不是一样……所以我那本(书)为什么这么多年写不出来,就是总期待我能提出问题我自己再回答,我回答不了,它需要好多学科好多好多人去证实它。估计会有人有兴趣吧。Chomsky 最欢迎人们反对他,Chomsky 就自身理论最喜欢,顾老师称之为 counter examples,就是反证、反例,他不怕这个。传统语法不太一样,会找一些正例去支持结论。Chomsky 不一样,Chomsky 喜欢反例,用反例来推动假说的进步和修改,他的生成语法有一个很著名的(观点),跟其他科学一样,叫"可证伪性",就是能够被证明是错误的,不能被证明是错误的不是真理。不知道我们国家会不会接受这种哲学观点,不管科学接不接受这个。你比如说上帝、神、神话就没法证伪,我说孙悟空是石头缝儿里蹦出来的,没法证伪。没法证伪就没法证实,所以生成语法很追求这个,证伪的方法最好就是反面例子。这是我很喜欢生成语法另外一个原因了。(**顾老师:** 我要先走了,不能旁听了,图书馆那边三点半有个会,你们继续接着再聊。)

张宜: 好嘞,顾老师。再见!

宁春岩教授: 你应该访谈他(指顾钢教授),他是在香港拿的博士,他老师就是李行德。他是搞 syntax,他在这有好长时间了,他一直做外国语学院院长。他最近因为工作需要调到图书馆当馆长了。

张宜: 宁老师,我在查阅您的资料的时候我看到很多资料里面都提到您研究的领域涉猎得非常广,有形式语言学、生物语言学、句法学、神经语言学和语言障碍等。

宁春岩教授: 对,前四个已经被看成一类。生成语言学现在叫生物语言学,我们国内没什么人这么直接叫。神经语言学主要是我指导学生做过,我自己也做过研究。有个机器要 ERP(Event-Related Potentials,事件相关脑电位),就戴个帽子,那个我也感兴趣,自己也懂得一些,也指导学生做过,从里边去看看大脑的哪个脑区是管句法(之类的)。(**张宜:** 那能挺有意思的。)对。因为这里头有那个设备,有很好的心理行为研究院,有很丰富的仪器。天津师大这个研究院很出名了,国内也(排)前几名了,是天津师大很骄傲的一个研究院。原来有一个老先生他去世了,但是很多年轻人还接着做。他主要对阅读障碍,对脑神经机制做了很多很多研究,又出了好多书,国际上也很重视他的研究。

张宜: 宁老师,在您的这么多的研究方面您主要的贡献是在哪呢?

宁春岩教授: 我也不知道。但是我最近做了一个关于语言障碍的研究,这个是(20)03年、(20)04年前后我承担了一个国家社科的重点课题,叫"儿童语言(普通话)能力检测量表"①。它主要是检测儿童语言能力的一个工具、研发工具,是国家社科的一个重点(项目)。那时候还没人重视这个研究,所以国家就选择我研究。我组织学生一起做,做了很长时间,大概采集了3 000多孩子,做的是语料,就是出一些测试题到不同幼儿园做,然后统计计算一个常模,比如说在哪个语法项目上大部分孩子是一个什么样的表现。做了这样一个东西。(**张宜:** 李行德老师是不是做过一个粤语儿童的。)对,他在香港做一个。这个也受李老师的影响,他希望语言研究能够对社会有实际贡献,他做了这个项目。做完这个项目后来我跟顾老师还出了一本书②。反正搞了一些汉语学龄前儿童检测量表。我现在帮着广外他们继续做这个,是基于互联网的,儿童语言能力评估和障碍康复训练,一个网络系统。是基于互联网的,目的是让家长、医生在网上通过系统的正规指导能够帮助孩子在家庭这个最好的环境中对儿童进行自主操作康复训练。这个项目,project,比较大,是一个巨大的工程。(**张宜:** 宁老师,那我听起来觉得这个能力测量量表跟之前您研究的这些理论有点儿不太一样吧。)一样的。美国有一派就是关于儿童语言习得,你问李老师你就知道Chomsky的句法跟我们传统句法不一样。我们传统句法研究句子的结构,Chomsky的句法不是。Chomsky的句法就是研究孩子的acquisition。你知道LAD,Language Acquisition Device(语言习得机制),就是他最早在 *Syntactic Structures* 那本书中提出来的,提出儿童语言习得机制,就是跟那个联系很密切。现代生物语言学生成语法界通过有障碍的孩子能够看出来,因为他要寻找语言的神经机制嘛,有障碍的往往是有神经的问题,有基因的问题,有问

---

① 指宁春岩教授的"十一五"国家社会科学基金重点项目"儿童语言(普通话)能力检测量表"。
② 指天津师范大学语言研究所:《学龄前儿童语言能力测试》,天津大学出版社2012年版。

题的孩子正好反过来证明正常孩子,能找着什么基因什么神经能管句法,所以障碍研究也有助于当代生物语言学研究对正常人的语言机制的理解。这是理论研究。可巧,这个对于帮助孩子,有语言障碍的孩子康复有指导意义。那么广外这些学生也搞过儿童语言,接触过语言障碍,他们希望这边能够按照这个理论的理解帮助设计更好的康复训练的指导和康复训练的一些题目。其中有一个最重要的观念就是"家长是最好的康复师",这跟西方看法不太一样,西方认为不是(这样),认为专业的治疗师才是康复师。家庭环境是最好的语言,就是利用家长和家庭环境给他们提供(康复)环境,这不是否认专业医师的作用,就是充分发挥家长家庭的作用。另外这跟国家健康中国的政策(也相吻合),国家提倡搞健康中国。孩子除了生理、身体、身心健康外,希望他语言健康发展也是这个研究(要)做的。做也主要靠学生做了一些,估计得要很长时间能做出来。另外我参与了美国他们研发的一个叫DREAM-C的项目,参与研发了他们那个系统,主要是关于汉语儿童句法能力的一个检测量表。他们不太喜欢用"检测",他们希望用"评估",用 assessment,不太用"检测",就看孩子什么语言发展是不是正常,跟他们搞了两年。那个大部分题是我设计的,根据美国一个教授叫 Jill de Villiers(吉尔-德-维尔利斯),她来过两次,我们讨论设计的那些(题)。题设计出来了后我领着天津师大的学生去了好几个地方,采集了 2 000 多个孩子,其中有效的可能有 1 000 多个,去了天津、北京、上海、成都、广州、茂名等地。(**张宜:** 这么多地方啊!)对,带着设计好的一套题,到那儿去做。题不是随便在纸上的,是放在苹果平板电脑上的,(事先)画好了叫他们做的。因为这种统计比较严肃,受试的孩子们的测试时间都一样,都是电脑操作的。数据是我们采集的,统计分析是美国人在旁边做的,它现在已经变成产品了。其实我们也能统计,但是他们希望他们统计,最后做出一个量表,就找出来哪些遗传项目,有条线。这条线就跟血压计似的,这条线高于这个就是正常的,低于这个就是有问题的,这样可以筛查出有问题的孩子。这个工具 DREAM-C 已经在几个地方开始应用了。(**张宜:** 那您头两天的会议叫"言语语言障碍评估与康复研讨会"跟这个有关系吧。)对,就是这个。这个(会议)就是围绕着这个项目开的一个研讨会。因为我们这儿有老师学生参与,广外也有老师学生参与。大家一块来研讨,看以后得怎么做,征求他们的意见、要修改。

张宜: 宁老师,您现在主要就是带这个硕士生呗,在咱们语言所带硕士生和博士生呗?

宁春岩教授： 这里没博士，这里没有博士点，我只带硕士生。

张宜： 我看那个栏目上面那个语言所的那些同学的照片那是硕士研究生？

宁春岩教授： 对，大部分都是硕士研究生。有的博士都不是这里毕业的，博士我只是在广外带过。

张宜： 你们现在这个团队有多少老师、研究人员呢？

宁春岩教授： 有多少人？名字我能数出来但不知道有多少。有我，有顾钢、李茹亚、柳娜，她是黄正德的博士。李文新也是博士，尹玉霞博士、王萍博士、何佳博士，（大概）有十一二个吧，全是博士。我们这儿比较全就是从语言学科建设的规范上和内涵上，比如说有搞句法的，我和顾老师，还有两个。还有搞儿童语言习得的、搞音系的，搞音系的比较多。刚才我说过一个就是王嘉龄老先生，他是我们国家最早搞音系的人，可惜他去世了，他后边留下很多学生，现在拿了博士的这里有四五个吧。还有搞儿童语言习得的就是李茹亚老师。

张宜： 宁老师，你们这个所是隶属于外国语学院还是天津师范大学？

宁春岩教授： 它归天津师范大学管，它属于这一级认可的一个研究所，但它实际上是归属外国语学院，所以这些老师大部分都还得在外国语学院那边兼课。这点和北外的语言研究所不一样。北外的语言所是独立的，它跟英文系没关系。它是隶属于学校的。我们这是学校批的研究所，但是依靠的还是外国语学院，它没有独立的编制。我不知道这个怎么弄的，反正不是自己办的。

张宜： 宁老师，那您在外国语学院还任课吗？

宁春岩教授： 任课。但是我现在只教研究生。给他们上生物语言学、句法和语言习得；过去上过语言学方法论。每个学期都有课。（**张宜：** 您还得指导研究生论文吧?）对，平均每个学期有一个吧。我的研究生很少，比如这一届只有五个，这个学校招研究生不太多。有搞翻译的、文学的，搞语言学的只有五六个，年年都这样。

（**张宜：** 您主要带的就是句法方向的吗?）不一定。也有搞语言习得的。

张宜： 宁老师，您是在什么样的一个情况下选择来天津师范大学呢？

宁春岩教授： 什么情况下，就是原来想在湖南大学办语言学系。

张宜： 当时是叫"认知科学研究所"吗？

宁春岩教授： 对，有叫"认知科学研究所"，同时也有个"语言学系"，来了十来个人，都还比较不错的。

张宜： 啊，这么大个团队呢！

宁春岩教授： 对呀，包括李行德，包括现在在社科院的语言研究所《当代语言学》的主编胡建华，后来他走掉了。包括南开大学的李兵、张文忠等好多人。后来他们不太适应那个行政环境然后就走掉了。我就还想找一个适合搞生成语法研究的单位，这个地方是最适合的，因为它历史很早，(19)83年就有人在这儿了，就是王嘉龄先生。那个时候他就已经在(这)儿搞生成语法了。他也搞句法，但是后来主要搞语音、搞音系，很厉害。我主要是搞句法。天津师范大学生成语法的传统还是很悠久的。顾钢老师是(搞这个的)，路继伦老师也是。顾老师是十好几年的老院长，他一直在这儿。因为他的学术兴趣就是这里边最强的项目就是生成语法研究，国内都知道这个地方，人也都在这。（**张宜：** 所以您就选择这儿了?）对。湖南大学跟这不太一样，它比较杂，它也搞认知科学、认知语法，搞语用。比较杂，所以我就离开那里到这里来了。

张宜： 宁老师，您来的时候是以"特聘教授"的身份吧?

宁春岩教授： 我是先退休在湖南大学。我虽然没到退休年纪，（**周老师：** 他是为了到这儿才在湖南大学退休的，如果他不到这儿来的话可以在那儿一直干的。）对，我就愿意到这个环境来吧。

张宜： 在我看来"特聘教授"应该是引领学校学科的一个学术带头人。

宁春岩教授： 现在是把我命名成"特聘教授"。我那个证书哪去了都不知道了（笑），上边好像写着"特聘教授"。（**周老师：** 他现在是两边兼着，广外那边也是。）广外那个是他搞一个project学术项目。因为我是老广外的人了，比较熟，我的学生也在那儿，所以我们一起做项目。

张宜： 目前搞的这个能力测量表也是跟广外合作的吗?

宁春岩教授： 对，是他们的项目。是广东省支持的项目。

张宜： 这次会议他们也是协办的，有个什么创新中心。

宁春岩教授： 对，广外有一个"语言协同创新中心"。有名大学都有协同创新中心。对，搞语言为社会服务，就搞这个项目。北语有。北语他们搞一个"语言产业园"，就是李宇明他们搞的语言产业园，在北语外边的15万平方公里建造一个极大的语言产业园。估计主要是它的语言服务吧。第一个是教汉语。（**张宜：** 对，对外汉语现在太火了。）对呀，教留学生。再就是提供翻译服务，还有一个就是搞语言治疗，也算社会服务。

张宜： 时间不短了，太感谢您了！您有什么著作可以送我吗?

宁春岩教授： 我在这儿没有什么作品，送你一本我编的《现代外语》吧。（说着，宁老师为我找来一本《现代外语》2016年第1期。）我最大的贡献就是我们国家过去所有的语言学杂志包括北外的、黑大的杂志都站不起来，这是第一本让中国语言学站起来的（杂志）。真的，你查一下。过去都是那种钉骑马线那种（**周老师：** 这个封面都是他设计的。）所以我让中国语言学站起来了，这个是我搞的。（笑）

张宜： 我太幸运了！我看见中国语言学站起来了！（笑）宁老师，您怎样看待Chomsky的理论在中国的发展与实践？

宁春岩教授： Chomsky做了很多interview，他也善于interview，他们interview的内容跟我们的完全不是一样的。Chomsky最有名的、对世界语言研究最有影响的interview就是（我们国内有人翻译过的），（对）搞行为主义的斯金纳，Skinner的interview。它也近似于采访，但不是（采访），它就是辩论，影响极大。就是（关于）Chomsky批判行为主义。

（当时）美国语言学界曾经发生了一场，叫"语言学和认知科学革命"，就是从Chomsky开始的，50年代初期。所谓"革命"就是它对语言学研究产生影响极大，应该说（这场革命）是现代当代语言学和传统语言学的分界点。我们国家研究语言发展史的人都知道这个事，但是在我们国家的学术环境中没有（相关介绍）。就是我们（的语言学研究）没有这种所谓革命的很大的变化。所以现在还是今后，由于我也说不清的环境原因，科学背景原因，社会背景原因等，我们现在国内主要研究还是集中在对汉语自身的研究上。

对应于我们研究汉语的人，在美国找不到对应的研究英文的人。英国人、美国人，研究英文很可怜的。（笑）他们和日本也不太一样。日本人研究本族语，研究日本语也比较厉害，有传统。但是日本人有另外一面，就是研究当代语言学、心理语言学比我们国家也（要好）。起步差不多少，但是它力量比较雄厚，发展得快。韩国当然也有研究本族语的传统，这点很像我们，我们都是用现代语言学的思想或者某些局部的概念来研究汉语。我不是说这不好，应该研究。这说明什么呢？（我们）没有抓住当代语言学的研究对象。当代语言学的研究对象彻底改变了。过去局限研究语言，研究语言问题，研究具体的语言，但很传统。但是Chomsky之后，最典型的、最精练的说法就是把两千多年研究语言这个传统转向研究语言背后的（东西）。比如研究人脑、神经等，但是用他们现在流行的国内很接受的方法就是UG，就是Universal Grammar，研究这个。但是我们现在对UG的看法跟Chomsky本人的看法很不一样。（笑）最典型、精练的关于 UG 的定义，Chomsky 本人说是 genetically endowed property，即基因规定下来的一种属性。所以他的研究等于回答了一个简单的常识，比如说"人为什么会说话，动物不会说话？""小孩为什么在语言环境下能够说话，其他动物不能说话？"现代很多汉语研究不涉及儿童语言习得。

所谓研究 Chomsky 的句法，不是研究句子。Chomsky 的句法就是关于孩子习得的理论，就是孩子怎么从一个不会说话又说出了那么那么多话，这是怎么回事，在寻找这个东西。把孩子放在任何语言中、环境中都能学会 given language，句法就回答这个问题。我跟研究句法的李行德老师、戴曼纯老师都很熟，他们也都在湖南大学工作过。我认为李老师对内地的语言学研究贡献极大，虽然（他）现在不在内地工作。

我不是说研究汉语的语言学不好，我没这个意思。国内有些学者研究汉语是为了教好汉语，比如对外汉语。但是情况绝对不是这个样子的。你问 Chomsky 研究语言干什么，他说没用，就跟你问达尔文为什么要研究进化论（一样）。难道我们学会进化论是要重新把猴子再进化成人？任何科学（研究）自身没用，当科学变成技术的时候，那是另外一回事。（笑）科学自身没有实际用处，不是为了解决任何实际问题。比如说研究天体、研究牛顿、研究引力，研究那干什么，没用，没有一个开引力公司的。

所以我说我们国内汉语界的大部分学者，包括你曾经采访过的人，他们研究汉语的贡献极大。（但是）我知道研究英文（的人）没有一个能赶上我们研究汉语（的人），这个现象值得研究。难道英国人他们都（是）傻子？他们为什么不研究英文呢？（笑）如果（我们）不（把对汉语的研究）放在整个世界语言学（研究的时空里）去认识我们自身的发展，我觉得至少这样（难免）会比较片面。

张宜： 因为时间的关系，宁老师，我们今天就先谈到这儿吧。将近两个小时的访谈，让我颇受启发和教益。谢谢宁老师啦！

宁春岩教授： 别客气，不用谢。

江蓝生访谈录

受 访 者：江蓝生教授

访 谈 者：张　宜

整理/注释：张　宜

时　　　间：2016 年 10 月 17 日—2018 年 8 月 1 日

张宜： 江老师您好！2013 年我的"中国当代语言学口述历史研究"获批国家哲学社会科学基金项目，为圆满完成这个项目，本人很想能有机会就汉语语法史、词汇史等主题访谈您。您一直很忙，无暇当面接受我的访谈。为此，您在 2016 年 10 月 17 日给我回复的邮件里说"为了支持您的工作，现发去我的学术自传，您可从中取己所需，编排成访谈体，定稿后经我过目即可"，我认为此建议甚好，于是，便开始筹划此事。鲁国尧先生、游顺钊先生和项楚先生也都强烈建议我务必要访谈您，这也更加增强了我要做好您的这个笔谈式访谈的信心。其间，我因一直忙着四处奔波做访谈，形成这篇访谈手稿的时间有些拖延。抱歉了！除了您提供给我的您的《学术自传》，我还参阅并学习了您的相关著作和论文。如果有不当之处，还请您体谅并指正。

　　江老师，首先请您谈谈您是怎样走上语言学研究道路的，您为什么会研究语言学？

江蓝生教授： 张宜老师，你好。1962 年夏天我高中毕业，那年暑假里的一天，我中学的教导主任对我说："江蓝生，你吉星高照，考上北大中文系了！"其实，我原本

---

* 此文稿依据访谈提纲框架，在江蓝生教授授权的基础上，根据她的学术自传和相关著作整理而成。江蓝生教授做了认真的审阅、补充和完善。

是想考新闻系,将来做一名新闻记者的,但那时候北大不设新闻系,人民大学新闻系那一年又不招生,我这才把北大中文系作为第一志愿的。

我小时候就比较喜欢读书,没有人指导,能抓到什么就读什么。小学时爱看小人书,一些名著,如《水浒传》《三国演义》《西游记》《红楼梦》《聊斋志异》《三言》《二拍》等,我最初都是通过小人书了解到的。小学五年级的暑期我从上海来到北京,记得那时一放学我就钻进小人书铺里看书,看一本一分钱,临走时租几本带回家去看(租一本二分钱),看完了再来选换几本,如此循环,就这样完成了我的文学启蒙。

上中学后,我开始读这些书的原著。同时又喜欢上唐诗、宋词,有时也尝试着写几首自以为是诗的东西。有一段时间,我特别爱读《古文观止》里的经典散文,印象最深的是陶渊明的《五柳先生传》、李密《陈情表》、骆宾王《代徐敬业讨武曌檄》、刘禹锡《陋室铭》、欧阳修《醉翁亭记》等,读到精彩处,不觉吟诵出声,陶醉其中了。高中阶段,我开始读《鲁迅全集》和《史记》,还读了一些世界名著,高尔基、契诃夫、陀思妥耶夫斯基、肖洛霍夫、巴尔扎克、莫泊桑等大作家的著作都读过一些,有些读得懂,有些似懂非懂。托尔斯泰的名著《战争与和平》是在考上大学那年暑假为补课而读的。

除了读书,我初中时还接触到了民间的戏曲曲艺。我家附近的白塔寺每月都有几次庙会,有卖花鸟鱼虫的,有卖北京风味小吃的,还有表演杂技、耍把式的,但我每次都钻进一个大帐篷搭成的小戏园子里听戏。所演的戏目现在有印象的是《三娘教子》《苏三起解》《武家坡》《甘露寺》《三不愿意》等,有京戏也有评戏。台上生旦净末丑的穿着打扮、唱念做打、插科打诨让我觉得十分新奇、有趣。每演完一段,戏班子的伙计就端着笸箩到观众跟前收钱,一出戏中间要收好几次钱。我读书的中学离西单很近,那时西单商场二楼有一个表演曲艺的场所,放学后,我经常溜到那里听相声、大鼓、梆子、坠子等地方曲艺,也是听上一段收一次钱。我对这类曲艺节目谈不上喜欢,但不知为什么也不愿离开,家里给的零花钱大都花在这上面了。高中时我开始迷上了北京人民艺术剧院的话剧,是表演艺术家舒绣文的粉丝,有一次还和两个女同学冒昧地闯入她家拜访。现在想起来,我的兴趣和知识底子在中学阶段已经基本养成了。沿着这个路子,按说我应该成为一个文学青年,从事文学创作、文学研究或搞新闻报道之类的工作的,事实不然,命运让我走上了另外一条我原本毫无思想准备的学术之路。

1962年9月,我带着对人生的无限憧憬进入北京大学中文系学习。中文系从一年级就分文学、语言、古典文献三个专业,因此我们刚入校门不久就面临选择专业的"终身大事"。我和绝大多数考入中文系的同学一样,满脑子做的是文学梦,很少有人主动选报语言专业,系里就派朱德熙先生给我们新生做动员。朱先生知识渊博,口才又极好,他把语言学介绍得十分生动有趣。其他的话,今天都不记得了,我只记得朱先生说,学了语言学,你们就能知道孔夫子是怎样讲话的。后来才知道这是指学了音韵学、汉语语音史能了解上古的音韵系统。我被深深地吸引了,打动了。在考虑了自己的客观条件之后——我觉得自己的逻辑思维能力似乎要强于形象思维,另外对语言比较敏感,俄语成绩好,于是就报了语言专业。回想起来,是朱德熙先生最初把我引进了语言学的大门。

北大中文系名师荟萃,光是语言专业就有王力、朱德熙、高名凯、周祖谟、袁家骅等一批顶级教授。到我们 62 级时,王力先生等老一辈的语言学家已经基本不授课了,给我们上课的都是一班风华正茂的中青年老师,如唐作藩(音韵学)、郭锡良(汉语史)、石安石(语言学概论)、裘锡圭(文字学)、陆俭明(现代汉语语法)、王福堂(方言学)、王理嘉(现代汉语语音)、陈绍鹏(古代汉语)、符淮青(写作)等,后来都是各有专攻的国内外知名语言学家。大学时代的生活是丰富多彩的,那个时代的大学生都是充满理想的青年人。不过,那个年代政治运动、社会实践很多,上到大四,又开始了"十年动乱",因此我们在学业上受到的冲击是比较大的,满打满算只读了不到两年半的书,说是"入宝山而空归"并不为过,对此我一直耿耿于怀,至今仍很感痛惜。

张宜: 家庭和社会对您的学术发展有多大影响?您的个性对您选择职业和确定研究方向起了多大的作用?

江蓝生教授: 我的父母都是年轻时就参加革命的老干部,他们一生勤勤恳恳工作、严于律己、忠诚于党的事业,父亲离休后还多次被评为优秀共产党员。我父亲爱读古文和史书,买了《资治通鉴》《史记》《汉书》等,每一本上都有他阅后画的红道道,这也许是家庭在学业上对我的唯一影响吧。父母虽然在专业上不能指导我,但家庭的背景和他们的言传身教对我思想品质的养成起了潜移默化的正面作用。1941 年至 1945 年间,身为新四军干部的父母奉命到安徽含山无为地区做隐蔽发展工作,1943 年 11 月,我在含山县出生。为了不影响工作,父母在当地农村为我找了一位奶妈(奶妈的丈夫已被发展为我党党员)。后来父母随队伍北撤,把我寄养在奶妈家里,这一放就是 6 年,我是吃奶妈的奶、在奶妈的抚育下长大的,直到全国解放才被母亲接到上海。

童年的生活几乎全不记得了,唯有一件小事却留在我的脑中。奶妈家是贫农,孩子又多，很少能吃上肉。记得有一次吃饭，孩子们端着碗在屋后院子里吃饭，吃着吃着，我在米饭底下发现了一块肉，便很高兴地吃了。当时我并没有多想，直到大一些的时候才明白，奶妈是怕别的孩子知道，才偷偷把肉埋在我饭碗下面的。这就是一个不识字的农村妇女对革命后代的大爱！我们常说人民养育了我们，人民是我们的父母，我懂得这句话的含义。听父母说，队伍撤走后，国民党还乡团回来，为了斩草除根，他们到处搜查新四军留下的孩子。奶妈两口子把我藏到山里的尼姑庵里，一位人称老斋公的尼姑婆婆收留了我。敌人曾把老斋公抓去吊打拷问，但这位尼姑婆婆始终没吐口。就这样，我的命被保下来了，活到了今天。每当想到这些我都禁不住流泪，这种感情像种子深埋在我心底，对我成年后的政治思想和人生观的确立有深刻的影响，为我指引了正确的人生方向。

1949年秋母亲从上海到含山来接我时，奶妈也随同一起到了上海，为了让我适应新的生活，她在那里陪住了一段日子。一天，我到处找她找不到，知道她离我而走了，就大哭起来。那时新中国刚刚建立，父母工作很忙，根本顾不上管我和弟妹。我被送到南京，先是在华东军区第三野战军干部子弟保育院，后来升到三野干部子弟小学，一直住校，过集体生活。解放初期，南京上空不时有敌机飞过投弹。记得有一次周末，一位警卫员战士接我到父亲的战友家去，路上遇到敌机低空飞掠而过，那位小战士一下子把我按倒在路边的弹坑里，趴在我上面用自己的身体保护我。当时我也不知道害怕，长大后才懂得那件事意味着什么。因此，我热爱人民子弟兵，对人民军队、对解放军战士有一种天然亲近的感情。

"文化大革命"期间，我还在北大，借着"大串联"的机会和两个女同学做伴到含山去看望奶妈。从我6岁分别到22岁重逢，整整过去了十六年，我根本记不起奶妈的样子了。见面时，我哭成了泪人儿，而奶妈只抹了一下眼角，她说："你走后我眼泪都淌干了！"然后，就不声不响地烧锅做饭，杀鸡蒸鹅。第三天奶妈一直把我们送到十几里外的汽车站，我哭了一路。1971年秋我回到北京工作，很快想到要把奶妈接来，让她跟我享享清福。在北京期间，我带她逛了许多景点。在天安门广场，她对我说：我们那里的人没有人来过北京，也没有人到过天安门。语气中颇带自豪、满足，我听了自然很高兴。谁知她只待了一个多月就要回去，说是扔不下家里的猪，家里的鸡鸭鹅，我只好送她回去了。奶妈去世时，我正在山西一个山沟的学校工作，接到信时，丧事已经办完，我除了寄些钱，没有做其他的，是个不孝的女儿，一辈子愧对她。

因为"十年动乱"，我们62级学生直到1968年暑期才分配工作，推迟了一年。

除了个别同学外，我们都被分配到远离北京的边疆和基层。我被分到山西省孝义县兑镇中学当老师，兑镇地处吕梁山区的山沟沟里，因附近有煤矿，所以竟有铁路可达。我抱着"是一块煤，在哪里都能发光发热"的信念，决心在这里好好工作。学生都是方圆十几里内的农村孩子，朴实、真诚、刻苦，我很快就跟他们打成了一片。我不仅教高中语文，还要教化学，于是就边复习边教学。我努力学习当地的方言，几个月后，我就硬着头皮用孝义话讲课。有一次县教育局来听课的干部问别人："她是哪个村的？"我知道后很为自己居然能以假乱真而高兴。周末和假期我有时到学生们的家里做家访，亲眼看到有的农民家里几乎一贫如洗的状况，这无疑拉近了我和他们的情感距离。1969年冬天，我生下女儿50多天就从北京赶回兑镇。为了不耽误带学生出外劳动，我给女儿找了一个当地的奶妈。两周后，当我看到孩子躺在她家炕上，内衣缝里有虮子、虱子时，心疼得忍不住落泪。我的表现得到了当地群众的好评，被选为孝义县党代表大会代表（我在大学四年级时入党），到县里开会。会议结束后，县委组织部部长找我谈话，说是县里要提拔我当县妇女主任，我想也没想就说："不行，我不合适。"他劝说了一番，我还是没有点头。他让我当晚住在县招待所考虑考虑，第二天再说。我在屋里踱步，心想步入仕途，也许是很多人求之不得的机遇，但这却不是我想要的，我宁愿在小镇上当一个教师——在那里有时间读书，可以过比较平静的读书人的生活。想到这里，我决定不辞而别，趁着月色踏上返回兑镇的路途。从县城到兑镇约有四十多里山路，我一个人在黑地里沿着铁轨深一脚浅一脚地前行，两边是陡峭的山壁，我怕得心怦怦怦地跳个不住：要是遇见坏人怎么办？要是遇见野兽怎么办？要不等明天再走吧？但是我的双脚还是在心的指引下不停地向前走着，终于历经四五个小时后回到了镇上。这是我人生的又一次选择。

1971年林彪事件以后，我有机会调回北京，在北大附中教书。虽然那时生活比较安定，工作也很顺利，但我并不甘心终此一生，心里总在期待着什么。1976年10月打倒"四人帮"后，这种期待就更加热切了。1977年秋，我带着学生在颐和园义务劳动，忽然听见高音喇叭里广播说国家将恢复研究生教育，将于1978年春举行全国统一考试。我的心一下子跳起来，兴奋、激动，多少年来，我在冥冥之中等的、盼的就是这一天啊！我要把从大学时代到"十年动乱"前后流逝的岁月寻找回来。

张宜： 1978年您就这样报考研究生了吗？三年读硕生活您是怎么度过的？

江蓝生教授： 1978年9月我以总分第一的成绩考入中国社会科学院研究生院语

言系古汉语专业,那时我已年近 35 岁,女儿刚上小学三年级。接到录取通知书后,出于对著名语言学家吕叔湘先生的景仰和对知之甚少的近代汉语专业的好奇,就冒昧地给语言所和吕先生写了一封信,表达了想转而学习近代汉语的愿望,没想到我的请求被吕先生和所里同意了,就这样我得以十分幸运地师从吕叔湘先生和刘坚老师学习近代汉语专业。

读研究生的三年,我充满了求知的欲望,终日都在读书补课,主要是读古代白话文献,也间或读一些语言学理论著作。古代白话资料数量巨大,光是吕先生专著后面列出的参考书目就有 200 余种,我带着紧迫感一篇一篇、一本一本地读,边读边做笔记,边读边做卡片,每天都沉浸在书海之中,感受着读书、求知的愉悦。那时我下功夫较多的是敦煌俗文学作品,不仅细读了王重民等先生辑校的《敦煌变文集》、任二北先生的《敦煌曲校录》等有关著作,还尽可能地到北京图书馆利用阅读机阅读了一些敦煌写卷的缩微胶片。

张宜: 江老师,您的硕士论文是关于什么的?它是您开始从事近代汉语专业研究道路的起点吗?

江蓝生教授: 读研三年里,导师吕叔湘先生和刘坚老师对我和师兄李崇兴进行了悉心的指导,使我们从门外汉走上了专业研究的道路。刘坚先生建议我对两种同名敦煌俗赋《燕子赋》加以校注,以此作为我的硕士学位论文①。这两种俗赋各自的写本众多,故事内容贴近当时的社会生活,口语程度很高,其中的方言口语词汇丰富,释读起来难度较大,做起来要综合运用文字学、音韵学、训诂学、语法学、版本学、校勘学等多门专业知识,很适宜对硕士生进行全面的训练。我翻了很多韵书、字书、类书,借鉴了蒋礼鸿《敦煌变文字义通释》等前贤的有关研究成果,也注意到现代汉语方言中去挖掘材料,寻求答案,可以说"无所不用其极"。20 世纪 80 年代初国内还很少有对敦煌变文等俗文学作品进行全面校注的成果,这篇论文算是较早实践的一篇。吕叔湘先生、刘坚老师仔细阅读了论文草稿,提出一些重要的修改意见。吕先生当时已年届 76 岁高龄,他批改得很仔细,连标点符号也不放过。最让我难忘的是,论文中有一条书证是从宋代类书《太平御览》中转引的,没想到吕先生亲自查找到了原始出处,并将原文用红笔抄在稿子旁边,我看后顿时羞愧难当,仿佛听到先生无言的批评:为什么不用第一手资料?做学问怎么能偷懒取巧!从此我将此事引为教训,不是万不得已,绝不使用第二手材料。参加我硕士论文答辩

---

① 《敦煌写本〈燕子赋〉二种校注(之一,即甲种)》,载《关陇文学论丛(敦煌文学专集)》,甘肃人民出版社 1983 年版。

会的老师中有大名鼎鼎的文史专家王利器先生,《红楼梦》语言专家周定一先生,他们出于对后学的提携、关爱,都褒扬有加,其实他们哪能看不出文中的瑕疵和软肋?王先生会后递给我一页纸,上面写着几条具体意见,我感动得不知道说什么好,这就叫"大家风范"啊!今天实事求是地讲,论文中确有不少新见确诂,但也有一些待质甚至明显有误的地方,只要跟后来项楚先生、张涌泉、黄征先生的敦煌变文校注相比就可知一斑。所以,对我来说,撰写硕士论文最有意义的是让我接受了一次正规的专业训练,让我尝试了做学问的过程、方法,引领我站到了学术研究的起点。

硕士毕业后我留在语言所近代汉语室工作。最初三年多是给吕先生做助手,帮助他整理补充早年未完成的书稿《近代汉语指代词》,这使我得以继续在先生门下学习,进一步体会到先生是如何搜集材料、归纳演绎、分析综合的。这三年中我每两周到先生家一次,听先生论学和谈论时事,也因此对先生的治学和为人有了更深的了解和感悟,这对我此后做人和做学问都有潜移默化的影响。

张宜: 如此说来,请您谈谈哪一个人,哪一本书,或者哪一件事儿,对您现在所从事的学术研究影响最大?是什么因素促使您从事近代汉语研究和词汇研究的?

江蓝生教授: 对我从事学术研究影响最大的人当然要数我的恩师吕叔湘先生。从1978年9月到1998年4月吕先生去世,20年的时间里,有许多值得我终生咀嚼体味的片段。正如一首歌词说的,"从来不需要想起,永远也不会忘记"。我在吕先生身边度过了一生中最重要、最值得留恋的时光。我读研的时候,他是中国社科院语言所所长,工作十分繁忙,为了带动其他老先生带研究生,不顾自己已是73岁高龄,招了现代汉语、近代汉语、英汉比较三个专业七名学生。(19)78年10月28日,吕先生给我和师兄李崇兴讲授近代汉语的专业目标和读书方法,为我们指引学习的门径。(19)79年3月6日,吕先生提醒我们要注意佛经资料和笔记小说中的白话片段;讲到首先要搞一批白话资料以供研究之用。那天吕先生还畅谈了汉语工作者的任务,指出语言学研究的几个方面(语音、词汇、语法)是有机联系的,要求我们搞近代汉语研究的也要了解现代汉语,关注现实生活中的语言文字问题,要掌握一般语言学的理论,等等。(19)81年夏天我毕业留所工作,(19)82年1月13日吕先生约我到他家谈话。他说:"你研究生时期主要学习词汇,这是可以的;但从今后长远来看不能只及一点,不及其余,应该搞一些语法、语音问题,要了解整个历史演变的过程,纵的、横的都要有较全面的认识,当然自己研究要有重点。现在有些人把自己划在一个圈子里,这种现象很不健康。"关于我今后的工作,吕先生说:"我给你出一个题目——'研究历史语法的方法',一万字左右。写这种文章有实践更好,但你把别人的文章总结一下,借写这篇文章做一番整理工作,找出一些规律来,可以推动自己的学习。"吕先生让我重点从王力先生《汉语史稿》中册、太田辰夫先生《中国语历史文法》、他自己的《汉语语法论文集》以及丁声树先生的几篇古汉语论文中体会研究方法。我照他的话做了,他看了文章后说:"该说的你都说到了,但是这篇文章不要发表,等你自己今后有了切身体会再说。"吕先生就是这样从大处着眼,循循善诱,使我在此后的学习和研究中受益无穷。

所谓近代汉语是相对于古代汉语和现代汉语的汉语史的一个分期,一般指从唐五代到清初这一时期的古代白话。白话是跟文言相对的书面语,较多地反映了口语的实际面貌。上古的书面语跟口语之间的差别较小,但是随着时代的发展,口语不断变化,而作为书面语的文言文却沿袭先秦文献几乎固定不变,文言文跟历代实际口语的距离越来越大,以至于形成言文分家的局面。这种言文分家的畸形现象直到1919年"五四"新文化运动才受到根本的冲击,从那时起,以现代口语为基础的白话文(即语体文)才开始取代文言文,成为中国人普遍使用的书面语。反映口语的白话文在古代文献中,特别是有唐以来,唐诗、禅宗语录、敦煌变文、宋词、宋儒语录、宋元话本、元明戏曲、明清拟话本、小说等都有反映。显然,研究汉语发展史应该以上述反映历代口语的白话文为资料才是科学的。最早提出"近代语"与"近代汉语"这个学术概念的是著名语言文字学家黎锦熙先生。1928年,黎先生在《新晨报副刊》发表了题为《中国近代语研究提议》的文章,揭开了近代汉语研究的序幕。对黎先生的主张积极响应、身体力行者是吕叔湘先生,他从20世纪三四十年代起就投入对近代语的研究,发表了一批材料翔实、观点新颖的近代汉语专题语法研究论文,后来收在他的《汉语语法论文集》中。可以说,黎锦熙先生是"近代语、近代汉语"这个汉语史分期术语的首发明者,是近代汉语研究的首倡者,而吕叔湘先生则是近代汉语研究的拓荒者和奠基人,所以我能有机会跟着吕先生攻读近代汉语真是三生有幸啊!

那时候,吕先生日理万机,非常繁忙,他通常在家中的客厅兼饭堂里授课,个别辅导时就在他的书房。

吕先生的书房不大,大约有十五六平方米的样子,三面是书柜,临窗一面是矮桌和凳子,上面放着一摞摞书刊。书桌在屋子的中央,左右两侧摆放着木凳,上面也是摞得高高的书刊。整个书房被书环绕着,虽显得拥挤却不杂乱。先生坐拥书城,对每一类书的位置所在都了然于心,每当需要哪本书时,他都能很快找到。他对面的椅子是供来访者坐的,我在1982到1985年给先生做助手的三年里,每两周到他家一次,就坐在那里听先生论学和谈论时事。在做学问方面,先生给我印象最深的是他那辩证、科学的学术思想。

吕先生既教我做学问,也教我做人。记得我为他整理《近代汉语指代词》一书时,吕先生拿出一沓一面已印上铅字、一面发黄的旧白报纸让我做稿纸用。自那以后,我也养成在旧稿纸背面打草稿的习惯。吕先生一家人生活极其简朴,却拿出那么多钱用于奖掖青年、发展教育;他遵守规章制度,借书按时归还,从不逾期;他无私奉献,舍得花时间为他人作嫁衣;他淡泊名利、刚正不阿,既有棱角,又宽厚慈祥,所谓大乃能容,无私则刚也。他对自己后事的安排也令人敬佩:捐献角膜,遗体供医学解剖,种一棵树,骨灰撒在坑内,不做任何标记……吕先生为学为人都给我给我们后辈以深远的影响,高山仰止,不可及也。吕先生的道德文章,他对我的教诲和期望一直激励着我,成为我自强不息的精神动力。

除了深受吕先生的影响外,还有两位先生对我的学术成长也起到了重要作用,一位是日本著名汉学家太田辰夫先生,另一位是美国康奈尔大学教授梅祖麟先生。1987年我到日本京都大学人文科学研究所做访问学者一年,参加了当时任教于京都产业大学的太田辰夫先生主持的研读会,太田先生在学术上的敏锐和准确的判断力给我留下了难忘的印象,他那慈祥的笑容经常在我的脑海中浮现。梅祖麟先生有关语法史、方言本字考方面的论文,在语言理论和研究方法上都对我有许多启发和帮助,听说他和老伴现在在美国一家养老院安享晚年。

张宜: 江老师,自1978年起,您就一直在中国社会科学院语言研究所近代汉语研究室工作。自1985年历任研究室副主任、主任、副所长、所长,1998年10月至2006年10月任中国社会科学院副院长。2003年3月至2013年2月任全国政协委员(其中2008年3月至2013年2月为常务委员),社会法制专业委员会副主任。又任国务院学位委员会文学语言学科评审组召集人之一、国家社科基金语言学科评审组组长、中国语言学会常务理事、中国辞书学会会长、北京大学汉语研究中心学术委员会主任……此外还有许多学术的和社会的兼职工作,常年过着双肩挑的繁忙而紧张的生活。请问,您是怎样处理教学和科研关系的?您又是怎样兼顾管理和诸多的社会兼职工作的?

江蓝生教授: 记得1998年9月当我得知自己被作为副院长人选时心情很纠结,并不情愿。李铁映同志(时任中央政治局委员,我院院长、党组书记)找我谈话,我谈了自己的兴趣和研究规划,表示自己的能力、性格以及语言学学科背景都不是社科院副院长的合适人选。铁映同志听后对我说:"在延安时,毛主席让李先念同志搞经济工作,先念同志说我不懂经济,经济学考试才得了 17 分。毛主席说,让孔祥熙当好不好? 先念同志说:那还不如我当。"铁映同志还举了其他一些事例耐心地给我做工作,最后,他用不容分辩的语气说:"我看你能当,以后不要再谈你的美好蓝图了,好好抓工作。"在这种情况下,我还能说什么呢? 我想,毕竟还在学术机构工作,自己是作为学者的代表进入领导岗位的,就更应该把学问做好,力争学术、行政两不误。我是一个责任感很强的人,答应了的事情就会努力去做,不会因为做学问而敷衍工作;我又是一个钟情于学术的人,不愿放弃学业和学者的身份。双肩挑压力很大,但我始终把压力当动力,一直在两者之间求平衡。"长恨此身非我有,何时忘却营营?"苏东坡此言正是我学术生涯的写照。

时间好像海绵中的水,只要挤,总是能挤出来的。我科学安排时间,见缝插针,化整为零,不放过一刻钟、半小时的时间,节假日也大都用在写作上;我不搞形式主义、文牍主义,努力提高工作效率,尽量不让繁重的行政和社会工作过多地影响自己的学业。其实,行政工作虽然花去了我大部分的时间,但它也历练了我观察问题、解决问题的能力,开阔了我的政治视野和学术眼界,提高了自己的思想认识水平和精神境界,谁能说这些对学术研究没有帮助呢? 我分管科研工作,重点联系文史哲各所,分管过图书馆、杂志社、出版社、网络中心等。作为院领导经常要出席各所、各学科、高校乃至国务院和中央等单位的会议,经常要致辞、讲话、发言等。每当这时我都尽量自己起草讲话稿或发言提纲,为此去查阅有关专业的书籍、资料等,几年下来,我的文史政经知识增加了不少,看问题的视角也得以扩展。我担任国家社科基金语言学科评审组组长十几年,每年都要吸收评审组专家和业内同志的意见修订"学科指南",这类工作有利于培养宏观思维能力和学术战略眼光。一年一度的评审工作也扩大了我的语言学知识面,较全面地了解本学科发展的现状和趋势。

在行政工作、学术研究之外,我前后带了 7 名博士生(其中 2 名博士后)。他们都各有特点,各有专长,无论他们在读期间还是毕业之后,我们都是学术上最能深谈的朋友,所谓"亦师亦友""教学相长"。至今学生们每写一文仍常跟我讨论,让我提意见;我何尝不是,往往从文章酝酿之时就跟他们讨论,写好之后请他们挑错。我们都互不客气,知无不言,言无不尽。这种真诚平等的关系使我们互相获益,师生情谊也不断增进。我之所以是幸运的,不仅是得到吕叔湘先生的言传身教,还因为遇到了几位品学兼优的弟子。

世界上的事情都是互相关联的,行政管理和做学问在掌握实情、抓住主要矛盾、实事求是地分析综合以及妥善加以解决上是完全相通的,可以相互增益的。世界上的事情有得就有失,有失也必有得,关键在于自己能否善于化失为得。记得我在大学三年级时到湖北省江陵县搞"四清"、四年级又到北京郊区延庆县搞"四清",这些活动除了让我了解了国情,锻炼了工作能力,领略了江南、塞北截然不同的自然风光和民俗而外,还让我初步了解了这两处的方言特点;分到山西工作,又让我熟悉了晋中方言,这些都对我后来的学术研究大有助益。人生的每一个经历都是一笔财富,此话一点儿不假!

张宜: 在您的工作和治学中,曾经最令您高兴和欣慰的事情是什么?

江蓝生教授: 对于一个学者,特别是一个从事语言文字研究的学者,最令我高兴的事儿,肯定也是与我的工作和研究息息相关的事儿吧。我举两个例子来回答你这个问题。

2005 年下半年开始,应我院语言研究所科研工作需要,我把主要精力转到了辞书的编纂和修订,除了主编中国社会科学院重大项目《现代汉语大词典》[①]外,又先后担任了《新华字典》第 11 版和《现代汉语词典》第 6 版的主持人,全面负责修订工作。我把它称之为压在身上的"三座大山"。吕叔湘先生也说早年他主编《现代汉语词典》"可以说尝尽了甘苦,或者说只有苦而没有什么甘",因此在接手上述三项工作时,我是有一定的吃苦受累的思想准备的。

为了保证编写质量,我认真学习总结《现代汉语大词典》的编写经验,针对《现代汉语大词典》以往修订中尚未全面系统解决的若干问题拟定了十多个研究专题,由课题组和所内研究人员逐一进行调查研究,我自己也对其中的三个专题进行了研究。在整个修订过程中,我们始终贯彻"植根学术,跟进时代,贯彻规范,系统稳妥"的方针,着力在提高词典的科学性、时代性、规范性和实用性上下功夫。在七年中,我用尽了心力,除了跟其他同志承担相同量的编写、修订、校对工作以外,还要负责审读每一位同志的修订稿,处理各种遗留问题和疑难问题。长期超负荷的脑力劳动使我经常失眠,有几次因用脑过度而晕厥。《新华字典》第 11 版和《现代汉语词典》第 6 版出版后不少业内专家给予了很正面的评价,连我们在许多细微处所用的心思他们都察觉到了,我有一种高山流水遇知音的欣慰。能把品牌辞书的质

---

① 中国社会科学院语言研究所编,江蓝生主编:《现代汉语大词典》,商务印书馆 2021 年版。

《现代汉语大词典》是在现代语言学理论和辞书编纂理论指导下,以丰富、扎实的文献和口语语料为基础,以《现代汉语词典》为参照而编纂的、系统反映五四运动以来百年现代汉语词汇面貌的大型原创性语文词典。词典共分五卷,收录单字字头超 1.3 万个,各类词语 15.6 万余条,配例 40 多万个,全书规模达 1 200 多万字。

量提高到一个新的水平,能得到专家和读者的认可,此前的一切付出,比如视力下降、失眠、腰背酸痛等都是值得的。辞书编修工作虽然辛苦,但我在苦中也尝到了"甘",那就是得到了一次把书本知识和专业研究的经验综合运用到辞书编纂实践中去的机会。我们中国的学术传统,历来主张学以致用,所谓"为世用者,百篇无害;不为用者,一字无补"。能把基础研究与应用相结合,解决一些实际问题,使我感到自己的专业知识有用,学术研究有社会价值,这或许就是我追求的读书人的幸福和快乐吧。

还有令我高兴的事儿是,年过七旬以后我感觉自己依然有学术研究的能力和学术创新的活力。最近几年除了忙于编纂《现代汉语大词典》外,我还连续发表了几篇深获同行好评的学术论文,如《超常组合与语义羡余——汉语语法化诱因的新探索》①《说"勾、够、觳"——〈华音撮要〉连一介词"勾"考源》②《再论"们"的语源是"物"》③等。其中第一篇是基于汉语的实际从理论上探讨汉语语法化诱因的文章,有较强的理论性和明显的创新点,不妨在这里多说几句。

关于语法化的动因,有关学者几乎都接受西方学者的观点:语义相宜性和句法环境是诱发一个词汇语法化的两个必要条件。问题在于,光有必要条件还不够,还要找出语法化的充分条件,然而迄今为止,对于语法化的充分条件的讨论还很不充分。尤其缺乏个性化的汉语语法演变诱因、演变过程和演变规律的揭示。经过多年的探索,我认为常规结构式组合关系变异和语义羡余是语法化的主要诱因。所谓常规结构式是指汉语历史上逐渐形成并固定下来的最典型、最有代表性的若干结构式以及它们所固有的语义关系。常规结构式组合关系变异包括组合成分的词类变异、义类变异、语义变异以及组合成分的省略、添加、紧缩、叠合等等。如果一个结构式是典型的常规结构,那是不足以启动语法化的程序的,它必须要借助于异常的组合以及由此引起的语义关系的变动才有可能往语法化的路途上走。因此,我们不宜笼统地说连动式是某些动词语法化的诱因,而要区分常规结构式与非常规结构式。特定的句法结构和句法位置只是语法化的前提条件,不是语法化的真正诱因。语法化的真正诱因在于常规结构式的组合成分发生了变异,非典型化了。变异打破了原结构式的句法和语义平衡,语法化的完成则使变异句建立起新的平衡,或者使一种常规结构式演变为另一种常规结构式,或者产生出一种新的结构式。

---

① 《超常组合与语义羡余——汉语语法化诱因的新探索》,载《中国语文》2016年第5期。
② 《说"勾、够、觳"——〈华音撮要〉连一介词"勾"考源》,载《汉语史学报》第十七辑,上海教育出版社2017年版。
③ 《再论"们"的语源是"物"》,载《中国语文》2018年第3期。

有些实词在特定的句法结构中只经过一次组合的变异就具备了语法化的充足条件，比较直观，不难看出其演变的语境和路径。有些实词的语法化不具语义相宜性，从起始端到终端，不能一眼就看出来，是经由句法与语义多次变异与互动引发的，路径隐晦，不能一眼就看出来，是研究的难点所在。

　　常规结构式组合成分的变异是语法化的主要诱因，导致组合成分可以突破原有的规范而发生变异的主要原因在于以下两个方面：

　　其一，一种语言的句型再丰富，跟人类所要表达的客观和主观事物、思想感情来比总是有限的，为了利用有限的句型表达无限丰富的语义要求，就需要突破常规句式规范的束缚，用一些超常的组合来提高结构式的表达功用和效率，即从典型组合扩大到非典型组合。

　　其二，有些变异组合可以行得通，从根本上应归因于汉语的特点。汉语基本上不具有形态特征，汉语的动词可以直接指称该动作行为而不必有任何形态变化，也就是说汉语的动词可以直接名词化，所以它就可以比较自由地出现在常规结构式中名词的位置上；但它毕竟不是典型的名词，这种异样搭配会引起原结构式的句法结构和语义关系的变化，成为语法化的诱因。

　　此文的亮点还在于发现语法化的诱因跟结构式组成成分语义复指、语义部分重合和语义同指有密切的关系，文章把这三类现象概括为语义羡余，认为组合成分语义羡余是语法化的特殊诱因。语言中的某一成分如果是羡余的，那它的语义就容易空灵化，就容易虚化，如果羡余成分恰好处于汉语句法结构的某个功能词的位置，它就可能语法化为相应的虚词。许多语义羡余现象是常规结构式超常组合造成的，它往往对语法化的完成起决定性作用，应特别予以关注。

　　从语义的相宜性来说，语法化跟源头实词的词义有不容忽略的密切关系，因此，正确地判定某个虚词用的是不是它的本字就十分重要。由于语法化往往伴随着音变，有些还是跨方言的叠置式的音变，无法用合乎规律的历史音变来解释；由于词义虚化，有的虚词使用的是同音或近音借字，这就为考求源流平添了不少麻烦，要找到真正的源头就要花费一番考本字的功夫。功能语言学理论对汉语语法化研究具有重要的指导作用，但传统训诂学、音韵学的理论和方法在汉语语法化研究的方面也是时常要借重的。

　　语法化研究离不开对历史足迹的追踪，也离不开现代汉语方言事实的启发和佐证，因此掌握足够多的可靠的历史文献资料和现代汉语方言资料是至关重要的。越早期的资料越能反映实词虚化的原始语境，对于分析其语法化的句法和语义条件十分有益。毫不夸张地说,在很多情况下,资料对立论起决定性作用。汉语方言中蕴藏的历史语言资源丰富无比,探索语言演变规律不可不加以利用。

从语言共性的角度看,西方学者所归纳的语法化的一般规律、原则对于汉语来说基本上是适用的,但在具体演变的诱因、条件和路径上,汉语与英语等有形态标记的语言则很不相同,表现出鲜明的汉语特色。改革开放以来,我们拜西方语言学理论和方法所赐,对语法化现象的认识大为加深,在许多个案研究上斩获颇多,丰富了一般语言学的理论和知识,但是,一方面,个案研究还不够深入系统,还有很多死角和空白,特别是对方言中的语法化现象还研究得很不够,这与方言语法的丰富多彩很不相称;另一方面,对于汉语语法化现象的理论总结和提升也做得不够,需要进一步加强。

这篇发表后影响较大,引用率、下载率都较高,被作为优秀论文收入学林出版社 2017 年《汉语言学新视界》①集刊中。

张宜: 那么,在您的工作和治学中,有没有什么使您沮丧的事情呢?

江蓝生教授: 怎么没有?最令我遗憾的事情有一件:书读得太少。年轻时因为特殊的时代荒废了;中年以后,又因为双肩挑而没有充裕的时间从容地、毫无功利心地沉下心来读书。2017 年我在参加中国人民大学文学院青年学者论坛时有个发言,集中宣泄了自己此生的沮丧和遗憾,后来以《如果我能再活一次》②为题在微信公众号上发表过,不妨在这里引述几段:

> 我们这一代是"文革"前考上大学的,应该说,我们是优秀的。那个时候,多少人里头才能有一个人上大学,因此那时候的大学生甚至比现在的博士生值钱。但是,我们那个年代政治运动多,所以真正塌下心来念书的时间极其有限。我常说自己是"入宝山而空归"。这是我这一辈子的遗憾,"此恨绵绵无尽期"。所以我就想,假如上帝赐我再活一次,而且说"你必须还搞语言学",我就想我应该怎么活。真的,我真的这么想。从老一辈学术大家包括语言学家们的成长过程当中,可以探索到他们成功的条件和规律。首先,他们都有非常坚实的国学基础,而且这个国学基础是从几岁十几岁就打下来了。那个时候能

---

① 《汉语言学新视界 2017》,学林出版社 2017 年版。该书根据中国人民大学复印报刊资料《语言文字学》和中国知网"CNKI 期刊数据库"等语言学资料库,精选 2015—2016 年度重要的、具有代表性的语言学论文 18 篇。《汉语言学新视界》是国内目前唯一一本专注汉语言学研究、遴选上一年度业界重要优秀论文的集刊,具有学术性、前瞻性、原创性、本土性。

② 《如果我能再活一次》,"中国人民大学文学院"微信公众号,2016 年 12 月 13 日。

读到大学的人家里都不一般，或是地主乡绅，或者是书香门第、官宦商贾之家等等。他们从小条件非常好，家里他爹、他爷爷就能教他，要不就请私塾先生。所以他们很早就发蒙读四书五经，能读能背，那么早就把国学的基础打好了，尽管当时不一定全懂。再一个，他们很早也把外语的基础打好了，年轻时基本上都有出国留学的经历。这两个条件，让我感到是他们治学成功的共同点。就是说，打下了国学底子，他们的根扎在中国文化的土壤中，对汉语的历史有感性的了解，这是一个根本立足点；出国留学让他们看到了世界上的学问，先进的学问，对现代语言学的思潮、流派、理论、方法有了较深的理解。这些人又绝顶聪明、勤奋刻苦。由此我深感读书打基础要趁早，幼学如漆，过了这个村就没了这个店。

我是十年"文革"结束后回过来才考专业的。十年啊，说实在，是丢不起的。你后头再努力，再奔，也有限。所以我给自己定义为先天不足的一代，所以我就想我要再活一次，我要把先天搞足。很小我就要把国学的底子打好，至少掌握两门外国语。"文革"中我们受的教育是"把无产阶级'文化大革命'进行到底"，这十年我就跟着运动练了一点儿写驳论文章的能力，但是真正的专业没有碰。人家项楚先生、郭在贻先生"文革"的时候是所谓的"逍遥派"，在那个年代读了很多书，"文革"一结束，马上就崭露头角。我们呢，"文革"结束了，哟，我得念书了，刚回来念，人家这早就准备好了，一发而不可收。机会是给有准备的人的。他们高，我不行，幼稚、盲目。因为有这切肤之痛，我对现在高校一些做法很不认同，比如研究生在读期间都要在期刊上发三篇文章。本来我们社科院是不跟你们走的，结果现在不知道怎么回事，也跟你们走了，我认为这非常荒谬！这么好的年华应该抓紧读书，多多积累，"深挖洞，广积粮"。结果呢，洞还没挖好，粮也没多少，老想着往外倒。另外，学位论文答辩，硕士的十几万（字），博士的三四十万（字）的都有，干嘛写这么多呀！你在念书期间，主要是学习，是积累，是吧。我认为硕士两三万（字）能写一篇好的文章也不错嘛！博士五万（字），到八万（字）、十万（字）就可以了嘛！应该把宝贵的时间用在各种知识的积累上。这是我第一个想法，如果让我再活一次。

第二个，如果我能再活一次，比方说仍然搞汉语史研究，那我就要广泛地读书打基础，文字、音韵、训诂不用说，现代汉语、古代汉语、中古、近代这些，我都要广泛地涉猎，打通这些界限。方言是历史语言的化石，能弥补古代文献之不足，作为有声资料，极其宝贵。我要学会去调查方言，准确熟练地辨音、记音。我要做一个全面手,当然这里头我要有重点,但是我一定要以整个汉语历史发展的知识作为我研究的背景和支撑,力求综合运用语音、语义、语法、语用各方面的知识分析问题,解决难题。如果我能再活一次,但是现在这些想法都是梦呓。

第三点,如果我能再活一次,我一定要学会读书,提高读书的效率。因为书是那么多,中外的、古今的资料那么多,吾生也有涯,我怎么读书?我既要苦读书,也要巧读书,我一定要掌握最好的读书的方法,找到一个"捷径"。这个捷径是吕叔湘先生教我的,就是说你要学什么,你先把这方面经典的著作拿来,你看一下人家是怎么写的,你去体悟,叫作"悟道"。这样你就站在巨人的肩膀上往前学了,这就是巧。要读经典,就要把它读懂读透,然后用心体会他是怎么搜集材料的,怎么使用材料的,怎么分析现象,怎么归纳提炼观点的,他的观点是怎么论证的。你如果把这些悟透了,你这个路就走正了。作为一个学者,是有思想的,并不是把语言现象一记录,一排列就完了。我们是有思想的,既要树立正确的政治思想,也要有自己的学术思想。我们还要学会另外一种本领,就是说别人给我一篇文章,我看了以后,能说出这篇文章好在哪儿,不足或错误在哪儿,更进一步的,我能够提出应该怎么改的建议,练这个本领。有的人他只能自己写,他不知道别人的文章好在哪儿坏在哪儿,唐代史学家刘知幾在《史通》里说:史家要有才、学、识。最后那个"识"就是见识,识断,这一点非常重要。"才"多是天生的,"学"是下功夫,"识"——学术眼光,学问的高下就在这儿。如果我能再活一次,我要在这方面多加训练。

再活一次是不可能的,我只是借以表达对自己此生的不满,更是希望年轻一代的学者把做学问的基础筑牢了,路子走正了,不要重蹈我的覆辙。

记得 2012 年 10 月我在接受中央电视台某栏目采访时,记者问我:"这一生您最遗憾的是什么?"我回答:"最遗憾的是一生中最美好的年华耽误了:入宝山而空归。如果我能像现在的年轻人一样循序渐进地读书,有许多留学和学术交流的机会,我会比现在走得更远,更高。"

张宜: 江老师,您认为一个语言学家应该具备什么样的学术修养?

江蓝生教授: 我觉得一个做学问的人应该明白自己为什么要做学问,叔本华说:"做学问是目的,不是手段。"我体会这句话就是我们做学问是为了追求真理,我想把某个问题搞清楚,而且不是一般地搞清楚,要把它内部的联系、存在的规律搞清楚。做学问不是手段,更不是追名逐利的手段。当然,咱都得生活,必要的物质保障是需要的。做学问与做人不能割裂,鲁迅希望青年人"进德修业",作为一个知识分子,作为一个学者,我们应该有我们的道德。一个学者的道德是什么?我认为就是尊重事实,实事求是。这是最基本也是最重要的道德。比方说,你写一篇文章,想要说明一个观点,结果发现有的语言事实跟我这个观点有出入,我就故意装着没有这个事实,或者说有意隐瞒这个事实,或者按照自己的主观意图强为之解,这些都不是实事求是的态度,有违一个学者的"德"。意大利文艺复兴时期的大诗人但丁说:"道德常常可以填补智慧的缺陷,而智慧从来不能填补道德的缺陷。"如果是一个实事求是的人,做学问老老实实,那就能填补智慧的不足;如果你没有好的道德,你越聪明,可能越坏事儿。印度大诗人、哲学家泰戈尔说:"人格和人的学识好比水缸和水缸里的水,水缸里的水永远不会多于水缸的容量。"也就是说,你的学问,你的知识永远不会多于你的人格。你有多高的品格你的学问就在这个里头。他们都是大家,人家说的话咱们得往心里去,做学问首先应该坚持一个学者的道德底线。

作为一个立志以语言学研究为职业的人,首先要掌握语言学的基础知识、专业知识,既要专,还要博,这个是前提,不用多说。但是我觉得更重要的是,不管从事什么专业研究的学者都要具备辩证的逻辑思维能力,善于透过现象看本质,善于把零星的、看似没有关系的语言现象联系起来,发现其间的联系。这个既靠天分,也要靠后天刻苦的训练。马克思在《资本论》中说:"研究必须充分地占有材料,分析它的各种发展形式,探寻这些形式的内在联系。"这三句箴言应该成为每一个学者(当然包括语言学家)的座右铭。

作为一个汉语语言文字学家,不管你的专业是什么,都要有一定的国学根底,要加强多方面的学术素养,文字音韵训诂兼通;古代、近代、现代兼晓。既要善于在古代典籍中发现问题,找到题目,又要善于在现实生活中发现问题,找到题目。

改革开放后成长的年轻一代处于信息开放的时代,注意学习借鉴国外语言学的理论和方法,理论意识强。硕士、博士受过系统的专业训练,学术起点较高;新兴学科、交叉学科人才成长,研究领域大大扩展,是有望开拓中国语言学研究新境界的一代。我觉得青年学者需要注意克服急功近利、食洋不化的倾向。要搞清楚国外语言学的理论方法在多大程度上可以被汉语借鉴吸取,既要认识汉语与其他语言的共性,更要摸透汉语不同于其他语言的本质特性。在学习引进国外语言学的理论方法时切不可生搬硬套，照搬照用，而一定要结合汉语的实际。我们应该在积极吸取国外语言学的研究成果的同时，不断把自己的研究成果介绍给世界。当前高校和科研机构管理工作都很重视建立激励机制，采取一系列措施奖勤罚懒，激励先进，这种思路是完全正确的。但是不可否认，一些不合实际、强行拔高的晋升条件和把学术跟名利直接挂钩的无序的奖励做法，导致并助长了急功近利、造假浮夸等不良学风的滋生和泛滥，这不仅违反人才成长的规律，而且也对社会上浮躁的学术风气起了负面的导向作用，应该认真反思，总结经验教训。

学术研究需要前仆后继，不断积累，不断创新，不断推进，最忌讳的是毫无新意的简单重复劳动。就拿编写《近代汉语词典》①这件事儿来说吧。1997 年，白维国先生和我产生了一个共同的想法，即在现有研究基础上，扩大语料范围，力争穷尽性地搜集有关资料，编写一部体例更完善、收词量更大、释义更精准、举例更可靠、学术性更强的近代汉语词典。大型语料库的建立使这一目标的实现有了可能。我们的编写宗旨是：要编成一部汉语词汇史性质的工具书，全面反映近代汉语词汇系统的面貌及其动态演变，要让这种"史"的理念贯穿全书。

学术研究贵在创新，编纂词典也不例外。词典是个系统工程，其中收词、释义、配例是三个最重要的环节，为了在这三方面都有所创新，有所进步，就要在搜集和阅读海量文献基础上进行选择和归纳。拿收词来说，要根据词典的定位、规模确定收哪些词、不收哪些词，收词还要注意系统性和平衡性。本词典挖掘了许多以往漏收的词语和义项，是通过阅读浩繁的文献，下了像大海捞针那样的功夫才搜集到的。

要根据大量的语料归纳词义、分析义项，是一项学术性很强、非常细致繁琐的工作。首先要读懂文献，不能曲解妄猜，也不能图省事而因循旧说，而要反复揣摩、比对、验证，以致有时编写一个词要花上好几天工夫。一本词典抉发了很多新义，提出了许多新解，这背后都有编写者深思熟虑、精于辨析的心血。

再说配例。编纂词典，语料是基础，甚至对词典质量起到决定性的作用。有些词典在编写时为了贪图方便，将现成资料明抄暗引，例句都是老面孔。《近代汉语词典》则不然，编写者利用《文渊阁四库全书电子文本》《国学宝典》《中国基本古籍

---

① 白维国主编，江蓝生、汪维辉副主编：《近代汉语词典》，上海教育出版社 2015 年版。该词典由国内 10 余位一流的汉语历史词汇研究专家通力合作，历时 18 年编纂完成。词典共计 900 余万字，收词 5.1 万余条，是我国第一部以"具有汉语词汇史性质"为目标进行编纂的历时辞书。该书的"近代"指的是从初唐到 19 世纪中叶一千多年的历史时期。对于这段时期语言的系统整理，将有助于勾勒整个汉语的演变轨迹，并解密众多隐藏在语言中的文化信息。

库》等大型语料库,对每一个词条都进行了电子文本的检索,获得第一手语料,这样做耗时费力,但却能防止书证滞后和遗漏,又能找到新的别人没有使用过的例句。词典中一条条贴切的书证,凝结着编者们辛勤的劳动。

《近代汉语词典》的编纂历时 18 年,其中主编白维国先生为这部词典付出了很大的心血,却不幸在 2015 年下半年去世。意大利学者 J. J. 斯卡利格曾说过:"十恶不赦的罪犯既不应处决,也不应判强制劳动,而应判去编词典,因为这种工作包含了一切折磨和痛苦。"著名出版家陈原先生说:"词典不是人干的,是圣人干的。"这都是个中人的切肤体会。

张宜: 江老师,您是怎么样看待学术批评的? 您的著作和您的观点受到过批评吗?

江蓝生教授: 谈及学术批评,我是这样看的。正常的学术交流或批评是学术研究不可或缺的一环,是促进学术进步的助力器,从来都是学者们坚持并提倡的。学术乃天下之公器,只有通过学术批评,才能去伪存真,明辨是非,发现真理,杜绝腐败。学术批评要与人为善,抓住对方实质性问题,而不必在细节问题上大做文章,让被批评者感到你的善意和诚意,这样就能发挥学术批评的正面作用。下面我想以中国社科院语言研究所的品牌辞书《现代汉语词典》为例。这部词典 20 世纪 50 年代由著名语言学家吕叔湘、丁声树先生主编,由于"文革"的干扰,直到 1978 年才正式出版,迄今已经出到第 7 版。《现代汉语词典》每一版出版后都会收到来自全国各地的学者和普通读者(包括中小学生)提意见的信件,也会在一些刊物上看到批评商榷文章。对于这些意见,我们都认真分析对待,择善而从,在下一次修订时吸收改进。这对提高《现代汉语词典》的质量、使之精益求精起到了非常重要的作用。对于提出改进意见的读者,我们视为良师益友,由衷地感谢。但是,偶尔也会遇到并非学术批评的政治攻讦。记得 2012 年 7 月《现代汉语词典》第 6 版出版(我是这一版的主要主持人),为了给读者提供查询的方便,像通行的做法一样,在词典后面附上了"西文字母开头的词语",即字母词,239 条。不料一个多月后有人在上百人的集会上,指责《现汉》收录字母词"违法",说"这是一场空前的汉字大动乱","其发展恶果是适应了帝国主义梦寐以求的搞乱中国文化的目的","中华汉字文化到了最危险的时候",号召人们起来打一场汉字保卫战。次日,有报纸于头版以"百余学者举报新版《现代汉语词典》违法"为大标题登出消息,顿时成为新闻热点。此后,这些人又两次联名到教育部和国家新闻出版总署上书,要求禁止字母词。我们被推上了风口浪尖。在突如其来的袭击面前,我们一面沉着应对媒体采访,一面召开专家研讨，从历史和现实层面厘清字母词出现的必然性和辞书收录字母词的必要性。我们认为，一概禁止字母词既不明智，实际也做不到。我们应该做的是对它的使用进行必要的引导和规范，防止乱用和滥用。我和商务印书馆周洪波总编辑应《人民日报》"强国论坛"之邀，与网民直接交流，并与举报方同场在线辩论，澄清了是非曲直。这说明，即使是过当或错误的批评，学者也能通过摆事实，讲道理，在对立的观点的碰撞中，让真理的光亮更加显现，加深对问题的认识，把坏事变成好事。

张宜： 江老师，您在近代汉语词汇和近代汉语史方面的研究特点是什么？您有哪些突破？

江蓝生教授： 在研究特点上，概括地说，我一方面学习和继承吕叔湘先生把语音、语义、语法结合起来综合考察的路子，另一方面又具有把描写与解释相结合、归纳与演绎相结合、历史文献材料与现代活的方言材料相结合的个人风格。考察语言演变的历史，包括考证一些语法成分的来源，不得不利用历史文献数据。但是历史文献资料往往有很大的局限性：它们多数是零星的、不连贯不完整的，有的甚至是被扭曲的。为了弥补这方面的缺憾，我一方面是从现代汉语方言中去找线索、找旁证，通过方言比较寻绎古今语言演变的轨迹；另一方面是在已掌握的各种语料（古代的、现代方言的）的基础上，根据语言演变的一般规律和特殊规律进行合理的假设和演绎。我想举 2012 年发表的《汉语连—介词的来源及其语法化的路径和类型》①一文为例，介绍自己在研究中的一些突破：

（1）提出了"连—介词"这一语法范畴，揭示了这一范畴的类型学意义。

（2）根据实词的源头义，把伴随动词划分为"偕同"（无主从之别）与"跟从"（有主从之别）两类，得出"偕同"义动词（如"与、及、和"等）无须经过伴随介词环节就可以直接语法化为并列连词的结论，纠正了语法界以往"伴随义动词→伴随介词→并列连词"的单一语法化路线的主流意见。

（3）论证了源自使役义动词"唤、教"、给与义动词"给"和数量词"两个"的连—介词各自语法化的句法语义条件和语法化的过程，揭示了它们通过改变各自源结构式中的组合关系从而使自己在新构式中获得连—介词的核心义素，因此能异源同归的道理。这些观点的提出和具体的论证具有首创性。

（4）论证了"唤"读"和 hàn"的音变理据，坐实了老北京话和台湾地区的连—介词"和 hàn"源自动词"唤"的假设。

---

① 《汉语连—介词的来源及其语法化的路径和类型》，载《中国语文》2012 年第 4 期。

（5）用数量结构"两个"由并列连词→伴随介词的事实对语法化的"单向性"原则提出了质疑。

这篇文章从起意到搜集材料、构思及至成文，历时四年多，涉及的文献材料上自先秦下及当今，书面调查的方言遍及东南西北，初稿出来后向所内外同行多所请教，还在几次研讨会上征求意见，最后才改定发表。

再如前举最近发表的《再论"们"的语源是"物"》①一文重点从语音演变的角度论证唐代以来文献中的复数词尾标记"弭、伟、每、懑、门、们"的语源都是"物"。这些读音不同的复数词尾标记之间不是连续式音变的关系，而是不同演变路径的同源音类的叠置。"弭"和"每"是唐宋以来秦晋等北方系官话内部的文白读叠置；鼻音韵尾的"懑、门、们"标记的出现，则是音节内部的元音韵母受 m 声母顺向同化而增生出鼻韵尾的结果。文中还以江西安福话、现代晋语和西北方言中的复数词尾为直接的证据，论证了"物"是复数词尾"们"的语源。这篇文章的亮点在于考求语源时注意区分了连续式、扩散式和叠置式三种音变方式，善于鉴别共时各方言和历代各种文献中蕴含的演变和层次。除此之外，还揭示了语音的同化、异化等诸多因素也会影响音变的方式和结果。上述种种音变类型集中反映在"物"字的多种虚化过程中，这一个案研究成果对于揭示汉语语音演变的规律、特点很有意义，富有学术价值。得到有关专家的高度肯定。

当下我的主要精力还是放在提高《现代汉语大词典》初稿的质量上，为使它能以较高的起点推出，我努力在学术思想和整体设计的创新上进行探索，主要想法有：

增强该词典的描写性和学术性，要把近百年的现代汉语看作一个动态的历史过程，力求在共时时段中反映历时的变化，动态地、全面地反映这一时期汉语词汇系统发展变化的真实面貌，为研究这一时期的语言提供有价值的参考。

该词典收词量要大，释义要比中型语文词典详细，配例要恰到好处地反映词义和用法。要扩大信息量，加强实用性，为此要设立知识提示、同义词辨析、插图等项内容，还要对方言词标示通用地域。

该词典的编写要建立在科学雄厚的资料基础上，要充分利用各大型语料库和本所口语语料库、新词新义搜索系统；利用已出版的各类有关辞书。此外还要动手从书报杂志影视广播等多渠道搜集词语，弥补语料库的不足。为了加强民国时期资料的搜集，在现已手工勾乙了 50 多部著作的基础上，再增加几十部，使民国词语

---

① 《再论"们"的语源是"物"》，载《中国语文》2018 年第 3 期。

的收录和解释成为全典的学术增长点。

总之,我们志在编写出一部具有原创性的大型现代汉语词典,使它有比较厚重的文化价值和学术价值。为达此目的,我和团队同志们还得艰苦奋斗若干年。我的身体和精力肯定大不如前,但我会活到老,做到老,生命不止,探索不已。

张宜: 您认为您对汉语史,尤其是近代汉语语法史方面的主要贡献有哪些?在您的成果中,您本人最看重什么?学界对您的研究的评价与您的看法一致吗?

江蓝生教授: 我主要做了四个方面工作:近代词汇(史)的研究、汉语语法史的研究、汉语语法化、词汇化个案和理论的探索,再有就是对汉语辞书学理论的探索与辞书编著和修订的实践。

研究生毕业之初的那几年,我继续进行近代汉语白话词汇的研究。我先是从一些词汇的个案考证入手,继而进入专书词汇研究,写了一些专书语言介绍或考证的文章,如《八卷本〈搜神记〉语言的时代》①《重读〈刘知远诸宫调〉》②《〈游仙窟〉漫笔》③《〈燕京妇语〉所反映的清末北京话特色》④等;再后来对断代语言做综合研究,对整个近代汉语词汇进行纵的梳理。为了总结 20 世纪 70—90 年代国内近代汉语词汇研究的成果,我约请刘坚先生与我共同主编了"近代汉语断代语言词典系列"(唐五代卷、宋代卷、元代卷)⑤,并与曹广顺一起编撰了其中的《唐五代语言词典》。这套词典收词时不仅贯彻词汇史的观点,同时也很注意贯彻语法史的观点,为系统研究汉语词汇史和语法史做了有益的基础工作。

进入 20 世纪 90 年代以后我开始注意总结自己和他人对近代汉语白话词语进行探索的经验,有意识地探讨词义演变规律与词语考释方法。在《相关词语的类同引申》⑥一文中,讨论在聚合关系中相关词语如同义词、近义词、反义词或义类相关的词语之间相互影响而发生的类同方向的引申(平行虚化)。这篇文章不仅是对此前已有的"同步引申说""相因生义"说的进一步阐发,而且提出了一些新的理论见解。比如文中指出,有些多义词,只要其中一个义项相同,就能够以这个义项为基础发生类同引申;词义的类同引申不同于词义的沾染;有些近义词不仅能发生类同

---

① 《八卷本〈搜神记〉语言的时代》,载《中国语文》1987 年第 3 期。

② 《重读〈刘知远诸宫调〉》,载《文史》1999 年第 3 期。

③ 《〈游仙窟〉漫笔》,载日本《开篇》1997 年第 14 期。

④ 《〈燕京妇语〉所反映的清末北京话特色》(上下),载《语文研究》1994 年第 4 期、1995 年第 1 期。

⑤ 指刘坚、江蓝生主编的"近代汉语断代语言词典系列":江蓝生、曹广顺编著:《唐五代语言词典》,上海教育出版社 1997 年版。袁宾、段晓华、徐时仪、曹澂明编著:《宋语言词典》,上海教育出版社 1997 年版。李崇兴、黄树先、邵则遂编著:《元语言词典》,上海教育出版社 1998 年版。

⑥ 《相关词语的类同引申》(英文版),载法国《语汇丛刊》1993 年第 6 期;《相关词语的类同引申》(中文版),载《李新魁教授纪念文集》,中华书局 1999 年版。

引申，而且还能互相通借；反义词（包括意义相对的词）发生类同引申时，有的引申义相同，有的引申义仍旧相反。文章的新见在于从理论上说明义类相关的词也能发生类同引申，进一步论证了词汇的系统性。

《演绎法与近代汉语词语考释》①一文可以看作是我自己多年从事词语考释的方法总结。我们知道，以往传统上考释词义，最基本、最常用的方法是归纳法，这一方法当然是非常重要的。但是在有些情况下，单单使用归纳法会有一定的局限。比如当被释词语只有孤例时，归纳法就失去了用武之地；有时尽管搜集到数个例子，但分属于不同的义项，也跟孤例差不多。其次，只根据上下文归纳词义，有时也不易捕捉词语的核心意义，容易随文释义。因此我在这篇文章中提出，当归纳法不能奏效时，可以尝试用演绎的方法，也就是用语言发展变化的一般规律来寻找解决问题的途径。演绎法的使用是以我们对汉语发展史中许多语言事实和普遍规律的认识为基础和前提的，掌握的语言事实和普遍规律越丰富，运用演绎法的余地也就越广阔。在这篇文章中，我从合成词中联合结构的同义复词居多、类化构词现象、相关词义的类同引申、词义的通借现象等四个方面举例说明了如何运用演绎法来考释近代汉语的词语。演绎法有时不仅能解决归纳法解决不了的问题，更重要的是，它可以使我们对词义的理解上升到理性的阶段，不仅知其然，而且知其所以然。不过，我觉得有必要强调的是，任何方法都不是万能的，再好的方法如果使用不当，也会事与愿违。用演绎法推出的结论，一定要经过认真的论证，否则只能是一种假想。在具体的研究过程中，最好能够把归纳法和演绎法结合起来使用，在使用演绎法时要贯彻合理推测、小心求证的原则。

在汉语语法史研究方面，我研究的内容集中在两个方面：一是虚词源流与语法化问题，二是语言接触问题。我觉得做汉语语法史研究，对历史上的语言现象进行细致的描写固然重要，也必不可少，但追本溯源，搞清语言现象的来龙去脉更为重要。这往往比较困难，也更具挑战性，而这正是我的学术兴趣所在。我撰写了不少考证虚词来源的论文，力求材料扎实，论证严谨，不仅要细致、准确地描写语言事实，而且还着力对这些语言事实给予科学的、实事求是的解释，例如《概数词"来"的历史考察》②《疑问语气词"呢"的来源》③《被动关系词"吃"的来源初探》④《吴语助词

---

① 《演绎法与近代汉语词语考释》，载《语言学论丛》第二十辑，商务印书馆1998年版。
② 《概数词"来"的历史考察》，载《中国语文》1984年第2期。
③ 《疑问语气词"呢"的来源》，载《语文研究》1986年第2期。
④ 《被动关系词"吃"的来源初探》，载《中国语文》1989年第4期。

"来""得来"溯源》①《说"麼"与"们"同源》②《处所词的领格用法与结构助词"底"的由来》③《时间词"时"和"後"的语法化》④等论文都不同程度地反映了上述特点。

我不仅从语义、句法的视角研究词语的语法化,而且还注意探讨音变与语法化之间的对应关系。在《语法化程度的语音表现》⑤一文中,我通过对个案的考察从理论上总结道:语法化是一个连续的渐变过程,伴随着语法化而产生的音变现象也是一个连续的渐变过程;实词由实变虚后往往还会持续虚化,与此相应,音变也不会戛然而止,它随着虚化程度的加深而继续变化,总的趋势是不断简化,离本字的读音越来越远,直至演变为零形式。这种持续不断的音变受到词义虚化程度加深和句法结构的凝固性两方面的推动,音变不是在语音层面孤立地发生的,它与语义层面和句法层面紧密相关。

进入 21 世纪后,我把语法化研究的对象扩大到短语和句式的语法化。例如在《跨层非短语结构"的话"的词汇化》⑥一文中,我提出了"跨层非短语结构"的概念,利用新资料考证出"的话"的词汇化是在话语层面的两种句法位置上实现的,"话"的泛化指代性以及由此形成的"话"与修饰语的同一性是"的话"词汇化的诱因,而省略与移位是"的话"词汇化的特殊机制。关于句式的语法化,我写了《"VP 的好"句式的两个来源》⑦和《同谓双小句的省缩与句法创新》⑧等文章,后文以现代汉语方言中重叠式正反问句和北京话里的"爱谁谁、爱怎怎、爱吃不吃"等短语为例,说明语言经济原则驱动下的省略和紧缩是汉语构式语法化的一种推力和机制;这种带有普遍意义的句法创新模式,可以合理地解释汉语语法史上的某些反复问句及相关问句的产生。在《概念叠加与构式整合——肯定否定不对称的解释》⑨一文中,我从语义、句法、语用乃至逻辑等各个层面,对诸如"差点儿摔倒"与"差点儿没摔倒"为什么都表示没摔倒进行了深入的分析,基本上解决了这一类此前许多学者未能做出令人信服的结论的难题,获得同行学者的认可。

---

① 《吴语助词"来""得来"溯源》,载《中国语言学报》1995 年第 5 期。
② 《说"麼"与"们"同源》,载《中国语文》1995 年第 3 期。
③ 《处所词的领格用法与结构助词"底"的由来》,载《中国语文》1999 年第 3 期。
④ 《时间词"时"和"後"的语法化》,载《中国语文》2002 年第 4 期。
⑤ 《语法化程度的语音表现》,载《中国语言学的新拓展》,香港城市大学出版社 1999 年版。
⑥ 《跨层非短语结构"的话"的词汇化》,载《中国语文》2004 年第 5 期。
⑦ 《"VP 的好"句式的两个来源——兼谈结构的语法化》,载《中国语文》2005 年第 5 期。
⑧ 《同谓双小句的省缩与句法创新》,载《中国语文》2007 年第 6 期。
⑨ 《概念叠加与构式整合——肯定否定不对称的解释》,载《中国语文》2008 年第 6 期。

研究汉语史，尤其是研究近代汉语语法史，语言接触是一个无法回避的问题。我阅读元明白话文献，发现其中有许多汉语受阿尔泰语影响的痕迹，如在语序方面出现了很多"主语＋宾语＋动词"的句式、方位词后置充当格助词的句式，于是通过语言类型的历时和共时比较，从语言接触的角度、以现代西北方言为佐证，对元明文献中的特殊语法现象做出了解释。例如《后置词"行"考辨》①《助词"似的"的语法意义及其来源》②《从语言渗透看汉语比拟式的发展》③《语言接触与元明时期的特殊判断句》④《〈老乞大〉语序研究》⑤《也说"汉儿言语"》⑥等。此类文章突破以语言同质说为基础的历史比较法的局限，以语言是非同质系统的理论为指导，从语言接触所发生的互相影响和渗透去分析错综复杂的语言现象，并注意总结汉语在接受外族语言影响时的动态变化过程。在研究中我态度谨慎，力避先入为主，总是从具体语言事实出发，对相关语言现象进行详尽的历史考察和分析判断，因而结论比较稳妥可信。这些具有开拓性的研究，对深入探讨汉语语法发展规律具有积极意义。毋庸讳言，我这方面的研究主要依据历史文献和他人记录的西北方言材料，如果能亲自到西北地区进行实地调查，相信会有更深入的发现。

在研究方法上，我一方面学习和继承吕叔湘先生把语音、语义、语法结合起来综合考察的路子，另一方面又很注意语用环节对语言变异的推动作用；一方面注重搜集资料，客观全面地描写语言事实，另一方面又具有把描写与解释相结合、归纳与演绎相结合、历史文献材料与现代活的方言材料相结合的个人风格。我注重从传统语言学和现代语言学两方面吸取营养，既注意汉语的特殊性又努力发掘汉语与其他语言的共性。这些特点几乎贯穿在每一篇论文中，越是后写的文章，这种特点越是显明。例如《变形重叠与元杂剧中的四字格状态形容词》⑦《说"蹀躞"与"嘚瑟"》⑧《汉语连—介词的来源及其语法化的路径和类型》⑨等，都得到同行们的好评，我自己也觉得后期文章的深度增加了，论证也较前更加扎实丰满了。

岁月不饶人，一晃我已进入古稀之年。但我的好奇心未减，我对语言学探索的兴趣未减。学术要进步，离不开创新，学者的学术生命是在不断探索、创新中延续

① 《后置词"行"考辨》，载《语文研究》1998 年第 1 期。
② 《助词"似的"的语法意义及其来源》，载《中国语文》1992 年第 6 期。
③ 《从语言渗透看汉语比拟式的发展》，载《中国社会科学》1999 年第 4 期。
④ 《语言接触与元明时期的特殊判断句》，载《语言学论丛》第二十八辑，商务印书馆 2003 年版。
⑤ 《〈老乞大〉语序研究》（与李泰洙合写），载《语言研究》2000 年第 3 期。
⑥ 《也说"汉儿言语"》，载《历史语言学研究》第二辑，商务印书馆 2009 年版。
⑦ 《变形重叠与元杂剧中的四字格状态形容词》，载《历史语言学研究》第一辑，商务印书馆 2008 年版。
⑧ 《说"蹀躞"与"嘚瑟"》，载《方言》2011 年第 1 期。
⑨ 《汉语连—介词的来源及其语法化的路径和类型》，载《中国语文》2012 年第 4 期。

的,我要活到老,学到老,工作到老。

张宜： 江老师,作为曾经担任过重要领导职务的语言学家,您对中国语言学目前的研究状况有何看法？它今后的发展趋势如何？

江蓝生教授： 近二三十年来中国的语言学研究无论在广度上还是深度上都取得了明显的成绩,令国外的同行刮目相看,也涌现了一批很有潜力的优秀学者。我相信,只要我们沿着正确的路子继续走下去就一定会有更好的发展。同时,时代呼唤大学者,呼唤创立具有中国特色、中国风格、中国气派的语言学,从这个要求看,我国语言学事业任重道远,还需要有个大的突破。中外科学史表明,科学经历了综合、分化、再综合的过程。现代科学既高度分化又高度综合,一方面,学科越分越细新学科、新领域不断产生；另一方面,不同学科、不同领域又相互交叉,向综合和整体化方向发展。汉语语言学的发展正在、也必将继续沿着这个方向前行。进入 21世纪的这几年,我国语言学学科建设在学科体系调整和语言学研究实践中所发生的一些重要变化和进步,都与这个总趋势相关。我想,中国的语言学研究若要有一个大的突破,从现在起就要重视学科的渗透、融合,注意学科间的交叉。学科交叉点往往就是科学新的生长点、新的科学前沿,最可能产生重大的科学突破。为了增强语言学各学科间的融合和交叉学科的发展,现有的学科设置和研究思想、研究方法有必要采取一些相应的变革。例如,在学科发展战略布局中要提倡和扶持交叉学科的发展,引导和鼓励学者从事交叉学科研究,以改变我国语言学目前交叉学科研究相对落后的状况；在组织科研项目和审批课题中应对学科交叉和交叉学科适当倾斜,为学科交叉和交叉学科研究创造更有利的环境,形成鼓励交叉的氛围；在有条件的语言研究所或高校语言专业的结构调整中,应给交叉学科一定的位置；要培养一支能够适应学科融合和交叉学科研究的复合型人才队伍,为此,应提倡跨学科招收研究生,加强跨学科教育。青年学者是国家学术事业的希望所在。生活在这样一个时代,作为青年学者应该有远大的抱负,自觉地用学术为祖国服务,为人民服务。在学术研究上要力戒浮躁,要相信,潜下心来,深耕细作,定能结出硕果。

张宜： 作为一名在语言学界和重要的管理岗位呕心沥血了大半生的语言学家,请问,除了研究和工作,您的业余爱好是什么？

江蓝生教授： 我年轻的时候,喜欢绘画、舞蹈、话剧,兴趣爱好特别广泛。但那都属于过去时了,现在对我来说,最大的兴趣爱好就是读书写作——读书写作是生涯。来过我家的人都知道,我的书房斋名曰：听雨斋。墙上有友人题写的陆游诗句："小楼一夜听春雨，深巷明朝卖杏花。"我喜爱陆游的听雨意境，正是读书好氛围。我女儿的名字也叫小雨。

在这四十年里，我几乎没有休息过一个完整的周末和节假日，节假日既是我的休息日，也是我的工作日，最好的工作日。我的床头摆满了书，有时夜里醒来也会读上几页，正所谓"好书佳文伴我眠"。在参加会议间隙，我也总是要看一点学术材料，不愿放过任何空闲时间，坚持每年写出一两篇同行认可的文章。

张宜： 江老师，您对我做语言学口述历史怎么看？您有什么建议吗？

江蓝生教授： 正如我前面所言，中国的语言学研究若要有一个大的突破，从现在起就要重视学科的渗透、融合，注意学科间的交叉。学科交叉点往往就是科学新的生长点、新的科学前沿，最可能产生重大的科学突破。你能用历史学的研究方法来观察语言学，这很好。希望你和你的团队能在这方面出些成果，特别是在研究的科学性和系统性方面，要有所思考有所创新。

张宜： 江老师，感谢您对我的理解和支持，感谢您对我访谈邀请的及时回复，也特别感谢您能替我着想，克服时空困难接受我的访谈。审阅这篇文稿也让您受累了！

江蓝生教授： 别客气，应该谢谢你！

李兵访谈录

受 访 者：李兵教授

访 谈 者：张　宜

整理/注释：张　宜

地　　　点：南开大学外国语学院的小会议室

时　　　间：2017 年 4 月 21 日，上午 9:00—12:00

张宜： 今天是 2017 年的 4 月 21 号，现在是上午 9:00，我现在是在南开大学的外国语学院的小会议室，我今天要访谈的是李兵教授，主题是音系学、形态学、形式语言学和历史语言学。李老师您好！首先想请您谈一谈，您是怎样走上语言学研究道路的？您为什么会从事语言学的研究呢？

李兵教授： （我从事语言学的研究）应该是一种个人的兴趣。我认真地考虑了访谈提纲里的这些问题，我觉得还是（因为）兴趣。我是 78 级的。（**张宜：** 改革开放以后。）因为当时也是新疆师范大学刚成立不久，它是由几个学校合并组建的，条件也不太好，书也不是太多，加上"文革"刚结束，显得不是很正规，当时开的课程也远不如现在这么丰富。我记得语言学课用的是 50 年代时高名凯和石安石编的《语言学概论》。现在回过头看，这个教材里面充斥着斯大林的（语言学）观点。斯大林写过一个小册子，叫《马克思主义和语言学问题》。现在回过头看，那本教科书有很浓厚的时代特色。但抛开那个不管，（我）也不知道为什么，还是对语言学有一种自发的兴趣吧。那时我们开的课也不多，也就是语言学导论，但是我对其他与语言有关

* 本访谈整理稿经李兵教授审阅认可。

的课程还是很感兴趣的。我是英语专业的，我到中文系去听课。中文系的古代汉语课用的是王力先生主编的《古代汉语》（四册）。讲不完，只能讲到第三册。那时候中文系也没有很系统的语言学课程，多是中国传统小学的音韵、训诂和文字。我逮着什么就听什么，所以学得比较零散。后来在吉林大学读硕士研究生时到中文系比较完整地听了许绍早先生的汉语音韵学课。另一个是可能与我当时对英语语法有点兴趣。当时我们用的一本英文语法教科书，叫 *College English Grammar*（《大学英语语法》）。那本书是影印的，书的封底贴个小纸条，写着"仅供内部参考"。这本书的语法体系与其他的书相比挺新的，自己当时觉得不是很好懂，和我们见到的一些其他英文和中文写的英语语法教科书差别很大，比如姚友善的《英语语法》和许国璋编写《英语》的语法体系，差别较大。回过头看，这些语法教材英语语法具有规定语法的背景，很大程度上属于教学语法。我提到的那本 *College English Grammar* 给的英语语法体系跟我们上课时教科书完全不一样。比如说按照传统的教科书，英语一共有 16 个时态或者更多，这是按照拉丁语语法往上套，但是我看那本书，时态数量大大减少了。以往的教科书没有说英语有"体"，但这本书说英语有"体"。这是我第一次注意到同一个事儿还有不同的说法。那时候虽然"文革"刚结束，但老师的教学积极性很高，有的老师"右派"帽子刚拿掉，就回来上课。当时一些跟语言有关的课，比如说形式逻辑，是选修课，我都去学。这位老师上课也非常敢讲，他说反正我已经当过一次"右派"了。回过头来看，当时新疆的师资力量比较缺，但是我们那个时候确实还碰到一些不错的老师。（他们）都哪儿来的呢？全是历次政治运动（给打成）"右派"或"反革命"发配到新疆去的。等"文革"一结束，"右派"帽子一摘掉，一平反，各高校开始（恢复）办学，就把这些人很快集结到一起了。学校也是出手很快，听说哪有"右派"知识分子，马上就调入。所以我们系当时有不少这样的老师。给我们上精读课的陆霭白老师现在已经不在世了，他是圣约翰大学毕业的，他的英语好极了。我也很有幸碰到其他一些很好的老师。比如北大的"右派"黄继忠老师，他主要讲授文学翻译。他给我们批改翻译作业非常仔细，每次都把作业本改得红红一片。他后来调回北大，临走时跟我说，你的那篇译文我还没改完，准备带回北京继续改。他回到北京不久，把批改过的作业用挂号信寄给我。后来他去了美国，1990 年代末去世。他去世之前我们一直保持联系，不时收到他的新的译作。还有一位侯培良老师，他原来也是北大的，后来发配到新疆南疆劳动改造，"文革"结束后调入新疆大学。侯老师也来我们学校讲课，他讲莎士比亚戏剧和英国文学史。北大老师的文学功底都好，侯老师上课时经常大段大段地背诵莎士比亚戏剧的片段和十四行诗,出口成章。现在我们这样的老师比较少了。我对他很崇拜,也经常向他请教。他说你要是对语言学感兴趣,我就送你一本书吧,反正我自己留着也不用。他就送我一本英文版索绪尔的《普通语言学教程》。我是如获珍宝!以前只是通过其他语言学著作文献知道索绪尔的这个教程。学校图书馆清理淘汰书,记得我就去淘了两本书,一本是罗常培的《语音学概论》,是(19)56年出的,还有一本是岑麒祥的《语言学史概要》,淘到这么两本书。大概五分钱还是一毛钱就能买一本。原价也不贵,也就三毛钱或者五毛钱的。就这么积攒了一点儿语言学的书,课余之外就自己读着,也没想以后能干个什么,仅仅就是感兴趣。后来就留校工作了,一边教英语,一边做一些教学管理工作。那个时候都没有专职的教学管理人员,都是老师兼任的。当时都是分配工作,不像现在都是自己找工作,我们大部分的同学都分配到新疆其他大学当老师。工作之余仍然读点儿语言学方面的书,很杂,抓到什么书就读什么书,英文的和中文的都读。1985年开始在吉林大学读研究生了,就奔着读语言学。

张宜: 李老师,您是大连人,是我们东北人,那您怎么到了新疆呢?

李兵教授: 这个跟我父亲有关。我父亲是军人。我是1954年出生。我父亲所在的部队到哪里,我们家就跟着部队走。

张宜: 我猜到了,我看您名字里有一个"兵"字。

李兵教授: 你说得对。我上小学之前,名字中间有个"小"字,上小学后,我父亲说你长大了,把"小"字去(掉)了吧。

张宜: 家庭和社会对您对从事学术有多大影响呢?

李兵教授: 我是1961年在新疆上的小学,到1966年夏天"文化大革命"开始时我上小学五年级,暑假还等着开学上六年级呢。但是学校停课了,说是"停课闹革命",所以我是小学没毕业呢。我总是跟别人讲,我的最后学历就是小学五年级,小学没毕业。当时学校"停课闹革命",批斗老师。我可能跟你的导师姚小平老师年龄差不多,他长我一两岁吧。(**张宜:** 他是1953年3月份生的。)我俩特别熟,有一次我俩去重庆开会,坐卧铺,我俩坐的那个卧铺车厢就我们两人,从重庆到长沙坐了27个小时。他不坐飞机。如果坐飞机,重庆到长沙就45分钟。他拉着我说咱俩坐火车,咱们买个软卧。结果那个软卧走四川、走陕西,从湖北这边绕了一大圈,才绕到长沙,坐了27个小时,(**张宜:** 那你们俩就在火车上聊天吧。)整个软卧就我们俩。(笑)我还到他家去过。前几年准备要翻译特鲁别茨柯依(H. C.

Трубецкóй)的《音系学原理》。因为和语言学史有关,姚老师是这方面的专家。他说到你到我家来吧,一边喝茶一边聊天。我就到他家一趟,谈这本书的翻译。(**张宜:** 他在黑龙江生活学习过,所以对东北感情很深。)我们这一代人,大体上经历差不多,如果是姚老师他顶多小学六年级吧。他六年级,我五年级。外语界(笑)有几个同龄的学术朋友,广外的王初明老师,我们同岁,北外的王克非老师,我们年龄都差不多,就是差个一岁半岁的。我在这帮人里可能算是年龄小的,因为我上小学的时候不满 7 岁,那时候也不严格。报名时说我年龄不满 7 周岁要再等一年。后来负责报名的老师问我识不识字,我说我识字,老师让我念了几个字,又让我写了几个字,又让我数数,数到 20,我一下数到了 100。老师说行了行了,你来吧!(笑)

上初中是 1968 年底的事了。当时都是就近上学,我在乌鲁木齐第十四中上学。学语文、数学、物理、化学。王蒙还给我们上了几周语文课,印象深的课文是《叶公好龙》,其他课文大多是《毛主席语录》"老三篇"。当时我们谁也不知道他是有名的"大右派"。直到"右派"平反后他的小说重新发表,我们才知道他就是那个"大右派"王蒙。学校上课不正常,经常停课挖防空洞,或者下厂学工,或者下乡学农。大约挖了半年防空洞,后来不挖了,因为塌方砸死了学生。此外,学校还给"可教育好的子女"办学习班,工宣队和政治辅导员要求写揭发父母的材料,写个人检查,批判自己的一切非无产阶级思想。我记得我们班有个同学公开宣布与父母脱离关系,和"反革命"父母彻底决裂。下厂学工在一家运输公司的汽车修理厂,我被分在发动机修理车间,后来又去制动车间。学工大约三四个月。在修理厂学工期间和工人们相处得很好,工人们对我们这些学生照顾得很好。记得当时是冬天,几乎每天晚上值班的师傅都到我们宿舍检查火炉,防止我们一氧化碳中毒。下厂期间还是蛮快乐的。汽车大修后出厂之前要在验车场实际检验。多数时间负责的师傅让我开车,他坐在副驾驶座上听机器的声音,看加速的情况或者在地面看急刹车的情况。就这样我学会了开车。我说这些,是说虽然挂着初中生的名义,但初中在学校里基本没学什么。到了 1971 年 2 月我们就下乡接受再教育了。

说到家庭对我个人学术发展的影响,我想肯定是有影响的。我觉得影响是长期的潜移默化的。我父亲是学医的,既当医生也教学。母亲是学药的,无论是在老家大连还是在新疆,她一直做药剂师。可能在他们眼里,年轻时读书是正道;或者说,不读书是不可以的。我们家里,我自己感觉我父亲对子女的影响是最大的。我还有两个妹妹。我父亲原来希望他的子女或者学医或者学生物,这是我父亲的想法。(**张宜:** 对啊!子承父业嘛。)我两个妹妹都很听话,都乖乖地学医学了,后来都在日本京都大学获得医学博士学位,现在都是医生。唯独我好像对医学没有那么大的兴趣。父母都在医院工作,我小时候家在医院的大院里,所以我对医院也没有陌生感和新鲜感,也不觉得学医怎么个好法儿。我自己后来对语言学感兴趣完全是个人的兴趣。当然家里觉得学什么都可以,只要读书走正道就行。父亲对我的要求就是读书,不能因学校停课(和后来的下乡接受"再教育")而是个文盲。他对我学语言学表示理解和尊重。

现在回过头看,我父亲这一点还是看得远。前几天我在南开大学门口打出租车去机场,出租车司机看起来年龄挺大,他问你是南开大学的老师吧?我说是。他说你是教授吗?我说还算吧。他又问我多大岁数?我说我属马的。他说他也属马的,咱俩同岁。司机问我,咱俩同龄的,凭嘛你当教授,我开出租车?我说我怎么知道呢!我说你愿意开。他说不是我愿意开,我们的工厂倒闭了,我是没办法才开出租车的。去机场的路上,大约30分钟,天津的出租车驾驶员乐意跟乘客聊天。司机给我讲,他也下过乡,然后到工厂,改革开放以后工厂倒闭,没有办法只能自己开出租车了。他不断追问我说,你得告诉我,咱俩同龄,经历差不多(指1966年因"文革"停课和他在内蒙古上山下乡接受再教育),凭什么你当南大教授(在天津当地人把南开大学简称"南大",在外地才叫"南开"),而我只能开出租?我想了想问他,你年轻的时候你老子告没告诉你要读书?(笑)他说没有。我说我老子跟我讲了,可能就差在这里,是咱俩各自的老子要求不一样。

我现在回过头来看,我父亲在这方面看得远。当时他跟我说你小学没毕业能干什么,学校不上课,你就应该自学,当时没有高考,也没有工农兵上大学一说,他就说你要自学。连中学的教科书都没有怎么办呢,就找我们家的亲戚要。我家在内地有很多亲戚,大都是我母亲家的亲戚,找他们要书。寄来的书杂七杂八的,语文、数学、物理、化学什么都有,有初中的也有高中的;课本不配套,有第二册没有第一册,甚至还有大学的,我记得还有一本苏联中学数学习题集。逮到什么看什么,没人教就去请教别人。我印象最深的是,我父亲说,你别管什么"读书无用论",一个国家总不能都是文盲吧,人必须有点儿知识文化。"文革"时成天喊"读书无用论""知识越多越反动""知识分子是臭老九"。我父亲说这个状况不会太久,哪个国家哪个朝代也不会让一帮文盲去管理国家,不管什么时候都需要有知识有文化的人,人不可以不读书。学校不教,下乡了,那还是自己学一点儿吧。他不仅要求学习语文(古文)、数学、物理、化学,还要求学英语和日语。现在看我父亲是对的、非常正确的,要不然的话等恢复高考的时候我也考不上。(那时候)学英语也没有教材。我昨天跟学生聊天还讲，我的第一本英文教材是《毛主席语录》的英文版。（笑）（**张宜**：那就是说您下乡的这几年里，您都是用这种方式在看书？）对的。自己一点点自学吧。我还记得很清楚，那时候我曾经看过的一本列宁的书，小单行本，英文的《致美国工人的信》，*A Letter to American Workers*。那时候的书也就是这样，有什么书看什么书，"文革"期间没有什么教科书。（其实）也有好处，让我积累了一大堆政治名词，无产阶级、资产阶级、帝国主义、革命、政变、沙皇、意识形态、剥削、压迫、专政、苏维埃啊等等，很多这样的词儿。（笑）但是也有不好的地方，口语的东西学不到，都是些政治的套话。还有一本书，我是硬着头皮读完了，就是溥仪的自传《我的前半生》英文版。英文版的书名翻译得很好，叫作 *From Emperor to Citizen*，从皇帝到公民。（笑）我看了好多遍，还是精装本的，挺厚的。不是我自己淘着的，是我父亲的一个朋友（我称他顾伯伯）送的。他们一起关在"牛棚"，他跟我父亲说，听说你儿子学英语，我有本英文书，送给你儿子吧。听我父亲说，他的这位朋友（实际上是在牛棚里才认识的）以前是国民党海军军官，留美的，英文很好。我是先看的这本书的英文版，后来才知道还有（中文版的）《我的前半生》（笑）。当时英文也没有好教材，逮到什么看什么，我父亲懂英文，可以读英文的医学书，但发音不准。他的日文好，因为是东北人，从小就（学），从小学一年级就开始学日语。

（**张宜**：那应该是受日本文化教育。）80年代他去日本交流，在日本一家医院待了半年，每天和病人交流，但没有病人能从他的说话听出来他不是日本人，所以他对自己的日语很有信心甚至骄傲。前年他去一趟日本去看他的几个老朋友，大多都90岁了。我妹妹陪他去的。在日本他的几个朋友请他吃饭，带着他观光，安排得挺好的。（**张宜**：那也是了却他的一个心愿。）对。我问，你日语行嘛？他说怎么不行？日本人跟我说了，听着李先生讲日语我们自己都很惭愧，因为李先生说的是日语的文言文，全是敬语，非常地道。他说现在年轻人说日语，外来词很多，有一些日语固有词都不愿意用，年轻人都（用）简单的（表达方式或英语词）。（我父亲）他仅知道二战以前的日语，再往后他也不知道了。但说起自己日语很自豪，说他们作为日本人听我讲日语都觉得惭愧脸红，没想到李先生的日语这么好，我们自己都觉得很不好意思。我猜他的日本朋友这么说是客气。我下乡的时候他要我学日语，没有教科书，不知道他从哪里找来一本北京大学日语系的专业课本，太难，我记得课本的第一课课文是朱德的《母亲的回忆》，日文的。

张宜：李老师，您的个性对您从事语言学的研究、明确您的研究方向有多大作用？

李兵教授： 我觉得一个人的个性和一个人的经历有很大关系。比如说我下乡，将近七年的时间在农村。（**张宜：** 在什么地方？）在新疆托克逊县前进公社八大队（现在的吉格代乡，吉格代是"沙枣"的意思）。这是一个只有维吾尔族老乡没有汉人的村子，自然条件非常艰苦。（**张宜：** 那是"文革"后期吗？）是知识青年"上山下乡"期间（从 1968 年开始）。我是（19）71 年下乡，（19）77 年初回来的，在农村待了六七年。我们生产队一共 10 名知青，先后回城工作，我是最后离开的。以前也有机会回来，但因我父母亲"文化大革命"都受到了冲击，被戴上"资产阶级反动权威""日本特务""现行反革命"之类的帽子。当时招工、参军、上学都要政审的，我若干次政审不过关。当时第一次招工农兵大学生的时候，我报的是南开大学数学系计算数学专业。我家的一个在天津大学的亲戚说南开大学的数学很棒。考试之后，招生老师都找我谈，问你知道不知道什么叫计算数学，我说不懂，反正数学就是算嘛。但是最后县招生办告诉我说政审没通过。这样的经历有好几次，有招兵招工招干的，我都已经习以为常了。在那个地方待着，我觉得现在回过头来看，反正是一种经历吧，一个人在什么困难的环境都得应付，我自己也没觉得说哪件事困难得了不得，也就那么回事儿。遇到什么困难、挫折也不会太当回事。维吾尔老乡非常淳朴，对知青很友善。大多数老乡不会说汉语，极少数会汉语的也是一半汉语掺杂一半维吾尔语。我会的那点维吾尔语也就是在那里学会的，但乌鲁木齐的维吾尔人说我说的维语太土气。

张宜： 李老师，您刚才讲的这些我可不可以这样认为，您讲的是关于哪一个人或哪一本书，哪一件事儿是对您现在从事语言学研究影响最大这个话题。您的父亲对您的影响大吗？

李兵教授： 我父亲也不知道什么叫语言学，在引导我学语言学方面几乎没有作用。我只是对语言学或者说对语言现象有了初步的兴趣。真正让我对语言学下决心的，走这条路的还是在我读硕士以后。（**张宜：** 也就是您考上吉林大学以后，您的导师是？）我的导师是张彦昌老师，他 1995 年去世了。如果仅仅是课程学习或写论文也就罢了，真正使我走上语言学道路的是搞语言调查。1986 年张老师有一个课题，好像是国家的还是教育部的课题，当时课题经费给了 5 万元。（**张宜：** 那就相当多了吧，在那个年代是一笔巨款。）80 年代，5 万块，算是巨款。那个课题好像叫"东北地区少数民族语言调查与研究"。那个年代，硕士生也不多。我还有两个师兄，比我高一年级，现在一个在加拿大，一个在黑龙江大学工作。张老师说要我们几个学生来做课题。我们是外文系的,当时不叫外语学院。导师给我分配的任务是鄂伦春语。(**张宜:** 哦,您是这样开始研究鄂伦春语的。)分配给我师兄的任务是满语和赫哲语。(**张宜:** 都是小语种。)但因当时一些条件限制,比如人手不够,满语搞得并不多。就这样,在校三年可能有将近一多半的时间,在大小兴安岭,在呼伦贝尔,那里是鄂伦春族居住的地区。搞鄂伦春语调查,好在我自己还是很有兴趣的,在读硕士期间的第一年,我到中文系去听课,听现代汉语、社会语言学,还听汉语音韵学,这门课中文系的学生都不愿意听。(笑)(**张宜:** 太枯燥了吧。)对!还有传统小学那些,音韵、训诂、文字。我主要是听音韵学,听现代汉语,听古汉语这些课。感觉吉林大学中文系老师的水平还是挺不错的,学了不少东西。中文系上课的老师对我也很好,课程论文给我的分比给他们自己的学生都高,给他们自己的学生 60 分、70 分,给我都是 80 多分或 90 多分,这些学习前期的准备也为语言调查打下了基础。因为在当时国内关于鄂伦春语专门文献不多。50 年代搞过一次少数民族语言普查,后来出了《中国少数民族语言简志丛书》①,比方说有《维吾尔语简志》②,《蒙古语简志》③等一套,有百八十本,是 80 年代中后期陆续出版的。(**张宜:** 我曾经访谈过孙宏开、戴庆厦等老师。)对,他们就是搞这个的。(可是)关于鄂伦春语,我们最初一个字儿文献都看不到,后来查到了在 50 年代末的《中国语文》上有胡增益先生写的半页长的《鄂伦春语简况》。你想半页纸能有多少字呢,初步看鄂伦春语是一种通古斯语言,它主要分布在什么地方,大概就这么半页纸。我的导师张彦昌老师的俄文好。他念过两个学校,念过武汉大学的英文(专业),后来是哈俄专的俄文(专业)。他俄文好,他去查俄国人或苏联学者关于通古斯语言的文献,结果查不到鄂伦春(语),但是查到了一些 50 年代苏联学者的关于诸如像埃文基(语)④的文献,埃文基语和鄂伦春语关系比较近。张老师他自己翻译这些俄文文献,也逼着我们学俄文,逼得没办法怎么办,最后就囫囵吞枣那么看,抱着一部

---

① 《中国少数民族语言简志丛书》,民族出版社 1980—1987 年版。此书为《民族问题五种丛书》之一。为了摸清少数民族的社会历史状况,抢救行将消失的宝贵的历史文化资料,1953 年全国人大民族委员会和中央民族事务委员会组织进行全国性的民族识别调查,1956 年又开始少数民族语言、少数民族社会历史调查。在三次大规模的系统调查的基础上,中央民委从 1958 年开始组织编写《中国少数民族简史》《中国少数民族语言简志》《中国少数民族自治地方概况》三种丛书。"文化大革命"期间,中央民委机构撤销,此项工作被迫中断。1978 年国家恢复民族工作机构,中央民族事务委员会改为国家民族事务委员会。1979 年,国家民委决定继续组织编以上三种丛书,并增加编写《中国少数民族》和《中国少数民族社会历史调查资料丛刊》两种丛书,定名为《民族问题五种丛书》。《民族问题五种丛书》的编辑出版列入了全国哲学社会科学"六五"规划的重点科研项目。
② 赵相如、朱志宁:《维吾尔语简志》,民族出版社 1985 年版。
③ 布道:《蒙古语简志》,民族出版社 1983 年版。
④ 埃文基语是俄罗斯境内的埃文基人的语言,关于埃文基语和我国境内的鄂伦春语和鄂温克语的发生学关系,学界观点不一。

《俄华大辞典》去读文献。做了一些准备,包括如何记音,剩下的事情就是去搞语言实地调查。先去踩点,一个方言点一个方言点地走。(**张宜:**还得记音吧?)那是后来了。我们第一步是做调查,比如说鄂伦春人都分布在什么地方?这个村有多少鄂伦春人?有多少人会说母语?他们的历史迁徙怎样?从哪儿来的?呼伦贝尔地区的村子几乎跑遍了,一直到大兴安岭、到黑龙江边上,从呼玛沿着黑龙江南下到黑河、逊克、瑷珲,一直到嘉荫一带。鄂伦春人口不多,但分布得很散。从内蒙古呼伦贝尔,一直到大小兴安岭、到黑龙江流域。(**张宜:**那您是走遍黑龙江地区的山山水水啊!)差不多吧!我跟黑龙江的朋友开玩笑,我说我黑龙江走的地方比你们都多。先记录下来哪个村有多少鄂伦春人,确定鄂伦春语说得好的人。当时交通不发达,没长途班车,逮着什么坐什么。拖拉机也坐过。牛车、马车,逮着什么坐什么。当时我们去一个在黑龙江边上的村子,它大半边是沼泽,没有路,如果外地人不识路的话,有可能陷入沼泽地泥潭。我们乘履带式拖拉机,坐在一个类似大爬犁、雪橇的东西里通过沼泽进村。大概用了大半年的时间大致了解鄂伦春语主要居住地和方言点。当时农村没饭馆,也没旅店,吃住都在老乡家,80 年代在农村偏远地区哪有什么旅馆酒店饭店啊?(**张宜:**有什么吃什么。)对!逮着什么吃什么,逮着哪儿住哪儿。毕竟那时候还是民风淳朴,不像现在,人家以为你是骗子。我记得有一次张彦昌老师和我半夜在阿里河下了火车,很晚了找不到吃饭住宿的地方。我们看到路边有一家灯亮着,就敲门,说我们是外地到这办事的,问第一能不能给我们管顿饭,我们付钱,第二个能不能给我们找个地儿住一宿。这一家人挺好,说行呀,我家有一块牛肉我拿高压锅把牛肉给你们炖了吧。那时候都半夜三更了。(**张宜:**太好了!)从那个时候开始,我觉得搞少数民族语言的调查,我对语言有了更进一步的理解,语言实际情况比教科书上讲的东西要多,要丰富。而且对于语言有一种非常贴近的感觉、感知。鄂伦春语没有文字。每每发现一个词缀、发现一个词尾,都觉得非常兴奋,从一串儿音里,居然把意义给一点一点都剥出来了,觉得非常有意思。书上说通古斯语言是黏着型形态,鄂伦春语的确是黏着型形态,可它居然还有内部屈折!可以说这个语言调查,比我们上课学的内容丰富得多。在调查当中发现有一种语言现象,后来才知道这种现象叫作"元音和谐"[①],我当时就觉得这种语言怎么会是这样呢?为什么要有元音和谐呢?汉语没有元音和谐,英语也没有元音和谐呀,为什么这鄂伦春语非得有元音和谐呢?所以我的硕士学位

---

① 元音和谐是阿尔泰语系、乌拉尔语系等的语言特色之一,是指一个词语的后缀一定会跟派生词的元音和谐。

论文就选了鄂伦春语元音和谐为课题，做了《鄂伦春语的元音和谐》①。我毕业以后，调查工作的课题还没搞完。毕业以后我回到新疆师大工作。但鄂伦春的课题继续和导师一起做着。后来又做了满语（调查），那是后话了。毕业后回到新疆师大就上课了，事就多了。我跟张老师说，如果您要觉得可以的话，我在新疆我可以做锡伯语。我个人理解是，从语言学的角度看，锡伯语是现代满语的一种方言，和东北的满族人可以交流，使用满文。锡伯人的历史大概你知道，他们是大概三百多年前从沈阳那边，从辽宁西迁到新疆，当时是沙皇俄国逼近边境了，皇上派他们到新疆守边关去了。当时三千多人吧。经过这三百年的生息繁衍，现在锡伯人有十几万人吧。我个人理解是，锡伯语就是满语的一种方言。我的老师说你就做吧，你愿意做什么就做什么。大体上就是这么一个过程。其实这些事儿都是有联系的，前后所有的发展全都是联系在一起的。（**张宜：** 都是有因果的。）

对。当时我们的硕士论文跟现在博士论文审查差不多。一个硕士论文要有外校的五个教授来评审。我的论文被送到北大中文系等学校去了，评审意见我都看了，当时也不匿名。其中有北大中文系叶蜚声先生给评的，评价挺好。当时我用一种非线性的音系方法分析鄂伦春的元音和谐。导师的作用很大。张彦昌老师是湖南人，解放前在武汉大学学英文，后来哈俄专成立后（学俄文）。哈俄专你应该了解，就是从全国各地把学外语好的学生，而且政治上比较可靠的业务骨干抽到哈尔滨来学俄语，他大体是这么一个经历，毕业以后到吉林大学任教。他主要是教语言学，更多是教语音学。改革开放以后，国内第一批派往美国麻省理工学院学语言学的，据说只有三个人。这是我听我的导师说的，是不是非常准确我不知道。90 年代末也听王嘉龄老师提过，大致差不多。这三个人一个是徐烈炯，当时是复旦大学外文系的系主任；第二个是王嘉龄，当时是天津师范大学外文系主任，还一个就是张彦昌。他当时在吉林大学外文系做副主任。国家当时派的都是业务骨干，都是教授、系主任到麻省理工学院学习。这是我知道的最早一批派到美国去学习语言学的。据张彦昌老师（和王嘉龄老师后来）说，他们 50 年代学的语言学都是苏联的那一套，音位学是谢尔巴（Щéрба）的先进的无产阶级音位学，加之"文革"十年，国内对欧美的语言学进展几乎没有了解。他们到了麻省理工学院后发现，那里讲的语言学和他们自己所了解的语言学似乎不是一回事，可以说根本不懂，对麻省理工学院的形式语言学或生成语言学是两眼一抹黑。但我觉得这些老先生们非常好的

---

① 参见《鄂伦春语的元音和谐——兼论元音和谐不属于同化范畴》，载《民族语文》1992 年第 6 期。

一点是，他们不懂，就跟小学生一样一切从零开始。张彦昌老师跟我说他跟本科生一块儿听语言学导论、听句法和音系的课，一块讨论，一块记笔记，一块跟他们做练习题。他们在麻省理工学院学习一年，学的课程也有限，但是他们回来以后，很快就把（这些知识）放到教学当中了。当时我们用的教材比如句法学和音系学教科书都是张彦昌老师在美国复印带回来的，音系学的教材基本上和当时美国的音系学教材同步。现在回过头来看，因为老师也是刚刚接触，讲课的深度有限。你可以想象到，在20世纪80年代初，国门刚刚打开，那时候既没有网络，也没有计算机，就靠一些复印的资料。张老师对我们讲，他回国除了书和复印资料其他什么都没带，好多人回国带冰箱、带电视机，但他带回来的全是书。身上所有的钱全买了书，哪怕学生毕业卖掉的旧书，只要是语言学的，他觉得可能用就买。他们那一代人真是了不起！回来以后他就把这些东西用到教学里，就这样我们学生开始了解生成语言学。张老师一个人给我们上好几门课，句法学，音系学都是他一个人上。他（上课）很投入，那时候学生也少，选修课学生更少。张老师非常随和，师生关系很融洽，有时课堂讨论跟聊天一样。他吸烟，上课时也吸烟，（好像那时没有不让上课吸烟的规定），而且他吸的烟是万宝路、三五牌的外国烟，把烟分给我们这些吸烟的同学，我们在课堂上跟他一起抽，那个时代外国烟是稀罕烟，每次把他的一盒三五烟抽得精光，讨论结束下课。

张宜： 李老师，那是不是通过您的导师张老师，您对句法学、音系学产生了要钻研的想法？

李兵教授： 两个方面：第一，课程和导师的引导作用无疑是非常重要的。张老师"文革"以前教语音学。给我们上音系学时比上句法学讲得更加细致深入一些。无疑受张老师的影响，我当时对音系学最感兴趣：复杂的语言现象在抽象的层次上却是有规律的。我的音系学成绩很高，100分。张老师说他很少给学生100分的成绩。这大概算是对我的鼓励吧。另一个可能是，音系题有点像形式逻辑或数学，如果没有推导错误，找不出毛病自然就满分。当时学得很投入很认真，教科书里每一道习题都做了，后来把自己做的习题订成一个习题册。另一个方面是参加了语言调查，从对这种语言一无所知，到后来你亲自把它捋出来规律性的东西，书本里学的课堂上学的东西能用得上，理论不是那么遥远和无关，而是和具体的语言现象有密切的关系。这无疑是语言学的魅力，也使我自己越发觉得语言学有意思，也没有觉得音系学那么抽象那么难学。硕士学位论文选题，张老师建议写鄂伦春语音位系统，可我觉得元音和谐更好玩儿，而且要写元音和谐必须先整理出音位系统，还要涉及超音段甚至形态方面的东西。加之 80 年代生成音系学的非线性方法有不少关于其他语言元音和谐的研究，试图用音系表达说明这种现象的形式特点，很有意思。张老师非常赞同我的想法，只是觉得这样一来，论文难度增大，担心我能否按期写完论文。在做论文期间，因为要了解其他语言的元音和谐特点，读了一些关于其他语言的文献，开始意识到元音和谐的普遍性和多样性，兴趣又一时转移到元音和谐的类型上去了，把学位论文扔到一边，写了一篇关于元音和谐类型学的文章，写完后交给老师看。张老师看了后认为关于元音和谐类型研究不多，虽然我所作的分类还有待于进一步斟酌，但这篇文章还不错。张老师拿着文章亲自找到吉林大学学报编辑部，找主编谈，推荐发表。后来这篇文章仅以李兵为唯一作者发表了。① 老师的引导、指导、鼓励、帮助和支持是多么重要，是决定性的作用。若干年后，我觉得这篇文章给出的分类方法需要修改，加之 80 年代能看到文献非常有限，所以十年后又写了一篇关于元音和谐类型的文章，发表在《民族语文》上。②

在 1988 年，数次语言调查之后，张彦昌老师和我，还有我的师兄张晞完成了《鄂伦春语》③的初稿。这本书最初是中文的，拿到学校出版社，学校出版社不愿意出版，认为出版这本书是赔钱的事儿，谁买这个书啊。后来张彦昌老师找校领导，当时吉林大学的校长还是唐敖庆吧。校领导说先让出版社征订一下，看征订数量再说。结果是，征订反馈回来的订单，全国加起来一共征订 23 本，出版社说什么都不答应出版。张老师觉得很可惜，干了好几年，（积累了）那么多的语言材料。他反复找校领导，校领导最后提出，双方各做妥协：第一，要出版就出英文版，往国外卖；第二，篇幅要大量缩减，让出版社少赔点儿。没办法！书里的每一小节里，前面有一个对语法项目的描写，例如名词的格，随后给出语料。原来我们对每个描写给10 个句子或更多的语料，因为这是一种我们刚刚知道的语言，描写较少，所以尽可能地提供足够和丰富的语料，这是最主要的。但是出版社不干，要求尽可能压缩篇幅，最后只能压缩语料，删掉了很多语料，非常非常可惜！这本书可能是印了 600本，英文的，我参与编写和翻译，现在网上二手书店这本书竟然卖到 400 元！那个时候的老师和学生的关系真的是太融洽了！现在想起来，我们再很难有那种关系了。现在我对我的学生比较好，这跟我的导师对我的影响有很大的关系。有一次下大雨，我从宿舍出来去食堂吃午饭，我看到张老师和他老伴任老师打着雨伞站在

---

① 指《元音和谐的分类》，载《吉林大学社会科学学报》1990 年第 1 期。
② 指《元音和谐的类型学问题》，载《民族语文》2001 年第 2 期。
③ 张彦昌、李兵、张晞：《鄂伦春语》(*The Oroqen Language*)，吉林大学出版社 1989 年版。

宿舍楼门口。我问张老师你在干什么？他说任老师今天做两个菜，你们伙食不好，她叫你今天中午到我家吃饭去。（**张宜**：他和师母等着您呢!）对! 他们只知道我在这个宿舍楼住，但不知道我住在几楼哪个房间，他觉得快到饭点儿了，快吃中午饭了，两人就在这儿等着了，说我肯定会去食堂吃午饭，能看到我。（那天）下大雨，（他们俩）打着伞等我，我特别感动。到了他家任老师才告诉我，今天是张老师的生日，一定要请学生一块来吃顿饭。可惜张老师走得太早，1995 年去世。

（所以说）我的后来许多事情，都和鄂伦春语和元音和谐有关。刚才提及硕士学位论文外审，有一本送到北大去了，是叶蜚声老师审的。北大中文系的石安石老师当时在荷兰阿姆斯特丹大学访学，回国之前，有荷兰学者请他回到中国后帮助联系做通古斯语言元音和谐研究的人，说他们做各种语言的元音和谐，包括阿尔泰语言的元音和谐。阿尔泰语系有三大语族，突厥语、蒙古语和通古斯语。突厥语族的有人搞，内蒙古语族的也能找着人，唯独还找不到搞通古斯语言元音和谐的人。他们跟石安石老师说，你回国以后能不能帮我们找一个搞通古斯语言元音和谐的人。石安石老师回到北京上班，他和叶蜚声老师是一个办公室，中文系语言学教研室，桌子面对面摆着，这是我后来听叶蜚声老师说的。硕士毕业后有报考叶蜚声老师博士的想法，但叶老师当时还不能指导博士生（这是后话）。我的硕士学位论文，他审完留在办公桌上。石安石老师看到了，题目是"同平面多音层表达模型中的元音和谐：来自鄂伦春语的证据"。（他一看）这不是讲中国通古斯语言元音和谐吗？（石老师）问叶老师，这是谁的学生？（叶老师说）这个是张彦昌的学生，正好石安石和张彦昌认识，石安石就写信给张彦昌，说阿姆斯特丹大学有人找研究通古斯语言元音和谐的人，要协作研究。（**张宜**：机缘巧合啊!）当时我已经毕业回新疆了，张彦昌老师就把石安石老师的信和他自己写的信寄给我，从长春到乌鲁木齐挂号信走了差不多有一个月。我拿到信以后，按照上面通讯地址，就给那位阿姆斯特丹的教授 Norval Smith（诺瓦尔·史密斯）写了一封信，取得了联系，同时把我们研究的东西也寄给他。他很快回了信（大约走一个月），他态度非常积极，字里行间充满热情，肯定我们的记音和分析，同时对其中一种现象描写提出要进一步确认的建议。他说，根据理论，你描写的现象可能是不准确的。我回信说，我不排除记音有误，但鄂伦春语里这种语音现象并不少见，是一种比较常见的现象。

当时王嘉龄老师正在筹备 1989 年 6 月在天津师大召开的一次国际音系学研讨会。我把参会的文章摘要也寄给 Norval Smith。他也准备参加这个研讨会，所以我们约好在会议上见面，来讨论这个问题吧。这个研讨会是 1989 年 6 月 5 日开会,但实际上这个会基本上泡汤了。Norval Smith 本人没来参会,提交论文的和受邀请的外国学者几乎没有人参会。我最远,从乌鲁木齐坐了四天火车,本来是走三天,但火车在兰州站停了一天,6 月 4 号上午到了北京。一到北京就上了去天津的火车,但是会没开成。

虽然未能见面,但 Norval Smith 仍然关注鄂伦春语的问题,很较真。他 1990 年到呼伦贝尔鄂伦春族居住的地方亲自调查。当时是张彦昌老师接待的他,吉林大学派人带他去做语言调查。他的调查我认为不是很成功,他的发音合作人里有的人未必是鄂伦春人。(外国人)他们都很老实,都按欧洲标准给发音合作人报酬,一个小时人民币 50 元钱。当时还没有欧元,大约 10 荷兰盾,1 荷兰盾当时大约合人民币 5 元。你想那个年代,一小时 50 元钱,那时候县长恐怕一个月还拿不到 50 元工资呢。所以当地蒙古族人、鄂温克人、达斡尔族人、汉人,甚至还有朝鲜族人蜂拥而至,都声称自己是鄂伦春人,一天能挣好几百块钱。所以说老外有时候很可爱,可爱的结果是把他们自己给坑了。所以他的语料做(收集)得不太好,Smith 回到荷兰后给我写信说,这次调查的记录既不能证明我是对的,也不能证明你是对的。我心想这是活见鬼了,可是当时这些语言材料也没法核实,当时没电话又没电子邮件。1992 年我到荷兰后 Norval 给我看了他的语言调查记录,发现有些基本词汇不是通古斯语言的,而是蒙古语族语言的,即使是通古斯语言的,语音上更像是鄂温克语的;还夹杂少量汉语词汇,还是汉语的东北土话。当时他有点儿责怪我,他说为什么你不陪我一块去调查。原来(他)跟我说好咱们去调查,我说,好,我带你去。但是他到中国的时候我又无法跟他一起去。两个原因:第一,学校不给假,我如果一走,每周十几节课没人上。第二,没有钱,从乌鲁木齐坐火车到北京硬座是 60 块钱,我一个月工资还不到 60 块钱,在北京换车,到长春最快也得 16 个小时,在车上的时间就是 90 多个小时。如果你要是为了保存体力买个卧铺那就得 90 多块钱。往返坐车、旅费,什么钱都没有。我就跟他讲,第一没有时间,第二没有钱。他很不理解,他就问张彦昌老师,一个中国的大学老师连一张国内的火车票都买不起?张老师说,你相信他吧,他是真的买不起。后来我们还有一年多的信件往来,他说服不了我,我也说服不了他。他是个教授,我是个年轻人。(笑)后来他写信说,咱们这样交流效率太低,你是否愿意到这儿来做研究,我说那很好呀。他说你写份课题申请报告吧,我负责通过渠道给你提交。但是他又说竞争很激烈,不知道最后能不能申请到,而且他说他个人对结果起不到任何作用,他只能负责转交报告。(**张宜:** 就是 proposal 吧?)对,research proposal。当然研究课题是跟他商量的,考虑到当时音系学研究最新发展是非线性理论,所以就叫"通古斯语言元音和谐的非线性分析"(A Nonlinear Analysis of Tungusic Vowel Harmony)。先从鄂伦春语开始入手,我很认真写了一个 proposal,把当时能搞到的资料,基本上,连俄文的,都囫囵吞枣地搞上了。当时也没抱太大的希望。另外,当时我正向叶蜚声老师表示,想到北大继续学习。张彦昌老师当时希望我到美国麻省理工学院去读博士。但没想到,过了大约半年,荷兰的课题批下来了,而且结果出乎我的意料:不但批下来了,而且是作为荷兰科学研究组织(Nederlandse Organisatie voor Westenschappelijk Onderzoek,NWO)的专职研究员到荷兰工作三年。到阿姆斯特丹大学后不久,我跟 Norval Smith 商量,他是大课题的负责人,能不能一边做课题一边读博士学位。Norval 说可以,但要满足三个条件,第一个最好选他做导师(实际上我也是这么想的)(笑)。第二,他说,你做公务员年限只有三年时间,但是做博士三年时间是不够的,至少需要四年时间,或许时间更长些,三年以后的经费问题你得自己想办法解决,我也帮你找;如果到时实在找不到经费,得你自己想办法解决。你可以再申请课题和岗位,但难度很大,万一申请不到,你可以申请失业救济金,因为你上税。我答应我会设法解决。第三,NWO 的课题必须按期要完成。对此,我说时间上没有问题,因为当时我们国内是一周工作 6 天,只有星期日休息,荷兰那时就是每周工作 5 天,休息两天。我说在中国我就没有周末这个概念,到这来了,何况有两天周末时间呢,我完全可以利用这个时间来做研究。此外,他给我介绍了课程和学分的要求。他说如果你能答应这些,你就可以申请学籍。那就办手续,也不需要考试。我问为什么不经过考试,他说这个位置(指研究员位置)都给你啦,博士后都不一定能得到这个位置和这个工资。我觉得挺好啊,不用考试。学分是必须的,所以开始修学分,必修课、选修课都得按学分要求修课,后来我自己觉得还是把我的研究课题和我的博士学位论文结合在一起,Norval 同意了,所以就这么做了。课题做得很艰苦。在元音和谐的研究方面,Norval 和其他荷兰学者已经有相当的研究,提出了比较系统的理论和方法。在我对鄂伦春语和其他通古斯语言元音和谐的研究过程中我发现有些语言现象是已有理论和方法不能很好解释的。这是最难的,他们都已经是 well-established 学者,作为音系学家他们都有很高的国际知名度,他们有大把的论著。我们个人关系很好,但学术上你得能说服他,让他信服。就这么一点儿一点儿搞着,大概用了四年的时间把博士学位做完了,其中用三年时间把 NWO 的课题做完了。(**张宜:** 您是 96 年获得博士学位的吧?)对。

你看，整个过程就是这样。当时也没有什么考虑，张老师（当初）说你去做鄂伦春语，就做了。做完了，荷兰人说对鄂伦春语感兴趣，一块研究，那就去了。（笑）（**张宜：** 有一些必然，然后又有一些偶然。）如果不是你问这个问题，我还从来没回过头去仔细想这事。给我的感觉，好像命运就是这么安排的，就这么一点儿一点儿过来的，好像一切都是这么自然，期间没有刻意地去强求什么。

张宜： 李老师，刚才在您讲之前，我一直在想，是不是您是从新疆出来的，所以可能您对阿尔泰语的研究感兴趣。在您讲跟荷兰学者学习之前，我一直在这样想。听了您讲的这些之后，我感觉其实您的研究内容和研究兴趣与您接触到的这些老师有一些必然联系。您经历的这些学习环境和研究环境，哪些地方的环境对您从事语言学研究有影响、作用大，您又是如何处理教学和科研关系的？

李兵教授： 如果说从个人的学习，一辈子到了60多岁了，回过头来看，第一，导师的作用是非常明显的，不管是学术观念和学风的养成，还是做语言实际调查和研究，都是因为你碰到了这个导师。如果碰到另外一位导师可能未必是这样，所以碰到一位好老师是很幸运的。对此我深有体会。我刚给你讲的是张老师两口子打着伞，冒着那么大的雨接我去他家里吃饭，无论什么时候想起来都是历历在目，很温暖。记得有一次冬天（11月份吧）去大兴安岭呼玛、白银纳做调查，张老师看我的冬装不够厚，担心我被冻坏，把他自己的皮大衣（带毛领子的）和皮棉鞋拿出来让我穿着，让我在他家里试穿，看合适不合适，最后又把他的毛围巾和棉手套给我戴上，把我裹得严严实实，看了看说，这样差不多，冻不坏了。第二，在国外的这一段工作和学习，让我开阔了学术眼界。说语言学是科学，如果到国外看看，真是这样，确实是把语言学当作一个科学事业在做着。我所在的语言学系是阿姆斯特丹大学文学院最大的系，从语音学、音系学、形态、句法、语义、语用、历史语言学、儿童语言（包括非常态儿童语言发展）等领域都有人在研究，学术活动非常多，很频繁，几乎每天都有学术报告和研讨。这个系在学术上比较宽容，形式语言学和功能语言学都可以搞。每个周五下午是学术沙龙，一个人讲演，其他人一边喝着啤酒一边提问、评论、批评。不时还有辩论会，形式派和功能派对阵；音系学和语音学对阵，学术氛围很好。现在回想起来，那里当时一些观念是很超前的，我记得有一次辩论的议题是"人和计算机能恋爱吗？"，有正反两派。除了搞语言学的人参加外，搞心理学的、逻辑的、搞计算机的，甚至搞哲学和数学的人也来了。学术上平等，年轻的博士生课堂上不掩饰地直接质疑上课的老师，讲课的老师似乎也不在意。如果课讲完了，学生没有什么反应，反而不正常了。在国内，主要还是看具体单位的学术氛围，看具体的老师,不好一概而论。南开比较宽容,我人在外语学院,但主要还是做音系学基础和少数民族语言的研究。

张宜: 那您是从阿姆斯特丹大学获得博士学位以后来南开的?

李兵教授: 回国后我还是回新疆师大了。当时学校对我确实不错,我是那儿毕业的,又在那儿教书,同事对我也挺好,我去荷兰之前破格评的副教授,是新疆第一次破格评职称。我对新疆师大挺有感情的。

我回国后有一些单位陆续来找我。可能因为学音系学的人少,在国外学习音系学回国工作的人可能更少吧,所以需要音系学教师的学校还是不少。不少学音系学的学者在获得博士学位后在国外海外任教。我回国后先后有十多个学校给我发出过邀请,希望我去任教。在湖南工作了几年,后来调到了南开。

(**张宜:** 李老师,师母也是北方人吗?)她是北方人,可以讲她是老新疆人,她父母亲是在新疆的汉人和满人。(**张宜:** 那您是怎么样决定来南开的,我以为您会去天津师大。)坦率地跟你说,这个事情我到现在还没有完全搞清楚,怎么来南开的。当时我是想离开湖南,北方和南方各有几个学校向我发出邀请。有些学术朋友真心希望我能去他们的学校学院工作。这里既有学术前辈,也有我的同龄人,其中还包括我的师弟。有的学校领导或人事处领导多次电话邀请;还有些学校的学院领导和人事处领导到我家里登门邀请,很有诚意,令我感动,我至今非常感谢他们。直到今日,我仍因未能接受他们的诚挚邀请而感到歉意。

南开大学是当时发出邀请的学校之一。最初和我联系的是中文系的老师。我对南开大学素有敬仰之心,何况南开还有她的语言学传统,有像邢公畹先生这样有着重要影响的语言学家,就是在当时在语音学、音韵学、汉语语法和词汇研究、历史语言学、汉藏语特别是侗台语等领域有一批有影响的老师。最初我以为是去南开中文系,说实在的,心里有点打怵,因为自己毕竟不是学中文出身的,对汉语所知甚少,但心里还是有点想去中文系。有的中文系老师在动员我去中文系时说,我们这里目前主要搞南方少数民族语言,你来后就有人搞北方少数民族语言了,咱们的少数民族语言队伍就更壮大了。虽然最后还是根据学校的安排来到外语学院工作,但我和中文系的老师始终保持密切的联系,经常参加中文系的学术活动。当时我也试探地问过南开人事处,问学校要我去哪个学院。答复是,你先调进南开来吧,去文学院还是外国语学院由学校决定吧。(**张宜:** 那是哪一年呢?)这大约在2005年春夏吧。调动前后用了两年的时间,中间有不少周折我不跟你细说了,湖南那边的学校一直挽留,不同意调出。2006年调入南开。来南开后学校决定我去外国语学院。我来了以后一直就在外语学院。到了(20)15年,因年龄过了,学院行政换届,不再做院长了。

张宜: 那也就是说从您来南开就一直做管理,做外语学院院长。李老师,我觉得我们国家这种现象其实挺普遍的,就是没有那么多的纯粹的语言学系或者是语言学学院,(语言学专业)都是在文学院或者外国语学院里,很尴尬。(笑)

李兵教授: 你这个问题提得非常好。我昨天晚上看你的访谈提纲做准备,我唯一写成文字的就是这个问题,正好借这个机会说说这个事儿。语言学的研究对象是人类的语言,但是在国内把语言学分成这么几块,汉语、少数民族语言、外国语言。语言学是一门科学,可这么分是很荒唐的。这像说中国数学、汉族数学、少数民族数学、外国数学一样的荒唐,我个人感觉是这样的。如果仅仅荒唐也就罢了。问题是,把一个语言学分割在不同的院系和不同行政单位,这个事情已经严重地阻碍了中国语言学的发展。头些年我们劲头还很足,一些老师给教育部写信提出建立语言学一级学科的建议。我记得是(20)10年吧,当时由刘丹青老师牵头,有复旦、南开、南京大学,还有北大的老师,开视频会,讨论怎么给教育部写信。经过讨论决定,最后由刘丹青老师执笔写出初稿,然后本人提出修改建议。后来又在武汉邢福义老师那儿开过一次会,各个学校去了几十人,讨论怎么给教育部建议,大家都自费去的。后来教育部关于学科目录修订也做过调研,有个调研组也来了南开。根据学校的工作布置,我在学院里组织教授们紧急开了一个会,征求大家对学科目录调整的建议。形成两个建议,一个是翻译成为一个独立的二级学科,也有人提议作为一级学科。这是有一定道理的,因为翻译不仅中外语言之间的翻译,还有少数民族语言和汉语之间的翻译、民族语言和外语之间的翻译,或者说,各种不同语言之间的翻译,涉及语言之多,涉的领域也多,如文学翻译、法律文件翻译、术语学等,所以应该是一个大的、级别比较高的学科。另外一个建议是设立一级学科的语言学。我们带着这两个建议参加了教育部的调研会,在会上也跟教育部的人反映了这些提议,但最后没搞成。我觉得语言学不应该受语种的限制,何况现在语言学已经和其他领域有交叉,例如与计算机结合、与心理学结合等,产生了计算语言学、心理语言学,甚至扩展到语言政治这样的一些(专业)上面去,它已经远远地超出了文学这个范畴,它已经进入了理科、工科的这些领域里面去。语言学与其他学科的结合是必然趋势,但语言学内部却条块分割,汉语、少数民族语言、外语之间却少有沟通,这是很不合理的呀!如果既想要让大家创新,又要大家搞交叉,但是在制度上却不给它提供一个保障和平台，我们怎么能和国际上的语言学同步发展，现代语言学本来我们就比人家晚了二三十年。学科划分是一个制度性的东西，国家应该考虑怎么让语言学更快地发展，因为语言学现在已经是一个前沿领域的基础性学科了。前些日子在商务印书馆搞了一个论坛，讲人工智能和机器翻译。搞人工智能和机器翻译的人抱怨（搞）语言学的人拖了他们的后腿，他们现在已经抛开语言学自己去做了。做自然语言处理就像模仿做一只鸟，现在我们搞不清鸟飞的机理，人家说我不学鸟飞了，咱们干脆弄一些火药吧，咱们做火箭吧，照样能飞上天，而且比鸟飞得更高更远。它就不走语言学的路了，就走物理学上的路。我个人的理解是，自然语言处理最后还是要走语法的路，以语法为基础。我们语言学拖了后腿，是因为目前我们没有真正认识语法和语言的结构。我们没有给这些新领域提供很有力的支持。这个当然和我们自己的语言学发展得比较慢有关系，还有和我们个人的理念也有关系，但是（关键是）制度上还没有一个保障。你想想，国家层面上都是这样，有语言研究所，只研究汉语，民族语言都弄到民族所去了。汉语就是一种语言，少数民族语言有多少种？（其实）应该是一个大的语言研究所，而不是汉语的研究所。（**张宜：** 都给割裂开了。）对。把外语、汉语和少数民族语言的东西割裂开了，这个严重制约了我们学科的发展。在我们学校内都有这样的问题。你刚刚问我给学生开什么课，我们每届博士生最多招一个学生，南开就是这个规定。（导师）得有课题有经费，而且最多只能招一个。那么我每次只能给一个博士生上课，但是来听我课的人不止一两个人，其他人大多数是文学院那些语言学老师的学生，老师们都把他们的学生派来听课，有的学生是自愿来蹭课的，但是我们给不了学分。因为它（语言学）分属两个大的、不同的一级学科（中国语言文学和外国语言文学），又加上（属于）不同的学院，没法给学生学分。文学院有些学生是很好的，非常认真，但是也拿不到学分。（**张宜：** 资源浪费。）我也把我的学生派到文学院去听音韵学、汉语方言、汉藏语导论、汉语方言调查这些课程，也拿不到学分。我跟学生讲拿不到学分就拿不到学分吧，没关系。我在荷兰读书时，就语言学课程来说，荷兰有六所大学里的任何一门课都可以修，都可以拿到学分，阿姆斯特丹大学承认这些学校课程的学分。荷兰的国家很小，（笑）坐火车基本上从南到北半天就差不多转完了，我都是坐火车到其他学校听课。我在阿姆斯特丹大学，我可以选择莱顿大学的历史语言学和实验语音学的课，我也可以到格罗宁根大学选择亚洲语言研究方面的课，我觉得哪个老师的课对我有意义，那我就去选学，按照他的要求做了，他给你学分就可以了。可是在我们（同一所）学校里竟然做不到！大家都喊着（建设）一流学科,我觉得(建设)一流学科的前提得有一流的制度。和国外的大学比较,我们的大学"像"大学,有系、有学院,授学位,但似乎少了大学的实质性的东西或灵魂。现在我们看到还是有机会呼吁这个事情。听说最近有人在人大或政协会上作为议案提出来了,要建立一级学科的语言学。这样的建议或呼吁就有分量了,比我们这些教书匠在底下说,作用可能要大一些。

张宜: 李老师,您刚才讲的这些,我觉得跟我这个问题很契合,也就是说在您的工作和治学当中,曾经最令您高兴和最使您沮丧的事儿是什么呢?

李兵教授: 做语言研究有许多乐趣,比如语言田野调查。我很喜欢做语言调查,从读硕士开始到现在,到上个月,我几乎没停过做语言的田野调查。现在我们有一个国家社科课题,叫"瓦罕塔吉克语的调查研究"①。瓦罕塔吉克人居住生活在新疆的塔什库尔干,在帕米尔高原东部,那里平均海拔4000多米。你听没听说过中央台经常报道红其拉甫山口?(**张宜:** 听说过,那是边境啊。)对,就在那里,是边境地区。对面是三个国家,巴基斯坦、阿富汗和塔吉克斯坦。我们调查瓦罕塔吉克语就在那个地区,我已经跟学生去(过)几次了,我很高兴去,做语言调查。(**张宜:** 多辛苦啊,那么远!)辛苦是辛苦一些,但乐在其中。对一个未知的东西,你把它搞明白了、知道了,就觉得非常高兴。比如说,社科院民族所的赵明鸣老师(是我们课题组的成员)从(20)13年开始做这种语言的调查,获得了初步的材料,觉得可以以此申报课题。(20)14年我们就申报了课题。很幸运得到专家的认可,还给了重点项目。我国境内瓦罕塔吉克人大约有五千人,塔什库尔干县只有三千瓦罕塔吉克人,所以我还是很感谢这些匿名评审的专家们。我带着学生去做语言调查,把这种语言从一串一串的声音变成(语言)的单位和语言结构,发现声音中存在的语言单位和语言结构,这个发现(过程)是一种乐趣。最后发现这种语言的形态和句法极其复杂和精密。(还有)更高兴的事应该是看到自己的学生取得好的成绩,比我自己发一篇文章都高兴。(**张宜:** 青出于蓝。)是啊!比如有一个同学现在在广外工作,她当时在她晋语的家乡话里发现了一个现象,我记得赵元任以前写过这个现象,以后写得人不多,所以对她说,你能不能深入调查,把语料挖出来,搞扎实了。在我的指导下,她写了两篇文章(姊妹篇)吧,她单独署名分别投到《中国语文》和《方言》,很快地被接受和发表了。这个对我来说是很令人高兴的事,说明学生能够

---

① 参见李兵:《瓦罕塔吉克语概况》,载《民族语文》2016年第1期。李兵、胡伟、侯典峰:《瓦罕塔吉克语双音节词重音实验语音学报告》,载《南开语言学刊》2016年第2期。侯典峰、李兵:《瓦罕塔吉克语的使动范畴》,载《民族语文》2018年第5期。胡伟、李兵:《瓦罕塔吉克语的代词性附着语素》,载《民族语文》2017年第6期。

独立从事语言研究且能有所收获。看到学生(有)这样的进步,当老师的自然是很高兴的,有的同学是我从本科一直带到硕士、带到博士,一带就是七八年的时间。

(张宜: 感情很深了。)可以这么讲,就跟对待自己孩子似的,这可能跟自己的职业,跟学生表现得很优秀,也可能跟我的导师对我的影响都有关系吧。比如说逢年过节了,(我把)所有的同学找来,我做东,找个地儿撮一顿。我从来不吃学生请的饭,都是我来做东。因为大家平时都很忙,学校食堂饭菜比较清淡,有的是年轻人,点一桌大鱼大肉的,瞬间风扫残云般地吃光了,你看着他们吃,也是一件特别开心的事。(笑)所以我觉得学生取得进步是最令人高兴的。

张宜: 现在南开可能也一样,评职称,科研要量化、算分;在我们那样的学校里面也是这样的,年度考核、科研考核量化,什么样级别的论文算多少分,都是这样的。您怎么看待此事?

李兵教授: 大学老师应该做一些研究,无论理工农医还是人文学科还是社会科学,无论做基础研究还是做应用研究,都应该做一些研究,其意义多么重要,这里不必多说。问题在于如何管理和引导。管理部门有点儿懒政,方法简单,没有完全尊重不同学科领域的研究的规律。我们的管理部门大多采用管理理工科研究的办法来管理人文学科的学术研究。例如,搞什么引用率之类的考核指标,把刊物分成三六九等。人文学科文献的半衰期很长,有些文献似乎永远有其学术价值。譬如我们现在研究瓦罕语,关于瓦罕人的历史我们需要看《大唐西域记》,还要查阅西方人一二百年前甚至更早的有关著作。人文学科研究要尊重学科的特点和规律。另外,更糟糕的是,管理部门把论文数量、刊物等级、课题数量、课题等级、科研经费额度等和老师的年度考核、职称晋升、获奖等直接挂钩,而这些都和经济利益直接相关,导致学术研究带有明显的功利性,这显然又是违反学术研究规律的事情。

张宜: 那令您最沮丧的事情是什么呢?

李兵教授: 最沮丧的事情,一下子我还想不起来,因为我还没遇到最沮丧的(事)。沮丧没有,但是有些事情可能会让我比较生气,比如说有些学生(让我)很着急,(他们)不发论文不能毕业。我跟他们定的规矩是只要是南开的学生,你不管是向杂志投稿还是会议投稿,不管我署不署名,只要你署南开大学的名字,稿子我必须看。有的时候看了就让我给枪毙了,所以我的学生说李老师比杂志的编辑还严,我们的稿子未必让编辑枪毙但是却先让李老师给枪毙了,所以他们有时候会绕着我投出去。我碰到这种事我是不高兴的。我说编辑也不是最终的评判标准,我们自己首先要自律,做到实事求是。哪些有问题,哪些没有问题,你不能说让编辑给你枪毙了,所以我说你们别绕着我。前几天我在微信圈里针对一些近期学生中出现个别类似现象,没点名地批评了一下,引起他们的警醒。其中还有些学生着急,题目是好题目,内容不错,但是文章写得很毛(糙),我说你这文章怎么写得跟后面有条狗在撵你似的,你就不能再沉下来再静一静?我跟他们讲文章写完了放一两个月,然后再拿出来读一读,再讨论,再改,直到我们自己觉得还能拿出手再投。现在都是网上投稿,有些学生唰一下就投出去了!有些学生是稿子被退了才回来找我,我拿过来一看,该退。要是我,我早就给你退了!里边的文字还有错别字。学语言学的,学文科的,你不能出错别字啊,(还有的)甚至会出现常识性的错误。(说到)沮丧的事,我倒还没有特别沮丧的事儿吧。有时候是有的事儿做不成也只能如此,只能等到有条件的时候再做。当然,学生着急也不能完全怪他们。学校有规定,博士生答辩之前必须发表两篇核心刊物的文章,否则不能申请答辩。刊物审稿用稿的周期时间长,即使采用了,可能还要再等一段时间,少则数月,多则一两年才能刊出。除了学业压力,有些学生个人方面的压力也很大,例如经济压力、父母病重,有些结婚的学生孩子还小等。当老师的我看到这些也很同情他们的,也感到很矛盾。个别同学的压力可能过大,最后不得不放弃学业。

当初湖南大学吸引我去的一个最主要原因是学校答应成立语言学系,当时我们提了一个方案,学校同意了。英语专业二年级的学生从第二学期开始分流,一个往语言学方向走,学生自己选。当时我是语言学系的系主任。学校同意这么做。第一期一共有 30 个学生报名进入语言学系。当时我们按照欧美一些大学语言学系一、二年级的课程设置,我记得是开了八九门语言学的课,语言学导论、语音学、音系学、句法学、语义学、心理语言学、儿童语言等,此外还开设形式逻辑、离散数学和统计等。当时语言学系集聚了一批优秀的老师,李行德老师、胡建华老师、宁春岩老师、张文忠老师、伍雅清老师、李茹亚老师,还有外籍的语言学专业教师,后来徐烈炯老师也加入我们系。我记得校领导当时问我,语言学方向学生的出路是什么?校领导关心这个问题,很正常很自然,能够理解,因为就业压力很大。我告诉校领导,这些学生主要出路是读硕士,继续读语言学硕士,没太指望他们本科毕业马上就业。因为本科毕业读硕士在校方的统计里也算就业,所以校长问,估计能有多少学生能够考上国内外的硕士,不光是湖大自己的,还有别的院校,能不能考上。我把老师、课程安排、教材和学生的情况估算了一下,给学校一个数:50%。我说我们(能到)50%,所以压力蛮大的。当时语言学方向的培养方案和课程设置经过多次讨论。每一位教授亲自写课程教学大纲,每一部教科书和参考书都是教授会议反复讨论确定下来。我自己上第一门课,语言学导论。我上了三门课:语言学导论、语音学和音系学这三门课。其他的课都是由前面提到的老师分别上的。离散数学、形式逻辑是请湖大数学系的博导来上的。学生也明确毕业后要考硕士,学习积极。两年过去了,考研率我们算是向学校有了一个交代:30 个学生,考上国内外语言学方向的硕士生一共是 27 个。(**张宜:** 天啊,超额啊!)其余 3 个学生中有一个学生也考上了,但是家里面给他找了一个不错的工作,所以就不继续念硕士,家长和学生亲自来向我说明和表示感谢。我自己带的硕士生当中,有好几个到国外读博去了。我觉得在那种环境下,只要大家齐心协力去做,就能做好。你刚说到,后来老师们离开湖南大学,这说到底是人治问题。我对中国大学的人治深有体会,为什么我后来也离开,还是人治的问题。我最初并不希望大家离开,但是又很无奈;大家好不容易凑到一起,可是我又没办法改变越来越糟糕的环境。领导换了,什么都要改变。如果说沮丧的话,这是一个比较令我沮丧的事。我们的投入很大,老师们上课非常用心,非常投入。我记得当时赶上教育部的本科教学评估,别的系有些老师还在那补(教案),而语言学系的老师把教案齐刷刷地拿出来。我自己的语言学导论课的教案打印成上下两册,一册都这么厚,比教科书还厚。然而(到后来的境地),我觉得是制度和学风问题。学生的可塑性很强,只要有好的老师,一个好的真正的语言学系完全能够培养出好学生。虽然绝大多数老师后来离开湖南大学,在不同的学校工作,但是回想起和大家在湖大一起工作时的情景,仍然感到值得怀念。我记得 2013 年 10 月,所有原来在湖大语言学系的老师和部分学生再次在长沙岳麓山下相聚,好几位老师都发言回顾了语言学系的往事,李行德老师的激情讲演令人动容,其情景历历在目。

张宜: 李老师您喝点水吧!您认为一位语言学家最应该具备什么样的学术修养呢?

李兵教授:(说到)学术修养,我觉得第一个(是)对语言现象要敏感,一个做语言学研究的人对语言现象不敏感(是不行的)。当然这种敏感是需要逐渐培养的,有时候一音之差意义差别很大,有的时候语音差别很大,意义却一点变化都没有。我上课就跟学生讲,碰到语言现象,停下来问一问,为什么是这样。语言现象不以人们意志而存在。有时候语言形式变化可大了,但意义一点都没变;有的时候有一丁点儿差别,意义就发生变化,所以我觉得(语言学家)应该对语言现象比较敏感,尤其是对做语言本体研究的人来说。再一个,我觉得需要比较清晰的逻辑思维能力,这个可能是做什么事都应该具备的一个能力吧。不光是做语言学,做什么都应该具备逻辑思维能力。对语言现象敏感,我觉得外语专业的学生稍微弱一些,对语言现象经常视而不见,在这方面远不如中文系的学生,他们对语言现象的了解程度比外语专业的学生强。学术修养不是简单的(学术)方法问题。(培养语言学的学术修养,)我(想)可能是(要)广泛阅读吧,不仅仅读本专业的书,还应该读相关专业的书,让自己的知识面广博一些,广泛了解世界上各种语言里的现象。尤其做现代语言学(研究)不仅仅要具有一些相关的人文方面的知识,也得具有一些自然科学的知识,学习一些比如说科学方法论的东西。再一个我觉得做语言本体研究要确实把理论和语言事实结合起来,我觉得它不是一个简单的结合问题,更像是一张纸的两个面。我有时候跟学生也这么讲,科学发展的形式是什么? 这就问倒不少人。技术发展好办,造出来新的东西。但是科学发展(不同),我们对科学发展的表现和形态得有认识。我觉得科学发展的主要形式是新的理论假设的出现,或者说新的理论假设是科学发展的标志,至于它的应用,那是另外一回事。所以这么来想的话,语言学这门科学的发展应当是以语言学的基础假设的产生为标志。现在回过头看,搞语言学史的,这问题可以请教姚小平老师,语言学史发展的基本和主要形式是什么? 我认为是新的语言假设,基础理论、基础假设。比如说生成语言学,关于语言本质的认识,它的先天性问题;比如说功能语言学,对语言各种功能认识问题;认知语言学更看重语言知识和其他知识之间的关系……这些都是关于语言本质的一些假设。它既然是假设,那么它就应当受到语言事实的检验。检验的过程实际上是采用某一种理论和方法对某种语言现象进行分析的过程。你能说得通,说明它的假设得到了检验,说不通,就得不到检验。所以我觉得可能它就像一张纸的两面,再薄也是两个面,一面是理论,一面是语言事实、语言现象。二者是相互依存的,离开了语言事实的理论,大概也没有太大的意义;没有语言事实,也没法发展理论。有了理论,我们用来对现象、对事实进行描写和分析,同时也是对这种理论假设的一种检验。所谓理论都是有待于检验的内容假设。我想可能我们这方面,在理念上我觉得是应该这么看。那么这就涉及"洋为中用""西学中用"的问题。语言学的发展目的是什么? 是建立语言学的理论。我们拿来用作什么? 不是用来做理论的,而是用来描写具体事实的,所以把语言分析方法的使用和语言理论的发展给隔离开了。我觉得这是一个宏观的问题。如果都说国外的理论好,能解决什么问题,你可以拿来试试。实际上理论都是用来检验的,假设都是用来证伪的,不能证伪的东西意义不大。如果说为了语言学这门科学的发展,那提出来新的理论假设（势必要经过具体的语言事实的检验的）。现有的语言学理论有几个是以汉语语言事实为基础提出来的？我们打开国际通行的语言学教科书，Chomsky（乔姆斯基）也可以加个词缀变成形容词 Chomskian，我们哪一个中国人的人名能够变成形容词，后面跟着一种语言学理论的名称呢？中国这么大的一个国家，有这么多的语言，我们应当产生好的语言理论，到目前为止，我看差距还很大，我们更多的是把别人的东西拿来应用。只说 Bloomfield（布龙菲尔德）的（理论）好不好用，Chomsky 的好不好用，Halliday（韩礼德）的好不好用，而不是去发展自己的语言理论。你做语言学史就更明白（这点），历史上那些著名的语言学家大多数都是欧洲人，到 20 世纪（开始有了）美国人，以前全是欧洲人。当然我们并不否认汉语传统小学的学术贡献，但是要从语言学作为一门科学（的角度）来说，我们不得不承认我们还是跟人家有差距的。这个倒不是沮丧，更应该是努力的目标。令人沮丧的是"西为中用""洋为中用"，这个叫人沮丧，你要说为个人（得失的）事儿，那有什么好沮丧的？

张宜： 李老师，您怎样看待学术批评，您的观点和您的著作受到过批评吗？

李兵教授： 受到过，而且受到过很严厉的批评。

张宜： 批评者是什么样的人呢？

李兵教授： 我（19）96 年出了一本书①，在荷兰出的，是在我的博士论文基础上改写的。答辩之后，我申请到一笔出版经费，在荷兰的一家出版社出了这本书。《通古斯语言元音和谐——描写与分析》。这本书有两项内容，一是描写通古斯语言元音和谐，二是采用非线性音系音段理论处理元音和谐的形式特点。书出版后，据我自己所知，有三篇书评，其中有两篇的书评是肯定的，另一篇批评的多。对同一本书，有两种相反的看法，我认为很正常。持肯定意见的书评之一是德国哥廷根大学的 Gerhard Doefer（格哈德·德费尔）教授写的（他 2005 年去世了，之前我们一直保持联系，他不时给我寄来一些他的新作）。他是亚洲语言著名学者，涉猎广泛，论著丰厚。关于阿尔泰假说，学界有两大派，一派支持阿尔泰假说，当代的代表人物是美国印第安纳大学的 Poppe（N. 鲍培）；另一派是反对阿尔泰假说，代表人物之一就是 Doefer。此外，Doefer 还做过通古斯语言的发生学分类研究。我在自己博士论文里也讨论他的一些观点，例如埃文基语、鄂温克语和鄂伦春语之间语言方言的划分，不赞同他的划分结果，提出了不同观点。或许是因为和他的观点不同，学校请他来做我的学位答辩委员会成员，把我批评的人找来当答辩委员了。他到达阿

① 指 *Tungusic Vowel Harmony: Description and Analysis*，The Hague：Holland Academic Graphics，1996。

姆斯特丹时,我到火车站去接他。他从哥廷根乘火车来,我让车站广播员用德语广播,说谁谁下车后在站台等着,有人去接。等车上的人下完了,站台上就剩一个白头发老头儿,肯定就是他了。他拎一个很大的磨得很旧的牛皮公文包。那些大牌教授都爱用大的牛皮皮包。好像谁的皮包越大越旧谁的资历就越老学问越大,那是他们的名片。(笑)一看夹着个那么大的破牛皮包,那肯定就是他了。我说Doefer教授,你好!他对我说的第一话是:"我是来给你唱赞歌的。""给我唱赞歌?为什么?"他说:"我(指 Doefer 教授自己)赢了!""为什么你赢了呢?"在阿尔泰假说方面,他的主要对手是印第安纳大学的 Poppe 教授。他说 Poppe 前几年走了,所以"我赢了,因为我还活着,你的学位论文研究支持我的结论啊"。(笑)很可笑,很天真那种感觉。(**张宜:** 嗯,单纯。)非常单纯。

尽管我在自己的论文里批评了他,但他说我来是给你唱赞歌的,因为你的研究结果是对我的(反阿尔泰)假设的支持,尽管我们在一些小事情上意见不一致,何况我们看问题的角度不同,而且你也很清楚我们的角度不同,我是历时的,你是共时的;共时和历时的结果各不同,这是最常见的。答辩会上他还引用一句德国谚语,大意是两个学者吵架就让他们吵去好了,别管他们。他的话惹得全场听众哄堂大笑。书出版后,他为我的书写了书评,很肯定。我自己看到他写的书评已经是两三年之后的事情,当时他并没告诉我。

另外一位写书评的学者是德国莱比锡大学 Bernard Comrie(伯纳德·科姆里)教授。我不认识他,未曾谋面。他是做类型学的,很有名,搞类型学的人都知道他。他写的书评,对我的东西评价很高。我的感觉,自己写一个拙著的介绍也不如他写得要好,他详细介绍主要内容,最后的结论是这本书不仅对于了解通古斯语言元音和谐、了解阿尔泰语言的元音和谐,乃至对音系学都有一般性的意义;同时他还说目前他正在做中古朝鲜语的元音系统的研究,书里面提出来假设和分析方法,使他能够对中古朝鲜语元音系统有一个新的认识。

另外一个书评是哈佛大学的一个人写的,登在 *Language* 上,书评很长。我仔细读了书评,也仔细分析了他的批评。也找到他的一些文章读了。他的评论以批评为主。我仔细看后,觉得他不是批评我的书的内容,而是他本身就不喜欢生成音系学,更不喜欢欧洲的更抽象的形式主义音系学。如果你要是对一种基础理论或基本方法进行否定的话,你看这个东西你怎么看都看不惯。比如说你不喜欢这个人,他做什么都不顺眼;你要喜欢他,他做得不合适的、犯点儿小错也能接受。所以给我的感觉,他不是否定我的内容,而是抓住我论文当中一些论证不够完整或清晰

（的地方）来批评欧洲学派的形式主义音系学。生成音系学分好几个学派，但大体上分成美国学派和欧洲学派。我待的那个地儿（阿姆斯特丹）属欧洲学派，所以我觉得也没什么，他否就否去呗。欧洲学派的形式语言学批评 Chomsky 不够形式主义，认为他的 SPE①里语音学的东西太多。（对我的书）这样的批评也很好，批评会使我们对那些具体的论证还不是十分清楚的地方再进一步思考。

另外，关于他人对自己（以及其他任何人）研究成果的评价，不能看一时。前几年因为申报教育部的一个课题，要求说明对个人已有论著的引用情况。借这个机会我也把对拙著的引用情况梳理了一下，发现引用的人很多，有的音系学教科书引用了我的观点，直到现在还有人在引用，也包括一些批评。这都是好事。我把肯定的不赞同的一概全都复印交上去了，不好就不好，我觉得很正常，我不觉得别人批评你是一个什么了不得的事情。相反，国内的学术批评就少了，我们不大敢批评。可能还没有真正建立起来这种学术批评的大的环境。学术批评、学术讨论对所有人都是有益的。

关于学位论文外审和答辩委员会成员的组成，我事先一概不知。论文提交到语言学系，我再也没有过问过，直到答辩前两天我才知道答辩委员会里都是谁。记得一天早上 Douglas Pulleyblank（道格拉斯·蒲立本）突然出现在我的办公室，他是（加拿大）英属哥伦比亚大学的音系学教授，我认识他。我问他，你怎么在这里？他说你不是博士学位论文答辩吗？我是答辩委员会的呀！这我才知道。

张宜： 李老师，您说这是不是跟国内的（人文）环境有关？就是学术环境不能说是狭隘，但至少是不够开放吧。相反，在国外受过教育的学者，他的思想和想法就是比较能够接受"是"或者"非"。

李兵教授： 我个人认为可能有几方面的原因。第一，可能我们把学术上的恰当不恰当很容易和人的道德问题联系起来，是不是？（**张宜：** 是。）一个人如果说（学术观点）对错，和这个人的好坏没太大的关系，是吧？咱们（应该）就学术问题谈学术问题，就事论事，（说）人家好坏已经是道德层面了，对不对？（**张宜：** 对。）我们（应该）把学术问题和道德问题给剥离开。不要一说这个文章观点怎么样就说人怎么样，我们的传统好像都往道德上靠。少了一些科学的态度。科学它不太管人的道德的问题。第二，学术批评涉及学术自由的问题。如果学术不自由，也会限制学术批评，有些话不能说，例如有些课题不能申报。（**张宜：** 我们就可以立项，我们就

① 指 Noam Chomsky, Morris Halle. *The Sound Pattern of English*, Harper & Row, 1968。此著作是生成音系学的奠基之作。

可以作假设。)但是恐怕我们(做不了)。第三,或许是最主要的,我们还是缺少(国外那种)批评的氛围,我也不知道怎么能建立起来,我也觉得可能很难做到欧洲的大学那样,因为他们骨子里面就有这些批评的东西。我在荷兰给语言学系的本科生上音系学导论,学生讨论得可激烈了,每个人写一个小论文,然后讨论,他批评他,他批评他,就一年级的学生。当然他们有时候也挺幼稚,挺天真的,张口就是my theory。(笑)(**张宜:** 对,讲究 debate。)张口闭口 my theory,(笑)一年级的学生,国际音标还没认全呢! 学生常常在课堂上质疑老师和教科书。(笑)这是他们的一个特点。这里可能还有面子问题吧。我们好像受到批评面子上过不去,把面子看得比追求事实和真理看得更重要。一旦有学术批评,就会影响人与人之间的关系。这或许又是文化差异的一个方面吧。

张宜: 李老师,我在访谈这些语言学家的过程当中我也有很深的感触,学者们的学业背景不一样,他们对学术批评这个话题的态度,反应也不太一样。

李兵教授: 不太一样,我相信是这样。因为批评和反批评,历史上有一些被否的、被批评的东西,后来证明它是有意义的。也不能说当时被否了,就说它永远没有意义了。可能是由于当时的一种认识水平所限,人们可能对某一个东西有一定的看法。我不知道咱们是不是更功利一些吧。要讲实用,美国人比谁都更讲实用。

张宜: 但是就如您说的,他们能把学术研究从道德层面剥离开来,而且是很明晰地剥离开来,不交织在一起。

李兵教授: 把人际关系也剥离开,(就学术观点)我批你、你批我,但是在下边他们又是很好的朋友。我在我自己的博士论文里说 Norval Smith 有的假设或分析不妥,我的结论和他的结论相反,但这一点儿都不影响我们两个人的关系,一点儿都不影响。在国内,如果你要在博士论文里批自己的导师,但这也未必不行,取决于导师个人了,不好一概而论。这可能还是一个气度问题。我读过杨耐思先生的《中原音韵音系》。王力先生给他的书作序。我记得不很准确,80 年代中期,三十多年前了,当时我登门向杨先生请教八思巴文蒙古语里的元音和谐问题。杨先生送我一本出版不久的《中原音韵音系》,王力先生作序。我读了王力先生写的序,涉及了对"叛师"看法。在一些具体问题上杨耐思和王力先生的观点不一致,没有遵从师说。王力先生在序里鼓励学生的不同个观点,他反对把不肯墨守师说称为"叛师",认为这是很坏的风气。他说如果总是墨守师说,学术便无法发展了。[1]所以我觉得

---

① 见王力:《〈中原音韵音系〉序》,载杨耐思《中原音韵音乐》,中国社会科学出版社 1981 年版。

（学术批评）可能是个人的气度问题，或许学问越大的人，越不怕别人批。王力先生鼓励后学和自己观点不一样。如果你都跟我一样，学术还能发展吗？你的学生怎么（不）能比自己的老师做得更前一点儿？这些大家们是那么的大度，鼓励学生发表和自己不一样的观点，但我不知道是不是所有的人都是这样。

张宜： 李老师，您在语言学方面研究的特点是什么呢？您有哪些突破？您非常注重语言调查、田野调查，又把您在国外受到的比较系统的西方语言学，尤其是音系学研究，把它们整合到一起，最后形成并且发展了您自己的研究风格，是这样吗？

李兵教授： 戴庆厦老师说过这个事儿。（**张宜：** 他挺赞同田野调查的，到现在他还在亲力亲为。）对。戴老师和张彦昌老师的关系很好，所以我有什么问题去请教戴老师。戴老师很随和。我每次到了中央民族大学院里，给他打个电话直接去家里，或者直接去他办公室。（**张宜：** 我博士论文答辩的时候，他是答辩小组的组长。）前几年我的一本小册子《阿尔泰语言元音和谐研究》要出版①。我请戴老师为这个小册子作序。戴老师当时鼓励我借这个机会总结一下我自己的研究特点，提出了和你刚提的类似的问题。当时也来不及细想，粗略跟戴老师谈了自己的一些感受。

我对具有理论意义的语言现象感兴趣，但以前我只管干我自己的，谁管总结呢。现在如果要用一两句话总结，我觉得要把当代的语言学理论和中国的少数民族语言研究结合起来，或者把少数民族几个字去掉，就是同中国的语言紧密结合起来，还是回到我们刚才讲语言理论和语言事实的关系上。做我们国内的语言最大的便利之处是可以获得第一手语言材料，可以随时去做田野调查。我调查过鄂伦春语、满语、锡伯语、卫拉特蒙古语、柯尔克孜语、维吾尔语和瓦罕塔吉克语，也调查过汉语的一些方言。语言研究的基础是要有真实、可靠和相对完整的语言材料，没有可靠的语言材料一切无从谈起。一部描写做得好的著作会传世很久。例如我们现在搞瓦罕语，尽管文献不多，但还是找到一些，然而你把这些文献做一个分析比较，你发现提供第一手材料的文献并不多，而且做得好的也就那么两三本。这些好的文献距今早的有一百多年了，稍晚的也有六七十年了，而且主要记录的是境外的瓦罕语（另外一些方言，和国内的瓦罕语有明显的差别）。那么，要做好国内瓦罕语

---

① 《阿尔泰语言元音和谐研究》，商务印书馆2013年版。元音和谐是世界语言中常见的语音现象，也是当代国际音系学研究的前沿课题之一。本书是近年来阿尔泰研究中新出现的一部有分量的新著。该书对阿尔泰语系的一些元音和谐现象做了细致描写，采用抽象的生成音系学的非线性方法来处理，在本领域内具有较高的学术价值。该书入选"2012年度国家哲学社会科学成果文库"。

的描写,只有自己去做田野调查,只有这样才能掌握第一手语言材料。只有这样,共时描写和历时研究才有基础。对于学生来说,语言田野调查也是学习语言学最好的方式,教科书上书本上的理论方法分析手段都在语言调查描写过程中得以使用和检验,语言学不是坐在沙发上高谈阔论的事。有些人对形式语言学研究实践不太了解,说你们只是空谈理论。我觉得这是误解。你看,我前面说了,我从读硕士起到现在,几乎没有间断过做语言田野调查,不断获得新的语言材料。我再举一个例子。前面提到的加拿大的 Douglass Pulleyblank 教授,他是做理论音系学的,是 Edward Pulleyblank(蒲立本,著名汉藏语学者)的侄子。他曾经告诉我说,在获得博士学位后,为了搞清一种语言,他带着新婚的妻子到尼日利亚,在那里做语言田野调查,一待就是七年。他风趣且骄傲地说,"we went back to Canada, fruitfully, with rich data and three daughters."(我们回到加拿大,收获甚丰,丰富的语言材料,还有三个女儿)。事实上,许多理论音系学研究者非常重视语言材料。我前面也提到,80 年代,Norval Smith 为了了解鄂伦春语里的一个具体现象,专门来内蒙古做调查。这些年来,不断有国外学者和博士生跟我交流,了解和核实一些具体的语言现象,例如锡伯语的元音增音之类的。能回答的我回答,不能回答的,便告诉他们,你做 fieldwork 吧。所以,研究必须以语言材料为基础,要对语言有详细精准的描写,而且要客观,不要轻易地对语言材料做出取舍,更不能为了证明某个理论或方法排除所谓的例外现象。有的研究(例如有的博士学位论文)提供的语言材料是那么的整齐,没有例外现象,好像是人工制造出来的。这不是说绝对不可能,但令人生疑。语言有例外现象是常态,而不是非常态,哪一种语言哪一类现象没有例外呢? 无论是语言内部因素还是外部因素,都会导致出现例外现象。何况,例外现象研究的价值更大,因为例外现象也是一类现象啊! 在我和同学的研究过程中,经常发现例外现象,而且例外当中还有例外,随着对这些例外现象的深入分析,我们甚至可以得出这样的结论,那些看似常态的现象反倒是例外了。我反对为了证明理论正确而对语言现象采取任意取舍的做法,或者叫"削足适履"吧。这样做既无法全面地了解语言,更没有理论价值。理论假设是用来证伪的,而你这种做法充其量是给别人的东西加一个脚注罢了。

　　我们说重视语言材料的真实客观,并不是说理论不重要。相反,理论很重要。这里有多重含义。首先,无论是田野调查还是语言事实的描写,都离不开理论的引导或都有理论背景,没有无理论背景的描写,任何描写都有其特定的理论背景,你承认也罢,不承认也罢;描写都有理论背景,只不过你是以哪种理论为背景的罢了。

所以说各种理论有指导描写的作用。这里的理论有不同层次上的,有不同范畴的,涉及语言的各个方面,领域也不同。不用说音系、形态、句法了,就是语音描写也要把生理的物理的渐变确定为不同的范畴。如何范畴化,什么标准和方法,背后都有一些理论在起作用。

第二,更加重要的是,对语言现象的描写和分析不仅仅是为了认识语言的结构、成分和机制,而且要挖掘其理论价值,为理论建设和发展做贡献。我们境内有那么多种语言,有更多的方言土语,有丰富的语言资源,这些都应成为理论来源语言。例如,在讲到音系学的非线性表达理论时,引用文献较多的语言是阿拉伯语、希伯来语等,讲到重音和形态相互作用时谈及英语、西班牙语、波兰和荷兰语;讲声调的非线性分析多涉及非洲语言的声调;讲元音和谐,多数文献涉及的是非洲语言、芬兰语、匈牙利语和土耳其语。尤其是在音系学教科书里,基本上如此,少有涉及汉语和我国少数民族语言的。(这)说明我们研究成果的理论价值还不凸显,还没有为理论做出重要的贡献。我不赞成"中国特色的语言学"的提法,作为科学,语言学它毕竟不是一个社会制度。任何一门科学都在追求它的规律的普遍性。如果有人说"中国特色的数学",我觉得这样不合适。语言学(理论),实际上用了多少国外的东西啊。除传统的语文学之外,在现代的语言本体研究里,历史语言学是欧洲的,描写语言学、结构语言学、功能语言学、形式语言学、音系理论,几乎无例外是欧美人提出来的,到当今一些新兴的跨学科领域,例如神经语言学、计算语言学……几乎毫无例外,创始人都是外国人。我们这么一个语言资源的大国,在理论发展和新领域研究(方面),我们首先提出来的就比较少了。这里是否存在语言理论的意识问题?欧美学者在这方面的意识很强。我没有全面(地)对我们的和欧美的音系学领域的博士论文做过比较,但就我个人所了解的,欧美的博士学位论文更注重理论和方法的创新,有些论文就围绕一个新概念的提出和论证。相比较而言,我们的论文更多的是在特定理论框架内分析具体现象,理论创新相对较弱。所以,努力的方向是在可靠的语言描写的基础上挖掘语言事实的语言学理论价值,让我们这么多的语言(无论是汉语还是少数民族语言)成为语言理论来源语言。我想一个人一辈子能做的事情很有限,但这是我努力的目标,能做多少就做多少。

张宜: 李老师,在您的这些成果当中,您个人最看重哪些?学界就像刚才您说到的这些学者,他们给您的反馈,跟您自己的看法一致吗?

具体说我自己更关注元音和谐现象。我国北方的少数民族语言大多有元音和谐,只不过类型不同,各有各自的特点。元音和谐是一种重要的语言现象。如果说声调是汉语和南方少数民族语言的主要特点,那么元音和谐则是北方少数民族语言的主要特点。当然,世界各地许多语言有元音和谐现象,有发生学特点、地理区域特点,更有语言类型学的特点,形式多样,情况非常复杂,有些语言的元音和谐与形态有关,有些甚至和句法有关。元音和谐的类型学研究、形式特点研究以及特定语言元音和谐的历时演变研究本身就是很有意义的课题,值得去做。另一方面,当代元音和谐研究更看重其音系成分和结构的研究。稍微具体一点说吧,在非线性假设里,元音和谐是音系特征(又叫和谐特征)扩散的结果。那么,这个音系特征或和谐特征是最小的、基本的音系成分。这个成分是最小的,不能再分解了。音系学的假设之一是,人类语言的音系成分是一个为数不多的、具有普遍意义的音段成分的集合,是一个有限集合。音段成分究竟多少个? 音段成分之间存在什么样的结构关系? 有哪些音系机制操作音系成分的分布和转移,是否可以预测? 等等。音段成分有点像元素周期表里的元素,其存在和排列具有规律性。音段是由特征构成的,是由更小的音系成分构成的。就像原子是由更小的粒子构成的,那么这些更小的粒子是什么? 大家就要去研究它,提出来各种各样不同的假设。音段结构研究是音系学研究的主要基础领域,更是当代国际上音系学研究的前沿领域。为了证实对于上述问题的假设性回答,研究者从各种语言里寻求证据。那么,元音和谐现象就是检验这些假设的一类语言事实。人们通过不同语言里的元音和谐事实提出、修订或否定或提出新的关于音段成分和音段成分之间结构关系的假设。研究非常艰难。在非线性假设背景下首先提出这个问题的是美国音系学家N. Clements(克莱门茨)。在荷兰开的一个研讨会上遇到他,我对他说这十多年的音段结构研究有许多新进展。而他说其实不然,论证难度较大,大约平均每一百篇博士论文才能够把某一具体问题的研究稍稍向前推进一步。可见,这类基础研究难度多大啊。通古斯语言的元音和谐研究相对薄弱,在全世界范围内研究的人不多,多数语言的元音和谐没有从音段结构的角度研究,传统的说法不少。我的研究就是从通古斯元音和谐的形式特点论证相关的音段成分。我提出 RTR(Retracted Tongue Root,舌根后缩)是和谐特征,也就是音段成分之一。大多研究是围绕这个假设开展的。那么 RTR 是否是音段成分,今天人们还在论证,或许在将来相当长一段的时间内还会继续论证。除了通古斯语言之外,基于其他语言的论证也不少。我的感觉是,至少我的假设和分析已经得到不少研究者的重视。国内外学者引用我的观点的人还不少,包括生成音系学的奠基人著名音系学家 Morris Halle(莫里斯·哈勒)在他的关于音段结构的论著里直接引用我的观点和语言材料。有的研究者写书时大段引用我的观点和数据，把书稿寄给我，请我看看是否引用得恰当，看看他对我观点和分析的理解是否准确。前两年麻省理工学院一个博士生给我写信，说你书里面的哪块儿我没太明白，咱们是不是再讨论讨论。后来在他的博士论文或者他的文章当中，多次引用我的观点和语言材料。除了元音和谐，我也关注其他一些语言现象。目前主要精力都放在瓦罕语上了。我谈这些，是想说，语言研究不能满足于描写，更重要的是探讨语言现象或语言事实的理论价值，把描写和理论结合起来，着眼于理论上的创新。我觉得应该把当代的语言学理论和民族语言实际密切结合起来，一方面让我们加深对语言的认识和了解，同时推进语言理论的发展，中国的语言应该成为理论的来源语言。

张宜： 做基础研究是一件坐冷板凳的事情吧？

李兵教授： 你说得很对。这样的基础研究的确是常年坐冷板凳，不会轰轰烈烈，加之出成果的难度很大，不容易出成果，也看不出有什么实际用处，所以不被看好，从事这方面研究的人比较少。刚回国时，人家不了解音系学。记得当时教育部要求填个表，专业一栏我填的是"音系学"，表印出来我发现被改成"音乐学"了。刚回国时有些学校邀请我去，实际他们不了解音系学，只是因为当时归国的洋博士比较少，所以没接受邀请。有些学校并不关心你的研究领域，关心的更多的是你发了多少篇文章，出了几本书，拿到了几个课题。少有人关心你的课题研究的理论意义。但现在南开，你想做什么就做什么，国家、教育部和学校都给音系学研究资助，我已经感到满足了。条件相对还是不错的，硕士、博士都开设了音系学、形态学、句法学方面的课程。愿意学习的同学还是很投入的。当然，音系学本来就没有明显的实际应用价值。上课的时候我给学生讲"Phonology is basically useless!"，（音系学是）没用的东西！不像有的老师说，我这个句法学有用。我不信，没你这个句法学、没有你这个音系学，人家不照样赚钱照样活得很滋润。这就是基础研究的特点，看不出有什么直接的实际应用价值。国内做音系学的人少，能够做生成音系学的人就更少了。因为搞音系学的老师少，学生自然就少了。另外，学生反映音系学太难，不容易入门。我觉得这部分是错觉。有些学生对音系学没有基本的了解，对学习音系学没有思想准备，一旦开始学习，发现比他们自己预计得要难。有些硕士毕业生和年轻老师跟我联系，表达跟我读音系学博士的愿望。这很好啊！我也要了解一下他们，看看他们硕士阶段学过哪些课程，硕士学位论文的题目是什么。通过了解发现他们对音系学不甚了解。我就给他们开一个书单，要他们把这些书认真读完后再联系。此后大部分人再不跟我联系了。这可能与学生本科和硕士语言学教育有关。不少(国内)语言学概论教科书大概是这么定义音系学的：音系学研究语言的语音模式。这种定义对音系学的理解是狭隘的。音系学是从音系的角度研究语言的，音系不仅与语音有关，还与形态、构词、句法都有关，不仅仅与语音模式有关。那么音系是什么？对此，不同的(理论)关于语言本体或语法假设有不同的理解。生成语言学对音系有自己的理解。但不管如何，学生普遍觉得音系难，比句法学难。我个人的学习体会(我修过句法学)是，句法像是一个迷人的花园，可一旦进去了就转迷糊了，而音系更像是一个壁垒森严的城堡，看上去可怕，一旦进去了，里面挺自由的。但无论如何，学生们反映音系学难，尤其是生成音系学入门比较难。这可能也是愿意学习研究生成音系学的人比较少的原因吧。我听说前几天国内开了一个英语教学大会，参加会议的有 1 000 多人。我想象不出如果国内有1 000 人的音系学大会将是一个什么概念。

张宜： 我在访谈冯志伟老师的时候，他跟我说"文革"期间，他要去天津的一个中学当老师，人家问他你能教什么？他说我能教英语，对方说那可以。对方又问你是学什么的，他说是学语言学的，人家又问语言学是什么东西。(笑)

李兵教授： (笑)我觉得基础领域的，包括句法、音系、形态、语义(等等)是不被他人了解(的)，专业性很强，而且这些领域真的是没有太直接的应用价值。我们也没有必要把它抬高，说它如何有用，它就是没用。它既然没用，你指望它能干什么？(笑)

另外一个问题是，有些学校外语语言学专业硕士生课程结构不太合理。语言研究首先是语言本体研究，所以课程体系里一定要包括跟语言本体研究有关的课程，例如语音学、音系学、句法学、形态学、语义学等，但有些学校的课程里没有这些课，一开始就是文体学、词汇学或语用学。不是说这些课程不该开设，而是应该在学过音系学、句法学、语义学这些课程的基础上再学习这些课程。试想，如果没有句法学和语义学的基础，语用学能学好吗？再一个问题是，关于语言本体的课程、基础课少、语言分析的课少，讲理论的东西太多，学生还没有语言的基本知识，就讲这个理论那个理论，教的学生只会背一些干巴巴的概念定义，缺少语言分析实践的能力，缺少文献分析批评的能力。我感觉中文系的学生在这方面要好得多，更加务实。

张宜： 您的元音和谐(研究)也是到了一个制高点。

李兵教授： 倒也不敢这么说。元音和谐当中面临着很多问题，到目前为止不太容易突破。元音和谐研究，刚才提到，涉及音段结构，还涉及语素的音系成分和多种音系机制,这些问题都在探索之中。世界上有不少语言有元音和谐,形式不同,类型不同,目前还在一点一点地摸索。此外,元音和谐的功能是什么? 研究有不同的解释,但难以说明全部相关的事实。还有,元音和谐的历史演变问题,现在这方面的研究并不是特别多。大体上现状是这样。通过和国外同行的交流以及近期期刊论文专著看,大体如此。

张宜: 那您对今后的发展趋势有什么预测吗?

李兵教授: 现在有这么两大种思路,一是采取传统的规则(rule)加表达(representation)的办法去做,另一个是有人试图走音系学和语音学相结合的路子,试图从感知、发音这个角度去探讨这种现象。目前状况只能这么说,文献很多很多,但大体上路子就这两大块儿。一个是纯音系学的路子,一个是语音学的路子,两种方法都面临一些不容易克服的困难,基础研究大概就是这样。

张宜: 对,就是要坐住冷板凳,而且可能多少年未必能出来一篇像样的文章,大概得做到这份儿上。当然现在有些博士生还是很不错的。您现在手里还带几个博士生?

李兵教授: 我手上没有毕业的两个学生今年5月份答辩。近两三年大概还有五个博士生。(**张宜:** 他们一般得读四五年吧?)至少四年。三年毕不了业。面试的时候我就告诉他们三年毕不了业,作为录取的先决条件,至少得四年。一般是四年、四年半,个别学生五年的也有。(**张宜:** 他们是在职的还是全日制的?)我们不招在职的。(**张宜:** 就是说一旦被录取了他们就要全心全意做学问。)对。他就是南开的学生了,没有单位的。(有单位的)就要辞职。在职的不会来学音系学或语言学。我招的同学都是能够吃苦的。(**张宜:** 您带的硕士生考博士的也有吧?)有,而且比例还蛮高的,因为其他学校学(生成)音系学硕士生不多。这不是说我只招自己的硕士生读博士,不是这个意思。比如说(已故)王嘉龄老师的硕士生,如果他们基础好,该招还招。有的学生虽然也对音系学感兴趣,但是来了以后怎么办? 他硕士阶段没(系统)学过(音系学),到博士生(阶段)了再教他(音系学的)abc,可能五六年也毕不了业。(**张宜:** 而且我感觉现在外语专业硕士阶段的研究生,真正能够接触到语音学、音系学的学生都非常少,你一问,有的人语言学导论的入门书都没学过,有的说一本书能学一点点,浅尝辄止。)你的观察很对,比较客观,确实情况是这样。所以我自己带的硕士生当中,以南开的毕业学生为多,因为我比较了解我们本科的课程设置和教科书,了解上课的老师,哪门课是怎么教的,我们都清楚,毕业生的知识水平,都比较清楚。与其说对学生放心,倒不如说对培养质量有信心。倒不是说我们非要带自己的学生。如果你基础好,谁我都愿意带,我还希望各个学校来的都有,那样岂不更好。但是从报考的情况来看,有的学生喜欢继续待在这儿(南开),你撵他出去他不出去(笑)。学生有时候也很执着,也很可爱,非常可爱。有个学生读硕士的时候,我带他参加过几次国内的学术会议,(他)被其他学校的老师看上了,叫他去读博。学生说想一想再说,他不愿意去,他最后说还是赖在这儿(念),不走了。(**张宜:** 对他来说可能是一个传承,因为他自己已经适应了这个环境。)可能就是因为这个老师带他,他确实也学到了东西。(**张宜:** 他学到知识了。)

张宜: 不知不觉我们都聊了 3 个小时了,耽误您午休了!……李老师您有什么业余爱好吗?

李兵教授: 我没有什么太多的(爱好),我唯一的爱好就是闲的时候,愿意找个安静的地儿待着。我不太喜欢那种很嘈杂(的地方),别人说唱卡拉 OK,我一概都不去。如果时间允许,我(愿意)找个很安静没人的地儿,待上一个礼拜,觉得很幸福,其他再没有什么特殊的爱好了。(笑)(**张宜:** 比如说听听音乐、看看语言学之外的书,看看电视啊?)电视基本不看,有什么事儿学生就告诉我,剩下有些事儿我们也管不了。(**张宜:** 您刚才说可能看看微信。)对,微信是学生帮我搞的。智能手机是学生逼着我买的。我原来是老式的、那种不能发微信的。后来学生说没有微信我们跟你联系太不方便了,何况微信可以建一个群,你在群里发通知只要发一次我们所有的人就收到了。我就买了一个(智能手机),我还不会用。我学生帮我弄的,还是在塔什库尔干做瓦罕语调查时学生教我(使用)的。(**张宜:** 您可能更多的时间都是在做自己的研究吧?您回邮件都非常简洁,就一句话两句话。)每天邮件挺多,多的时候有二三十封,每天处理邮件得花两三个小时。现在好一些,不做行政了,好多了,相对自由些。

张宜: 李老师,您有什么著作可以送我一本吗?

李兵教授: 我最近出的书就是《阿尔泰语言元音和谐研究》,我不知道家里还有没有,要有的话我送你一本,我回头找找,因为好几年了,我不知道手头上还有没有。

张宜: 谢谢李老师。您不抽烟吧?

李兵教授: 抽的。现在抽得少多了。因为这几年前前后后住了几次医院,手术过四五次。(**张宜:** 完全看不出来呀!)看不出来吧!我特乐观。你现在来还好。

（**张宜：** 我现在根本看不出来您曾经病过！）心脏还放个支架。（**张宜：** 您这是不是累的呀？）确实很累，做院长累极了！行政、教学、自己的科研，还有杂七杂八的事情。（**张宜：** 好辛苦啊！）我觉得还可以，我抗打击能力比较强。（**张宜：** 您很乐观。）上半个月做治疗，下半个月我就带着学生做语言调查去了。（**张宜：** 您太拼了！）总比在家窝着，躺床上强。（**张宜：** 师母不和你发火啊？）不发火。我走了就走了。出差是家常便饭，说走就走，也没有说多大的事，她也放心。（**张宜：** 关键您去的地方都是特偏僻的地方呀。）无所谓的。我自己总结了一下，我做语言调查全部都是沿着从东北到西北的边境线，都是最偏远的地方。（**张宜：** 条件很恶劣。）确实！从鄂伦春语、满语、赫哲语、蒙古语、锡伯语，一直到现在的瓦罕语，全在国境线上。我这辈子大概命中注定就该在国境线上。（笑）

张宜： 李老师，您刚才说您有一个在广外搞晋语的学生，叫什么名字？

李兵教授： 王晓培，是个女孩子。

张宜： 还提到另外一个学生，在今年《中国语文》发表文章的。

李兵教授： 胡伟，在长沙理工大学工作。他们都很用功，很投入，很有前途的年轻学者。

张宜： 李老师，我都记得很乱，我回去把录音整理出来了以后您一定得过目、审阅。谢谢李老师，您休息吧！

李兵教授： 好的。不客气！

张涌泉访谈录

受 访 者：张涌泉教授

访 谈 者：张　宜

整理/注释：张　宜

地　　　点：杭州杭大路10号渔悦龙官酒店

时　　　间：2017年3月24日，下午9:00—10:30

张宜： 今天是2017年3月24日，现在是晚上9:00。此刻我是在春雨潇潇的杭州，在杭大路上的渔悦龙宫酒店。我今天要访谈的是我国著名的语言学家、浙江大学的张涌泉教授。张老师您好，非常荣幸能在这样一个夜晚，能和您一起共进晚餐，并访谈您。这也是我的一个学习过程。张老师，我觉得在与您接触的这段时间里，感觉您是一个特别谦和、特别有责任感、特别认真和严谨的一位学者。本来我今天是带着非常忐忑的心情来求教您，但是跟您一见面，就觉得特别的温暖和轻松。张老师，您是怎样走上语言学研究道路的？您为什么要从事语言学的研究呢？

张涌泉教授： 谢谢张宜老师。说实在的，刚才你给我介绍，你以前访谈过的一些著名的语言学家，我想他们才是真正的、著名的语言学家。像我这样一个资历比较浅的人，我想未必适合作为你的一个访谈对象。

张宜： 张老师，您太谦虚了。

张涌泉教授： 但是你几次联系，并且有好几位我非常敬重的前辈推荐你来访谈我，我想拒绝也不好。（对于）你刚才讲的问题，我怎样走上语言学研究道路，这个

---

* 本访谈记录稿经张涌泉教授审阅认可，他做了局部的补充与修改。

对我来说完全是一个偶然。我读的大学是杭州大学。是"文革"后的第一届，77级。刚上学，每门课大家都很有兴趣。给我们上古代汉语课的有两位老师，一位是祝鸿熹老师，一位是郭在贻老师。他们两位都是非常有影响的学者，课都上得非常好。我们当时有 141 个同学，我当时是丑小鸭式的人物，默默无闻，什么干部也不是，连课代表、小组长都没当过，所以任课老师差不多都不认识我。同学们的求知欲望都很强，学习都非常努力刻苦。这是 77 级同学共同的特点。郭老师的课讲得特别好，对我们同学有很大的吸引力。（**张宜：** 有魅力。）最后这门课的结业考试，我竟然考了第一名。（**张宜：** 崭露头角！）这很意外，郭老师他们当时大概也不知道这个张涌泉何许人也，竟然考了全年级第一，141 个人。（笑）老师很惊讶。郭老师特意见了我。后来郭老师就有意识地培养我。我也经常把我写的一些小文章，请郭老师看。郭老师看了以后，就鼓励我。正是由于郭老师的影响，加上我古汉语课成绩好，把我对语言学、汉语言文字学的兴趣，激发出来了。后来我就慢慢地走上了语言学的研究道路。

张宜： 张老师，刚才我们在吃饭的时候，您说起了，我之前看的一些资料也提到，您是浙江义乌农村的孩子，是从苏溪中学考出来的。我想问您，家庭和社会，当时给了您怎样的一种影响？您在农村长大，怎么能够激发起要读书、要出来、要考到省城的高校里面（的这种信念呢），而且是(19)77 年第一届。我知道（当年）有很多城市的、到农村的知识青年参加高考，（他们这么做）为了摆脱农村（环境），那您当时的成长环境是怎样的呢？父母对您有什么样的影响呢？

张涌泉教授： 我爸爸是一个中学（后来调到义乌师范学校）的老师。我妈妈是农村户口，所以我们全家兄弟姐妹七个人，全都是农村户口。我高中毕业以后，也就理所当然地回乡，回到家里劳动。

张宜： 您是回乡青年。

张涌泉教授： 是的。我是(19)74 年春季的高中毕业生。当时也有上大学的，工农兵大学生，是要推荐的。像我这样的，我爸爸就是普通的老师，没什么（社会）关系，当然也就没有指望。所以我高中毕业以后，就开始在生产队里面劳动，当时在农科队。大概劳动了一年多，也想到外面的世界去看看。于是就到外面去打工。先是到安徽宁国县做砖瓦。（工作）很辛苦，那边也很荒凉，在山坳里面，常有野兽出没。经常半夜三更一个人在那里烧窑，有时不免有点害怕。烧窑做砖瓦是很累的，并且还很有点技术含量。比如说做砖头，有一个砖模，切一块十几斤重的泥巴，使劲往砖模里砸，姿势准确，力气也够了，泥巴才能在模具里分布得结结实实的。假如你力气不够的话，泥巴分布不均匀，那这块砖就废掉了。而我从小"小气伏力"（义乌方言，指身体单薄，力气小），次品不少。做砖瓦做了一年。那时我姐夫在江西南昌近郊的一个制药厂工作，于是他又让我去做搬运。（笑）就是把厂里做好的药运出去，然后把原料运进来。什么原料呢？就是白糖之类的，所以我差不多又做了一个搬运工。

张宜： 是靠自己的力气，还是开着车呢？

张涌泉教授： 主要靠力气，不是开车，是扛的。好在我姐夫在这个厂里工作，有些货物实在扛不动，我就不扛了，可以稍微偷点懒。

张宜： 能比烧砖稍微轻松一点。

张涌泉教授： 也差不多吧。所以（我）当过搬运工，做过砖瓦匠，在农村里面劳动过，经历过艰苦生活的锻炼。后来因为我爸爸在中学当老师，（我）得到机会又去当了代课老师。（做）代课老师，对我以后考大学是有一定影响的。所以我也算比较幸运，因为老爸是一个中学老师。我高中的时候就跟爸爸在他那个中学里面读书，潜移默化，我对教师这个职业还是比较仰慕的。

张宜： 您父亲从小接受过什么样的教育呢？

张涌泉教授： 他以前是金华师专毕业的。我爷爷是农民，把我爸他们兄弟三个（抚养长大），让我老爸去读师专，很不容易。因为老爸是中学老师，我得以到高中去读书。当时上高中也要推荐的。后来又让我去当代课老师。假如没有考大学这个机会，我有可能就一直在农村里面当个中学老师了。我们这一代是不幸的，我们的小学、初中、高中，几乎没有好好去读书，我们高中毕业以后就去农村劳动。但是我们又是幸运的，幸运的是我们抓住了机会，有一批人上了大学，赶上了好时候。我也是其中的一个幸运者。所以我爸爸的老师这个职业对我以后选择读书是有影响的。

张宜： 张老师，我想问您，在(19)77年参加高考，您填报志愿的时候为什么会选择杭大中文系呢？

张涌泉教授： 说实在的，我们当时都不是太懂。你能（考）出来，就算好了。当时怎么填的志愿我都已经忘记了，只要能上大学就好，后来稀里糊涂地就给录取了，考得如何，怎么填志愿，我们都不是太清楚。

张宜： 您走进杭大中文系是命运使然，可以这么说吗？

张涌泉教授： 可以这么说。不过个人的命运是跟国家的命运联系在一起的。没有赶上这样的一个好时代，我们可能就会永远在农村里面、在社会的最底层，一辈子就这么过去了。所以我们算是赶上了好的时代。

张宜：（和您的同龄人相比）张老师您赶上了好时候，杭州大学的中文系又是我们国家汉语言文学的一个前沿地带，有很多著名的学者。

张涌泉教授： 杭州大学虽然是一个省属高校，但是它的影响还是很大的。当时的杭州大学在全国高校里面的排名，可能是 30 名左右，它是全国地方高校的领头羊，差不多就是第一名。前几天看到苏州大学的排名，好像到了三四十名，实际上苏州大学当时是排在杭州大学后面的。所以杭州大学当时虽然是一个省属高校，但是在全国来说还是很有影响的，这里面有很多很著名的学者，包括对我影响一辈子的学者，刚才讲的郭在贻老师，比郭老师更年长的有蒋礼鸿先生、姜亮夫先生，都是一代名师。这里也有很多古代文学、古代文献方面的大师级学者，比如夏承焘先生和胡士莹、王驾吾、徐朔方先生等，都是有全国影响的大学者，所以说杭大中文系当时还是很厉害的。

张宜： 张老师，为什么您没有像当时其他那些青年人一样，到了中文系就会想到去研究文学，当作家，您为什么会对古代语言文字产生兴趣了呢？

张涌泉教授： 我刚才讲过，这主要跟我的古汉语考试考得特别好（有关），把我的兴趣激发起来了。是在本科阶段就把我的兴趣激发出来了。

张宜： 张老师，古汉语您能学得那么好，和您的个性有没有什么联系呢？您的个性对您选择古汉语，选择近代文字研究，起了怎样的作用呢？

张涌泉教授： 跟我的个性当然也有一定的关系。我这人应该说喜欢读书，能坐得住，比较勤奋，肯吃苦。这个跟前面讲的艰苦生活的磨炼是有关系的。（上大学）这个机会来之不易，一定要好好读书，才能对得起父母的培养，对得起这么一个好的时代。

张宜： 张老师，哪一个人、哪一本书或者是哪一件事儿对您从事现在的学术研究影响大呢？是什么因素促使您决定从事文字研究和敦煌学的研究？

张涌泉教授： 可以说我是一个幸运的人，从小学开始，我（所遇到）的这些老师都是非常优秀的。我的小学老师是我们村校的一位老师，姓丁，叫丁成贤。这个老师对学生非常负责，上课条理很清晰，威信也很高的。后来的初中老师、高中老师对我的影响也很深。我的高中老师叫程思维，他是老杭大中文系毕业的，他的课上得非常好。我高中的时候作文写得比较好,程老师也经常表扬我。我的高中同学,现在说起来都知道我的作文特别好。所以从小学到高中,我碰到的老师都是非常优秀的,虽然当时是在"文化大革命"期间。(**张宜:** 那个时候不是读书无用吗?)但是我也还是碰到了好老师。所以不管怎样,我也学到了一些知识。(**张宜:** 所以底子还不错。)对对。上大学以后(遇到了)影响我一辈子的,影响我现在走上这条(研究)道路的名师。包括我们刚才讲过的郭老师,是郭老师直接把我引上语言文字研究这条道路上的。郭老师是我的任课老师,后来又是我的硕士生的导师。(**张宜:** 任课老师就是他讲古汉语这门课吧?)对的,他讲古汉语这门课。我的毕业论文是蒋礼鸿先生指导的。(**张宜:** 您写的是《〈太平广记〉引书考》。)对对,是我的本科毕业论文,跟三位同学一起合作写,由蒋先生指导。蒋先生也直接给我们开过课的。我的博士生指导老师是项楚先生。我的博士后(合作导师)是裘锡圭先生。这些都是全国语言学界大师级的学者,碰上这么多好的老师,是我人生最幸运的事情。(**张宜:** 您又一次提到了"幸运"这两个字。)人生难得,名师难遇啊!

你刚才问到对我影响比较大的一本书,我想我现在走上这条搞敦煌学,搞近代汉字研究的道路,都跟一本书有很大关系,这本书就是《敦煌变文集》①。

变文是一种文学体裁,跟变相有关。变相往往跟佛教有关,演绎佛经内容,把佛经通俗化,用一组组图画来表现佛教故事,叫作变相。"相"就是图画的意思。变化的图像,相当于我们的连环画、小人书有故事情节的一幅一幅的画,就是变相。"变文"就是变相的文字说明,就是一幅一幅画的文字说明。(**张宜:** 就是解释画的内容。)变文相当于连环画的脚本。所以变文是一种文学体裁,但宋代之后失传了。很幸运,现在我们在敦煌文献里面发现了一大批敦煌变文的作品,总数大概有三百多个卷子。变文是后来白话小说之类通俗文学作品的直接源头。当时有六位很有影响的学者,王重民先生、周一良先生、向达先生等,他们把敦煌文献里的变文,汇编成一本书,这本书就叫作《敦煌变文集》。我读大学的时候,郭老师写了很多字词校释文章也是跟变文有关的。刚才我讲的(我)本科时候的指导老师蒋礼鸿先生,他的一本最有影响的著作就是解释变文里的词语的,叫作《敦煌变文字义通释》②。

① 王重民、王庆菽、向达、周一良、启功、曾毅公等编校:《敦煌变文集》,人民文学出版社 1957 年版。此书是唐代敦煌变文作品的总集,根据国内外收藏的 187 个敦煌写本,整理校勘,编选出 78 种作品。
② 蒋礼鸿:《敦煌变文字义通释》,中华书局 1959 年版,1960 年再版,1962 年第三版;上海古籍出版社 1981 年第四版,1988 年第五版,1997 年第六版;浙江教育出版社 2001 年第七版(此为《蒋礼鸿全集》第一卷);浙江大学出版社 2016 年第八版(此为"蒋礼鸿全集"丛书第一册)。每版都有修订增补。

张宜： 后来您的《敦煌俗字研究》①被视为可以和蒋老师的《敦煌变文字义通释》媲美了。

张涌泉教授： 我的书当然不敢和蒋先生的书相提并论。但是周一良先生确实讲过，他说我的博士论文和蒋先生的《敦煌变文字义通释》堪称"（敦煌研究）双璧"。一个是讲词语的，一个是讲俗字的。（**张宜：** 这是对您的一种肯定。）当时我读本科生的时候，还没有确定（将来）具体的要做什么，只是对古汉语感兴趣。有时候写一些小文章。后来读了硕士生以后（才找到方向）。（那时候）我妈妈身体不太好，有一次（我陪）她到上海看病，我就把两本《敦煌变文集》（上下册）带上了，带到上海去了。（**张宜：** 陪妈妈看病，您就在那看书。）对，有空的时候就读上几篇。我看的时候就发现里面有一些字句校勘方面存在问题。我就给圈出来了。回来以后，我就写了若干条这方面的札记。后来又把变文校勘存在的问题，分门别类，给它们归类。（**张宜：** 就应该是考证了。）对。我把一类一类的问题总结出来。后来我向郭老师汇报，郭老师就让我分条写成专文。（**张宜：** 让它系统化。）《敦煌变文集》里面有些错误，比如说，不懂俗字造成的错误，不明白俗语词造成的错误，我把它们分门别类地给归类了。归类以后，我再向郭老师去汇报。郭老师非常肯定，他鼓励我好好地再去仔细研读，进一步深化和系统化。

张宜： 张老师，您本科毕业，回到义乌文化馆工作，您为什么没有留在省城呢？

张涌泉教授： 对，（我）本科毕业了了，（就回义乌文化馆）工作了。这个说起来话就长了。我大学毕业的时候，成绩是比较好的。没有留在省城完全也是一个偶然，为什么呢？当时是计划经济（时代），我们大学毕业生也是分配的，不像现在要（自己）找工作，（那时）是有分配指标的。当时的分配指标，金华地区有十几个（接收）杭州大学中文系毕业生的名额，就是我们中文系要分到金华地区的有十几个名额。但是我们只有五个金华地区考出来的毕业生，名额有十几个，那怎么办呢？首先就是金华地区的人必须全都回去，然后好几个其他地区的同学也被分配到金华去了。现在还有大学同学，不是金华地区的，照样在金华地区工作呢。否则金华地区的人不回去，其他地方的分到金华去，说不过去。当时分配的时候，还是考虑了地方因素的，哪个地区来的（原则上回到哪里去）。所以我当时虽然成绩比较好，包括郭老师，他也推荐我留校，但还是没能留下来。也怪我是个小人物。我的很多党员、学生干部同学都分到省机关里，我什么干部也不是，也没入党，所以就把我分到义乌

① 《敦煌俗字研究》，上海教育出版社1996年版，2015年第二版。

文化馆去了。

张宜： 义乌文化馆跟您今天从事的语言文献研究能有多大的关系呢？

张涌泉教授： 文化馆主要是从事群众文艺工作，但是巧就巧在当时义乌文化馆和义乌图书馆还没有分开，（义乌图书馆）只是里面的一个图书组。就把我安排到图书组去了。义乌是有名的文化之邦，历史上也有很多有名的学者，包括骆宾王、宗泽、朱一新，近代以来的冯雪峰、吴晗等。当时义乌图书馆有5万多册古书。叫我去干什么呢？叫我去整理这些古书。所以这也算歪打正着，为我以后做文献整理奠定了基础。整理这些古书，丰富了我古书方面的知识。比如文献学、版本学、目录学的知识，本来在学校里学得不够的，我通过（接触）这些古书，丰富了实践了这方面的知识。我现在搞文献整理，很大程度上和这些古籍整理工作是有关系的。两年以后，图书馆和文化馆分家，成立义乌图书馆，当时就让我当义乌图书馆的首任馆长。并且这个时候也要发展我入党。（**张宜：** 要提拔您。）因为我当馆长了，我们图书馆还有党支部的，馆长不是党员那可不行，所以马上叫我入党。（笑）我当了图书馆馆长，很快也入了党。（**张宜：** 您怎么又去考郭老师的研究生了呢？）考研究生是因为我的兴趣还是在古汉语方面。我出差的时候去看郭老师。郭老师，包括母校的其他一些老师就鼓励我再考研究生。于是就考回来了，考上（杭州大学）古籍研究所，读了两年研究生班，硕士论文指导老师就是郭老师。（**张宜：** 考上古籍研究所，跟郭老师读了两年，这时候就开始系统研究古代语言文字了。）对，开始系统研究。郭老师给我们上文字学、训诂学这方面的课。当时我主要还是对文献学，包括训诂学方面感兴趣。后来搞文字学方面的研究，则跟裘老师、项老师也有很大关系。

张宜： 您说当年陪母亲看病，您看了《敦煌变文集》，当时在郭老师的指导下，您的硕士论文写了《敦煌变文校读释例》①。

张涌泉教授： 对，这是一篇很长的文章，大概四万字，研究生毕业以后就发表了。前面我们谈到《敦煌变文集》在校勘方面存在着不少问题。其中有些前贤已经指出，有些则没有指出。当时我想，造成这么多问题的原因何在？其间有没有一些规律性的东西可以总结？这篇文章，就是根据这个思路在郭老师指导下陆续修改完成的。当时郭老师因病住院，在病床上，他仍关心着文章的写作情况。每写成一

---

① 《敦煌变文校读释例》（上），载《杭州大学学报（哲学社会科学版）》1987年第1期。《敦煌变文校读释例》（下），载《敦煌学辑刊》1987年第2期。

条,就让我读给他听。后来病情稍有好转,郭老师就让我带上文章的初稿,陪他到医院外面走走。洪春桥边的茶室、植物园中的小亭、飞来峰下的石磴,郭老师抱病为我审读论文的情景,今天仍历历在目。这篇文章写成后,郭老师写了一篇很长的评语,给予很高的评价,体现了郭老师对我们年轻一代的热情扶持和殷切期望。在郭老师的大力举荐下,后来这篇长达四万字的论文分上下篇分别在《杭州大学学报》和《敦煌学辑刊》上发表了,这对于一个初出茅庐的年轻学子来说,该是多大的鼓舞啊!(**张宜:** 您硕士是哪年毕业的?)硕士是(19)84 年 9 月入学,(19)86 年毕业的。当时我们研究生读两年,是研究生班,我是班长。(笑)(**张宜:** 这时开始当领导了。)(笑)我读大学的时候什么都不是。这个时候我为什么是班长呢? 因为我来的时候是党员、图书馆的馆长,有一定的身份了。(笑)跟我同寝室的有中国社科院文学所现任所长刘跃进,他现在是厅级干部了,我是他的入党介绍人。前两天我到北京去,我还跟他合影了呢。我还跟人家吹牛,说我是刘跃进的入党介绍人,(笑)人家现在都是大领导了。

张宜: 也是一段佳话啊! 刚才您讲的这些就是对您从事敦煌学研究、古代文字研究有影响的人和事儿。您说到(19)89 年的时候,郭先生就去世了。

张涌泉教授: 对,郭老师是 1989 年初去世的。在撰写硕士论文的过程中,我曾把《敦煌变文集》中的一些疑点与敦煌变文的写本原卷(缩微胶卷)核对了一遍,结果发现该书的疏误大多与编者的误录有关;而当时发表的大量校勘、词语考释的论著大都依据《敦煌变文集》的录文,没能核对写本原卷,以致郢书燕说的例子举不胜举。而且这些论文散在报刊,读者查检不便,不利于研究工作的深入开展。如果能汇辑各家校说,并核对敦煌写本原卷,编辑一个敦煌变文的新校本,那该有多好啊!我和郭老师谈了我的想法,郭老师表示赞许。由于这一项目规模很大,正好当时我师弟黄征也在郭老师的指导下从事王梵志诗校勘方面的研究,熟知敦煌文献,于是郭老师便决定由我们三个人合作,一起来做这项工作。后来郭老师又和我们一起讨论,提出编著《敦煌变文集校议》①和《敦煌吐鲁番俗字典》②二书的计划,这样,加上《敦煌变文汇校》(后易名为《敦煌变文校注》③),就是郭老师和我们合作撰著的"敦煌学三书"。

---

① 郭在贻、张涌泉、黄征:《敦煌变文集校议》,岳麓书社 1990 年版。
② "三书"的原来计划是编撰《敦煌吐鲁番俗字典》。后来由黄征编撰了《敦煌俗字典》,上海教育出版社 2005 年版,2019 年第二版。
③ 黄征、张涌泉:《敦煌变文校注》,中华书局 1997 年版。

"三书"的设想和写作步骤大致是这样的：在前人校勘的基础上，通过核对敦煌写本原卷，对《敦煌变文集》的失误逐篇写出补校论文，在刊物上公开发表，广泛征求意见，然后加以修改并系统化，形成《敦煌变文集校议》一书；在《敦煌变文集》的基础上，增补其所未备，汇辑各家校说，并以己意加以按断，形成集大成的《敦煌变文汇校》一书；广泛调查搜集敦煌、吐鲁番写本中的俗字，并与传世字书、碑刻等文献中的俗字材料相印证，上讨其源，下穷其变，勾勒出每个俗字的渊源流变，形成《敦煌吐鲁番俗字典》一书。

1987年春夏之交，"三书"的第一种《敦煌变文集校议》的撰著工作正式启动。我们首先复印了所有当时能搜集到的敦煌变文研究方面的论著，并把与校勘有关的部分按《敦煌变文集》的页码逐篇逐句逐字顺序剪贴汇辑在一起；然后我和黄征冒着酷暑，用整整一个暑假的时间，借助阅读器把《敦煌变文集》所收变文与写本缩微胶卷核对一过，并做了详细记录。在此基础上，我们便开始逐篇撰写补校论文。我们三人的分工是这样的：黄征负责《敦煌变文集》上册各篇补校论文的撰写，我负责下册各篇补校论文的撰写，初稿完成后，互相交换校阅一过，再呈交郭老师审阅，最后由执笔人写定。

在郭老师的悉心指导和直接参与下，《敦煌变文集校议》的写作进行得相当顺利。1988年初，就有多篇论文寄交各刊物发表。1988年5月20日，郭老师在写给西北师大赵逵夫教授的信中说："弟与张、黄两位青年朋友合作撰写的敦煌学三书，其中《敦煌变文集校议》一稿将于年底藏工，全稿约三十万字。此稿专谈我们自己的看法，自信不无发明，其中俗字和俗语词的考释方面，尤多独得之秘。"

1989年初，正当《敦煌变文集校议》全书即将完稿的时候，敬爱的导师就匆匆离开了我们，这使我们感到无限的悲痛。郭老师在留给我们的遗嘱中写道：

涌泉、黄征：

匆匆地告别了，万分惆怅。你们要努力完成我们的科研规划，争取把三本书出齐，以慰我在天之灵。有件事拜托你们：请把我未收入《训诂丛稿》的文章搜集起来，编一个续集，过几年后争取出版（现在当然不可能），为的是赚点儿稿费，以贴补我的家属，我个人则无所求也。

完成郭老师的遗愿，是我们弟子义不容辞的责任。在许多郭老师生前认识的不认识的朋友的关心和帮助下，我们把郭老师的遗稿整理结集为《郭在贻语言文学论稿》《郭在贻敦煌学论集》《郭在贻文集》《新编训诂丛稿》,先后由浙江古籍出版社、江西人民出版社、中华书局、浙江大学出版社出版。"敦煌学三书"的第一种《敦煌变文集校议》1989年底定稿以后,第二年11月即由岳麓书社出版。这本书后来获北京大学王力语言学奖和国家新闻出版署首届古籍整理图书奖。

张宜: 张老师,我有一个疑问,浙江远离敦煌,为什么在我们杭州大学里能够有这么一大批的学者研究敦煌学呢?

张涌泉教授: 杭州跟甘肃相距很远,但是浙江跟敦煌有不解之缘。很多敦煌学的开拓者都是浙江人。早期敦煌学研究非常重要的两个人,一个是罗振玉,还有一个是王国维,他俩是敦煌学的奠基者,都是浙江人。敦煌研究院的前身是(国立)敦煌艺术研究所,艺术研究所的第一任所长是常书鸿,他也是浙江人。刚刚退下来的敦煌研究院的院长,叫樊锦诗,她也是杭州人。所以说浙江虽然跟甘肃相距遥远,但是浙江人与敦煌有不解之缘,很多从事敦煌学研究的人,包括我,包括项楚老师,也是浙江人。项老师也是很有影响的敦煌学家。

张宜: 对您的学术研究和为人处世产生过重大影响的导师郭在贻先生去世以后,您又是在怎样一个机缘里面和项楚老师联系上的呢?

张涌泉教授: 当时郭老师雄心勃勃地要带领我们做"敦煌学三书"。可惜英年早逝,去世的时候50岁生日还差一天。(**张宜:** 太年轻了!)郭老师是当时语言学界最年轻的博士生导师,在全国影响非常大。后来当过全国人大常委会副委员长的许嘉璐老师,跟郭老师关系非常好;还有中国社科院江蓝生老师,郭老师比她年长,对郭老师也很敬重。前辈学者像吕叔湘先生、朱德熙先生,他们对郭老师都是很器重的。他才华横溢,又年轻,有很多研究计划,如果他能活到八九十岁,他的成就肯定会大得多,可惜英年早逝,他的抱负没有充分展现出来就去世了。我本来可以跟郭老师再进一步深造,但是郭老师去世了,对我的打击也很大。郭老师出道比项老师还要早,这个时候项老师也开始崭露头角,发表了一系列的文章。郭老师曾经评价在敦煌俗文学研究方面,项楚是第一人。他们彼此惺惺相惜,互相之间有很多通讯联系。因为我们(我和黄征)是郭老师的学生,所以郭老师去世以后,他的很多朋友也很关心支持我们。在郭老师的引领下,我跟黄征与郭老师合作,在郭老师生前的时候发表了一系列的文章,也已经有一定的影响了。所以像项老师、裘老师都知道我们这两个年轻人。郭老师去世以后,很多前辈学者关心我们、提携我们。(**张宜:** 给你们创造机会。)包括项老师、裘老师,甚至包括季羡林先生,都是非常提携我们的。当时我在杭大不太顺,在各方面特别是晋职方面受到一些影响,季先生亲自跟我们杭州大学的沈善洪校长讲,他说杭州大学是敦煌学的一个重要基地,有好几个年轻人,当时列举了包括卢向前、我、黄征,(他说)这几个年轻人都是很厉害的,要沈校长关注他们。后来我的很多事情,包括像评职称之类的,沈校长就直接干预。(**张宜:** 您是破格教授。)破格的,在当时很特殊的。我在北大做博士后,当时我所有的关系都转到了北大,我博士后还没出站,杭州大学直接给我评了教授。(**张宜:** 他们是想留人,怕您跑了。)按照政策人事关系不在学校的话,是不能评教授的,但当时沈校长不管这些,他敢于打破一切不必要的条条框框,让人感佩和怀念。

郭老师去世后,就在我迷惘困顿之际,项楚先生伸出了救援之手,使我重又燃起了求学的火焰。项老师是研究古典文学出身(他是"文革"前古典文学专业毕业的研究生),但他深厚的小学根基和广博的古典文献(尤其是佛教文献)学养同样令人惊叹。他的《敦煌变文选注》《王梵志诗校注》《敦煌文学丛考》等著作蜚声海内外学术界,从而当之无愧地在敦煌俗文学作品的研究中居于世界领先水平。作为一个正处在迷途中的敦煌学爱好者来说,还有什么能比到项老师的身边学习更幸运的呢!1992 年春,在项老师的鼓励下,我参加了四川大学的博士生入学考试,并荣幸地被录取了。1993 年初,在一个阴冷的春日,年近 40 的我挥别杭州,踏上了"难于上青天"的巴蜀之路。我当时的心境,套用一句古话,真有几分"风萧萧兮易水寒,壮士一去兮不复还"的悲壮色彩。

成都的天总是阴沉沉的,但我那郁积多年的心却豁然开朗了。在川大,我感受到的是到处都是温暖的阳光,我也渴望着用"灿烂"来回报。我用屈原《橘颂》"深固难徙,更壹志兮"的名言来勉励自己,而不敢稍有懈怠。1993 年 10 月,我在《汉语俗字研究》①的后记中把自己所住的学生宿舍称为"自乐斋",虽出于一时戏言,却也表明了自己献身于祖国传统文化研究的信心和决心。

辛勤的汗水,换来的是丰厚的回报。在川大不到两年的读书时间里,除撰写了一些单篇论文外,我还完成了 30 万字的《汉语俗字研究》以及近 70 万字的《敦煌俗字研究》的初稿。当然,这两部书的写作经过了较长时间的酝酿和资料的准备。20世纪 80 年代初,我在阅读敦煌卷子的过程中,发现其中有许多殊异于后世刻本的特点,其中最重要的就是俗体字多。但由于种种原因,俗体字的研究是我国文字研

---

① 《汉语俗字研究》,岳麓书社 1995 年版。《汉语俗字研究(增订本)》,商务印书馆 2010 年版。

究中最为薄弱的环节,而敦煌俗字的研究更是几乎等于零。在这种情况下,前人在校录敦煌文献时发生这样那样的错误便是不可避免的了。所以当时我便把研阅的重点放到了俗体字的上面。后来我在郭老师的指导下,撰写了《敦煌变文整理校勘中的几个问题》①《俗字研究与古籍整理》②《俗字研究与敦煌俗文学作品的校读》③等一系列与俗字相关的学术论文。当时郭老师还对我说,俗字的研究是一个前人不曾留意却又十分重要的研究领域,值得下大力气作更进一步的研究;将来这方面的材料积累多了,可以考虑写一部概论性的著作。《汉语俗字研究》的写作,就是遵从郭老师的遗嘱从1992年初开始着手进行的。该书作为入选国家古籍整理出版规划小组主编的《中国传统文化研究丛书》第一辑中的唯一的一种语言文字学著作,1995年4月由岳麓书社出版后,《中国语文》《中国图书评论》《古汉语研究》、《语文建设》《汉学研究》(台湾)、《大公报》(香港)等报刊纷纷发表评论,称该书是"迄今为止第一部俗文字学的概论性著作"④,"填补了文字学领域的一大段空白"⑤。1995年,该书获北京大学第六届王力语言学奖;2013年,该书又荣获第二届思勉原创奖。

写一部敦煌俗字研究著作的设想,是在考虑写《汉语俗字研究》的同时产生的。唐五代是汉语俗字流行的一个高峰,而数以万计的敦煌写卷就是这一高峰的实物见证。我试图通过《汉语俗字研究》从比较宏观的角度对汉语俗字发生、演变的历史以及相关的理论问题做出大笔的勾勒;而写《敦煌俗字研究》的目的则在于通过对唐五代这样一个俗字流行高峰期的微观分析,对汉语俗字在某一特定历史阶段流传、演变的面貌做出更具体的描述,同时更直接地为敦煌文献的校勘整理服务。1989年,台湾新文丰出版公司组织国内外学者编写"敦煌学导论丛书",项楚老师曾推荐让我来写"敦煌俗字研究导论",正与我的研究计划不谋而合。但当时郭老师刚刚去世不久,我还沉浸在失去恩师的巨大悲痛之中。由于种种原因,这个写作计划一直未能付诸实施。只是到了川大以后,在项楚老师的鼓励下,我才正式把它当作博士学位论文着手进行写作。从那以后,我在"自乐斋"里和敦煌俗字为伴,度过了几百个"快乐"的日日夜夜。论文的写作,倾注了项师的许多心血,从论文框架的构建到最后的写定,项老师都给予了悉心的指导,帮我避免了不少疏误。1994

① 郭在贻、张涌泉、黄征:《敦煌变文整理校勘中的几个问题》,载《古汉语研究》1988年第1期。
② 郭在贻、张涌泉:《俗字研究与古籍整理》,载《古籍整理与研究》第五辑,中华书局1990年版。
③ 《俗字研究与敦煌俗文学作品的校读》,载《近代汉语研究》,商务印书馆1992年版。
④ 许嘉璐主编:《中国语言学现状与展望》,外语教学与研究出版社1996年版,第85—86页。
⑤ 《大公报》1997年6月24日。

年 10 月,论文提前完成进行答辩。由蒋绍愚、江蓝生、杨明照、张永言、赵振铎、项楚六位博士生导师组成的答辩委员会以及论文评议人都对论文给予了较高的评价,如北京大学周一良教授认为论文"是今后读敦煌写本的重要参考,功德无量,与蒋礼鸿先生的《敦煌变文字义通释》堪称双璧";裘锡圭教授认为论文是"俗字方面的拓荒性著作";季羡林教授认为论文是作者把四川大学和杭州大学这两个敦煌学研究中心联系起来"所产生的优异的成果"。1996 年 12 月,《敦煌俗字研究》由上海教育出版社出版。《中国社会科学》1998 年第 2 期发表书评,称该书"是一部规模宏大、新意迭出的学术专著"。北京大学蒋绍愚教授在《近十年间近代汉语研究的回顾与展望》①一文中指出:"张涌泉《汉语俗字研究》《敦煌俗字研究》是两部开创性的著作,得到学术界很高的评价。"1998 年,《敦煌俗字研究》评获教育部第二届普通高校人文社会科学研究成果一等奖。当然,我深知这些评论和荣誉只是前辈学者对后学的提携和鼓励,并不能真实地反映论文所达到的水平,我没有理由也不应该为此而沾沾自喜。但得知这些评价之后,我自信我近两年的心血没有白费,我没有辜负老师的教诲,一种高度紧张之后的欣慰、轻松之感洋溢在我的心间。

张宜: 那现在我想请您说下面这个话题,当时的杭大,后来的浙大,它们的环境在哪些方面有利于您从事学术研究,您又是怎样处理教学和科研关系的?

张涌泉教授: 我认为,一个学校要爱惜人才,要有好的团队,要有名师,要有领军人物。郭老师去世以后,相当于领军的人没有了。当时蒋礼鸿先生、姜亮夫先生年纪都比较大了,郭老师当时就是领军的。当时还有一些人事方面的影响,像郭老师他当时各方面都很突出,年轻教师里面他是最厉害的。但郭老师去世以后,反倒对我们不利了。当年我的成果也不少,但是我评副教授好几年评不上,直到(19)93年才勉强评上。尽管我当时已有一些小名气了,《光明日报》讲到杭州大学的敦煌学的时候,还特别提到我,但是我当时连副教授也评不上。说实话,当时心情不太好。我这个人的脾气有点冲,说话也容易得罪人,我当时跟领导关系处理得不太好,现在回忆起来,其实我自己也有很大责任。所以这时我就打算调离杭州大学,开始想到南京师范大学,他们的商调函都发过来了。但我们的沈善洪校长就不放,因为他知道我和黄征很不错,而且季羡林先生也跟他讲过了。(所以)他就是不放。

(**张宜:** 沈校长是爱才,很了不起。)对,校长爱才,他很了不起,也很有胆略,重视年轻人才的提拔,当时影响很大。(**张宜:** 尊重人才,爱惜人才。)所以当时我走不

---

① 蒋绍愚:《近十年间近代汉语研究的回顾与展望》,载《古汉语研究》1998 年第 4 期。

了,那怎么办呢? 那就去读博士吧。但沈校长只同意我在职读博士,不放我的档案。但是我们部门的领导却希望我走,并专门给四川大学研究生部发公函要对方把我的关系转走。项老师就跟我说,既然杭州大学都发来了公函,那你就把关系转过来,以后就留在川大吧。当时我的女儿还小,家庭压力比较大,川大研究生部祝主任听项老师介绍了我的情况,同意我第一年在杭州大学学外语和政治,人可以不去,这是很破例的。并且更破例的地方是我在杭州大学学外语和政治,四川大学出这两门课的学习经费。相当于(四川大学)给杭州大学培养人,却由四川大学汇付培养经费(外校学生借读学分,按规定是要支付培养费的),很照顾我。(**张宜:** 已经把您当成川大人了。)这恐怕是破天荒的。所以我对川大是非常感恩的。后来我个人的第一部学术著作《汉语俗字研究》荣获华东师范大学的思勉原创奖,这是很有影响的民间学术大奖,我是最年轻的获奖者。与我一起获奖的,是李泽厚、罗宗强等,以前项老师、裘老师也得过。我是(当时获奖里)最年轻的一个,是裘老师在我本人不知情的情况下推荐的。在获奖感言里,我说自己一路走来,有幸碰到了很多好的老师,我获得这个奖,荣誉不仅仅属于我个人,而是老师培养的结果。我还说我要把这十万元的奖金捐给我的母校四川大学。《汉语俗字研究》这本书是郭老师在世的时候鼓励我写的,在川大读书时,在项老师的指导下完成的。后来又在项老师的指导下完成了我的博士论文《敦煌俗字研究》。所以我说我取得的成绩是老师培养的结果,荣誉要归功于老师,归功于母校。我想借此寄托我对老师、对母校的一份感恩之心。

张宜: 张老师您在川大两年,等于是提前毕业,两年里您写了两部有影响的著作。

张涌泉教授: 对啊,我是提前毕业。《汉语俗字研究》得了思勉原创奖,《敦煌俗字研究》获得教育部普通高等学校人文社会科学研究成果一等奖。(**张宜:** 我在看资料的时候,我就在琢磨这两本书的写作时间。)我先写的《汉语俗字研究》,它是(19)95年出版的,《敦煌俗字研究》在我毕业的时候还没全部完成,上编完成了,下编没有完成。下编是后来做博士后期间完成的。(全书)大概是七八十万字。(**张宜:** 难怪,您那两年等于是夜以继日啊!)是啊,当时我非常努力、非常勤奋。我给我的研究生宿舍起名叫"自乐斋",自得其乐。(**张宜:** 太了不起了!)我在北大做博士后的时候又写了一本书,一百多万字的《汉语俗字丛考》[①]。(**张宜:** 天啊! 我说的夜以继日,一点都不夸张啊。)差不多,当年我是非常努力的。

---

① 《汉语俗字丛考》,中华书局2000年版。

张宜： 因为时间对每个人来说都是一样的，您能完成那么多东西，太了不起了。所以刚才我觉得这个问题我只是问了您杭大和浙大的环境，实际上您又说了很多关于川大的（人文环境），我觉得这几个学校都有包括像您提到的沈校长、项老师等一批高瞻远瞩、爱才惜才、留才的（人）。

张涌泉教授： 每个学校都有好的老师，也有好的领导。川大项老师和系主任要我留下来，后来北大裘老师和郭锡良、蒋绍愚老师也曾动员我留在北大工作。但说来惭愧，由于种种原因，我辜负了他们的期望和厚爱。还有个插曲就是当时我在川大读博士，沈校长又把我夫人从杭师大调到杭大，解除我的后顾之忧。有人希望我走人，但我们校长却把我夫人从杭师大调到杭大，可以说是真正的以情留人。我做的一些大的工程，（比如）我做《敦煌文献合集》，都跟沈校长的鼓励有关。（**张宜：** 我觉得一个好的环境非常重要。）好的环境、好的领导、好的老师对于成就一个人的学术事业是非常重要的。（**张宜：** 张老师您真的挺幸福的，不光是幸运。）有好的老师、好的领导，这是人生最大的幸事啊！

博士毕业后，我有机会到北京大学做博士后研究。在北大期间，在合作导师裘锡圭先生的指导下，我完成了 100 多万字的博士后课题《汉语俗字丛考》，这是我在出版《汉语俗字研究》《敦煌俗字研究》两部俗字研究理论著作后，在具体疑难俗字考释方面所做的尝试，意图对《康熙字典》以后的大型字典在俗字方面的缺失进行一次总的清算。裘锡圭老师评价其"立论审慎，创获极多"，"其成绩大大超过了前人"。能得到裘老师这样学界公认的严师名师的褒赏，是作为一个学生所能感受到的最大的荣耀。

大约 1996 年初，我从北京回杭州过节，因住处相邻，我曾和杭州大学沈校长有过几次接触。当时的话题之一是如何发扬杭州大学敦煌学的传统优势，推出一些有影响的标志性的成果。经过一番思考，我提出了编纂《敦煌文献合集》的设想。对此，沈校长极为赞同，并让我通知黄征、卢向前、王勇等人，在他家里一起讨论了项目的可行性，并决定尽快上马。为此，沈校长通过他任评审委员会主任的杭州大学董氏基金会提供了启动经费，同时又请王勇教授出面争取日本等海外经费的资助。1996 年底，在裘老师的关心下，《敦煌文献合集》获评为教育部全国高校古籍整理研究工作委员会重点项目。

1997 年初，我博士后出站，面对母校的召唤，我辞别北京的老师和朋友，重新回到了杭州大学任教。从此，《敦煌文献合集》项目进入了正式实施阶段。为保证编纂出版工作的顺利进行,杭州大学专门成立了《敦煌文献合集》工作委员会,沈校长亲自出任工作委员会主任。在沈校长的直接主持下,工作委员会曾先后五次召开有关会议,并以学校文件的形式下发了"《敦煌文献合集》项目工作会议纪要",解决了编纂工作中的一些具体问题;校图书馆斥资数十万元购买了国内外业已出版的绝大多数敦煌文献方面的出版物,并特辟敦煌学资料中心,由《敦煌文献合集》课题组负责管理。所有这些,作为一个具体的科研项目来说,也都称得上是破天荒之举,从而为编纂工作的顺利进行提供了强有力的保证。2003 年,在《姜亮夫全集》①出版座谈会上,作为《姜亮夫全集》的主编,沈校长在发言中把《敦煌文献合集》和《姜亮夫全集》的编纂当作他校长离任时未了的两大心愿,其情殷殷,让人动容,也催人奋发。

正是在沈校长的直接领导下,尽管难度大大超出我们的预期,但《敦煌文献合集》的编纂工作仍不断向前推进。2008 年 8 月,合集的第一部《敦煌经部文献合集》②共 11 册 600 万字由中华书局精装推出。该书出版后,受到学术界很高的评价,认为"代表着当今古籍整理最高水平",可以真正昂首自立于世界敦煌学著作之林;先后获评浙江省哲学社会科学优秀成果一等奖、中国政府出版奖图书奖、教育部高等学校人文社会科学研究成果二等奖,并被国家新闻出版广电总局、全国古籍整理出版规划领导小组评定为 1949 年以来首届向全国推荐的优秀古籍整理图书。现在,我们正在努力推进《敦煌史部文献合集》和《敦煌子部文献合集》的编纂工作。

张宜: 张老师,您是怎样处理教学和科研关系的?

张涌泉教授: 教学和科研是互相促进的。你当一个老师,如果什么事情都是照本宣科,没有你的思想,没有你创新的一些东西,就没有吸引力。为什么郭老师当年给我们上课很吸引人?因为他课堂里讲的内容,很多是与他自己研究出来的(成果)有关的,书里面是看不到的。他不是照本宣科,书里面的内容,读一遍解释一遍就完了,一些书里讲错的东西他都给指出来,同时也包含许多有他自己创见的内容。(**张宜:** 特别有自己的教学风格。)所以教学需要科研来支撑,科研搞得好的人,往往会把科研里创新的东西融入教学里,这样会提升教学的效果,同时教学也会促进科研。我的好几本书,都是直接跟教学有关的,比如我的《校勘学概论》③是

---

① 姜亮夫:《姜亮夫全集》,云南人民出版社 2003 年版。
② 张涌泉主编、审订:《敦煌经部文献合集》(全十一册),中华书局 2008 年版。
③ 《校勘学概论》,江苏教育出版社 2007 年版。

直接给本科生上课的教材。我前两年出的一本书叫《敦煌写本文献学》①，这是我很多年来给硕士、博士上课的提纲，在这个基础上写成的。（**张宜：** 我看学界有评价说这是开创性的。）对，开创了一个学科，写本文献学是门新学问，这本书也是在教学的基础上形成的。我现在正在做的课题叫作"敦煌残卷缀合研究"，这个项目和我的教学、人才培养紧密结合起来，我的很多硕士生、博士生，甚至于本科生，都参加了这个课题。他们一边学习一边做课题，通过参加这个课题的研究，完成他们自己的学位论文。我的好几个学生，包括我的两个学生的博士论文都入选了全国百篇优秀博士学位论文，张小艳②和韩小荆③，这个也是很不容易的。全国百篇优秀博士学位论文整个浙江大学的文科总共也只有五六篇，但是我的学生就有两篇。张小艳的博士论文（就是得益于）直接参加了我的课题（研究），我指定她去做"（敦煌）书仪语言研究"，就是跟我的课题结合起来的。（**张宜：** 就是您给了她一个课题。）对，等于说我给她指定了一个课题，并且她做得很好，然后成就了她的博士论文，最后拿了全国百篇优秀博士论文。韩小荆的题目，实际上是我自己想做的一个题目。（**张宜：**《〈可洪音义〉研究——以文字为中心》。）对，我在写《汉语俗字研究》《敦煌俗字研究》的时候，发现《可洪音义》里有很多俗字，这里面是一个宝藏。韩小荆入校时的基础非常差，可以说当时她连文章都不大会写，但后来在她自己的努力和我的严格要求下，最终她的毕业论文也获得了全国百篇优秀博士论文。所以教学和科研互相之间有促进，不能完全分割的，这个促进关系是非常重要的。张小艳现在是复旦大学的博士生导师，韩小荆是武汉大学的博士生导师。（**张宜：** 她也等于成材了啊。）那当然成材了，拿了全国优博是了不起的事情，每个学校都很重视，很多学校是直接给评教授的。

张宜： 所以张老师在您的工作和治学里面曾经最令您高兴和最使您沮丧的事情，您是不是也特别容易地就能够想到啊？

张涌泉教授： 最令我高兴的事情有两个，一个是我做学问经常有所发现。读书的时候，经常（有这种情况），有个词的意思人家搞不清楚，我把它搞清楚了。有个字人家不认识，我认识了。（**张宜：** 或者是人家弄错了，您把它修正过来。）对，我把它修正了。所以读书做学问有所发现、有所发明，这个当然是最快乐的事情。用郭老师的话来说，就是一个词语的破释、一个字的破解，就相当于发现了一颗新星。有发现当然是最快乐的事情。另一个快乐的事情就是你培养的学生很优秀。我培养了不少学生，有一批学生是很优秀的。当然我对学生要求（很严格），据说学生都很怕我，大概跟我要求严格有关。像张小艳、韩小荆她们为什么能获优博论文？除了她们自己努力，我想跟我对她们要求很严是有关系的。首先是她们论文有个好的基础，然后我就要求她们毕业论文必须万无一失，没有任何错误，不能出现任何错字，连标点符号都不能有错，所以也是不容易的。对学生严格要求，是对学生最大的关爱。作为一个老师来说，其实没有比自己的学生能够成才更让人高兴的事了。

张宜： 张老师，什么是使您沮丧的事呢？

张涌泉教授： 让人沮丧的，像高校里面复杂的人事关系。我硕士毕业以后，在郭老师的引领下，出了不少成绩，但是我评副教授老是评不上。所以当时也是感到很郁闷的，觉得自己在原单位好像待不下去了。但是我比较幸运的是碰到了像沈校长这样的好校长。我这人也有毛病，有点倔，脾气不是太好。所以有的时候会顶撞领导，让领导不高兴。我认为一个小单位，一定要有好的氛围，领导要有能容人的雅量，这个也非常重要。

张宜： 我想请您谈一谈，您认为一位语言学家最应该具备什么样的学术修养？

张涌泉教授： 我想有两点吧，第一点就是作为一个语言学家要有比较广博扎实的基础知识，知识要比较全面，不能太偏，因为要涉及方方面面的问题。第二点就是要有对学术的热情，做学问要有激情和热情，有兴趣，这个也是很重要的。当然你还要坐得下，要甘于坐冷板凳。我把我的博士研究生宿舍称作"自乐斋"，我家院子里建的亭子叫"乐亭"，既要志在书中，也要自得其乐，乐在书中。（笑）

张宜： 张老师，您的学术成果里面有没有受到过批评，您又是怎样看待学术批评的呢？

张涌泉教授： 正常的学术批评是学术进步的一个必备条件，实际上我们的老一辈学者像郭老师、项老师他们都是顶尖的学者，但是他们在上课的时候，经常鼓励学生挑他们论文里的毛病，所以我以前不管是项老师还是郭老师，我都写过文章对他们的一些观点提出反驳意见。项老师有一本书，叫作《王梵志诗校注》①，这是他很

---

① 项楚：《王梵志诗校注》，上海古籍出版社1991年版。此书出版之前，先刊载于《敦煌吐鲁番文献研究论集》第四辑，北京大学出版社1987年版。

有影响的一部著作,得过教育部一等奖的。我专门写过一篇文章①,就是跟这本书商榷的。(**张宜：** 项老师在跟我谈的时候,提过这事。)项老师鼓励我们提不同意见。郭老师也是这样的,他书中有些解释不太可靠,我们有些怀疑,他就鼓励我们写成文章,还推荐我们的商榷文章去发表。这是非常好的一种传统。亚里士多德讲："吾爱吾师,吾更爱真理。"这种正常的学术批评对促进学术进步是非常重要的。对我来说,有的时候我也鼓励我的学生,我也跟他们讲我从郭老师、项老师身上学的优秀传统。所以我的学生来了以后,我经常把我的《汉语俗字研究》《敦煌写本文献学》当作他们入门前的第一次作业。指定他们看,看完以后要写读书笔记,并且你要指出来哪些是有问题的,有没有错误。(**张宜：** 这个难度太大了!)当然他们不一定指得出来,但要是确实发现了问题,可以跟老师提出商榷。也许他们有些讲得是不对的,但你要继续去思考,不要迷信权威,不能人云亦云。老是迷信权威、人云亦云,老师讲的什么样就是什么,那你永远是超不过老师的,永远是没有出息的,要敢于超越老师。所以学术批评还是很重要的。

张宜： 张老师,我访谈的 50 后学者并不是很多,我觉得随着国家的学术氛围的推进和时代的进步,越年轻的学者,对待学术批评,反而能持比较开明的态度。另外,我觉得中国学术传统里面讲究师承,因为师承,有的时候不由自主地就局限在某个圈子里,党同伐异。对此,您怎么看?

张涌泉教授： 学术界有时分这个派那个派的,我认为没有必要,我哪一派都不是。我远离那些圈子,我不大去管的,比较超脱一点。现在一个重要的纷争就是对国外学者,或者说针对外来学术的方法、态度的问题。我做我自己的学问,我一般不去介入这些事情。(笑)(**张宜：** 您是逍遥派。)郭在贻老师本身就是逍遥派,郭老师在"文革"的时候也不去介入这派那派。四川有一位老一辈学者叫徐仁甫,曾经给郭老师写了一首诗,后面两句是："坏事居然成好事,逍遥派里出人多。"郭老师就是逍遥派,他在"文革"的时候也都是关门做他自己的学问,"逍遥派里出人多"。我对前辈学者都很尊重,(他们)都是令人尊敬的老师,但学术纷争我尽量不去介入。

张宜： 在近代汉字研究,在敦煌学研究方面,您的主要特点是什么?您的主要贡献又有哪些?

张涌泉教授： 学术贵在创新,创新是非常重要的,不能炒冷饭,炒来炒去,没有自己创新的东西,这个是没意思的,所以我做的东西很多都是有创新的。我想我的主

---

① 指《王梵志诗校注献疑》,载《敦煌研究》1990 年第 2 期。

要贡献可以从三个方面来讲：

第一个方面是俗字研究，近代汉字研究。俗字研究，我们老一辈的学者朱德熙先生、蒋礼鸿先生、郭老师他们，也倡导俗字的研究，他们也写过一些零散的文章。但是我的几本书出来以后，可以说是开创了一个学科，就是汉语俗字研究，包括近代汉字的研究。我的《汉语俗字研究》《敦煌俗字研究》《汉语俗字丛考》，有理论，有实践，理论和实践相结合，所以这三本书我想就是我汉语俗字研究和近代汉字研究的代表作，影响都比较大。我刚才讲了，《汉语俗字研究》得了思勉原创奖，《敦煌俗字研究》荣获教育部（普通高等学校人文社会科学研究成果）的一等奖，《汉语俗字丛考》荣获社科院的青年语言学家一等奖、教育部二等奖。这些都是原创性的、都是创新的，可以说开创了一个学科。

第二个方面是写本文献学。我们以前做的学问，都是根据刻本来的，我们的古书传下来的，都是刻本系统。我们的版本学、目录学都是根据刻本来讲的。那刻本以前是什么呢？刻本以前就是写本。我们的古书从先秦传到宋代，都要经过手写手抄、代代相传的过程。宋代以后，才是刻本流行。所以宋代以前，唐代前后是写本。刻本流行以后，写本就失传了，基本上看不到了。我们的前辈学者、比如清代学者很少看到写本，他们看到一个《说文解字》木部残卷，就觉得不得了，所以清代学者基本看不到（写本的）。20世纪初以来，大批的写本文献（被）发现，虽然最早的写本文献（当然是）简牍帛书，也是写本，但是现在一般把它们叫作简帛文献。而只把后来手写手抄的写在纸上的文献叫作写本文献。写本文献在20世纪初以来大发现，吐鲁番文书、敦煌文献、黑水城文献、宋元以来的契约文书、明清档案这些都是写本文献。写本文献很多方面跟刻本不一样，所以很有必要搞一门新的学问——写本文献学。我这本《敦煌写本文献学》就是写本文献学方面的开创性、奠基性的一部著作，学术界有较高的评价。这是我另一个开创性的研究。

第三个方面就是敦煌文献的整理。浙大（老杭大）学术研究有个特色，就是敦煌文献的整理，还有敦煌语言文字的研究方面，在全世界都是走在前面的。在老一辈的引领、影响下，浙大在敦煌文献整理方面的研究做得比较好。以我为主编的一套非常重要的书《敦煌文献合集》，要把所有的敦煌文献全部分门别类整理出来。已经出版的代表作就是刚才提到的《敦煌经部文献合集》。这套书出版以后，学术界反映非常好，获得了中国出版政府奖图书奖等大奖①，影响还是比较大的。后面

---

① 2010年获中国出版政府奖图书奖，后来又获教育部第六届高等学校科学研究优秀成果二等奖。

我们还要做《敦煌史部文献合集》《敦煌子部文献合集》《敦煌集部文献合集》等，工程浩大。现在手头上要做的事情实在太多太多，忙不过来。

张宜： 张老师，您在古代语言文献方面的主要贡献，就是您刚才说的这三个方面吗？

张涌泉教授： 对，我以前成果的主要的贡献是这三个方面。我目前正在主编《敦煌文献语言大词典》①，此书将是敦煌文献字词考释方面的集大成之作，在编排体例、字词考释方面也都有大量创新和创见。该书约300万字，被列入国家"十三五"重点图书出版规划项目、国家出版基金资助项目，预计2019年12月由四川辞书出版社出版。另外，我主持的国家社科基金重点项目《敦煌残卷缀合研究》也正在抓紧推进之中，该书将把数以千计的原本骨肉分离的残卷缀合复原，堪称功德无量。此书也被列入国家"十三五"重点图书出版规划项目。

张宜： 张老师在您的这些成果当中，您自己对哪些是最看重的？

张涌泉教授： 我的成果还是我刚才讲的这几本书，《汉语俗字研究》《敦煌俗字研究》《汉语俗字丛考》《敦煌写本文献学》，还有《敦煌经部文献合集》。

张宜： 张老师，学界对它们的评价，与您自己的看法一致吗？

张涌泉教授： 学术界对这几部书都给了比较高的评价。像《汉语俗字研究》获得思勉原创奖，是由裘老师推荐的。裘老师对学生要求的严格是出了名的，我在北大做博士后，听说裘老师能给一个学生打70分，就是高分了，就是了不得的了。裘老师能推荐我的书去评奖，并且是在我毫不知情的情况下推荐的，能得到裘老师这样的严师的推荐，是我作为学生的最大的荣耀。

2013年底甘肃教育出版社出版的《敦煌写本文献学》，是这三十多年来我自己在敦煌文献整理、研究和教学的过程中，对敦煌写本文献语言和书写特例考察探讨的结晶。全书共分绪论、字词、抄例、校例四编，凡二十章，试图对敦煌写本的语言特点和书写特例进行系统全面的归纳和总结，建构敦煌写本文献学的理论体系。该书出版后，各方好评甚多。首都师范大学特聘教授、中国文化遗产研究院研究员邓文宽称许该书"独树一帜，博大精深"；日本关西大学玄幸子教授称其为"反映百年来敦煌学研究成果的集大成著作"；敦煌研究院网站载文称"全书内容厚重、资料翔实、例证丰富，并能引人投入其中以见学术的魅力、敦煌学的魅力、文献学的魅力"。

---

① 张涌泉、张小艳、郜同麟：《敦煌文献语言大词典》，四川辞书出版社2022年版。

张宜： 我听说裘老师特别爱才，我曾经在报上读过，说他破格录取一个拉板车的（人）。

张涌泉教授： 对对，是有这个事。（笑）

张宜： 最后再问您一个问题，张老师，您对近代汉字研究、敦煌学的研究，国内外目前的研究现状怎么看，今后会有怎样的发展趋势呢？

张涌泉教授： 近代汉字的研究，包括俗字研究方面，应该说我的几本书出版以后，给予了有力的推动。现在有一批学人在从事这方面的研究。但是现在做得比较多的，可能主要是疑难字的考释，或者某一本书俗字的辑录，但我想光做这两方面的工作是不够的，我们还要对近代汉字进行比较系统的研究，所谓系统的研究，就是要对每个汉字的古今演变，进行系统的勾勒，一个汉字从古到今怎么演变的，它分化成了哪些异体字，哪些俗字，要把它的来龙去脉搞清楚，每一个汉字都要给它理出一个演变的谱系。比如说"国"字，历史上从甲骨文开始，到近代汉字，它怎么演变的，产生了哪些异体，每个异体字是从什么时候开始产生的，它的结构是怎么样的，这样把每个变体的来龙去脉讲清楚。光一个"国"字，把所有的异体字都理清楚了，什么时候产生都搞清楚了，你就可以写一篇非常优秀的硕士论文甚至博士论文了。要把每个汉字从古到今的演变搞清楚，这个工作是非常重要的。我们现在过于执着某一个具体汉字的考释，而对汉字演变的系统性研究还不够。有关疑难字的考释可能对某一段写本的研究来说是有帮助的，但是对整个汉字的研究来说，这样的考释是远远不够的。（**张宜：** 进一步的工作，该怎样落实呢？）关键是进一步地系统化，理清每个汉字古今演变的谱系。这是近代汉字方面的研究。

敦煌文献整理研究方面，我们要提高整理研究的质量。以前很多搞敦煌学的人，他们本身缺少语言文字方面的基础，他们整理的著作，比如像《敦煌变文集》这样的书，里面错误很多，错误多的重要原因就是缺少小学根底。所以我们要加强语文方面的训练，借以提高敦煌文献整理研究的质量。

张宜： 张老师，搞敦煌学研究的学者，他应该是怎样的一个基础呢？比如说像我们现在浙大，本科阶段有没有这方面的考虑，比如说怎样加强培养一个普通本科生的古汉语的语言能力呢？

张涌泉教授： 对，这个就是需要我们加强一些基本能力方面的建设，包括我们传统的文字、校勘、训诂方面的知识，还有版本学、目录学这些知识，都很重要的。像我们这一代，我们的许多老师都给我们上过这些课。像我自己，很多古籍，又都亲手去摸了一遍,这样就会打下一个好的基础。以后我们对学生的培养,也要强化基础知识,要多读古代优秀的诗文。(**张宜**: 现在年轻人有自己自愿去学这样的专业吗?)还是有的吧。

张宜: 太感谢您了,不管怎么着还是超过时间了,不好意思,张老师!

张涌泉教授: 有的讲得比较粗,也不成系统,也有(可能)讲错的。

张宜: 由于时间关系,也没请您谈得很充分,不好意思,张老师,今天让您受累了。

张涌泉教授: 你坐飞机没到宾馆就赶过来了,你也很敬业。

张宜: 应该的,张老师我最后问个题外话,要是不搞科研,您业余时间最喜欢做什么?

张涌泉教授: 不搞科研的话,我还是有些兴趣的。打打扑克牌之类的。我在北大的时候就曾经打过牌呢。(笑)周末或其他节假日,三五个朋友会一起聚聚,打打牌,放松一下心情。然后就是带着张小豆(我家的小狗),每天领它放放风,这对我自己也有好处,促使我每天要出去走走,否则一天到晚坐在那捧着书本(对身体)也不好。

张宜: 看您的身体还不错的,就是有点儿瘦。张老师,您现在每天还做做运动吗?

张涌泉教授: 运动的。

张宜: 您还做什么运动啊?

张涌泉教授: 种种菜,遛遛狗。(张老师一边说一边把手机里存的花园照片给我看)

张宜: 太好了。张老师,您研究敦煌学枯燥不枯燥呢?

张涌泉教授: 不枯燥,因为乐在其中啊!

张宜: (去年在川大访谈时,)我问项老师,他也说不枯燥。

张涌泉教授: 我在川大读书的时候宿舍叫"自乐斋"。"自乐"就是自得其乐。我家院子里的亭子叫"乐亭",乐有两层意思:一是灌园乐,另一层就是读书乐了。

张宜: 做学问也像耕耘一样。太有意境了!

张涌泉教授: 前几年,我跟一个收藏、搞古董的学者到旧货市场买了两个瓷盘,明代的瓷盘。(盘子)里面有四个字,你看一下是什么字。这四个字是"志在书中"。(说着,张老师点开他的微信头像,让我看那瓷盘上的字。)这四个字,我请饶宗颐先生写了一幅字,现在就张挂在我书房的外墙上。(我)还要找人写另一幅字。原来许嘉璐先生答应写,但是一直没能如愿。写什么字呢? 饶老先生写的是"志在书中",我想再要写的就是"乐在书中"。

张宜： 正好就成一对了!

张涌泉教授： 对,现在我已请另外一个书法家写了这幅字,会挂在我的书房里。我(微信上)给你发几个材料啊。这个是我的老师,郭在贻老师。发张照片给你啊,这里(手机里)有的就顺便发给你好了。(说着,张老师用微信把照片传给我。)收到了吧?

张宜： 嗯嗯,收到了。(看着照片)这是您在大学宿舍吗?

张涌泉教授： 硕士生宿舍。我们四个是同寝室的,旁边这个是刘跃进。这个是嘉兴市作协主席,叫杨自强。还有一个叫卢敦基,是《浙江学刊》的主编。我们一个寝室的。

张宜： 都是名人呢。

张涌泉教授： 刘跃进现在是中国社科院文学所的所长,是文学界真正的领军人物。(张老师又用微信传给我一篇文章。)你看,这个(介绍得)很详细,《走近敦煌》,看到了吗?是介绍我的一些信息。很多要访谈的东西,其实可以在这里面找到的。大概一万四五千字呢。

张宜： 我没看过这篇文章,我只是看着了《中国社会科学报》上的那篇。

张涌泉教授： 那篇写得不怎么样。

张宜： 对,我觉得细节不是很多。

张涌泉教授： 你看看这个我自己写的。差不多了这些材料,有些材料发给你了。郭老师的这篇文章发给你了,《回顾我的读书生活》①,有了吗?

张宜： 收到了。

张涌泉教授： (关于)项老师的文章也发给你了。

张宜： 嗯嗯,《项楚先生谈治学》②。项老师说话声音很洪亮的。张老师,真的是太感谢您今晚牺牲了休息时间接受我的访谈,太谢谢您啦!

张涌泉教授： 不客气! 不客气!

---

① 郭在贻先生《我的读书生活》,载《文史知识》1988 年第 9 期。
② 《项楚先生谈治学》,载《汉字学微刊》2016 年 7 月 24 日。

乔全生访谈录

受 访 者：乔全生教授

访 谈 者：张　宜

整理/注释：张　宜

地　　　点：北京天伦松鹤大酒店

时　　　间：2017 年 12 月 16 日，上午 8：40—11：30

张宜： 今天是 2017 年 12 月 16 日，现在是上午 8：40，我现在是在北京天伦松鹤大酒店，我今天要访谈的是山西大学语言科学研究所所长乔全生教授，主题是乔老师在汉语方言学、汉语语音学、语音史方面所做的工作。乔老师，您好！我是在鲁国尧教授的支持和鼓励下才有勇气联系您，没想到乔老师欣然接受了，很早就给我回复，但是因为时间的关系，直到今天，才终于达成了这样一个心愿。所以首先感谢乔老师！下面请乔老师谈第一个问题：您是怎样走上语言学研究道路的？尤其是您是怎样开始从事汉语方言学、音韵学和语音史研究的？

乔全生教授： 谢谢张老师。我走上语言学的研究道路，还得从我上大学时说起。我上的是山西大学中文系，一年级时有文学课，有语言学课。记得有一次高捷老师讲现当代文学课，分析作家和作品，无论是讲鲁迅的《祝福》，还是讲柔石《为奴隶的母亲》，很有激情，很有气势，很受同学们欢迎。高老师经常会随堂提出一些问题让同学们回答。有时一个问题，第一个同学回答得头头是道，第二个同学则从另一个角度回答，也很有道理。每到此时我就会想，文学上的问题，不同的人从不同的角

---

* 本访谈整理稿经乔全生教授审阅认可。

度谈就可能有不同的答案。也许第三个同学又会提出不同于前两人的观点。这种可以展开想象、能够自由发挥的思维模式我有些不适应。同样,我们在上语言学课的时候,也有回答问题、分析句子结构的环节,语言学上的问题大多情况下,你回答对了,分析对了,第二个同学就只能认同。如分析句子结构时,无论采用句子成分分析法还是层次分析法,只要分析正确,就会得到大家的认可。有时用这两种分析方法都有局限性。如:我在教室里发现了他。只能揭示句法结构的层次或直接成分之间的语法关系,但不能揭示句法结构内部所隐含的语义结构关系,即无法确指"我"和"他"谁在教室里。像类似的语言现象无论是谁也只能这样分析。语言学讲求实证、分析科学、实事求是,对错分明,这正是我喜欢的思维方式。所以自那时开始,我由喜欢语言学的课,到逐步爱上语言学。至于怎样开始从事汉语方言学、音韵学和语音史研究,后面再细说吧。

张宜: 乔老师,您是 1979 年从山西大学中文系毕业的吧。(**乔全生教授:** 对。)您是山西临汾人,您是在一个什么样的机缘里,选择了山西大学中文系,选择了汉语言文字学专业的呢?

乔全生教授: 这个话题,得从我那个年龄段的历史说起。(笑)我这个年龄段正好是不大不小。以"文革"为分界线,比我们大的上完了初中,再大的上完了高中,这就是"老三届"。他们遇上"文革"都不能继续上大学了。我的年龄不大,"文革"时小学还没毕业。一年后就恢复了七年制(相当于小学加初中),1974 年 1 月高中毕业,有了上大学的机会。按当时国家政策规定,上大学需推荐。条件是:实践两年以上,家庭出身好,政治表现好,未婚。我回乡后于 1974 年 4 月当了两年初中教师(现在我的工龄就是从 1974 年 4 月算起)。1976 年推荐上了大学,叫工农兵学员。我这个年龄段正好搭上推荐上大学的末班车。(**张宜:** 最后一批吧。)那个时候我的梦想就是上大学。但上什么大学,学什么专业,不由你,可供选择的学校、专业也有限,我有一个很好的机缘选择了山西大学中文系汉语言文学专业。什么机缘呢?当时,被推荐上大学、上中专的人必须先参加由县招生办组织的培训班,内容大多是政治学习,要写学习心得和思想汇报。负责培训班的县招办负责人,看了我写的思想汇报后,发现我的字写得漂亮,就把我留下来,抽调到县招办誊写文件、填写表格。我到了招生办,自然就知晓了哪个学校招生,什么专业,多少名额。可是,那年给临汾县的指标,最好的就是山西大学中文系,如果有几个北京大学中文系的指标,或许我还可以挑选。这样,我就顺利地上了山西大学中文系。一年后,形势变了,"四人帮"打倒后,迎来科学的春天。1977 年恢复高考,这时,我的思想开始波动,总感到推荐进校的工农兵学员低人一等,一年前的那种百里挑一、千里挑一推荐上大学的优越感荡然无存,上大学时赋予工农兵学员的"上大学,管大学,用毛泽东思想改造大学"的使命感也悄然消失。我就向系领导提出要申请退学,重新参加高考,结果没被批准。系领导说你回去考,万一又考到山西大学中文系,或者还不如中文系怎么办? 你现在已经是大学二年级,你不还得从一年级上起吗?（**张宜:** 老师那是爱才,不舍得你回去。）不准许,我只好打消了这个念头。到了1978年,恢复研究生招生。我就报考研究生,心想考上研究生也可以改变身份。这时我是大学二年级。因为我对语言学感兴趣,再加上语言学指定的参考书目较少,就报了现代汉语专业,看书的过程中遇到问题就去田希诚老师家里请教。看了两个多月的书就参加考试,两个月后接到山东大学中文系复试通知书。山西大学学生科给我批了路费,7月份坐火车到了山东济南。山东大学主考面试的老师是殷焕先先生,还有一位年轻老师,后来才知道是葛本仪先生。笔试两门:现代汉语、古代汉语。成绩合格,但未录取,可能因为我是大二学生吧。很长时间后才得知录取的都是山东本省的学生,而且大多是工作多年的老大学生,有的比我大十来岁。但没想到的是,我虽然没有被录取,但山东大学中文系主任给山西大学中文系主任写来一封信,说贵校学生乔全生考我们的研究生,由于指标所限未被录取,希望他毕业后,能来山东大学中文系工作。（**张宜:** 是认定您了!）对。我们的系主任是搞古代文学的,对我也不太了解,看了信给大家说,我们还有这么个好学生,我们这儿也需要人啊,毕业后让他留我们系。（**张宜:** 那干脆不能让您走。）所以,我大二的时候就定下来留山西大学中文系,挺高兴。（**张宜:** 毕业前,系里就决定了。）对我来讲,留校确实不错,可以继续学习、继续考研。1979年后,考研增加了考外语。那时大学期间不开外语,单靠高中时学的英语根本不够。尽管高中英语老师单鹤鸣先生很器重我,在一次我生病没能参加期末考试的情况下给了我一百分（唯一一个一百分）。但高中学的英语毕竟有限,要过考研外语关还是有较大差距的,我只好补习外语。在全国统考中,英语考了67分。据说当时北大招生英语40分达线,我考的是本校山西大学汉语言文字学专业,35分达线。因为分数较高,就录取为正式的研究生,从此由一名青年教师变成了脱产研究生身份。学校分房时,户主是我爱人。我只有基本工资,奖金福利全无。当时若录为在职研究生,反而收入较高。20世纪80年代正是福利好的时候,给老师们发台灯、转椅、微波炉什么的,我什么都没有,其间评讲师也没我的份,涨工资更没我的份。（**张宜:** 您是学生身份了。）我心里想,我要考40分的话就好了。(**张宜:** 分高了,还有分高的缺点。)我还找了学校分管研究生的副校长,他说正式研究生毕业时可以有再择业的机会,我说我爱人孩子都在山西大学,我还往哪里择业?怎么说也不同意转,只好安心读完正式的硕士学业。

我为什么毕业后推迟了几年才考研,(**张宜:** 您是想准备得妥妥的。)是因为留校后,一要面临家庭孩子;二有教研室分配的各项任务:当助教(给80级学生批改、讲评作业一年),教学(给81级、82级上课,1983年给省委举办的干部专修班上课,都是语言学概论课),编语言学词典(编写了一年,但没出版);三要参加教师班的外语学习;四要参加1981年的全国汉语方言研究班(福建)、1982年的全国语言学理论研究班(武汉),1983年给全国语言学科规划会搞会务(太原)。福建班黄典诚先生、李如龙先生是班主任,武汉班严学宭先生是主办者,几十位授课人都是全国知名专家,太原会是大家云集的会。这些机会哪能错过。直到1984年才腾出精力考研,1985年上了研究生。(**张宜:** 您是84年考,85年上,88年毕业?)是的。在这方面,我爱人非常支持我。她北大西语系法语专业毕业后分到山西大学外语系,现在是法语教授。她知道我爱学习,支持我深造,家务基本由她承担。我去福建上方言研究班时,她怀孩子才两三个月,我一走就是两个多月。1982年3月我去武汉上语言学研究班时,孩子出生刚满月,一走就是近半年。80年代没有电话。(**张宜:** 就得写信。)就是写信。我从武汉回来时孩子已半岁了,四脚朝天正躺着玩儿,我特别兴奋!要不是我爱人支持,我就不可能多次去外地学习,就不可能聆听到吴宗济、周耀文、黄典诚、胡明扬、范继淹、伍铁平、黄家教、詹伯慧、徐通锵、叶蜚声、石安石、邢福义、戴庆厦、许宝华、王福堂、李如龙、夏禄、廖秋忠等这么多著名学者讲课。1983年全国语言学科规划会议在山西晋祠国宾馆召开,我作为会务组成员,有幸聆听到王力、吕叔湘、罗竹风、周祖谟、李荣、王还、朱德熙、胡裕树、张斌、刘坚、熊正辉、程湘清、鲁国尧等先生的讲话和发言,很长见识,现在看来,真是大家云集,成了空前绝后的一次机会。(**张宜:** 真是前辈云集的时候。)鲁先生是当时出席全国语言学科规划会议中最年轻的专家,我是第一次见到。(**张宜:** 那也是一种体验和学习。)那时没有录音录像,只有合影。(**张宜:** 打开了您的眼界。)从以上这些故事,可以梳理出我由上中文系—爱上语言学—试考(硕士)研究生—留校教语言学课—参加各种语言学研讨班—再考(博士)研究生—留校从事汉语言文字学的这段历程。

张宜： 乔老师，那时候在山西大学上研究生，您的导师是谁？

乔全生教授： 是田希诚先生，河北人，1928 年生。1953 年毕业于东北师范大学中文系。1957 年参加过丁声树、李荣先生举办的北京普通话语音研究班。1962 年至1964 年又入南开大学中文系学习。大学毕业后，先后在山西省建校、山西大学中文系任教。历任山西大学教授、汉语方言学会理事、山西省语言学会会长。授课之余，调查研究山西方言，专著两部，学术论文多篇。如《运城话的人称代词》《临汾方言语法的几个特点》。50 年代曾在《中国语文》发表论文，60 年代初编写出油印本《山西方言语音概况》。

现在回答你我为什么走上方言研究的道路。大学毕业后，我自然成为语言教研室的一员，选择什么研究方向呢，我不愿意跟在别人后边人云亦云、亦步亦趋，就选择较冷僻的语言风格学，20 世纪 50 年代从苏联引入的学科，我们还没有怎么研究，就遇上"文革"，风格学的研究就停止了，前人没什么研究成果，仅有的就是现代汉语教材里边可以看到的对语言风格的简要论述。比如谈到文艺语言和科技语言风格不同时，只有寥寥数语：文学语言重在刻画人物，形象化语言多，修饰语多，句子比较短；科技语言比较平实，比较严谨，逻辑性强，句子比较长，科技术语比较多；等等。不能令人满足。我就想深入地搞清楚科技语言和文艺语言的风格到底有什么不同。我借了很多书，文学作品借来一大摞，科技杂志借来一大摞。我用笨办法分析统计，在一万字的篇幅中，文学语言到底用了多少分句，科技语言用了多少分句，各用了多少修饰语、限制语，每一个参项我都做了统计。（**张宜：** 您说您比较擅长语言学研究的这种理性思维。）对，我一项一项地比较。最后写成《试谈文艺语言与科技语言的风格异同》①，近万字，发表在《山西大学学报》1985 年第 1 期。这是大学毕业后在 1980 年、1981 年两年内做的事。发表后被全国高校文摘的头版大标题摘录千余字，人大复印资料全文复印。《中国语文通讯》有一篇《建国 30 年来的风格学述评》，共评价了七八篇文章，其中就有该文。（**张宜：** 对您来说绝对是一个特别大的、学术上的肯定。）当我踌躇满志准备在语言风格学上大搞一场时，在 1981 年 7 月接到了中国语言学会在福建举办的全国汉语方言研究班的通知，两个月的学习，多位知名专家循循善诱，妙趣横生的方言现象深深吸引着我，加之山西方言丰富多彩，非常复杂，研究山西方言有取之不尽用之不竭的材料，兴趣一下子转到方言学上，从此决定山西方言就是我以后的研究方向。（**张宜：** 等于说那

① 《试谈文艺语言与科技语言的风格同异》，载《山西大学学报（哲学社会科学版）》1985 年第 1 期。

个研修班是一个机缘、一个契机。把您对方言的那个兴趣一下子调动出来了。)我8月底回校后就趁着热劲,赶写了一篇方言小论文《洪洞话的"去""来"》①,5 000多字,《语文研究》1983年第3期发表,这是对我莫大的激励。1980年,刚刚大学毕业,在《语文战线》语言学专栏"语言学谈丛"发表过一个800字的小文:《办"语言学谈丛"好》②。收到13元钱的稿费。这比此后在《语文研究》《山西大学学报》上发表文章时都兴奋。(**张宜:** 那是您第一次收到稿费。)那时,我和我爱人已经相识,当时我爱人随口说了句,要能在《山西大学学报》上发表一篇就好了。后来我就在《山西大学学报》发了,再后来就是《语文研究》,开始走上了语言学研究的道路。最多的时候一年可以发两三篇。现在我问学生,你们往哪儿投稿?他们说某某学报的增刊。我说你这个想法太低。我当时就是瞄准《山西大学学报》《语文研究》,后来就是《中国语文》《方言》,要往重要的学术刊物上投。古人云"取法乎上,得乎其中;取法乎中,得乎其下"。要广种薄收,先小后大。只有投出去的多,才有可能发表得多。你不能只投出去一篇,就等着发表,等了三个月,没有采用,再投出去,又等三个月,半年就过去了。(**张宜:** 先要有量,然后才有质。)是的。我早年往《中国语文》投稿,先瞅准了"补白"栏目,投了一个小文《关于兰州方言里的"给给"》,1988年5期录用了。又投了一个小文《〈通俗编〉有类似山西理发社群的计数行话》,1990年4期录用了。两个小文被录用后,就给《中国语文》等刊物投大点的文章,如《山西方言的"V+将+来/去"结构》③《山西方言人称代词的几个特点》④。截至1996年40岁之前,也就是晋升教授的那一年,我在《中国语文》发了大小文章4篇,《方言》3篇,《语文研究》6篇,《山西大学学报》9篇,《法国东亚语言学杂志》《语言研究》各1篇。这就是我开始发表论文的情况。我就这样一步步走上了方言学研究的道路。

张宜: 乔老师,您是山西临汾人,您的家庭对您从事语言学,特别是方言学的研究有影响吗?刚才您说了很多社会的影响。还有您的个性对您选择语言学这条路有多大的作用?

乔全生教授: 我是临汾人,说到家庭,我的曾祖父弟兄两个,除了雇工种地外,还有几驾马车贩运粮棉,在十几公里外的集市上开店,几十年下来,家里有了房产,有

---

① 《洪洞话的"去""来"》,载《语文研究》1983年第3期。
② 《办"语言学谈丛"好》,载《语文战线》1980年第12期。
③ 《山西方言的"V+将+来/去"结构》,载《中国语文》1990年第2期。
④ 《山西方言人称代词的几个特点》,载《中国语文》1996年第1期。

了上百亩田地。曾祖父有四个儿子,二曾祖父有三个儿子,祖父辈共弟兄七个。我祖父排老二,名乔凤翥,字桐山,是个读书人,教私塾。(**张宜:** 开学堂。)对。我祖父同时也教我父亲,所以我父亲的文化是祖父教的。我祖父留了一些书在我家房子的隔层上。等我反应过来时,发现有的已被鼠咬虫蛀。《唐诗三百首》《康熙字典》《韵对千家诗》等,都是线装书。李渔的启蒙读物《韵对千家诗》我最喜欢,上图下文,对仗工整,读来朗朗上口。如:天对地,雨对风。大陆对长空。山花对海树,赤日对苍穹。雷隐隐,雾蒙蒙。日下对天中。风高秋月白,雨霁晚霞红。牛女二星河左右,参商两曜斗西东。十月塞边,飒飒寒霜惊戍旅;三冬江上,漫漫朔雪冷渔翁。(**张宜:** 这是您小时候能接触到的。)我对祖父的印象多是从父亲那里知道的,祖父在世时对我疼爱有加,对我寄予厚望。1954 年,我父亲 20 岁时在临汾县官雀乡当副乡长。我 1956 年出生。(**张宜:** 那他应该是属于从政。)对,从政是他的兴趣,我父亲能讲话,毛笔字也写得好,算是有文化的人。我父亲曾对我说,有一次乡里开征兵工作会议,放一张桌子,放一个凳子,放一杯茶,一讲就两个小时。(**张宜:** 他有思想,有口才。)但是,我祖父在世的时候,还是受孔孟之道影响,父母在,不远游。曾祖时置下的四合院,是正院,花门楼上砖雕的四个行草字"绍闻衣德"取自《尚书》,意思是继承前人的教诲,传承恩德。绍,是继承的意思。闻,就是说过的话。衣,也是传承的意思。德就是恩德。后面有一个小院,门圃上写的是"耕读传家"。有耕地的,有读书的,代代相传。院内有两间南房喂马,三间西房住人。我祖父分到的就是这个独门小院。大家庭共有一百多亩土地,能种棉花和小麦,七个兄弟分家后,我祖父分到三十亩地。(**张宜:** 那"文革"的时候,你们家的成分不能低了吧。)是的。我祖父是教书的,没有剥削过人,划为中农。五爷、六爷、七爷划为富农。可想而知,假如我祖父划为富农,我就没有上大学的资格了,我父亲也没有当村干部资格。原来在一个大家庭时,爷爷去教书,种田不受影响。现在分了家,分到地,父亲在乡里,爷爷又教书,谁来种地? 最后我爷爷就决定把我父亲召唤回来种地。我父亲辞去了副乡长回来种地。父亲让我看他的工作证、医疗证。我说,当时您要是不回来,您就是老革命、老干部。1955 年之前参加工作的都算老干部。我父亲回来一直当大队长。从副乡长到大队长。(**张宜:** 那岂不绰绰有余?)一直当到 60 多岁。因为任职时间长,现在国家有政策,临汾尧都区委组织部每月还给父亲发津贴。父亲有能力,有魄力,又能说,又会写,会编快板,编顺口溜,还会编写对联。(**张宜:** 有才华。)谁家有人去世根据这家人的实情写对联,看了让人动容。谁家有什么理不开的事情，解决不了的困难，他去了给人家调和说道，就解决了。当年我爷爷要没有地，我父亲也许在县里高就。（笑）（**张宜：** 这是天命，天命不可违。）我父亲70岁时，我做了一副对联：五十年奋斗帮困扶新泽被乡里，七十载生活尊长爱少惠及子孙。我小时候，父亲特别重视对我的培养。（**张宜：** 他有精力管你。）父亲闲暇时，他在那里口述，我用钢笔写。（**张宜：** 写完他要看吗？）他要看，练毛笔字啊，打算盘啊，都是基本功。他要培养我干什么呢，当会计。（笑）我小时候算盘打得非常好。练手的那些口诀，十两的秤怎么换算成十六两秤，一比六二五，就是十两里的一两对十六两里边的一两，是1：0.625。（**张宜：** 像咱说那个半斤八两似的。）对。半斤对八两。口诀是"一六二五、二一二五、三一八七五、四二五、五三一二五、六三七五、七四三七五、八五……"你看这是我小时候在算盘上练手时一边打，一边背的。（**张宜：** 得到训练，这是童子功。）我父亲给我念数，我就马上用算盘打出来数报给他。想起这些很有意思，对锻炼手脑很管用。我不满6周岁上小学，我是公历12月27日的生日，9月1日以后的不能入学。和我一块玩大的小伙伴们9月1日之前生日的都上学了，我整天在家无聊，闹着也要上学，于是我父亲就让我上了。我是在别人上了半年以后才入学的，不到几个月，我就赶超了。记得第一天上学时，老师就把我写的字拿去让别的老师看。其实我的字儿，也没有怎么刻意去练，就是一开始就比较认真，比较规范而已。10岁，"文革"开始，到十二三岁又能继续上学了。父亲就是希望我好好学习，那时也没有多少书可看，借到一本书如饥似渴。如小说《烈火金刚》《欧阳海之歌》《梁山伯与祝英台》等。（**张宜：** 从小养成爱学习的习惯。）"文革"时，成立了七年制学校。毕业后考上了高中，分数也不错。我记得数学97分，本来我可以答满分。解一个算式，步骤都对了，最后得数抄错了，扣了三分，很遗憾，到现在都还记着这事。（**张宜：** 用现在话，好郁闷呢，完美主义者。）

　　我上高中后，感到很忙。忙到什么程度呢？字写得好，每周要出墙报；当学习委员，要收作业；还要搞一些实验，在试管里培养菌类；逢节日要排演节目。（**张宜：** 这些事都会想着你，让你去做。）还有五六门功课，每门课都有作业。在一次全校召开的学习交流会上，语文老师指定让我去讲，给我出的题目是：我是如何科学安排时间完成各科作业的。在全校讲体会，记得很清楚。四十多年过去了，原来的讲话底稿我父亲还保留着。有个全校数学竞赛，我得了个第二，奖品是一个有红旗封面的笔记本，封面上有字有印章，也是父亲保存到现在。2018年春节时这两样东西都交给了我。今天看来很珍贵。那时候兴趣较多,也不知累。有一次表演群口快板要乘车几十公里去比赛,内容是党内的十次路线斗争(当时有的结论现在看来是完全错误的)。

在大学里我为什么特别用功?因为一开始我是推荐进来的不是考进来的,这种自卑感一直促使着我一定要努力学习、出人头地,我就不相信,我比考进来的能差多少,出身不由己,虽然争取推荐的机会比争取高考的机会难多了。(**张宜:** 事实证明您并没有比他们矮一等。)说对了!十年以后,1991年全校首次考核教学和科研,语言的、文学的老师一块儿考核,以前往往是文学的老师们文章发表得多,打的分数高,结果那次破天荒,我的科研分值比文学老师的分值高,因为我发表的文章较多、级别较高。那时我是讲师,已在《方言》①杂志上发了文章,第二年在《中国语文》②也发了。1991年暑假有幸参加学校"七五"计划的起草,被学校的有关领导相中,于是在1992年3月就去了学校人事处职称办上班,(**张宜:** 又是核心部门。)当了职称办主任(正科级,半年后兼人事处副处长)。本年顺利地破格晋升为副教授。(**张宜:** 因为您的成果没的说。)讲师不到四年属破格晋升。我到人事处以后,北京有的老师不解,说乔全生学问做得好好的,怎么到人事处搞行政去了。我也知道搞行政不是我的长项,有时间就搞自己的业务,争取多参加学术会议,多做一些教学科研。职称工作有季节性,评职称的前后一两个月内事情多,搞完以后就消停了。所以我可以支配更多的时间看书、写论文。(**张宜:** 这等于是换一个平台。)是的。那时有人去做行政,人们多不理解,现在好多学者兼做行政工作,人们都能理解。(**张宜:** 现在还挺提倡"双肩挑"的。)对啊!李宇明兄在华中师大时,是卓有成就的一个好老师,我俩是老朋友,后来不仅做文学院院长,还当了副校长、司长、书记……学问不是越做越好嘛。几十年后,我在本科生毕业典礼上讲"可以是小人物,不能无大志向;可以是小角色,要拥有大智慧;可以在小天地,但要有大作为;可以做小事情,要悟出大道理"。回想自己走过的路,虽无大起色,却也尽心焉。要说起家庭对我的影响,只能说家庭使我养成勤奋学习、立志成才的习惯,有了这个习惯无论从事何种专业都应该是受益的。我的个性是从不服输,争强好胜,爬山时,总愿意走在最前面,不愿意跟在最后面。我在为学方面也能反映出这样的个性。

---

① 指《山西汾西方言的归属》,载《方言》1990年第2期。
② 指《山西方言"V+将+来/去"结构》,载《中国语文》1992年第2期。

张宜： 乔老师，哪一个人，哪一本书，哪一件事对您现在所从事的学术研究影响最大？

乔全生教授： 对我现在所从事的学术研究影响最大的应该是多个人，不是一个人，也不是哪一本书和哪一件事。在人生大舞台上按专家出场的先后顺序，主要有以下诸位：在福建省方言研究班、武汉的语言学理论研究班上，黄典诚先生、詹伯慧先生、李如龙先生对我有着面对茫茫学海，确立方言研究方向的指路作用。上硕士研究生时，我的导师田希诚先生对我有着充实方言学知识，强化方言研究基础的作用。上博士研究生时，我的导师鲁国尧先生对我有着能提出学术见解、奠定学术地位的作用。我的学术成长就像我们国家的发展一样，站起来，富起来，强起来。（**张宜：** 您的比喻太深刻了，我要跟鲁老师汇报一下。）这是我学术成长的最关键的三步。当然在我的学术道路上，侯精一先生、张振兴先生对我们晚辈也起过重要的提携作用。侯先生是山西平遥人，是晋方言研究的开拓者，奠基人，晋语这面大旗1985年李荣先生竖起，在《官话方言的分区》①中首次提出晋语为汉语十大方言区之一。侯精一先生以《现代晋语的研究》②《山西方言调查研究报告》③扛鼎之作向学界展示晋方言的特点。现在侯先生年事已高，谁来继续扛这面旗往前走？（**张宜：** 李先生竖起来，侯先生扛起来，你接着扛。）我来继续扛。当然扛晋语旗的不止我一个人。在晋语研究这条道路上，侯精一先生是竭心尽力扶我上马的人。侯先生一直关心我、爱护我，虽未进师门，已然超出一般师生关系。张振兴先生在我的晋方言研究路上无论是举办晋方言学术会议、还是编著晋方言研究丛书，都给予积极的支持和无私的指导。以上几位先生教会了我方法、才能、本事，我才有了力气扛这面大旗，在扛大旗的道路上。（**张宜：** 太幸运了!）我确实太幸运了！我的体会是，除了自己要打好基础，必须有人提携，必须遇到伯乐，千里马常有，伯乐不常有。没有伯乐，过了一定的年龄就不是千里马了。（**张宜：** 就干不了活了，出不了成果了。）只能是安步之驽马了。

张宜： 您是2000年去南京大学读博，2003年毕业的吗？请讲讲您的求学经历。

乔全生教授： 对。我是2000年去南京大学读博，2003年毕业的。我下面说一说怎么考到鲁国尧先生门下的。本来我考完、念完硕士就很自豪了，可是1992年去了人事处以后，看着一个个博士分配进来，好家伙，那博士比硕士就是不一样。

---

① 李荣：《官话方言的区分》，载《方言》1985年第1期。
② 侯精一：《现代晋语的研究》，商务印书馆1999年版，又2021年版。
③ 侯精一：《山西方言调查研究报告》，山西高校联合出版社1993年版。

（笑）当年上大学人家是考进来的，我是推荐进来的，感觉低人一等。读完硕士后扬眉吐气了；现在人家博士进来了，我这硕士的优越感在一点点消失。语言学 1991年就开始招博士了。大概在 1992 年、1993 年，我又有想法了。可是我既要教学又有科研，又兼做行政，这么忙，不是说考就考，一年一年地就这样过去了，直到 40 多岁时，有位老师提醒我，听说现在有年龄限制，不能超过 45 岁。（**张宜：** 我们那时候有。）我说我得上啊！正好山西省教育学院的陈庆延老师，关心地问起我还想不想考博，要想考可向鲁先生推荐，鲁先生和陈老师是北大同班同学。我是山西省语言学会会长，陈老师是前任会长。我已经 44 岁，再不能犹豫了。陈老师就给鲁先生打电话，鲁先生说明天是报名的最后一天，就先帮我报上名，还垫支了 200 元报名费。我赴南京考试时，才把钱还给鲁先生。（**张宜：** 那个时候您才见到他本人。）我在 1983 年全国语言学科规划会上已见到过鲁先生。那时候电话也不方便，主要靠写信。鲁先生给我写信很有意思，我报考时，鲁先生给我写第一封信时是这样写的："全生教授：听说你欲江东游学，我表示热烈欢迎！"那封信到现在我还保存着。我考试了，专业分合格了，外语成绩也够了，录取了。鲁先生又给我写第二封信，"全生同志：你的成绩达到了标准，已经被录取了。"（**张宜：** 称呼改了，原来是教授，现在是同志。）到 9 月份报到入学以后，鲁先生又给我写来第三封信："全生：……"我感觉到，我一步步地走进先生之门而成为鲁先生的学生了。（**张宜：** 也是三个阶段。）因为报考前，我已经晋升教授四年了，又是山西语言学会的会长，所以鲁先生第一次写信时对我很客气。博士三年我把能用的时间都用得特足，只要我一跨进南京大学，就恨不得一分钟掰两半儿。（**张宜：** 您没有完全把您的工作和研究重心都放在南京大学吧。）因为我是在职，山西大学还有教学和行政工作，不能一心一意地脱产去学，有事就得向先生请假。所以读博期间，有时刚好在我请假不在时，鲁先生给博士开会就会批评我："乔全生又回家了。"因为兼顾工作，就得请假回去。批评时我不在场，专让徐朝东师兄转达我："今天鲁先生又批评你了，说你回家了。"我说"好好，接受接受。"当然，我也有给先生争光的时候。二年级时，我获得南京大学交通控股奖学金，5 000 元，奖状很大，蒋树声校长亲自颁发。据说这是南大中文系十年来第一个被评上的，因我读博期间在《中国语文》2002 年第 1 期发表《晋南方言管"树"读 po 考》①的论文，（还有）商务印书馆 2000 年 9 月出版（我

---

① 指《山西南部方言称"树"为［po］考》，载《中国语文》2002 年第 1 期。

的)《晋方言语法研究》①专著。颁奖时我不在,我回家了。(笑)这是我读博期间获得的唯一一个大奖。

毕业时,我的博士论文《晋方言语音史研究》专家评价不错,定好 2003 年 5 月份答辩,4 月份时我将论文装订好,分送给答辩老师,就等着答辩。然而,2003 年 4 月份,全国"非典"爆发了,山西是重灾区,我爱人在家怎么样? 我得回去看看。(**张宜:** 那您就回不了南京了。)对啦。4 月份我一回到太原,南京大学马上通知我不要来南京了,你就在家待着。眼看着答辩时间已到,我不能参加答辩。那年我本想冲击优秀博士论文的,因为我错过了论文答辩时间,优秀论文也就没机会了,很遗憾。经多次与系办公室协商,好不容易同意去南大了,条件是回去必须隔离观察两周,我说我愿意。上火车前,我带了各种各样的药,戴着口罩,其实那时火车上干净得很,消毒(得)很好。到南京一下车,好家伙,两边围上来十几位身穿防护服的医护人员,就像迎接贵宾,将我领到红十字救护车上,直接送到校医院,检查完就到了招待所的隔离区。先填表,服务员看见填的是教授,就将我分配到单间。问我是不是南京大学的教授,我说不是,那你不能住单间,只有南大的教授才能住单间。我说,我是从山西重灾区来的,假如我要和另外一个人合住,要把人家感染上,这个责任谁负? 服务员说,那你还住单间。我住单间半个月里,服务员一会儿来送菜送饭,一会儿来送药查体温,一会儿来送报纸,要么转送来鲁先生和同学们送来的瓜果点心。我就享受着这样的生活,超级招待啊! 我半个月内不能出门,只能在窗户里跟同学们喊话,在阳台上来回走动。隔离期满,第二天就安排我一个人答辩,答辩委员共七位。我问鲁先生,答辩会来这么多老师,要提多少问题呢? 鲁先生告给我八个字:兵来将挡,水来土掩。(**张宜:** 他对您充满信心。)用了整整一个上午的时间,顺利通过了我的博士论文答辩。

张宜: 乔老师,您从本科学习到研究生,后来又多次参加全国的大型研修班,包括后来 2000 年考到南京大学鲁国尧教授门下,在这么多地方,包括您在国内、国外访学,那么,山西大学的环境在哪些方面对于您从事学术研究有利呢? 您又是怎样处理教学科研,包括您刚才也讲了一些管理工作,您又是怎样处理这几者之间的关系的呢?

乔全生教授: 你问的这个问题,我一会儿再回答。

张宜: 乔老师,您在读博士之前,就已经开始从事晋方言语音史的研究了吗?

乔全生教授: 没有。博士报到后的第一天,鲁先生才给我说,我应该搞晋语史研

---

① 《晋方言语法研究》,商务印书馆 2000 年版。

究。晋语史研究这艘船可不好开啊，搞史必须要有文献支撑。我在图书馆连续找了几个月的资料，每天就在古文献堆里爬，如金代李俊民《庄靖集》、明代张慎言《泊水斋诗抄》、清代无名氏《新刊校正方言应用杂字》、祁隽藻《马首农言》、徐继畲《松龛全集》、董文焕《岘樵山房日记》、齐翀《三晋见闻录》等。有时两三天也不一定能找到一条有用的材料。

张宜： 我看过 2011 年张振兴教授、李行杰教授评价您《晋方言语音史研究》的那两篇文章①②，都提及您当年找的原始史料、文献很多，很珍贵。

乔全生教授： 对，确实珍贵。后来又发现山西南部的方言和西夏时的西夏汉对音材料有对应，山西中、西、北部和唐五代西北方音有对应，这简直令人喜出望外。山西明清时期韵书很少，有才学的青年都不屑于做学问，经商去了，我小时候为什么学打算盘？如果生活在那个时代，绝对是个好会计，经商去了。你看江浙一带，韵书一抓一把，山西没有。后来找到了汉语与古代少数民族语言的对音资料反而成全了我的晋方言语音史研究。（**张宜：** 但是也促使您去改变一些研究语音的方法。）我还要跟你说，我为什么要报考鲁先生而没报考其他先生，就是想啃方言史这块硬骨头。鲁先生早年就写过《通泰方言史及泰州方音史研究》③，6 万多字，是运用历史比较法与历史文献考证法相结合的新的二重证据法研究方言史的典范，跟鲁先生学，就是西天取经。（**张宜：** 还是您给自己定了个大目标吧。）但是真正提出搞晋方言史，语音史，是从博士入学报到之后才定下来的。搭建框架、收集资料，用了近两年的时间。第三年开始起草学位论文，近一年写完。答辩以后，南师大的马景伦老师曾跟我说，你的论文写得很好，你答辩得也很好。虽然这次失去了评优博的机会，但你可以冲刺王力语言学奖。我的博士论文几经修订充实，于 2008 年出版④，2009 年获王力语言学奖。那年没设一等奖。我是二等奖。终于弥补上了我因"非典"而与评优失之交臂的遗憾。

回想起我从大学学习阶段到研究生学习阶段，再到 2000 年考到南京大学鲁国尧教授门下，其间又多次参加全国的大型研修班，包括到国外访学，可以说，山西大

① 张振兴《坚实、会通、创新——评乔全生〈晋方言语音史研究〉》，载《语文研究》2011 年第 2 期。
② 李行杰《创新是学术著作不息的生命力——读乔全生〈晋方言语音史研究〉》，载《语文研究》2011 年第 2 期。
③ 应指鲁国尧：《泰州方音史与通泰方言史研究》，载日本亚非语言文化研究所《アジア・アフリカ語の計数研究》1998 年第 30 号。
④ 《晋方言语音史研究》，中华书局 2008 年版。此书是乔全生教授在其博士论文的基础上修订撰写而成的，征引了古今中外大量文献，如志书、山西文人诗词用韵杂记、地方戏曲、西夏/汉两种文字注音资料等，几乎穷尽；前人、今人、国人、洋人之说，也均有评述。在此基础上，从晋方言的声、韵、调各方面探讨其与唐宋是西北方音的传承关系，并将晋方言与其他方言音系作横向比较，提出晋方言是唐五代西北方音的直系后裔，晋方言与官话方言非同步发展的观点，填补了晋方言语音史研究的空白。2009 年获第十三届王力语言学奖二等奖，2010 年获山西省第六次社科优秀成果一等奖。

学还是给了我很好的学习和工作环境，还是非常支持青年人从事学术研究、在学术上的发展，这些一步一步积蓄起来的能量在以后的申博、评各种称号方面都起到并发挥了"弹无虚发"的积极作用，"不积跬步，无以至千里"，我有着深刻而切实的体会。

我再说说如何处理教学、科研和管理三者的关系。谁也没有像宋代释道原在《景德传灯录·善昭禅师》中所描写的"三头六臂擎天地，忿怒那吒扑帝钟"的神奇本领，要三者兼顾，实为不易，若要兼顾三者，只能付出比常人更多的辛苦与努力。没有节假日和5＋2的工作是常态。我是怎么理解这三者的关系呢？我认为在做行政管理工作时，千万不能忘记自己是教师，教学科研是自己的天职。当完成上级交办的行政任务后，首先要想到必须搞好教学与科研，科研好，教学肯定好，有自己新观点、新成果的老师决不会照本宣科，充盈新意和思辨的课，学生才愿意听。

张宜： 乔老师我一直好奇，在什么样情况下，山西大学有了语言科学研究所的？

乔全生教授： 我2003年从南京大学毕业后，2004年学校就决定我作为学科带头人申报汉语言文字学博士点。那时是国务院学位委员会学科评议组评审，申报成功一个博士点是很困难的。当博导不容易，要靠自己的实力申请到博士点更不容易。所以从2004年就准备，2005年申报成功。（**张宜：** 是不是整个山西省的第一个。）对。我们是山西第一个汉语言文字学博士点，一次成功。我是汉语言文字学博士点的创建人，于是2007年就给我成立了语言科学研究所，这样对科学研究有利。学校为了强化科学研究，带动学校的整体发展水平，才成立的研究所。学院偏重教学，研究所偏重科研。学校每年给我所下达的科研任务很重，科研经费人均十多万，C刊论文十来篇。（**张宜：** 有一些科研量化指标吧。）这三四年里我所稀里糊涂地都完成了。以后能不能继续完成，我不知道。成立研究所后，根据我的体会和学科的特点，我提出了八个字的所训：坚守、探索、创新、超越。我坚守方言调查研究三十多年，自从1981年踏上方言这条船以后，我一直在这个船上乘风破浪，有时候还会逆水行舟。所以坚守最重要。我对这八个字的诠释是：坚守是学术殿堂必备的精神，探索是学术研究神圣的使命，创新是学术生命永恒的主题，超越是学术道路不懈的追求。不要把学术看得那么平凡，能坚守者才可步入学术殿堂。我来干什么，我就是来探索的，探索学术是一项神圣的事业，不是什么人都能来的。搞学术研究就得有所创新，没有创新，就不能立足：材料新，方法新，观点新，角度新，创新才是永恒的。（**张宜：** 您就是这么走过来了。）搞学术一直得在前面跑，不可须臾停歇。兔子虽然跑得快，停下了就会被乌龟赶上。这就是我的诠释。（笑）

张宜： 山西省委书记也很赞赏。（我把我在期刊上看到的山西省委书记骆惠宁看望乔老师时的相关报道拿出来递给乔老师看。）

乔全生教授： 对啊！你看，我在那儿跟骆书记讲的正是我们的所训。（笑）后来我进一步概括为：坚守是基石，探索是手段，创新是灵魂，超越是目的。

另外，我所还有研究理念，即"擎天柱地言三晋，索古求今问九州"。立足三晋，放眼全国。这副对联从平仄看对得非常工整，但从时空观看对得不是十分完美，"时"是索古求今，"空"是立足三晋，放眼九州。"擎天"就是基础理论上水平，"柱地"就是应用开发出效益，理论上要"擎天"，应用上要"柱地"。"索古"就是搞晋方言语音史研究，把晋方言这个大方言区的历史追溯到一千多年之前的晚唐五代；"求今"，就是要把全省的方言，共时的横向的要调查穷尽。我们已调查了 102 个县市区的方言，一共 119 个县市区。现有 60 本书出来了，陆续的还有 40 本书要出来。"索古求今"做到了，后来评"长江学者"也就水到渠成、瓜熟蒂落。

张宜： 乔老师，我觉得您刚才讲的这些，应该跟我下面问您的这个问题有关系，就是在您工作和治学当中，什么事儿最令您高兴？什么事儿最令您沮丧？

乔全生教授： 已经很清楚了。我最高兴最兴奋的无非是文章发表了，得了王力语言学奖了，获得"长江学者"了，还有国务院津贴等。但光环有多大，靶子就有多大，你靶子大了，谁都能把你命中。（笑）我后来总结为：要以坦然的心面对荣辱，以淡然的心面对得失，以超然的心面对物欲，以卓然的心面对工作，以自然的心面对生活。

张宜： 乔老师，我不是特别了解，您特别看重王力语言学奖，是因为它是对您那个阶段所有的语言研究成果的一个高度肯定，而且是语言学界的一个至高的荣誉。而"长江学者"是对您整个这一生为人和为学的一个高度概括吗？

乔全生教授： 你说得非常对，这两个荣誉其实就是对为人和为学的一个高度认可，也是对自己工作的一种激励。

张宜： 那也就是说实际上您并没有把它作为您的一个追求，作为您在学术道路上取得成就的一个概括，是这样的吗？

乔全生教授： 是的。我看谁也不会把当"长江学者"作为自己的奋斗目标。但获王力语言学奖却是我要冲刺的目标，这是对我们一个语言学者的研究水平、研究辛苦的一种肯定。（**张宜：** 对您作为语言学家的一个肯定。）"长江学者"可有可无，只是个光环，它虽也带有丰厚的物质利益。但这个物质利益，谁也不可能毕其功于一役，追求不到怎么办？（**张宜：** 您是山西大学的教授，山西大学有一个教授得到

"长江学者",也是对学校办学的一个肯定。)也可能会关乎学校排名。(**张宜:** 估计您得了以后很多学校都会来挖您吧。)一直有,一直没有动心,将来快退休时再考虑吧。后来,我又获评山西省首批"三晋学者"。"长江学者",当时在我省社科界只有一个,"三晋学者"也只有三个。

可以说,我最高兴的事情就是我发表第一篇文章和我获得的王力语言学奖。要说起沮丧的事情,那就是年轻时受到过的不公正待遇,今天想来何尝不是对自己的一次磨炼。

张宜: 乔老师,请您谈一谈一位语言学家应该具备什么样的学术修养? 您今天讲得特别好,我也怕耽误您的时间。

乔全生教授: 作为一个语言学工作者,比起前辈学者来,谈不上什么学术修养。我理解就是脚踏实地、日积月累、苦读勤思、持之以恒,不好高骛远,不急于求成吧。说到这一点,我要感谢邢福义先生。1982 年我在武汉学习时,就知道邢福义先生说过的一句话:抬头是山,脚下是路。印象特别深。还有一个体会就是作为一个语言学者,要有体察语言的敏感性,要把这种敏感作为研究语言的起点。吕叔湘先生说,身上经常要有一个小本本,有了感悟马上记下来,否则你的感悟可能稍纵即逝。这就是脚踏实地。有的语言现象,别人听了也就听了,你听了以后就要琢磨。(**张宜:** 变成自己的行动。)变成自己的行动、变成自己的东西。在琢磨这个问题的过程中,又会遇到新的问题。一个小的目标完成以后,又有了一个大的目标。我觉得前辈们都是这样走过来的。

张宜: 乔老师,您是怎样看待学术批评的? 您的著作和观点是否受到过批评?

乔全生教授: 学术批评,可谓今不如昔。20 世纪 30 年代、50 年代有过几次语言问题大讨论,开展学术批评很正常。现在要对某篇论文提出一些商榷,无论是作者还是编辑部都是需要勇气的。有时也会看到有学者对某某论文中的观点、分析提出不同的看法,这都是正常的学术讨论,但这种文章还是很少。

张宜: 乔老师,您在汉语方言学、汉语语音学、音韵学,还有语音史研究方面,您的特点是什么呢? 有哪些突破?

乔全生教授: 在这方面我确实还有点儿体会。我在方言研究方面,最大的一个特点就是坚持不懈。再一个,就是不以物喜,不以己悲,不管别人说什么,有什么反响,自己认准的事情就干下去。我在 80 年代搞方言,有几个人理解呢? 我搞风格学,人家说高雅;我搞方言,人家说土气。人人都说普通话,还研究方言干什么? 搞文学的人不理解,有些校领导也不理解。在那种情况下,你说方言研究还谈什么前途呢,但那个时候我就认定这是一项值得研究、研究不完的东西,面对的是那么多有价值的材料。虽然当时没有认识到这是非物质文化遗产,濒临消失啊什么的,只知道它很有价值。后来才知道,我们搞方言研究还具有抢救的性质,再过几十年,大家都说普通话了,方言就可能消失了。认识到方言研究不仅是学术研究,还有保存、保护的意思。一旦认准了,不管别人说什么,不管遇到什么困难,不要轻易改变自己的方向。我不太赞同一会儿做这个一会儿做那个,一年年过去了,哪个也没有做好,貌似知识面很宽,很博学,其实都是半瓶子醋。一个人精力有限,干一件事情能干好就不错了。中国的国情,也不允许你打一枪换一个地方。搞科研,就得有稳定的研究方向,持续的研究成果,这才能成就一个学科、成就一个人的学术研究。至于说我有哪些方面的突破,我曾在多个场合谈,三十多年来就做了两个字,一个是"横",一个是"纵"。(笑)"横",是指我和我的团队调查了山西省近百个县的方言,出了六七十本书,将来会出到百余本,这就是"横"。(**张宜:**《山西方言重点研究丛书》①。)"纵",是指我研究晋方言语音的历史。从晚唐五代到现在一千多年的历史,有文献依据的千年史。从唐五代西北方音到今天的晋方音,是一脉相承下来的。我提出来两三个观点,一个是"晋方言是唐五代西北方音的直系支裔"。一是"山西汾河片方言是宋西夏时期方言的延续"。同时我还提出"晋方言与官话非同步发展"的观点。几十年前有人不同意晋语从官话中分立出来成为一种大方言区,我现在从历史的角度证明了晋方言有一千多年的历史。我连续写了《晋语与官话非同步发展》②(一、二),在《方言》杂志上连载,共 3.5 万字。侧重晋方言的滞古性。后来又写出《晋语与官话非同步发展》(三、四、五),从超前演变的角度来谈晋方言的创新性。也可能再写《晋语与官话非同步发展》(六),希望把它继续探讨下去。就是要证明晋语与官话发展不同步,不能把晋语放到官话里边。这三十多年我就做了"纵""横"这两个字。(笑)(**张宜:** 像春秋战国时候的纵横家。)

这两年,我又将晋方言语音研究梳理了一下,写出了《论晋方言语音研究在汉语语音史研究中的重要价值》③《再论晋方言语音研究在汉语语音史研究中的重要

---

① 《山西方言重点研究丛书》是对山西省内单点方言进行较大规模集成研究的一套丛书,由乔全生主编。截至 2022 年已正式出版 10 辑 70 部。

② 《晋语与官话非同步发展》(一)、(二),载《方言》2003 年第 2 期、第 3 期。

③ 指乔全生、周怡帆:《论晋语语音研究在汉语音韵学中的重要价值》,载《山西大学学报(哲学社会科学版)》2017 年第 6 期。

价值》①《三论晋方言语音研究在汉语语音史研究中的重要价值》②,已在《山西大学学报》2017、2018连续两期,后一篇2019年即刊,第二篇已在人大复印资料复印。

张宜： 乔老师,您对汉语方言学方面的主要贡献有哪些?

乔全生教授： 主要贡献就是"60+40+1"。(笑)

张宜： 在您的成果当中,您本人最看重哪一种或哪几种?

乔全生教授： "60+40"就是我们前面谈到的已出的60部③和即出的40部,一县一点的方言丛书。"1"就是《晋方言语音史研究》,这本书我是下了苦功的,在书海里爬梳,在文献里求索,确实得之不易。一条可用文献可能花上好几天工夫才能找到,巧妇难为无米之炊,近年有些研究晋方言语音的博士毕业论文,所用的晋方言历史文献大多是我当年找到的,他们也不说一声是从乔老师的书里转引过来的,就直接用了那个历史文献。(**张宜：** 历史文献是您挖掘出来的。)我找出来的,他直接用!(大笑)(**张宜：** 您是挖掘人,后来他们都是擎现成的了。)不仅我的博士用,别人的博士也在用。真成了前人栽树,后人乘凉了。

张宜： 乔老师,学界的评价跟您的看法一致吗?

乔全生教授： 我的《晋方言语音史研究》获得了王力语言学奖、山西省社科优秀成果一等奖。出版时和出版后先后有四位先生,即侯精一、鲁国尧、张振兴和李行杰先生写了序言和评价。侯精一先生在序中评价:"数年寒窗,磨得一剑,立论的基础——无论是在资料的准备还是撰写依循的原则均很到位。资料丰富,古今中外都有。历史资料,像志书、山西文人诗词用韵杂记、地方戏曲、西夏/汉两种文字注音资料几乎穷尽;前人、今人、国人、洋人之说,也均有所评述。""以今溯古,以古论今,今古兼之,古今贯通。"鲁国尧先生也在序中称为"异军特起"之著,"包举、囊括"之著。张振兴先生和李行杰先生分别写了书评。李行杰先生给我打电话,说你这个书多好多好,我要给你写书评,搞方言不搞音韵,搞不好;搞音韵不搞方言,搞不活。你这本书搞得最好。老先生一字一句地写出来,题目是《一部可以传世的学术著作》。编辑跟李行杰先生商量后,改为《创新是学术著作不息的生命力》④。四位先生对拙著充分肯定。(**张宜：** 他们可能也是觉得您在这一块的研究,您在方法上在成果上,都是前所未有的

---

① 指乔全生、刘洋:《再论晋语语音研究在汉语音韵学中的重要价值》,载《山西大学学报(哲学社会科学版)》2018年第5期。

② 指乔全生、王埔程:《三论晋语语音研究在汉语音韵学中的重要价值》,载《山西大学学报(哲学社会科学版)》2019年第3期。

③ 指《山西方言重点研究丛书》。截至2020年,正式出版9辑60部,至2022年,新增为10辑70部。

④ 李行杰《创新是学术著作不息的生命力——读乔全生〈晋方言语音史研究〉》,载《语文研究》2011年第2期。

吧。）鲁先生评价无以复加，我哪里配得起那么高的评价。（**张宜：** 确实也是零的突破呀。）我只能将先生们的评价作为激励我在学术道路上继续前行的动力。要问学界的评价和我的看法是否一致，我说不尽一致，因为我没那么高。

张宜： 您太谦虚了！乔老师，最后再问您一个问题：您对中国的语言学，尤其在方言这一块的研究，国内外目前的研究现状，您是怎么看的？ 您立足三晋，您对中国语言学今后的发展趋势，您是怎么看的？

乔全生教授： 这个问题问得真好，在这方面我还真有一些话要说。首先是鲁国尧先生等老一辈语言学家对目前国内外语言学界形势有一个鞭辟入里、入木三分的分析，目前语言学界，崇洋媚外、食洋不化、挟洋自重现象非常严重。更可怕的是有些崇洋媚外的人，他不认为自己在崇洋，他以为他是在吸收国外的先进理论。鲁先生在《汉语学报》发表了一万六千字的论文①，对崇洋媚外现象进行了严厉的批评，很鼓舞人心，我很有同感。鲁先生提出"不崇洋、不排外"的六字方针，我非常赞同。我们的立足点就是要把中华传统的优秀的文化总结出来、继承下来、发扬下去。国外有些好的理论，好的思路和想法，可以拿来一试，可以吸收借鉴，也可能给我们以很大的启发。（**张宜：** 但不能说国外的就是好。）要关注国外的研究动态，对于国外一些成熟的理论，被世界、被历史证明了的、对我们汉语研究有效的东西，我们不仅应该而且必须要接受，目的是更好地促使我们的汉语研究。拿一个不成熟的框框套，套的结果，必然会削足适履。我给你举一个例子，有的学外语出身的人，你也是学外语的吧。（笑）对汉语共同语的关注度大概不够，对方言的关注度也不够，用一套国外的理论框架讨论汉语方言。《中国语文》2007 年某期的头篇发表过一篇论文②，谈汉语方言辅音韵尾的音系理据，谈到凡是有塞音韵尾的方言一定有鼻音韵尾。这种演绎法，是经不起推敲的。看得出他了解的方言材料有限，这使得他得出的这个结论出了问题。事实上，有的方言，只有塞音韵尾而没有鼻音韵尾。你说凡是天下乌鸦都是黑的，人家找出一只白乌鸦来，就将你否定了。偶蹄的动物都是反刍的，羊、骆驼是这样，羊驼、小鹿也是这样，但要找出某一个动物是偶蹄类的，它不反刍，就可能把你否定。所以有鉴于我们掌握材料的局限性，我们只能说一般情况下是这样，不能绝对化。山西方言里，我可以找出好几个方言点来，有塞音韵尾，但没有鼻音韵尾，晋北有，晋中有，晋南有的山区也有，有喉塞韵尾，但是没有鼻音

① 指鲁国尧先生《自立，屹立：中国语言学的愿景》，载《汉语学报》2017 年第 4 期。
② 指张吉生：《汉语韵尾辅音演变的音系理据》，载《中国语文》2007 年第 4 期。

韵尾。后来我和王为民教授写了对这篇论文献疑的文章投给《中国语文》，被退回了。事隔几年才在北大主办的《中国语言学》上发出①。有一次我去武汉拜见邢福义先生，邢先生说，乔全生啊，现在国外的这个毒害，对你们方言学界最小，对古汉语界也小，对汉语语法领域毒害最大。现在国内语法研究套用国外的语法理论，崇洋媚外的风气日盛。我给邢先生说，国内方言学界也有一阵言必谈历史层次，发表的文章、申报的项目、举办的会议都在谈历史层次，似乎只有研究历史层次才是方言研究的终极目的。历史层次是指方言中累积着不同时代的语音层次，有的早，有的晚，研究方言的历史层次会对方言的历史演变有一定的解释力，但它不是研究方言的最终目的。研究方言的目的是什么？无非两个，一是研究方言的现状，二是研究方言的历史。研究其他自然和社会现象莫不如此。要达到这两个目的，你可以用各种各样的方法手段，研究的方法手段绝对不是也不能取代研究的目的。研究方言的历史层次只是方言历史研究当中的一个环节，或者是一个重要环节。研究方言史不能不管历史层次，但是我们的目的不只是研究方言的历史层次，而是要研究方言的历史。方言的历史层次，应该而且必须置于方言史研究的框架之内，应该是方言史研究的一个重要部分。我们不能把学者的目光，尤其不能把青年学者的目光引入一个只研究方言的历史层次，而不管方言研究目标、目的的境地。邢先生听了以后说，全生，你写出来，《汉语学报》头篇给你发表。我说好，第二年就完成了作业②，在《汉语学报》头篇发表了。题目是《历史层次与方言史研究》。谈方言历史层次的人可以不去管方言历史文献，研究方言历史必须下苦功夫查找方言历史文献。

至于说中国语言学今后怎么发展，首先要鼓励创新，创新是学术生命永恒的主题。创新是一种先进的研究理念，国外有些好的政策和机制及研究理念值得我们吸收，需要我们学习，鼓励学术创新。创新的过程就是发现新路径、探索新规律的过程，在创新的过程中要允许出错，要鼓励学者敢于创新、善于创新。创新与拿来主义不同，将国外的某一种理论搬来套在汉语身上不是创新。邢福义先生给我举过一个例子，有的国外学者写的东西，连他自己都没有搞明白，结果就在国内高校当作新理论炒作。创新的同时要提倡传承，要善于将国内前人的研究成果从理论构建中提炼出来，传承下来。摒弃保守的一面，提倡开放的一面，既有吸收、接受他人的一面，又有输出、影响他人的一面。不崇洋，就是要总结传承传统的东西，挖掘

---

① 指乔全生、王为民：《〈汉语韵尾辅音演变的音系理据〉献疑》，载《中国语言学》第六辑，北京大学出版社 2012年版。

② 指《历史层次与方言史研究》，载《汉语学报》2014 年第 2 期。

保护优秀的文化。不排外,就是要吸收外来的优秀的东西,才能提炼出总结出具有中国特色的语言学理论。现在提倡文化自信,随着我国经济发展,国力的增强,可能我们的学术自信会慢慢增强,过去有人对国外的学者仰视、仰慕,现在是平视,以后我们也永远不俯视,不小看人家。至少我们可以做到平等对话。鲁先生说国力强盛与学术的兴盛是成正比的。我们的学术必将一步一步地走向自信、成熟,中国学人应当有更多的话语权,希望中国语言学的最新的东西,理论也罢,实践也罢,能够影响到世界,就像中国的先进的高铁技术能够影响世界一样,将来我们语言学的很多东西,能够引起世界学界的注目。

张宜: 乔老师,您有什么兴趣爱好? 您现在还坚持什么体育锻炼呢?

乔全生教授: 概括地说是有兴趣无时间。我早年有很多兴趣爱好,我小时候看见别人拉二胡,自己没二胡就自己制作。我找来罐头铁盒做琴筒,找来细硬木棍做主杆,找来竹竿,又偷偷在马尾巴后面剪下来几十根长毛做琴弓子,用细钢丝做琴弦,找到松香后就成了。(**张宜:** 天啊,就拉出声了。)对啊!《东方红》歌曲就这样拉出来了。那时候我学二胡就那么大的热情。(**张宜:** 太有才了!)我们那里有好多人没文化,但会拉二胡,会唱就会拉。我最起码还识字,识简谱。现在可没有时间拉了。(**张宜:** 这是业余爱好。不然就是一个二胡演奏家。)没准真是。高中毕业后,正逢冬季,没事做,就排戏,这些爱好都派上用场了。(**张宜:** 乔老师您以后一定要写一本自传,把这些事都写出来,我觉得很有意思啊。)1974 年 1 月高中毕业,4 月去教初中数学,在这三个月里,我自编自导自演了多幕眉户剧。选用当地流行的大众熟悉的曲牌:岗调、四平、五更、剪剪花等。我很喜欢唱当地的地方小调。(**张宜:** 乔老师我听您讲,我觉得您身上有一种艺术家、文学家的气质。我觉得您跟一些我接触的语言学家的气质不太一样。)谈到我小时候的这些事,真是情之所至,兴之所趋,其乐无穷啊。(笑)

上了大学反而没什么业余爱好了,全是上课看书学习。刀枪入库,马放南山。二胡也早已束之高阁。近些年,又想起了二胡,有几次见到我们学校民乐系二胡老师田菽峰,我一见人家,就说,我要跟你学二胡,你得教我,田老师说,乔老师你说这话已是第三次了!确实没时间,只能到退休以后提高一下二胡的水平。

年轻时,我从来不模仿别人唱歌,我要看着歌谱,我听了什么戏曲过门以后觉得好听,就将谱子记下来。这对我以后搞方言调查听辨声调作用很大。我喜欢家乡戏蒲剧和眉户,我调查方言对声调特别敏感,可能与我喜欢民歌和地方戏有很大的关系。（**张宜：** 您现在要是有时间也会去听吗?)是的！陕西师大请我讲学时，先问今天有没有秦腔。因为秦腔和蒲剧是姊妹艺术，有很大的相似性。看戏感到过瘾，看电影不过瘾。我在南京大学读博时，每周六周日都有电影，我一次也没去看。但仅有过两次昆曲入校园，我一场不落。电影演的是真实的场景，我老觉得不真；戏剧舞台是虚拟的，我看着是真的。好的演员可以使你的情绪随着他的喜怒哀乐而变化。看昆曲，武大郎被人欺负后，看着他弟弟武松骑着高头大马在大街上走过，说："他是我的弟弟!"——这句扬眉吐气的表白能让你潸然泪下。戏曲就有这个魅力，能打动人。

张宜： 您还坚持体育锻炼吗?

乔全生教授： 最简单的锻炼就是走路，稍麻烦一点就是游泳。我现在只能坚持到最简单的走路和稍麻烦一点的游泳。（**张宜：** 走路是怎么坚持的? 游泳是怎么坚持的?)走路呢，是每天下午或晚上，走半个小时到四十分钟。游泳呢，在有时间保证的情况下一周游两次，出差在外没规律，不能保证游泳，只能坚持走路。（**张宜：** 我刚才一进来就看见您的旅游鞋了。)对，我出差必带一双旅游鞋，为的是能走路。衣服和鞋配套，走路的和出席会议的共两套，这就是我的标准配置。（笑）

张宜： 乔老师，我回去以后就把访谈尽快整理出来，有机会的话，我也想投稿，但是有的期刊不愿意发访谈录。

乔全生教授： 你一下提醒我了，我办的刊物叫《北斗语言学刊》，就是为了弘扬我们中华优秀文化，弘扬我们语言学的优良传统。北斗是指每一位作者，每一篇文章，在你这个领域、学科或方向里，你就是北斗。所以《北斗语言学刊》的含义不能单指语言学刊本身是北斗，而是每一篇文章都应是北斗，每篇文章都是北斗了，我们的刊物自然就是北斗了。《北斗语言学刊》还可以从另一个角度解释，20 世纪 80 年代国外有人谈到，语言学是一门领先的科学，现在我要说：语言学是一门领航的科学。怎么导航? 唯有北斗。这里边有访谈录的栏目，我们刊登过郭锡良先生的访谈录，吴宗济先生的口述史，近期又在刊载鲁国尧先生、赵振铎先生、詹伯慧先生的访谈录。将来你访谈的学者访谈录都可以在这儿发表。（**张宜：** 太好了！我还苦于找不到呢!)还有点儿稿酬。（**张宜：** 您创办了多长时间了?)已出到第五期了。老一辈学者，有多少发多少，就这样定。

张宜： 太好了！这是对我这项工作最好的支持呢！感谢您接受我的访谈。

乔全生教授： 不客气，不客气！

王铭玉访谈录

受 访 者：王铭玉教授

访 谈 者：张　宜

整理/注释：张　宜

地　　　点：黑龙江大学俄语学院院长办公室

时　　　间：2009 年 7 月 16 日/2022 年 8 月定稿

张宜： 今天我很高兴有机会访谈黑龙江大学俄语学院院长王铭玉教授（后来调任天津外国语大学副校长）。王老师，您好！我今天访谈您的主题是语言符号学、功能语言学。王老师，您是怎样走上语言学研究道路的？您为什么要从事语言学的研究？

王铭玉教授： 此样的话题，前不久在 *China Daily*《中国日报》上，专门登载了一篇文章并就此问题问过我："您当时学俄语时中苏关系并不是很好，为什么还选择学习俄语？"实际上，我在中学学的是英语，在去大学之前，我对俄语一点儿都不了解。你知道 1977 年是中国的改革开放拉开序幕的一年，这一年恢复了被"文革"阻滞了十年之久的高考，也是令我永远难忘的一年，一个改变了我整个人生轨迹的时间。这一年冬天我加入了高考大军，以优异成绩考入了中国人民解放军洛阳外国语学院。洛外是军校，录取之后，就等于进了部队。我首先是军人然后才是大学生。军训将要结束之时，我才知道我学的是俄语。（笑）（**张宜：** 那就是说您服从分配了

* 本访谈录初稿是在 2009 年 7 月 16 日的录音访谈文稿的基础上形成的。至本书出版，时间过去了十余年。访谈者张宜根据最近十年来王铭玉教授的学术成果、学术活动和学界评价等资料对初稿做了一些必要的增补。这次公开出版的内容经王铭玉教授审阅认可。

吧?)对。这就充分体现了服从命令是军人的天职。当时没有更多的怨言,只有更多的疑惑,因为我对俄语一无所知。但实际上,我也很庆幸学了俄语,在某种程度上,从后来发展的整个轨迹来看,我觉得学俄语也是一个不错的选择。在学俄语时,老是把它作为一种工具来看。但学到今天,在全世界范围内,正在讨论一个话题:语言究竟是工具还是其他东西。实际上,现在人们已经否定了单纯语言工具说,语言是一个工具性、人文性和科学性完美结合的产物,当我在研究它时,完全把它作为一个学科,作为一个事业来看待了。我今天所从事的这个学科,从事的事业就是俄语。可以说,改革开放再次复兴了中国,改革开放振兴了中国教育,改革开放也使我一个平民子弟走上了学者之路。

张宜: 王老师,家庭和社会对您的学术发展有多大影响?您的个性对您选择职业和确定研究方向起了多大的作用?

王铭玉教授: 也许是受到出身教师家庭的影响吧,从当年求学时我就树立了一个信念,即一辈子要做好三件事:一是好好读书,增长知识;二是秉承家风,教书育人;三是著书立说,传播书香。可以说,读书、教书、写书是贯穿了我生命的一条主线,我的生命轨迹会是一条"三书人生"之道。我为什么会选择教师这个行当?因为我们家是教育世家。从我父亲这辈开始,我家里出来好几位教师。我父亲是教师,我是教师,我夫人也是教师,我嫂子是教师,我妹妹是教师,我妹夫是教师,连我的侄女、侄女婿都是教师,还有很多亲戚都是干教育行当的。(笑)可能是从小就受这种熏陶,从我父亲身上感受到做教师的神圣。父亲做得很不错,当时是省劳模、省名师。所以说行当是一种家庭熏陶。(我)对当老师任何时候没有厌烦的感觉,而且觉得从事这一行当的时候,包括兴趣各方面都在其中。

(我)读大学(本科)的时候正值中苏关系紧张之时,但当时我就有这么一个直觉,中苏两国的修好是必然的。第一,邻国,而且是世界上最大的邻国。如果说(苏联)不解体,我们两国的边境线是非常长的,现在解体后中俄的边境线还有四千多公里。因此,两个世界上最大的邻国不可能永远对立下去,否则会两败俱伤,现在两国走的是双赢的道路。第二,中国的古老文明值得尊重,而苏联是文化大国、科技大国,它的先进的科学技术和文化艺术令世人敬仰。在这种情况下,我们彼此都没有拒绝文明召唤的权利,如果那样只能是傻瓜了。第三,中苏两国人民、老百姓之间有这种传统的友谊。总结起来,中国的俄语教育先后经历了三次高潮,第一次高潮是50年代,50年代我们一边倒,一边倒时形成了两国人民传统的友谊。一个国家尽管最后决策是领导决策,但它的大势所趋是由人民决定的。我觉得人民之间的这种理智会战胜一切冲突。所以我觉得两国之间关系的再次和好，是早晚的事情，只能说是时间的问题。果不其然，后来随着戈尔巴乔夫的上台，两国关系开始解冻，形成了第二次高潮。到了 21 世纪，两国关系迅速回暖，一直到现在发展成世界上两个最典型的战略伙伴关系，形成了第三次高潮。因为这次高潮是建立在两国领导人的理性思维基础之上的，它注定是长期的、可持续的。所以现在看来，（我）学了俄语（就是）学对了。（笑）当时尽管有许多疑虑，甚至产生了茫然，但是从军人的角度出发，既然学了就必须把它学好。所以当时我把一切都暂时搁置了，先把俄语学好。实际上到现在为止，不管我做了什么样的工作，我课是一定要上的。而且课一定要争取上好。这些应该就是社会和家庭对我选择职业和确定研究方向的一些影响吧。

张宜： 您现在给本科生上课吗？

王铭玉教授： 我现在的课，本科生是少量的课，主要是给硕士生和博士生（上课）。每次一到了讲台上，那种感觉，似乎除了教学内容之外一切都被忘却。在和学生的互动和交流中感受到从容自由。我相信你也能体会，你现在做这个课题的本身也很令人敬佩的。所以这就是说，做教师这个行当，我没有什么更多"响亮"的语言，比如"为祖国培养栋梁之材""为教育事业奉献终生"什么的，其实完全出自家庭熏陶，自己的兴趣，以及树人这样一种质朴的良心，我觉得非常有意思。所以当我从部队出来，人家告诉我你这个扛着大校军衔之官，出来之后完全可以在地方安排一个与师级相应的位置。我说："你们错了，我出来绝不是为了一官半职。如为官，完全可以在军队里待下去。我之所以要到地方教育行业，一来可以从事我喜爱的事业，二来可以借助平台与岗位，在教育兼行政工作中，把自己的一些思想'释放'出来，把一些教育理念'贯彻'下去，同时又融教育本身于一体，融学术本身为一体。"

张宜： 教育是终身可以从事的职业。

王铭玉教授： 它可以从事终身。为官可能只是一时，但学问完全可能陪伴一个人到生命的最后一刻。比如，我现在可以搞我的学问，即使我从领导岗位、教学岗位下来之后，我还可以自己著书立说。所以说教师这个行当是一个令人羡慕的行当，是一个受人尊敬的行当，尤其是当你把学术自觉融入教师这个行当之中，它更是一个"不息"的行当。

张宜： 王老师，前面这几个问题，我是不是可以这样概括一下，也就是说当时的社会因素，实际上在您决定学习俄语的时候对您并不是有利的。

王铭玉教授： 对，完全如此。

张宜： 您的个性当时也不能彰显得那么充分，因为您念的是军校。

王铭玉教授： 不读这个专业就意味着那时候你不承认自己是一名合格的军人。（笑）

张宜： 王老师，那要是依照您的性格，您原来是学英语的，在转学俄语的时候，您的个性对学俄语有没有什么积极作用呢？

王铭玉教授： 我的性格是，一旦决定下来的事情，而且是无法改变的事情的时候，就一门心思把它搞好。因为岁月不能蹉跎，你可能对这件事情有抵触情绪，但你不能把时间都浪费了。况且现在又多了一门外语，也是蛮好的一件事情。因此我英语并没有放弃，只是想投入更多的精力把俄语学好。在学习的过程中间，我认为原来的英语底子，还是起到了正迁移的作用。我们知道在二语习得或者在语言教学法里都有正迁移负迁移的问题，我认为在我学习过程中正迁移因素是蛮多的。它能够使我从英语的语法，尤其是英语的词汇中产生许多联想，帮助我学习，我觉得是一件蛮好的事情。

张宜： （19）77年，是不是恢复高考以后班级的同学（的语言水平）也是参差不齐，您在俄语上也是零起点，还有俄语基础比您好的吗？

王铭玉教授： 有啊。我们当时只在三个地方招生，北京、上海、河南。因为第一年招，洛外是零表招生。也就是说它最早领表、最早挑人。当时我的分数考得很高，洛外从北京、上海、河南三个地方（招生）。

张宜： 我要是没理解错的话，当时洛外主要是给军队培养从事军事外语工作的人才吧？

王铭玉教授： 不是说那时候，直到现在（都是如此）。当时北京、上海里面有好几个来自北外附中和上外附中的学生，来的时候他们就可以和老师直接口语对话了。所以我当时产生了一些犹豫或者说有点儿担心，就是能不能学好。但是最后实践证明，在学了一年半之后基本（和他们）拉齐了，两年后大家基本上可以平起平坐了。最后反而最出色的不是原来学过的，这并不是说原来学过的他们水平不行，而是因为他们再从零起点学起，容易产生懈怠。而我们那时候学习是非常刻苦的，白天在学习，晚上熄灯后还打着手电学。（**张宜：** 如饥似渴。）在军队里到一定时间一律熄灯的，也就是说熄灯号一吹必须熄灯，所以我们全拿着手电筒在看（书）。但是，这时候就能比出来我们后学者的学习劲头和后劲比他们要强一些。直到现在当人们谈论关于是否招收零起点学生学俄语的问题时，我总认为招零起点生未必是一件坏事。最起码他有英语的底子,而且将来考研的时候,他可以把英语的优势发挥出来。从现在研究生的情况来看,以前学过英语的学生后劲十足。这里还说明一点,学科的交叉有利于学科的发展。真的,有时候复合产生的这种一加一大于二的效应,还是挺能说明问题的。

张宜: 有没有什么人或者什么书或者具体什么事儿,对您从事俄语教学与研究有很大影响呢?是什么因素促使您从事了语言符号学和功能语言学等专题的研究?

王铭玉教授: 应该说也是有的。每个人在学习中间,都会遇到一些恩师,遇到一些知遇之恩,等等。在我学俄语的过程中间,有一个叫丁昕的教授,我们洛外俄语唯一一个将军教授,他夫妇二人都是俄语教员,他夫人教我低年级阶段,他教我高年级阶段,所以他们夫妇俩对我的影响是很大的。他们原先都是老黑大(黑龙江大学)人,组建洛外时去的洛阳。(**张宜:** 那时候您就跟黑大有了渊源。)因为全国的俄语"一半黑"呀!就是说全国俄语工作者中将近一半都是黑大出来的。所以说和黑龙江大学结下不解之缘就是从那时开始的,包括后来我来这儿考博士。丁昕老师还是我的硕士生导师,我硕士上完时有个机会可以出国,同时还可以考博士。他动员我不要出国了。出国是短暂的,因为那时出国和经商相关,我是想锤炼语言。后来我这位导师就对我说了,你一定想方设法到我母校去读博士去。也是在他的力荐之下,1990年就来到这儿读的博士。所以说我和黑大的渊源关系是很长的。(与)黑大的结缘是从我的老师开始。而我上本科时,又是读着这儿华劭、张会森(等老师)的语法书成长起来的。我本科毕业以后,还来黑大开过学术会,我看这里是一个学术的殿堂。尽管建筑显得稍微陈旧一些,但是学科的积淀如此之深厚,当时我觉得一定找一个机会到这儿朝拜一下。没想到我硕士读完之后,李锡胤和张会森两位导师看到了我读硕期间发表的文章,他们认为这个年轻人属于可以培养一类的。他们就给我发了通知让我来考,正好和我硕士答辩的时间冲突了,所以第一次的时间我就错过了。我心想错过就错过吧,干脆我就出国吧。结果黑大在11月份专门为我一人又举行了单场考试。(**张宜:** 在我听来是一次殊荣啊!)是的,这也说明了我与黑大的这种缘分。我是89级的,(19)90年过完春节正式开课。

(**张宜:** 也就是第二年入学的吧?)(19)90年过完春节入学,所以说我是(19)90—(19)93在这读了三年半的博士。

张宜: 要是我的话,王老师,我会很自豪啊!(学校)为我安排了一次特别的考试。

王铭玉教授: 是啊!当时我也觉得特别感动,那么多人为我重新出了一次题。那么多老师陪伴着我考试,所以说我觉得这是一种缘分的基础。有的人问我,千里迢迢,万里遥遥,你怎么从洛阳跑到黑龙江来了。你是黑龙江人吧,你这么人高马大的。(笑)

张宜: 听您说话也听不出来(您是河南人)。

王铭玉教授: 听,你肯定听不出来。我是标标准准洛阳生、洛阳长。我在洛阳生活了四十七年,从出生到我离开洛阳这个地方,四十七年基本都在洛阳待着。但是(黑大)这个地方,我刚才说我的老师是黑大的,我是读着黑大这些老师的书成长起来的,我的第一次学术会是在这儿开的,我的博士是在这儿读的。所以他们在动员我(来校工作)的时候,拿了种种这样的话题。第一,你是军校的,黑龙江大学是抗日军政大学的延伸。当你出了部队的时候,你不选择这所学校选择哪所学校。第二,是不是黑大培养了你。你把黑大作为你的第二母校,现在当母校向你伸出召唤之手的时候,你应该投入怀抱。第三,这里俄语的平台是全国最好的平台,要想实现你个人愿望,我觉得你应该来到这个平台。尽管北京城市很大,孩子也在那儿。你可以把孩子安排好了,将来你想回去,户口都是次要的。这些话真真切切地打动了我。所以当时在来这里工作的时候,我曾经在宣布我的任命的时候说过三句话。第一句是:为情所动;第二句是:为旗所系(俄语的大旗);第三句是:为事业所牵。所以我就来这儿,很简单。也就是一个星期左右就办好了。当然,也有心情非常复杂的时候,甚至可以说是我一生中最难受的时刻,即总参转业办在办我的关系时说的两句话。第一句话:从现在开始,你已从一个拥有二十八年军龄的大校军官转为一位预备役军官。当时我的心很难受,毕竟在部队那么长时间,总有着一种割不断的联系。第二句话:进北京很难(因为当时北京已经接收,正在办理相应手续),你在一切都成功之后,现在要从北京出去,要把你北京方向上打个叉换上黑龙江方向。所以说我就是在这么一种情况下来的黑大。但是我觉得,有些事情,一辈子无怨无悔;有些事情,留点遗憾也是正常的。当然,也不能说这个选择就是绝对无瑕疵的。包括我孩子、我夫人经常说,现在还有些想不通的地方。但是我觉得谈到俄语和俄语的牵连时候还是太多了,如果不是为了俄语,说句实话,一切都是另外一种情况。说着说着显得有点崇高,实际上这里没有什么崇高的,仅仅是一种朴素的感情,(就是我)和俄语的一种情结和牵挂吧。(笑)(**张宜:** 我觉得崇高不是说出来的,应该是做出来的。)对!这就是情结的一种牵挂吧。

张宜: 王老师,那您无怨无悔地出来了,离开了洛阳,离开了京城。在这块黑土地上,您觉得这儿的客观环境,还有这儿给您提供的空间,您觉得跟其他地方相比,黑龙江大学在哪些方面有利于您从事学术研究? 您又是怎样处理教学、科研和管理三者之间的关系的?

王铭玉教授: 我觉得这个地方最(让我)喜欢的,还是这儿的俄语传统和这支队伍。这是我觉得最喜欢的。为啥呢? 六十八年的历史,黑龙江大学的前身就是延安时期中国抗日军政大学第三分校俄文大队,就是后来东北方向的哈尔滨外国语专门学校。当时就是俄语专科学校。所以黑大的历史就是俄语,俄语的历史就是黑大的历史。这里头积淀很深,几代人的努力,经历了、积累了很多辉煌的东西。这里包括一些精神、为人,一些做学问的思想。我相信你跟我们一些老先生谈过之后,会觉得他们非常可爱,令人钦佩。尽管你不是搞俄语的,你是搞英语的,但我相信英语人,当他们真正了解了这些人的时候,会对他们肃然起敬,甚至对我们所从事的俄语教育事业也会肃然起敬。无论我走到哪里,我从来不掩饰我对俄语的这份好感。第二个就是这支团队,这支团队目前把一个单一学科的国家级所有的桂冠都戴在了自己的头上。之所以有诸多殊荣自然是有一定道理的,从本科、硕士、博士、博士后,这是个"全链条"的层次培养体系。全国教育部百所人文社科基地,俄字头搞语言的只有一家,就在我们这儿。俄罗斯政府设置的三个俄语中心之一就在我们这里。全国仅有的两所中俄联合研究生学院,一所是北大和莫(斯科)大(学)联合办的,一所是黑大和远(东)大(学)联合办的。全国的俄语名师有三位,我们占两位。全国的俄语精品课一共有三门,我们占两门。全国俄语优秀教学团队是我们,全国的特色专业是我们。MTI(Master of Interpreting and Translation)你知道吗? 翻译专业硕士,全国唯一一家以俄语打下来的,就是今年我们拿下来的专业硕士。这一切我还没有给你列举完,但是足以能说明这个学科的厚重。这一切都说明什么,这些荣誉的得来,这些厚重桂冠的戴上,绝对和它的底蕴有关系。同时也说明,这个团队,这个平台铸造得很好,我们老师都是很棒的老师。他们的理论能力、实践能力都很强,敬业的精神都很好。而且,黑大有一个说法,只要一提俄语,大家脑子里都是闪光的东西。只要一提俄语的人,都是挺阳光的人。尤其是老一辈,一说起俄语这些老师们都称风采之人。在这个集体里头,我来护这个大旗是很荣幸的。我为什么说护这个大旗? 学校把我引进来,说是让我扛这个大旗的。我说各位前辈我扛大旗是可以的,但我担当不起,我是个晚辈,大旗应由这些学术大师们来扛,我把大旗护好。就是想方设法,能使黑大的俄语始终走在全国的前列。我现在给黑大俄语的定位是省内超一流,国内一流,国外知名,而且要做到名符其实。(**张宜：** 也就是说要做到绝对正宗。)（笑）对呀！要做到在全国、在俄罗斯，无论走到哪，一说黑大，哎呀！黑大俄语厉害。很多人就是因为黑大俄语的缘故，认为黑龙江大学不是 985 学校，就是 211 学校，实际上它就是一个省属院校。

(**张宜：** 我也有这个疑问，昨天我才弄明白。)其实大家心里有杆秤，黑大最起码应该是 211 学校。在最早的时候，没成立黑龙江大学的时候，它一直是教育部直属的院校。1958 年，筹建黑龙江第一所综合性院校，就把哈外专作为它的母体，就像现在的合校一样，合了周围几个学校成立了黑龙江大学。而且当时还有一种取舍的选择，可以继续作为教育部的直属学校，但考虑到黑龙江省的建设，最好要有黑龙江省掌管的一所学校。这种情况叫下放到地方，这就是历史。对黑大人来说，感到一种切肤之痛。因为这段历史导致黑龙江大学，在（规）格上给降下来了，但从黑龙江大学俄语学科来说，它就像全国的一面旗一样，一说就是"黑老大"。这个地位是有的。同时这个地位是几代人打下的天地，也是现代人在护着这个大旗，或者说让这条船还在不停往前走。(**张宜：** 乘风破浪。)所以我说到这儿，你就会知道，在这个集体里是乐在其中，干任何一样活辛酸苦辣都会有的。尤其你也能理解，这么厚重，这么重要的一个单位，外来一个人在这儿的时候，来坐这个位置的时候，他自有自己的艰辛。但是我非常感激，从我来的那一天到现在，大家给了我巨大的支持。我 2005 年年底到位。实际上，我是 2006 年过完春节和我夫人一块儿正式过来的。我夫人现在在外事处，她是搞英语的。就是这样简简单单，黑龙江我没有一个亲戚，整个东北我没有一个亲戚。(**张宜：** 您现在是校长助理。)是，校长助理。反正现在头衔吧，兼得不少，校长助理、《外语学刊》主编、博士后流动站的站长、中国俄语教学研究会的副会长、外语教学指导委员会俄语分会的副主任委员、省译协的副会长、省东欧俄罗斯协会的副会长、全国语言与符号学研究会的副会长①。（笑）

(**张宜：** 您的学术荣誉很多啊！特别是今年我看网上有消息说您 4 月 18 号荣获了普希金奖章。)普希金奖章，实际上是去年 10 月份，经过国际教师联合会，他们叫作秘密投票，实际上就无记名投票吧，已经获得通过。今年 4 月份在上海举行会议的时候，又隆重搞了颁奖仪式。这是一个国际荣誉奖。(**张宜：** 它是对一个学者学术的肯定。)对。学术水平"首当其冲"，第二个看你在推动俄语教育事业的发展方面所做的贡献，大概主要是这两点。(**张宜：** 像是获得了诺贝尔奖的感觉。黑

---

① 1994 年 5 月 18—20 日，全国首届"语言与符号学研讨会"在苏州大学成功举办。北京大学的胡壮麟教授任中国语言与符号学研究会首任会长，直到 2016 年 83 岁高龄之时改为荣誉会长。经过选举，与会全体成员同意王铭玉教授当选为中国语言与符号学研究会的第二任会长。

大也没有几位老师得过这个奖吧。)黑大还是有几位老前辈获得了此项殊荣,他们是李锡胤、华邵、张家骅、金亚娜,说起来我们现在有五位了,就一个学校而言,这在全国是最多的。但大多数都是老一辈学者。去年10月份当我知道这个消息的时候,高兴不高兴呢?肯定高兴。但是我没对任何人讲,连学校也不知道。为什么呢,之前获此殊荣者都是前辈,都是老前辈,他们都是一辈子都奉献这儿了,获此殊荣是应该的。我心想,从我自己来说,我主观是很努力的,但是从年龄说呢(我认为,在一定程度上资历本身就是贡献),我还没到那分儿上,所以也有点诚惶诚恐。这跟你说句实在话。后来全国一颁奖,大家都知道了。很多朋友都埋怨我这么大的一件好事干吗不吭一声呢?我说没什么可吭声的。我老觉得(荣誉)似乎来得有点儿早来得有点儿快,是这么一种感觉。(**张宜:** 王老师,到目前为止,您的人格魅力,已经深深地感染了我。)呵呵,那没有,没有。

(不过,话又说回来,)很多人因为行政事务缠身没有时间读书、教书和写书。但我始终坚持把自己的时间合理、有序地分配给读书、教书、写书和行政工作,力争几不误。我在大学各级行政工作岗位的十几年,恰恰是个人著述最丰的十几年。多年来,我一直坚持把白天的时间集中在做好教学和日常行政工作上,晚上8点以后的时间,就用来读书、写书,常常是忙到午夜后。对我说来忙里偷闲读书、写书,不是一种痛苦,而是一种快乐。每当在书店里看到自己出版的著作时,我都从内心感到十分欣慰:一生的时光没有虚度,一生的选择没有后悔!

张宜: 王老师,在您的工作与研究生涯中,什么事儿最令您高兴,什么事儿最令您沮丧呢?

王铭玉教授: 在教学过程中,当你培养出好学生时就是最高兴的时候。(**张宜:** 桃李满园的时候。)当你觉得学生犯了这样和那样的错误的时候,或者是出现这样或那样的问题的时候,真有沮丧之心。我在教学行当,一干就是这么多年。在洛外的时候,学校有铁的纪律要求。(我在外院一系做主任时)要我签字处分甚至开除一个学生,这是我最痛心的时候。他们所有的人都知道,在这个时候,是我心最软的时候。但是又必须要签的,因为军队的纪律是不可以违反的。(**张宜:** 铁的纪律。)他违反纪律了,打架了,他犯了其他方面不该犯的错误了,等等,那必须要做出处理。还有一个最令我痛心的事,有一个学生在毕业前五天被除名了。这个学员按计划已经有了工作单位。军队是计划经济嘛。就在打理背包,马上要走出校门的时候,他和一个女孩在一片小树林中谈恋爱。警通连战士上去斥责他,他火就上来了，拿个木棍就把警通连的人打晕了，鼻子缝了四针。必须要开除（这个学员）。你说要不要开除？绝对要开除。但是，太可惜了呀！痛心呀！是不是呀！其实，当老师，一见到好学生，他可能就忘记了一切。一见到有些学生（犯错误就感到）太可惜了，心里又闹心。我觉得这就是幸福时刻和闹心时刻。（笑）唉，有这么个分水岭吧。

张宜： 确实如此！这就是陶行知先生所说的"以学生之乐为乐，以学生之忧为忧，学生之休戚即我之休戚，学生之苦恼即我之苦恼"吧！王老师，您认为一个语言学家应该具备什么样的学术修养？

王铭玉教授： 我是一名高校教师，我职业生涯的主要内容都是围绕着教学。所以，对于你这个问题，我想从另外一个角度谈谈我个人的看法。你看过我的《为师的四个要素》①吧？韩愈曾说："师者，所以传道受业解惑也。"为人之师，首先要自正其身，要从师德、师学、师心、师情四个方面不断地充实自己、完善自己，只有这样，才能将自己的"道""业"传授于人，为别人解答疑惑、育人成才。其中，"师学"，是指教师的才智，它主要包括学习、学问、学力三个方面。我认为，一个语言学家的学术修养也应该包括学习、学问和学力三个方面。除了要终身学习之外，一个语言学家的学问主要有三个方面的内容：精深的专业知识——要对所教学科的基本结构有系统的把握，对本学科的理论体系起点和脉络有明晰的认识，对所讲授的知识内容有准确的阐述；要对自己主攻学科的全部内容及理论基础有较深的了解，要掌握自己特定的知识领域中的基本概念在量上的不断扩张和质上的不断丰富，及时把握本学科的最新研究动态。广博的相关学科知识——对一般的自然科学和社会科学知识有所了解，具有基本的审美能力，以启发引导学生、唤起学生创造未来的热情和信念；要系统全面地了解与本专业有关的各种新兴学科、边缘学科、中间学科、交叉学科的基本内容，及时汲取当代科技发展的新成果，跟上科学发展一体化的步伐。丰富的教育心理学和教学法知识——教师应熟练地掌握教育心理学知识，正确地选择教育内容和方法，进行最佳教育方案的设计和研究，减少盲目性，提高教学效果。现在很多院校师资的来源主要是硕士和博士研究生，他们虽都"懂"专业，但在上岗前却无任何"教"专业的理论与实践准备，唯一的依托就是"直觉"或"学"专业的经验，所以学习教学法就显得格外重要。每位老师要通过补课，学会"教法"，懂得"教研"，掌握"教艺"，努力向科学型的教师转变。

---

① 《为师的四个要素》，后来发表在《天津日报》2012年8月27日第10版。

一个教师的"学力"指的是他在学问上达到的程度、从事某学科工作的水平，属于能力素质范畴。作为高校教师，我很看重教师的"学力"，它是教师为完成教育教学任务所必须具有的实际本领，是四种业务工作能力的总和。加工能力——包括加工教材、书本和头脑中的知识的能力。这种能力的主旨在于对影响学生知识形成的各种资源进行正确的选择和价值判断，并根据教育目标要求和学生的发展特点，引进最具价值的东西，为学生成长创造条件。表达能力——是教师对知识的传输能力，它包括语言表达能力、课堂板书能力、多媒体演示能力以及自然得体的表情和仪态。教管能力——包括制定教育目标和计划，反馈与控制能力和教育能力。科研能力——比较理想的现代教师应当既会教学，又会科研。科学研究要求教师具有多种相关能力，诸如思维能力、阐释能力、论证能力等，善于发现问题、分析和解决问题，最终达到有所研究、有所创造。所以，你看，做一名称职的教师不容易，但是做一名合格的语言学家是不是也应具有这样的学术能力和学术修养啊！

张宜： 王老师，您讲得太好啦！您是怎样看待学术批评的？您的著作和您的观点受到过批评吗？批评者是什么人？

王铭玉教授： 要回答你的这个问题，就要说起来我的研究领域。可能是因为语言符号学的创建时间还不长，在中国的研究也是最近三四十年的事情，因此，到目前为止，我还没有听到或看到太多不同的声音。但是我这里可以给你讲一段小故事。（笑）

　　我记得当年我跟胡壮麟教授在谈到《现代语言符号学》的框架时，我们曾经有过一番交流。比如说，我用该书的第三、四、五编的主要内容，即篇章符号学研究、句层符号学研究和隐喻符号学研究对历史进行梳理，构建体系，打造基础，重点则放在了指导语言符号现象的层次分析上。胡壮麟教授显然注意到了这些，他说这样采取自上而下的路子反映了当代语言学研究中以语篇为本的思想。

　　胡壮麟教授认为从事符号学研究的学者们在承认开创现代符号学研究的两位先驱索绪尔和皮尔斯所作的贡献的同时，可能无法回避两位先驱者在理论上的截然对立，以至国内一些研究人员有时会为支持其中之一的观点而争论不休。可以这么说，我在建立自己的理论框架中，力图在索绪尔（F. de Saussure）和皮尔斯（C. Peirce）两者之间取得平衡。同时，我们在该书中关于表达和内容两个平面及实体和形式两个层次的论述是继承索绪尔的叶尔姆斯列夫（Louis Hjelmslev）的结构主义理论或形式主义理论，但我在书中的"语境"，如篇内语境、逻辑语境、篇外语境和认知语境及其形态又是典型的功能主义理论。也就是说我的观点是旗帜鲜明的，即符号的产生、理解和应用离不开人与社会，我没有回避这些对立，而是力图在新框架中整合这些对立，因此，胡壮麟教授说我"是一个大胆的创新者"。（笑）

胡壮麟教授还指出，"一方面在治学方面我们应该对事不对人，了解各种理论的优势和不足；一方面我们应该在符号学研究中推陈出新，加速学科研究的建设和发展"。这是学术界共同努力的方向。我觉得他说得特别棒。

对于我的一个观点，"语言符号的象似性问题对应于符号的任意性，象似性与任意性是语言符号性质的两极，在任意性与象似性之间存在着一个模糊渐进的中间区域，而并非除了象似性就是任意性"，胡壮麟教授认为我未能充分展开。胡壮麟教授指出亚里士多德逻辑中没有中间状态，然而这种中间状态确实是现实世界的一部分。这个包含中间状态的逻辑在数学上已得到证明，可解释各种复杂性现象。因此，处于许多社会、经济和政治研究的非此即彼的二元逻辑已不能包括和应对所有人类所处情境，不能回答和解决人类社会和世界中的许多问题。基于这个原因，研究人员的注意力已从20世纪兴起的学科交叉研究进入了超学科研究（transdisciplinarity）。超学科模式关注的是利用"学科间、跨学科和超越所有学科"的知识，求得知识和存在的统一，以了解当前世界。我们之所以在这里强调"内在居中逻辑"，在于长期以来符号学研究者只满足于在索绪尔和皮尔斯之间站队，很少考虑世界是复杂的，人对世界理解的过程也是复杂的。胡壮麟教授认为我们应当把注意力放在如何解决符号学研究中存在的复杂问题，才能取得成果，才能创新，才能前进。我对他对语言符号学研究成果所持的客观态度深表崇敬和赞同。

正是接受了胡老师的开导和建议，我现在一直在关注中国符号学的中间地带，即"语象合治"的问题。我认为，在广义符号家族中，有两类最基本的原型符号：一类是语符，即通常所说的语言符号，包括口语、文字或书写文本以及各种语言替代品如手势、代码等符号；另一类是象符，即以图像为代表的视觉符号，包括了实物符号和各种视觉技术符号。语/象符号是广义符号观研究的主要对象，它突破了传统上要么以语言的语符号为中心，要么以非语言的象符号为中心的狭义符号观的分治立场。

"语象合治"是我经过长期思考之后提出的一种符号意指方式，体现了一种中性符号观。"中性"或"中和"，在法国符号学家巴特看来意味着二元对立的解除，拿现代时尚的网络表情包为例，就是图像和语符的中性合治符号，它既不是图像又不是语言，但又具有语符（文字）和象符双重编码性质。因此，我们要用"合治观"来处理语符和象符的关系,简称"语象合治"。语象合治观点的提出①将会进一步提升中国符号学在世界学术界的地位,也被许多学者称为是"世界符号学发展的第三条路径"。目前,国内很多学术同仁都在围绕这一创新思想展开研究,我非常高兴中国学者为探索符号学的真谛迈出坚实的步伐,也期望着中国符号学为世界符号学的发展做出应有的贡献。

张宜: 王老师,作为全国语言与符号学研究会会长,您在语言符号学、普通语言学、功能语言学、外语教学论等领域成果丰硕,尤其是对语言符号学的研究更是居于国内前沿地位。您撰著的《语言符号学》②和《现代语言符号学》③已经成为国内符号学研习者案头必备的参考书。那么,您在语言符号学等方面的研究有哪些收获和突破?

王铭玉教授: 我在 1986 年硕士学习期间开始接触符号学,当时就有一个朦胧的想法——把语言学和符号学结合起来研究;1993 年博士毕业后就更加坚定了语言符号学的研究方向,并且依据可能的"学术生命"为自己制订了"四十年四阶段研究计划"。(笑)

概括地讲,第一个十年(奠基阶段 1993—2003 年)的任务是开设课程,举办全国性专题学术会议,完成基础之作《语言符号学》;第二个十年(普及提高阶段 2004—2013 年)的任务是在全国开展语言符号学的学术交流活动,培养硕士和博士团队,出版《符号学研究》④和《符号语言学》⑤文集,完成《现代语言符号学》重大课题研究;第三个十年(拓展阶段 2014—2023 年)的任务是展开语言符号学的跨域研究,可能要涉及翻译符号学、文字符号学、广告符号学、社会符号学、文化符号学、传播符号学等学科,主要目的是想从其他符号学交叉学科汲取营养,进一步丰富语言符号学本身;第四个十年(鼎立阶段 2024—2033 年)的任务是确立语言符号学的学科地位以及中国语言符号学在世界符号学界的地位。今天看来,我已按计划走完了第二个十年,制定的任务都得到了落实,在创建语言符号学的征途上又迈出了坚实的一步。

现代符号学思想有两个源头:一个是瑞士语言学家索绪尔,他对符号学的理解偏重符号的社会功能,用的术语是"semiology";另一个是美国逻辑学家皮尔斯,

---

① 参见王铭玉、孟华:《中国符号学发展的语象合治之路》,载《当代修辞学》2021 年第 4 期。

② 王铭玉:《语言符号学》,高等教育出版社 2004 年版。

③ 王铭玉等:《现代语言符号学》,商务印书馆 2013 年版。

④ 王铭玉、李经纬主编:《符号学研究》,军事谊文出版社 2001 年版。

⑤ 王铭玉、宋尧主编:《符号语言学》,上海外语教育出版社 2005 年版。

他偏重符号的逻辑功能，用的术语是"semiotics"。可以说，他们几乎于同一时期提出了"符号的科学"这一概念，被视为现代符号学的奠基人。简单说，符号学就是研究符号的科学。谈论语言符号学，首先要涉及符号学和语言学的关系问题。对此，学界看法也不一致。总体说来有3种观点：一种观点认为语言学从属于符号学，语言学只是符号学的一部分。另一种观点认为符号学从属于语言学。介于二者之间的观点则认为语言学和符号学是两个独立学科，各有其独立的研究范围。我有一篇关于符号学和语言学关系的文章①，你可以看看。

简而言之，语言符号学是一门交叉科学，它之所以能把语言学与符号学跨接起来，主要在于二者的自然联系。一方面，源自索绪尔的欧洲符号学传统一直强调语言学对符号学的影响。语言担当着其他符号系统解释者的角色。叶尔姆斯列夫认为，语言是一种能够翻译它以外的一切符号体系的符号体系；雅各布森（P. Jakobson）也强调语言在符号系统中的中心地位；俄罗斯符号学界的传统看法是将语言符号视为第一模式系统。另一方面，符号学作为一般认识论和方法论科学，对语言学也施加着毋庸置疑的影响。索绪尔的语言系统观、价值观、结构观等思想均源自其将语言视为一种符号系统这一理论出发点；莫里斯（C. W. Morris）对句法学、语义学、语用学符号学三部门的划分彻底改变了语言学传统问题的研究视角；符号学跨学科的本质特点促进了语言同人类生活其他现象的比较研究。符号学为语言学者将其他知识领域的素材，特别是民族学、文学、考古学等与文化相关的材料纳入研究的跨学科态度提供了坚实的理论基础。我们可以这样认为，语言学是以人类语言为研究对象的学科，探索范围包括语言的性质、功能、结构、运用和历史发展，被普遍定义为对语言的一种科学化、系统化的理论研究。而语言符号学的研究对象有二：一是把语言当作一种特殊的符号来研究，二是用符号学的思想来探究语言学本身。

至于说突破，我是这样认为的，语言符号学在我国的成功建构代表着符号学的重要发展方向，是符号学与语言学内在发展的必然诉求，极大地推进了语言学作为一门领先科学的发展。近年来，我一直还在倡导推进国内翻译符号学的发展。可以说，语言符号学目前已经建构了比较科学的研究对象、研究框架、研究方法，形成了较为完备的研究理论，对语言的层级本体进行了研究，如语素符号层、词汇符号层、句子符号层、篇章符号层等。语言符号学把语言作为符号，即把"语言符号"作

---

① 指《从符号学看语言符号学》，载《解放军外国语学院学报》2004年第1期。

为对象进行研究,因为语言符号是所有符号中最复杂、最典型、最完善的系统,是所有其他符号系统的母版。一定程度上,我们可以把语言符号系统视为元符号系统。

翻译符号学目前处于萌发阶段,与语言符号学一样归属于符号学,但是翻译符号学的核心是研究符号转换过程,而其中最重要的是语言符号系统的转换。因此,有理由认为,语言符号学理论与翻译符号学学科建构会有极大的关联,甚至可以在其中发挥基础和支柱作用。由此来看,研究翻译符号学首先可以推进对语言符号转换问题的研究,同时将视阈延展至非语言符号之间,以及语言符号与非语言符号之间的转换问题;前者可以算作是对语言符号学的推进,后者属于新开辟的符号学应用领域,这对于中国符号学的本土化以及普通符号学理论的丰富和发展都具有推进作用。

张宜: 您认为您对语言符号学方面的主要贡献有哪些? 在您的成果中,您本人最看重哪一种或几种? 学界对它(们)的评价与您的看法一致吗?

王铭玉教授: 我是中国改革开放后接受了国内比较系统的高等教育而成长起来的一名学者。四十多年的职业生涯基本上都没有离开所从事的语言本体研究和语言教学研究。我先后攻读了学士、硕士和博士学位,并从一名助教、讲师开始,两次破格晋升,成为了副教授、教授。2000 年起担任博导,2004 年成为博士后合作导师,曾经担任全国重要外语学术期刊《解放军外国语学院学报》副主编和《外语学刊》主编等。四十年来,我在语言符号学、普通语言学、功能语言学、外语教学论等方向不敢说有所造诣,但是笔耕不辍。(笑)我在《人民日报》《光明日报》《中国社会科学》《外语教学与研究》等重要报纸刊物公开发表论文 130 余篇,出版 50 部专著、译著和教材。我自己比较看重的成果是《语言符号学》《现代语言符号学》《符号学论略》①《符号学思想论》②《功能语言学》③《新编外语教学论》④《"一带一路"建设亟需构建语言战略》⑤等。我还先后完成省部级以上课题 13 项,3 次获得国家社会科学基金重点项目。这里跟你简单说说其中引起学界高度关注的 4 个成果吧。

第一本是 2004 年由高等教育出版社出版的《语言符号学》,这是国内第一本语言符号学专著并被纳入首批"中国外语知名学者文库"之中。书中提出的"建立语

① 《符号学论略》,北京大学出版社 2021 年版。
② 王铭玉等:《符号学思想论》,商务印书馆 2021 年版。
③ 王铭玉、于鑫编:《功能语言学》,上海外语教育出版社 2007 年版。
④ 王铭玉主编:《新编外语教学论》,上海外语教育出版社 2008 年版。
⑤ 《"一带一路"建设亟需构建语言战略》,载《中央编译局要报》2016 年 9 月 26 日。2016 年 10 月 15 日获得国家领导人批示。

言符号学"的思想以及"语言符号关系说""语言符号的层级构建""语言符号的意义""语言符号的可逆性"等观点,得到了众多语言学家的赞赏,认为很有新意。专著出版后不到两年的时间,出版社已五次印刷。鉴于该书的良好口碑及学术影响,2015 年和 2017 年,该书由北京大学出版社以两种版本(通用版和简写版)出版,2018 年该书获得了国家社科基金中华学术外译(英译)项目,由德国施普林格出版集团向全世界出版发行。该书是教育部 1999—2000 年度"研究生教学用书"遴选推荐书目之一,它填补了我国研究生教材,特别是外语专业教材(语言符号学)的一个空白。

第二本是 2008 年由上海外语教育出版社出版的《新编外语教学论》,这是结合多年外语教学实践提出的教学创新之论,此书融理论与实践于一身,把教学理论、教学艺术、语言学知识、现代教育技术和网络技术、科研知识等有机结合起来,真正起到了对外语学习者和工作者进行"完形教育"和"素质教育"的作用。媒体评论,该书的出版为进一步推进外语教育改革提供了理论依据,为 21 世纪培养高素质的优秀人才提供了实践指导。

第三个成果是由我主编的系列丛书《当代中国俄语名家学术文库》①,由黑龙江大学出版社分两批出版(共 20 本)。策划和主编这套学术丛书的初衷曾打动了很多学者,因为入选这套学术丛书的专家是新中国培养出来的俄语名家,数十年献身于中国的俄语教学和科学研究,他们融入了历史,也创造了灿烂的俄语人生。对其学术思想梳理出版,不仅是当下学术思想传播的需要,也是学术精华传承的需要,从某种意义上说,更是一种抢救人类非物质文化财富的学术义举(非常遗憾的是,这套书近一半的作者现已过世)。正是由于学术价值和历史价值,这套图书 2010 年获得国家"中华优秀出版物奖提名奖",2011 年又获得第二届"中国出版政府奖图书提名奖"殊荣。

第四本书是《现代语言符号学》,由商务印书馆于 2013 年出版。它是对《语言符号学》的进一步发展与完善,构成了后者的姊妹篇,是对世界符号学的一个新的贡献。该书全面回顾了现代语言符号学的思想渊源,论及最能代表符号学观点的

---

① 《当代中国俄语名家学术文库》(第一辑),黑龙江大学出版社 2007 年版,共计 11 册(《丁昕集》《王福祥集》《华劭集》《李锡胤集》《吴贻翼集》《张会森集》《信德麟集》《俞约法集》《赵云中集》《倪波集》《徐翁宇集》)。《当代中国俄语名家学术文库》(第二辑),黑龙江大学出版社 2010 年版,共计 9 册(《任光宣集》《吴克礼集》《肖敏集》《余一中集》《张家骅集》《郑述谱集》《张建华集》《白春仁集》《金亚娜集》)。《文库》的各位作者均是新中国培养出来的俄语名家,数十年献身于中国俄语教学与科学研究事业。《文库》既反映了新中国第一代俄语学者广阔的研究视野和深厚的学术功底,也系统展现了 20 世纪我国俄语研究的风雨历程。

理论思想,如符号系统观与语言符号观、符号的三位一体与分类、符号学的三个世界与论域类型、符号的二元分析与多元解读、符号的代码理论及生产理论、符号的功能系统与双向模式、符号的性质及对话理论、模式系统与符号域等。除了历史梳理,还立足语言层级思想,分别以篇章符号学研究、句子符号学研究、隐喻符号学研究展开了自上而下的研究探索,从符号学视角解读语言的本体,真正实现了用符号学的观点和方法对语言的研究,为语言符号学从学理上找到了本体论的依托。胡壮麟教授和张德禄教授对这本专著都给予了很高的评价。一致认为该研究在语言符号学理论方面做出了卓有成效的成就,具有较大的创新性,在一定程度上填补了国内外语言符号学研究方面的空白。

张宜: 您在语言符号学的研究方面取得了很多令人瞩目的重要成就。王老师,中国作为符号学大国如何融入世界? 如何获得应有的学术话语权? 如何为世界符号学做出我们的贡献?

王铭玉教授: 简而言之,中国的符号学的理论依归①有十三个独具中国特色、占有得天独厚优势、其他国家和地区难以比拟的符号学领域,它们是:易学符号学、名学符号学、训诂学符号学、汉字符号学、《文心雕龙》符号学、佛教哲学符号学、术数符号学、典故符号学、古典文学符号学、艺术符号学、音韵符号学、人类符号学、马克思主义符号学。你注意到了吗? 我把马克思主义的唯物辩证法放在最后——第十三个。我想说这是我最后找到的最有效的方法。马克思主义与符号学的关系表现在方法论上,即从马克思主义基本理论方法的历史性维度出发,可以对结构主义符号学共时性方法进行理性的审视或颠覆性的消解。同时,通过对符号学实践差异性以及符号批判对象及关系的辨析和梳理,可以扩展马克思主义批判理论研究的视野,丰富马克思主义符号学的发展。这十三个符号学领域是中国符号学的底牌,也是中国符号学的希望。那么,针对你刚才提到的三个问题,我再谈谈中国符号学应有的学术精神吧。

一是借鉴与创新相结合的符号学态度;二是对话与交锋的自立方式;三是适合东方思想的"合治"观念;四是探索意义的符号化过程;五是崇尚大符号概念;六是注重意指方式的取向。概括起来说就是我们要建立正确的符号学观。要在借鉴西方的同时,坚持创造性地为我所用的原则,学会用符号学的前沿理论来解决中国符号学的问题,推进符号学的本土化进程;要善于挖掘、探索,勇于创建具有中国特色

---

① 参见《中国符号学的理论依归和学术精神》,载《天津外国语大学学报》2016 年第 1 期。

的符号学理论。同时,中西符号学应展开对话,在中西对话中建构中国自己的符号学理论,中国符号学要善于用自己的表现方式与现代符号学理论展开全面的思想交锋。中华文化的特质需要一种"合治"的符号学学术观,借此可以彰显中国符号学的主体尊严和人文精神。符号化过程就是意义的生命过程,从符号学过程的视角来看待中国的符号学可以起到及时的纠偏功能。此外,中国的符号学研究应该尊崇"大符号"概念,也就是说用大符号的概念来解决中国传统符号学的问题,这样有助于让中国传统符号学的全部资源纳入世界符号学的视野之中,凸显中国符号学研究的特色。中国传统符号学拥有独特的符号意指方式,可以在世界符号学之列彰显出中国符号学的魅力与优势。以上这十三个方面的理论依归和六个方面的学术精神就是当下中国符号学的发展进路,如果说我们在过去仅仅用了三十年的时间就赶上了国际研究潮流,使得符号学在中国迅速兴起成为一门显学,我相信,中国符号学必定会逐渐壮大,真正跻身符号学"第四大王国"(一般认为,法国、苏俄、美国被认为是符号学的三大王国)。

张宜: 王老师,作为一名外语教育专家,能否请您谈谈您对中国俄语教育与研究的看法,谈谈对外语教材的评价?

王铭玉教授: 过后,我给你几篇文章,是我写的有关中国俄语教育的历史、现状和发展方略的文章①。在那些文章里,你所提到的几个问题基本上都涵盖了。这些文章你可以以任何方式采用,任何方式处理都行。关于教材,我可以简单谈一些看法。一会儿你走的时候我可以送你两本书,一本是我的专著《语言符号学》,一本是《新编外语教学论》②。外语教材,理念要更新。为什么?你一定要注意,在当代,我们教师的位置和学生的位置究竟是什么。我们知道,在教育史上,曾经一度是教师占据主体地位。教师可以占有全部课堂。后来的时候,出来了一种偏执的说法,把学生视为绝对的主体,完全把教师给抛开。这种思想和"文化大革命"的"极左"思潮是有关系的。后来出现了一种新的理念,实际上就是我们目前的教学理念:学生是主体,教师是主导。这个地位,这个理念,是必须要树立的。有了这个理念的时候,我们的教材才跟着编。你编的这个教材是利于学生学的,还是利于老师教的。这是我觉得第一点要思考的。既然是学生为主体,就要一切围绕学生来。你不能是

---

① 指《刍议中国俄语教学的发展》,载《中国俄语教学》2006 年第 1 期;《新时期中国俄语语言学研究:现状分析与趋势展望》,载《外语与外语教学》2007 年第 10 期;《谈中国俄语研究生教育的发展》,载《中国俄语教学》2009 年第 1 期。
② 王铭玉主编:《新编外语教学论》,上海外语教育出版社 2008 年版。

以教师为中心了。教师一切围着学生的时候,你是在引领他的。所以说编教材的时候,出发点只能是:一切为学生如何能学好,教师如何能引领好。这是第一点,我觉得这是很关键的第一点。第二点就是,我们学习外语究竟是学它的语言还是学习他的言语。这又牵涉索绪尔的理论了。因为我们以前是把言语作为语言来看。今天在我们的现实教学中,应该是言语为先的。言语就是应该把 communication 放在首位了。交际第一,就应该充分落实,编教材的时候,一切为了说,一切为了学生学以致用。我不反对教材的教养作用。比如说,我们过去曾经的做法,在精读里头,一定要体现普希金的诗,莱蒙托夫、托尔斯泰等伟人的作品。但学生学过之后,有几个能在现实中间投入使用的。语言全是古老的语言,怎么用呢?应该开专门的语言文学文化课,把它作为文学欣赏、文学鉴赏,提高他们文学素养。精读课,就是教给学生如何学,学完如何学以致用。实际上就是倡导从语言向言语的转变,即从我们交际的角度出发。第三就是要从建构主义出发。什么叫建构主义?建构主义就是摒弃以前老师灌学生的做法。现在是我们给学生提供一个场景,提供一种空间,让他在这空间里头,利用他既有知识,用我们说的叫同化和顺化的方法。建构主义提供了两点核心,一个就叫作同化。什么叫同化?当我学到这个知识,我以前知识库里有,用我已有知识同化这个,就把它自然而然理解了。这是一种。第二个是我知识库存不够了,当遇到了一个新现象,怎么办呢?要想方设法改造我既有的东西,来顺从这个,叫顺化。但是两个的前提都是去营造一个、建构一个空间,让学生自己去悟。老师的作用是什么?老师的作用还是引导,还是主导。所以我就觉得,我们在编教材的时候,这些理念的东西太关键了。第四点,教材一定要体现时代性。我们以前过多地提倡经典性了。经典性可以有,但是不能占太多,一定要体现时代性。要和时代最新的语言现象,要和时代最新的语言情境结合起来。让学生读完之后,马上感受我是这个时代的人。现在很多俄语教材里边,苏联的很多东西占了半壁江山。当学生读完之后,一到俄罗斯,满目都不是先前的情形,甚至见不到一点痕迹了。这不是一种失败吗?所以说好的教材应该让学生读完之后,感到自己是个时代人。我认为,教材恐怕要有这几点体现。至于说到系统性啊,逻辑性啊,这是编教材的最基本的东西。

外语教学改革是一个系统工程。真正触动教育改革的时候,必须是理念,必须理念在先。比如,我写的《外语教学论》①《新编外语教学论》等书在全国高校广泛

---

① 王铭玉、贾梁豫主编:《外语教学论:教研教学教艺》,安徽人民出版社 1999 年版。

使用,就是我能及时把国内外的教改成果以及学科最新前沿知识引入教学,用于学生综合素质和能力培养,(因此)教学效果十分显著。近些年来我还特别关注新时代条件下的课程建设,注重运用现代信息技术手段辅助教学,由我领衔创制的大型慕课《世界跨文化交流》涉及15个语种和16个国家的独特文化,目前该课程成为国内的远程教学名课,也被评为国家首批一流课程,在国内多家慕课平台热播。教育部提倡"以本为本",推进"四个回归",课程应秉持"三有"原则,即有深度、有难度、有挑战度,我是非常赞同的,也是自己一直坚持的原则。学生说我的课是"名副其实的金课"(可能言过其实),但一个实际情况却是令我感到欣慰,我所承担的全校公选通开课程场场爆满,选课人数时常突破教室最大容量(200人)。

张宜: 您既是外语教学改革的倡导者,又是践行者啊!在改革的同时,我们还应该注意什么?

王铭玉教授: 首先一点是,语言是工具还是科学。(**张宜:** 就是您一开始说的。)对!其实这是很关键的一点。现在有很多人纯粹把语言当作一个小拐棍,这对专业俄语来说是一种亵渎。如果是(修读)大(学)外(语)的时候,多多少少有点接近。如果是专业外语来说是一种亵渎,将来糟蹋这批人了。所以我认为,教改的时候,我们脑子里这根弦应该有。第二点是外语教育的改革不单单是外语的。今天既然提到了创新教育、素质教育,那就应该是一个多元化的改革。第三点是现代化的教育改革一定和现代化的教学手段结合起来。现在在高校中,有一些老师是惧怕现代化的。我认为计算机永远是辅助教学,但即使是辅助,它也是一种最有效的教学手段之一。虽说它永远不可能代替人,但是必须是辅助人的。我们必须把现代化的教学手段……(**张宜:** 利用好。)对,现代化的教学理念,现代化的教学手段,要利用好它,要引进课堂,我们要勇于拥抱新技术,要勇于迎接数字革命。第四,我觉得目前我们的管理体制有很多问题。第五就是我们的课程设置。课程设置实际上和理念的东西都很有关系。我觉得现在有很多很乱的东西。一说素质教育的时候,把什么东西都要塞给它。实际上是浪费了学生的青春。我说得可能严重了。你比如说,现在把精读课只开到三年级,四年级就不开精读了。这是一个极大的错误呀!学外语就像俄语,零起点五年都不够的,现在三年。英语呢,大家从小学到中学一直在学的。俄语呢,很多是零起点。零起点的时候,你到了四年级就给掐掉了。你培养个啥样水平?一刀切,而且现在形式大于内容,五花八门。你说我对素质怎么了解的,我说素质绝对不是你开那么多课。素质是当一个人学完知识、掌握知识,并把知识融化在血液中的结果,那叫素质积淀。比如,一人落水了,有看的,有人喊的,有人打 110 的,有人是脱衣服下去救人的,有人忘记脱衣服就跳下去了,有的不会游泳甚至就下去的,这时候谁都没闪念啥东西。这个时候就是你素质的体现时刻。为什么呢?你把你所有的一切教育这时候都忘掉,但是成为你血液中的,内部中的一种动力,你就完成了,内化了,这就是你的素质。如果谁素质是搁在嘴上的,你永远达不到高素质标准。我经常跟学生讲,我反对一天到晚读书的人,你们一定要解放自己,既要读书又要生活。人生如果要能把读书和生活结合起来,那是一个很高的境界。新时代的大学生应该拥有五彩缤纷的生活,让你们唱歌你们就能唱,让你们跳就能跳,让你们运动就能运动起来,让你们交流就能交流,让你们演讲就能演讲,让你们登台你们就能登台,这就是一个现代的大学生的素质养成吧。

张宜: 王老师,您都有什么业余爱好呢?

王铭玉教授: 我爱好体育。我最早是打篮球的,因为身高在这儿摆着。后来改打网球。现在主要是打乒乓球,有时也去健身房运动运动。我非常喜欢收看体育节目。体育节目、中央五台、中央 5+是我锁定的频道。(**张宜:** 您夫人不生气吗?)(笑)她都知道。我们家安了四台电视,客厅一个,餐厅一个,书房一个,卧室一个。我喜欢晚上在书房工作的时候,电视是打开的,声音小一点,什么时候有好的(节目)就看一看。要么看体育节目,要么看俄文台。电视就在那开着,有好内容什么的,我就听一听、看一看。其他时候我就在工作,这已经形成习惯了。(笑)

张宜: 今天太感谢王老师了,让您受累了!现在时候也不早了,就谈到这儿吧。感谢您挤出时间接受我的访谈。

王铭玉教授: 好的好的,不用客气!

顾钢访谈录

受　访　者：顾钢教授

访　谈　者：张　宜

整理/注释：张　宜

地　　　点：天津师范大学图书馆馆长室

时　　　间：2017 年 4 月 21 日，下午 2:00—4:30

张宜： 今天是 2017 年 4 月 21 日，现在是下午 2:00。我现在是在天津师范大学图书馆的馆长室。我今天要访谈的是顾钢教授，主题是生成句法学、儿童语言习得、语言测试。顾老师好！首先想要请您谈一谈您是怎样走上语言学研究道路的，您为什么会从事语言学的研究？

顾钢教授： 这得从我的本科谈起。我本科报考的是英语专业。在整个学习英语的过程中，我一直对语法特别感兴趣，发现如果语法不过硬，写出来的英文总容易出错。当时我们的语法课老师叫张克礼，是位很有名的教授。我印象特别深刻的是他给我们上的第一堂课。张老师在黑板上写了几个句子，然后让我们判断这几个句子的对错。尽管猜对的概率是 50%，但我们几乎都猜错了。这次课让我感觉到，英语语法真是很微妙。比如说冠词，中文里没有这种东西，所以中国人很难掌握英语冠词的用法。张老师告诉我们冠词是怎么回事儿，为什么要这样用，他讲了好多道理。他的语法课引起了我极大的兴趣。我想将来要能把语法学到张老师这

* 访谈者张宜根据近年来顾钢教授的学术成果、学术活动和学界评价等资料对初稿做了一些必要的增补。这次公开出版的内容经顾钢教授审阅认可。

个程度就好了。他还发表过论文纠正张道真语法书里的错误①。张道真老师不是有本书嘛——《实用英语语法》②，当时全国都用那本书。张克礼老师做研究特别扎实。他跟张道真老师商榷时用了大量语料，都是从原版英文语法书或者其他原版英文书中摘引的句子。我们外语系有自己的资料室，资料很全，现在也是天津师大仅有的两个特色资料室之一。学校图书馆的外语类图书基本都存放在外语系资料室。我曾发现资料室里几乎所有英语语法书的借书卡上都有张老师的借阅记录。他的治学精神对我一直有潜移默化的影响。

张宜： 您是不是高中的时候英语就比较好？

顾钢教授： 我没上过高中。我是 1975 年的初中毕业生。英语基本上是自学的。

（**张宜：** 自学英语？我觉得您很年轻啊，应该上过高中吧？）我 1958 年出生，不年轻了，明年都该退休了。（笑）（**张宜：** 今天上午我在南开访谈李兵教授时我们还谈起您，李教授说您应该是 60 后呢。）我是 1958 年 9 月 10 号出生的。教师节是 9 月 10 号。（笑）这一天恰好还是我们的校庆日，天津师大是 1958 年 9 月 10 号建校。（**张宜：** 太有意义了！）对。（笑）所以我这生日忘不了，大家过教师节就是给我过生日了。（笑）我一生下来就注定要在天津师大当老师了。

我 1975 年初中毕业，还在"文革"期间，"文革"是 1976 年结束的。初中毕业后我面临两个选择：上高中还是上技校？我有上大学的理想，但当时只有工农兵才能上大学，就是从工农兵中选拔表现好的上大学。所以，我想就先当工人，好好表现，争取能被选送上大学。我从小学到中学学习一直都不错，很想多学点东西，但苦于"文革"期间没有好的学习环境。幸亏遇到我们初中英语老师。他是印尼华侨，姓苏。他给我们上课时，全班 60 多个同学没几个人听。坐在后边的同学干什么的都有。老师不敢管，那时候要破除师道尊严，老师管学生会受到批判。苏老师就给坐在前排的几个同学讲。我坐在第一排，因为我比较喜欢英语。苏老师挺栽培我的，经常让我做高年级的英语卷子，使我对英语更感兴趣了，不过也就是初中学的那一点儿。最后我选择上了个印刷技校，毕业后进了印刷厂。（**张宜：** 那时您很小啊！）上技校时 17 岁。

技校上了两年。在印刷技校我们的主要课程是数理化，尤其是化学，因为与油墨、造纸相关的知识我们都要掌握，还要学机械制图和机械维修。所以，总体来说，

---

① 参见张克礼《向〈实用英语语法〉作者请教》，载《外语学刊》1984 年第 1 期。

② 张道真编著：《实用英语语法》，商务印书馆 1958 年版，1963 年修订本，1979 年第二次修订本，1992 年第三次修订本；外语教学与研究出版社 1995 年版。

我是理科背景。我们干活的印刷机不是一般人印象中那种手推式的,而是近两米多高的大型印刷机,干活时要爬上爬下,老师傅如果膝盖不好就得靠我们年轻人了。技校毕业后,我进工厂当了一线工人。(**张宜:** 那是什么厂子啊?)天津人民印刷厂,那时名气很大,现在叫天津环球磁卡集团有限公司,是个上市公司。我在那儿当了三年一线工人,三班制。(**张宜:** 倒班。)对,早班中班晚班。

尽管当了工人,但我上大学的理想没变。(**张宜:** 那个时候是不是就改革开放了呀?)1977 年恢复了高考,我是 1977 年技校毕业,当时规定工作两年之后才能参加高考。准备高考的过程中,因为我是三班倒,对我上高考补习班很不利。我上的补习班每天晚上七点上课,但下午两点到晚上十点我上中班,正好跟补习班上课时间冲突,每两周会有一周上不了课。(**张宜:** 对,学不全。)嗯。高中的课我在技校学了一些也不太深。1980 年那年参加高考的考生人数众多,录取率很低,很难考。通过分析,我觉得如果要想顺利考上大学,我就得考英语专业。为什么呢?进工厂后一般要学徒三年才出师,但我们上过技校的一毕业直接出师成为一级工。工厂里是八级工制。我准备考大学时已经是二级工了,变成车间骨干了,车间主任不愿意放我走。参加高考需要单位批准,单位不给开介绍信不能报名。车间主任找到我……(**张宜:** 让您踏实工作?)不是。他倒同意我报考,但对我说,如果考不上就别再准备了。他觉得我备考会影响工作,因为那时我已经带徒弟了。所以,我压力不小,觉得考英语专业把握最大。改革开放前,英语没什么人学,会英语的人不多。虽然好多人都在自学或者上补习班,但英语短时间不容易补出来。于是我决定发挥我的长处考英语专业。但实际上我原来的理想是考清华大学无线电系,因为我从小学开始就喜欢无线电了,那才是我的兴趣所在。(**张宜:** 您可以自己组装?)是的,我可以自己组装。我家电器坏了基本都是我自己修。

高考结束后,我们要在不知道成绩的情况下报志愿,这是第二个冒险。第一个冒险是考什么专业。刚才说过,我选了英语专业,觉得考英语专业成功的把握要大一点。可是,在不知道成绩的情况下报志愿,如果踩空照样没学上,单位不会让我再考,我就选了保险系数最大的师范学院,因为当年很多考生不愿意报师范学院。恰巧 1980 年那一年特别重视培养师资,天津师大被提到跟南开大学一个批次录取。(**张宜:** 先录这批人。)对。当时天津市好像有个规定,只要考生在几个志愿里报了天津师大,就先录到天津师大来。我们班好多同学虽然分数很高,第一志愿有报海关专业、国际关系学院等好专业和好学校的,但因为他们有个志愿报了天津师大,那时候叫天津师范学院,就都被我们学校录取了。所以,我们年级的同学高考入学分数普遍比较高。外语学院80级这批学生很出色,在工作中都是各单位的骨干,要么是年级组长或把关高三的教师,要么是教育局局长或教师进修学校校长。我是这样来到天津师大的,因为英语来到天津师大。

我在工厂的三年里一直坚持自学英语,因为我觉着英语肯定用得上。怎么自学的呢? 一个途径是听北京人民广播电台英语学习节目。那时没录音机,听完一遍以后,要等到下一个时段重播时才能再听一遍。另一个途径是自学中央广播电视大学英语专业课程,主讲老师叫屠蓓,我一直都记得她。我跟她通过信,请教问题。我跟着她学完了全套三册教材,一课不落,练习也都做了。这样持续了差不多三年。因为没录像机可用,看电视学英语也有时间冲突问题。每天上午十点开始播放英语课程,如果上早班就没法看。如果上夜班,晚上十点上班到第二天早上六点下班,回到家七点钟,吃完饭睡觉。上午十点开播英语课程,那时我正好入睡三个小时,睡得正香,我怕起不来,就弄了两个双铃闹钟,(**张宜:** 太辛苦了!)把我闹醒起来看电视,这样可以少损失一点。我坚持把那三册书都学完了。那几本教材和笔记现在我还都留着。(**张宜:** 虽然是自学,但是您学得还是很系统。)对。我的英语笔头没问题,不管是写作还是翻译都没大问题,但听说不行,因为看电视学英语没互动,老师教学又基本用中文,幸好当年高考不考英语听说。

恢复高考后,高中教学也恢复正常。我考进大学后,多数同学是高中应届毕业生,比我小四到五岁。天津有五所市重点中学,所谓"市五所",不少同学来自这些中学的高考班。(**张宜:** 层层选拔出来的。)我们班20个人里只有四个社会考生,纯粹一线工人出身的就我自己。一进这个专业我发现是全英文授课。第一个学期我几乎完全听不懂老师课上在讲什么。我只能听懂最简单的几句话,比如"Good morning!""Sit down please!"。我只好求助于我的同桌。他是塘沽一中应届毕业生,那也是天津最好的中学之一。我每次课后都要问他老师讲了什么、留了什么作业,天天跟他练习英语对话。那时候学校里训练英语听力用的录音机是像电视剧《潜伏》里边那种大转盘式的。(**张宜:** 磁带录音机。)每个班级只有一台,放在教室角落里,同学们要排班听录音。看到晚上同学们经常去进行文体活动,会有空档,我主动排晚上班,这样能多听一会儿。学校每周在礼堂放一次电影,可我大学四年基本没怎么去礼堂看过电影,都是利用同学的娱乐时间赶紧听录音。(**张宜:** 赶紧听,多听。)那种录音机比较麻烦,不像现在的录音机有复读功能。(**张宜:** 要倒带。)对,反复听的时候经常会把录音带倒断,拿胶纸贴上再接着听。差不多这样练了一年多,到大二期末,我的听力成绩才上来,听力考试考到了年级前几名。可以说,我有个优点就是比较能坚持。还有个优点就是我不甘于工作学习上比别人差,比较有上进心吧!(**张宜:** 您1984年本科毕业紧接着又读了硕士吗?)对,还是在天津师大。(**张宜:** 那时候硕士也很难考啊!)对。我记得我们年级大约有十个同学参加了考研,但有名额限制,应届生只有两个录取名额,最后我跟另外一个同学考上了。(**张宜:** 太难了!)

本科大四选择毕业论文题目时,我选了关于英语定语的题目,论文指导教师叫王嘉龄。(**张宜:** 宁春岩老师提过,今天上午李兵老师也提了,他是搞音系学的。)对,也非常有名。王老师曾经和王占梅老师(外语学院首任院长)在商务印书馆合作出版过一本《英语非谓语动词》①,是商务出版的名著之一。大三时,王老师教我们"语言学导论"。王老师是形式语言学派的,用的是形式语言学的教材。他把句子结构画成树,用树形图分析句子的深层结构和表层结构,解释句子为什么会存在歧义。比如短语old man and woman,表层上看就是四个单词,但本族语人知道它有歧义,因为它有两个深层结构,一个是 old/man and woman,还有一个是 old man/and woman。我是理科背景,对这种运用逻辑分析和求证的抽象思维特别感兴趣。

我读的硕士专业叫"现代英语"(Modern English),包括文学、语言学、翻译三个方向。三年学制。我们这届一共六个人,研一上课不分方向,三个方向的课都要学。要学英国文学史、美国文学史、诗歌、小说等,而我本人对文学完全没兴趣,硬着头皮地把这些课学完了,虽然成绩还不错。这样学的好处是知识面比较宽,尤其做院长后,过去这些训练起了作用,比如对搞文学研究的教授们提出的问题我不会完全不懂。(**张宜:** 您都能抓起来。)到了研二下半年开始分方向,我选了语言学,导师还是王嘉龄老师。那时师资比较强,几位外教都具有语言学博士学位。现在没这种条件了,本科的外教经常仅仅是英语讲得好的外国人。(**张宜:** 对,他们干什么的都有。)他要是有本科学历已经不简单了,更别说博士学位了。现在硕士课也几乎请不到有博士学位的外教,最多请个短期的,或组织一个一两周的外教系列讲座而已。我们那个时候必修课的外教不但是博士,有的还是教授,讲文学课的那个外教不但是教授而且还是个诗人。我们跟外教学习各种理论,受益非常大。硕士论文选题时,我选了一个关于主题句的题目。主题句是什么意思呢?比方说一

① 王嘉龄、王占梅编著:《英语非谓语动词(修订本)》,商务印书馆1980年版。

般情况下,我们说"我喜欢这本书",但我们也说"这本书我喜欢","这本书"出现在句子主语"我"前面就成了主题。我 1984 年考上研究生,1987 年毕业后留校任教,和金永准老师一起负责教研究生公外,就是非英语专业研究生的英语课。金老师教听说,我教读写译,从 1987 年教到 1996 年,一共教了十年,然后就去香港中文大学攻读语言学博士学位了。(**张宜**: 那是为什么呢?)因为我一直都想继续深造。

(**张宜**: 您为什么选择香港呢?)选择香港是因为我想做关于中文和英文句法比较的基础研究。如果到美国读,有一个缺点就是在美国不太好拿语料,而且在美国时间长了语感会发生变化。香港基本属于华人社会,同时还是中西文化交汇处。此外,香港的语言学研究力量也很强,所以我就考到那儿了。我教研究生公外的十年中一直在为考博做准备。其实,如果只是为了要个博士头衔,我可以改个方向,比如说英语教育什么的,但我不想改,因为我觉得三年硕士读得辛苦,看了好多书。如果改方向,所有之前的时间就都浪费了。可那十年里一直没有特别合适的机会攻读语言学博士学位,我想就先准备着,等待机会的到来吧!

这十年中,我积极写论文,积极去开学术会。王嘉龄老师还鼓励我给研究生开句法课,这是很大胆的尝试,因为我当时只是个讲师。(**张宜**: 您还在此期间破格晋升了副教授①。)对。尽管一直在积极准备考博,但我知道本职工作是教学,对教学丝毫也不能懈怠。教学过程中我感到有很多东西需要学。比如,对于学生成绩的分析,我们平时一般都看平均分、总分等等,但这些分数并不能真正反映出学生之间的差异。为解决这个问题,我自学了教育统计,通过更准确的数据掌握学生的具体学习情况。之后我马上又发现一个新问题。教育统计的好多公式特别复杂,尽管有可以做复杂运算的计算器,但每一步计算都需要手工操作,很容易按错键,一按错就要重新来过,于是我决定用计算机替换计算器进行自动计算。计算机在 20 世纪 90 年代初算是奢侈品,我用四千多块钱买了一台二手计算机,处理器是 286 的。(**张宜**: 当时那是好贵啊!)嗯,非常奢侈!我那时工资才几十块钱,但我还是下决心买了一台。我大概是外语系最早拥有计算机的老师之一,又是最后更换黑白电视机的老师之一。我记得几乎是系里所有老师都已经换了彩电,买了音响,我才换掉家里那台 12 寸的黑白电视机。说到这件事,我很感谢我太太,这方面她非常支持我,我们结婚时候只有一台黑白电视机。(**张宜**: 您把时间和精力都放在学术研究上了。)

我下本钱买的这台计算机确实给我提供了便利,很多研究成果都是通过这台

---

① 顾钢教授 1993 年因英语教学和科研成绩突出而成为天津市外语类首位破格晋升的副教授。

计算机做出来的。起初，最大的困难是没有 Excel 那样现成的统计软件，更无法像现在这样可以从网上下载软件，那时国内还无互联网可用。所以，如果要让计算机为我干活儿，我得会自己编程序才行，我就又自学了 BASIC 语言，然后用 BASIC 语言写了个统计程序。写完程序还要编译，反复试错，反复修改。我写程序的草稿纸得有这么高！（顾老师用手势示意我。）（**张宜：** 天哪！）是啊！终于搞定一切后，我只要把分数输进计算机，启动程序，我就能看到回归因子是怎样的，标准离差是多少，等等。那十年花了好多时间都在忙活这个，但最后还是很有成效的。通过计算机辅助教学，我培养的学生进步都很大。在这十年里我还自学了语言测试，因为我觉得评价系统对如实反映学生学习水平很重要，包括考试分数解读和考卷设计。（**张宜：** 您的自学能力很强！）总之，我自学了三样东西：教育统计、计算机编程、语言测试，把教学、统计、测试结合起来了。我也经常参加这三个方面的学术会议，甚至教过一段时间研究生的语言测试课，因为外语学院当时没人能教这门课。（**张宜：** 外语学院很少有人能教测试。）

按学校规定，我教的研究生要考大学英语四级和六级。他们从九月入学到转年六月考试，中间实际只有八个多月的学习时间。40 多位研究生的英语水平严重参差不齐，教学很有难度。为了提高教学效率，我在教学上不断创新。比如说，我在泛读课上用的教材是组合起来的，就是我在计算机的帮助下，根据难易梯度去选择教材，这个系列里选一本，那个系列里选一本，而不是随便拿来一套教材就用，因为某套教材整体上可能并不适合我的学生，我必须要拼出一套适合他们的教材，才能取得最好的教学效果。最后，学生们的四六级考试通过率很不错。我还把教学资料整理好，编撰了一个学习手册。（**张宜：** 完全都是您自发的吗？）都是自发的。编手册时遇到一个问题，为便于使用，手册的页面应该是 16 开的，但过去都是针式打印机，需要用 8 开的纸，只能纵向打印，不能形成横向 16 开的页面。（顾老师给我演示打印过程。）我就编了个打印程序，让打印机能在 8 开的纸上横向打印，打印后一对折就可以装订成一本 16 开的手册。（**张宜：** 等于您自己都编好了，把排版也都做好了。）对。后来这个打印程序也被推广到学院里了。总而言之，我在教学上花了很多精力。1996 年我去香港读博之前，在金老师的帮助下，对教学经验和成果进行了总结，成功申报了天津市教学成果二等奖[①]，是当年天津市唯一的一个外语类二等奖。这是我留校后的第一个阶段。

---

① 顾钢教授的"非英语专业研究生英语（第一外语）教学"1996 年获天津市"优秀教学成果二等奖"。

留校工作期间，我一方面很努力地教学，另一方面语言学研究也丝毫没有放松。（**张宜：** 一边教学一边研究。）1992年我自费去新加坡参加了国际中国语言学学会（International Association of Chinese Linguistics，IACL）成立大会，也是IACL第一届年会。我有一篇论文被录用了，在会上宣读了论文。往返新加坡的机票很贵，差不多花了六七千块钱。我把工资基本都用于买专业书和开学术会了。留校任教第十年，我觉得好像基本上都教"空"了，一定要去充电了！

张宜： 那是不是这十年的岁月都是您走上语言学道路的初起阶段？

顾钢教授： 应该是。我的论文能被国际中国语言学会年会录用，说明我有一定基础，但水平还不够高。那时国内找资料很难，更没有什么国外资料，这也是我特别想出去读博的一个动因。（**张宜：** 您自费去新加坡参加学术会议的这次经历对您去香港中文大学读博也是一个促进。）肯定是啊！过去在书上看到过很多专家的名字，但没见过本人。我一直认为，学术会议是学界进行交流的重要场合。会议期间可以互相交换信息、交流看法，还可以认识一些专家，方便今后进一步交流，而且面对面谈话与写信交流是不一样的。

（**张宜：** 顾老师，那您到香港中文大学读博的时候导师是谁呢？）顾阳老师，很年轻的一位教授，刚从美国留学回来。香港中文大学的导师都很厉害，而导师的导师都是我们的专业领域中的领军人物。我通过这种学缘关系接触到不少顶尖学者，包括乔姆斯基这样的大人物。您访谈过的宁春岩老师和顾阳老师都是黄正德老师的学生，黄正德老师又是乔姆斯基的学生，可以说他深刻地领会了乔姆斯基的生成语法理论，是公认的汉语生成语言学创始人之一。大家也公认宁春岩老师、王嘉龄老师、徐烈炯老师把生成语言学引进大陆做出的很大贡献。徐老师特别平易近人，学术功底深厚，目光敏锐。王嘉龄老师跟徐老师和宁老师是非常好的朋友。我通过王老师认识了这两位老师。宁老师1987年在黑龙江大学组织了第二届生成语法国际研讨会。王老师带了我一起去参会，我当时正在读研三。印象中宁老师那时候40多岁，是国内生成语言学界的少壮派。研讨会很轰动，参会的有好几百人。王老师还让我给其中几个嘉宾做翻译，这样我就比较早地结识了这个领域里的同行。现在说来，我也算有一定资历了，但我的老师都比较低调，（笑）我也比较低调。

张宜： 顾老师，哪一个人、哪一本书或者是哪一件事对您现在从事学术研究影响最大？

顾钢教授： 首先是王嘉龄老师。他知识渊博，名气大但很低调，对我们要求特别严。他上课时，不允许我们迟到。他告诉我们，如果看见教室门已经关上，不要敲门进教室，那节课就不要上了。结果我们怕迟到，很早就到教室。我工作以后，也一直坚持王老师的做法，不接受任何理由的迟到，因此，不论是小班课，还是两百多人的大班课，学生都能提前到教室，个别迟到的同学也等到课间休息才进教室。这种做法既保证了课堂秩序和授课的完整性，也训练了学生的自律意识。本科阶段对我影响大的还有张克礼老师。前面说过，他对英语语法的钻研精神和研究水平让我非常敬佩。我给顾阳老师做过助教和助研，感受特别深的是她学术功底扎实，做学问一丝不苟，备课特别认真，成为我的榜样。宁老师对我影响也很大。（**张宜：** 或者是宁老师的个人魅力给您很深的印象。）我看到这么年轻的一个老师能操办这么大规模的会，请到的都是些大牌教授，跟他很熟识，真是不简单。他在学术上有拼命三郎的精神。听说那次会议刚一结束，他就进医院输液了。我知道宁老师在乔姆斯基那里访学过，在国内形式语言学界影响力很大。2008 年宁老师退休以后我把他请到天津师大担任语言研究所所长，指导我们的学科建设。2010 年乔姆斯基第一次，也是唯一一次到中国大陆来访问。我们天津师大在宁老师的带领下，跟北京大学、北京语言大学等几家重点大学一起联合举办了乔姆斯基演讲会，挺轰动的。（**张宜：** 宁老师他有号召力啊！）宁老师到我们学校后，一直全职在这儿工作，不像有的特聘教授只是点点卯，他是真投入。他是快 70 岁的人了，还跟学生摸爬滚打在一起。比方说学生出去搞田野调查，他也去，跟学生一样住在挺简陋的地方。他把学术完全视为生命中的一部分。我觉得对待学术就要这样。当学术变成你生命的一部分，你就不觉得它是负担了。现在对我们大搞科研考核，要求我们完成这个指标那个指标，特别压抑人的积极性。为指标去做研究跟从兴趣出发去做研究完全不一样。一个真正有学术追求的人是不用靠科研指标驱动的，对吧？所以说，咱们的科研管理体制存在一些问题。总而言之，这几位老师对我影响挺大的。

张宜： 顾老师，您在香港中大读了几年啊？您是 1996 年去的吧？

顾钢教授： 我读了五年，2001 年回来的。香港中大的研究生有 MA、MPhil、PhD 三个层级。MA 是一年制，MPhil（Master of Philosophy）是两年制，最上面是 PhD，三年制。我先读了两年 MPhil，一共五年。那五年真是读得非常辛苦。有大量的书要读，大量的作业要完成。五年内，中大校园我竟然都没走全。中文大学内地研究生会经常在周日组织出游,我一次也没参加过,把时间都用在学习上了,最终顺利地按时完成学业,拿到博士学位,而在中文大学延期毕业挺常见的。

张宜: 我很感兴趣,您在香港中文大学,您为什么又回来了?

顾钢教授: 好多人问我这问题。第一个原因是王嘉龄老师的期待。他当时是外语系主任。我去香港之前,他说希望我读完能回来。我快毕业时,他又给我写信说如果我不回来的话,学科就没合适的人选接班了。另一个原因是校领导的期待。我出去读书的那五年,校领导一直期待我毕业后能回来。我每次暑假回家探亲(香港冬天不冷,学校不放寒假),校领导都会请我吃一次饭,书记或校长肯定到场,其他校领导也都出席。五年来年年如此,我非常受感动。(**张宜:** 他们爱才。)他们是真心实意的。学校有一个"百名博士计划",想引进 100 个博士。2001 年的时候国内博士非常稀缺。2001 年我六月份该毕业了。四月份的一天,王桂林副校长专程飞到香港,在研究生宿舍的大堂等我。我那天晚上从图书馆回宿舍,看到王校长来了,很受感动,王校长说特别希望我能回师大。(**张宜:** 真是感情投资啊!)此外还有第三个原因,算是我的一个报恩情结吧。我特别不愿意看到母校发展滞后。在求学的五年内,我的论文署名单位一直是"天津师范大学",我从来不避讳自己是天津师大毕业的。换了别人可能会说是香港中大毕业的了。在香港中大读了五年书,说是香港中大毕业的,也没什么问题吧?但我觉得不能忘本。我明白我之所以能有这么好的基础去读博,跟我在天津师大受过的本科和硕士阶段的训练分不开,我不能接受完训练就把这儿给忘了,特别不愿意自己在外边逍遥,而天津师大这边的学科发展特别缺人。这话好多场合我都讲过。这儿又要提到我太太了。当时国内好多重点大学我都有机会去。(**张宜:** 您想上哪儿去就应该能上哪儿。)差不多。在这种情况下,从我太太的角度来说,她很希望我去名校,包括我父母都希望我去名校。我父亲是军事医学科学院的科学家,母亲是资深会计师。(**张宜:** 所以您也是属于知识分子家庭。您太太也是咱们学校的吗?)不是。她是外企公司的高管。(**张宜:** 那很难得呀!)对呀!(**张宜:** 工作条件和经济条件都非常好。)(笑)她不理解我为什么不选择到名校去。当然从她的角度来说,自己的先生如果在名校工作更有前途,而且会很有面子。我跟她说我有两个选择:一个是去名校,可这并不是我的初衷,但我可以为了你的愿望去名校。另一个选择是我回天津师大,这是我的初衷。我说你选吧!她说那还是选择你的初衷吧。实际上我也纠结了很长时间,因为毕竟名校的软件和硬件都是很诱人的。

张宜： 顾老师,您是义无反顾地带着母校情怀就回来了。这五年里虽然领导们都是感情投资,非常关心您、关怀您,那么,天津师大给了您什么样的科研环境和教学环境?您在这个环境里面又是怎么样处理教学和科研的关系的呢?

顾钢教授： 这个故事讲起来挺长的。(笑)我当时跟王校长说,如果回学校,我希望能做院长,按照我的理想做些事情。这里我要感谢前任院长赵立柱老师。我回来之前,王嘉龄老师到年龄已经卸任了,接任的是王占梅老师。他是一位研究美国文学的大专家,和王嘉龄老师一样,都是南开大学的高材生。他跟王嘉龄老师大概只差三四岁的样子,很快也到年龄卸任了。我们外语系是 1998 年改为学院的。王占梅老师是外国语学院的第一任院长,2000 年赵立柱老师接任院长。作为院长的赵老师积极地推动我回校工作。我 43 岁回来的。赵老师比我年长十岁,主动把自己刚当了一年的院长位置让出来。他说,让顾钢做院长吧,他年轻。我觉得他真是出于公心,令人敬佩。

我 2001 年 11 月开始担任院长。当院长后第一件事是向学校申请在外语学院建立教学特区。校领导很支持我搞这个试验。申请成立教学特区时有现场答辩,三个多小时啊,全体校领导加上相关处室领导都在场。经过一年多准备,2003 年学校批准我们成立教学特区,新华社曾做过报道。(**张宜：** 我看网上有报道,但是我很好奇这个特区"特"在哪儿呢?)所谓"教学特区",意味着我们学院享有充分的办学自主权,可以自设教学机构、自行聘任教师、自订教学计划、自主使用教学经费等。这种模式打破了传统的多级教学管理模式,可以更为合理有效地配置优质教育资源。特别重要的一个特点是严格用规章制度管理学院,这对学科的健康快速发展起到了非常重要的作用。我提议将"优质、高效、求新、务实"作为学院的宗旨。其实,这八个字也是我对待学习和工作的准则,即质量是根本,高效是保证,求新产生动力,务实拒绝浮夸。此外,我亲手草拟了学院内部 50 多个规章制度,其中好多内容借鉴了香港中文大学的做法,实现了规则化和职业化的管理,彻底摒弃了人治管理那种一事一议和不透明的决策弊端。比如我们的奖金条例明文规定,奖金分配的比例与岗位责任挂钩,不能大家均分搞平均主义。(**张宜：** 一切都是公开透明的。)包括按分数对出国进修人选进行排序的方法,都有明文规定。为了尽快提高学院的科研水平,在出国评分标准中给科研工作比较高的权重,同时也给教学工作较高的权重,每年一月份公布当年十个出国人选的排名,基本改变了把出国进修作为论资排辈福利的做法。(**张宜：** 量化管理。)对。

我参照国外的教授会制度提议设立了一个专家委员会,成为教学特区的另一个重要特色。《专家委员会条例》明确规定,专家委员会的组成人员必须是没有任何行政职务的教授,系室主任,甚至院长都不能进入专家委员会。例如,赵立柱老师就是从院长岗位上退下来后受聘为专家委员会委员。学术上需要决策的事情先由专家委员会审议,比如说论文评奖,有三个人选,由他们审议谁该得奖。如果他们认为张三该得奖,他们得把理由写在决议上提交给我审批。如果我认为应该李四得奖而不是张三,我可以在他们的决议上写上反对意见退给他们再议。如果他们复议后仍然认为应该张三得奖,我无权再驳回了,因为根据条例我只能否决一次。(**张宜：** 太讲理了。这个专家委员会有几个人啊?)七个人。他们组成学院的最高学术权力机关,是一个完完全全有实权的机构,每年教师职称晋升也由它来评审。曾经有其他学院的院长担心地问过我,你怎么那么放心? 你不在委员会里边,他们万一做出个什么决定对你不利怎么办? 我回答说疑人不用,用人不疑。《专家委员会条例》规定,委员任期为一年,每年由院长提名聘任。委员上任后中途不能被随意罢免。这样可以防止院领导任意撤换不顺心的委员。条例的基本原则是,你既然聘了他,你就要用他,信任他。你如果对他不满,任期结束以后可以不再聘他。这个任期你既然聘了他,没有特殊情况就不能撤换他了,这样才能让专家委员会具有稳定性和权威性。专家委员会的委员们也很珍视他们的权力和责任。所以,他们在学院内很受尊重,做出的决议很少引起争议。(**张宜：** 肯定的。)当然,专家委员会的决议最终要经过学院的党政联席会批准后才能生效。

(**张宜：** 我很好奇,您有专家委员会委员的提名权,然后全体老师要投票吗?)不需要。由院长提名,学院党政联席会通过。为什么不经全体老师选举产生呢? 因为让助教或讲师评估教授的学术水平不容易客观,在学院内通过普选产生专家委员会并不能保证有理想的结果。而由我提名的话,我心里是有数的,哪位教授比较公正,学问也很好,我就把他选出来。最重要的是他必须得公正,表达意见时不会受到行政职务的羁绊。(**张宜：** 这个委员会的人应该容易得罪人啊,靠什么吸引他们的?)我觉得是出于他们对学术的责任心。他们很像宁春岩老师,为人直爽,学术上很棒。(**张宜：** 他们不会被那些世俗的东西左右。)不会。我交给他们决策的都是学术方面的事,他们只按照学术标准做出评判。比如说评学术奖时,他们就审核具体成果的情况,然后无记名投票表决,投票的结果是谁就是谁。我在外语学院做了 14 年院长,这么多年来这个专家委员会一直运转得非常好。说起来是赵老师给我提供了这个实现我理想的机会。我跟他的关系也非常好。一般来说，新老交替时总会多少有些不顺利吧？像我跟赵老师这样前后任能密切合作，关系融洽的情况并不常见。（**张宜：** 您很会处理这种关系。）我非常尊重他。他是专家委员会委员，也轮值做过主席，现在的主席是宁老师。对有些人来说院长是个官位。对我来说院长不过是一个舞台，我对官位本身没兴趣。实际上我当院长期间有机会可以再往上走，但我不求再往上走，再往上走可能我就驾驭不了了。

张宜： 顾老师，在我访谈的这些语言学家里面您是少有的几位既做教学，又做科研，又做管理的学者之一。我想请您谈一谈，您是怎样处理这几者关系的？您为什么不想往上走呢？

顾钢教授： 每个层级的文化不同。我觉得院长这一层级基本上还在学术圈里。如果我再往上升到校领导层，就不完全在学术圈里了。我有自知之明，觉得以我的性格和为人处世的方法，驾驭不了那一层级的文化，可能有很多东西要发生改变，也就无法发挥我的所长了。我的前提就是一定不能离开学术圈，因为我钟爱学术。如果要走仕途的话，应该说我早有机会了。比如，1982年我在大二时曾经当选天津市共青团代表大会的代表，全校只有一个学生代表名额。团代会期间跟我在一个组的几位代表后来都成为厅局级，甚至省部级的干部了。但我始终不愿放弃学术。我那时担任外语系团总支副书记，书记由辅导员老师兼任。我做了很多团的工作，把当时一个学生能拿到的市级荣誉全都拿到了，例如天津市优秀学生干部、天津市三好学生等等。如果我要走仕途的话应该很顺利就上去了。同学们也大都认为我会走"政工"这条路。当他们到图书馆看见我也在准备考研，都很吃惊。（**张宜：** 之前以为您要走仕途。）但他们觉得我考不上，因为他们看到我天天在开会。

（**张宜：** 只是看见您在工作，没有看见您在学习。）他们不知道我在大三上学期就制订了考研计划，把每天要复习的东西写在计划表上，当天的复习任务必须完成。例如，二外法语要复习什么，语言学要复习哪些内容，等等，计划一直排到考研那一天。每天我按照计划完成复习。业余时间，包括周末都充分利用起来完成计划。

（**张宜：** 您是一个特别自律、很有定力的人。）反正我制订的计划必须要完成。我的原则是"你做得到的事你说，你做不到的事你别说"。过去我在外语学院就这样，我说出一个什么规定来我必须要执行，不会像一些人那样，前边说得挺热闹到最后就没下文了。到图书馆工作后也同样，我一来就对馆员们说，我只要说出来的事必须有始有终，不会只有两三天热乎劲。做不到的事就不说。一件事既然已经把它放到计划里了,就要把它完成。

我有一个想法,作为领导,本职的东西要叫得响。你当院长,你在学科上得行。否则,你没什么资格管别人。(**张宜：** 首先得是一个称职的学者。)没错! 你管理的是教师。如果你自己教学不行,怎么管其他教师? 我的学生评教成绩都位于学院前列。前面提到,我在教学上投入很多。我自己有个上课标准,前边十年的教学中一直这样要求自己,那就是上课时不能出现学生看手表的情况。只要学生一看手表我认为这节课就失败了,因为你没有吸引他,看手表表示他觉得该下课了。(**张宜：** 这个要求太难了!)对! 这是我对自己的一个要求。我太太有时候问:你怎么总备课呢? 这课不都讲过了嘛? 我说讲的内容不一样啊。我要求自己不能用相同的教案,同一个讲义不能用两遍,必须得更新。曾经有老师认为,如果学生手里有了教师用书,老师就没什么可讲的了。我很不认同这种看法。我不但让学生买教师用书,还告诉学生哪里有卖的,(笑)连有几个版本的教师用书我都告诉他们。我跟学生说,教师用书上正确的内容我不讲了。我只讲两个内容:一是教师用书上回避、不讲的内容;二是教师用书上错的内容,因为教师用书也是人编的,里面肯定会有错误。我只讲这两个内容。我上课就两大任务,一是补充完善教师用书的内容,二是考查要求学生掌握的内容。(这时顾老师的手机响了,他接了个电话。之后我们接着谈。)

张宜： 刚才您讲到怎样处理教学、科研和管理的关系。

顾钢教授： 实际上我一直坚持这个观点,不管你干什么都不能忘本,作为老师你教学得好。我在教学上从来不马虎,全身心投入。再就是科研。作为学科带头人科研也得强。要把科研当作生命的一部分,不能是应景之作,对自己要有一个长期规划。不能今天做做这个,明天做做那个,哪个热门我就做哪个,那样不行。我觉得必须得有一个比较稳定的研究方向,要追踪理论发展前沿,因此要特别关注学术会议。我参加学术会议很积极,不管费用能否报销,反正认为该去的我肯定去,不考虑开会的地方是不是景点。有的会我当天去宣读完论文就回来了,会后文化考察什么的我几乎不参加。时间宝贵,我没时间去参加那些活动。包括在国外开会我也是这个态度。如果你真的认为那是一个你要去获取知识的会,你会很认真地准备这个会,不要抱着旅游的态度去。我觉得教学和科研得并重。有些老师科研特别强,但教学不行,让人诟病。我回天津师大,除了报恩还有就是让我的自身价值发挥到最大。比如说在名校当个教授,很可能你自己会生活得很舒服,但如果你在这边做院长的话,影响的面会更广。当然,既然做院长,就要把管理工作做好。我在管理工作上投入了大量精力,由于我的一些想法比较超前,经常要亲手起草学院的规划和规章制度,甚至包括本科和研究生的教学评估报告。作为学科带头人,我特别关心教师们的科研工作,特别是青年教师的科研规划,经常帮助他们设计和修改项目申报书。为加强学院的科研氛围,我策划了学院每年一次的学术年会,要求教师们在年会上交流研究成果。从我担任院长的第二年到我离任,一共办了十三届。每次年会都要请校外专家来做主题报告。年会完全按国际学术会议的规范来组织。会后再请校外专家匿名评审出比较好的论文结集出版,我亲自担任论文集的主编,对所有稿件进行终审。基本上年会结束后大概半年,论文集就出版了。年会对提升学院的整体科研水平产生了很大影响。除此之外,为提高学院的知名度,给教师提供更多锻炼的机会,2011 年到 2013 年的三年期间,我们和天津教育出版社合作编辑出版了学术月刊《英语教师》,这是天津出版的唯一一份英语学术期刊,由宁老师担任主编,我担任执行主编,学院的几位教师担任编辑。我们把三年的业余时间和寒暑假都搭进去了,但成果可喜,期刊进入了人大复印资料引用率的前十名,在学院的学科建设中发挥了重要作用。参加编辑工作的老师们也提高了学术论文的写作和评判水平,有的老师后来申请到了省部级项目,有的考取了博士研究生。

我特别看重个人的存在能否对他人的进步产生推动作用。(**张宜:** 是正面的作用。)如果你有这样的认识,那么教学就不会成为负担,也不会误人子弟。我经常讲,教书就跟演员上台一样,虽然每次演同一个角色,但每次都会有新感悟,绝非简单重复。好演员都要一遍又一遍地揣摩和排练。我经常思考怎么能把最好的东西用来培养学生。我们这儿没有博士点,怎么办呢? 那就着重把硕士培养好。我们不少学生都挺优秀的,他们后来又读了博士,包括考取清华、南开、广外等名校的博士,还有一个学生读了黄正德老师的博士。行政管理和学科带头人的工作牺牲了我大量的时间,也影响了个人的项目申请和论文发表,但看到学院、教师们和学生们的收获,我觉得很满足。

张宜: 在工作和治学当中最让您高兴的事和最让您沮丧的事是什么?

顾钢教授: 最高兴的是我们外语学院去年被评为天津市重点学科。2001 年我回来时整个学院只有我一个博士,现在我们有三十几个博士了。那时学院里只有一个英语系,三个专业:英语、日语、俄语,俄语专业的教师甚至短缺到几乎要关停的地步,但现在俄语系已经兵强马壮,屡屡在专业大赛上获奖,不断有学生获得国家留学基金去俄罗斯留学。现在学院拥有英日俄韩法五个系,韩语还成为天津市品牌专业。我负责引进的人才差不多有 20 多人,而每谈成一个引进人才我要花好几个月的时间。外语学院从一个基础比较薄弱的学院变成天津市重点学科说明,我们经过一段时间的艰苦努力终于开花结果了,能够告慰王嘉龄老师、王占梅老师、张克礼老师等培养我的前辈了。另外就是学生取得的好成绩。天津市高校汉译英大赛的一等奖很多年空缺。2015 年我的学生拿到了一等奖,这也算一个回报吧。

(**张宜:** 本科生吗?)是翻译硕士。我也带翻译硕士。我自己做过很多翻译实务。我上研究生的时候就参加天津政协编译中心的活动,翻译一些文件,以后又做天津市教委国际教育政策研究基地的工作,主要负责编译印度政府有关教育政策的文件,之后再写分析报告,每隔几年还要结集出版。我做过的翻译和审校有大约一百多万字。我指导的学术研究生获得了天津市首届优秀硕士论文奖,我也拿了个指导教师奖。(笑)这些都让我觉得挺有意义的。最遗憾的事就是由于种种原因没有能在我的任内建成博士点。

张宜: 顾老师,您觉得一个学者、一个语言学家应该具备什么样的学术修养呢?

顾钢教授: 我觉得最重要的是要热爱学术,必须得踏实。我前面提到几位对我影响比较大的老师,他们的共同特点是做学问很踏实,为人谦和,因为他们知道学海无边,山外有山。

对于一名学者来说,很重要的方面是要培养年轻人。现在,很多地方都存在青黄不接的问题。导师们迫于各种科研考核的压力,忙于搞科研出成果,对学生的培养就不那么关心了。学生经常仅仅被当成劳动力来使用,要帮导师查资料、写东西,但导师并没有认真去想如何培养学生。我一直认为不能为了自己便利而过度使用下属。例如,我在外语学院提议制定了系室主任轮换制度。不管那个系主任、室主任做得多好,做两年后就一定要卸任。我的初衷就是要让他全心全意地为大家服务两年,然后回归本业。尽管他一直做下去,作为院长我会很舒服,因为他对工作已经熟悉了,不用再培训了。但他管理工作做太多,业务就会受到影响,尤其他们本来业务上都很强,不强也做不了系室主任。出于上面的考虑,我就用制度强行把他们换下来。事实上,当他知道任期只有两年,他会很认真地去做。(**张宜:** 全力以赴。)而且还有个比较,人家上一任干到这份儿上了,你干了两年交出去的时候不能比前任干得差。他看得到自己的发展路径,努力地干两年后,还可以再回归本队。对学生也一样,我要为他们的将来考虑。比如,我带翻译硕士时,要想怎么培养能利于他们就业。带学术型硕士时要考虑怎么培养他们的学术思辨能力，有利于他们继续深造，不能对付一下就算了，要从细节上把握。作为一名语言学家，关心学生的学术成长很重要。我有个说法，评价一位教授不要只看他写了多少东西，做了多少项目，更重要的是要看他带出多少成才的学生。这点上，我很佩服宁老师。他在广外带了十来个博士全都成才，我觉得宁老师的价值充分体现出来了。他在我们这儿也一样，手把手地教学生，尽管我们的学生起初学术素质一般，但宁老师仍然很认真地培养他们，关心他们。学生毕业时进步都非常明显。还有就是培养学生的过程中要允许学生挑战自己。这点很重要，但我们这个方面的传统比较差。

张宜： 您就接着谈一谈您怎么看待学术批评的？

顾钢教授： 学术批评我们一直没有真正做起来。谈到国内的学术批评，北京师大的伍铁平教授做出了积极的贡献。（**张宜：** 我访谈过他了。）我跟他算忘年交吧。当年他在语言学界搞学术打假，被誉为"打假斗士"。他同语言学界的伪科学和剽窃现象进行了不懈的斗争。我支持过他，他在文章里也提过我的名字。我们通过这个事成为好朋友。我觉得中国的语言学界必须要有正常的学术批评。咱们的学术批评差表现在当事人本身听不得不同意见，这让我想到一个反差极大的例子。我曾在一本著名的国际期刊上看过一篇批评这个期刊主编的学术论文，言辞很犀利，对我触动非常大。人家能把一篇如此犀利批评自己的论文刊发到自己主编的刊物上，而我们不要说在自己主办的期刊上发表批评自己的论文，即使在别人主办的期刊上看到挑战自己观点的论文也不舒服，尤其有了一些名气后更容不下批评，导致国内期刊上的书评经常类似软广告。而学术批评在国外太普遍了。批判乔姆斯基的人很多，他的一些学生甚至通过批判他建立了自己的理论。这种学生挑战老师甚至推翻老师理论的现象在国内几乎看不到。我想语言学在中国大进步的前提是学术批评必须得发展起来。还有一点，我们提出学术批评的方式也存在问题。我主张学术批评就事论事，使用情绪化的言辞无助于学术批评。学术批评不聚焦到要批评的事儿上，就无法建立起正常的学术批评，还容易导致很多矛盾。国外的学术批评文章基本上就事论事，你说一二三，我告诉你一二三为什么错。（**张宜：** 没有人身攻击。）伍老师那种维护学术道德的精神挺受人尊敬的。他的批评文章有一个鲜明特点，注释和考证特别多，这一条我认为确实是做学术批评应该具备的。总的来说，我们的学术批评跟国外的差距相当大，也影响了学科发展。

张宜： 顾老师,您的著作和观点受到过批评吗?

顾钢教授： 我做的研究是接应代词①,是一个范围很窄不算热门的题目。当然也有文章跟我探讨的。因为比较小众,受到的批评还不是特别多。(**张宜：** 接应代词也应该是属于句法学?)是句法里面一个特定的领域。

张宜： 顾老师,您在句法学研究里面您的特点是什么呢?

顾钢教授： 每个人的研究风格不一样,我会比较喜欢钻研一个具体的问题,不太会做范围广泛的研究,我希望能把一个问题做得比较深。(**张宜：** 那是一种本体研究吗?)基本属于语言本体研究。我一直在做句法的跨语言研究。乔姆斯基理论不是要找普遍语法嘛,我想观察各种语言当中接应代词的表现,然后用生成语法理论把它解释了。(**张宜：** 这是您的研究特点吗?)我的研究相对来说领域比较窄、比较专一,这是我的特点。(**张宜：** 我觉得您的研究成果更多的是用英文写的。在国内发表的也不是很多。)是的。我不太注重研究成果的量,觉得研究成果的质很重要,这是一。第二,我比较重视学术会议的论文,这个跟我在香港中文大学所受的训练有关系。香港中文大学并不要求我们研究生必须在期刊上发多少文章,而是鼓励我们在顶级学术会议上发表论文。(**张宜：** 我理解香港中文大学的这种管理,其实更多的是要让学者永远保持在学科的前沿。)没错! 它对我们出去开会很支持。研究生出去开会有专门的资助,我也得到过这样的资助。(**张宜：** 您在这五年里面去过哪些地方参加国际会议?)我去过美国、希腊、新加坡等。反正顶级会议我每年一般都会参加一两次吧。一直到现在我也比较注重会议论文,不会特别追求论文数量。我也没写什么书。(**张宜：** 我注意到了这一点。李行德老师也是这样的。)对。实际上我想写一本句法学的书,一直在写,从去香港读书就开始写,写了这么长时间还没写出来。(笑)我希望将来这本书写出来以后大家可以一直用,不断地用。(**张宜：** 就像国外的那些书一版再版。)对,我希望能写成那样的,不是仅仅为了一个什么国家基金后期项目,写完后束之高阁没人看。我做过国家社科基金后期项目的评委,评审过这样的书。有的书一看就是应付之作,还有的书错误挺多,明显是找了一些学生帮他写的,是拼凑出来的东西。我否决过这样的书。我不写这种凑数的书。王嘉龄老师一辈子也不过两三本书,但都很经典。我把写书看成是很大的一件事,觉得好书轻易写不出来。当然学科不一样,有的学科可能比较好写一点。像生成语言学这种比较前沿比较抽象的就不太好写。宁老师

---

① 参见《接应代词的句法分类》,载《外语与外语教学》2006 年第 5 期。

那本书写了多长时间啊！他要写本生物语言学的书，但他说越写越觉得写不出来了。要想应付事儿地写一本，对他来说不难。我们确实把写书当成大事在做，所以这方面的产量比较低。（笑）我倒心安理得，没觉得不行，我比较淡定。（笑）（**张宜：** 我能感觉出来，您特别平和。）你自己有多少东西、在同行里是个什么位置，自己心里最有数了，不在于别人给你贴什么标签，也不在于别人怎么样称呼你。

张宜： 顾老师，现在在国内从事句法学或者形式语言学研究的人就像您之前给我提供的这些资料一样，你们都在默默地耕耘着，不注重追求成果数量。请问您在形式语言学的研究方面的主要贡献有哪些？ 在您的成果当中您自己最看重的是什么？

顾钢教授： 我想我的主要贡献应该是在推动学科发展方面。前面提到过，我当院长后，用大量的时间精力引进人才，建设形式语言学研究团队，帮助语言所其他老师成功申请国家和省部级项目，并作为第一参加人推动项目的完成。协助宁老师对儿童特殊语言障碍（Specific Language Impairment，SLI）进行前沿研究，在语言所建立了儿童语言关怀中心，把语言理论研究与社会需求相结合，并出版了《学龄前儿童语言能力测试》①，带动了国内学界在这方面的研究。此外，我还对本科和研究生培养方案进行了大胆改革。例如，传统的英语专业的课程设置中缺乏对学生进行中文语言特征的对比分析训练，直接影响了学生对英汉两种语言异同的感知能力，进而影响到他们英汉互译的水平。我就在英语专业开设了"现代汉语"必修课，通过语音、词汇、语法、语用等方面的英汉语言学对比分析，使学生们认识到母语是水，英语是船，没有扎实的母语基础，英语的水平也会严重受限。在研究生培养方案中增设"语言学名著选读"必修课，并担任主讲，让学生们通过阅读洪堡特、索绪尔、萨丕尔、布龙菲尔德、乔姆斯基等人的原著了解语言学理论的发展脉络和传承。再有，我在学术会议组织、国内外信息沟通方面有过一些贡献。只要是跟形式语言学相关的各种学术活动我都尽力去参与、筹划、组织，尽我所能做一些润滑剂的工作，把一些矛盾化解掉，把一些困难处理掉，让生成语言学有更好的发展土壤。我想通过我的努力让形式语言学研究在国内发展得更好，影响更大。例如，2015 年，我配合宁老师还有其他一些老师，共同努力，在中国英汉比较研究会的领导下，建立了形式语言学专业委员会，解决了国内从事形式语言学研究的学者一直没有自己的学术组织的问题。首届会长是宁老师，我担任副会长兼秘书长，负责规

---

① 《学龄前儿童语言能力测试》，天津大学出版社 2012 年版。

范学会的正常运转和制度建设。在宁老师的提议下，学会的会长和秘书长都不连任，这也成为学会的一个特色。后来，我又主动建立了形式语言学专业委员会的微信群。群里有海内外华人学者和学生五百多人。我用严格的规则维护这个群的学术特征，不允许在群里聊天或发与形式语言学无关的帖子。还有，我们语言所可以算生成语言学一个小的重镇了，有王嘉龄老师开创的几十年的传统，做形式语言学研究的人比较集中，师资比较完整，能开出形式语言学框架内的句法、音系、语义、语言习得、手语等课程。我一直考虑怎么能够把这儿建设好的同时也帮助别人。广外也是一个挺好的生成语言学研究中心。前两天我们跟广外共同办了个会，互相支持。（**张宜：** 就是我访谈宁老师之前吧？3月28到30号。）对。我们互动比较多。今年换届了，我在学会里不再担任领导职务了。微信群是我在换届以后建的。（**张宜：** 是您的一种学术责任，跟行政责任无关。）我进入形式语言学领域有相当一段时间了，从1984年到现在，几十年了。我参加过一些年轻学者当年的博士论文答辩，看着他们成长起来。（**张宜：** 顾老师，您是一个承上启下的中坚力量。）差不多吧。（笑）

张宜： 我为什么这么说呢？我是通过宁老师才接触上您的，我也没想到您能那么爽快地就接受了我的访谈邀请。现在回想起来，看得出来宁老师对您非常尊重。今天上午我跟李兵教授谈的时候，李教授也非常尊重您。您身上有一种精神让他们如此认同您。上次在访谈宁老师的现场，看到您二位那么默契地交流，我就有很深刻的印象。其实我这个问题可能不一定适合您，也就是说您对您这个学科的贡献不仅仅局限于成果的表象，更多的就像您说的是这种参与、召集，还有润滑的作用，对吧？

顾钢教授： 是的。我更多的是起了润滑的作用。我跟同行的关系都不错。我觉得一个学者有性格不奇怪，他有性格是因为他有本事，要因势利导，把他们的长处发挥出来。我觉得领导不需要盛气凌人，没有什么可以让人觉得你不可一世。大概也可能我不太会当领导，所以没什么官架子。（笑）（**张宜：** 这也就是您的魅力所在。）当外语学院院长的时候，有老师说我没架子，不太像院长，我说院长应该什么样我不知道。（笑）我刚到图书馆时，有些老师毕恭毕敬的，现在都无所谓了。（**张宜：** 特别好相处。）我觉得威信不是靠拒人千里之外的态度建立起来的。威信要靠表现在多方面的实力，例如思辨能力、口才、论辩能力、解决问题的能力等等，拥有这些能力的前提就是要不断学习。一个人的价值体现在哪儿？可以简单地概括为不可取代性。你什么时候具有不可取代性了，你的价值就体现出来了。不可取代性就是你能做别人做的事情，但你做的事情别人做不来。如果你做的所有事别人都能做，你的价值就不太大。以教学来说，我大概教过十几种不同的课。有语言学相关的课，如语音、音系、语义、句法、社会语言学、语言学名著选读、现代汉语等，还有英美文化、英语修辞、英语史、语言测试、研究方法等。我一个人可以讲这些课，但能把我讲过的这十几门课都讲了的老师不多。我不断地开新课，就是要增强我的不可取代性。当然，每开一门新课的压力会很大，对自己都是一个挑战。此外，为了增强不可取代性，我不断地学习新知识和新技术，目前我一直追着学习最新的人工智能技术。我常跟学生说，假如你具备了不可取代性，还用担心找不到工作吗？找不到工作还是因为你不够优秀，什么叫不够优秀？就是别人能取代你。你优秀到别人不能轻易取代你，机会也自然属于你了。我到图书馆以后，有好几次跟技术部主任交流关于数据库、网页设计、服务器等问题。跟我一聊，她觉得哎哟这个我也懂。按常理说我不应该懂这个的，因为我是个外语教授。（笑）这样一来她能跟我谈得更深一点，威信是这样建立起来的。你批评一个老师教学不够行，那你自己首先得行，否则你怎么能说他不行？我跟人交往靠真诚和真本事，不搞花里胡哨的东西。你知道宁老师很有性格、很直爽，我跟他不搞虚的东西，什么事能成就成，不能成就不成。还有最重要的一点，就是我永远乐于帮助别人解决问题，这是我最基本的人生态度。很多学生都很感慨，他们的推荐信我从来不让他们替我写，然后我只签个名。每封推荐信我都亲自写，充分说明每个学生的特点。但凡有人找我咨询个什么事，我会很热忱地帮他把这个事弄清楚。我把这个理念也贯彻到图书馆服务里边，我告诉馆员，要有帮人把事情办成的心，对于读者的问题不能简单地回答说不知道，或者这事你问某某去。当一个人体会到别人很真诚地帮他解决问题的话，他对那个人会有感激之情。还有一点很重要，我没有期待报恩的想法。（**张宜：** 我要实现的就是帮你。）对。我觉得能帮别人就要去帮，帮完以后能得到一种精神上的满足，至于他感恩与否完全不在我的期待之内。乐于助人会让你跟别人相处起来比较容易，不会有太多的对立面。跟我特别激烈对立的人比较少，不是绝对没有，也会遇到偏激的人，但总体上说都比较和谐。我处理过很多棘手或涉及他人利益的问题，难免会得罪人，但当他知道你是出于公心的话，最后还是会理解你的。现在人们普遍认为当官的都贪，都为自己谋私利，做事一定有所图，但我要让时间对我做出评判，我自己不去辩驳，这是我的不解释原则。（**张宜：**不可取代原则和不解释原则。）让有看法的人自己去想、去体会。有句话说得好，

"对于不明白的人你再解释他也不会明白；对于明白的人你不用解释他自然就会明白"。所以我基本不为自己辩解，只认真做事。这样也减轻很多精神负担，活得比较轻松。还有一点，就是永远不"与民争利"。我当院长后，不参评其他老师也有资格参评的任何奖项，非常乐于让老师们去获奖。到图书馆后也一样。我到任第一天就宣布我在图书馆不参评任何个人奖项。你看我当院长后没得过什么奖，我的奖都是我当普通老师的时候得的①。（**张宜：** 您最多的就是那些学术成果。我看您有一个个人主页。）对。留学之前的十年，我只是个普通的老师，连一天室主任也没干过，但在这期间，我拿到了"教学楷模""八五""十五"的立功奖章、优秀教学成果奖等。那还不是我本人主动要参评。报这种奖要有竞争力。尤其在全市范围内参评，作为学校或学院，要求被推荐的人材料比较硬。假如你真做得好，你自然就会被推荐，所以我不会去争这些东西。评职称也一样，从不想方设法去争。1996年我读博之前实际上有条件破格（评）正教授。我纠结了一段时间，是评正教授还是去念书，最后决定去念书。我觉得正教授就算破格上去了，我已经空了呀。再说错过了读博的机会，以后不一定再有机会了。我从1993年评上副教授再到2001年评上正教授，间隔将近九年。（**张宜：** 有得有失。）对，不要图那些虚名。到现在我也不是博导，我也不纠结这个事儿。有些教授比较在意这个，总想弄个博导头衔。（**张宜：** 对，他是把这个作为一种光环。）但对我来说，意义不大。教育部有两个重要的文科基地，北外的英语教学基地"中国外语教育研究中心"和广外的语言学基地"外国语言学及应用语言学研究中心"。这两个外语学科基地代表了国内高校的最高水平，而这两大基地的博士论文答辩我都做过评委，还非得要个博导的头衔干什么？南开大学的博士开题和答辩我也去过多次。很多东西你自己心里明白就行了。如果这个博导头衔能给别人我更愿意给别人，你去当好了，对我来说无所谓，不争这些东西就轻松了。

张宜： 顾老师，语言学在中国作为一个学科其实甩不掉一些中国本土化的东西。在访谈这么多语言学家的过程当中，我有一种深刻的感受，包括今天上午跟李兵教授谈，就是让我们这些作为学者也好或者作为教育者也好挺纠结的地方，有时候把语言学放在外语学院，有时候放在文学院，完全一种行政上的划分，让我们感到很割裂，在研究上感到很割裂。（**顾钢教授：** 没错，是这样。）所以，最后我想请您谈

---

① 顾钢教授曾获天津市"八五"和"十五"立功奖章、天津市"优秀教学成果奖"、天津市高教系统"教学楷模"、天津市"优秀留学人员"等称号。

一谈您对这一块儿是怎么看的？因为您做了很多年的管理工作,中国未来的语言学会是怎样的一个发展趋势?

顾钢教授: 语言学现在是分开的,中国语言学与外国语言学,但我认为分久必合,最后还是要统到一起的。统一的大前提是大家要形成共识。现在为什么缺乏共识? 我想有几个原因。第一个原因,也是最重要的原因在行政管理方面。从教育部来说,负责管理和规划学科的那些人大多不是语言学这个学科的,他们搞不清这里边到底应该什么样。其次一个原因在我们语言学界内部。有些人怕合并后对自己不利,担心语言学变成大学科后,他们现在所处的学科位置会弱化。因为分成两个部分的时候它相对较强,合并到一起后它的地位可能会下降,任何一个单位合并也如此。随着受过系统训练的语言学家越来越多,情况会发生改变。现在语言学家的数量不算太少,但其中不少人并没有受过语言学系统训练,基本上属于半路出家,比如原来硕士读的并非语言学专业,到博士阶段改成语言学了,或者本科学的跟语言学没一点关系,到硕士阶段又变成语言学专业了,而在硕士阶段上的课又不全。现在国内具备句法、音系和语义三门核心课程完整师资的学校还不多,所以学生的语言学训练不系统。随着学科的发展,受到系统训练的人多了以后大家容易产生共识,会明白语言学必须成为一个大学科才能发展得更好,分家的结局导致谁都发展得不太好。本来你能走十步,由于分了家你只能走五步。随着这个学科里面人员构成的变化,学科整合肯定会实现,我比较乐观。可以看到,由原来没有这个话题,到现在变成有这个话题;由原来只是一个话题,到现在开始讨论这个话题,开始争论这个话题,说明已经在进步了,尽管进步得比较慢。将来随着我们改革进一步深入,可能行政管理会越来越宽松,专家在学术上的话语权会更多,两个一级学科应该会慢慢地并到一起。语言学本质上是一个东西,被人为地拆开了,好像物理学被人为拆成中国物理学和外国物理学。从这个角度来说,所谓中国语言学和外国语言学最后肯定要一起并入语言学的。我觉得这几年人们对这个问题的认识已经进步得很快了,比前些年要快多了。

张宜: 顾老师,按照您的了解,咱们国内就是华中师范大学邢福义老师那儿有一个存在时间比较长的语言学系吧?

顾钢教授: 我认为目前我们还没有真正意义上的语言学系,无论从课程设置还是从师资配备方面来衡量。受大环境的影响,语言学作为一个学科被社会接受的程度还不特别高,社会上基本不知道语言学是干嘛的,但事实上语言学现在已经越来越多地深入了日常生活。现在语音识别、语音转换成文字等人工语言智能的技术水平不断提高,但这些技术的发展受制于语言学的基础研究,理论研究上不去应用也没法做好,如同没有爱因斯坦的理论,太空科技不会是今天这个样子。这道理是一样的。随着科学技术不断发展,语言学的地位越来越高,语言学系也自然会应运而生。(**张宜:** 可能还得看招生就业。)有很多事情你要不敢走在前面的话大概就没机会了,尤其当学校不是名校的话,没有创新很难冲出去。所谓创新就是干别人没敢想、没敢做的事,要做 0 到 1 的事,不能仅仅做 1 到 2 的事。我前面提到的那个教学特区,就属于 0 到 1 的尝试。但并非所有人都愿意这样做,因为 1 到 2 比较安全,0 到 1 比较危险,0 到 1 弄不好可能变成 0 到 −1。(笑)但我想作为一个学科,发展到一定阶段,语言学系肯定会出现的①。随着年轻人的成长和他们对学科认识的深入,他们肯定还会追求这个事的。我觉得很有希望。

张宜: 顾老师,您的业余爱好现在还是无线电吗?

顾钢教授: 计算机硬件和软件,我都喜欢弄,我自己可以拆装电脑。我想再学一种新的计算机语言,例如 Python,但实在太忙没时间学。(笑)(**张宜:** 计算机达人。)(笑)也谈不上吧,就是很喜欢。(**张宜:** 在语言学领域的达人。我们搞外语的很多人都是技术不行。)对。我有点理科背景,生成语言学里边有好多演绎的东西,这也是我喜欢它的一个原因。(**张宜:** 形式逻辑那些。)

张宜: 顾老师,我们今天谈了很多,占用了您的时间,您受累了。谢谢您!

顾钢教授: 不客气。

---

① 2018 年 10 月 29 日,北京语言大学以国际高水平大学为样板建立了语言学系。司富珍教授担任语言学系主任,国际著名生成语言学家路奇·瑞兹(Luigi Rizzi)教授担任语言学系名誉系主任。

Baum, Willa K. 1987 *Transcribing and Editing Oral History*. Nashville: American Association for State and Local History.

Bloomfield, L. 2002 *Language*. Beijing: Foreign Language Teaching & Research Press.

Brinkley, G. Douglas 2003 *Wheels for the World: Henry Ford, His Company, and a Century of Progress*. New York: Viking Press.

Brown, Cynthia Stokes 1988 *Like It Was: A Complete Guide to Writing Oral History*. New York: Teachers & Writers Collaborative.

Carr, E. H. 1961 *What is History?*. New York: Vintage Press.

Curtiss, R. 1973 *A Guide for Oral History Programs*. Fullerton: California State University.

Davis, B. H. 1980 *First Person Singular I*. Amsterdam: John Benjamins B. V.

David K. Dunaway and Willa K. Baum (eds.) 1984 *Oral History: An Interdisciplinary Anthology*. Nashville, Tenn: American Association for State and Local History in Cooperation with the Oral History Association.

Davis, C., Back, K. and Maclean, K. 1977 *Oral History: From Tape to Type*. Chicago: American Library Association.

Goldstein, Leon J. 1970 Collingwood's Theory of Historical Knowing. *History and Theory*. Vol. 9.

Grele, Ronald J. (eds.) 1985 *Envelops of Sound: The Art of Oral History* (2nd Edition). Chicago: Precedent Publishing, Inc.

Hobsbawm, E. 1997 *On History*. London: Weidenfeld & Nicolson.

Humphries, S. 1984 *The Handbook of Oral History: Recording Life Stories.* London: Inter-Action Inprint.

Feldstein, M. 2004 Kissing Cousins: Journalism and Oral History. *Oral History Review.* http://www.historycooperative.org/journals/ohr/31.1/.

Johnson, A. 1926 *The Historian and Historical Evidence.* New York: Charles Scribner's Sons.

Koerner, K. 1978 *Toward a Historiography of Linguistics.* Amsterdam: John Benjamins B. V.

Koerner, K. 1991 *First Person Singular II.* Amsterdam: John Benjamins B. V.

Koerner, K. 1995 The Natural Science Impact on Theory Formation in 19th and 20th Century Linguistics. *Professing Linguistic Historiography.* Amsterdam/Philadelphia: John Benjamins Publishing Co.

Louis Starr 1984 Oral History. David K. Dunaway and Willa K. Baum (eds.). *Oral History: An Interdisciplinary Anthology.* Nashville, Tenn.: American Association for State and Local History.

Nevis, A. 1938 *The Gateway to History.* Boston: D. C. Heath and Company.

Ong, W. 1982 *Orality and Literacy: The Technologizing of the Word.* New York: Routledge.

Passerini, L. 1987 *Fascism in Popular Memory: The Cultural Experience of the Turin Working Class.* Cambridge: Cambridge University Press.

Ranke, L. 1970 [1824]. "Preface" to History of the Latin and German Nations from 1494 – 1514. rep. Stern, *The Varieties of History: From Voltaire to the Present.* London: MacMillan.

Robins, R. H. 2001 *A Short History of Linguistics.* Beijing: Foreign Language Teaching & Research Press.

Saussure, F. de. (Tr. by Roy Harris) 1983 [1916] *Course in General Linguistics.* London: Gerald Duckworth & Co. Ltd.

Schafer, D. Paul 1996 Towards a New World System: A Cultural Perspective Theory. *Culture and Society.* Vol. 13.

Shumway, Gary L. 1973 *An Oral history Primer.* William G. Hartley. Salt Lake City: Primer Publications.

Stephenson, Shirley E 1983 *Editing & Indexing: Guidelines for Oral History*. 2nd printing (with revisions). Fullerton: Oral History Program, California State University.

Storm-Clark, C. 1971–72. The Miners, 1870–1970: A Test-Case for Oral History. *Victorian Studies*. Vol. 15, pp. 49–74.

Terkel, S. 1970 *Hard Times: An Oral History of the Great Depression*. New York: Pantheon Books.

Thompson, P. 1975 *The Edwardians: The Remaking of British Society*. London: Weidenfield & Nicolson.

Thompson, P. 1988 *The Voice of the Past: Oral History*. London: Oxford University Press.

Tosh, J. 1984 *The Pursuit of History: Aims, Methods and New Directions in Study of Modern History*. London: Longman.

Tuchman, B. 1972 Research in Contemporary Events for the Writing of History. *Proceedings of the American Academy of Arts and Letters*. Second Series, No. 22 (New York, 1972): 62.

White, J. 1980 *Rothschild Building: Life in an East Tenement Block 1887–1920*. London: Routledge and Kegan Paul.

Williams, T. Harry 1969 *Huey Long*. New York: Alfred A. Knopf.

爱德华·霍列特·卡尔 2006 《历史是什么?》,陈恒 译,商务印书馆。

安华林 2003 《论语言学批评学科的建设》,《忻州师范学院学报》第 4 期。

保尔·汤普逊 2000 《过去的声音》,覃方明 等译,辽宁教育出版社。

比德 1997 《英吉利教会史》,陈维振、周清民 译,商务印书馆。

岑麒祥 1988[1958] 《语言学史概要》,北京大学出版社。

陈保亚 1999 《20 世纪中国语言学方法论》,山东教育出版社。

陈昌来 2002 《二十世纪的汉语语法学》,书海出版社。

陈昌来 2018 《中国语言学史研究的现状和思考》,《上海师范大学学报(哲学社会科学版)》第 3 期。

陈章太 1996 《中国应用语言学会在京正式成立》,《语言文字应用》第 2 期。

戴庆厦 1990 《藏缅语族语言研究》,云南民族出版社。

戴庆厦 1998 《藏缅语族语言研究(二)》,云南民族出版社。

丁声树等　1999　《现代汉语语法讲话》,商务印书馆。

丁新豹　1989　《香港博物馆口述历史计划简介》,《口述历史》(台湾"中央研究院"近代史研究所)第 1 期。

定宜庄　2003　《口述传统与口述历史》,《广西民族学院学报(哲学社会科学版)》第 3 期。

冯志伟　1999　《现代语言学流派》(修订本),陕西人民出版社。

冯志伟　2001a　《计算语言学基础》,商务印书馆。

冯志伟　2001b　《计算语言学探索》,黑龙江教育出版社。

刘北成(编著)　2001　《福柯思想肖像》,上海人民出版社。

伏尔泰　1997　《路易十四时代》,吴模信 等译,商务印书馆。

傅斯年　1996a　《历史语言研究所工作之旨趣》,《中国现代学术经典·傅斯年卷》(刘梦溪主编),河北教育出版社。

傅斯年　1996b　《史学方法导论》,《中国现代学术经典·傅斯年卷》(刘梦溪主编),河北教育出版社。

傅斯年　1996c　《傅斯年选集》,天津人民出版社。

傅斯年　1998　《出入史门》,浙江人民出版社。

高登·怀特(主编),尚晓媛、易木(执行主编)　1996a　《"当代英雄"的自述》,四川人民出版社。

高登·怀特(主编),尚晓媛、易木(执行主编)　1996b　《昨日黄花依旧香》,四川人民出版社。

高登·怀特(主编),尚晓媛、易木(执行主编)　1996c　《"弱者"的尴尬》,四川人民出版社。

宫苏艺　1998　《钟少华:口述史学的操作与理论》,《中华读书报》1998 年 4 月 29 日。

顾颉刚　1982　《古史辨》,上海古籍出版社。

顾颉刚　1989　《当代中国史学》,上海书店。

郭沫若　1984　《古代研究的自我批判》,《十批判书》,人民出版社。

M.海德　1981　《哲学诠释学和经历的交流——口述史学范型》,《国外社会科学》第 1 期。

何九盈　1985　《中国古代语言学史》,河南人民出版社。

何九盈　1987a　《中国语言学史的研究方法(上)》,《语文导报》第 1 期。

何九盈　1987b　《中国语言学史的研究方法(下)》,《语文导报》第 2 期。

何九盈　2000a　《中国古代语言学史》,广东教育出版社。

何九盈　2000b　《中国现代语言学史》,广东教育出版社。

胡壮麟　2000　《功能主义纵横谈》,外语教学与研究出版社。

胡明扬　2002　《语言学习散论》,北京语言大学出版社。

胡明扬　2003　《读中国语言学史著作的几点感想》,《〈马氏文通〉与中国语言学史》(姚小平主编),外语教学与研究出版社版。

胡奇光　1987　《中国小学史》,上海人民出版社。

胡适　1995　《历史科学的方法》,《胡适文选》,上海远东出版社。

胡适　1996a　《清代学者的治学方法》,《中国现代学术经典·胡适卷》(刘梦溪主编),河北教育出版社。

胡适　1996b　《治学的方法与材料》,《中国现代学术经典·胡适卷》(刘梦溪主编),河北教育出版社。

胡适　1999a　《四十自述》,安徽教育出版社。

胡适　1999b　《胡适口述自传》,安徽教育出版社。

黄昌宁、李涓子　2002　《语料库语言学》,商务印书馆。

胡裕树、范晓　1994　《动词、形容词的"名物化"和"名词化"》,《中国语文》第 2 期。

胡裕树、张斌　2002　《胡裕树/张斌选集——20 世纪现代汉语语法八大家》,东北师范大学出版社。

翦伯赞　1985　《史料与史学》,北京大学出版社。

江蓝生　2002　《著名中年语言学家自选集——江蓝生卷》,安徽教育出版社。

蒋绍愚　1994　《蒋绍愚自选集》,大象出版社。

姜蕴刚　1943　《历史艺术论》,商务印书馆。

柯林武德　1986　《历史的观念》,何兆武、张文杰,译,中国社会科学出版社。

李大钊　1984　《史学要论》,《李大钊文集》(下),人民出版社。

李开　1993　《汉语语言研究史》,江苏教育出版社。

李良玉　2000　《史料学片论》,《福建论坛(文史哲版)》第 5 期。

李小江　2006　《口述历史与档案工作》,《中国档案》第 1 期。

郦青、王飞华　2004　《字本位与对外汉语教学》,《西南民族大学学报(人文社会科学版)》第 6 期。

梁景和、王胜　2007　《关于口述史的思考》,《首都师范大学学报(社会科学版)》第

5 期。

梁启超　1984　《新史学》,《梁启超选集》,上海人民出版社。

梁启超　1998a　《梁启超史学论著四种》,岳麓书社。

梁启超　1998b　《中国历史研究法》,上海古籍出版社。

林焘　2002　《20 世纪中国语言学研究》,《20 世纪中国学术大典·语言学卷》(林焘主编),福建教育出版社。

林溪声　2006　《口述史:新闻史研究的一种新路径》,《新闻史研究》第 7 期。

刘坚(主编)　1998　《二十世纪的中国语言学》,北京大学出版社。

刘志琴　2005　《口述史与中国史学的发展》,《光明日报》2005 年 2 月 22 日。

刘叔新　1993　《刘叔新自选集》,大象出版社。

陆俭明　1963　《"的"的分合问题及其他》,《语言学论丛》(第五辑),商务印书馆。

陆俭明　1981　《分析方法刍议——评句子成分分析法》,《中国语文》第 3 期。

陆俭明　1989　《十年来现代汉语语法研究的理论与方法管见》,《国外语言学》第 2 期。

陆俭明　1990　《90 年代现代汉语语法研究的发展趋势》,《语文研究》第 4 期。

陆俭明　1991　《80 年代现代汉语语法研究理论上的建树》,《世界汉语教学》1 第 4 期。

陆俭明　1993　《陆俭明自选集》,大象出版社。

陆俭明、郭锐　1998　《汉语语法研究所面临的挑战》,《世界汉语教学》第 4 期。

陆俭明　2003　《对"NP＋的＋VP"结构的重新认识》,《中国语文》第 5 期。

陆象淦　1988　《现代历史科学》,重庆出版社。

吕必松　2003　《汉语教学路子刍议》,《暨南大学华文学院学报》第 1 期。

洛克　1997　《人类理解论》,关文运 译,商务印书馆。

马庆株、项开喜　1998　《二十世纪的中国现代语法学》,《二十世纪的中国语言学》(刘坚主编),北京大学出版社。

迈尔威利·斯图沃德　2001　《当代西方宗教哲学》,周伟驰 等译,北京大学出版社。

纳日碧力戈　2003　作为操演的民间口述和作为行动的社会记忆,《广西民族学院学报(哲学社会科学版)》第 3 期。

欧阳克嶷　1994　《听白乐(洛)桑先生讲话后发言》,《汉字文化》第 1 期。

帕默尔　1983　《语言学概论》,李荣 等译,商务印书馆。

潘文国　2000　《汉语研究：世纪之交的思考》，《语言研究》第 1 期。

潘悟云　2002　《著名中年语言学家自选集——潘悟云卷》，安徽教育出版社。

彭卫、孟庆顺　1987　《历史学的视野：当代史学方法概述》，陕西人民出版社。

彭泽润　2000　《艰难崛起的语言学批评 ——兼评"徐德江学说"》，《学术界》第
　　4 期。

濮之珍　1987　《中国语言学史》，上海古籍出版社。

钱军　2003　《语言学史学：问题与思考——以语言学史学对雅柯布森与索绪尔
　　关系的研究为例》，《语言学——中国与世界同步》，外语教学与研究出版社。

邵敬敏、方经民　1991　《中国理论语言学史》，华东师范大学出版社。

邵敬敏　2000　《汉语语法的立体研究》，商务印书馆。

邵敬敏　2002　《著名中年语言学家自选集——邵敬敏卷》，安徽教育出版社。

邵敬敏、税昌锡　《说新崛起的汉语语法学史评学》，《〈马氏文通〉与中国语言学史》
　　（姚小平主编），外语教学与研究出版社。

沈家煊　2002　《著名中年语言学家自选集——沈家煊卷》，安徽教育出版社。

宋作艳　2005　《"字本位"理论研究综述》，《汉语结构的基本原理——字本位和语
　　言研究》（徐通锵著），中国海洋大学出版社。

苏培成　2001　《现代汉字学纲要》，北京大学出版社。

舒芜　2002　《舒芜口述自传》，中国社会科学出版社。

施关淦　1981　《"这本书的出版"中"出版"的词性——从相信结构理论说起》，《中
　　国语文通讯》第 4 期。

施关淦　1988　《现代汉语里的向心结构和离心结构》，《中国语文》第 4 期。

史有为　2000　《迎接新世纪：语法研究的百年反思》，《语言教学与研究》第 1 期。

孙建强　1997　《试谈陆俭明先生的语法研究》，《社科纵横》第 2 期。

唐德刚　1999　《史学与文学》，华东师范大学出版社。

唐诺·里齐　1997　《大家来做口述历史》，王芝芝 译，台湾远流出版公司。

唐作藩　2001　《汉语史学习与研究》，商务印书馆。

唐作藩　2002　《音韵学教程》，北京大学出版社。

田尚秀　2006　《保存口述记忆：档案工作者神圣的职责》，《中国档案》第 1 期。

托什　1987　《口述的历史》，雍恢 译，罗凤礼 校，《史学理论》第 4 期。

王佳存　2001　《汉语言理论研究的新探索》，《语文研究》第 2 期。

王景高　2008　《口述历史与口述档案》，《档案学研究》第 2 期。

王蕾　2004　《试析我国图书情报学专业网站的建设》,《图书情报工作》第 10 期。

王力　1981　《中国语言学史》,山西人民出版社。

王若江　2000　《由法国"字本位"汉语教材引发的思考》,《世界汉语教学》第 3 期。

王胜　《乡村口述史的理论与实践》,《当代中国史研究》第 5 期。

王学典(主编)　2003　《述往知来——历史学的过去、现状与前瞻》,山东大学出版社。

闻伍　2000　《历史之音——口述史学的叙述性质片论》,《国外社会科学》第 3 期。

吴继光　1997　《现代汉语语法研究的目标和思路》,《语言教学与研究》第 3 期。

伍铁平　1997　《语言和文化评论集》,北京语言文化大学出版社。

伍铁平　1999　《模糊语言学》,上海外语教育出版社。

伍铁平　2000　《我国语言文字学界不存在伪科学吗?》,《学术界》(双月刊)第 4 期。

希罗多德　1989　《历史》,王以铸 译,商务印书馆。

夏南强、李倩　2007　《试论社会科学学术网站的类型与特点》,《情报科学》第 3 期。邢福义　1991　《现代汉语》,高等教育出版社。

邢福义　2001　《邢福义选集——20 世纪现代汉语语法八大家》,东北师范大学出版社。

邢福义、吴振国　2002　《语言学概论》,华中师范大学出版社。

邢佳佳　2000　《法国年鉴学派》,《高校世界历史配套教材·现代史卷》(王春良、刘文涛主编),高等教育出版社。

项梦冰　1991　《论"这本书的出版"中"出版"的词性:对汉语动词、形容词"名物化"问题的再认识》,《天津师范大学学报(社会科学版)》第 4 期。

熊月之　2000　《口述史的价值》,《史林》第 3 期。

修昔底德　1985　《伯罗奔尼撒战争史》,谢德风 译,商务印书馆。

吴宗济　2003　《吴宗济自选集——补听集》,新世界出版社。

许嘉璐、王福祥、刘润清(主编)　1996　《中国语言学现状与展望》,外语教学与研究出版社。

许嘉璐　1996　《首届全国语言文字应用研究学术研讨会纪要》,《语言文字应用》第 2 期。

徐通锵、叶蜚声　1979　《"五四"以来汉语语法研究评述》,《中国语文》第 3 期。

徐通锵　1991　《历史语言学》,商务印书馆。

徐通锵　1993　《徐通锵自选集》,大象出版社。

徐通锵　1998　《语言论——语义型语言的结构原理和研究方法》,东北师范大学
　　出版社。

徐通锵　2001　《基础语言学教程》,北京大学出版社。

徐通锵　2002　《理论语言学研究》,《20 世纪中国学术大典·语言学卷》(林焘主
　　编),福建教育出版社。

许冠三　2003　《新史学九十年》,岳麓书社。

盐野米松　2000　《留住手艺——对传统手工艺人的访谈》,英珂 译,山东画报出
　　版社。

杨立文　1987　《中国的口述史学》,《光明日报》1987 年 5 月 6 日。

杨立文　1993　《论口述史学在历史学中功用和地位》,《北大史学》第 1 辑,北京大
　　学出版社。

杨祥银　2000a　《试论口述史学的功用和困难》,《史学理论研究》第 3 期。

杨祥银　2000b　《当代中国口述史学透视》,《当代中国史研究》第 3 期。

杨祥银　2002a　《口述史学理论与方法——介绍几本英文口述史学读本》,《史学
　　理论研》第 4 期。

杨祥银　2002b　《口述史学研究之新进展》,《新华文摘》第 4 期。

杨祥银　2003　《当代美国的口述史学》,《口述历史》(第一辑),中国社会科学出
　　版社。

杨雁斌　1998a　《口述史学百年透视(上)》,《国外社会科学》第 2 期。

杨雁斌　1998b　《口述史学百年透视(下)》,《国外社会科学 》第 3 期。

杨雁斌　1998c　《面向大众的历史学——口述史学的社会含义辨析》,《国外社会
　　科学》第 5 期。

杨雁斌　2002　《重视与印证历史的历史学——口述历史学客观性质管窥》,《国外
　　社会科学》第 4 期。

杨豫、胡成　1999　《历史学的思想和方法》,南京大学出版社。

姚小平　1992　《Logos 与"道"》,《外语教学与研究》第 1 期。

姚小平　1993　《古印度语言文化二题》,《外语教学与研究》第 1 期。

姚小平　1995a　《关于语言学史学研究》,《语言教学与研究》第 1 期。

姚小平　1995b　《西方的语言学史学研究》,《外语教学》第 2 期。

姚小平　1995c　《洪堡特——人文研究和语言研究》,外语教学与研究出版社。

姚小平　1996a　《西方的语言学史研究再思考》,《外语教学与研究》第 2 期。

姚小平　1996b　《语言学史学基本概念阐释》,《外语教学与研究》第 3 期。

姚小平　1996c　《西方人眼中的中国语言学史》,《国外语言学》第 3 期。

姚小平　1997　《西方语言学史拾遗》,《外语学刊》第 1 期。

姚小平　1998　《语言学与科学的历史姻缘(上)》,《福建外语》第 4 期。

姚小平　1999a　《语言学与科学的历史姻缘(下)》,《福建外语》第 1 期。

姚小平　1999b　《考据学和科学语言学——梁启超、胡适论中国传统语言研究方法》,《外语教学与研究》第 2 期。

姚小平　1999c　《〈汉文经纬〉与〈马氏文通〉——〈马氏文通〉历史功绩琐议》,《当代语言学》第 2 期。

姚小平　2003　《〈马氏文通〉来源考》,《〈马氏文通〉与中国语言学史》(姚小平主编),外语教学与研究出版社。

叶蜚声、徐通锵　1997　《语言学纲要》,北京大学出版社。

叶永烈　1998　《口述历史是"活的档案"》,《中国档案》第 6 期。

于根元　1996　《二十世纪的中国语言应用研究》,书海出版社。

于根元等　1999　《语言哲学对话》,语文出版社。

于沛(主编)　1998　《现代史学分支学科概论》,中国社会科学出版社。

于沛　2003　《史学理论与史学史》,《历史研究》第 1 期。

禹永平　1994　《语言文字应用的广阔天地》,《语言文字应用》第 1 期。

游汝杰　2003　《著名中年语言学家自选集——游汝杰卷》,安徽教育出版社。

岳　珑　1998　《试论口述历史研究的功用与难点》,《西北大学学报(哲学社会科学版)》第 1 期。

张斌　2003　《汉语语法学》,上海教育出版社。

张伯江　2002　《现代汉语语法研究》,《20 世纪中国学术大典·语言学卷》(林焘主编),福建教育出版社。

张显忠　2003　《"地学信息港"专业网站建设初探》,《图书馆学研究》第 6 期。

赵元任　2001　《赵元任语言学论文集》,商务印书馆。

赵振铎　2000　《中国语言学史》,河北教育出版社。

《中国现代语言学家》编写组　1989　《中国现代语言学家》(上、下卷),河北教育出版社。

中国社会科学院语言研究所词典编辑室　2005　《现代汉语词典》(第 5 版),商务印书馆。

钟少华　1989　《中国口述史学刍议》,《史学理论》第 4 期。

钟少华　1997　《中国口述史学漫谈》,《学术研究》第 5 期。

钟少华　1998a　《进取集——钟少华文存》,中国国际广播出版社。

钟少华　1998b　《口述史学》,《现代史学分支学科概论》(于沛主编),中国社会科学出版社。

钟少华　2004　《呼唤中国口述史学腾飞》,《口述历史》(第二辑),中国社会科学出版社。

周谷城　1957　《中国通史》(上册),上海人民出版社。

周有光　1995　《汉语拼音方案基础知识》,语文出版社。

周有光　1998　《比较文字学初探》,语文出版社。

周有光　2002　《周有光语文论集》(第一卷—第四卷),上海文化出版社。

朱德熙　1961　《说"的"》,《中国语文》第 12 期。[重印于朱德熙 1980c：67—103。]

朱德熙　1966　《关于〈说"的"〉》,《中国语文》第 1 期。[重印于朱德熙 1980c：104—124。]

朱德熙：　1978a　《"的"字结构和判断句》,《中国语文》第 1—2 期。[重印于朱德熙 1980c：125—150。]

朱德熙　1978b　《"在黑板上写字"及相关句式》,《语言教学与研究》(试刊)第 3 期。

朱德熙　1980a　《汉语句法中的歧义现象》,《中国语文》第 2 期。

朱德熙　1980b　《句法结构》,《中国语文》第 8—9 期。[重印于朱德熙 1980c：42—66。]

朱德熙　1980c　《现代汉语语法研究》,商务印书馆。

朱德熙　1982a　《汉语语法丛书》序,《中国文法要略》(吕叔湘著),商务印书馆。

朱德熙　1982b　《语法讲义》,商务印书馆。

朱德熙　1984　《关于向心结构的定义》,《中国语文》第 6 期。

朱德熙　1985a　《汉语方言里的两种反复问句》,《中国语文》第 1 期。

朱德熙　1985b　《语法答问》,商务印书馆。

朱德熙　1987　《现代汉语语法研究的对象是什么?》,《中国语文》第 5 期。

朱德熙、卢甲文、马真　1961　《关于动词形容词"名物化"的问题》,《北京大学学

报》第 4 期。［重印于朱德熙 1980c：193—224。］

朱志敏　2007　《现代口述史的产生及相关几个概念的辨析》,《史学史研究》第
　　2 期。

左玉河　2006　《方兴未艾的中国口述历史研究》,《中国图书评论》第 5 期。

附录1　第二批受访者信息*

序号	姓名	性别	出生年份	毕业学校	所学专业	学历**	资　格
1	李锡胤	男	1926	哈尔滨外国语专门学校①	俄语、英语	本科	教授、博导
2	向　熹	男	1928	北京大学	汉语史	硕士	教授、博导
3	赵振铎	男	1928	四川大学	汉语言文字学	学士	教授、博导
4	桂诗春	男	1930	中山大学	英语	学士	教授、博导
5	华　劭	男	1930	哈尔滨外国语专门学校	俄语	本科	教授、博导
6	詹伯慧	男	1931	中山大学	语言学	学士	教授、博导
7	张会森	男	1933	哈尔滨外国语学院	俄语	本科	教授、博导
8	游顺钊	男	1936	法国巴黎大学	语言学	博士	教授、博导
9	李如龙	男	1936	厦门大学	语言学	学士	教授、博导
10	鲁国尧	男	1937	北京大学	汉语史	硕士	教授、博导
11	刘润清	男	1939	英国兰开斯特大学	语言学	副博士	教授、博导
12	项　楚	男	1940	四川大学	中国文学史	硕士	教授、博导

---

* 表中按受访者年龄排序。

** 有几位受访者接受高等教育的时间是 20 世纪 50 年代,当时的学制有 2 年、3 年、4 年和 5 年。中华人民共和国成立后,于 1954—1957 年、1961—1964 年、1965 年三次施行学位制度,但由于"左"的错误影响和"文化大革命",这一制度没有坚持下来。中国共产党中央委员会于 1979 年 3 月再次提出建立学位制度。1980 年 2 月第五届全国人民代表大会常务委员会第十三次会议通过了《中华人民共和国学位条例》,自 1981 年 1 月 1 日起施行。《中华人民共和国学位条例》的颁布,标志着我国学位制度正式建立。

① 李锡胤教授青年时代先后就读于复旦大学英文系、浙江大学龙泉分校外语系、台湾省立师范学院英文专科、燕京大学社会学系学习。1950 年毕业于哈尔滨外国语专门学校。

序号	姓名	性别	出生年份	毕业学校	所学专业	学历**	资　格
13	张家骅	男	1941	黑龙江大学	俄语语言学	硕士	教授、博导
14	宁春岩	男	1942	美国加州大学尔湾分校	语言学	博士	教授、博导
15	江蓝生	女	1943	中国社会科学院	近代汉语	硕士	教授、博导
16	李　兵	男	1954	荷兰阿姆斯特丹大学	语言学	博士	教授、博导
17	张涌泉	男	1956	四川大学	语言学	博士	教授、博导
18	乔全生	男	1956	南京大学	汉语言文字学	博士	教授、博导
19	王铭玉	男	1958	黑龙江大学	语言学	博士	教授、博导
20	顾　钢	男	1958	香港中文大学	语言学	博士	教授、博导

附录2 第二批受访者研究领域分布

序号	姓 名	主 要 研 究 领 域
1	李锡胤	词典学、语言学、语义学
2	向 熹	汉语史
3	赵振铎	训诂学、音韵学、中国语言学史
4	桂诗春	心理语言学、应用语言学、语言测试、统计语言学
5	华 劭	俄语语言学、语义学、语用学、语法学
6	詹伯慧	汉语方言学
7	张会森	俄语语言学、语法学、修辞学
8	游顺钊	视觉语言学
9	李如龙	方言学、音韵学、应用语言学
10	鲁国尧	音韵学、方言学、词汇学、辞书学、语法学、文字学、汉语史、西方语言学史
11	刘润清	理论语言学、语用学、文体学、语言测试
12	项 楚	文献学、汉语言文字学、敦煌学
13	张家骅	现代俄语体学、语义学、语用学、对比语言学
14	宁春岩	理论语言学、句法学、神经语言学、自然语言处理、儿童语言习得、儿童语言障碍、生物语言学
15	江蓝生	汉语史、近代汉语词汇、汉语语法
16	李 兵	音系学、形式语言学理论
17	张涌泉	汉语言文字学、敦煌学、中国古典文献学
18	乔全生	汉语方言学、语音学、语音史
19	王铭玉	俄语语言符号学、功能语言学
20	顾 钢	生成句法学、儿童语言习得、语言测试、教育政策比较研究

附录3　第二批受访者受访信息

序号	姓名	受访日期	访谈主题	确认文稿	授权书	备注
1	李锡胤	2009-07-15	词典学、语言学、语义学	√	√	已去世
2	向熹	2016-09-03	汉语史	√	√	
3	赵振铎	2016-09-02	训诂学、音韵学、中国语言学史	√	√	
4	桂诗春	2015-02-10	心理语言学、应用语言学、语言测试、统计语言学	√	√	已去世
5	华劭	2009-07-16	俄语语言学、语义学、语用学、语法学	√	√	已去世
6	詹伯慧	2015-02-11	汉语方言学	√	√	
7	张会森	2009-07-15	俄语语言学、修辞学、语法学	√	√	已去世
8	游顺钊	2017-09-06/ 2018-02-01	视觉语言学	√	√	已去世
9	李如龙	2015-09-25	方言学、音韵学、应用语言学	√	√	
10	鲁国尧	2016-08-01	音韵学、方言学、词汇学、辞书学、语法学、文字学、汉语史、西方语言学史	√	√	
11	刘润清	2015-06-06	理论语言学、语用学、文体学、语言测试	√	√	
12	项楚	2016-09-02	文献学、汉语言文字学、敦煌学	√	√	
13	张家骅	2009-07-17	现代俄语体学、语义学、语用学、对比语言学	√	√	
14	宁春岩	2017-04-01	理论语言学、句法学、神经语言学、自然语言处理、儿童一语习得、生物语言学	√	√	
15	江蓝生	2016-10-17/ 2018-08-01	汉语史、近代汉语词汇、语法	√	√	
16	李兵	2017-04-21	音系学、形式语言学理论	√	√	

序号	姓名	受访日期	访谈主题	确认文稿	授权书	备注
17	张涌泉	2017 - 03 - 24	汉语言文字学、敦煌学	√	√	
18	乔全生	2017 - 12 - 16	汉语方言学、语音学、语音史	√	√	
19	王铭玉	2009 - 07 - 16	语言符号学、功能语言学	√	√	
20	顾　钢	2017 - 04 - 21	生成句法学、儿童语言习得、外语测试学、教育政策比较研究	√	√	

附

录

附录 4　访 谈 话 题

1. 您是怎样走上语言学研究道路的？您为什么要从事语言学研究？

2. 家庭/社会对您的学术发展有多大影响？您的个性对您选择职业和确定研究方向起了多大的作用？

3. 哪一个人/哪一本书/哪一件事，对您现在所从事的学术研究影响最大？是什么因素促使您从事＿＿＿＿＿研究？

4. ＿＿＿＿＿的环境在哪些方面有利于您从事学术研究？您如何处理教学和科研的关系？

5. 在工作/治学中，曾经最令您高兴和最使您沮丧的事情是什么？

6. 您认为一位语言学家最应该具备什么样的学术修养？

7. 您怎样看待学术批评？您的著作和观点是否受到过批评？批评者是什么人？

8. 您在＿＿＿＿＿方面研究的特点是什么？有哪些突破？

9. 您认为您对＿＿＿＿＿方面的主要贡献有哪些？在您的成果中，您本人最看重哪一/几种？学界对它(们)的评价与您的看法一致吗？

10. 您对＿＿＿＿＿方面国内外目前的研究状况有何看法？它今后的发展趋势如何？

附录5 授 权 书

受访者姓名：_____（以下简称"受访者"）

受访者同意接受访谈者张宜的访谈，访谈的主题为中国当代语言学_____
_____（具体研究领域）。

受访者在此对张宜作如下授权：

1）受访者同意张宜在访谈过程中录音、录像或摄影。

2）受访者同意张宜对受访者的访谈录音进行记录和整理。访谈录音文稿经受访者校阅无误后签字确认。

3）受访者同意张宜可以发表或出版经受访者确认的访谈录音文稿。

4）受访者同意张宜使用受访者的肖像。

张宜保证遵照受访者的意见，同时确保将该项访谈资料用于学术研究之目的。

授权书一式两份，受访者和张宜各执一份，具有同等法律效力。

访谈时间：　　　　年　月　日

访谈地点：_____

受访者：

年　月　日

访谈者：

年　月　日

附录6 法律意见书

辽宁百联律师事务所

法 律 意 见 书

二〇一三年六月二十六日

辽宁百联律师事务所

法 律 意 见 书

2013年6月11日，沈阳师范大学张宜教授送来一份授权书，委托辽宁百联律师事务所对该授权书及其内容是否符合现行法律规定进行审查，并出具法律意见。

辽宁百联律师事务所接受委托后，指派主任律师崔修滨、张立刚律师负责审查授权书及其内容，经过阅读授权书和查阅有关的法律法规，我们认为：该委托书语言精练、行文流畅、逻辑严谨，形式及其内容符合《中华人民共和国著作权法》和《中华人民共和国合同法》的规定。

特此出具法律意见。

　　　附：授权书一份

　　　　　　　　　　　　　辽宁百联律师事务所

　　　　　　　　　　　　　律师：崔修滨、张立刚

　　　　　　　　　　　　　2013年6月26日

授 权 书

受访者姓名：＿＿＿＿＿＿＿（以下简称"受访者"）

受访者同意接受访谈者张宜的访谈，访谈的主题为中国当代语言学
＿＿＿＿＿＿＿＿＿＿＿＿＿＿＿＿＿＿＿＿＿＿（具体研究领域）。

受访者在此对张宜作如下授权：

1）受访者同意张宜在访谈过程中录音、录像或摄影。

2）受访者同意张宜对受访者的访谈录音进行记录和整理。访谈录音文稿经
受访者校阅无误后签字确认。

3）受访者同意张宜可以发表或出版经受访者确认的访谈录音文稿。

4）受访者同意张宜使用受访者的肖像。

张宜保证遵照受访者的意见，同时确保将该项访谈资料用于学术研究之目的。

授权书一式两份，受访者和张宜各执一份，具有同等法律效力。

访谈时间：　　　年　月　日

访谈地点：＿＿＿＿＿＿＿＿＿＿＿＿＿＿＿＿＿＿

受访者：

　　　　年　月　日

访谈者：

　　　　年　月　日

附录7 首批受访者信息 *

序号	姓名	性别	出生年份	毕业学校	所学专业	学历	资格
1	周有光	男	1906	上海圣约翰大学	经济学	本科	
2	吴宗济	男	1909	清华大学	汉语言文学	本科	博导
3	张 斌	男	1920	湖南国立师范学院	心理学	本科	博导
4	林 焘	男	1921	燕京大学	汉语言文学	研究生	博导
5	唐作藩	男	1927	中山大学	语言学	本科	博导
6	郭锡良	男	1930	武汉大学/北京大学	汉语言文学	硕士	博导
7	徐通锵	男	1931	北京大学	汉语言文学	本科	博导
8	陈章太	男	1932	厦门大学	汉语言文学	本科	博导
9	曹先擢	男	1932	北京大学	汉语言文学	本科	
10	许宝华	男	1933	复旦大学	汉语言文学	本科	博导
11	胡壮麟	男	1933	清华大学/悉尼大学	语言文学	硕士	博导
12	刘叔新	男	1934	南开大学	汉语言文学	本科	博导
13	孙宏开	男	1934	北京大学	汉语言文学	本科	博导
14	苏培成	男	1935	北京大学	汉语言文学	本科	
15	戴庆厦	男	1935	中央民族学院	汉语言文学	本科	博导
16	陆俭明	男	1935	北京大学	汉语言文学	本科	博导
17	王 宁	女	1936	北京师范大学	汉语言文学	硕士	博导
18	黄昌宁	男	1937	清华大学	计算机和自动控制	本科	博导
19	冯志伟	男	1939	北京大学/中国科技大学	语言学/信息科学	硕士	博导
20	游汝杰	男	1941	复旦大学	汉语言文学	硕士	博导

---

* 首批有33位学者接受访谈,授权公开发表的有26位。访谈内容收录于《历史的旁白:中国当代语言学家口述实录》(张宜著,高等教育出版社2012年版)。特此摘录首批受访者信息供读者参考。

序号	姓名	性别	出生年份	毕 业 学 校	所 学 专 业	学历	资格
21	马庆株	男	1942	天津师范学院/北京大学	汉语言文学	硕士	博导
22	潘悟云	男	1943	复旦大学	汉语言文学	硕士	博导
23	邵敬敏	男	1944	北京大学/杭州大学	汉语言文学	硕士	博导
24	姚小平	男	1953	黑龙江大学/中国社会科学院	语言学	硕士	博导
25	李宇明	男	1955	郑州大学/华中师范大学	汉语言文学	博士	博导
26	顾曰国	男	1956	兰开斯特大学	语言学	博士	博导

后　记

　　《历史的回声——中国当代语言学家口述实录》,系《历史的旁白——中国当代语言学家口述实录》的姊妹篇,终于要出版面世了。在准备和酝酿成书的过程中,我饱尝了所有口述访谈工作者的辛酸苦辣。此刻,我的心情分外平和与宁静,与八千里路云和月的奔波相比,这份美好弥足珍贵。特撰此跋,纪念我 20 年的口述人生。

　　《历史的回声——中国当代语言学家口述实录》收录的 20 位受访语言学家的口述访谈,是我过去 10 余年时间里的访谈成果。它也是国家社会科学基金项目"中国当代语言学口述历史研究"(13BYY004)结项成果的一部分。

　　我从事口述历史访谈,得到了两位恩师的悉心指导和真传。一位是我的博士学业导师姚小平教授,另一位是口述历史导师钟少华先生,是他们引导我在语言学领域采用历史学领域口述历史的方法,在近 20 年的时间里分期分批做了 57 位中国当代语言学各领域知名学者的口述访谈。该课题参考国外口述史学的范式和框架,受访对象达到一定的规模,涵盖语言学研究的各个领域,并且设计了结构化的操作程序:访谈有设定的话题,围绕这些话题逐步展开;先行录音,再转为文字,文字稿再由受访者审读确认;与受访者签立协约,规定双方的义务和权限。这样获取的文本,便成为拥有声音和文字两种形式的口述档案。

　　中国语言学口述历史的系统规划始于 2002 年,这也是我考入北京外国语大学师从导师姚小平教授攻读语言学史的第一年。姚老师曾对当代三位著名学者(叶蜚声、吕叔湘、钱锺书)的相继辞世万分感慨:"……若对在世的语言学家做一访谈,录下音来,于后人岂不是一笔宝贵的资料?"在姚老师的指导下,我决意把这一想法变为现实。但是要在语言学史学领域运用口述历史研究的方法,我需要在这方面得到专业指导。几经周折,我联系上了北京市社会科学院从事口述历史研究且成果颇丰的钟少华先生,拜他为师。钟先生认为"中国当代语言学家口述档案研究"切实可行,遂耐心细致地对我的研究框架和访谈提纲等进行了深入指导,在后面的实施访谈过程中,他也积极为我联系相关领域的代表人物。2003 年 9 月 11 日,第一位正式接受我录音访谈的是北京师范大学的伍铁平教授,他对我的工作高度认可,积极配合,先后三次(2003 年 9 月 11 日、9 月 21 日和 10 月 12 日)接受我的访谈,并对访谈录音转写文稿的呈现方式提出了建设性的意见。后来,随着访谈项目的持续推进,这种访谈文本的风格逐渐固化下来。首批访谈工作持续做到 2005 年春天(2005 年 5 月 24 日,受访者为顾曰国教授),即我的博士学位论文答辩前。首批访谈(共 33 人受访)成果最后以 2007 年度教育部哲学社会科学研究后期资助项目"中国当代语言学家口述档案研究"(07JHQ0020)结题。结项成果《中国当代语言学的口述历史》《历史的旁白——中国当代语言学家口述实录》相继在中国社会科学出版社(2011 年)和高等教育出版社(2012 年)出版。

从实施第一个访谈到第一次结集成书,差不多过去了 10 年(2002—2012 年)。2013 年,"中国当代语言学口述历史研究"获批了国家社会科学基金项目,我做口述访谈的热情再次被点燃。我怀着 10 年前的初心和热忱着手准备,并南下杭州就访谈范围和代表人物请教了冯志伟教授。但是这批访谈进展缓慢,缓慢到超乎我的预料,在将近一年的时间里,我的受访名单几乎为零。究其原因,一言难尽。

水滴石穿,锲而不舍,在口述访谈道路上我又一次孑然一身,奋然前行。本书此次公开的 20 位受访者都是对此项工作特别认可、特别支持、特别配合的学界前辈。

第二批受访语言学家的名单在一点点扩展,最终形成了现在的规模。第二批受访者的领域比第一批又有了一定程度的丰富,涉及语义学、汉语史、中国语言学史、心理语言学、应用语言学、语言测试、统计语言学、视觉语言学、古文字学、理论语言学、神经语言学、生物语言学、近代汉语词汇、近代汉语语法、音系学、形式语言学、语音史、俄语体学、语言符号学、功能语言学、儿童语言习得等。

我要格外感谢三位前辈,他们在我项目实施遇到困境时给了我特别的温暖与帮助。

第一位是鲁国尧教授。2015 年 11 月 23 日,我收到了鲁国尧教授回复我的邮件,他在邮件中表示愿意接受访谈。但是因为鲁老师当时没有时间,我们的访谈日期一直定不下来,直到 2016 年的暑期(8 月 1 日),我才有机会到南京。记得那天南京的天气格外溽热,年近八旬的鲁老师担心我初来乍到,人生地不熟,便坚持坐公交车冒着酷暑赶至江苏省会议中心接受我的访谈,让我夙愿得偿。三个多小时的时间里,聆听鲁老师的人生经历、求学治学历程,是一件非常幸福的事,他活到老学到老,学得快乐的心态尤其感染激励着我。鲁老师一生淡泊名利、进德修业的职业生涯,不正是一个教师立德树人、教书育人的最好诠释吗!到现在,我跟鲁老师还经常联系,他曾积极为我联系出版社。2019年鲁老师年逾八旬,在身体欠安的情况下为此书撰写序言。后又不厌其烦,几次修改,几易其稿,直到自己满意为止。对于我所从事的口述访谈工作而言,这是最好的肯定;对我个人而言,这是最高的赞誉。

第二位是江蓝生教授,她也是我众多受访者中唯一一位同意公开发表访谈录的女性学者。早在2003年我就曾经联系过江蓝生教授,但是当年江蓝生教授的教学科研管理等工作繁重,一直未能应邀受访。这次,我斗胆又给江蓝生教授发出了邀请函。江蓝生教授在2016年10月17日给我回复的邮件里说:"为了支持您的工作,现发去我的学术自传,您可从中取己所需,编排成访谈体,定稿后经我过目即可。"我认为此建议甚好,这样我既能实现访谈夙愿,又不至于太叨扰年事已高,工作依旧繁忙的江蓝生教授。那段时间,除了江蓝生教授提供给我的学术自传,我还参阅并学习了她的著作和论文,也关注了媒体上的一些相关报道。

江蓝生教授对我提交的访谈初稿非常重视,几次修改,直至满意。她说,这项工作很有意义,随着时间的流逝,其可贵性将更加凸显。"我没有资格也很不喜欢为自己立传,但从学术传承的角度看,应该支持您的工作。"她还热心地为我推荐了几位语言学家。

第三位是游顺钊教授。由于诸多原因,我的访谈计划里很难能有海外、港澳台的受访者。经过努力,我联系上了远在瑞士的游顺钊教授。他第一时间就回复并同意接受访谈,但是考虑到隔地采访,担心越洋电话音质和效果不稳定,便提议能否先以书面采访的形式进行,然后在此基础上电话作补充。

与此同时,游顺钊教授通过在上海的老友复旦大学中文系徐志民教授给我寄来他的《手语创造与语言起源》《视觉语言学概要》两本代表作。徐教授也是第一位把视觉语言学介绍到中国的语言学家。稍后,徐教授又电邮来游顺钊教授的《视觉语言学论集》(PDF版),这些对我完成访谈初稿起到了极大的帮助和支撑作用。在此,我也非常感谢徐志民教授。

通过徐志民教授的介绍和帮助,我对游顺钊教授、对视觉语言学有了深入的、全面的领会,同时也特别想按照游顺钊教授建议的那样能访谈徐志民教授,但是因为徐老师的健康原因未能实现,很是遗憾。

值得一提的是,在叨扰游顺钊教授的那段时间里,我几乎忘记了和游顺钊教授的年龄差和时差,经常是想起什么就信手写上一封邮件给他,每次他都是无时差地回复我。正像他在访谈确认稿中说的那样,他很欣赏我对工作的认真态度和发问的切题。游顺钊教授还在受访之余给我寄来他的几篇随笔,比如,《倒骑驴周谈》《恩师格林青》和《语言学孤儿网稿》等,让我对他除了学术之外的生活有了些许具象的认识。

也许是骨子里也有些文学青年的梦想吧,我很喜欢游顺钊教授的这些随笔,娓娓道来,风趣又幽默,完全不是那种正襟危坐的学者范儿,我喜欢这位素未谋面但却非常率性的游顺钊教授。我又点开了他的个人主页,看了他纪念夫人温女士的文章,款款深情,尽在不言中,让我唏嘘不已……

我愿意在访谈结束前,在时间允许的情况下与受访者聊聊语言学研究之外的话题,比如说他们的业余爱好或他们经历过的奇闻趣事等,一则可缓解学术谈话的平淡,二则可调节受访者疲累的心理状态。记得 2005 年 3 月 19 日我访谈恩师姚小平教授的时候,本来我看谈得差不多了,正想着怎样结束访谈的当儿,姚老师忽然笑着跟我说:"你怎么不问我打网球(姚老师的业余爱好)?"我赶紧说:"我怕您说学术访谈还要谈这个干嘛?"姚老师很理解很贴心地表示"其实应该有(这样的内容的)"。老师这样一说,我顿时醒悟。刚开始做访谈不久,还没有什么实践经验的时候,有很多精彩又可爱的瞬间没能完整体现在文档中。2004 年初春,在访谈周有光先生的间隙,应周老之邀吃了午餐。我生怕把这位已经跟我谈了三个小时的百岁老人累着,心里想着吃一口就赶紧撤退。可是周老却边吃边聊,谈兴正浓。当知道我是北方人的时候,就说,自己特别喜欢吃黄瓜,但是比起家乡常州的无刺的黄瓜,更爱吃北方有刺的黄瓜,觉得更有黄瓜的清香。在访谈吴宗济先生的时候,吴老见我对其书房"补听缺斋"中摆满了 300 多个造型丰富的猫头鹰小摆件感兴趣,就跟我说自己喜欢猫头鹰已经有三四十年了,几近成癖,还曾专门赋诗一首《癖鹏行七十四韵》:"尔昼不见山,夜能察毫末。"吴老是寄情于猫头鹰的"另类",表达出自己在治学中不趋炎附势随大流,耐得住清贫守得住寂寞,"人同天地春,室有山林乐"的风骨。记得姚老师曾经在一篇追忆许国璋先生的文中写道,许老除了学问之外,更是一个生活中的普通人。每次他们相遇,许老都要问及最近打没打网球。在这样的聊天中,姚老师感受到了知名学者平易近人的真性情。自此以后,我每每在可能的情况下,都会主动附加关于受访者个性化生活化的内容。这或许能成为这些皓首穷经的受访学者学术生涯中的些许暖色吧。

正是因为得到了诸多语言学家的认可，我才能在无数个栉风沐雨、心力交瘁的时刻坚守初心，直到今天。所有受访者的理解和帮助是对我及我的工作最大最好的肯定！所有的辛苦付出同前辈们学术生涯中的种种境遇和经历相比，都是微不足道的！

今年，我做语言学口述访谈整整 20 年了。20 年，在一个人的生命轨迹里是不短的一段旅程，它可以是从呱呱坠地到风华正茂的时段，也可以是生活事业开疆拓土的发展时段，也可以是品味奋斗硕果的收获时段。这 20 年是我人生中的最好时段：我有幸遇到了栽培我的恩师，拥有了有意义的选题；接触到几十位在学术领域成就斐然的前辈，聆听他们的人生中最有意义的过往。我收获的不仅仅是几十个录音访谈成果，我获得的是心灵的洗礼与人格的升华。与这些美好相比，我从事口述访谈中遇到的种种困难、辛劳、误解或抵触皆微不足道。

在我全部访谈的 57 位学者中，首批有 26 位授权我公开发表访谈录；第二批有 20 位授权我公开发表访谈录。有的明明已接受了访谈的受访者，为何在最后授权的当儿犹豫了？究其原因，很是复杂。导师姚小平教授曾言："这项工作的难度和艰辛是可以想见的。出于种种原因，被认为属于理想人选的学者并非都愿意接受采访；即便愿意受访，也并非人人都同意授权发表。有些学者容易合作，乐意就采访者的提问展开叙述；有些学者不愿受话题牵制，喜欢自由漫谈。有的学者欣赏天然，会尽量使录音与文字保持一致；有的学者追求完美，不容文字稿上出现松散随便的表达。口述历史按理说应该是最轻松的历史，然而实际操作过程中却绝不轻松。这些年来的联系之烦、奔波之劳、转写之难，以及遭人误解甚至诽谤之苦，张宜极少同我说起。她是一个能忍之人……"恩师的"一个能忍之人"是对我多年来从事口述访谈的至真至善的评价，为此，我所有的努力都是值得的吧。

至此，"中国当代语言学口述历史研究"已近尾声。由于我们的财力、精力有限，受访者的遴选局限在北京、上海、天津、广州、杭州、厦门、深圳、成都、哈尔滨等城市。20 年来，我辛苦奔波和受访者一起追溯人生与学术的过往，品尝人生百味。"忆往昔峥嵘岁月稠"，我们采集到的每一位受访者的声音史料都很重要，具有再研究的价值。而随着岁月的流逝，这些受访者凝固在磁盘上的声音会益发珍贵。事实上，这些访谈录音以及访谈实录既是属于访谈者个人的，也是属于社会的。

感谢恩师姚小平教授，为我提供了深造的平台和研究的机会，配合我"加入受访者的行列"，当我的"实验对象"，为我的研究选题和方向作出了前瞻性的引领与指导。

感谢钟少华先生和何九盈教授,他们对我从事语言学史研究和口述历史研究给予了有益的教诲。

感谢前后 50 多位愿意并支持我访谈的语言学界前辈。与他们合作成就的访谈录可以为认识 20 世纪中国语言学史的发展历程提供一份有声的旁白,可以使这一段的记录更加充实、更加丰满、更加鲜活、更加精彩。

感谢王均先生,虽然他一再坚持认为自己不应该成为我的受访者,但是对我个人访谈初期的工作(访谈提纲的设计、受访者的遴选和推荐等)给予了意义非常的指导。他多次为我联系当时已近百岁的周有光先生,使得我对周先生的访谈非常顺利。

感谢多年来在工作、学习和生活中始终如一鼎力支持、悉心帮助我的朋友、同事、学生和家人。

感谢《欧亚人文研究(中俄文)》蔡晖主编和孙芳主任在我最终完成华劭教授访谈录过程中提供的无私帮助。

感谢上海教育出版社殷可编辑在本书付梓过程中给予的具体帮助。

感谢所有为我这项工作付出过努力和帮助却又不能在此一一道来的人,我会在心田一隅珍藏、铭记。

2022 年 8 月于沈阳

图书在版编目（CIP）数据

历史的回声：中国当代语言学家口述实录 / 张宜
著. — 上海：上海教育出版社，2024.3
ISBN 978-7-5720-2466-5

Ⅰ.①历… Ⅱ.①张… Ⅲ.①汉语史 – 现代 Ⅳ.①
H1-09

中国国家版本馆CIP数据核字(2024)第047993号

责任编辑　殷　可
装帧设计　陆　弦

历史的回声：中国当代语言学家口述实录
张　宜　著

出版发行　上海教育出版社有限公司
官　　网　www.seph.com.cn
地　　址　上海市闵行区号景路159弄C座
邮　　编　201101
印　　刷　上海叶大印务发展有限公司
开　　本　787×1092　1/16　印张 33.75　插页 1
字　　数　600 千字
版　　次　2024年6月第1版
印　　次　2024年6月第1次印刷
书　　号　ISBN 978-7-5720-2466-5/K·0025
定　　价　138.00 元

如发现质量问题，读者可向本社调换　电话：021-64373213